U0569387

学术共同体文库

中国政法大学县域法治研究中心　主办

杨玉圣　主编

作者简介

杰克·格林：博士，约翰斯·霍普金斯大学安德鲁·梅隆讲座教授，美国早期史权威学者

本书主编

满运龙：博士，北京大学国际法学院教授

杨玉圣：博士，中国政法大学法学院教授

主要译者

张聚国：博士，南开大学美国历史与文化研究中心副教授

扉页题签：满运龙

早期現代的大西洋世界

杰克·格林教授史学文选

The Atlantic World in the Early Modern Era

Selected Essays of Professor Jack Greene in History

满运龙　杨玉圣　主编

社会科学文献出版社
SOCIAL SCIENCES ACADEMIC PRESS (CHINA)

杰克 · 格林教授，2014 年（摄影：杨玉圣）

杰克·格林教授与满运龙博士合影，1986 年，普林斯顿大学

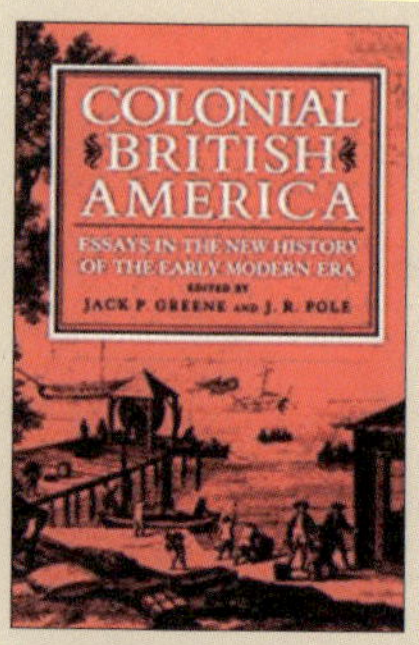

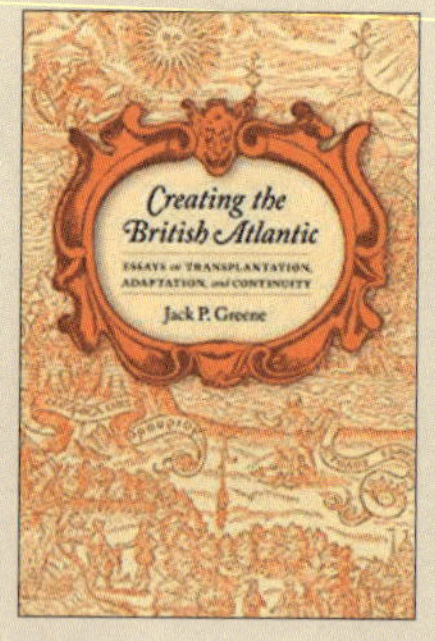

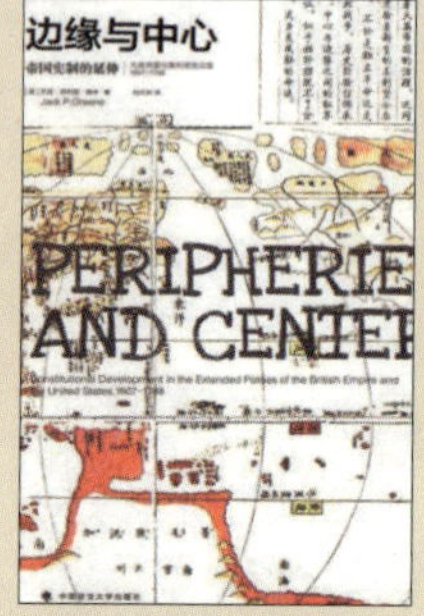

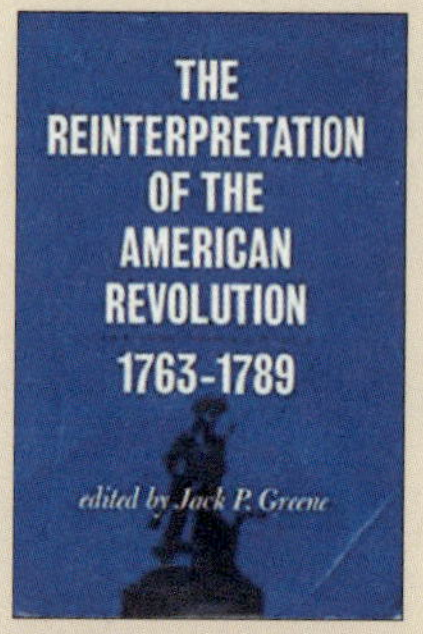

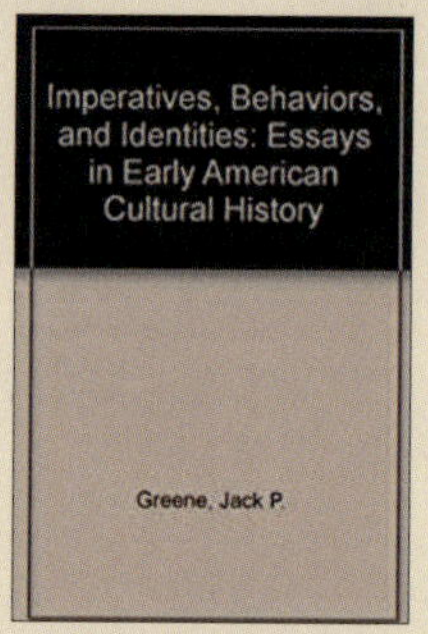

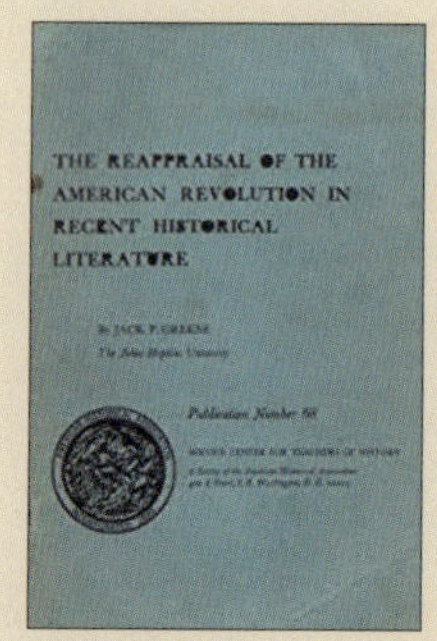

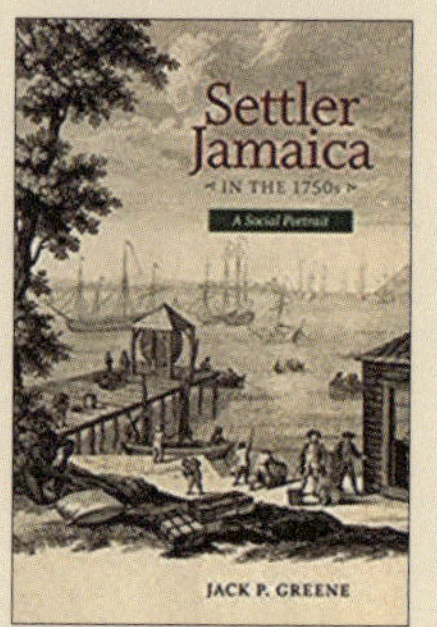

杰克·格林教授著作封面（一）

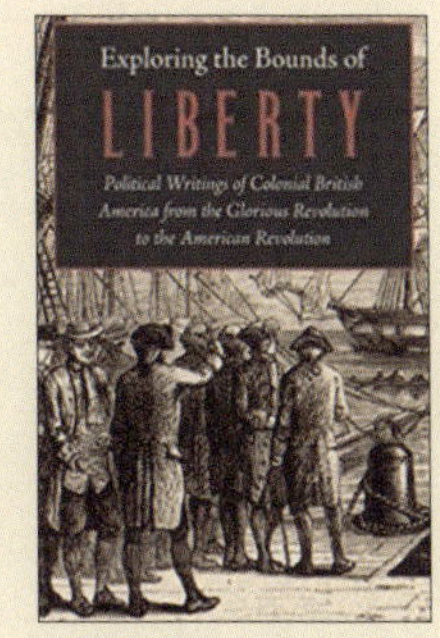

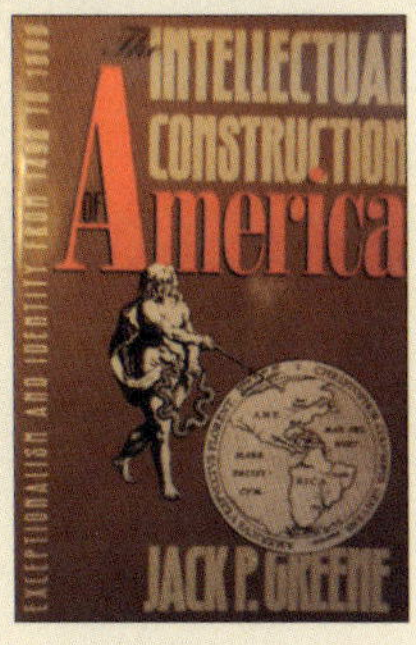

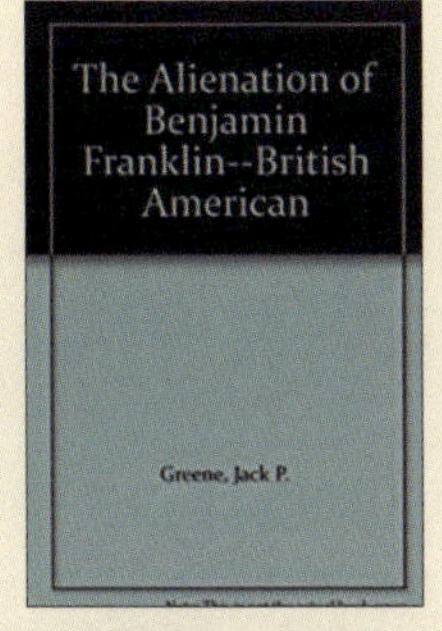

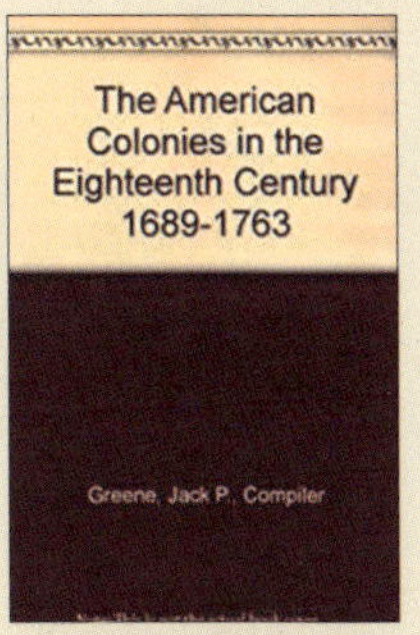

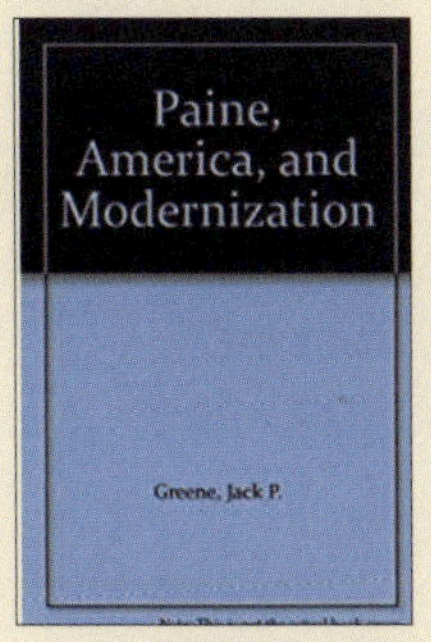

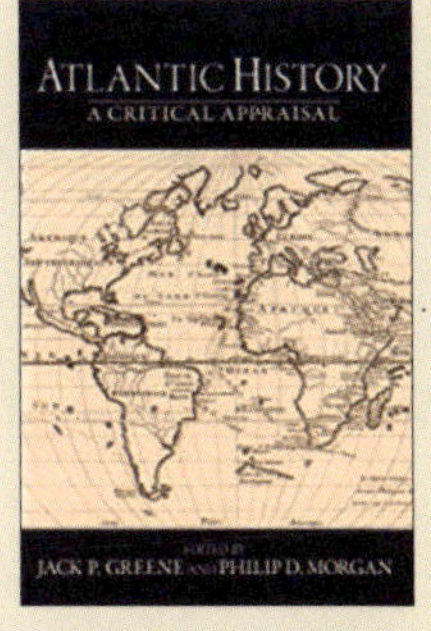

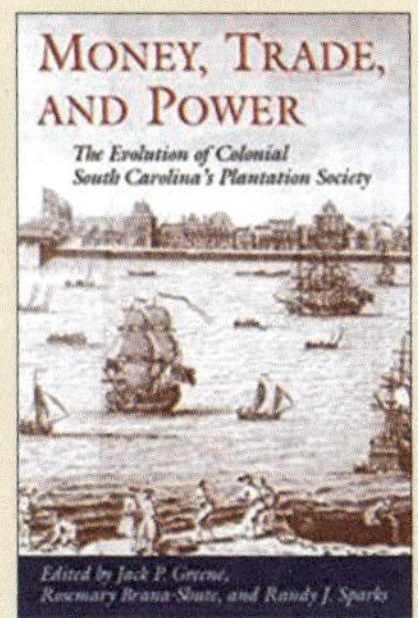

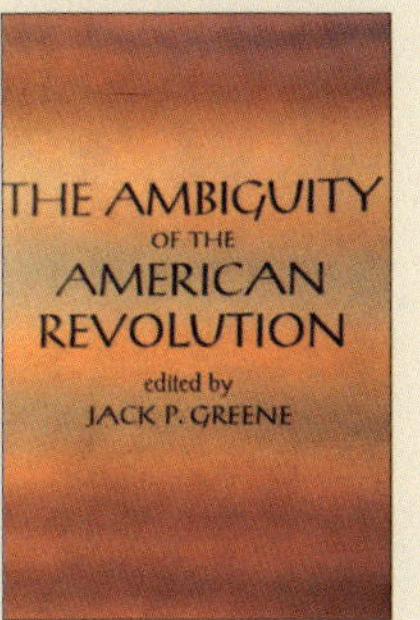

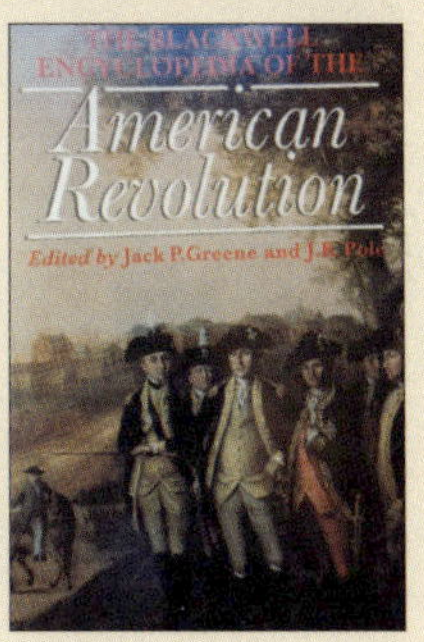

杰克·格林教授著作封面（二）

杰克·格林教授、艾梅·布什奈尔教授、杨玉圣教授（摄影：胡玉坤）

目　录

上　编

中　编

下 编

附录一

附录二

CONTENTS

Part Ⅲ

Appendix 1

Appendix 2

杰克·格林教授与美国早期史研究的新边疆

满运龙

2020 年 8 月 12 日，我在美国约翰斯·霍普金斯大学攻读历史学博士学位时的业师杰克·格林教授（Jack P. Greene）迎来九旬华诞。

谨以此文集作为格林教授亲自指导或受到格林教授学术熏陶的中国学生和学者献给格林教授的一份学术蛋糕！

一 师生缘

时光如梭，不舍昼夜。我情不自禁地回忆起与格林教授的师生缘。

35 年前，1985 年冬，我正在哈佛燕京学社访学。其间，筹划申请博士学习之机会。此前，我在北京大学历史学系跟随齐文颖教授研习美国早期史三年，1984 年底硕士毕业后留校任教，有幸得齐老师推荐到哈佛燕京学社做访问学者。那时，我的志向是进一步深入研习美国早期史，包括英属殖民地时期、美国革命、建国历程和共和国初期史。这个领域是美国史研究的传统学术重镇，历来名家辈出。在北大学习期间，在齐老师和欧美史研究生班其他导师（包括张芝联教授、罗荣渠教授、潘润涵教授等）指导下，我接触了不少当代名家著述，并有机会听取来访的英美学者的长期授课或短期讲座。这些学者包括不少美国史领域的名家，如威廉·怀特赛德（William Whiteside）教授、艾伯特·史密斯（Elbert B. Smith）教授、迈克尔·坎曼（Michael Kammen）教授、J. R. 波尔（J. R. Pole）教授、列昂·利特维克（Leon Litwack）教授、劳伦斯·列文（Lawrence Levine）教授等。根据学术影响、研究旨趣以及对个人风格的了解，我当时最向往跟随该领域两位大师深造。一位是德高望重的学界泰斗耶鲁教授爱德蒙·摩根（Edmund S. Morgan），另一位是年富力强、多产活跃的学界领袖杰克·格林教授。

20 世纪 80 年代中期，在英美史学界，殖民地史研究正在发生转折性变化。1984 年，该领域领军人物齐聚约翰斯·霍普金斯大学，对这些新变化、新趋势进行了系统性地学术史梳理，总结其研究成就和不足，提出新的研究方向。格林教授是会议召集人，在会后与 J. R. 波尔教授合作主编了会议论文集《英属美洲殖民地——早期现代新历史研究论文集》[①]，该书迄今仍是该领域最具权威性的学术指南。当时，我虽然憧憬跟随摩根教授或者格林教授深造，但对于得到这一机会毫无奢望。所以，在发出正式申请之前，我尝试给两位教授分别写信，询问有无任何被考虑的可能。信发出后没几天，我突然接到一个电话："我是格林教授，我鼓励你申请。"直到今天，当时那种喜出望外却又不敢相信的心情，仍然记忆犹新。格林教授还说道：你见过波尔，他是我的好朋友。[②] 电话交谈之后，我马上准备申请材料，寄到约翰斯·霍普金斯大学，并很快得到被格林教授录取的通知。与此同时，耶鲁的摩根教授也给我回信，谓其已年届 70，将正式退休，停止招收博士生。

1986 年 5 月，我从波士顿乘灰狗长途大巴，到普林斯顿大学拜见格林教授。当时，格林教授正在普林斯顿高级研究院任客座研究员，并在撰写一部关于英属美洲殖民地社会和文化发展的专著[③]（该书后来以《追求幸福》为主书名于 1988 年出版）。格林教授和夫人安排我住在他们的公寓，带我参观学校及周边的独立战争古迹和博物馆。到达普林斯顿两天后，格林教授研究期满，我帮助他将私人物品（主要是图书）用租赁的小型货车，自驾搬回巴尔的摩，并在他家住了一周，还曾和教授夫人合作做过中国菜，其乐融融。其间，格林教授在家里举办了一次聚会，参加者主要是其历史学系的同

① Jack P. Greene and J. R. Pole, eds., *Colonial British America: Essays in the New History of the Early Modern Era* (Baltimore, London: Johns Hopkins University Press, 1984).

② 1983 年牛津大学的 J. R. 波尔教授访问北大时，我听过他讲课，并与张蓉初教授一起陪他游览北京名胜（那也是我有生以来第一次坐轿车，记得那是一辆北大调配的老式伏尔加）。

③ Jack P. Greene, *Pursuit of Happiness: The Social Development of Early Modern British Colonies and the Formation of American Culture* (Chapel Hill: University of North Carolina Press, 1988).

事。记得那时我对共和主义研究茫然无知，故而第一次见到思想史大师波科克（J. G. A. Pocock）教授时，竟然冒冒失失地问他的研究领域，波科克教授以其一贯优雅的哲人口吻回答道："我对政治思想史感兴趣。"①

转眼到了8月，我和妻子燕云开着几个月前刚买的二手车，从哈佛搬到巴尔的摩，开始了我们在约翰斯·霍普金斯大学的求学生涯。燕云进入经济学系，攻读经济学博士学位；我则如愿以偿，跟随格林教授学习美国早期史，后来写毕业论文时，又请波科克教授担任第二导师。格林教授不给本科生上课，只带博士生，是系里招收博士人数最多的教授。除我外，其门下还有两位中国留学生：一位是从四川大学来的李小雄，比我早一年入校；另一位是与我同时入校的吴遇（吴于廑教授之子），来自武汉大学，是富布赖特基金会资助的学生。我入校后，一读就是八年，直到1994年通过答辩，拿到博士学位。

学习期间，格林教授的课程全部以小型研习班（seminar）形式进行。一般隔周一次，十几名博士生或在校内的教室或在他的家中上课，有时会有来访的外校教授参加。每次都由一位学生或教授本人提交一篇写作中的文章，提前发给大家，上课时先由作者做简要介绍，然后，大家或提问或评论，无拘无束，展开讨论。格林教授后来发表的许多论文和专著章节，都曾经是我们研讨的内容。博士生提交讨论的一般是其博士论文的章节。此外，学生们根据论文完成情况，也会被安排在格林教授主持的"大西洋历史与文化论坛"（Program in Atlantic History and Culture）上宣读论文。该论坛由格林教授于1972年创设，是英美学界大西洋史学派的重镇，经常邀请校内外著名学者做讲座。入校后第二年，我的一篇关于马里兰殖民地参事会（Council）的课程论文在该论坛宣读，许多历史系教授都来参加。包括波科克教授和美国史学史大师约翰·海厄姆（John Higham）在内的教授，除现场评论外，还在会后给我提供了书面评论，给我鼓励并给予具体的改进意见。宣讲时，教授、学生随意围坐，毫无等级或尊卑观念，人人踊跃发言，绝无虚饰赞美或空洞表彰之词，所有评论和提问均紧紧围绕主题，对事不对人，纯粹讨论学术。大师级的教授毫无居高临下之态，与年轻学者、研究生

---

① 博士第一年，我选修了波科克教授的政治思想史研修课，第一次接触到对共和主义的研究。结课论文我写了一篇对共和主义史学的评述，得到波科克教授亲自批改。该文的中文版本后来以《共和修正派与当代美国思想史学》为题发表在《历史研究》1990年第4期上。

平等相处。参加类似论坛，几年下来，我观察到这样一个有趣的现象：在评论其他著名学者所做讲座时，格林教授一般毫不留情，直截了当地进行质疑和批评；对于学生提交的论文，格林教授虽也如实指出问题，但多用鼓励的口吻，批评之后，往往会给出改进的建议和思路。有时学生回答别人提问时，力不从心，格林教授还会引导学生思路，或直接帮助学生解释。这些读书时的经历，都是自然而然的过程，当时没有感觉有什么特别之处，但后来回想起来，才体会到这种教育方法起到了潜移默化的作用，既树立了学术面前人人平等的理念，又在无形的鼓励中增强了治学的信心，捡拾到了学术研究的具体方法和操作途径。

师从格林教授八载，在最初两年完成规定的选修课程之后，我所有的时间基本都花在对博士论文的构思、收集和研读资料、写作和修改上。作为导师，格林教授全程参与，仔细审阅每一章节，用铅笔对内容和语言逐字修订。至今我还珍藏着导师铅笔修改版的全文和波科克教授用钢笔做的修改评语手迹。1994 年春论文答辩后，格林教授将我的博士论文亲自推荐给伊利诺伊大学出版社。与出版社联系后，商定花半年时间修订，提交出版。然而，同年，我进入印第安纳大学法学院学习法律，三年毕业后，又开始了将近 20 年的法律执业生涯。于是，博士论文在美国出版一事，竟永远搁置下来。

律师执业期间，我渐渐远离历史研究领域，虽然不时追踪一下学术动态，但无暇净心深入，只是通过杨玉圣教授、李剑鸣教授等好友了解相关情况。记得一次突然收到剑鸣兄邮件，附有一篇对格林教授近期发表文章的摘录，该文提及我的博士论文并作引注，使我惶恐不已。这些年来，我一直对格林教授的栽培，深感愧疚，一直没有找到合适机会去拜会恩师。直到 2014 年，我从律师实务界回归学术，到位于深圳的北京大学国际法学院教书，才敢与恩师重新联系。格林教授不但为我应聘北大写了热情洋溢的推荐信，而且还于 2014 年在他普罗维登斯（布朗大学所在地）的家中，与其好友、美国革命史大师戈登·伍德教授（Gordon S. Wood），接待我推荐的友人杨玉圣教授及其夫人胡玉坤博士。在玉圣和好友张保生教授的鼓励和大力支持之下，我将博士论文以《美利坚政制之源》为题，纳入“学术共同体文库”，由社会科学文献出版社于 2015 年出版。当时已 83 岁高龄的格林教授，仅用几天时间，就写出一篇长达 12 页的序言，令我感动万分。

如今，经玉圣教授提议并精心策划，在中青年学者张聚国博士等的鼎力支持下，合作编译这本格林教授论文集——《早期现代的大西洋世界》，向中国史学界隆重推介格林教授的主要学术成就。作为格林教授的老弟子，我也算是了却了一桩心愿，以报答师恩于万一。

二 格林教授的学术历程及成就

（一）学术历程

1931 年 8 月 12 日，格林教授生于北卡罗来纳州 Wilkes 县的一个烟草农场。父亲是农业机械工程师，也是其家族第一个大学生。童年时，随父母搬到母亲的老家印第安纳州的西拉法耶特，即著名的普渡大学所在地。格林喜爱独立，10 岁便开始在普渡校园打工，在学校体育馆衣帽间收发衣物，13 岁时，即被提升为班头。中学时代的他，不爱学术，也不喜欢遵循父亲的意愿做机械工程师，因为不喜“一身油污”。他做过艺术梦、歌手梦，酷爱各类运动，最喜爱的动物是熊猫和企鹅。中学时代，因为父亲工作的原因，搬回北卡罗来纳，格林喜爱体育，是学校篮球队、足球队和棒球队成员。17 岁时，进入北卡罗来纳大学 Chapel Hill 校区，因学习成绩优异，刚满 19 岁，即提前大学毕业。

大学期间，格林教授本人未能找到喜爱的职业，便参加了职业测试（Kuder Preference Test），结论是适合三种职业——大学教师、牧师、律师。当时，他对教书和当牧师毫无兴趣，故决定学习历史，以便为毕业后进入法学院做准备。毕业后，他申请到印第安纳大学的历史学硕士项目，回到印第安纳。进入历史学科后，一发不可收。于是，在硕士项目完成后考虑进一步攻读博士学位。当时可以选择的导师有两位：当时在布朗大学任教的爱德蒙·摩根教授（后来，摩根教授转到耶鲁大学，直到 2013 年，以 97 岁高龄仙逝）和在内布拉斯加大学任教的约翰·艾尔登教授（John R. Alden）。结果，两所大学都录取了他，但内布拉斯加大学给了他教学助理奖学金，格林故选择了该校。一年后，艾尔登教授受聘杜克大学。这样，阴差阳错，格林又跟随其导师转回他熟悉的北卡罗来纳。

在攻读博士学位期间，格林教授很快找到了历史研究者的感觉。他回忆说：“我很快重新认识了历史，将其视为一系列悬而未决的问题，并且感觉到自己或许能够对其中一些问题的解释——即使谈不上解决——做出贡献。

这一追求成为直至今日吸引我的兴趣和热忱的事业。”[①] 1956 年，年仅 25 岁，格林教授即在杜克大学完成博士学业，此后开始了长达 50 多年的历史研究和教学生涯。最初几年，格林教授任教于数所中西部大学，包括密执安州立大学（1956～1959 年）、西部保留地大学（1959～1965 年）和密执安大学（1965～1966 年）。1966 年，他加入约翰斯·霍普金斯大学历史系，后来担任安德鲁·梅隆讲席教授（Andrew W. Mellon Professor in the Humanities），直至荣退。[②]

50 多年来，他先后指导了 88 位博士生，出版过几十部专著、论文集，发表过数百篇学术论文，在被称为早期现代（17～18 世纪）英属美洲史（early modern British America）领域做出了卓越的学术贡献。

（二）学术成就

格林教授的学术领域极富个人特色：一方面，他研究的历史时空范围十分明确，基本限于被称为早期现代（early modern）的 17～18 世纪的大西洋两岸的世界，聚焦点是英国在美洲大陆北部和加勒比海地区建立的拓殖性殖民地；另一方面，他关注的历史问题涵盖政治、法律、社会、文化、种族、民族意识等广阔领域。所以，在相对有限的历史时空范围内，他探讨了几乎无限的广阔命题，其丰富深厚的学术历程本身就是二战之后美国历史研究范式与潮流的集中体现。

格林教授集中关注 17～18 世纪，对该时间段内英属美洲、英帝国以及大西洋世界的历史了如指掌。美国历史学界的同行在不同场合将他誉为“18 世纪英属美洲历史大师”“早期现代英帝国历史之世界领袖”。一些评论者形象地赞誉格林教授在讨论 18 世纪北美历史时，“如同在自家花园里闲庭信步”。记得一次在格林教授家上课，大家看到厨房里有菜谱，一位同学马上说道：“哦，一定是 18 世纪的菜谱。”这虽是笑谈，然折射出大家对格林教授历史知识之丰厚渊博的感叹。确实，格林教授对 18 世纪英属美洲世界全方位的深耕细作，达到了空前未及的学术新高度。

---

① Jack P. Greene, “The Making of a Historian: Some Autobiographical Notes,” in John B. Boles, ed., *Shapers of Southern History* (Athens: University of Georgia Press, 2004), p. 26. 本段中格林教授的早年成长和求学经历，除非特别注明，依据的均是格林教授的这篇自传式文章。

② 唯一的例外是 1990～1999 年，格林教授曾兼任加州大学尔湾校区（University of California-Irving）历史学杰出教授。但在此期间，他继续指导在约翰斯·霍普金斯大学的博士生。

由于格林教授的研究领域绝不限于后来成为美国组成部分的英属美洲大陆殖民地，因而他称自己不是严格意义上的“美国历史学家”，而是“早期现代史家，碰巧对欧洲人及其在美洲的后裔的活动有浓厚兴趣”。[①]

1. 政治与宪法史

格林教授在杜克大学完成的博士论文，探讨了18世纪四个南部殖民地（弗吉尼亚、南卡罗来纳、北卡罗来纳和佐治亚）议会的发展，后经数年修改，1963年，以《争取权力》[②]为主书名出版，成为研究殖民地时期代议制度、议会与宗主国权威权力斗争的经典之作。这一研究也确立了格林教授学术事业初期的研究方向：英属美洲殖民地政治治理、拓殖者社会与宗主国权威之间的权力分配和演变。

遵循20世纪美国殖民地史的开拓者、“帝国学派”大师查尔斯·安德鲁斯（Charles M. Andrews）的研究路径，格林教授的研究视角早在学术事业初期就没有局限于1776年独立之后构成现代美国的13个英属殖民地，而是放眼整个英属美洲，将13个英属北美殖民地视为英国美洲殖民区域的一个组成部分。其研究焦点是从宗主国向美洲开拓定居地过程中将英国政治和社会制度、文化传统和习俗移植到美洲，美洲殖民地制度和文化在与宗主国的交互影响中逐渐生成和发展及其后来与宗主国帝国统治发生不可调和的矛盾，以全面、系统审视17～18世纪的历史变迁。格林教授的博士论文基本遵循传统的制度史思路，利用英国和各州的原始档案资料，描述和勾画四个南部皇家殖民地地方代表议会在18世纪的制度发展。

毕业之后，在修订论文期间，他发现纯粹的制度史进路不足以从动态视角展示殖民地政治活动的性质，遂积极拓宽视野：一方面，他汲取当代英国学者（主要是路易斯·纳米尔爵士[③]）对政治结构和政治人物的研究，对参与殖民地议会活动的议会代表进行基于社会出身等个人背景的量化分析；另一方面，借助宪制史学者[④]的成果，将殖民地议会与帝国权威间的矛盾置入

---

① Jack P. Greene, “The Making of a Historian: Some Autobiographical Notes,” in John B. Boles, ed., *Shapers of Southern History*, p. 31.

② Jack P. Greene, *Quest for Power: The Lower House of Assembly in the Southern Royal Colonies, 1689–1776* (Chapel Hill: University of North Carolina Press, 1963).

③ 纳米尔爵士相关代表作包括《乔治三世即位时代的政治结构》（*The Structure of Politics at the Accession of George III*, London: Macmillan, 1957）和《美国革命时代的英国》（*England in the Age of the American Revolution*, London: Macmillan, 1930）。

④ 宪制史的代表人物包括 C. H. McIlwain 和 Andrew C. McLaughlin。

英帝国宪制框架内，探讨其宪制含义。

自此以后，格林教授坚持不懈地将制度、权力结构、政治行为和宪制理论融会贯通，在这一综合性框架内，深入探讨英属美洲政治和宪法发展的各个层面，在殖民地政治发展、帝国政策以及宗主国与殖民地统治关系等领域取得了卓越成就。其代表作包括《争取权力》（1963 年）、《边缘与中心》[①]（1986 年）、《协商基础上的权威》[②]（1994 年）、《美国革命的宪制起源》[③]（2010 年）等论著，以及收录本书的《政治稳定的发展——1660～1760 年英属美洲殖民地政治发展解释》和《谈判而立的权威——近代早期大西洋世界扩伸政体的治理问题》两篇长文。

2. 英属海外殖民帝国史

除 1963 年出版的《争取权力》一书基本以 18 世纪英属美洲殖民地中后来构成美国的数个南部殖民地为对象外，格林教授大部分著述都没有局限于传统史观中的美国“殖民地时代”，而是将英属美洲作为英国海外殖民帝国的组成部分。英国自 16 世纪开始进行海外殖民扩张，到 18 世纪建立了横跨欧、美、非、亚大陆的“第一帝国”，直到 18 世纪末期的美国独立，第一帝国才开始解体。在 200 多年时间内，英国发展出一系列围绕海外殖民帝国开拓、统治和治理的政策。格林教授将英属美洲置于英国海外帝国框架内，探讨关于帝国“组成、特点以及部分解体的众多问题”。在这一视角下，英属美洲殖民地遇到的几乎所有问题都可以在大英海外帝国的其他地方发现，可以进行比较研究。因而，格林教授的许多著述，涉及英属美洲大陆之外的其他殖民地（比如西印度群岛殖民地）以及爱尔兰等地区。其代表著作主要包括《边缘与中心》《创立英属大西洋世界》[④]《排他性帝国》[⑤]

---

① Jack P. Greene, *Peripheries and Center: Constitutional Development in the Extended Polities of the British Empire and the United States, 1607－1788* (Athens: University of Georgia Press, 1986). 该书中译本：《边缘与中心：帝国宪制的延伸——大英帝国与美利坚合众国 1607—1788》，刘天骄译，中国政法大学出版社，2017。

② Jack P. Greene, *Negotiated Authorities: Essays in Colonial Political and Constitutional History* (Charlottesville: University Press of Virginia, 1994).

③ Jack P. Greene, *The Constitutional Origins of the American Revolution* (London: Cambridge University Press, 2010).

④ Jack P. Greene, *Creating the British Atlantic: Essays on Transplantation, Adaptation, and Continuity* (Charlottesville: University of Virginia Press, 2013).

⑤ Jack P. Greene, *Exclusionary Empire: The Transmission of the English Liberty Overseas 1600－1900* (London: Cambridge University Press, 2009).

《评估帝国与直面殖民主义：18 世纪英国》[①] 等。

3. 大西洋史

对英属海外殖民帝国的研究，使得格林教授继续扩展其学术视阈。英属第一帝国的许多问题，比如海外统治、帝国与殖民地的关系、贸易与战争、跨大西洋奴隶贸易等，也是同一历史时期其他欧洲殖民帝国面临的共同问题。与西班牙、法国、荷兰等西欧列强海外殖民和统治历史等进行对比，可以促进对英语世界海外帝国的理解。为此，格林教授于 1972 年在约翰斯·霍普金斯大学创设“大西洋历史与文化论坛”（Program in Atlantic History and Culture），积极倡导大西洋史比较研究，论坛成为二战后大西洋历史研究的主要基地。格林教授的许多论文都是从与法属、西属美洲殖民帝国的对比角度展开的，同时，他还主持或参与了多本大西洋历史研究文集的编辑和出版工作，如《大西洋史：批判式评估》[②]。

17 ~18 世纪的早期现代，既是欧洲强国海外扩张时代，也是现代国家（modern state）体制在这些地区形成和成熟的时代。格林教授借助大西洋史丰富的学术成果积累，深入探讨了殖民与国家形成之间的密切关联。收入本书的《殖民地史和国家历史》《国家形成、抵制与早期现代革命传统的缔造》和《近代早期殖民与国家创设期间的社会与文化资本》等论文，反映了格林教授对这些宏观问题的思考。

4. 社会与文化发展史

在不断从地域角度扩展研究视角的同时，格林教授逐渐将研究领域从早期关注的政治与宪法问题，扩大到社会和文化问题。这种视角转移，一方面反映了 20 世纪 60 年代美国民权运动之后兴起的“自下而上”认识历史的新社会学思潮，另一方面也受到法国年鉴学派和英国剑桥学派关注社会、人口、种族、文化的研究取向的影响，并与之互动。70 年代以后，格林教授的许多著述集中于各类社会课题，包括人口变化、社会财富积累、种族关系等，其研究对象多选取英属美洲殖民地，特别是英属西印度群岛的甘蔗和烟草种植园社会，并将其置入与欧洲社会和法属、西属美洲社会的对比框架中。其代表作包括《追求

---

① Jack P. Greene, *Evaluating Empire and Confronting Colonialism in Eighteenth-Century Britain* (New York: Cambridge University Press, 2013).

② Jack P. Greene and Philip D. Morgan, eds., *Atlantic History: A Critical Appraisal* (New York: Oxford University Press, 2009).

幸福》《既非奴隶也无自由》[①] 等。

在社会文化历史方面，格林教授开拓了从文化互动层面探讨殖民地社会身份构建以及美利坚民族形成的研究，并取得了卓越成就。从20世纪70年代中期开始，他开始关注欧洲拓殖美洲殖民地过程中殖民地居民社会与文化身份的形成轨迹。之后，他发表了大量著述，细致论述了在新旧大陆经济和文化互动过程中美洲殖民地社会如何逐步产生身份觉醒以及这种身份认同如何在融合宗主国传统、美洲土著印第安人习俗以及非裔奴隶种族意识进程中，发展出全新的“美利坚”民族的身份认同。本书收录的《寻求身份认同》《英国特征的重塑》《“众还是一?”》等论文以及格林教授的专著《美国的文化建构》[②] 和论文集《动力、行为和身份》[③]，反映了他在这一领域的杰出贡献，影响深远。

5. 美国革命

美国革命是18世纪后期大西洋世界的转折性事件：一方面，它标志着英属北美殖民地在创设独立国家过程中，形成了一个以政治认同为基础的新型民族——美利坚民族；另一方面，它导致了英属海外殖民帝国的解体，彻底改变了欧美大陆的政治格局。作为18世纪英属美洲史专家，格林教授在学术生涯之初就对美国革命予以持续关注。受到其学术研究视角的影响，他对美国革命的探讨，不是对北美独立本身就事论事、研究革命期间的事件和人物，而是从更加宏大的视野审视美国革命的起因、特点和历史影响，并且将美国革命置入早期现代欧美革命框架中，与同时期的其他革命加以比较。格林教授于2010年出版的力作《美国革命的宪制起源》，从帝国宪制演进角度，重新探讨了20世纪初帝国学派史家开创的从宪法争议入手理解美国革命起因的问题，达到了全新高度。他的论述美国革命的一系列论文，见诸论文集《解释美国革命：问题、解释和人物》[④]。他对美国革命与其他革命

---

① Jack P. Greene and David W. Cohen, eds., *Neither Slave, Nor Free: The Freedmen of African Decedents in the Slave Societies of the New World* (Baltimore: Johns Hopkins University Press, 1972).

② Jack. P. Greene, *The Intellectual Construction of America: Exceptionalism and Identity from 1492 to 1800* (Chapel Hill: University of North Carolina Press, 1993).

③ Jack P. Greene, *Imperatives, Behaviors, and Identities: Essays in Early American Cultural History* (Charlottesville: University Press of Virginia, 1992).

④ Jack P. Greene, *Understanding the American Revolution: Issues, Interpretations, and Actors* (Charlottesville and London: University Press of Virginia, 1995).

的比较，体现在两本论文汇编——《早期现代革命的条件》[①] 和《美国革命的跨学科研究》[②] 中。本书收录的《人人生而平等——对美国革命性》一文，可谓格林教授研究美国革命思想内容的扛鼎之作。

6. 美国早期史学术史

除了研究历史问题本身，格林教授还密切关注作为学术活动的历史研究的演进和发展。他撰写了大量的史学综述和评论文章，对自己研究领域内史学思潮和方法的变迁予以关注，并以其坚忍不拔的学术努力引领史学新潮流。在英属美洲殖民地和美国革命领域，格林教授比任何同时期的历史学家都更加坚持不懈地追踪史学发展脉络，为学界同行，特别是年轻学者，指明研究方向。

就英属殖民地史研究而言，格林教授的代表作即前述《英属美洲殖民地》，其产生背景也集中体现了他对学界思潮的引领作用。其梳理、评述殖民地历史研究的多篇论文，均已收录于《解释早期美国》。

在美国革命领域，格林教授不但自己撰写史学评论文章，而且编辑了多本论文集，收录他人代表性文章，为后来研究者提供研究方向。这些作品包括《解释美国革命》[③] 《美国革命》[④] 和《美国革命的重新解释（1763～1789）》[⑤]。

（三）学术荣誉

2008 年 5 月 1 日，在美国历史学会第 122 届年会上，格林教授被授予美国历史学界的崇高荣誉“美国历史学会学术成就奖”。颁奖词写道：

> 50 多年来，约翰斯·霍普金斯大学安德鲁·梅隆讲席教授（荣退）杰克·格林深刻影响了美洲殖民地和大西洋世界领域的研究。他不拘泥于早期美国历史的一个狭窄领域，相反，他在多部专著中探讨了广阔的

---

① Jack P. Greene and Robert Forster, eds., *Preconditions of Revolution in Early Modern Europe* (Baltimore: Johns Hopkins Press, 1970).

② Jack P. Greene and Pauline Maier, eds., *Interdisciplinary Studies of the American Revolution* (Beverly Hills, California: Sage Publications, 1976).

③ Jack P. Greene, *Understanding the American Revolution: Issues, Interpretations, and Actors.*

④ Jack P. Greene, ed., *The American Revolution: Its Characters and Limits* (New York, London: New York University Press, 1987).

⑤ Jack P. Greene, ed., *The Reinterpretation of the American Revolution, 1763 - 1789* (New York: Harper & Row, 1968).

课题。这些著述包括成为必读专著的《边缘与中心》（佐治亚大学出版社，1986年）、《追求幸福》（北卡罗来纳大学出版社，1988年）。他的学术成就涉及多个领域，包括英属美洲的政治和文化、美国革命、法律与宪制发展以及奴隶制和种族。他探究过切萨比克地区、下南部和西印度群岛的历史。格林教授有非凡的编著才能，主编了多部文献汇编和论文集，其中包括《美国革命》（纽约大学出版社，1987年）和研究范式转变的代表作《英属美洲殖民地——早期现代新历史研究论文集》（约翰斯·霍普金斯大学出版社，1984年，与J. R. 波尔合编）。他现在仍然笔耕不辍，正在同时进行五部著作的写作。

格林教授还以宽厚和刻苦钻研的学术精神，树学界之范。他指导了85篇博士论文①，涉及极其宽广的论题，集中展现出他的学术信心和博闻广见。除指导学生外，他还鼓励和引导了来自许多国家的学者。研究早期美国和大西洋历史每个分支领域的著名学者，无不以格林教授为导师。鉴于杰克·格林在早期美国社会、政治和宪制历史诸多方面创造性的研究，以及他对世界各地数代历史学者的深刻影响，授予其美国历史学会学术成就奖的殊荣，实至名归。

三　关于本书

本书的缘起应该算是一段学术佳话，也与我和玉圣的友谊有关。玉圣是我在北大读研究生时的同门师弟，在从齐文颖老师读研究生时，也是学习美国早期史，并以《代役租初探》为硕士毕业论文。之后，玉圣在北师大历史学系任教，主要从事美国早期史的教学和研究，并指导该领域研究生。2003年转入中国政法大学工作后，虽因适应教学需要而不得不转攻法律史和理论法学，但他和我本人一样，一直对美国早期史情有独钟，除指导研究生以美国早期宪政史为毕业论文选题外，还主编《美国早期史新论》，并正在致力于有关论著的写作。

正是源于对美国早期史的学术热爱，考虑到该领域的大家伯纳德·贝林

① 85篇博士论文，指截至2008年5月格林教授获奖之时的统计。截至2019年12月10日的数字是88篇。

教授（Bernard Bailyn）、伍德教授等的代表著作均已有中文版，和我一样，玉圣觉得应创造条件，将格林教授的著作尽可能翻译成中文出版，嘉惠学林，促进中美史学的深度学术交流。2014 年，玉圣在纽约访学期间，经我介绍，格林教授邀请玉圣和当时正在哥伦比亚大学做富布赖特学者的胡玉坤博士，到其位于普罗维登斯的家中相晤，格林教授和夫人予以盛情款待。

拜访格林教授之后，玉圣当即向我提出了组织翻译格林教授有关代表性论文在国内出版的设想。此后，我们与格林教授共同商定了入选论文和论文集结构，格林教授还提供了多篇论文的电子版，供翻译使用。玉圣教授又联系了张聚国博士等美国史专家，负责论文翻译工作。经过四年多努力，终于完成了本论文集的翻译和审校工作。于是，就有了这部《早期现代的大西洋世界——杰克·格林教授史学文选》。

2019 年 12 月 10 日

芝加哥

上　编

重建英属美洲殖民地史

如果说历史难以预测的话，历史学者们不断变化的兴趣亦是如此。1947年3月，十位著名的美国早期史学者在普林斯顿大学开会，讨论他们的研究领域的状况。在随后的12月，在克里夫兰，新近在威廉斯堡建立的美国早期史与文化研究所（Institute of Early American History and Culture）主任卡尔·布里登堡（Carl Bridenbaugh）在美国历史学会年会上报告了他们在会上的讨论情况。如果说布里登堡的报告准确反映了他们的情绪，那么他们一定觉得其研究领域是一种“濒危物种”。无论布里登堡设计出什么衡量标准——涉及这一时期概论课程的时间总量、学院和大学开设的有关那一时期的专业课程的数量、这一领域的出版物和新博士论文的数量以及在此研究领域比较活跃的学者和研究生的数量——对美国殖民地历史以及独立革命时期的历史（这两个时代曾吸引了1875~1925年前两代职业历史学者的很大一部分注意力）的兴趣，在此前的20多年似乎大幅度下降。确实，几个主要的研究生培养中心——普林斯顿大学、宾夕法尼亚大学、约翰斯·霍普金斯大学、芝加哥大学和伯克利大学——不再有任何仍然活跃在那一领域的历史学者；在其他大学，包括哥伦比亚大学、西北大学和杜克大学，教授美国早期史的责任全部落到了其主要研究领域是建国初期历史的人身上。布里登堡也许正确地将这种衰落主要归咎于历史学界认为“殖民地史”已经“都被写遍了”的普遍印象。布里登堡反对美国殖民地和独立革命时期的历史已经被“开采完”的想法。他让人注意到我们对美国殖民地时期，尤其是对1680~1750年的社会与文化史所知甚少。他鼓励他的听众“共同努力，重新将这一领域确立为一个显要的研究领域”。[1]

① Carl Bridenbaugh, “The Neglected First Half of American History,” *American Historical Review* 53 (1948): 506-517.

然而，布里登堡的长篇评论文章并未立即带来对美国殖民地历史兴趣的复兴。尽管在美国逐渐出现了《威廉－玛丽季刊》这种最具活力和最有旨趣的历史研究媒介以及一些学者精深而重要的研究：韦斯利·弗兰克·克雷文（Wesley Frank Craven）对早期南部殖民地的研究，佩里·米勒（Perry Miller）对新英格兰精神的研究，路易斯·B. 赖特（Louis B. Wright）、布里登堡、马克斯·萨维尔（Max Savelle）和弗雷德里克·B. 托尔斯（Frederick B. Tolles）对殖民地社会－文化生活的多个方面的研究，梅里尔·詹森（Merrill Jensen）、约翰·R. 奥尔登（John R. Alden）、约翰·C. 米勒（John C. Miller）和埃德蒙·S. 摩根（Edmund S. Morgan）对美国革命的研究。但在 20 世纪 50 年代中期，尚难以预测在随后的 20 多年美国早期史研究所的巨大复兴，更不用说预测那种复兴将采取的路线了。

确实，在上一代，美国殖民地历史景观的改变非常小。主要问题是在 1890～1920 年的 30 年里确定的，直到现在学界也仍然只是对既有信息略加增补，或稍微变化研究视角。在正式以及实际意义上，1763 年之前的殖民地史被对“殖民地时期”的描述主宰。尽管查尔斯·M. 安德鲁斯（Charles M. Andrews）、劳伦斯·亨利·吉普森（Lawrence Henry Gipson）以及帝国学派的其他历史学者们坚持认为，英属美洲殖民地史的适当参照系应当包括英国在美洲的所有殖民地，而不仅仅是 1776 年“造反”的 13 个殖民地，即使对安德鲁斯和吉普森来说，对殖民地史的普遍构想仍然为殖民地时期之后紧跟的美国革命以及美利坚合众国建立的知识所左右。《航海法令》实施过程中产生的问题、英帝国政策的性质、英国殖民地行政管理的质量以及各殖民地在殖民地范围和地方政治机构方面的发展等都受到了一种含蓄的一致认识的歪曲。这种一致性认识是：需要解决的基本问题是这些事件如何影响了独立运动，它们在多大程度上、在哪些方面应对独立革命的爆发“负责”，以及这种责任最早可以追溯到什么时期？甚至 1676 年，即《独立宣言》发表整 100 年前，弗吉尼亚发生的一次暴动都可能被解释为最终反英暴动的“先兆”。这些观察与韦斯利·弗兰克·克雷文细心搭建框架的著作或佩里·米勒分析深入的论著格格不入。米勒对新英格兰精神的分析基于那个时代神学抱负与世俗形势之间的互动。然而，米勒著作的说服力和启示还不足以触动目前学界对那一课题的构想。这证明那种构想正继续对美国早期史研究这个正在收缩的世界施加强大的影响。

当代对后来各个时期美国历史的解释趋势，也未能动摇那种强大的构想。二战之后至少 15 年间，对美国历史的主导性构想仍然是在 20 世纪最初的 30 年由查尔斯·比尔德（Charles Beard）、弗农·帕灵顿（Vernon Parrington）等“进步主义”史学家提出的。正如约翰·默林（John M. Murrin）所指出的，这些“进步主义”历史学家对殖民地时期不感兴趣，很少在其著作中提到殖民地时期，因此对历史学者们对殖民地时期的看法没有多少影响。[①] 同样重要的是，进步主义历史学家对历史的兴趣主要在于分析政治冲突，这意味着他们对挖掘潜在的社会与经济发展背景的有益关注主要局限于那些发展如何影响政治生活。因此，进步主义历史学家的观点对研究殖民地历史的学者对他们的研究领域的看法影响不大，倾向于鼓励他们探讨政治行为的社会－经济根源，尤其是独立革命时代的社会－经济表现。因此，它强化了殖民地时期之所以有趣，是因为它是独立革命的前奏这个传统观点。而且由于进步主义学者们直接关注政治问题，因而对本身值得研究的课题的社会－经济史意义未能产生新的理解，甚至可能阻碍了对社会－文化史新成果对理解殖民地历史的重要意义的充分理解。

1945～1960 年，对美国研究日益强烈的兴趣最初也产生了同样的影响。在这期间，指导美国研究运动的是两个基本预设。第一个是将美国研究定义为仅仅分析过去或即将成为美国的一部分的地区。因此，与进步主义历史学家的构想一样，美国研究运动路径实际上只是一种历史解释的辉格派变种。殖民地时期重要的是那些似乎能够解释独立革命和后来的美国历史发展的方面。结果是，美国研究运动在刺激了对殖民地文化许多方面的兴趣再次萌发的同时，还倾向于将那种兴趣导向对后来的美国文化的殖民地根源的时空错置性探索，分析了殖民地各方面发展表现出美国化过程的程度。

美国研究运动路径背后的第二个普遍预设是，美洲，至少是英属美洲大陆的变种，一直与欧洲存在根本不同；各个地方和地区之间的任何差异远无他们之间的相似性重要，这种相似性使被定义为美国文化的美洲文化与欧洲

---

① John M. Murirn, “Political Development,” in Jack P. Greene and J. R. Pole, eds., *Colonial British America: Essays in the New History of the Early Modern Era* (Baltimore, London: Johns Hopkins University Press, 1984), p. 409.

文化不同。这种对“美国例外论”（American exceptionalism）的强调，在二战以后新出现的“一致论”（consensus）的强化下，倾向于消除美国历史上的时间与空间差异，并由此进一步模糊殖民地时期与建国时期之间的边界，阻止将殖民地时期设想为一个自成一体时期的观念的出现。

在后来的1/4世纪里，殖民地时期到底为什么以及如何成为自成一体的研究领域并成为美国历史研究中最激动人心和最引人入胜的领域之一的问题很复杂，很可能尚未得到深刻理解。这一问题是对理解20世纪后半叶历史知识转变来说极为重要的课题，值得得到比本文更为细致和深入的分析。

然而，任何这种分析都必须主要关注美国早期史领域内部发生的相互联系的三方面的发展。首先，在20世纪50年代，佩里·米勒的著作开始产生与其细致入微的分析和卓越相称的影响。人们逐渐认识到，米勒不仅是整个美国历史上最具原创性和最有造诣的历史学家，而且也是唯一一位著作的质量可以与他那一代以及他之前一代伟大的欧洲历史学家相媲美的美国历史学家。这种认识必然激起人们对早期美国的兴趣，并确立起历史研究的高水准，这本身也吸引了未来的青年历史学者进入这一领域。其次，主要通过《威廉-玛丽季刊》以及日益引人注目的图书出版项目，美国早期史与文化研究中心一方面为这一领域稳步增加的高质量研究提供了一个通道，另一方面发挥着新思想和新观点交流论坛的作用。最后，几个主要研究生培养中心的一群拥有优越环境的优秀研究生导师，这里仅列举几位最多产的教师——布朗和耶鲁大学的埃德蒙·S. 摩根、哈佛大学的奥斯卡·汉德林（Oscar Handlin）和伯纳德·贝林、哥伦比亚大学的理查德·B. 布朗（Richard B. Brown）、普林斯顿大学的韦斯利·弗兰克·克雷文以及威斯康星大学的梅里尔·詹森——将越来越多的1955年之后开始在职业历史研究领域求职的不断增多的研究生吸引进美国早期史领域。十年间，这些教师以及其他教师培养的学生开始在主要大学担任要职，并开始培养他们自己的学生。为了迎合这种新的兴趣，一些在二战之前放弃了美国早期史课程的大学和学院又恢复了这一课程。一些大学甚至将教授美国早期史的学者增加了一倍，有的最终将教授美国早期史的老师增加为原来的三倍。

无论这些年间对美国早期史兴趣猛增的原因是什么，截至20世纪50年代末，布里登堡1947年哀叹之后仅仅十年，就再无法说美国早期史还是

“一个被忽略的课题”了。[①] 尽管教授美国历史“前半部分”的教师的数量与教授 19 世纪和 20 世纪美国历史的教师相较，仍然只占历史教师整体的很小一部分，但在较短的时间里，其比重已经发生了大幅变化。在 20 世纪 60 年代后半叶，任何年度培养的美国早期史博士生数量都大大超过了 1920～1950 年培养的该领域博士生总数。在发表作品数量方面，亦是如此。对美国早期史的兴趣不仅局限于美国早期文学和艺术领域的学者和学生。社会科学领域——社会学、历史地理学和政治学——的青年学者们开始在美国早期史领域发现引人入胜的研究机会。

当然，所有这些新的兴趣并非都指向殖民地时代。确实，直到 20 世纪 60 年代末，一大部分兴趣仍集中于美国革命和对一些传统问题的深化解释，如为什么会发生独立革命？独立革命是一种什么现象？它与 1787～1788 年的新宪法有何关系——这本身就是一个主要研究领域。即使对那些确实选择集中研究较早时期的学者们来说，他们的注意力最初主要集中于在既定的解释框架里研究传统的制度与政治课题。然而，在整个 20 世纪 60 年代，随着研究美国早期史的学者大幅增多，他们中越来越多的人开始研究独立革命的之前 150 年间日益广泛的课题。他们逐渐将质疑转向问题本身而不是现有问题。米勒在论著中提出，清教是一种随着社会与经济形势变化而变化的道德与解释体系，在其中鼓舞下，他们首先转向思想史，对米勒有关清教徒宗教与思想发展的描述进行了深入研究和修正，分析了政治与社会思想史，解释了欧洲人继承的有关他们自己以及其他民族的观念如何影响了他们对在美洲遇到的非欧洲人的态度。

这种对作为历史形势重要组成部分的观念与价值观的尊重的复兴——这种尊重在很大程度上是贝林、戈登·S. 伍德（Gordon S. Wood）等学者对殖民地时代末期以及独立革命时代政治思想进行细致研究的结果——很快又紧跟着一种对殖民地经济、人口以及社会史（以前描述不详的领域）的新兴趣。从小处看，这种发展似乎是越来越多的人在尚未探索的领域寻找新研究课题的结果，也是一种自生逻辑的作用，其将调查范畴从一个新的领域推进到另外一个领域。例如，当有关选举权和代表权的出版作品表明持有财产比

---

① Lester J. Cappon, “ ‘The Historian’s Day’: From Archives to History,” in Ray Allen Billington, ed., *The Reinterpretation of Early American History: Essays in Honor of John Edwin Pomfret* (San Marino: Huntington Library, 1966), pp. 234 – 238.

之前的历史学者们认为的更加普遍，选举权本身也更加广泛时，其促使其他学者更加细致地研究遗嘱档案，将其作为了解社会结构、生活水准以及经济期待的信息来源。

然而，也许更为重要的是来自两个外部来源的强大刺激因素。也许最为重要的是刺激因素来自相关的社会科学学科。在二战之后的几十年里，社会科学尤其在美国获得了新的尊崇地位并表现出新的复杂性。社会科学对殖民地史的影响表现在两个方面。首先，少数社会科学研究者——主要是计量经济史学家、历史地理学家、历史社会学家以及文化人类学家——对这一领域做出了重要贡献。然而，社会科学对英属美洲殖民地历史研究的影响如此普遍，以至于无法仅仅通过少数学者的例子进行说明。随着社会科学的影响渗透大多数大学和学院的本科课程——至少在美国是这样，并且进入流行社会文学，越来越多的历史学家开始（不同寻常地、含蓄地）采用和利用社会科学，主要是采用和关注社会学、心理学、经济学和人类学的语言、概念、方法和关注的问题。其次，这一发展促成了一种对明确使用主要借鉴自社会科学（包括统计学和定量分析）的理论和方法的明显兴趣。这对早期几代历史学者们来说是不可思议的。如果说社会科学对研究殖民地历史的学者的影响要早于和大于研究后来美国历史时期的学者，这可能是因为历史即政治史的传统历史观在很少共享政治史的领域不太根深蒂固。

然而，殖民地历史学者对社会、经济、人口以及其他历史领域的新的兴趣也受到了大西洋彼岸新的方法和历史研究学派的强势强化。法国的“年鉴学派”（Annales）在一代人的时间里一直在努力倡导一种“总体史”（histoire totale）。这种史观使公共生活的历史从属于复原人口经历的方方面面这种范畴更加宏大的视野：从环境与材料到社会与思想，从宏观到微观，从最显赫的人到最边缘的居民。

到 20 世纪 60 年代初期，这个群体的倾向被研究近代早期英格兰的学者们接受。这个领域已经表现出对都铎王朝和斯图亚特王朝历史的强烈兴趣。学者们关注 17 世纪中期英国革命的社会根源，关注社会结构、文化与信仰体系之间的关系，尤其表现在剑桥人口史与社会结构研究小组（Cambridge Group for the History of Population and Social Structure）对人口史与经济、社会和政治变迁之间的互动的关注上。这为研究英属美洲殖民地的学者们提供了将对社会科学关注问题的新兴趣转变为对历史特定时代的阐释的引人入胜的新模式。

与此同时，这些历史学者的研究发现为研究殖民地历史的学者们提供了一个更宏大的框架，起到的作用是将他们比以往更加完全地拖入历史学者们的历史世界。在这个世界中，判断课题的意义与其说是依据它们能否揭示后来的事件，倒不如说是依据它们对其所属具体世界的揭示。如果说社会科学将殖民地历史的注意力转移到社会－经济与文化史方向，那么法国和英国研究近代早期的历史学者们的著作则让他们认识到尽可能少受目的论的歪曲、在自己的参照系内完整重现过去社会的裨益。伴随这一发展的一个重要情况是：学者们重新树立对各个层面的地方史的尊重和兴趣。[①]

无论其在激起对英属美洲殖民地史研究的巨大新兴趣并将那种兴趣有力地转向 20 世纪 60～70 年代对课题扩大的构想方面有何影响，结果是专著和文章的真正爆炸性增多和有关那一领域许多方面的信息更加丰富。然而，这种新的繁荣的结果并非都是完全有益的。在很长一段时间内，殖民地史的学者们实际产出的大量新信息显然造成了严重的知识消化问题。随着知识变得越来越丰富且详尽，学者们变得越来越专业，英属美洲殖民地研究领域已经分裂为一系列次级专业领域，有的专注于某个地区，有的专注于某个时段，有的专注于某个主题，还有的强调方法论。可悲的是，英属美洲殖民地某一领域的专家对其他领域还不如他们总体上对 19 世纪或 20 世纪[②]的历史了解得多。

同时，随着这一领域传统组织形式所围绕的旧的总体轮廓和主题被摧毁或废弃，学界明显缺乏对以新的轮廓和主题取代它们这个问题的系统关注。随着学者们通过值得称道的努力在资料和学术创见允许的细致程度上复原殖民地生活的背景和本质，他们越来越集中于越来越小的单位。令人吃惊的是，很少有人努力将他们的研究成果与 17 世纪至 18 世纪中期的英属美洲发展的宏大图景联系起来。因此，英属美洲殖民地历史焕发活力的一个矛盾性结果是，研究的整体性显然丧失了。结果是，我们现在比以往更不清楚整个领域的核心主题和更宏大的问题是什么。

另外，有关美国不同殖民地的丰富学术著作的比重必然是不平衡的。例如，我们对新英格兰和切萨皮克要比其他地区了解得更多，对农村生活

---

① 在强调这些来自历史研究学科内部的特定影响的同时，我们不希望读者小看总体社会发展的影响，如 20 世纪 60 年代中期美国梦的幻灭让许多人开始了我们现在回过头来看属于怀旧的探寻，他们追求更具吸引力的、公社制的历史。他们中的许多人在前工业社会的新英格兰相对平等的、具有公有制倾向的家庭农耕社群中找到了这种历史。

② 此处仅以 19 世纪或 20 世纪为例。

比对城市生活了解得更多，对宗教比对世俗文化了解得更多，对外部贸易比对内部贸易了解得多，对政治思想比对政治过程了解得更多，对静态的财富结构比对动态的社会发展了解得更多，对成年、白色、独立男性比对其他人口因素了解得多。然而，尽管每个人都意识到我们对某些地区和问题了解得更多，但没有人系统而全面地去评估我们已知和未知的领域，或确定这个领域的学者现在应予以关注（这种关注是有益的）的那些地区和问题（这种地区和问题很多）。

本文作者有意识地努力解决这些问题。我们组织了一次会议，讨论亲身经历并对英属美洲殖民地历史当前转型的令人印象深刻的早期阶段做出重大贡献的成熟学者们的一系列论文。会议主要从20世纪50年代或60年代初获得博士学位的一代人中征集学者。他们在过去的一二十年里有专业职位，正处于事业发展的中期阶段。由于他们过去、当前或未来在培养博士生中的作用，他们似乎在战略上处于优势地位，能够界定迄今为止的发展，并为未来提供指南。

我们希望会议在思想上尽可能全面。这个目标通过一个空间或时间的进路（a spatial or a temporal approach）可能得以实现。但出于对效率的考虑以及觉得当前对空间和时间上可以观察得到的差别的全神贯注是破坏课题整体性构思的一个重要因素，我们决定采取一种结构性进路（a structural approach）。我们将课题划分为14个话题，每个话题都由对其有明显兴趣的学者进行阐述。雅各布·M. 普莱斯（Jacob M. Price）和理查德·B. 谢里登（Richard B. Sheridan）负责经济发展，詹姆斯·T. 莱蒙（James T. Lemon）负责空间组织和定居模式，吉姆·波特（Jim Potter）负责人口趋势，理查德·S. 邓恩（Richard S. Dunn）负责劳动制度，蒂莫西·H. 布林（Timothy H. Breen）和加里·B. 纳什（Gary B. Nash）负责文化互动与社会关系，詹姆斯·A. 亨利塔（James A. Henretta）负责社会结构，乔伊斯·艾普尔比（Joyce Appleby）、戴维·D. 赫尔（David D. Hall）和理查德·L. 布什曼（Richard L. Bushman）负责价值体系和宗教与社会行为的各个方面，威廉·A. 斯佩克（William A. Speck）、约翰·M. 默林（John M. Murrin）和斯坦利·N. 卡茨（Stanley N. Katz）负责政治、宪政和法律发展。我们采用的特殊的课题划分反映了那个时代对于知识社会学的观念。在过去一代人期间，这个观念受到了社会科学的影响，更为具体地说，在历史研究领域，受到了“年鉴学派”的影响。它对殖民地历史的经济、人口、空间、社会和文化等维度的突出强调，也反映了那个时代在这一领域内的兴趣和活动划分。

为了为作者们确定指南，我们让他们中的每一位尽可能广泛地谈论他（她）的话题，涉及17世纪和18世纪、岛屿殖民地和大陆上的那些殖民地以及社会的各个阶层。如有可能，他们将考虑地域差异、时间变迁、外部和内部（宗主国和殖民地的）维度以及妇女和少数族群的作用及占据社会主导地位的男性成员的作用。具体而言，我们要求他们集中于：（1）我们的现状以及如何实现这种现状；（2）哪些问题需要更多关注；（3）根据现有的资料以及处理资料的方式，解决这些问题的最佳策略是什么；（4）话题内的问题与发现与其他领域的哪些问题及其发现有什么关联；（5）已经出版或正在进行的研究中出现了什么总的主题从而可能有助于论文本身涉及课题领域的研究以及整个英属美洲殖民地史领域的研究。最后，我们要求作者们免受美国革命以及建立独立美利坚合众国强加的目的论的影响，将1607～1763年的英属美洲殖民地（它只有一部分在1776～1783年脱离）视为一个广泛的社会－经济、文化和政治单位来考察。

可能令人满意的是，以《英属美洲殖民地：近代早期时代新历史论集》（*Colonial British America*：*Essays in the New History of the Early Modern Era*）① 为题发表的论文，最后都根据1981年8月最初提交会议时的讨论进行了修改，即便它们并非全部符合这些要求。一些作者，具体而言就是亨利塔和卡茨，以为从美洲发展的角度可以最好地阐述他们的话题；大多数作者，即阿普尔比、莱蒙、波特、纳什、亨利塔、赫尔、布什曼和卡茨或者完全忽略了加勒比海殖民地，或者只是一带而过地提到它。没有人系统或持续地研究人口较少的百慕大、巴哈马和纽芬兰等岛屿殖民地或大陆最北边的殖民地新斯科舍。同样，尽管他们没有被忽略，但妇女和儿童的作用以及土著美洲人和下层白人的作用未能获得他们的人数、同时代的社会－经济和文化的重要性所决定的以及最近的学术关注应给予的突出地位。我们希望，他们在未来的几十年里受到应有的关注。在很大程度上，这些重视不足，就像相对较少关注下南部的殖民地一样，是由于撰稿人对本来应被吸引去研究的那些领域尚缺乏广泛的研究。在这个意义上，他们有力地证明了研究英属美洲殖民地的

---

① Jack P. Greene and J. R. Pole, eds., *Colonial British America*: *Essays in the New History of the Early Modern Era*.

学者们中有很多人仍然未能对其课题建立一个更为宏大的构想，或表明他们不能完全接受不重视目的论的“整体史”。

我们全面性的原始目标并未完全实现，这不能仅仅归咎于单个作者的研究方向。一些重要话题，包括语言、通信网络、职业结构、职业以及家庭以上层级的世俗社会机构的发展，未能被包含在我们的话题中。我们必须对这些及类似疏忽承担全部责任。然而，尽管《英属美洲殖民地》一书未能实现对课题的全面分析，但它不知不觉地实现了一个主要目标：指出了需要额外研究的重要领域。

这些忽略也不是书的组织结构造成的唯一一个未能实现的目标。正如“年鉴学派”的一些批评家们经常指出的，历史与社会分析采用的分部分研究的进路（sectoral approach）的一个最为明显的弱点是，很难将各个部分联结在一起，并说明它们如何通过一系列复杂互动，塑造历史或社会过程。不同作者研究各个部分无疑强化了这个弱点。因此，不足为奇的是，那些作者中很少有人系统阐述“有助于构建……整个英属美洲殖民地史领域的研究的总体性主题”。

然而，这不是说他们没有注意到解释性框架和模式在历史分析组织中的用处。确实，几个作者确认了现有模式对解释他们负责的特定部分的发展仍然有用，但他们常常建议对那些模式进行调整，以使它们适合它们帮助分析的复杂情况。因此，普莱斯和谢里登似乎都同意，将大宗农作物和人口－市场模式结合起来，仍然是研究殖民地时期经济发展的最富有成效的方法。莱蒙尚未找到更好的方法替代一个经过修正的“核心—地方理论”（central-place theory）用以解释殖民地的定居模式，布林倡导使用一种修正的互动模式审视各个文化间的关系，布什曼建议采用一种实质性的“扩散框架”（diffusion framework）解释殖民地文化发展，艾普尔比指出批判性地采用“价值－社会方法”（value-and-society approach）研究殖民地信仰体系的诸多益处。

然而，在一个更加宏观的层面上，作者们几乎一致认为，现有模式都不十分令人满意。这种负面判断似乎同样适用于较老的和最新的解释框架。20世纪初与弗雷德里克·杰克逊·特纳、帝国学派历史学家或进步主义历史学家有关的解释体系似乎都是过于一维的，用处有限，那些作者中没有人愿意努力复兴它们。同样，除赫尔外，他们中没有人对美国例外论有正面的评价。这个理论为特纳的分析以及二战之后美国研究运动中出现的很多著作以及所谓美国历史“一致论”学派提供了思想基础。

他们对“共同体－社会模式”（gemeinschaft-gesellshaft model）也不太满意。这种模式将西方历史发展视为一个从一种有机的、基于公共生活的、宗教性和富有人情味的社会“衰退”为一个较为个体主义的、市场趋向的、世俗的和没有人情味的社会的过程。也许是因为它非常适合米勒以及其他几位研究新英格兰社会的较年轻的历史学者描述的新英格兰经历，在过去的1/4世纪里，这个模式比任何模式都受到了殖民地历史学者们的更广泛利用。然而，在20世纪70年代和80年代初，它从根本上扭曲了除新英格兰之外的所有殖民地的经历，而且也许更为严重的是，它过于强调传统的力量和抵制变革，同时它低估了各个社会以及构成那些社会的个体的适应能力。

最近这个观念的一个变体也存在类似问题。它将近代早期时代的变迁视为从传统向现代的过渡。“共同体－社会模式”和“传统－现代框架”都带有目的论色彩，几乎总是充满扭曲性的价值判断。前者的出发点是哀叹旧式的、大概带有更多温情的社会互动形式的消逝，后者以对进入开明的现世的颂扬为基础。最后，尽管作者们表现出对问题的明显关注，但他们中没有人对社会科学能否产生适于解释殖民地社会总体发展或不受累于过度决定解释结果的理论（阿普尔比语）的新的总体模式持乐观态度。

尽管现有的总体框架都不能令人满意，而且《英属美洲殖民地：近代早期时代新历史论集》的作者们无人提出替代性方案，我们仍认为，那些章节确实为确立重构殖民地历史的新的更具包容性的框架奠定了基础。尽管这里不适于详述，但我们至少可以初步勾勒其最基本的特征。

该文集不容置疑地表明，任何可行的总体框架都必须承认英属美洲殖民地是由超越政治边界的若干个独具特色的社会－经济区域组成的。当然，殖民地历史学者传统上区分了岛屿殖民地和大陆殖民地以及大陆上的南部殖民地和北部殖民地。最近，少数学者还把殖民地划分为两个宽泛的类别：掠夺殖民地（colonies of exploitation）和拓殖殖民地（colonies of settlement）。前一个术语指的是那些雇佣大量奴隶在加勒比海和北美南部种植园中生产大宗农作物的殖民地，后者指的是那些没有这样做的殖民地。①

---

① See Franklin W. Knight, *The Caribbean: The Genesis of a Fragmented Nationalism* (New York: Oxford University Press, 1978), pp. 50－60. 在菲利普·梅森的《主宰的模式》（Philip Mason, *Patterns of Dominance*, New York: Oxford University Press, 1970）中可以看到一个对一个类似划分的极为细致的分析。

这种特殊类型最初是由研究19世纪帝国主义的学者们提出的，以区分少数欧洲人征服并剥削大量土著人口的劳力和资源的殖民地以及大量欧洲移民及其后裔作为永久性拓殖者占据以前人口稀少的土地的殖民地。它在应用于近代早期英属殖民地时造成严重误导。这些英属殖民地中的每一个都属于拓殖殖民地，因为它们涉及新移民征用和拓殖土地以及后来拓殖者社会的组织，无论那些移民是大多数欧洲人那样的自愿移民，还是几乎所有非洲人那样的强制移民。严格说来，即使在这一时期位于非洲海岸或印度的小型英国贸易工厂也并非原始意义上的掠夺殖民地。[①]

在新帝国主义到来之前以及19世纪末期，大量经典类型的掠夺殖民地建立之前的一种殖民地类型似乎更加有用。赫尔曼·梅里韦尔（Herman Merivale）在收录他1839～1841年在牛津所作演讲的《有关殖民和殖民地的演讲》中也将殖民地划分为两个类型。但他的划分结果是那些“在通过农业或采矿劳力生产海外市场上有价值的物品方面没有特别优势的”殖民地以及那些有此类优势的殖民地。前者的特点是混合农耕、劳力自由、较少参与国际市场以及较少分层的社会结构，后者的特征是大宗农业、奴隶劳力、深深卷入国际市场以及财富水平差剧更大。[②] 当然，这种对“农耕殖民地”和“种植园殖民地”的区分无法被严格地加以应用。近代早期英属美洲殖民地中没有一个不存在由奴隶劳力耕作的大规模占有的土地，而且即使在背风群岛，也没有一个不存在小规模农业土地所有者的纯粹种植园殖民地。然而，它可以作为一个有用的分类工具，以区分近代早期英属美洲世界中的两大类拓殖殖民地。

然而，随着学者们在20世纪60～70年代从政治史急剧转向社会史和经济史，他们认识到这些旧式分类方式的粗陋，并主要根据土地使用方式、定居模式、社会－经济组织和文化倾向等方面的差异逐渐确立了更加细致的区

① 我们提出所有的英属美洲殖民地都属于拓殖者社会并不暗示它们中的一些（最明显的是加勒比海的那些殖民地）后来没有成为掠夺殖民地［在背风群岛（Leeward Islands）这可能在18世纪中期就已经发生了］，也不暗示它们在基本性质上没有开发性。确实，除都属于拓殖者社会之外，所有殖民地都在根本上利用了它们所处的环境以及它们内部的所有处于从属地位的群体。那些拥有更大权力和更丰富资源的人剥削那些处于从属地位的群体的劳动力和人身。对于确立一种可行的殖民地类型问题的启发性分析，参见 M. I. Finley, “Colonies：An Attempt at a Typology,” *Transactions* 26（1976）：167－188。

② Herman Merivale, *Lectures on Colonization and Colonies*（New York：Augustus M. Kelley, 1967）, pp. 260－261.

域分类系统。但从《英属美洲殖民地：近代早期时代新历史论集》的章节中可以很清楚地看出，学者们对地区的确切数量以及它们之间的边界如何划分等问题尚无一致意见。然而从五个部分的划分似乎能看出一种强烈的偏好。按照拓殖的顺序，这些部分是切萨皮克，包括弗吉尼亚、马里兰、北卡罗来纳北部以及特拉华南部；新英格兰，包括马萨诸塞以及从它衍生出来的康涅狄格、罗得岛、新罕布什尔和新斯科舍；加勒比海，截至1763年包括巴巴多斯，背风岛上的殖民地安提瓜、蒙特塞拉特（Montserrat）、尼维斯（Nevis）和圣克里斯多福（St. Christopher）以及牙买加；中部殖民地，包括纽约、新泽西、宾夕法尼亚和特拉华北部；下南部，包括南卡罗来纳、北卡罗来纳南部以及佐治亚。其他学者在这五个区域之外增加了两个，但这两个都没有在《英属美洲殖民地：近代早期时代新历史论集》中得到多少关注。第一个区域是一组不生产大宗农作物的小规模大西洋岛屿殖民地，由百慕大和巴哈马组成；第二个区域是“新西部”（New West），其在18世纪30年代包括了宾夕法尼亚、马里兰、弗吉尼亚和南北卡罗来纳的内陆地区。[①] 有趣的是，在这个更加精细的地区划分系统中，1763年之前，只有三个地区——新英格兰、大西洋岛屿殖民地和新西部——可以被定义为几乎完全是农场殖民地，只有两个地区——加勒比海和下南部——主要是种植园殖民地。切萨皮克和中部殖民地居于这两种类型之间。无疑，随着学者们更加深刻理解这些宏大区域划分中各个地区之间的重要差别，这种包含七个部分的划分会得到进一步的细化。实际上，已经很明显的是，1763年之前，在新英格兰以及加勒比海，至少还存在三个重要的亚区域（subregions），在切萨皮克和中部殖民地，至少存在着两个亚区域。

然而，如果想要确立一个用以解释近代早期整个英属美洲殖民地经历的令人满意的全面性总体框架，就必须超越对区域差别的理解，重点强调各个区域之间的相似性，以使我们可能或实际上得出这些分离的地区作为更大的英属美洲世界的一部分而具备的潜在的统一性。

目前有五个方面的主要相似性具有特别意义。第一，每个区域起初是一个新社会，其成员面临组织不熟悉的自然环境、找到办法利用那种自然环境

---

① See Robert D. Mitchell, “The Foundation of Early American Cultural Regions: An Interpretation,” in James R. Gibson, ed., *European Settlement and Development in North America: Essays on Geographical Change in Honor and Memory of Andrew Hill Clark* (Toronto: University of Toronto Press, 1978), pp. 66 –90.

以满足其基本的物质需求以及创建社会与政治制度以使自己有秩序地生活等诸种问题。第二，每个区域与正在出现的跨大西洋贸易网络联系在一起，这像各个殖民地一样，本身就是近代早期欧洲对外进行积极商业（和军事）扩张的结果。第三，正如布林和纳什在《英属美洲殖民地：近代早期时代新历史论集》一书中的有关章节中所强调的，与占据主导地位的白人拓殖者来自的欧洲社会的人不同的是，所有拓殖者均生活在多种族且每个种族类别下有多族裔的社会中，其多元化特征迟早将反映在宗教与世俗生活的明显异质性上。第四，与他们所来自的社会不相上下的是，这些新社会基本都具有榨取性（exploitative in character），不仅榨取他们的新环境，而且榨取居住在那种环境中的容易被榨取的任何人。确实，在殖民地以及欧洲宗主国社会，人们的地位在很大程度上是由他们能否榨取他人决定的。

第五，也是最后一个，怎么强调也不为过的是，所有这些新美洲社会也都是殖民地社会。很显然，它们作为殖民地的地位意味着它们要服从一个共同的帝国政策，并在一个大致相似的政治框架内运作。这也意味着1607～1763年的这个漫长时期，至少有一半的时间，它们经常与周边的土著人以及争霸的欧洲国家的殖民者开战，也经常被拖入英国与其法国、西班牙和荷兰敌人之间的帝国战争。最后，它们作为殖民地的地位也意味着它们是不列颠的经济与社会延伸，它们的存在、物质幸福以及在殖民地时代后期实际上的安全都在很大程度上取决于不列颠。然而，更为重要的是，它们的殖民地地位意味着无论它们距离英国多远以及无论它们在内部发展上（尽管人口族群存在多元化现象）具有多大的自由度，它们都是英国的文化省份，其法律与社会制度、永久性框架以及社会与文化要素必然在很大程度上表现出英国起源，其居民也因作为居住在美洲的英国人而具有共同的认同。

可以说，这种共同的认同是英属美洲殖民地各个地区最为重要的共同点。这种认同强加给各个地区的英裔美洲人一种对其新社会的共同期待。他们把这种新社会不仅视为自己安身立命和发财致富的媒介，同时也视为最终会变得看起来像是英格兰（Albion）本身的地方。因此，他们来到“新世界”不是期待创建一套全新的东西，而是尽可能创建留在母国的东西，尽管他们不希望出现英国社会负面的东西。他们的期待以及他们的希望是他们实时开创的简单社会将发展为他们宗主国定义的复杂、进步而文明的社会。

这些同时代的期待为殖民地总体发展框架的阐述奠定了基础，以便将1763年之前的英属美洲殖民地所有地区的经历都纳入其中。与正在出现的地区分类体系一样，这种构想无疑需要进一步提炼，但它鼓励和允许我们将若干个殖民地地区的发展设想为可以划分为三个连续阶段的长时段社会过程的一部分。

第一个时期是所继承形式的“社会简化”（social simplification）过程。许多学者指出每个新殖民地的第一代人都经历了这个过程。这种早期阶段很少有例外，其特征是缺乏稳定和目标游移。在这个过程中，人们努力找到办法“操控”他们面临的新环境，满足自己的生计和利益需要。同时，努力将只是粗略类似他们留在母国的那些社会安排强加给那一环境，但只是取得了有限的成功，可能唯一的例外是清教徒的新英格兰正统殖民地。

随着社会安排逐渐变得更加稳固，人口变得更加稠密（而且通常出现更多克里奥尔人），居民也获得更多资金，作为拓殖第一阶段特点的简单的社会条件让位于更为复杂的社会条件。因此，第二个阶段，即“社会精致化”过程（social elaboration）涉及社会-经济、政治与文化制度、结构和价值观的演进。尽管它们通常只是英国较为发达地区的制度、结构与价值观高度克里奥尔化的变种（highly creolized variants），但也足以发挥作用，比较容易同化当地人。

如果说第二个阶段的特征是居民们对其社会环境的文化适应不断增强，那么那种文化适应并不彻底，因此也就无法阻止新兴的社会精英们提出按照英国模式重建其社会。在殖民地时期的最后几十年里，殖民地社会人口更多，社会更加舒适且富足、稳固（尽管并不是在所有方面都有条不紊），其内部也变得更加复杂。如果采用那个时代的常见语言来说，这些发展都被归于“改进”（improvement）这个词语之下。有了这些以及其他方面的“改进”，殖民地社会更加接近“旧世界”稳固的社会，也进入了发展的第三个阶段，即“社会复制”（social replication）阶段。

在这个阶段，处于战略优势地位的社会精英中的成员们——在殖民地时期的末期他们几乎在各个地方都控制了社会，确定了社会的基调，定义着社会制度——表现出在美洲重建英国社会的强烈愿望，对他们社会的日益英国化（anglicized）感到自豪。然而，不太富裕的社会阶层并不完全“支持”这一愿望。在独立革命前夕的三四十年里各殖民地在宗教、经济和政治方面出现的一些剧烈冲突的迹象，可以归咎于对于社会发展到底应该采取什么方向的观念冲突。因此，第三个阶段绝不能被视为在英国化社会复制构想下的和谐巩固阶段。

这个过程的时间选择以及每个阶段的持续时间在各个地区之间存在差异，这些差异造成了广泛不同的结果。人口增长的速度和特点（包括不同性别、种族群体人数以及移民和克里奥尔人数的比率）、经济增长、地区扩张以及拓殖日期等似乎是决定时间选择差别的核心变量。另外，结果的差异显然是由于更多变量的作用，包括经济组织和劳动系统的性质、社会-经济差别化水平、宗教倾向的深度与性质、平民的目标、局势的稳定健康程度、殖民地政治领袖和制度的权威与响应能力以及直接参与宗主国英国的程度等。

在这种社会发展的每个阶段，重要的是记住，这些变量在经历与遗产（experience and inheritance）持续冲突的总体框架内发挥作用。我们所说的“经历”指的是为使殖民地居民社会能够在具体的物理与社会环境中有效发挥作用而对这些居民提出的各种复杂要求，“遗产”指的是殖民者最初从宗主国继承的那些传统、文化要素以及有关社会秩序的概念——他们或其先辈们从“旧世界”带来的传统、要素和观念，后来这些传统、要素和观念通过与“旧世界”持续互动得到加强或被改变。经历与遗产之间的平衡力量随着不同阶段本地情况和帝国与国际环境的变化而不同。1763 年之前运动的总体方向似乎是遗产发挥的作用越来越大，尽管这并非一定适用所有情况。

如果说我们提出这一概念的目的看起来尚不明确，那是因为我们是本着尝试和探讨的精神这样做的。我们提出这一点只是想初步让人们注意到提出和阐述一个总体框架的必要性，以帮助英属美洲殖民地历史学者们处理大量数据，不会忽视整个研究领域潜在的整体性，或歪曲他们研究的时期、地点和结构。正如 R. G. 柯林伍德（R. G. Collingwood）所指出的，一切历史只是工作进展的中期报告。《英属美洲殖民地：近代早期时代新历史论集》收录的 14 篇厚重的论文，正如它们推动提出的总体模式一样，为读者们提供了对所取得的成就以及需要继续研究的领域的临时性反思。本着这种精神，我们向我们这一代以及后来各代研究英属美洲殖民地的历史学者推荐这些论文。

1982 年夏末杰格·格林与 J. R. 波尔（J. R. Pole）共同写成本文，经杰克·格林和 J. R. 波尔同意重印，并经二人略加修改。原文载杰克·格林和J. R. 波尔编《英属美洲殖民地：近代早期时代新历史论集》（*Colonial British America*: *Essays in the New History of the Early Modern Era*）（巴尔的摩：约翰斯·霍普金斯大学，1984），第1~17页。

（张聚国译，满运龙校）

殖民地史和国家历史

——对一个持久性问题的反思

一个多世纪以来，殖民地历史和国家历史之间的关系，对这两个时期的职业历史学者们来说始终存在重重疑云。至少从19世纪90年代起，殖民地历史学者们就敏锐地意识到，19世纪将美国历史设想为合众国及其前身的历史的过时概念完全是时空错置，未能充分注意到在美洲发生的情况的更宏大背景。在过去一代人期间，历史研究的势头大大增强了这种意识。如迈克尔·华纳（Michael Warner）所指出的，“对近代早期殖民者地方主义以及帝国和贸易的跨大西洋背景”的关注，意味着研究殖民地历史的学者们现在更不可能“假设殖民地历史有一个走向现代民族主义的内在推动力”。[①] 然而，这对研究国家历史的学者们来说不可能是正确的，包括许多集中研究美国革命和美利坚国家缔造的美国早期史学者，他们中的许多人继续在传统观念下进行研究。在这种传统观念下，殖民地历史从属于国家历史，其用处主要是阐明新兴国家制度和文化。使殖民地时代从属于国家时代，认为其历史是民族国家偶然崛起之前的历史，显得很狭隘和因小失大。我始终认为这种做法使国家历史和殖民地历史都付出了巨大代价。我在这篇小文中想要提出的是，殖民地历史研究者利用我们已知和正在了解的知识，提出大规模重塑我们所谓“美国历史”走向的宏大构想，目前正当其时。

我的出发点是，截至目前尚未对殖民地历史学者产生广泛影响的两类理

① Michael Warner, “What's Colonial about Colonial America,” in Robert Blair St. George, ed., *Possible Pasts: Becoming Colonial in Early America* (Ithaca: Cornell University Press, 2000), p. 50.

论论著是后殖民理论以及有关国家形成的新论著，具体而言是现代早期的国家形成。

后殖民是一个在过去 15 年“得到广泛应用的术语，意指属于前欧洲殖民地的社会政治、语言和文化经历”。[①] 尽管后殖民理论在文学学者中已经产生了广泛影响，其中一些学者探讨现代早期殖民地时期美洲的背景，[②] 但研究殖民地时期北美的历史学者既未对其加以广泛应用，也未系统地将其研究成果与后殖民研究领域的大批理论著作联系在一起。[③] 这种忽略可能归因于初期后殖民理论几乎无一例外地被用于分析非拓殖者的殖民活动。在 19～20 世纪帝国主义登峰造极时代构建的为西方殖民主义计划辩护的殖民主义观点，被视为具有普遍意义；而后殖民研究产生于挑战这一观点的冲动，起初它集中关注中东、非洲和亚洲人口密集地区的殖民过程。除阿尔及利亚、南非、肯尼亚和罗得西亚（Rhodesia）等少数例外，这个时代的殖民地属于“掠夺性”（exploitation）、“占领性”（occupation）或“主宰性”（domination）殖民地，这些殖民地的核心目标是动用土地和劳力以生产有利可图的原材料用于出口。殖民者是相对人数较少和短暂停留的经理人、官僚、商人和士兵，其主要职能是维护秩序，并通过外部企业推进资源榨取过程，很少（如有）有任何欧洲人在这些土地上定居，或永久性定居。后殖民理论最早的表述基本上忽略了近代早期在整个南北美洲、大洋洲以及 19 世纪和 20 世纪初在非洲一些地区发展的拓殖者殖民地，倾向认为殖民主义（如人类学家尼古拉斯·托马斯所抱怨的）“极为现代，过去并不存在，比如，在征服美洲时代就不存在”；或者说，其背后的“逻辑”如同“适用于

---

① 参见 Bill Ashcroft, Gareth Griffiths and Helen Tiffin, *Key Concepts in Post-Colonial Studies*（London and New York: Routledge, 1998）, pp. 186－192 的词条“post-colonialism/postcolonialism”。这是一本有关后殖民术语的最新词典。引文见第 186 页。尽管 1978 年首次出版的 Edward Said, *Orientalism: Western Concept of the Orient*（London: Penguin, 1991）是后殖民研究的基础文本，但赛义德并未使用“后殖民”这个词。最早使用这一术语的是 Gayatri Spivak, *The Postcolonial Critic: Interviews, Strategic, Dialogues*（New York: Routledge, 1990）。Robert J. C. Young, *Postcolonialism: An Historical Introduction*（Malden, Mass.: Blackwell, 2001）提供了有关后殖民研究发展的详细而成熟的历史表述。

② 较早和最成熟的基于背景研究的例子是 Peter Hulme, *Colonial Encounters: Europe and the Native Caribbean, 1492－1797*（London: Routledge, 1986）.

③ 一个突出的例外是 Robert Blair St. George, ed., *Possible Pasts: Becoming Colonial in Early America*。其中几篇文章，包括圣乔治的导言，都明确使用了后殖民理论。

其他情况”一样,“也适用于那种情况”。[①] 如文学学者彼得·赫尔姆(Peter Hulme)所指出的,首批将后现代观点应用于现代早期美洲研究的著作带来的一个结果是,“后现代性理论与南北美洲的相关性……尚未被完善确立起来”。[②]

过去十年,少数后殖民学者试图超越这种集中于“常规殖民地”的做法[③]。为了展示“殖民主义的极其多样化”以及“几个世纪以来在迥异文化中开展的不同形式和做法”,这些分析者呼吁在一个扩大的殖民主义历史中考虑拓殖者社会(settler societies)的地位,这种扩大的历史一直延伸至15世纪欧洲海外扩张的开始。[④] 这些研究对“拓殖者社会”的定义是:“欧洲人定居其中的社会,在这个社会中,其后代对土著民族保持了政治上的主导地位,并形成一个成分混杂的社会。”这些研究致力于论证两个一般性观点。首先,他们强调拓殖者殖民地的独特性,确定了一些掠夺殖民地不具备的特征。这些特征包括拓殖者人口的范围、相对性别平衡及其永久性;广泛移植欧洲的制度和文化与社会形式;拓殖者在塑造经济、社会和政治结构中享有广泛自由;拓殖者相对于土著民族来说作为殖民者以及相对于他们附属的宗主国中心(metropole)来说作为被殖民者的模棱两可的地位;出现了省级政体,这成为“欧洲国家建设的核心”;这些政体形成的历史建构(historical constructs)为拓殖者而变化,这些活动后来“被吸纳进(产生它们国家的)政治以及法律–司法制度、‘起源神

---

① Nicholas Thomas, *Colonialism's Culture: Anthropology, Travel and Government* (Princeton: Princeton University Press, 1994), p. 49.

② Peter Hulme, "Postcolonial Theory and Early America," in Robert Blair St. George, ed., *Possible Pasts: Becoming Colonial in Early America*, pp. 33–48. 引文在第35页。

③ 尤其参见 Daiva Stasiulis and Nire Yuval-Davis, eds., *Unsettling Settler Societies: Articulations of Gender, Race, Ethnicity and Class* (London: Sage Publications, 1995), pp. 1–38;这是一部10篇论文加一篇导言的集子,涉及新西兰、澳大利亚、加拿大、美国、墨西哥、秘鲁、南非、津巴布韦、阿尔及利亚和以色列。Jürgen Osterhammel, *Colonialism: A Theoretical Overview* (2nd ed., Princeton: Markus Weiner Publishers, 2005),简要而深入地介绍了近代殖民主义的复杂历史,1995年首次出版,1997年首次翻译为英文,构成了 Robert J. C. Young, *Postcolonialism: An Historical Introduction* 一书的前几章。

④ Robert J. C. Young, *Postcolonialism: An Historical Introduction*, p. 17. 确实,Patricia Clare Ingham and Michelle R. Warren, eds., *Postcolonial Moves: Medieval through Modern* (New York: Palgrave, 2003) pp. 71–79 页收录了芭芭拉·富克斯的文章“Imperium Studies: Theorizing Early Modern Expansion”,其中她令人信服地提出,与殖民主义相关的过程在欧洲内部中世纪晚期以及近代早期时代都起作用。她称欧洲内部这些过程及其在海外的扩张为“帝国研究”(imperium studies)。

话’和国家暗喻”。① 与掠夺殖民地相对照，除阿尔及利亚之外，大多数拓殖者殖民地并未将独立与非殖民化结合在一起。拓殖者殖民地多数的独立和分离运动“并非主要是被殖民者与殖民者之间的战斗”，而“实际上是拓殖者的反叛”，其让拓殖者掌握了全部控制权，被殖民者的殖民情况并未改变。②

尽管拓殖者殖民主义有许多独特特征，试图将拓殖者殖民地纳入更宏大的殖民主义历史的学者们提出的第二个主要论点是：它们符合现代殖民主义定义的主要标准。也就是说，在某种程度上，它们表现出“使‘边缘’社会从属于‘宗主国’”的意愿；它们涉及“土著（或强制输入的）”集团“和外国入侵者之间的主宰关系”。③ 他们进行“各个层次的肉体和文化种族灭绝，割让土著人的土地，扰乱土著人的社会、经济和统治以及土著人抵抗运动”。④ 确实，根据于尔根·奥斯特汉莫尔（Jürgen Osterhammel）的判断，拓殖者殖民地政体“只不过是……拓殖者的工具”，它们代表“欧洲扩张最具暴力的形式”。在他看来，土地短缺、对土著土地所有权的漠视以及对土著民族和输入奴隶生命的漠视，“产生了诉诸暴力的爆炸性倾向”，⑤ 而且如其他后殖民地作家所强调的，也产生了一种种族从属的遗产，这种遗产基本不受帝国监督的限制，并且一直延续到后殖民时代。多洛斯·詹尼乌斯基（Dolores Janiewski）评论道，对美国来说，“从美国革命到19世纪80年代‘印第安战争’”，一个又一个土著美洲人部族的领地被扩张性共和国入侵，这个共和国通过一纸条约确立了其独立地位，

---

① David Stasiulis and Nire Yuval-Davis, “Introduction: Beyond Dichotomies—Gender, Race, Ethnicity and Class in Settler Societies,” in Daiva Stasiulis and Nire Yuval-Davis, eds., *Unsettling Settler Societies: Articulations of Gender, Race, Ethnicity and Class*, p. 3, p. 4, p. 8, p. 10; Jürgen Osterhammel, *Colonialism: A Theoretical Overview*, 2nd ed., p. 7; Robert J. C. Young, *Postcolonialism: An Historical Introduction*, p. 19.

② Peter Hulme, “Postcolonial Theory and Early America,” in Robert Blair St. George, ed., *Possible Pasts: Becoming Colonial in Early America*, p. 37; Robert J. C. Young, *Postcolonialism: An Historical Introduction*, p. 79.

③ Jürgen Osterhammel, *Colonialism: A Theoretical Overview*, pp. 15 – 16.

④ David Stasiulis and Nire Yuval-Davis, “Introduction: Beyond Dichotomies—Gender, Race, Ethnicity and Class in Settler Societies,” in Daiva Stasiulis and Nire Yuval-Davis, eds., *Unsettling Settler Societies: Articulations of Gender, Race, Ethnicity and Class*, p. 7.

⑤ Jürgen Osterhammel, *Colonialism: A Theoretical Overview*, p. 42, p. 75; See also Robert J. C. Young, *Postcolonialism: An Historical Introduction*, p. 20.

忽略了土著居民的要求。[①]

但将拓殖者殖民主义（settler colonialism）纳入后殖民研究所关注各种问题的一些分散努力，迄今为止并未对后殖民主义研究成果产生多少影响。例如，在一本2000年出版的有关后殖民主义研究主要读本中的29篇文章中，只有一篇涉及拓殖者殖民主义，而且该文关注的是19世纪的拓殖者殖民地。[②] 尽管研究后殖民问题的学者很少考察像殖民地时期美洲那样的拓殖者殖民地，但这一演进的理论体系与现代早期美洲各个领域学者的潜在相关性是显而易见的，并且新兴的对后殖民主义的阐述与其他方面的发展结合起来，对我们考虑“殖民的”或后现代术语“殖民主义”的方式产生了微妙但深刻的影响。后现代学者强调殖民过程中一些民族被另外的民族系统征服，突出殖民过程在现代世界体系中无处不在。我们不再将殖民只视为前国家时代的产物。相反，我们现在必须认识到，这个过程对近现代以及后来的国家建设具有根本性意义，而且它一直持续到民族国家最初形成之后的很长一段时间。[③]

几乎不需要告诉研究殖民地时期美洲的学者殖民对被殖民者的有害影响，因为对“殖民”和“殖民主义”的概念重构与撰写更加全面而包容的历史这一引人注目的冲动出现在同一时间。在20世纪20年代马克·布洛克（Marc Bloch）、卢西安·法布尔（Lucien Febvre）以及法国“年鉴学派”其他成员提出的撰写“整体史”的倡导以及二战后社会与政治变革要求的鼓舞下，研究殖民地时期英属美洲的历史学者们率先努力恢复土著美洲人、非洲人以及混血种族等的历史。在构建殖民地时期英属美洲的发展以及美利坚国家崛起的宏大叙事中，这些民族的历史基本上被忽视了。随着这些历史揭示出殖民对南北美洲各种文化、土地权利以及土著人数造成的沉重代价，之前的几代历史学者推崇的在荒野中建立拓殖地并创建实际可行的社会－经济和政治制度失去了很大一部分光彩。这种逐渐增多的著作提供了丰富的证据表明，研究后殖民的学者们强调的对土地的征用、对文化的毁灭以及对各民

---

① Dolores Janiewski, “Gendering, Racializing and Classifying Settler Colonization in the United States,” in Daiva Stasiulis and Nire Yuval-Davis, eds., *Unsettling Setter Societies*: Articulations of Gender, Race, Ethnicity and Class, p. 141.

② Ann Johnston and Alan Lawson, “Settler Colonies,” in Henry Schwartz and Sangeeta Ray, eds., *A Companion to Postcolonial Studies* (Malden, Mass.: Blackwell, 2000), pp. 360 – 376.

③ 对于其较早的欧洲表现，参见 Barbara Fuchs, “Imperium Studies: Theorizing Early Modern Expansion,” in Patricia Clare Ingham and Michelle R. Warren, eds., *Postcolonial Moves*: *Medieval through Modern*, pp. 71 – 90。

族的征服和剥削，适用于现代早期拓殖者殖民地，也同样适用于19～20世纪现代掠夺性殖民地。[①] 这种殖民过程也并未随着南北美洲国家实体的形成而终止。确实，以美国和加拿大为例，这个过程实际上随着对大陆上广大新地区的殖民而进一步加强，成群的拓殖者将新的地区置于其霸权之下，并在此过程中将成千上万的土著居民驱赶或屯聚在不屑使用的聚居区域。在美国，在法律上许可的和有利可图的任何地区，都在这个过程中广泛“利用”非裔奴隶。从这个广泛的后殖民时代的观点来看，国家历史似乎只是殖民地历史的扩大。我们将在下文探讨这一可能性的意义。

最近有关国家形成的论著通过对现代早期及其之后民族国家兴起问题的提出和历史分析，为研究后殖民问题的论著提供了互补性观点。[②] 此外，这些论著表明了各国在这一过程上的差异，它常常涉及许多王国或其他类型政体的结合或融合，那些政体是否经常以及在多大程度上能够保持较高水平的本地特性和自治，地方巨头以及其他拥有财产的居民面对国家构建中固有的集权化趋势如何保持强大，需要多长时间去构建国家——而不是省级的——认同，以及在多大程度上新兴民族国家的权威取决于与其构成政体之间的持续谈判过程。

这些著作明确表明，早期现代国家以及早期现代帝国同样属于松散而交叉的政体，反映了与它们相关的那些国家的情况。我们过去认为帝国属于权威政体，在这种政体下，权威和权力源自中心；但根据国家形成研究提供的新观点，我们可以开始理解构建组成现代早期帝国的新政体的动力掌握在殖民者或拓殖者自身的手里。[③] 在拓殖、重构并开发他们占领的新空间的过程

① 对于此类学术著作精准且简要的分析参见 James H. Merrell, “Indian History during the British Colonial Era,” in Daniel Vickers, ed., *A Companion to Colonial America* (Malden, Mass.: Blackwell, 2003), pp. 118 – 137; and Philip D. Morgan, “African Americans,” in Daniel Vickers, ed., *A Companion to Colonial America*, pp. 138 – 171。

② 有关近代早期国家形成理论的基础性文本包括 Charles Tilly, *Coercion, Capital, and European States, AD 900 – 1900* (Cambridge, Mass.: Blackwell, 1990); 和 Mark Greengrass, ed., *Conquest and Coalescence: The Shaping of State in Early Modern Europe* (London: Edward Arnold, 1991)。另见重要文章 J. H. Elliot, “A Europe of Composite Monarchies,” *Past & Present* 137 (1992): 48 – 71。

③ 适用近代早期所有美洲帝国的对这个课题的更详尽分析参见 Jack P. Greene, “Negotiated Authorities: The Problem of Governance in the Extended Polities of the Early Modern Atlantic World,” in Jack P. Greene, *Negotiated Authorities: Essays in Colonial Political and Constitutional History* (Charlottesville: University Press of Virginia, 1994), pp. 1 – 24。

中，这些人自视为他们所联系的欧洲政体的代理人，表现出强烈的愿望保留他们与那些政体之间的联系，以及对宗主国法律与文化传承的深深眷恋。[①]对英国人来说，普通法文化的灵活性使殖民者适应本地情况，同时保留其英国性的精髓。[②]

当然，在为自己构建政体的过程中，每个殖民地的拓殖者都参与了国家建设过程，[③]而且截至18世纪中期，每个殖民地都发展起独具特色的、功能性、威权性政体，该政体具有：特殊的法律制度及特殊的宪制，一个固定的领导结构，社会自由人中广泛的大众基础，明确表达的集体认同感以及在各省内部事务上惊人程度的自治。加上英国缺乏进行帝国管理的财政和强制性资源，这些发展必然意味着现代早期英帝国的权威将在中心与边缘地区之间进行分配，帝国中心的指导被压缩至最小，宗主国在各殖民地的权威建立在同意的基础上，并在很大程度上取决于各殖民地的意见。在遥远的殖民地，政体的有效权力牢牢地掌握在各殖民地和地方政府手里。因此，尽管存在一些来自伦敦的随意且断断续续的管理，现代早期英帝国只不过是一个大致上自治的松散政体联盟。这些政体中白手起家的有产拓殖者阶级承认宗主国的权威，并非因为这种权威是强加给他们的，而是因为宗主国将他们纳入一个更宏大的民族认同体系，这保障了他们的英国性、他们对英国法律和宪制传统的继承以及对他们帮助建立和维持的政体在几代人期间的持续控制权。

"七年战争"之后采取的新的宗主国措施，标志着将英帝国从长期以来松散的联邦政体转变为一个权威更明确地集中在中心的单一制政体。这些措施一方面直接挑战了各殖民地对本地事务的权威；另一方面，通过让殖民地服从拓殖者并未同意的立法以及其他指令，对拓殖者的英国认同要求以及他们作为不列颠人享有英国传统自由权的权利提出质疑。不足为奇的是，这些

---

① 对于英国情况的研究，常见 Jack P. Greene, *Peripheries and Center: Constitutional Development in the Extended Polities of the British Empire and the United States, 1607 - 1788* (Athens: University of Georgia Press, 1986)。另常见 Christine Daniels and Michael V. Kennedy, eds., *Negotiated Empires: Centers and Peripheries in the Americas, 1500 - 1820* (New York and London: Routledge, 2002)。

② 参见 Jack P. Greene, "By Their Laws Shall Ye Know Them: Law and Identity in Colonial British America," *Journal of Interdisciplinary History* 33 (2002): 247 - 260。参见本书上编第5篇，为避免对第5篇中材料的重复，删除本段原始版本中的几个句子。

③ Alexander Haskell, The Affections of the People: Ideology and the Politics of State-building in Colonial Virginia, 1607 - 1745 (Ph. D. diss., Johns Hopkins University, 2005) 首次从国家形成理论的角度解释了殖民地时期任何英属美洲政体的历史。

措施引发了各殖民地对本地法人社团权利的强势捍卫。因此，殖民地的抵抗首先构成了拓殖者的一场反叛运动，反对的是挑战拓殖者对本地事务控制权以及否定拓殖者英国人身份认同的措施。

参与这场运动的殖民地主要关注的是，维护在有关征税和内部统治等一切事务上的同意原则。确立共和政府形式和组成一个全国性联盟，是他们为实现这一目标所做努力的非预设后果。一旦他们宣布独立于英国君主制，建立正式的共和政府将是他们唯一可行的选择，而且如果他们想要对那时西方世界最为强大的陆军和海军部队有任何胜算的话，很显然必须建立联盟。随着它们从殖民地转变为州（State），它们作为对内部事务拥有全部权力的独立政体的完整性从未受到质疑。

戴维·亨德里克森（David Hendrickson）最近批评了现代历史学者“夸大独立革命和制宪时代国族（家）思想（national idea）意义的趋势”。他指出，“多数历史学者”认为这种思想占据“主导地位”，因此他们“把1776年诞生的‘新国族’视为一种固化和不容置疑的精髓”。他抱怨道，“采用一种身份认同的结构是“叙述该时代的惯常思路”，将对［美利坚］“国族”的忠诚视为万事之要义”。然而，如亨德里克森所阐明的，这一策略严重歪曲了事实。如他所言：“起初，在1776年，美利坚人并非组成了一个政体（body politic），而是多个政体的联盟”，这个联盟“远未构成一个统一的国族”。“殖民地与母国冲突时使用的言辞使每个殖民地对中央控制都充满敌意，也使［它们］着迷于掌握主权的想法”。因此，“他们希望维护的自由并非仅仅是个体自由——尽管几乎所有人都承认那是一个基本的政治价值——而是‘各邦国的自由’”。“与其说各殖民地作为一个民族启动了实验，不如说它们作为自由而独立的邦国启动了实验，这些邦国拥有所有的权利和权力。”亨德里克森指出，如果说战争和打击共同敌人的要求帮助造就了一种初级的民族主义感，那么战争的经历“也印证了邦国之间的利益各不相同，每个邦国均持有根深蒂固的特殊利益”。他提出，在整个战争和邦联时代，“对特定殖民地和邦国的多重忠诚和身份认同”，是“解释国家层面美国政治轨迹的最有力因素”之一。①

在这种背景下，以下情况就不足为奇了。独立革命时期建立的联

---

① David C. Hendrickson, *Peace Pact: The Lost World of the American Founding* (Lawrence: University Press of Kansas, 2003), ix, xii, pp. 26 - 27, p. 35, pp. 257 - 258, p. 297.

盟——尚不能称为“国”（country）——充其量只是一个邦国的联盟；邦联国会在动员战争行动中会遇到巨大困难；各邦国抵制将征税权扩大到全国政府；在战争的直接目标——各邦国的独立——实现以后，合众国内部出现了离心倾向；各邦国政府，如它们殖民地时期的前身一样，尊重其选民的要求，在行为举止上刻意将各邦国及其自由居民的利益置于整个国家的利益之上。

作为美国革命逻辑性高潮的1787～1788年宪制安排的设计师们主要是国家主义者，他们担心《邦联条例》下现有联邦的分裂倾向将导致联盟解体以及旷日持久和代价高昂的独立战争所取得的军事和外交成就烟消云散。亨德里克森将这种安排描述为一个“和平条约”，旨在阻止各邦国之间的冲突。[①] 如马克斯·M. 埃德灵（Max M. Edling）在最近尝试将国家形成理论应用于宪制安排分析时所表明的，这也是一项国家构建的努力，从而让全国政府如同时代的欧洲所有民族国家一样控制财政、国防和贸易。[②] 1787年宪法的制定者和实施者们当然意在为全国政府赋予更多活力。然而，如埃德灵所表明的，其成功始终建立在一种压倒性的共识之上，即在18世纪末和之后的很长时间，让州政府掌握对大多数内部事务的权威很重要。即使宪法制定者中最激进的国家主义者也不想摒弃邦国或将宪法视为实现这一目标的工具。他们实际上把各州视为合众国内进行大部分治理活动的适当场所。他们并未努力剥夺各州的征税权，或阻止它们对内部事务行使几乎完整的权力，尽管各州现在必须在货币发行和契约义务方面在新的指南下运作。这种将权力划分为外部领域和内部领域的做法，正是他们在1776年反叛时所要维护的划分。

尽管宪法制定者在通过宪法过程中决定越过各州由人民直接投票，但州立法机关积极参与了整个过程。它们选出了前往费城的代表，制宪会议将其成果递送国会（这当然是各州创立的），各州相应地将宪法草案呈送各州议会，各个州议会授权召集州宪法大会来批准它。重要的是在这些州大会中拥有主权的人民对新宪法给予他们的同意，并作为特定州的公民在州批准宪法大会上采取行动，表明他们批准赋予全国政府一些权力。因此，并未召开全

① David C. Hendrickson, *Peace Pact: The Lost World of the American Founding*, xi.

② Max M. Edling, *A Revolution in Favor of Government: Origins of the U. S. Constitution and the Making of the American State* (New York: Oxford University Press, 2003).

国性批准大会通过新宪法。

而且，新的全国政府建立起来并开始运行之后，它很少僭越各州的权力，或表现出对这些权力施加进一步限制的任何倾向。参议院继续代表各州。全国政府以有限方式利用其征税权，主要通过关税和货物税筹集资金，这是宗主国政府在漫长的帝国时期强行采用的方式。《联邦主义文集》的一位作者称：各州“封建贵族”并未受到触动，州法院继续做出合众国绝大多数的司法裁决。与法国革命的革命者们形成鲜明对照的是，全国政府并未努力干预各州的完整性或制定统一的法典。每个州继续在自己特殊的法律和司法制度内运作。显然，宪法第十修正案的要点是，使全国政府和各州政府可以对权力之间的界限进行谈判和再谈判。

在 18 世纪 90 年代，全国政府能够调动多少力量是个难以确定的问题。每当立法机关努力扩大全国政府的权力或行政部门表现出太强的自命不凡时，它们会遭遇巨大抵抗，即使它们取得了成功，如汉密尔顿的财政计划。这些抵抗部分是基于共和的理由，部分也反映了对大多数权力掌握在各州手里的治理制度的偏爱。即使在 18 世纪 90 年代初的权力顶峰时期，全国政府也一直，是“偏远、很小和不引人注目的”，大多数合众国居民对统治的体验始终是在州和地方两级。1800 年当选总统之后，杰斐逊强调限制全国政府权力的范围，并提供了有力证据，证明在 18 世纪 80 年代末至 90 年代达成的宪制安排与其说是一个全国性方案，不如说是联邦制方案，在联邦制下，在各自范围内运作的全国政府和州政府都是强大的。如果说在这个时代确实存在一个普遍共有的“原始意图”的话，那么这个意图是为合众国创立一个既不完全集中于州也不是全国性的一个联邦制政体。对全国性司法机关来说，它在随后的一个半世纪中几乎无所作为。

如埃德灵所强调的，权力在全国政府的有限度的集中，意味着“在宪法批准之后美国不会发展起一个强大的集权化国家”；而且各州将继续“成为联邦结构中最为重要的因素”。在随后的 70 年，合众国始终“只是一个小型的全国性国家”，它很少利用其财政和军事权力，且“从未得到公民的心和神”。结果，埃德灵得出结论说：“大众对国家的认同从未对其对州以及区域的认同构成挑战。”[①] 正如国际法学者詹姆斯·布朗·司格特（James

---

① Max M. Edling, *A Revolution in Favor of Government*: *Origins of the U. S. Constitution and the Making of the American State*, pp. 223 – 224, pp. 227 – 229.

Brown Scott）在 1918 年的著作中所评论的："制宪会议的代表们并未将各州融合为一个联盟，而是组建了一个各州的联邦。"①

也许由于研究殖民地时代英属美洲的历史学者们将"七年战争"之前的漫长时代和美国革命期间最为笼统的统一叙事作为研究基础，他们始终热切关注地方或殖民地。即使他们努力杜撰总体性事件，如大觉醒运动，并借此展开他们的叙事，但他们坚持强调地方和各殖民地发展的完整性和地方差别的重要意义。上面详述的后殖民和国家形成研究的综合结果有力表明，这种地方主义的视角应该扩展到国家时代（national era）。如长期以来历史学者们所理解的，这种视角的扩展应当可以从分析美国扩张这一国家时代上半期最重要的发展入手。

后殖民视角表明，在合众国缔造之后扩张的特征并未出现多大变化，而国家扩张仅仅是殖民地时代扩张的延伸，不同的是建国后扩张的是一个权微力薄的美利坚国家，而不是一个权微力薄的不列颠国家。确实，仅仅因为扩张发生在国家时代就使用"国家"一词也是具有误导性的。可以认为这种用法暗示作为民族国家的国家（nation qua nation）是扩张中的重要行动者，但这种用法只能使我们面临后殖民理论的问题：殖民过程在合众国时代的进程与两个世纪之前在英帝国时代的进程是否存在很大不同。拓殖地的加速扩展是源于独立革命后时代新生的在北美大陆普及共和制的渴望，还是源于扩大新生的合众国想象中的所谓"国家共同体"的激情？1776 年之后的扩张与之前的扩展相比是否存在特征上的差异？或者说，扩张是否只是一种根深蒂固的殖民过程的延伸，其主要元素在独立革命之前的一个半世纪中就已经被完全造就了？

当然，研究国家经历的历史学者们很少注意到，独立革命之前的扩展和革命之后的扩张之间的连续性非常惊人。1776 年之后，与 1776 年之前一样，拓殖者（包括投机者、投资者、商人以及希望利用新的拓殖地或从在新的拓殖地上开发的新市场中牟利的其他人）而不是政府，在驱除土著居民和拓殖计划中表现出最大能动性。他们涌入新的地区，率先驱除土著人口，在法律和经济可行的地区引入奴隶制，积极要求确立他们熟悉的法律和统治制度，建立起像早期殖民地一样各具特色的政体。确实，美国全国政府

① As quoted by David C. Hendrickson, *Peace Pact: The Lost World of the American Founding*, p. 285.

本身作为许多合并部分的原始政体，与不列颠国家相比，在殖民过程中提供了更多协助，但1790年之后的殖民日益带上了美利坚国家命运的新色彩。早期殖民者及其直接后代对在英帝国打击他们认为的专制天主教法国和西班牙敌人期间为英帝国的利润、强大和更大辉煌所做的贡献津津乐道，而1776年之后的拓殖者们无疑把自己视为扩大和增强美利坚合众国区域和力量的媒介。然而，拓殖地的扩大可能更多地与个体拓殖者和推动者的需求、愿望和自我理解有关，而不是与"显然天命"等国家目标有关。这种目标可能使他们的活动获得了更多意义，然而驱动绝大多数拓殖者的与其说是国家建设的冲动，不如说是对土地的渴求、谋求利润、迫切利用新资源，这些动机同样推动了殖民地时代拓殖和殖民地的形成，而且如他们的前辈们一样，拓殖者主要是为他们自己而不是国家而行动。在扩张过程中，对土地和土地霸权的渴望如此强烈，以至于几乎不需要一个全国性要素去推动它。他们将这个侵略性的殖民过程扩大到新的民族国家通过条约或购买获得的新土地，还有比这更彻头彻尾的殖民主义吗？

同样，国家时代的拓殖者与殖民地时代的拓殖者一样，直接在地方和殖民地（现在称为"领地"或"州"）的框架下运作，深深地卷入社区建设和政体形成过程，而政体将为他们提供与英国法律制度相关的保护。尽管他们取得了新的共和国地位，但英国法律制度继续成为他们的法律和政治传统的重要组成部分。如组成1787年联邦的原始各州一样，在各个新州，拓殖者对每块领地霸权的确立将"权力和所有权从原始居民转移给拓殖者和他们创建的政府"。[①] 同时，新州引入了种族从属的殖民制度，即使在全国法律禁止奴隶制的地区也不例外。

1776年之后创建新州的拓殖者，与他们殖民地时期的先辈们一样，对那些与他们文化不同、外表不同的人的生命和权利表现出强烈的无所顾忌。他们利用同样以及深深内化的意识形态为他们剥削土著民族辩护。确实，如果说他们对自己对土著民族和非洲人口的所作所为有所顾忌的话，拓殖者用他们构建的解释其生命更宏大意义的故事来为自己的行为辩护。根据这个故事——在整个英国殖民地、南北美洲新殖民世界的许多其他地方以及在美国

---

① Dolores Janiewski, "Gendering, Racializing and Classifying Settler Colonization in the United States," in Daiva Stasiulis and Nire Yuval-Davis, eds., *Unsettling Setter Societies: Articulations of Gender, Race, Ethnicity and Class*, p. 132, p. 136.

建国时期和殖民地时期，这个故事都是一样的——他们所从事的是一项神圣事业：将之前未能适当开发的地区带进一种开垦的状态，使其资源具备生产力，将荒野重新组织为定居和划定边界的空间；他们在这一空间获取财产和劳动力，并获得为实现这些目标而设计并相应运作的政治和司法机构的保障。他们在建设西方文明的前哨，并由此为将文明带到一个幅员辽阔的新世界这一伟大计划做出贡献。

这个赋予能力（enabling）和赋予高尚（ennobling）的故事为拓殖地在整个殖民时代的大规模扩张提供了合理依据，拓殖者纷纷建立新的政治单位，将法律和治理带到他们所到之处。因此，拓殖地的扩展代表一种惊人的文化扩展。边疆（frontier）很快变成边远地区（backcountry），而边远地区很快发展为前沿地区（forecountries）。正如他们的先辈们在每个新殖民地所做的，他们将每个新州转变为一个符合他们要求的拓殖者共和国。在各个方面，他们都在复制他们先辈们的行为。尽管新的民族国家如它之前的英帝国一样在这个过程中为他们制定了可供遵循的广泛指南，但他们在构建政体过程中享受巨大的灵活性。这些政体将代表他们的利益，保护他们的权利和财产，使他们自己的意图符合他们所占领地区的性质。随着新州如原始的州一样建立起适合其地理情况、经济和社会制度的性质及其居民集体经历的独具特色的集体认同，它们获得了美利坚联邦平等成员的地位，对其内部事务获得了普遍且独立的控制权，对其社会和政治特性获得了平等保护。它们建立何种政体和社会制度、遵循何种法律，基本上是一个地方选择的问题。

在过去三四十年里，历史研究决定性地扭转了美国历史忽略妇女、儿童、印第安人、非裔美国人、混血种族的人、少数族裔和在社会经济上处于劣势的群体的传统，但基本上未能纠正一个更具扭曲性的忽略：忽略了作为大多数统治、大多数公共生活以及大多数美国人家庭生活主要集中场所的州。在构建美国历史的过程中，亨德里克森所称的“全国性观点”一直主宰并始终占据主导地位，几乎未受到过挑战。[①] 笔者在这里提出的是，将后殖民研究和国家形成研究的洞见结合起来开启了一条根本不同路径的可能性，这个路径建立在承认美国历史殖民地时代和国家时代之间深刻的连续性上。

笔者一直倡导的是，将殖民地时代的视角大规模扩展至国家时代，即美

① David C. Hendrickson, *Peace Pact: The Lost World of the American Founding*, ix.

国国家历史的殖民化（a colonization of American national history）。第一，这个视角的起点是承认肯塔基、俄亥俄、艾奥瓦、得克萨斯、加利福尼亚、俄勒冈——以及所有其他1776年之后建成的州——都是一个持续的殖民过程的产物。第二，这个视角与其说将这些新州视为合众国的创造物，不如说将其视为拓殖者的殖民地，并与成为各原始州的殖民地并无二致。第三，这个视角将重构和强调各州的历史，承认新州如原始各州一样，是开展大多数拓殖和政体建设的真正工作的地方；承认在这个过程中拓殖者发挥了极大能动性并获得了较高的自由度，而且通过地方法律架构的创建和运行实现或挫败了集体和个人的抱负。

这个路径有可能重塑我们对美国历史的理解。它将把各州和各殖民地的历史提高到与国家历史同样的高度。它将承认，至少在领土扩张和国家建设方面，美国革命的转变性力量要比许多研究美国革命的学者所承认的要薄弱得多。它将把注意力转向各州如何、在什么时间和为什么从属于全国计划以及各州的历史如何、在什么时间和为什么成为美国历史的一个边缘或次要部分，而不是一个核心部分。我认为，这种重塑将产生一种更加复杂——而有趣——的历史，这种历史将不仅仅集中于国家层面美国人的少数集体活动，而是集中于令人吃惊的各种独具特色和基本实行自治的政体内部的发展，以及这些政体与力量薄弱的联邦国家之间的关系。摆脱我们目前深陷其中的那种集中于全国政府的、以教材为导向的历史，可能催生一种真正的联邦历史。这种历史将承认美利坚合众国第一个世纪期间各州的核心作用；这种历史将表明，各部分的集合远远大于整体，也比整体无限丰富得多；这种历史将承认，即使（也许甚至因为）美利坚国家具备了正式的共和架构，它也与近代早期其他国家一样，是由迥异部分组成的联系并不紧密的混合物，每个组成部分都享有很大的自治权，大体上按照本地人的意志追求自己的路线；这种历史呈现的美国人的经历，与建国之前的殖民时期经历一样，主要是在各种类似而迥异的政体内展现本地经历的集合。

如何更精确地写出这种给予州所代表的许多历史场景以适当地位的历史？我将把这一问题留给那些比我更了解19～20世纪的学人来解答。检验这一新观点的一个关键切入点是治理和法律。是什么人创建了什么样的法律结构？这些新社会中的人如何确立权威并利用它塑造他们想要创建的社会和文化？当他们遭遇长期以来在拥有不同法律制度、不同国家文化的政体内已经发挥作用的（欧洲风格的）法律制度时，他们如何应对？[①] 在同一政体内不同地方法律框架下形成的集体地方认同的性质和变种是什么？人们拥有平行的集体身份认同，那么州和全国身份认同意味着什么？这些只是我们在构建一种更具包容性的国家历史过程中开始给予各州更大的权力时，可能提出的几个棘手但因此意义深远的问题。在这个项目中，研究美国早期史的学者应起到带头作用。只有我们曾经细致地（尽管在细致程度仍待提升）审视过那段历史的肇始；也只有我们拥有理解殖民地时代与建国时代之间强大连续性的视角。

（张聚国译，满运龙校）

① See the excellent works by George Dargo, *Jefferson's Louisiana*: *Politics and the Clash of Legal Traditions* (Cambridge, Mass.: Harvard University Press, 1975); Stuart Banner, *Legal Systems in Conflict*: *Property and Sovereignty in Missouri*, *1750 - 1860* (Norman: University of Oklahoma Press, 2000).

政治稳定的发展

——1660～1760年英属美洲殖民地政治发展解释

对英属美洲殖民地政治方面的研究最为彻底。与法国情况不同的是，英国和美国的历史一直是而且仍然主要是政治史和公共生活史。[1] 研究早期北美史的学者对政治史概念的解释日益复杂。他们认为政治史不仅叙述政治事件和制度发展，而且要研究社会背景、结构、文化、过程和功能。尤其是在过去20年间，他们推出了有关殖民地几种政治制度的卷帙浩繁的论著。[2] 然而，这些研究大多数在本质上专注于某个地方或方面，相对来说很少有人试图把结论进行整合，以厘清政治制度在长时段内变化的总体方向和特征。目前能够找到的最好的整体分析[3]，为我们提供了一个殖民地政治过程的静态模式。

我们需要一种能够让人注意到并且揭示各个殖民地社会内部及其之间所有政治活动互动的发展模式。这种模式需要考虑社会制度与政治制度之间的关系，以及整个殖民地政治生活的过程、结构与内容、空间和时间的差异。这篇短文很显然无法完成这样一个巨大的任务。然而，通过这篇文章，笔者将对殖民地时期北美政治发展性质的一些尝试性假说进行探讨，尤其是分析1660～1760年殖民地政治资源的增加以及政治结构、符号和特征等方面不断变化的模式。尽管例证来自许多殖民地，但假说主要基于五个最大和经济上最重要的殖民地的经历，包括弗吉尼亚、马萨诸塞、宾夕法尼亚、南卡罗来纳和纽约。

---

① Jacques Le Goff, "Is Politics Still the Backbone of History," *Daedalus* 100 (1971): 1-4.

② See Jack P. Greene, "Changing Interpretations of Early American Politics," in Ray A. Billington, ed., *The Reinterpretation of Early American History: Essays in Honor of John Edwin Pomfret* (San Marino: Huntington Library, 1966), pp. 151-184.

③ Bernard Bailyn, *The Origins of American Politics* (New York: Alfred A. Knopf, 1968).

进行这种探讨，首先应明确承认殖民地政治制度的基本特性或特征的重要性，这些特性或特征构成整个殖民地时期政治活动的基础和特点。当然，最为重要的是殖民地的殖民地地位。它们是殖民地而不是独立国家的事实，意味着它们在社会上和经济上缺乏完整性，意味着与它们相联系的经济与社会制度的最高阶层位于母国，[①] 也意味着最高的政治、法律、道德以及文化权威也位于英国。因此，殖民地与宗主国的关系最为重要。这种关系将殖民地束缚在一种政策的最终决定权基本不归他们掌控的体系内。然而，这种关系也使它们得以获取某些资源——市场、信贷资源、制造品、大宗农作物、海运资源、技术技能、陆军和海军保护、政治奖赏和偏向、地位，以及也许最为重要的是，行为的规范性标准和榜样以及与宗主国主流传统的密切联系。对所有这一切，殖民地自身都无法掌控。[②] 最后，正如 J. G. A. 波科克（J. G. A. Pocock）最近所强调的，这种关系也保证殖民地成为“一种单一的以英语为母语的世界中的亚文化”。[③] 对殖民地政治生活来说，这意味着政府制度、法律制度和正义、行为和认知模式等在一定程度上显然源自母国。

殖民地政治生活的第二个而且同样重要的特征是，每个殖民地构成了一个完全隔离的政治环境。许多殖民地在一定程度上是较老殖民地的衍生物：马里兰和北卡罗来纳源自弗吉尼亚，罗得岛、康涅狄格、新罕布什尔和新斯科舍源自马萨诸塞湾殖民地，背风群岛（Leeward Islands）、牙买加和南卡罗来纳源自巴巴多斯，佐治亚源自南卡罗来纳。同样，它们在政治结构和文化方面与产生它们的那些殖民地表现出重要相似性。然而，由于每个殖民地在经济活动、社会和族群构成、宗教组织以及城市发展方面具有独具特色的模式，而且具有特殊的传统、习俗与经历，所以它们表现出自己独特的政治活动形态。至少直到“七年战争”，实际上直到独立革命前夕的危机时期，各个殖民地之间实际上不存在共同的政治生活这个事实强化了这种个性。殖民地之间的政治契约基本上是暂时的，偏离政治的核心问题，而每个殖民地与宗主国之间的政治联系要比与其邻近殖民地密切得多。而且，宗主国甚至

---

① E. J. Hobsbawm, “From Social History to the History of Society,” *Daedalus* 100 (1971): 20 – 45.

② Jack P. Greene, “An Uneasy Connection: An Analysis of the Preconditions of the American Revolution,” in Stephen G. Kurtz and James H. Hutson, eds., *Essays on the American Revolution* (Chapel Hill: University of North Carolina Press, 1973), pp. 45 – 56.

③ J. G. A. Pocock, “Virtue and Commerce in the Eighteenth Century,” *Journal of Interdisciplinary History* 3 (1972): 122.

没有足够大的权力侵蚀单个殖民地政治制度的特殊性，这些殖民地根据宗主国的影响与本地情况的相关性及其与本地传统的契合性对其进行接受、修改、忽略或摒弃。

具有重要意义的第三个特征是，政治制度本身的运行几乎在各处都受到了极大的限制。正如伯纳德·贝林（Bernard Bailyn）所指出的，由于这种新社群面临共同的紧急情况，殖民地政府所从事活动的范围要比英国的中央政府广泛得多。它们履行作为政府的所有正常职能：象征性职能，通过行动和法律确认（体现）社会价值观；管理职能，如确立基本法规，指导土地分配以及殖民过程，确定管制个人行为的办法以及执行法律；保障自由安全和防范外敌攻击等保护性职能。它们还承担创始广泛的社会服务，并赋予那些负责提供服务的团体和个人各种特权、利益以豁免权的责任，以及通过法规改进传统大宗作物的生产或确立刺激措施以鼓励新的大宗作物的种植、增加公民经济福利的责任。①

正如最近罗伯特·泽姆斯基（Robert Zemsky）在对18世纪早期马萨诸塞殖民地情况的分析中所强调的，无论与英国相比殖民地的政府活动如何广泛，殖民者对政府的期待非常少，因为这种政府的运作是小规模、低成本的。预算和税收较低；领取薪酬的全职政府官员很少（马萨诸塞有六位）；文职、司法和警察建制很小，且官员呈现出兼职和非职业化特征；“七年战争”之前，军队建制也很小而且通常是临时性的。由于维护秩序、执行法律、调解冲突、处理日常诉讼以及提供公共服务等大多数职责落在各县、镇和教区的本地政府机构身上，相对于殖民地级别的小政府来说，殖民者与本地级别的政治制度的正式组成部分有更多接触。但在大多数时间和大多数地方，政府对大多数殖民者造成的压力很小。这些殖民者与政治制度的惯常联系基本上支付通常较少的赋税，偶尔履行道路维护或民兵集训等公共服务义务，以及除在罗得岛之外，每年参加选举，在新英格兰参加村镇会议。结果是，殖民地的政治制度在政府的正式机构中为公民的积极参与提供了一个很小的空间，而且如泽姆斯基所指出的，“在很多方面成为古典经济国家的原型”。它们对个体行为的限制很少；公共领域范围相对较小，但私人领域范围尤其之大。②

---

① Bernard Bailyn, *The Origins of American Politics*, pp. 101 - 104.

② Robert Zemsky, *Merchants, Farmers, and River Gods: An Essay on Eighteenth Century American Politics* (Boston: Gambit, 1971), pp. 1 - 9.

殖民地政治制度的第四个重要特征是，它们的预设和运作基本上是排他性的。也就是说，大多数居民参与政治社会的充分权利被剥夺了，包括妇女、儿童、仆役、奴隶、天主教徒、犹太裔、未归化的外国人、未持有财产的人，以及在许多情况下的长期佃农和与父母生活在一起的长子。这种普遍的排斥可归因于传统观念，这种观念认为社团成员应仅限于持有完全法律股份的人，因此，一个政体的公民应仅限于那些永久性占有财产的人。[①] 然而，更为重要但尚未得到充分理解的是另外一种预设，用约翰·洛克的话说，对政治的充分参与应仅限于在主导"自己的行动"和"合法处理自己的财产和人身"方面不"依赖任何其他人的意志的"那些人。[②] 那些不占有财产的人——被等同于依附性群体，也被认为必然存在依附性——以及那些由于宗教、法律或家庭义务必须服从他人意志的人，并不具备充分参与权所必需的自主性。这种排斥妇女、未成年人和奴隶的要求预设的一个推论是，那些被认为具有感情、生理或"自然"障碍的群体无力控制自己，并因此缺乏被赋予社会中的完全的公民地位的资质。[③]

殖民地政治制度的这些基本特征——包括其殖民地地位、分离为大致独立的政治环境、运作受到限制及其排他性——在各个时期并非保持不变。然而，在这四个特征中，只有第一个发生了足够重大的变化，并在 18 世纪 60 年代之前的殖民地政治社会产生了重大反响。确实，殖民地与母国社会联系程度的变化是影响殖民地政治发展特征的三个关键变量之一。在两个方面——经济和政治方面——宗主国—殖民地关系变化的方向几乎是直线的。尽管变化的速度在各个时期显然并非恒定不变，而且各个殖民地的变化程度并非"整齐划一"，但在 17 世纪中期至 18 世纪中期，宗主国和殖民地在经济和文化领域的联系程度日益加深。从 17 世纪 50 年代和 60 年代航海制度的最初实施开始，各个地方——包括大陆殖民地和西印度群岛——与母国诸

---

① J. R. Pole, *Political Representation in England and the Origins of the American Republic* (New York: St. Martin's Press, 1966), pp. 25 – 26, p. 31, pp. 36 – 37, pp. 47 – 49, pp. 53 – 56, p. 84, p. 88, pp. 136 – 38, pp. 143 – 147.

② Peter Laslett, *The World We Have Lost* (2nd ed., London: Charles Scibner's Sons, 1971), p. 190.

③ Michael Zuckerman, *Peaceable Kingdoms: New England Towns in the Eighteenth Century* (New York: Alfred A. Knopf, 1970), pp. 195 – 196. See also Jack P. Greene, *All Men Are Created Equal: Some Reflections on the Character of the American Revolution* (Oxford: Clarendon Press, 1976).

岛的经济联系日益增强。截至 18 世纪中期，不生产大宗农作物的新英格兰殖民地的经济与宗主国的经济密切联系在一起。[①] 在 18 世纪，这种日益增强的联系，加上个人间的联系越来越多以及伴随这一过程的通信条件的改进，将殖民者日益吸引至英国生活的范畴，让他们更加容易和直接地接触英国、爱尔兰以及苏格兰的思想和行为模式，使他们与宗主国的文化联系更加紧密。[②]

与此相对照，在政治和军事方面，殖民地与宗主国之间不存在联系增强的直线运动。后者对前者的影响程度随宗主国用于殖民地监管的精力和注意力多寡而变化，而这取决于对国际、国内和殖民地的更广泛的考虑。当然，在“王政复辟”（Restoration）之后，政治联系的水平从未低于殖民初年。在两个较长时期内，宗主国政府对殖民地政治制度施加了更加严格的控制。一个从 17 世纪中期延续至大约 1710 年，另一个从 1748 年至 1783 年，中间相隔的时期以宗主国对殖民地采取一种较为随意的立场为特征。[③] 在军事上，大陆殖民地只是在“七年战争”期间与宗主国有较多关联，在 1689 ~ 1713 年和 1739 ~ 1748 年，即早期殖民地战争期间，殖民地与宗主国的联系较少。然而，即使在宗主国政治活动最为集中的几个时期，宗主国政治制度影响殖民地政治制度的程度也在各地存在巨大差异，这取决于各个殖民地的政治脆弱性。一个殖民地的脆弱程度是若干个本地因素影响下的结果，包括它在外部和内部防卫上对母国的依赖程度，本地特许状、传统、习俗和制度的历史长短、强度和特征，本地领袖的自主性和自我意识，社会制度与政治制度的整合程度，融入宗主国荫护（patronage）制度的程度。这些对本地的重多考虑一起，随时间的变化而变化，成为确定个体殖民地政治发展特征以及政治活动模式的第二个关键变量。

第三个变量——在许多方面也是这些关键变量中最为重要的变量——是

---

① Stuart Bruchey, *The Roots of American Economic Growth, 1607 - 1861: An Essay in Social Causation* (New York: Harper and Row, 1965)

② John Clive and Bernard Bailyn, "England's Cultural Provinces: Scotland and America," *William and Mary Quarterly* 11 (1954): 200 - 213. Jack P. Greene, "Search for Identity: An Interpretation of the Meaning of Selected Patterns of Social Response in Eighteenth-Century America," *Journal of Social History* 3 (1970): 189 - 220.

③ Jack P. Greene, ed., *Great Britain and the American Colonies, 1606 - 1763* (New York: Harper and Row, 1970), xiii-xlvii; Ian K. Steele, *Politics of Colonial Policy: The Board of Trade in Colonial Administration, 1696 - 1720* (New York: Oxford University Press, 1968); James A. Henretta, *Salutary Neglect: Colonial Administration under the Duke of Newcastle* (Princeton: Princeton University, Press, 1972).

各个殖民地中变化的社会与经济形势。对殖民地来说，就如所有社会一样，人口的族裔、文化和宗教构成，人口与社会结构，生产体系的组织，社群归属感（community attachment）的强度以及社会整合程度等随着时间的推移而变化，这必然深刻影响政治发展的性质和方向。在大多数殖民地，这些地区的变化特别迅速，因为殖民者不得不首先让自己以及他们的社会适应新世界的情况，尤其是要适应1710 年之后人口持续增长，农业生产、海外出口、购买力以及定居地区范围等方面的变化所造成的新问题以及所创造的新机会。

这种非同寻常的扩展很显然在各个殖民地并不“整齐划一”。其进展速度各异，产生了不同效果。然而，1710～1760 年其在各个地方成为殖民地生活最为显著的特征，带来了快速且广泛的变化。通过扩大政体的规模以及扩充政治领袖和其他居民中政治重要成员的储备，通过延伸体制结构（institutional structure），通过扩大社会分层、增强职业分化并由此或者减弱（削弱）或者提升（增强）社会整合的程度或社群的力量，通过大大扩大、提高殖民地抱负的范围和水平，殖民地的显著扩展影响了殖民地政治制度的特征及其政治发展的速度和势头。正如我随后会详细论证的，这些变化绝不会总是——或通常是——颠覆性的或会破坏稳定。也许由于至少在早期或中期这个扩展过程的特征似乎是流动机会的大幅增多，伴随这个过程的社会抱负的增加并未导致深刻或普遍的社会挫折和政治与社会动员，① 尽管如下文所表明的，在少数情况下，它确实产生了些社会上的争权夺利者，他们诉诸公开的政治冲突实现其抱负，或者使得在一些具有雄心壮志的人中间出现了一些强烈感觉到了在政治上被剥夺权利和遭受歧视的人。

在上面讨论的基本特征所确立的框架内，这三个关键变量——殖民地与母国社会的联系程度、政治的本地情况以及社会与经济生活的变迁情况——相互作用，塑造了殖民地的政治发展。由于在不同的政治环境中，这些变量的性质与运作存在很大差异，各个殖民地政治发展的形式与特征也存在天壤之别。这篇论文的观点是，尽管存在这些重要变量，但每个重要殖民地的政治发展过程表现出大体类似的模式。在大多数情况下，在殖民时期早期，就

---

① Samuel P. Huntington, *Political Order in Changing Societies* (New Haven and London: Yale University Press, 1968), pp. 53 - 55; Peter Laslett, *The World We Have Lost*, pp. 166 - 177; Alan Tully, *William Penn's Legacy: Politics and Social Structures in Colonial Pennsylvania, 1726 - 1755* (Baltimore: Johns Hopkins University Press, 1977), pp. 3 - 44.

开始出现较长时间的激烈的政治失序和不稳定，[①] 并一直持续到 18 世纪最初的几十年。这个失序时代之后，18 世纪 20～30 年代，出现了一个政治极其稳定的时期，在一些地区，甚至出现了一直至少持续到 18 世纪 50～60 年代的公共秩序相对稳定的时期。[②]

英国最古老、最大（在地域与人口方面）也是北美大陆上在经济方面最为重要的殖民地弗吉尼亚的历史，是这种总体发展模式最为生动的例证。在整个 17 世纪，该殖民地的公共事务充满了斗争和杂音。1660 年“王政复辟”与 1676 年“培根反叛”（Bacon's Rebellion）之间威廉·伯克利爵士（Sir Willian Berkeley）担任总督期间的稳定时期只是一个例外。在“王政复辟”之前极具流动性的社会与经济环境下，延绵不断争权夺利的斗争在“培根反叛”之后被一系列反复出现的冲突取代。这些冲突产生的原因是英王试图加强对殖民地经济与政治生活的控制。这些冲突使绅士阶层——主要的烟草巨头和殖民地的精英——分裂为斗争的派别，并造成在随后的 50 年一个又一个的总督被赶走或被解职。

直到 18 世纪 20 年代末副总督亚历山大·斯波茨伍德（Alexander Spotswood）与本地领袖们达成和解，这一模式才最终被打破。通过小心翼翼地培养本地领袖，以及沃波尔再次强调政府各个部门之间的和谐与合作，

---

① 当然，马萨诸塞是主要殖民地中的唯一例外。在 17 世纪 80 年代开始、一直持续到 18 世纪 20 年代的一个较为短暂的政治动荡时期之前，其出现了较长的稳定时期。

② 关于早期美国政治的近期论著普遍且基本上不加批判地使用“政治不稳定”和“政治稳定”概念，如 Bernard Bailyn, *The Origins of American Politics*, pp. 59 – 105。Michael Kammen, *People of Paradox: An Inquiry Concerning the Origins of American Civilization*（New York: Alfred A. Knopf, 1972）, pp. 57 – 58 和 Patricia U. Bonomi, *A Factious People: Politics and Society in Colonial New York*（New York: Columbia University Press, 1971）有力突出了对其进行定义的必要性。J. H. 普拉姆（J. H. Plumb）在《英格兰政治稳定的起源，1675～1725 年》（*The Origins of Political Stability, England, 1675 – 1725*）（Boston: Houghton Mifflin, 1967）xvi-xviii 中显然对英格兰进行了明显令人满意的定义。对较为古老、复杂和有不同结构的政治社会经历的一系列细节进行简单改造显然不够。殖民地的社会与政治状况与英国的社会与政治状况存在天壤之别，因此其政治稳定的特征与情况也迥异。我的论点（希望以后能够通过探讨和深思进行提炼）是，对于殖民地时期的北美来说，政治稳定的概念可以用来描述如下七种情况中的任何一种：①一般来说较低水平的集体暴力和内乱；②不存在或压制长期存在的造成国家两极分化或分裂的问题；③政治社会例行接受现存的体制和领导结构；④政府几个部门和级别关系的正规化；⑤领导人离职率低；⑥通过宪政挑战有秩序地进行权力或领导职位交接，不会对政体造成严重破坏；⑦将党派或政党斗争的影响降低至较小或不再造成功能失调的水平，或使其程序化和发挥作用。政治稳定不要求：①社会与政治惰性，②完全的公共安宁或在政治制度内部没有竞争和斗争，③政治党派或政党派别中成员的永久性，④政治精英中的高度凝聚力或团结，⑤精英中单一集团垄断权力。

斯波茨伍德的继任者休·德赖斯代尔（Hugh Drysdale）和在 1727～1749 年管理殖民地的威廉·古奇爵士（Sir William Gooch），设法根除了“一切派别”，实现了一直持续到殖民地时期结束的新的政治稳定。德赖斯代尔和古奇都是务实的政客。他们二人都小心翼翼地避免侵犯本地利益，尊重习惯和传统。在这个过程中，他们主要通过自己的道德和政治领导力量进行管理，在几乎不掌握功利主义资源的情况下，实现了一种局面：绝大多数立法者通常支持行政部门，因此在整个殖民地时期出现了非常少见的、实际表现出忠诚英王的习惯，这种忠诚类似于英国“普通而廉洁或很少腐败的议会议员”所表现出的忠诚。这些议员通常是支持行政部门的。除 18 世纪 50 年代初处于任职初期的罗伯特·丁威迪（Robert Dinwiddie），以及后来的总督，即括弗朗西斯·福基尔（Francis Fauquier）、诺伯恩·伯克利（Norborne Berkeley）和博特托尔特男爵（Baron de Botetourt）之外，他们遵循德赖斯代尔和古奇的成功榜样，取得了类似结果。①

当然，在缔造这种新的稳定性的过程中，宗主国当局在 1720 年之后重视以任何代价实现殖民地的和平与秩序这一政策，帮助了德赖斯代尔和古奇。还有一个助推因素是与早期相比，弗吉尼亚不再与英国的荫护制度保持密切联系。对他们有利的还有弗吉尼亚内部有幸存在的一些情况。总体来说有利的经济形势、各地区以及自由人口中各个社会类别经济与社会利益的同质性、较深程度的社会与宗教一体化、足够大的政治领袖群体使任何一个单一的群体都不可能垄断政治权力，避免了激烈的政治分裂。这些年间弗吉尼亚的政治形势为塞缪尔·P. 亨廷顿（Samuel P. Huntington）描述的“传统稳定性”的情况提供了一个经典例证。在这种传统下，尚无大型或重要的城市中心，以农村为主，农村精英通过内源群体（endogenous groups）进行的统治不会受到挑战，佃农和自耕农只是被动或边缘性地发挥积极的政治作用，

---

① See Bernard Bailyn, "Politics and Social Structure in Virginia," in James Morton Smith, ed., *Seventeenth-Century America: Essays in Colonial History* (Chapel Hill: University of North Carolina Press, 1959), pp. 90 - 115; John C. Rainbolt, "The Alteration in the Relationship between Leadership and Constituents in Virginia, 1620 - 1720," *William and Mary Quarterly* 27 (1970): 411 - 434. 引文来自弗吉尼亚议会下院议员约翰·伦道夫（Sir John Randolph）于 1763 年 8 月 6 日所发表的演讲。参见 Jack P. Greene, ed., *Great Britain and the American Colonies, 1606 - 1763*, p. 247; Paul Lucas, "A Note on the Comparative Study of the Structure of Politics in Mid-Eighteenth-Century Britain and Its American Colonies," *William and Mary Quarterly* 28 (1971): 301 - 309.

较弱的中间阶级（intermediate class）倾向于与占据主导地位的精英结盟。①

在南卡罗来纳，各种力量稍微不同的配置形成了非常类似的发展模式。除马里兰之外，南卡罗来纳是大陆上社会－经济生活最接近弗吉尼亚的殖民地，1746 年之后，很可能是英王在大陆上最富有和最繁荣（根据自由公民的人均财富占有量）的领地。南卡罗来纳在弗吉尼亚建立之后 60 多年开始拓殖。在其最初的 50 年，该殖民地政治斗争激烈。这期间，商人对阵种植园主，来自西印度群岛的移民对阵直接来自英国的移民，英国人对阵法国胡格诺教徒，教徒对阵持异议者，市镇对阵乡村，地方政治领袖对阵业主。这些冲突在 1719 年达到顶峰，使得业主被推翻，但皇家政府并未立即平息政治动乱。18 世纪 20 年代一场严重的经济萧条引发的增加纸币发行量的要求再次造成政治混乱，殖民地政府彻底崩溃，殖民地处于内战的危险边缘。直到 1730 年建立起永久性的皇家政府之后，这种政治骚乱的模式才被打破。②

然而，与弗吉尼亚的情况相对照，南卡罗来纳皇家总督们的道德领导并非公共稳定的新时代中的一个重要因素。这个新时代在 18 世纪 30 年代开始形成，直到 18 世纪 60 年代末“自订约章者”（Regulator）之乱，其一直是殖民地政治生活的特征。尽管在 18 世纪 30～40 年代来自宗主国政府的压力很少强化了这种新的稳定的前景，但这种稳定主要基于直到 18 世纪中期的几十年里在殖民地“不断旺盛的繁荣”中，之前相互竞争的不同利益群体逐渐整合在一起。殖民地的繁荣不仅缓解了早期的宗教和族裔分歧，而且造成了罗伯特·M. 威尔（Robert M. Weier）所称的经济利益的同质化。在这种繁荣的大宗作物经济中，对利润的共同追求吸引商人和种植园主以及城镇和乡村加入一种共生关系，带来了一种密切联系的发展，产生了一种“共同经济利益意识”，使得殖民地出现的精英（包括正在崛起的职业律师阶级以及商人和种植园主）对价值观及社会和政治优先事项达成共识。

由于殖民地人数较少的自由白人（由较大规模的精英和相对较小规模的自耕农和工匠阶级组成）强烈地感觉到有必要组成稳固战线，以抵抗快速增多的占人口多数的非洲奴隶，也由于 18 世纪 30 年代末和 40 年代初一系列次

---

① Samuel P. Huntington, *Political Order in Changing Societies*, p. 76.

② M. Eugene Sirmans, *Colonial South Carolina: A Political History, 1663 - 1763* (Chapel Hill: University of North Carolina Press, 1966); Richard Waterhouse, *A New World Gentry: The Making of a Merchant and Planter Class in South Carolina, 1670 - 1770* (New York: Garland Publishing, Inc., 1989).

要危机突出了内部政治团结的重要性，由此产生的这种新的一致性“‘窒息’了派系斗争”。1750 年之后，行政职位和皇家委员会英国官员数量的快速增加以及宗主国政府再次施压导致了殖民地精英与行政部门的宗主国代表之间的紧张关系。这种紧张关系以及它们造成的少数公开冲突表现出来的特征是“一个社会团结一致的代表与一个外部力量的代表之间的斗争”。因此，1730 年之后南卡罗来纳政治代表的是一个稳定的城镇—乡村联盟。在这种联盟下，在具有共同社会 - 经济和政治目标愿景的紧密联系的城市 - 乡村精英的统治下出现了不同寻常的社会与政治和谐，其并未遇到来自社会内部的挑战。①

南卡罗来纳模式的一个变种可以在宾夕法尼亚经历中找到。该殖民地是五个主要的大陆殖民地中最新的一个，截至 18 世纪 20 年代，它已经成为整个南北美洲人口和经济增长最具活力的中心。如南卡罗来纳一样，宾夕法尼亚在其早期历史阶段充满了社会和政治动荡。业主威廉·宾（William Penn）与殖民地的贵格会领袖在各种问题上存在分歧、占据主导地位的贵格会多数派积极推行反威权主义（antiauthoritarianism）以及“贵格会中共同体意识被削弱”，上述问题在早期就将殖民地居民分裂为斗争的派别，从而导入一个持续近半个世纪的政治不稳定模式。主要由占据主导地位的“宾夕法尼亚贵格会商人及其乡村盟友”组成的反业主集团刚刚从宾的支持者那里夺取权力，他们就发现“自己受到了来自下层”由戴维·劳埃德（David Lloyd）领导的组织为“乡村党”的卑微人群组成的联盟的“挑战”。尽管在 18 世纪的第一个十年，劳埃德和他的团体的力量逐步增强，但“主要的商人和土地拥有者再次决心遏止”劳埃德的破坏性活动，加上经济状况的改善以及逐渐建立起一套更加健全的统治机构，1710 年之后确立政治安宁的希望被点燃。然而，不幸选择两人——查尔斯·古金（Charles Gookin）和威廉·基思（William Keith）——担任总督以及对业主权的激烈争论、土地所有制以及纸币的情况使党派斗争的火焰又燃烧了 15 年。②

只到 1725 年之后这种模式才开始消失。1726 年之后的十年内帕特里克·戈登（Patrick Gordon）老练的行政管理、旧的政治问题不复存在、劳

① Robert M. Weir, “The Harmony We Were Famous For: An Interpretation of Pre-Revolutionary South Carolina Politics,” *William and Mary Quarterly* 26 (1969): 473 - 501.

② Gary B. Nash, *Quakers and Politics: Pennsylvania, 1681 - 1726* (Princeton, N. J.: Princeton University Press, 1968), pp. 110 - 111, pp. 168 - 169, pp. 179 - 180, pp. 274 - 276, pp. 305 - 308.

埃德的去世、与业主合作的倡导者安德鲁·汉密尔顿（Andrew Hamilton）出现并成为殖民地主要的政治领袖，共同为稳定的公共生活新时代以及党派政治的实际消失奠定了基础。18世纪30年代，业主未能利用有利的条件培养起强大的业主政治利益使“贵格党”——一个控制强大的殖民地议会下院的城市与乡村领袖的巩固联盟——主宰了宾夕法尼亚的政治。强化了这一地位的是1740~1742年由总督乔治·托马斯（George Thomas）领导的业主针对贵格会拒绝支持打击西班牙的强大挑战的失败。因此，在未来的12年里，由于贵格会对殖民地议会下院的控制未受到挑战，“和平与稳定的形势”占据主导地位。1750年之后，一种强大的业主——主要由越来越多的富裕的英国商人、城市业主以及偏远地区的苏爱人和德裔拓殖者组成——利益的形成和业主试图强化行政权威、争取业主土地免税以及为英国打击法国人的战争寻求财政支持再次使18世纪50年代中期的宾夕法尼亚陷入党派政治，这种斗争持续了十年之久。然而，重要的是，新的党派竞争并未产生宾夕法尼亚早期的那种激烈的本地冲突、内乱和政治崩溃。

如南卡罗来纳一样，宾夕法尼亚的新的稳定取决于社会-经济以及政治发展。前所未有的商业与农业繁荣一方面将中下层的注意力从政治转向经济领域，另一方面帮助土地拥有者精英巩固其在宾夕法尼亚社会中的地位。结果如加里·B.纳什（Gary B. Nash）所指出的，在1725年之后“对政治过程的控制权缓慢地”转移到彼此联系密切的富裕费城商人和乡村土地占有者集团手里。这一稳定的城镇—乡村联盟未受到较弱的业主利益的挑战。它对政治目标和社会-经济优先事宜具有非凡的共识，垄断了政治权力，创建了一个稳定的政治环境，其特点是“较少斗争，非常和谐”。①

在新英格兰最老和最大的殖民地马萨诸塞，可以观察到一个类似的发展模式。1670年之后，老派清教徒相对统一的主导地位以及由此产生的稳定的政治世界，被希望增强在新英格兰权威的宗主国当局以及沿海城镇新兴的商人群体严重破坏。这些商人对传统的清教领导所施加的限制不满，想通过更密切的政治联系强化他们正在英国商业世界确立的经济联盟。1680年之后的50年，剧烈而极具分裂性的冲突充斥了马萨诸塞殖民地政

① Alan Tully, *William Penn's Legacy: Politics and Social Structures in Colonial Pennsylvania, 1726-1755*, pp. 23-51.

界。冲突源于皇家总督埃德蒙·安德罗斯（Edmund Andros）、约瑟夫·达德利（Joseph Dudley）、塞缪尔·舒特（Samuel Shute）和威廉·伯内特（William Burnet）在波士顿商人社会的支持下以及英王的象征性支持下，一再努力扩大特权，以抵制殖民地议会下院乡村党的坚决反对。冲突还涉及总督坚持维护英王对新英格兰森林里的桅杆树的垄断权（直接损害了领导乡村党的伊莱沙·库克父子的利益），是否应设立土地银行，通货膨胀政策以及无数其他问题。①

然而，正如罗伯特·泽姆斯基最近所指出的，马萨诸塞在1730年之后的1/4世纪里"基本保持了政治稳定"。18世纪20年代末事实上的宪制妥协之后，"针对皇家特权的斗争很快平息"。这项妥协"给予了"总督和殖民地议会下院"一定程度的独立性"。另外，作为早些时候派系斗争的基础，旧的农村—城市对立变得不太明显，因为来自农村城镇的代表们在来自东部沿海的少数社会显赫者的领导下越来越采取一种默认态度，前提是农村农业多数利益得到保障。一位总督通过接受和尊重这种政治力量的微妙平衡，就能获得来自立法机关的合作，也就能实现本地领导人眼中的成功的行政管理。乔纳森·贝尔彻（Jonathan Belcher）未能做到这一点，这注定了他最终的毁灭。尽管想要妥协，但是在1740～1741年土地银行争端期间，他未能在通货膨胀的倡导者及其在马萨诸塞和伦敦的反对者之间选对立场。他的继任者、1741～1757年管理殖民地的威廉·雪利（William Shirley）在这种新的政治环境中取得了较大成功。由于他与英国保持了密切联系并具备调节能力，他得以熟练地利用他掌握的本地职位任免权以及因"乔治王战争"期间北部殖民地军事行动而掌握的大量合同和职位，使殖民地的许多要人依附行政部门，争取到他们对其立法计划的支持。

这种行政机器在其对手中引起了对"罗宾式无政府主义"腐败（"Robinarchical" corruption）的恐惧。截至18世纪60年代，在雪利离职后，这种行政机器显得十分狭隘，以至于招致了机器之外的那些人对"寡头政权"的普遍指控。从独立革命争端的角度来看，这些指控获得了额外响应。然而，指控再强烈也无法忽略农村多数派的意愿。如在南卡罗来纳和宾夕法尼亚一样，马萨诸塞的城市—农村联盟对实现1730～1760年的稳定至关重要。但这

---

① T. H. Breen, *The Character of the Good Ruler: A Study of Puritan Political Ideas in New England, 1630 - 1730* (New Haven and London: Yale University Press, 1970), pp. 165 - 167.

种联盟不像在南卡罗来纳一样是基于利益的同质化，也不像在宾夕法尼亚一样，是基于紧密联系的精英的运作方式。这些精英将城镇与乡村团结起来，追求共同的经济、政治和宗教目标。确切地讲，马萨诸塞的联盟产生于妥协的需要。尽管这一联盟偶尔缺乏一致的利益或社会目标，西部的农村选票与东部城市的专门技术相结合，塑造了稳定的政治环境。①

在五个主要的大陆殖民地中，纽约最偏离上面分析的四个殖民地所表现出的模式。帕特里夏·博诺米（Patricia U. Bonomi）写道，（作为对一种普遍共识的回应），一开始，纽约的政治“特别不稳定，充满了党派斗争”，早期纷乱的政治似乎永远也不会让位于一段稳定的时期。“莱斯勒（Leislerian）冲突以及长达20年的余波，18世纪20年代商业—土地之争、莫里斯—科斯比争端（Morris-Cosby dispute），18世纪中期法庭—议会下院之争以及18世纪60年代充满仇恨的竞选”，都表明“内部团结一致的党派对公共权力竞争的稳步激化”。纽约殖民地社会的特色是族裔、宗教、经济和地域的多元化，从未实现弗吉尼亚和南卡罗来纳的那种社会-经济与文化一体化。尽管有血统上的联系，但城镇中的商业精英与哈德森河地主之间、商业利益与土地利益之间的裂缝太深，因而无法发展出宾夕法尼亚那种将城镇与乡村紧密联系在一起的彼此关系密切的精英。

纽约从来不是一个较大的殖民地。与马萨诸塞不同的是，它并非迫于绝对复杂的社会与经济形势而确立起一套差别化的政治制度（differentiated political system）。在这种制度下，经各方同意，权力被置于位于首府的容易辨识并且反应敏捷的精英手里。与其他四个殖民地相比，纽约殖民地与英国的荫护制度关系更加密切，其政治生活始终不太独立，始终受到变幻无常的英国政治的影响。而且与其他殖民地相比，纽约政治始终被政治领袖中的许多人视为经济利益的来源，这种情况的持续时间也较长。很显然，纽约似乎是其他重要大陆殖民地所代表的一般类型的一个例外。

问题是，它是一种什么样的例外。诚然，除18世纪40年代初的短暂时

① Jack P. Greene, "Changing Interpretations of Early American Politics," in Ray A. Billington, ed., *The Reinterpretation of Early American History: Essays in Honor of John Eduin Pomfret*, pp. 166 - 167; Bernard Bailyn, *Ideological Origins of the American Revolution* (Cambridge, Mass.: Belknap Press 1967), pp. 114 - 117; Robert Zemsky, *Merchants, Farmers, and River Gods: An Essay on Eighteenth Century American Politics*, xii and passim; John M. Murrin, "From Corporate Empire to Revolutionary Republic: The Transformation of the Structure and Concept of Federalism," 1966年12月30日于在纽约召开的美国历史学会年会上宣读。

期之外，1730～1760年，纽约很少像其他四个殖民地一样政治斗争的次数锐减。政治史学者传统上对冲突和变革的强调是可以理解的，这种强调在纽约殖民地政治史的史学研究中尤其明显。然而，这倾向于掩盖政治过程的规律性和连续性，纽约政治中公然的党派斗争可能没有传统观点认为的那么不利于社会稳定。确实，博诺米的著作表明，在18世纪30年代中期莫里斯—科斯比争端解决之后，纽约政治稳定可能变得不再那么脆弱。殖民地“利益集团”已经变得十分多元；太多的利益集团变得如此强大而咄咄逼人，使政府无法像1715～1730年罗伯特·亨特（Robert Hunter）和威廉·伯内特所做的那样通过系统培植某种利益、牺牲其他所有利益以实现政治安宁。

似乎在18世纪30年代末开始发展起来一种新的政治模式，也许可以最为恰当地将其描述为基于同意的广泛框架内的紧张模式。这一新模式的核心特征是多元利益在明确界定和一致认可的政治边界内进行积极的和功能性的（functional）竞争，这种竞争通过最终建立松散的政党使竞争常规化和制度化，这削弱或减少了发生爆炸性公开冲突、内乱和政治破坏的可能性。而且，这种竞争也导致时常出现对政党作为社会利益表达合法机构的辩护。这种发展在半个世纪之后才在其他地方出现。如果这些推测是正确的，那么党派在纽约这样的复杂政治社会中，可能成为稳定的必要前提条件，甚至纽约也可能在18世纪中期的几十年利用其尤其多元化的文化和经济材料塑造一种独特且合适的政治稳定形式。①

1725年之后，作为弗吉尼亚、南卡罗来纳、宾夕法尼亚、马萨诸塞以及纽约政治生活特征的新的稳定（以不同形式表现）取决于若干个相互作用的因素：来自宗主国压力的总体缓解，大多数殖民地大部分自由人口前所未有的富裕，以及在不同程度上各个殖民地社会－经济与政治生活的功能性一体化（functional integration）。然而，这种稳定也得益于政治资源的重大发展，这种发展塑造了新的政治稳定，或影响了其特征，并通过促进政治结构与文化的变化大幅提高了殖民地政治制度的能力。在下面的段落中，本文将分析这一过程的五个主要方面：精英发声（elite articulation）、制度发展、政治意识的结构（configurations）、精英与社会上其他政治重要部分之间的

① Patricia U. Bonomi, *A Factious People: Politics and Society in Colonial New York*, p. 55, p. 59, pp. 133－134, p. 143, pp. 280－86, and passim; Stanley N. Katz, *Newcastle's New York: Anglo-American Politics, 1732－1753* (Cambridge, Mass.: Harvard University Press, 1968).

关系模式，以及公共领域的扩大。

在各个殖民地，稳定、连续且得到承认的政治与社会精英出现得较为缓慢。在本文分析的五个殖民地中，只有弗吉尼亚和马萨诸塞在18世纪初出现了能够令人信服地被描述为相当程度上彻底成熟的精英。而在其他地方，精英是不稳定的，未能得到充分发展的、封闭的。如詹姆斯·洛根（James Logan）在1713年所写的，很少有"有天赋和学养的人"。[①] 在这种情况下，政治领导权落到了那些充其量只能部分胜任其职责的人手里。也不是说他们都是总督威廉·史密斯（William Smith）在1714年出版的《安德罗博罗斯》中拙劣模仿的吵吵闹闹、无知和不称职的殖民地议会下院议员。[②] 然而，如历史学者小威廉·史密斯（William Smith, Jr.）后来在评论纽约殖民地早期议会下院议员的特点时所抱怨的，他们主要是"朴素的、不识字的农夫，他们的视野仅限于管理公路，捕猎狼、野猫和狐狸，以及他们被选出来代表的特定县的狭隘利益"。[③] 而那些少数适于参与公共生活的较有成就的人，如洛根所指出的，则需要"配置适合抵御大众惯常讥讽的外表"。[④]

史密斯对大多数政客的狭隘、对基本上是功利主义的或者说维持生计的倾向的强调不无正确。从一开始，殖民地政治就表现出对保护和促进群体和地方利益以及个体创业的根本关注。古奇写道，殖民者认为他们拥有"追求促进自己利益的与生俱来的自由"；他们期待政治社会鼓励——或至少不会禁止——他们的这种追求。人们参与公共生活主要是因为这能为他们带来直接的经济和社会利益，如更容易获取土地、特殊的商业或专业利益、有利可图的公共职务或更高的社会地位。[⑤]

---

① "Logan to Josiah Martin, Aug. 4, 1713," quoted in Gary B. Nash, *Quakers and Politics*: *Pennsylvania*, *1681 – 1726* , p. 286.

② Robert Hunter, *Androboros*: *A Biographical Farce* (New York, 1714).

③ William Smith, Jr., *The History of the Province of New York*, ed. by Michael Kammen (Cambridge, Mass.: Belknap Press of Harvard University Press, 1972), 1: 259.

④ "Logan to Josiah Martin, Aug. 4, 1713," quoted in Gary B. Nash, *Quakers and Politics*: *Pennsylvania*, *1681 – 1726*, p. 286; John C. Rainbolt, "The Alteration in the Relationship between Leadership and Constituents in Virginia, 1620 – 1720," *William and Mary Quarterly* 27 (1970): 411 – 434.

⑤ Sir William Gooch, "Some Remarks on a Paper Transmitted into America, Entitled a Short Discourse on the Present State of the Colonies in America with Respect to Great Britain," in William Byrd, *History of the Dividing Line, and Other Tracts* (2vols, Richmond, 1866), 2: 230; Jack P. Greene, "An Uneasy Connection: An Analysis of the Preconditions of the American Revolution," in Stephen G. Kurtz and James H. Hutson, eds., *Essays on the American Revolution*, pp. 56 – 58.

然而，在18世纪上半叶，政治领导的特点、质量和倾向发生了明显变化。截至18世纪三四十年代，在所有重要的殖民地，新生的精英们在“努力确立”自己“在殖民地生活的中心地位”方面取得了很大成功。[①] 按照欧洲的标准，他们在许多方面属于特殊的精英。在各个殖民地，这些精英的核心成员是一些“首创家庭”（first families）或首创家庭的后代。他们在拓殖之后的第一代或第二代成功站稳脚跟，并设法在17世纪末和18世纪初期的不和谐时期维持了自己的财富水平和社会地位。但尤其在南卡罗来纳——该殖民地在1740年之后经历了不同寻常的经济繁荣——以及宾夕法尼亚和纽约，快速步入的商业繁荣在贸易和就业方面开启了广泛的新机会，精英们中有很大一部分属于新贵。即使是弗吉尼亚和马萨诸塞等较老的殖民地，也总是为那些有天赋的新来者或暴发户留有空间，他们能够设法在经济阶梯上向上攀登。

因此，成为精英中的一员既取决于个人成就和优势，也取决于家族或世袭地位等传统标准。正如博诺米所评论的有关纽约的情况，殖民地精英是出类拔萃的人或来自名门望族，但没有“法律上认可的势力范围”。因此，与其英国的榜样不同的是，他们从未发展起一种排他性职能或那种源自长寿和由此带来的永久性幻觉充分发展的、稳固的认同感。[②] 在很大程度上，殖民地精英一直属于模糊的类别，从未发展为明确定义的法人团体（corporate group）。

然而，尽管17世纪英国遗失的世界无法在18世纪的美洲完全复原，但这些新生的精英在各自社会表现出很高程度的连续性和可见性。通过通婚以及个人和社会联系，他们很早就发展起各个社会的精英所具备的那种密切的家族和个人关系以及“非正式的精英间的沟通模式”，他们大量的地产和与宗主国文化的密切联系，使他们不同于其他社会类别的人。如英国绅士一样，他们在18世纪上半叶在乡村和城镇建设的雄伟的［按照北美标准］宅

---

① Gary B. Nash, *Quakers and Politics: Pennsylvania, 1681 – 1726*, vii.

② Patricia U. Bonomi, *A Factious People: Politics and Society in Colonial New York*, p. 281; Robert Zemsky, *Merchants, Farmers, and River Gods: An Essay on Eighteenth Century American Politics*, pp. 39 – 98; Richard Waterhouse, *A New World Gentry: The Making of a Merchant and Planter Class in South Carolina, 1670 – 1770*; Jack P. Greene, "Foundations of Political Power in the Virginia House of Burgesses, 1720 – 1776," *William and Mary Quarterly* 16 (1959): 485 – 506; Dietmar Rothermund, *The Layman's Progress: Religious and Political Experience in Colonial Pennsylvania, 1740 – 1770* (Philadelphia: University of Pennsylvania Press, 1961), pp. 140 – 41; Alan Tully, *William Penn's Legacy: Politics and Social Structures in Colonial Pennsylvania, 1726 – 1755*.

邸，“像纪念碑一样”彰显了人人能够看到的成就和地位。[1]

正如威廉·诺克斯（William Knox）曾经评论的，这些关系盘根错节的精英的规模和影响随着殖民地变得更加富有而扩大，[2] 提供了越来越丰富的政治领袖储备。这些精英的先辈们——那些在1640～1720年确立并巩固了精英们在殖民地的地位的那些人——通过获得地产、获得在社区中的较高地位以及提高家族声誉实现了自己的价值。然而，他们非凡的成功意味着他们在18世纪20～30年代走向成年的继承者们——南卡罗来纳和宾夕法尼亚第二代精英成员，弗吉尼亚、马萨诸塞和纽约的第三代精英成员——不得不到其他地方为其精力和天赋寻找适当的宣泄口。

正如博诺米所指出的，对那些其财富和稳定的地位使其拥有必要的空闲时间，由此至少可将部分注意力转移到非经济领域的人来说，政治在18世纪中期的殖民地提供了最激动人心、最富有挑战性和在心理上最有回报的公开机会。许多人——大多数是像马萨诸塞商人托马斯·汉考克（Thomas Hancock）一样的第一代暴发户——进入公共生活主要是“为了增加自己的经济或物质福利、提高自己的收入、保障自己的财产［或］自己的经济安全”。然而，对于相当大一部分根基深厚的精英来说，甚至对新人中的许多较为彻底社会化的人来说，政治成为一种主要活动，在很大意义上成为一种职业。如泽姆斯基分析的马萨诸塞的情况一样，在18世纪30年代，五个殖民地的精英“将自己转变为一个职业政客群体”。与汉考克等人不同的是，他们“享受权力”，“乐于承担责任”，“迷恋于”他们在政治舞台上发现的“机会”。

20世纪的美国人习惯于认为职业政客专注追求“自私的目的”，这在一定程度上“否定了国家和社群的首要性”。但18世纪殖民地职业政客的伦理（无论就其自我意识还是就公共定义而言）与此大相径庭。对渴望权力与职位的人物流行的、几乎普遍的怀疑，要求个人及其目标服从于占据主导地位的公仆理想，通过这种理想进行过滤和掩饰，公仆要成为公共福祉的专注的倡导者。当然，殖民地政治的新兴专业型成员也追求他们自己的私利。

---

① Peter Laslett, *The World We Have Lost*, pp. 179 – 181; Gabriel Almond and G. Bingham Powell, Jr., *Comparative Politics: A Developmental Approach* (Boston: Little, Brown and Company, 1966), pp. 32 – 33.

② Jack P. Greene, ed., "William Knox's Explanation for the American Revolution," *William and Mary Quarterly* 30 (1973): 293 – 306.

像多数人一样，他们也不能被认为会避免根据个人目的解释公共利益的普遍倾向。专业人士自身与其他公民一样深信一种职业伦理，并依据这种伦理解释自己及其选民的职责与行为。这种职业伦理强调不要追求权力、政党目标或个人报偿，而是要追求公共福祉。发现公共福祉的最佳途径是，在交叉压力下以及日常政治无法避免的不确定的世界中和解、说服、辩论和要手腕。①

政府中的大多数——无论是地方政府还是除拥有较小议会的南卡罗来纳、纽约和宾夕法尼亚外的殖民地政府——“都经验较少、眼界狭隘，其利益和影响也局限于一个有限范围内”。② “专业人士 ”的影响与其人数不相称。在各个殖民地，即使个人或党派竞争造成他们的分裂——这种情况尤其出现在纽约——他们仍属于“一个关系相当紧密的社群，是一个成员拥有类似的社会背景和政治兴趣的专业群体”。他们表现出来的态度和价值观“尤其是他们在政治舞台发挥的［特殊内部］作用的产物”。他们代表一个对局外人来说“确实神秘的世界，这个世界有自己的成功规则、语言和措施”。他们在立法机关对普通议员的影响以及他们在地方对等级和文化水平较低的人的影响源自这个紧密的小世界中的专门知识及与这个世界的联系。他们之所以能够把那种专门知识转变为实际权力是因为只有他们拥有影响和能力，以便“使大多数普通民众赞成的思想具体化”。③

在殖民地统治结构内，专业人士成为行政部门和立法机关之间的信息通道，

---

① Patricia U. Bonomi, *A Factious People: Politics and Society in Colonial New York*, p. 281; Robert Zemsky, *Merchants, Farmers, and River Gods: An Essay on Eighteenth Century American Politics*, pp. 39 – 98, p. 209, p. 212; Alan Tully, *William Penn's Legacy: Politics and Social Structures in Colonial Pennsylvania, 1726 – 1755*; Richard Waterhouse, *A New World Gentry: The Making of a Merchant and Planter Class in South Carolina, 1670 – 1770*; Michael G. Kammen, "Intellectuals, Political Leadership, and Revolution," *New England Quarterly* 41 (1968): 583 – 593.

② Patricia U. Bonomi, *A Factious People: Politics and Society in Colonial New York*, p. 9, pp. 37 – 38; Robert Zemsky, *Merchants, Farmers, and River Gods: An Essay on Eighteenth Century American Politics*, pp. 10 – 38; Alan Tully, *William Penn's Legacy: Politics and Social Structures in Colonial Pennsylvania, 1726 – 1755*; Richard Waterhouse, *A New World Gentry: The Making of a Merchant and Planter Class in South Carolina, 1670 – 1770*; Jack P. Greene, "Foundations of Political Power in the Virginia House of Burgesses, *1720 – 1776*," *William and Mary Quarterly* 16 (1959): 485 – 506; Edward Marks Cook, Jr., "Local Leadership and the Typology of New England Towns, 1700 – 1785," *Political Science Quarterly* 86 (1971): 586 – 608.

③ Robert Zemsky, *Merchants, Farmers, and River Gods: An Essay on Eighteenth Century American Politics*, pp. 43 – 44, p. 60, pp. 63 – 64, pp. 169 – 70.

正如立法者们作为省政府与地方之间的调解人一样。在地方，至少在从纽约到南卡罗来纳等殖民地中较早拓殖的县和教区以及在马萨诸塞更富活力和较大的城镇中，精英们通过提供他们在殖民地政府提供的那种负责任的、消息灵通且精力充沛的领导人，帮助实现了政治稳定。因此，殖民地精英是以政治为主要职业的稳固的核心人士。他们的出现造成了殖民地政治制度内部职责的重要划分和专业化，是政治发展这个术语在技术层面上的重要例证。①

这些专业政客社群的出现也造成了现有机构特征的重要变化。尽管在 18 世纪上半叶大多数地区的皇家和业主参事会甚至司法机关是本地机构，也就是说，其成员中的相当大一部分是殖民地精英，殖民地一级最大和最具活力的机构是殖民地议会下院。截至 18 世纪 30 年代，一些殖民地议会下院已经存在了一个世纪之久。正如迈克尔·卡门（Michael Kammen）所指出的：早期拓殖者“从英王那里获得了建立代议制形式的政府的法律权利；但在实践中他们自己重新发现了那些形式”。赫尔曼·梅里维尔（Herman Merivale）在对 19 世纪初的这一发展进行评论时宣布，专制政府（absolute government）“与我们旧的殖民制度的精神以及英国制度的精神相对立”。从一开始，殖民地议会就是“咄咄逼人”的、简单的机构。它们中的大多数在 17 世纪最后几十年里表现出一种“模仿英国议会平民院、坚持获得英国议会享有的一切特免权”的明显倾向，1689～1713 年前两个殖民地之间的战争强化了它们在殖民地政治制度中的作用。然而，大多数殖民地议会仍然缺乏“光荣革命”之后——如果说在“光荣革命”之前还没达到那种程度的话——英国议会平民院具有的那种对独立性、定期会议和经常性选举的保障以及强烈的“自我意识”。②

在 18 世纪早期和中期的几十年，在新的政治专业人士的引导下，殖民地议会下院巩固了它们在殖民地政府中的地位，获得了更强的自主性，政治过程的日益复杂化使它们对殖民地政治制度的运行来说变得必不可少。每个殖民地的专业人士都渴望培育宗主国的社会模式，极力要把其殖民地议会下院转变为一个“英国议会下院的缩影”。在这个过程中，殖民地议会下院对其共同权利认识得越来越清晰，对其流程进行了更加明确的规定，并致力于

---

① Gabriel Almond and G. Bingham Powell, Jr., *Comparative Politics: A Developmental Approach*, p. 22.

② Michael Kammen, *Deputyes and Libertyes: The Origins of Representative Government in Colonial America* (New York: Alfred A. Knopf, 1969), p. 10, p. 57, pp. 62 - 65; Herman Merivale, *Lectures on Colonization and Colonies* (London, 1841 - 1842), p. 74, p. 96.

实现这样一种理想：殖民地议会下院，作为公法的唯一制定者以及自诩的英国议会平民院的对等物，被赋予具有超凡魅力的权力，代为托管公众的一切神圣权利和特权。①

殖民地一级和地方级别的其他政治机构可能也经历了一个类似的共同定义和巩固权威的过程，尤其是随着各殖民地在 18 世纪的快速发展，各个地方对维护社会秩序承担了更大的责任。② 然而，很少有殖民地的理性化或世俗化过程如罗得岛一样代价高昂。③ 在专业化政治基础设施方面，殖民地的政治制度相对不太完善。在纽约和宾夕法尼亚出现了政党的萌芽，但它们缺乏系统培植的民众支持基础，只有最基本的组织形式。在其他地方，如在马萨诸塞，政治组织“总是规模较小，结构紧密，昙花一现”。在纽约，尽管那里利益代表权理论得到了较为充分的阐释，但并不存在定义明确或足够永久的压力集团、公共协会或其他组织，以处理来自公民的要求与建议。④ 当然，缺乏这种基础社会或基础设施这一基本特征意味着殖民地的政治机构并非处于现代意义上的高度发展状态。但它们的发展能够满足殖民地普通生活

① Jack P. Greene, *Quest for Power: The Lower Houses of Assembly in the Southern Royal Colonies, 1689 - 1776* (Chapel Hill,: University of North Carolina Press, 1963); Jack P. Greene, "Political Mimesis: A Consideration of the Historical and Cultural Roots of Legislative Behavior in the British Colonies in the Eighteenth Century," *American Historical Review* 75 (1969): 337 - 360; Jack P. Greene, "An Uneasy Connection: An Analysis of the Preconditions of the American Revolution," in Stephen G. Kurtz and James H. Hutson, eds., *Essays on the American Revolution*, pp. 36 - 37; John M. Murrin, "The Myths of Colonial Democracy and Royal Decline in Eighteenth-Century America," *Cithara* 5 (1965): 65 - 66. 引文来自 Anonymous, *The Privileges of the Island of Jamaica Vindicated with an Impartial Narrative of the Late Dispute between the Governor and House of Representatives* (London, 1766), pp. 33 - 34.

② Alan Tully, *William Penn's Legacy: Politics and Social Structures in Colonial Pennsylvania, 1726 - 1755*; Richard Waterhouse, *A New World Gentry: The Making of a Merchant and Planter Class in South Carolina, 1670 - 1770*; Michael Zuckerman, "The Social Context of Democracy in Massachusetts," in Stanley N. Katz, ed., *Colonial America: Essays on Politics and Social Development* (Boston, 1971); Robert Zemsky, *Merchants, Farmers, and River Gods: An Essay on Eighteenth Century American Politics*, p. 322.

③ Sydney V. James, "Colonial Rhode Island and the Beginnings of the Liberal Rationalized State," in Melvin Richter, ed., *Essays in Theory and History: An Approach to the Social Sciences* (Cambridge, Mass.: Harvard University Press, 1970), pp. 165 - 195, pp. 275 - 279.

④ Patricia U. Bonomi, *A Factious People: Politics and Society in Colonial New York*; Robert Zemsky, *Merchants, Farmers, and River Gods: An Essay on Eighteenth Century American Politics*, pp. 21 - 22; Gabriel Almond and G. Bingham Powell, Jr., *Comparative Politics: A Developmental Approach*, pp. 46 - 47.

状况的需要。

在新的政治稳定的背景下，在职业政客新社群的影响下，由于那些人们“达成共识的、不容置疑的”前提条件的变化，传统的政治意识形态也经历了重要变化。那些前提条件塑造了政治认知的模式，为可以接受的政治行为以及政治行动的道德基础提供了指南，决定了政治制度的“基本倾向”。[①] 尽管政治意识并非精英的专利，但它集中在那一群体中并在他们中得到了最充分的发展。正如泽姆斯基最近所强调的，在殖民地，正如在各个社会一样，精英最能充分理解并能让自己的行动始终符合政治制度“普遍接受的”信念和价值观。[②] 彼得·拉斯利特（Peter Laslett）写道，在斯图亚特王朝初期，英国的政治开始“包括思想差别的政治、对理论的政治”。结果出现了新的需要“从思想角度理解政治和宪制问题的情况”。[③]

这种理解——将政治生活视为特执权（prerogative）与特免权（privilege）之间、贪婪和专制的君主与陷入重围但英勇战斗维护人民权利的议会平民院之间的长期斗争——在17世纪转移到了殖民地。在那里，其由于“英王对在殖民地的特执权的夸张要求”而获得了额外力量，并继续主宰殖民地立法者的思想。[④] 在英国，在斯图亚特王朝后期以及18世纪上半叶，对特执权的恐惧日益被对腐败的忧虑取代。“朝廷影响或大臣腐败”、常备军的“九头怪”、“任人唯亲的官员、跟班、国债、国内税和高额税收”与具有美德的、清廉而独立的（最好拥有土地的）理想业主对立起来。业主的经济独立、积极的爱国主义以及公民责任感，是防范腐败颠覆自由的主要堡垒，也是在政治制度中行使发言权的理想的先决条件。[⑤] 对那些社会地位主要取决于他们掌握的财产数量、雄心勃勃的政治精英们，以及他们中的

---

① 引自 Gabriel Almond and G. Bingham Powell, Jr., *Comparative Politics: A Developmental Approach*, p. 23, p. 59.

② Robert Zemsky, *Merchants, Farmers, and River Gods: An Essay on Eighteenth Century American Politics*, p. 249.

③ Peter Laslett, *The World We Have Lost*, p. 175, p. 177.

④ Jack P. Greene, "Political Mimesis: A Consideration of the Historical and Cultural Roots of Legislative Behavior in the British Colonies in the Eighteenth Century," *American Historical Review*, 75 (1969): 337-355.

⑤ J. G. A. Pocock, "Virtue and Commerce in the Eighteenth Century," *Journal of Interdisciplinary History* 3 (1972): 119-124; J. G. A. Pocock, *Politics, Language, and Time: Essays on Political Thought and History* (New York: Atheneum, 1971), pp. 120-45; Issac Kramnick, *Bolingbroke and His Circle* (Cambridge, Mass.: Harvard University Press, 1968).

许多因为拥有财产而得有独立的人来说，这种政治观念的魅力是无法抵抗的。

然而，警觉、独立和爱国的土地拥有者这一理想拥有更为广泛的反响，与对腐败的恐惧相比，其对殖民地的政治意识有更深和更持久的影响。由于殖民地没有常备军，只有一个较小的民事机构，也没有挂名职务、津贴、情报部门的经费或较多的任免机会，殖民地行政部门缺乏进行罗伯特·沃波尔（Sir Robert Walpole）那样进行实际腐败的机会。如理查德·布什曼（Richard Bushman）指出的马萨诸塞的情况一样，殖民地的领导们确实担心腐败，然而，那是个体的如总督和皇家官员的较为原始的腐败形式，不是朝廷或行政部门的腐败。只有在雪利担任总督的马萨诸塞或业主殖民地马里兰，总督才掌握一些荫护权，对“大臣腐败”的恐惧才具有广泛的吸引力并经常得到表达。①

但为什么这个将政治视为美德与腐败之间的对立关系的新观点未能得到普遍接受，以及为什么在18世纪中期的几十年将政治视为特执权与特免权之间的冲突的观念失去了部分吸引力？此处还有其他原因。从18世纪20年代开始，随着来自伦敦的压力逐渐缓解，殖民地政治在古奇、雪利、戈登、南卡罗来纳的詹姆斯·格伦（James Glen）、纽约的乔治·克拉克（George Clarke）以及牙买加的爱德华·特里劳尼（Edward Trelawny）的和解式领导下，更多地被视为一个合作而不是对立的过程。

逐渐发展起来的职业政客社群不再面对总督（他们中的许多人日益被“驯化”）对过分特执权的要求，因此能够在追求公共福利的过程中自由培育起对妥协和对与行政部门的调和的务实的关注。在弗吉尼亚和马萨诸塞，由于不同的原因，政治稳定持续了几十年。在那里甚至发展起一种关于此类合作的重要传统以及服从行政部门领导的习惯，这种习惯与英国议会精英对

---

① Robert M. Weir, “Bolingbroke, the Politics of Nostalgia, and the American South: A Review Essay,” *South Carolina Historical Magazine* 70 (1969): 267 - 273; Robert Zemsky, *Merchants, Farmers, and River Gods: An Essay on Eighteenth Century American Politics*, pp. 21 - 22, pp. 52 - 54; Jack P. Greene, “Political Mimesis: A Consideration of the Historical and Cultural Roots of Legislative Behavior in the British Colonies in the Eighteenth Century,” *American Historical Review* 75 (1969): 355 - 359; Richard L. Bushman, “Corruption and Power in Provincial America,” in *The Development of a Revolutionary Mentality: Papers Presented at the First Library of Congress Symposium on the American Revolution* (Washington, D. C. Library Congress, 1972), pp. 63 - 91; T. H. Breen, *The Character of the Good Ruler: A Study of Puritan Political Ideas in New England, 1630 - 1730*, pp. 240 - 276.

英王的常规服从的传统并无二致。随着特执权要求在18世纪40年代末的纽约、18世纪50年代的宾夕法尼亚和南卡罗来纳的兴起，这一传统遭到严重破坏。随着18世纪中期传统态度让位于更加理性、分析性和务实的倾向，可以说殖民地的政治制度至少部分经历了政治学者们所说的政治世俗化的发展过程。①

伴随领导、制度和意识特征变化的是选民与其领导之间关系的改变。1675～1725年，作为清教殖民地的马萨诸塞和伯克利领导下的弗吉尼亚其之前的遵从特点（deferential behavior）让位于一种新的政治风格。其中，选民发挥了巨大作用，领导人与民众之间的关系如约翰·C. 雷恩博尔特（John C. Rainbolt）提到的弗吉尼亚一样："各社会阶层之间比较熟悉，而［领导人］经常屈从普通种植园主的意见"。在宾夕法尼亚、南卡罗来纳和纽约等较新的政治社会，遵从的态度从来没有非常强大，民众参与和领导的回应始终很多。②

1725年之后，政治稳定的新时代最引人注目的特征之一是选民作用的削弱。选举权限制条件一直严格。但在排他性预设强加的限制范围内，殖民地政治制度极具包容性：在广泛性方面，它们"当时的任何其他社会无法望其项背"。③ 这种新的关系并非源于领导们系统地将部分传统选民排斥在外；许多选民只是退出或忽视了参与选举。除非关乎至关重要的公共问题，否则选民不会大批前往投票。如纳什指出的宾夕法尼亚的情况一样，只要

---

① Gabriel Almond and G. Bingham Powell, Jr., *Comparative Politics: A Developmental Approach*, p. 24; Paul Lucas, "A Note on the Comparative Study of the Structure of Politics in Mid-Eighteenth-Century Britain and Its American Colonies," *William and Mary Quarterly* 28 (1971): 304 - 307; Robert Zemsky, *Merchants, Farmers, and River Gods: An Essay on Eighteenth Century American Politics*, pp. 68 - 70; Jack P. Greene, "An Uneasy Connection: An Analysis of the Preconditions of the American Revolution," in Stephen G. Kurtz and James H. Hutson, eds., *Essays on the American Revolution*, pp. 65 - 74.

② John C. Rainbolt, "The Alteration in the Relationship between Leadership and Constituents in Virginia, 1620 - 1720," *William and Mary Quarterly* 27 (1970): 411 - 443, esp., p. 412; Gary B. Nash, *Quakers and Politics: Pennsylvania, 1681 - 1726*; Patricia U. Bonomi, *A Factious People: Politics and Society in Colonial New York*, pp. 17 - 102.

③ Patricia U. Bonomi, *A Factious People: Politics and Society in Colonial New York*, p. 281; Jack P. Greene, "Changing Interpretations of Early American Politics," in Ray A. Billington, ed., *The Reinterpretation of Early American History: Essays in Honor of John Eduin Pomfret*, pp. 156 - 159; Chilton Williamson, *American Suffrage: From Property to Democracy, 1760 - 1860* (Princeton, N. J.: Princeton University Press, 1960).

“政府不威胁征收重税、征兵服兵役或施加宗教限制”（其他殖民地涉及不同的问题），“大多数人认为没有必要积极参与政治”。纳什指出：“因此，中层或下层选民的作用是被动的，他们只能阻止任何政治派别可能因为粗心大意制定的计划而忽视了人民的基本要求。”①

在任职方面也出现了一种类似的发展。拓殖地的稳步扩展、人口的增长以及新的政治单位的创建，意味着在绝对数字上更多的人能够进入并实际担任公职。然而，政治总人口比例实际上下降了。而且，政治管辖范围的扩大意味着对那些居住在边缘地区的人来说，只有那些与殖民地首府保持联系的人在地理上并非与世隔绝，这种隔绝有效地将他们排斥在殖民地政府的职位之外。另外，社会差别的日益加深在精英与缺乏担任高级职位的知识和社会先决条件的社会其他人之间造成了一道巨大的社会和“技术鸿沟”。结果是，在整个社会中只有越来越小部分的人有望担任殖民地一级或地方一级的重要职务。然而，由于这种发展是逐步的，也由于殖民地的政治社会是缓慢地而不是猛然陷入这种状态的，很少有人明显感觉到了相对被剥夺了权利。②

表现在参与选举的程度较低，以及对越来越精英化的领导人结构的合法性和良好政策的接受上的广大公民的默认，必须被部分视作为新的职业政客提供的政府“政治满足或满意的结果”。这种满意还表现在选民通过纳税、遵守法律对政治制度的支持上以及表现在对政治社会及其象征、制度和领导的尊重和眷恋上。新的默认必须被视为表明了自由社会的各个部分的政治社会化日益增强。他们在殖民地政治制度中找到了自己的位置，并被纳入那种制度。③

当然，这种满意以及政治社会化的程度加上随之出现的毕恭毕敬的行为

---

① Gary B. Nash, *Quakers and Politics: Pennsylvania, 1681 - 1726*, pp. 335 - 390; Robert Zemsky, *Merchants, Farmers, and River Gods: An Essay on Eighteenth Century American Politics*, p. 39, p. 248; Patricia U. Bonomi, *A Factious People: Politics and Society in Colonial New York*, p. 115, p. 133, p. 162; Robert E. Brown and Katherine Brown, *Virginia, 1705 - 1786: Democracy or Aristocracy?* (East Lansing: Michigan State University Press, 1864), pp. 136 - 240; Alan Tully, *William Penn's Legacy: Politics and Social Structures in Colonial Pennsylvania, 1726 - 1755*; Richard Waterhouse, *A New World Gentry: The Making of a Merchant and Planter Class in South Carolina, 1670 - 1770*.

② Peter Laslett, *The World We Have Lost*, pp. 183 - 185.

③ Gary B. Nash, *Quakers and Politics: Pennsylvania, 1681 - 1726*, p. 335; Gabriel Almond and G. Bingham Powell, Jr., *Comparative Politics: A Developmental Approach*, pp. 27 - 30, pp. 63 - 64, p. 247; Edward Shils, "Political Development in the New States: II," *Comparative Studies in Society and History* 2 (1960): 387.

的复兴表明，新的专业人士主宰下的殖民地政治制度非常出色地完成了被分配的任务。正如几个学者针对不同殖民地所指出的，它们是有效的，也能对相应社会的需求和愿望做出回应。[①] 它们也发展起避免或解决冲突的能力。如在英国一样，各个地方是主要的“冲突舞台”。各种具有“爆炸”可能的问题在那个水平上得到提出和解决。

在殖民地一级，领导人之间的竞争以及政治的推力和拉力是永久性的，但内乱变得极为罕见。1715 年之后，只是在某些特定的情况下才会发生内乱：政府未能发挥预期的职能，如 1719 年南卡罗来纳针对业主的叛乱；政府的行动违背很大一部分人的愿望，如 18 世纪 40 ~ 50 年代新泽西的土地骚乱；控制政府的领导们由于未能就对很大一部分人具有重要意义的问题采取行动而丧失了公众信任，如宾夕法尼亚 1756 年的排斥危机和 1764 年的帕克斯顿起义；政治机器过度扩张以至于无法提供足够的政府资源，如北卡罗来纳自订约章者；斗争力量基本上势均力敌，彼此之间的僵局造成政府的严重崩溃，如 18 世纪末期北卡罗来纳和新罕布什尔的代表权争端；社群的传统权利和特权被认为受到了“外部力量”的威胁，如 18 世纪 40 年代波士顿的征兵骚乱。

殖民地的政治制度还难以应对这种毫无规律的事件，然而这种事件的数量和涉及范围并不大。政治制度对要求的及时响应、选民对其领导们的普遍的政治信任以及政治舞台新的文明水平都有助于避免冲突或使冲突程序化，并促成一种调和的而非不和谐的政治过程。在这种政治过程中，广大民众一般服从高度职业化和能干的政治精英的领导和决定，对其统治能力充满信心。[②]

---

① Gabriel Almond and G. Bingham Powell, Jr., *Comparative Politics: A Developmental Approach*, pp. 27 – 30, pp. 63 – 64, p. 247; Robert Zemsky, *Merchants, Farmers, and River Gods: An Essay on Eighteenth Century American Politics*, xii – xiii, pp. 251 – 252; Alan Tully, *William Penn's Legacy: Politics and Social Structures in Colonial Pennsylvania, 1726 – 1755*; Charles Snydor, *Gentlemen Freeholders: Political Practices in Washington's Virginia* (Chapel Hill, N. C.: The University of North Carolina Press 1952).

② Peter Laslett, *The World We Have Lost*, pp. 166 – 171, pp. 194 – 195; Gabriel Almond and G. Bingham Powell, Jr., *Comparative Politics: A Developmental Approach*, pp. 17 – 18, pp. 54 – 56, p. 186; Edward Shils, "Political Development in the New States: II," *Comparative Studies in Society and History* 2 (1960): 383 – 387; Pauline Maier, *From Resistance to Revolution: Colonial Radicals and the Development of American Opposition to Britain, 1765 – 1776* (New York: Alfred A. Knopf, 1972), pp. 3 – 26.

在较长稳定时期的最后，一个获得长足发展的领域是通信工具的改进以及提供政治培训、传播政治知识的非政府组织的出现。这涉及相对来说富有活力但不总是完全自主的报业；不断发展、日益复杂、能力不断提高的律师职业；学校，包括更多的高等院校；咖啡馆、俱乐部、商会和职业协会等自愿性结社；以及不断扩大的贸易网络。随着旅行频率的增加、识字率的提高以及图书和其他印刷材料的增加，这些发展大大削弱了农业社会的美洲的传统地方主义，使人们更加容易地获取有关宗主国的信息和技术技能，并刺激了人力资本的快速发展。总之，这扩大了殖民者的“认知地图”，增强了其政治潜力。更为直接的是，尽管参与选举的人水平较低，有希望担任公职的人在人口中的比例不断下降，但社会各个阶层的人开始常规性地参与“大量的公共和私人事务”，如政治上的赠地和诉讼。这些事务使殖民者获得了“一些在其他地方不曾有过的［有深度的］政治能力”，帮助确立了相对广泛且见多识广的公民群体。①

然而，这些发展所代表的公共领域大幅扩展的政治意义，在 18 世纪 60 年代之前基本上还是潜在的。“公众”的出现及其更深入地参与公共事务以《印花税法》危机为开端变得更加明显。之后，殖民者的政治化（politicization）呈指数级增强。正如一位不知名的小册子作者在 1774 年所抱怨的，当英国官员们“失策地让［殖民者］获得了长达九年的连续培训，”她叹息道，“他们的演说家们可以发表滔滔不绝的公开演说。广大人民则获得了政治教育，并学会了如何给政府找麻烦”。② 在前面的一代人期间，这种广泛而深刻的政治化潜力快速增强。然而 18 世纪 20 年代至 60 年

---

① Edward Shils, “Political Development in the New States: II,” *Comparative Studies in Society and History* 2 (1960): 385 – 386; Edward Shils, “Concentration and Dispersal of Charisma,” *World Politics*, 11 (1958 – 1959): 19; Peter Laslett, *The World We Have Lost*, p. 1209; Gabriel Almond and G. Bingham Powell, Jr., *Comparative Politics: A Developmental Approach*, pp. 244 – 246; Patricia U. Bonomi, *A Factious People: Politics and Society in Colonial New York*, p. 281; Michael G. Kammen, “Intellectuals, Political Leadership, and Revolution,” *New England Quarterly* 41 (1968): 588 – 589; Lawrence A. Cremin, *American Education: The Colonial Experience, 1607 – 1783* (New York: Harper and Row, 1970), pp. 519 – 520, pp. 548 – 549, p. 553, pp. 555 – 556.

② Lawrence A. Cremin, *American Education: The Colonial Experience, 1607 – 1783*, p. 545; Dietmar Rothermund, *The Layman's Progress: Religious and Political Experience in Colonial Pennsylvania, 1740 – 1770*, p. 83; *A Letter to a Member of Parliament on the Present Unhappy Dispute between Great Britain and Her Colonies* (London, 1764), p. 7.

代初之间的大部分时间里，在主要殖民地创建的稳定的政治世界里，没有出现任何事件使其得到充分发展。

1725～1760年，作为主要殖民地特点的稳定并未扩展到所有殖民地。可以说，在那一时期，马里兰实现了很大程度的稳定，那种稳定在某些方面类似宾夕法尼亚，而在其他方面类似纽约。在那些年，北卡罗来纳、新泽西和新罕布什尔最为原始的政治社会很难免于骚乱或斗争。当新罕布什尔在1752年之后确实实现了一定程度的政治和谐的时候，这种和谐下的新罕布什尔与其说类似于当代的弗吉尼亚、南卡罗来纳或马萨诸塞，不如说更接近于近一个世纪之前伯克利统治下的弗吉尼亚。在康涅狄格和罗得岛，17世纪末英王并未彻底介入其政治事务。其政治发展方向似乎与主流模式相反。在17世纪末至18世纪初的几十年，相对稳定的政治结构被宗教分裂、围绕货币政策的分歧以及1730～1750年的快速扩展带来的紧急状态粉碎。[①] 1750年之后，在“七年战争”造成的压力下，随着宗主国政府重新加强对殖民地的控制以及由于各种内部压力和紧张局势，五个主要殖民地已经实现的政治稳定也开始分崩离析。[②]

然而，殖民地在最初的几十年中出现的普遍的政治发展——这种发展涉及领导层、制度、政治意识、选民对其政治制度的社会化、沟通的工具以及非政府政治培训机构——是不可逆转的。它提供给殖民地政治制度的越来越大的能力和越来越多的资源对于应对1760年之后的挑战是必不可少的。

本文最初的标题为《早期美洲政治的发展》（“The Development of Early American Politics”），是为1973年5月2日在明尼苏达大学明尼阿

① Charles A. Barker, *The Background of the Revolution in Maryland* (New Haven: Yale University Press, 1940); Donald L. Kemmerer, *Path to Freedom: The Struggle for Self-Government in Colonial New Jersey, 1703 - 1776* (Princeton: Princeton University Press, 1940); Daniell, *Experiment in Republicanism*; Richard L. Bushman, *From Puritan to Yankee: Character and the Social Order in Connecticut, 1690 - 1765* (Cambridge, Mass.: Harvard University Press, 1967); David S. Lovejoy, *Rhode Island Politics and the American Revolution, 1760 - 1776* (Providence: Brown University Press, 1958); Jack P. Greene, "Changing Interpretations of Early American Politics," in Ray A. Billington, ed., *The Reinterpretation of Early American History: Essays in Honor of John Eduin Pomfret*, pp. 159 - 172.

② Jack P. Greene, "An Uneasy Connection: An Analysis of the Preconditions of the American Revolution," in Stephen G. Kurtz and James H. Hutson, eds., *Essays on the American Revolution*, pp. 65 - 80.

波利斯分校詹姆斯·福特·贝尔图书馆（James Ford Bell Library）召开的有关“美国革命”的会议撰写的。后来作为论文在1973年7月1日苏格兰爱丁堡市爱丁堡大学召开的主题为“大西洋社会，1600～1800”（“Atlantic Society，1600～1800”）的大会中的小组会议“政治与意识形态”上宣读；1973年11月1日，在弗吉尼亚州里士满市里士满大学辛辛那提演讲协会（Society of Cincinnati Lecture）上宣读；1974年2月7日，在马里兰州巴尔的摩市约翰斯·霍普金斯大学历史系研讨班上宣读。这个获准重新发表的版本，更新了一些脚注和个别字句，原载约翰·帕克和卡罗尔·厄内斯（John Parker and Carol Urness）编《美国革命：变革的遗产》（*The American Revolution：A Heritage of Change*）（明尼阿波利斯：詹姆斯·福特·贝尔图书馆，1975），第26～52页。

（张聚国译，满运龙校）

政治模仿

——18 世纪英属殖民地立法行为的历史与文化根源

直到最近，对 18 世纪北美殖民地政府与政治的研究，仍集中于总督与选举产生的殖民地议会下院之间经常爆发的斗争，以及反映在殖民地议会下院在斗争中节节胜利上的殖民地自治的“成长”。如查尔斯·安德鲁斯（Charles Andrews）在 1943 年写道的，一个总体上的共识是，“18 世纪……在政治与制度方面……最为显著的特征是殖民地议会下院的崛起并发展为自觉活动和事实上独立于皇家控制的机构”。[①] 也许由于这些研究的重点在于制度发展以及殖民地议会下院增强其权威的过程，这些研究都没有尽力解决动机问题，没有详细解释殖民地议会下院采取那种行动的原因。19 世纪美国的爱国史家者们认为殖民地议会下院显然代表一切人获得自由的天生愿望，他们为自由和民主而战，反对行政部门的压迫和专制。后来，这种观点让位于 H. L. 奥斯古德（H. L. Osgood）、安德鲁斯及其学生所提出的同样模糊且未经验证的推测。他们认为，殖民地议会下院对环境造成的与母国存在天壤之别的社会与思想倾向做出回应，争取实现最大限度的自治。用一个作者的话说，即实现“最大限度的地方自治，同时维护保持与英国联系带来的利益”。[②]

---

① Charles M. Andrews, *The Colonial Background of the American Revolution*: *Four Essays in American Colonial History* (New Haven: Yale University Press, 1924), p. 30; Charles M. Andrews, "On the Writing of Colonial History," *William and Mary Quarterly* 1 (1944): 39.

② 参见 Charles M. Andrews, "On the Writing of Colonial History," *William and Mary Quarterly* 1 (1944): 40 - 41; and Charles M. Andrews, "The American Revolution: An Interpretation," *American Historical Review* 31 (1926): 219 - 232。对这些传统更为广泛的分析以及一些主要论著的印证情况，参见 Jack P. Greene, *The Quest for Power*: *The Lower Houses of Assembly in the Southern Royal Colonies*, *1689 - 1776* (Chapel Hill: University of North. Carolina Press, 1963), vii - ix, 4 - 7; and Jack P. Greene, review of F. G. Sprudle, *Early West Indian Government*: （转下页注）

20 世纪初，一些历史学者采取了一种更有前景的研究路径，他们的研究集中于几乎每个殖民地历史上都存在的政治分裂，而这总是会打破制度边界。由于这些历史学者经常用上层阶级和下层阶级之间的粗略的社会分野来解释那些分裂，所以他们的一些最早的研究未能加深我们对殖民地政治的心理学理解。然而正如安德鲁斯在他职业生涯晚期所承认的，它们确实表明如果要对殖民地政治生活进行彻底解释，就需要“理解所涉及的社会利益和有产者的利益、阶级划分和个人竞争、多数派的动机以及政治领袖们的野心”。① 尽管有关殖民地政治的档案常常支离破碎，过去 25 年所进行的许多详细研究仍为政治斗争的性质，那些斗争背后的社会、经济和宗教动机以及所争论的实质性问题，提供了丰富而翔实的信息。在这个过程中，研究者的注意力几乎完全脱离了殖民地议会下院的崛起。他们揭示了斗争如此多元化、动机如此复杂、问题如此多样——不仅各个殖民地之间存在差异，不同时期的殖民地内部也不同——以至于极难确立另外一种具有全面适用性的总体解释框架。②

在对 18 世纪殖民地社会、政治和意识形态之间的关系的最新研究中，伯纳德·贝林（Bernard Bailyn）较为详细地分析了这一问题。早期学者们描述了殖民地政治思想中的许多核心要素，并指出了它们在很大程度上是“对英国政治思想引以为豪的、有意识的扩展”③。贝林第一个努力指出了哪些英国政治思想源流对殖民地最为重要，以及那些源流如何影响了殖民地的政治行为。在其编写的《美国革命的小册子》第一卷的导言中，他比任何学者都更为详细地分析了美国人在 1763 ~ 1776 年反对英国政策的论点中的

（接上页注②）*Showing the Progress of Government in Barbados, Jamaica, and the Leeward Islands, 1660 – 1760* (Palmerston North, N. Z.: Van Kiemsdyck Book Service, Inc., 1963), in *William and Mary Quarterly* 22 (1965): 147 – 148。引文源自 Charles Worthen Spencer, “The Rise of the Assembly, 1691 – 1760,” in Alexander C. Flick, ed., *History of the State of New York* (10 vols., New York: Columbia University Press, 1933 – 1937), 2: 196。

① Charles M. Andrews, “On the Writing of Colonial History,” *William and Mary Quarterly* 1 (1944): 40.

② 对这些著作的讨论，参见 Jack P. Greene, “Changing Interpretations of Early American Politics,” in Ray A. Billington, ed., *The Reinterpretation of Early American History: Essays in Honor of John Edwin Pomfret* (San Marino: Huntington Library, 1966), pp. 151 – 172。

③ 最重要的文献来源是 Clinton Rossiter, *Seedtime of the Republic: The Origin of the American Tradition of Political Liberty* (New York: Harcourt, Brace and Company, 1953), pp. 139 – 147。引文见第 140 页。

思想内容。他发现，尽管美国人大量引用古典时代的传统、启蒙运动时期理性主义的著作、英国普通法传统以及新英格兰清教的政治与社会理论，但“18 世纪早期一群英国激进政论家和反对派政客将英国内战动荡产生的特殊的反威权主义（anti-authoritarianism）思想源流带入 18 世纪并将其运用于沃波尔（Walpole）时代的政治”。正是他们的著作铸造了独立革命时期的政治思想，“将其塑造为一个统一的整体”，并在很大程度上决定了美利坚领导人对 1763 年之后的管理和限制措施进行解释和做出反应的方式。[①] 在这部著作的最新增补版中，贝林在对早期政治著作进行研究之后指出，同样一些“思想和态度的组合……可以在［殖民地］原封不动地找到——早在 18 世纪 30 年代就已完全形成”，“在 16 世纪与 17 世纪之交部分形成”。[②]

后来在一系列新近发表的文章中，贝林指出这种反对派的政治观——这种思想模式“忧心忡忡地”看待那个时代的英国，“‘强调英国古代传统的威胁以及丧失纯洁无瑕的美德的危险’，审视腐败的过程，永无休止地挖掘腐败的证据……以及这些恶劣迹象所预示的黑暗的未来”。[③] 这种观念是“18 世纪初北美原始形式下美利坚政治”最为重要的一个思想要素。贝林试图解释，为什么这种政治观念在殖民地公共生活中获得的地位远远超过了它曾在英国获得的地位，为什么它“决定了 18 世纪美利坚人的政治理解”，以至于它构成了“预设和期待”，并提供了“思想的词汇和语法以及理解世界的工具”。在构建这个问题的答案时，贝林设法在“一个单一而简要的解释中”纳入他自己关于政治思想的发现、强调殖民地议会下院崛起的那些作者的许多发现以及研究内部政治分歧的那些学者的结论。贝林认为，使反对派的政治观点在美洲“更加重要”的是作为殖民地政治特征的“激烈而持久的斗争”——行政部门与立法部门之间的斗争以及更为重要的殖民地生活中特有的混乱无序和不断变化的党派之间的斗争。这种斗争的根源在于两种反常现象。首先，尽管理论上殖民地行政部门的权力大于英国行政部门，但实际上它们的权力要小得多，因为它们很少掌握“英国行政部门”施加有效政治控制的那种“工具”。其次，不稳定的经济与社会结构产生的对地位、权力和财

---

① Bernard Bailyn, ed., *Pamphlets of the American Revolution, 1750 – 1765* (Cambridge, Mass.: The Belknap Press of Harvard University Press, 1965), pp. 20 – 89；引文在第 ix、28 页。

② Bernard Bailyn, *The Ideological Origins of the American Revolution* (Cambridge, Mass.: The Belknap Press of Harvard University Press, 1967), xi, pp. 45 – 52.

③ Bernard Bailyn, *The Ideological Origins of the American Revolution*, p. 46.

富的激烈竞争使英国"理论上的危险"在殖民地成为"现实的危险"，并威胁到了宪制的根本，造成了一种怀疑和焦虑的气氛，使反对派的政治愿景变得似乎尤其契合实际。

尽管贝林在《美国政治的起源》中做出的解释比任何之前的解释都更恰当描述了殖民地政治生活的更多方面，但它本身还不是一种充分的解释。说它不充分首先是因为它并未充分考虑或明确把握殖民地政治生活的一个主要特征。殖民地的同时代人总是把这个特征挑出来进行评论，后来的许多历史学者也把它作为殖民地政治发展的核心主题。这个特征是：殖民地的立法者始终关注特执权的危险。确实，贝林极力表明按照英国的标准，总督权力过大。但他很少关注殖民地对这种情况的反应。相反，他强调行政部门的薄弱以及经济和社会的不稳定使公共生活如此脆弱，以至于使反对派对有关影响、阴谋和大臣腐败的疯狂指控在殖民地十分具有说服力。但这种疏忽和强调在很大程度上是由贝林的研究意图预先注定的。他的研究大多基于小册子和报纸文章，忽略了立法部门记录等其他重要资料。他研究 18 世纪初期的政治思想，是为了探究美国革命的思想起源以及 18 世纪中期美国政治的起源。他正好发现了他要寻找的东西：殖民地利用约翰·特伦查德（John Trenchard）、托马斯·戈登（Thomas Gordon）、怀康特·博林布罗克（Viscount Bolingbroke）以及其他反对罗伯特·沃波尔爵士（Sir Robert Walpole）的作家的作品的情况，以及使那些作品的信息如此符合殖民地情况的殖民地条件。这一研究重点的结果是他的研究不尽完善且时空错置，因为它并未充分注意到 18 世纪初期政治中其他更具核心性的方面。具体而言，对本文的课题而言，它未考虑殖民地政治思想随时间的推移在性质和内容上发生的变化。它既未探讨在接受沃波尔反对派政治观点之前殖民地旧的思想和政治传统，也未解释新的观念在什么情况下和在多大程度上取代了旧的传统。因此，贝林 18 世纪早期研究的失败之处，恰恰正是他批评早期作家们对独立革命时代研究的失败之处：对殖民地政治领袖们"自称的动机"不够敏感。贝林并未分析他们如何看待自己的重要意义，也未分析他们如何构想自己政治角色的维度和职能。①

---

① Bernard Bailyn, *The Origins of American Politics* (New York: Alfred A. Knopf, 1968)，尤其见序言、第一章和第二章。这部著作的部分内容以前发表在 *Perspectives in American History* 1 (1967): 9－120。引文在第 ix、10、53、63、96、160 页。

我将试图探讨与18世纪殖民地立法者行为具体相关的这个问题。我的观点是：殖民地立法行为起初深深扎根于一个较老的政治传统。我将努力确定并解释那种传统的性质、它传播到殖民地的渠道和方式、它对其遵循者的思想与政治要求、它在英国失势很长时间之后内部的政治和社会形势如何促进了它在殖民地的“被接受”和长久存续，以及它在多大程度上一直充满和塑造着美国革命前夕的殖民地立法行为。

我所提到的“较老的政治传统”是从17世纪上半叶前两个斯图亚特国王和他们的议会之间的反复冲突中产生的反对英王的传统。它之所以更为重要，是因为它出现于殖民地政治生活的形成时期，并根植于17世纪70年代和80年代辉格党反对查理二世和詹姆斯二世的斗争。起初，这种传统产生于詹姆斯一世对英国议会平民院一些“古老特免权”的挑战。正如索恩哈夫·格登（Thornhaph Gurdon）在18世纪初所评论的，它产生于“议会和人民的恐惧和担心”。詹姆斯“旨在建立一个……专制政府，而不是一个依据古代英格兰宪法，在古代君王与人民之间的原始契约限制下的君主制”。18世纪反对派作家所津津乐道的是，随后进行的“斗争和辩论”，从根本上说可以被解释为在由来已久的反对任何来源的专制权力的斗争中维护自由。但由于在这种情况下英王被视为违规的一方，议会平民院仍然被视为人民自由权的主要堡垒，这场斗争成为议会平民院限制英王特执权的战斗，是议会平民院为定义后来的一位作者所说的“特执权（Prerogative）与特免权（Privilege）之间正当边界”而做出的努力。[①] 在斯图亚特王朝早期，不同议会所争论的具体问题不同，但针对这些问题的辩论总是体现为这种形式。17世纪40年代初这种斗争升级到最终问题，即应由英王还是议会行使主权权力，即使在那时议会的领袖们仍然倾向于把他们的行为视为对肆意使用皇家特执权的必要抗议或预防性措施并对其进行辩护。[②]

部分由于英国议会本身很显然对其在内战期间以及“空位期”（Interregnum）滥用政府权力感到内疚，部分由于英国议会似乎不再岌岌可危，因此查理二世恢复王位之后的形势产生了使英王与议会合作的强大压

① Thornhaph Gurdon, *The History of the High Court of Parliament* (2vols., London, 1731), 2: 415-416, 506-508.

② 对前两位斯图亚特国王统治期间反对派思想中各种内容的分析，参见 Margaret Atwood Judson, *The Crisis of the Constitution: An Essay in Constitutional and Political Thought in England, 1603-1645* (New Brunswick: Rutgers University Press, 1949)。

力。在“王政复辟”（Restoration）之后的十多年，反对派所谈论的不是过度使用特执权的危险，而是第二届“长期议会”（Long Parliament）期间皇家影响的潜在弊端。但随着在17世纪60年代末“特执权史无前例地‘登峰造极’”，[①] 而议会的存在对正在崛起的辉格党反对派来说日益“岌岌可危，急需较强的保护”，[②]“王政复辟后最初几年不稳定的合作关系在17世纪70年代让位于议会平民院对英王行动违宪的系列指控”。正如后来的一个演讲人所宣布的，人们普遍认为国王“父亲时代的英国议会行为放纵，因此十分想要把它搁置在一边”。[③] 出于与其前身在那个世纪上半叶同样的担忧，议会下院再次“抓住一切机会质疑皇家特执权”，并要求通过“宪法……保护议会的作用”。[④] 正如贝蒂·肯普（Betty Kemp）所指出的，在查理二世当政的最后六年“以及詹姆斯二世整个执政时期，议会解散和不召开议会的危险并未消除”，其重大结果是，议会下院“从似乎过早地关注影响问题回到早些时候对特执权的关注”。[⑤] 反对派作家提醒其读者，英王和议会下院之间关系的历史是英王“对议会特免权的一系列侵犯”。[⑥] 用托马斯·汉纳（Thomas Hanner）的话说，他们还详细论述了这样一个主题：“我们的整个宪法所基于的”主要“原则”不是与行政部门的合作，而是“对行政部门的怀疑”。[⑦] 必须对“英王对于议会的特免权”施加“严格限制”的信念与对罗马天主教的恐惧以及对英王敢于违反各种既定制度的担忧交织在一起；17世纪40年代，议会走向极端对英王发动攻击，对这一事件的生动记忆抑制着它。[⑧] 尽管

---

① Caroline Robbins, *The Eighteenth-Century Commonwealthman: Studies in the Transmission, Development, and Circumstances of English Liberal Thoughts from the Restoration of Charles II until the War with the Thirteen Colonies* (Cambridge, Mass: Harvard University Press, 1961), p. 26.

② J. H. Plumb, *The Origins of Political Stability: England, 1675 – 1725* (Boston: Houghton Mifflin, 1967), p. 32.

③ Betty Kemp, *King and Commons, 1660 – 1832* (London: St. Martin's Press, 1957), p. 3 n. 21.

④ J. H. Plumb, *The Origins of Political Stability: England, 1675 – 1725*, pp. 50 – 51.

⑤ Betty Kemp, *King and Commons, 1660 – 1832*, pp. 23 – 24.

⑥ 如 William Petyt, *Jus Parliamentarium: or, the Ancient Power, Jurisdiction, Rights, and Liberties, of the Most High Court of Parliament, Revived and Assessed* (London: Harvard University Press, 1739) 第二部分的标题。这本书最先出版于1680年。

⑦ 引自 Betty Kemp, *King and Commons, 1660 – 1832*, pp. 4 – 5。

⑧ O. W. Furley, "The Whig Exclusionists: Pamphlet Literature in the Exclusion Campaign, 1679 – 81," *Cambridge Historical Journal* 13 (1957): 19 – 36; J. R. Jones, *The First Whigs: The Politics of the Exclusion Crisis* (New York: Oxford University Press, 1961). 引文源自 Betty Kemp, *King and Commons, 1660 – 1832*, p. 8。

如此，它仍构成最后两个斯图亚特国王统治期间辉格党和议会反对的核心，也成为1688年革命的主要辩护理由之一。[①] 一旦通过1689年的和解方案实现了这些限制，它们就为贝蒂·肯普、J. H. 普拉姆（J. H. Plumb）等人描述的为18世纪“英王与议会下院合作”设计的方法奠定了基础。[②] 尽管对特执权的恐惧始终位于政治生活的表面下并且时常涌现，但它已不再是为英国政治赋予活力的一个力量。而反对派作家们关心的是大臣的影响以及腐败的危险。[③]

相对而言，至少直到18世纪中期，17世纪反对党压倒性的对特执权的恐惧，及其对小心翼翼保护议会下院特免权和权威的关注，一直在各个殖民地政治中占据显要地位，在《独立宣言》发表之后也并未完全失去势头。

此刻对这个现象的解释只能是尝试性的。然而，这个现象可以部分归因于殖民地社会内部强大的模仿冲动。在某种程度上，这些冲动从英国殖民开始就在殖民地生活的方方面面中发挥了作用，这构成殖民地社会去文化首都寻求偏爱的价值观和获得认可的行为模式这一大家熟知的趋势的又一例证。如果如彼得·拉斯利特（Peter Laslett）所指出的，英国殖民本身包含一个强烈的冲动——要在美洲“以自己社会的形象或以自己的理想”创建“新社会”,[④] 那么殖民者以那种理想的形象塑造自己社会的冲动（马萨诸塞湾等地除外，在那里，人们希望改良英国的模式，而不仅仅是复制英国的模式）更加强烈。在英国文明的极端边缘新建立的相对来说羽翼未丰的社会及其尚不稳定的社会状况，必然造成社会和心理的不安全感和重大的认同危机，这种不安全感和认同危机只能通过时常参照成就的唯一确定的衡量尺度——文化中心的标准来消解。结果是殖民者中出现了一种培育理想化的英

---

① 对于辉格党反对派的计划，参见 Betty Behrens, “The Whig Theory of the Constitution in the Reign of Charles II,” *Cambridge Historical Journal* 7 (1941): 41 - 42，尤其是第61 ~ 63页。对事件的清楚分析参见 Clayton Roberts, *The Growth of Responsible Government in Stuart England* (Cambridge: Cambridge University Press, 1966), pp. 197 - 244。

② Betty Kemp, *King and Commons, 1660 - 1832*, p. 8; J. H. Plumb, *The Origins of Political Stability: England, 1675 - 1725.*

③ Caroline Robbins, *The Eighteenth-Century Commonwealthman: Studies in the Transmission, Development, and Circumstances of English Liberal Thoughts from the Restoration of Charles II until the War with the Thirteen Colonies*, pp. 56 - 319; Bernard Bailyn, *The Ideological Origins of the American Revolution*, pp. 34 - 54; Isaac Kramnick, *Bolingbroke and His Circle: The Politics of Nostalgia in the Age of Walpole* (Cambridge, Mass: Harvard University Press, 1968).

④ Peter Laslett, *The World We Have Lost* (New York, 1965), p. 183.

国价值观和模仿理想化的英国形式和制度的强烈倾向。[①]

这种模仿冲动在18世纪变得越来越强烈，而且具有讽刺意味的是，在美国革命前夕登峰造极。在17世纪末和18世纪初，这种冲动由于两方面同时出现的发展而变得更加强烈和明显。第一方面的发展是出现了可以识别的、相当永久的、具有巨大政治影响力的殖民地精英，其经济活动使其直接进入英国社会的范围，使其受到了比早期殖民者更加强烈的来自英国文化的无法抵制的拉力。[②] 第二方面的发展是在王政复辟之后英国政府在各个殖民地普遍扩权，以及宗主国当局近来成功地以一种类似英国政府的模式取代了在各殖民地发展起来的一系列的现有政治形式。[③]

但这种模式只在表面上是英国的，而且英国的国王、议会上院和议会下院与殖民地的总督、参事会和议会下院之间的类比显然是“不完美”的，这只能激起殖民地政治领袖使其更加不像英国制度的愿望。[④] 这种愿望在议会下院以及组成议会下院的那些人的行为中表露无遗。由于总督和参事会显然建立在不太独立的基础上，他们充其量只是“不完美的”对等物。但殖民地议会下院如此“恰好”“类似”它们在殖民地所代表的“英国宪法的那个部分”，以至于完全合情合理的是它们兴奋地认为它们中的每一个都可能确实成为“议会下院的缩影”。由于它们是“同一个权威召集的”，其“权力源自同一个渠道，基于同样的目的而建立，以同样的形式得到治理”，所以它们绝对有理由“拥有与英国议会下院一样的权力，并在小社群体系中享有同样的级别”。[⑤]

---

① 对欧洲扩张初期的这一现象尚无充分的研究，但请参阅 Ronald Syme，*Colonial Elites：Rome，Spain，and the Americas*（Toronto：Oxford University Press，1958）。

② 对这个课题尚无全面研究，但请参阅 Louis B. Wright，*The First Gentlemen of Virginia：Intellectual Qualities of the Early Colonial Ruling Class*（San Marino，Calif.：The Hunting Press，1940）；Bernard Bailyn，*The New England Merchants in the Seventh Century*（Cambridge，Mass.：Harvard University Press in Co-operation with the Research Center in Entrepreneurial History，1955）；Frederick B. Tolles，*Meeting House and Counting House：The Quaker Merchants of Colonial Philadelphia*（Chapel Hill，N. C.：University of North Carolina Press，1948）。

③ 对此，尤其参阅 A. P. Thornton，*West-India Policy under the Restoration*（New York：Oxford University Press，1955）；Michael Garibaldi Hall，*Edward Randolph and the American Colonies，1676－1703*（Chapel Hill，N. C.：University of North Carolina Press，1960）。

④ Bernard Bailyn，*The Origins of American Politics*，pp. 59－65 以略微夸张的形式分析了这种类比。

⑤ 引文源自 Anonymous，*The Privileges of the Island of Jamaica Vindicated with an Impartial Narrative of the Late Dispute between the Governor and House of Representatives*（London，1766），pp. 33－34。类似的表述散见于有关殖民地政治的著作中。

为了将这种可能性转变为现实，也为了尽可能模仿英国议会下院塑造其议会下院，殖民地立法者们利用了广泛资源。首先，他们可以读到 1618 年至查尔斯一世被处死之间英国议会平民院的一些已经出版的会议记录，即约翰·拉什沃思（John Rushworth）编的 8 卷本《历史文集》（*Historical Collections*，伦敦，1659～1701 年），其中包括 17 世纪 70～80 年代每届英国议会下院的会议记录。他们还掌握了辉格党反对后来的斯图亚特王朝的大量文献，包括亨利·内维尔（Henry Neville）、阿尔杰农·西德尼（Algernon Sydney）以及约翰·洛克（John Locke）（他们都细致地界定了议会下院的职能，并详述了特执权与英国议会之间的适当关系）等人的主要哲学论著，以及市场出版的大量著作，其中一些在"光荣革命"之后再次以两卷本文集《国务小册子》（*State Tracts*，伦敦，1689～1693 年）出版，还有一些后来汇集成 16 卷本的《萨默斯小册子》（*Somers Tracts*，伦敦，1748～1752 年）出版。[①] 最后，对辉格党理论简明扼要且全面的叙述也得以出版，即亨利·凯尔（Henry Care）著《英国人的自由权：或自由出生地臣民的世袭权利》（*English Liberties：or，the Free-born Subject's Inheritance*，伦敦，1682 年）。这本书在殖民地重印了好几次。另外，殖民地议会下院还掌握了辉格党有关英国议会古老性的广泛辩论的论著[②]；在早期辉格党历史方面，保罗·德·拉宾－索埃拉斯（Paul de Rapin-Thoyras），与奥伦治的威廉（William of Orange）一起航海并从最激进的辉格党思想家角度解释 17 世纪胡格诺教徒的历史；[③] 其中最为重要的可能是 17 世纪出版的若干部议会评论和程序性专著，包括威廉·海克威尔（William Hakewill）、爱德华·科克爵士（Sir

---

① 对这些论著的最佳分析参见 Betty Behrens，"The Whig Theory of the Constitution in the Reign of Charles II，" *Cambridge Historical Journal* 7（1941）：41－42；O. W. Furley，"The Whig Exclusionists：Pamphlet Literature in the Exclusion Campaign，1679－81，" *Cambridge Historical Journal* 13（1957）：19－36；and Caroline Robbins，*The Eighteenth-Century Commonwealthman：Studies in the Transmission，Development，and Circumstances of English Liberal Thoughts from the Restoration of Charles II until the War with the Thirteen Colonies*，pp. 22－87。对洛克思想的最佳分析参见 Poter Laslett，"Introduction，" in John Locke，*Two Treatises of Government*（Cambridge：Cambridge Cambridge University Press，1960）。

② 对于这些论著的标准分析参见 J. G. A. Pocock，*The Ancient Constitution and the Feudal Law：A Study of English Historical Thought in the Seventeenth Century*（Cambridge：Cambridge University Press，1957）。

③ Paul de Rapin-Thoyras，*The History of England，as Well Ecclesiastical as Civil*，trans. by Nicholas Tindal（15vols.，London，1725－1731）. 此处是首部英文版。

Edward Coke）、亨利·斯科贝尔（Henry Scobell）、亨利·艾尔森（Henry Elsynge）以及最重要的乔治·佩蒂（George Petyt）等人的著作[①]。佩蒂的著作在1716年由安德鲁·布拉德福德（Andrew Bradford）分别在纽约和费城出版，在约翰·哈特赛尔（John Hatsell）于1781年出版其四卷本著作[②]之前这是最后的大部头论著。

正如佩蒂在其书的前言中所评论的，这些有关程序的著作全面介绍了“议会审议的令人敬佩的方法、其法令的精确和体面、其习惯的智慧和审慎、其权力范围及其特免权的巨大”。它们详细勾画并引用了有关选举机制的适当先例，描述了议员和选民的必要资格、审查选举结果和决定有争议的选举结果的方法、议会对其成员的权力、选举议长的方法以及议长履职的正确方式、选举其他议会领导的方法及其职责、通过议案和开展辩论的适当程序、委员会的类别以及每种委员会的结构和职能、会议通常采用的形式、议员的特权以及议会三个部门通常的职能划分和关系模式。

在将议会制政府输出至遥远的殖民地方面，这种手册的重要性如何强调都不为过。如果如安东尼·斯托克斯（Anthony Stokes）后来指出的，“英国议会两院的记录”成为“殖民地立法机关进行议事的先例”的话，[③]这些手册对那些记录中的若干个相关问题提供了方便的“浓缩”。用宾夕法尼亚殖民地议会下院议长戴维·劳埃德（David Lloyd）的话说，殖民地立法者们在借鉴“英国议会下院的规则”、模仿其形式和程序的过程中利用它们的程度可以从几个早期学者的著作中推测出来，尤其是玛丽·帕特森·克拉克

① William Hakewill, *The Manner of Holding Parliament in England* (London, 1641); Sir Edward Coke, *The Fourth Part of the Institutes of the Laws of England* (London, 1644); Henry Scobell, *Memorials of the Method and Manner of Proceedings in Parliament in Passing Bills* (London, 1656); Henry Elsynge, *The Ancient Method and Manner of Holding Parliament in England* (London, 1660); George Petyt, *Lex Parliamentaria: or A Treatise of the Law and Custom of the Parliaments of England* (London, 1689).

② John Hatsell, *Precedents of Proceedings in the House of Commons* (4vols., London, 1781). 18世纪出现的少数此类著作还包括 Thornhaph Gurdon, *The History of the High Court of Parliament* 以及贾尔斯·雅各布的《宪法：或绅士之法》(*Lex Constitutiones: Or, The Gentleman's Law*, London, 1719)，尤其是第2章。对于17～18世纪关于对此类问题的兴趣的性质的变化的分析，参阅 J. Steven Watson, "Parliamentary Procedure as a Key to the Understanding of Eighteenth Century Politics," *Burke Newsletter* 3 (1962): 108－128。

③ Anthony Stokes, *A View of the Constitution of the British Colonies in North America and the West Indies, at the Time the Civil War Broke Out on the Continent of America* (London, 1783), pp. 243－244.

(Mary Patterson Clarke) 的著作①，这里不需要进行进一步评论。

然而，早期作家们尚未清楚认识到也基本上忽略了的是，这些议会评论以及后来的斯图亚特反对派的著作不仅在很大程度上塑造了议会下院的形式和程序，而且也影响了其成员的认知和行为。因为除阐明了议会议事的方法和方式之外，它们为代议制机构明确而详细地规定了一整套一般性和具体的制度性要素，为其成员规定了特定的行为模式以及政治行动的具体计划。

这种规定背后的核心假设是：第一，“英王特执权”与“人民的权利、自由和财产”之间存在天然的对立；第二，如亨利·凯尔（Henry Care）所宣布的，英国议会下院的主要职能是“根据这个国家已知的法律，保证我们的自由和财产不受侵犯，不会走向或引进外国所实行的那种绝对而专制的统治”。② 为此，人们期望议会下院始终小心翼翼，不要失去对“打开人民钱包的钥匙”的掌控权，始终警惕任何形式的专制政府，以便在它们“损害政体的要害部分之前”将其制止。因此，议会下院的职责本质上说是消极的和防守性的。“洗刷冤情，关注垄断和压迫，遏制得到宠幸人士的过分行为以及国务大臣们的祸害，查办得到国王保护的有权有势的失职者（这些人自视很高，置身普通法法庭的正义范围之外），审查那些负责司法但对法律的解释侵害了人民利益的人的行为，监察掌管国家公共国库开销的那些人”。这些是落到那个“伟大的议会下院”身上的许多严肃而沉重的职责，也只有它有权处理这些事务。议会下院是臣民最为重要的防范来自特执权或任何其他渠道的“专制暴力和压迫”的屏障，也是特有而珍贵的“英国人与生俱来的权利”的最终保障者。③

这种非同寻常的职责需要一个强大的议会下院，也需要致力于维护这种强势的议员。因此，选民始终要小心翼翼，只选出那些拥有足够的“智慧和

① Mary Patterson Clarke, *Parliamentary Privilege in the American Colonies* (New Haven: Yale University Press, 1943), esp. pp. 1 - 13. 参考书目注解（第 270 ~ 287 页）提及了有关这个问题的专著。引文源自 David Lloyd, *Remarks on the Late Proceedings of Some Members of Assembly at Philadelphia* (Philadelphia, 1728)。类似的许多说法可参阅 Thomas Nairne, *A Letter from South Carolina* (London, 1710), pp. 21 - 22。

② Thornhaph Gurdon, *The History of the High Court of Parliament*, pp. 415 - 416; Henry Care, *English Liberties* (4th ed., London, 1719), p. 164. 凯尔书中的引文都来自这个版本。

③ Henry Care, *English Liberties*, p. 4, p. 122, pp. 138 - 139; George Petyt, *Lex Parliamentaria: Or A Treatise of the Law and Custom of the Parliaments of England*, p. 19, p. 24.

勇气”而“不会因为人们的皱眉和怒容的恐吓而不去履行职责”的人，那些“坚忍不拔、维护议会权力和特免权”的人，因为这些权力和特免权恰恰牵动着“共同体的心弦”。所有被选到“那一荣耀位置”的人都有责任确保自己“完全熟悉议会事务，了解自己的法律与惯例、自己的权力和特免权，以便在任何时候都不会受到任何貌似合理的借口的侵害”。①

由于许多的——也许是大多数的——“侵害”可能直接来自英王过大的“特免权与特执权”甚至受到了其“特免权与特执权”的保护，绝对有必要的是，议会下院拥有足够的权力和特免权，在平等的基础上甚至在更高的基础上与英王展开竞争。议会下院应享有法律保障，确保它能够经常性召开会议、享有完全的调查权、对自己的职位拥有完全控制权。② 其成员必须拥有言论和辩论自由，在开会期间免于被逮捕的自由，以及对在议会中的任何言论、行为或代表议会的言行在议会之外免受惩罚的权利。总之，议会必须“自行其是”，只对其选民以及自己的特殊法律——“议会的法律和惯例”（Lex & Consuetudo Parliamenti）负责。③

正如一个牙买加总督所报告的，殖民地议会代表们决意要将议会下院转变为“英国议会平民院的缩影”；他们“热衷于尽可能与陛下的英国臣民站在平等的基础之上以至于其愿望几乎分散了其注意力”；④ 他们与所有殖民地居民一样，对文化首都理想的重视程度超过了文化首都的人。因此他们整体采用了整个这套思想与行动体系、其认知模式以及一套要素、职能和传统。这个体系为他们提供了一个特别的参照系，提供了一个视角，有助于他们从历史甚至从宇宙的角度看待自己的问题和行为，为他们确立了行为标准，决定了他们如何看待议会下院以及他们自己的政治职能。更为重要的是，这个体系将其对政治事件的认识和反应塑造为可以预测的和

---

① Henry Care, *English Liberties*, pp. 164 - 167; George Petyt, *Lex Parliamentaria: Or A Treatise of the Law and Custom of the Parliaments of England*, “Preface”.

② George Petyt, *Lex Parliamentaria: Or A Treatise of the Law and Custom of the Parliaments of England*, p. 3, p. 13, p. 16, pp. 30 - 31, p. 132. 佩蒂针对英王在选择议会议长中的突出作用，指出这种选择“在古代可能是议会下院的自由，自由选择他们自己的议院的议长候选人”（George Petyt, *Lex Parliamentaria: Or A Treatise of the Law and Custom of the Parliaments of England*, p. 132）。

③ George Petyt, *Lex Parliamentaria: Or A Treatise of the Law and Custom of the Parliaments of England*, p. 9, pp. 36 - 37, pp. 81 - 82, p. 87, p. 139.

④ “Duke of Portland to [Lord Carteret?], Dec. 7, 1723,” in William Noel Sainsbury et al., eds., *Calendar of State Papers, Colonial* (43vols., London, 1860 -), pp. 1722 - 1723, p. 385.

熟悉的形式。

这种思想和行为体系如此深地植根于其政治文化中，以至于对斯图亚特王朝可怕而无度的专制主义的记忆，对那个“特执权没有限制、自由没有界定”的臭名昭著的时代以及“专制权力在不加限制的特执权的庇护下在这个国家长驱直入”的记忆，在整个 18 世纪始终位于政治意识的表层。殖民地代表们几乎不需要提醒，他们清楚记得在“最后三个斯图亚特国王世袭统治期间”，“特执权的妄念”试图“让皇权凌驾于法律和人民的自由权之上”，并“取得了惊人的进展”：“在查尔斯一世时代的狂乱被消除之前这个国家遭受了何种辛劳、疲惫和屠杀；查理二世在任期间议会如何从头到尾服服帖帖……在其兄弟詹姆斯二世在任时期自由遭受了何种致命打击”。所有这一切罪行只有在议会平民院那些尊贵的议员——约翰·埃利奥特爵士（Sir John Eliot）、爱德华·科克爵士（Sir Edward Coke）、爱德华·利特尔顿（Edward Littleton）、约翰·皮姆（John Pym）、约翰·汉普登（John Hampden）、威廉·琼斯（William Jones）——领导下的“议会的持续和彻底的反对下”才被挫败。这些议员“在关键时期挺身而出维护宪法”。[①]

由于他们面前总是存在这种生动记忆，殖民地立法者们强烈倾向于把每个总督都视为一个潜在的查尔斯一世或詹姆斯二世，对行政部门采取一种敌对的态度，在可能的最大范围之内将殖民地议会下院界定为“英国臣民所享有的所有那些权利和特权的主要屏障”。[②] 他们时刻准备着挺身“阻挡压迫”。他们最充分继承了 17 世纪英国的英王反对派的传统，时刻担心“特执权”会赢得“对自由的很大优势”，或总督会扩大“其权力，甚至超过英国国王在最专横和最专制统治下的意图”。[③] 他们对“对他们的管辖权”的

---

① Anonymous, *The Privileges of the Island of Jamaica Vindicated with an Impartial Narrative of the Late Dispute between the Governor and House of Representatives*, p. 8, p. 11, p. 13, p. 28, p. 36, p. 66; A New England Man, *A Letter to the Freeholders and Qualified Voters, Relating to the Ensuing Election* (Boston, 1749), p. 2.

② Pennsylvania Assembly, *To the Honorable Patrick Gordon, Esq.*, *Lient. Governor* (Philadelphia, 1728), p. 6, 引自 Lawrence H. Leder, *Liberty and Authority: Early American Political Ideology, 1689 – 1763* (Chicago: Quadrangle Books, 1968), p. 87。

③ Anonymous, *The Privileges of the Island of Jamaica Vindicated with an Impartial Narrative of the Late Dispute between the Governor and House of Representatives*, p. 42; Americanus, *A Letter to the Freeholders and Other Inhabitants of the Massachusetts-Bay Relating to Their Approaching Election of Representatives* (Boston, 1729), iii; Americanus, *A Second Letter from One in the Country to His Friend in Boston* (Boston, 1729), p. 2.

任何侵犯都特别敏感，因为这种侵犯可能“（如果他们逆来顺受的话）会剥夺他们的一切权威，并［由此］使他们无力支持自己的尊严，或无法使人们获得只有自由而独立的议会下院”才能“给予的对专制权力的防范”。他们总是模仿英国的议会平民院，反对一切“有悖于……英国议会一切惯常做法的”标新立异，或“违背殖民地首次拓殖以来的惯例和习惯进行统治”。用伊莱沙·库克的话说，他们“警惕地观察并小心翼翼地避免”任何可能通过“对基本制度进行小的变动”最终导致整个宪法的崩溃的先例。[①]他们决心要发现和根除一切行政权力的专断做法。他们尤其关注“对官员滥权和腐败的调查、阻碍公共正义的行为、遭受权力压迫的臣民的投诉并将这种情况下的罪犯绳之以法”。[②]

殖民地总督本身赞同殖民地代表对殖民地议会下院的职能及其暗含的行为模式的认识。因为立法者们并非受到斯图亚特王朝时代英国的浮夸矫饰、焦虑和特殊的政治短视限制的唯一集团。如斯图亚特王朝的君主及其支持者一样，总督们在政治秩序中占据类似的政治职位，无法避免地将质疑行政部门的行动、反对总督的计划或宗主国的指令解释为对英王或业主根本特权的隐蔽的挑战。从各个殖民地传来了总督及其追随者的指控，指控者认为殖民地议会下院“正在越过其适当而合理的界限；以公共利益以及他们作为人民的代表的特免权为借口增强自己的势力”。在各个地方，行政部门抱怨说，殖民地议会下院宣布“自己为议会平民院”，僭取“其一切特免权，并”在行动中“享有更加毫无限制的权力”。人们普遍做出响应并相信，殖民地议会下院，如第一届“长期议会”——那个“每个好人都希望能够从我们的史册中删除的时期”——一样，实际上在努力“从英王的手里夺取仅剩的一点权力”，“将政府的行政权力篡取到他们自己的手里”，甚至尽可能“削弱，尽管不能完全抛弃，他们对英王的忠诚以及各殖民地对其母国

① Anonymous, *The Privileges of the Island of Jamaica Vindicated with an Impartial Narrative of the Late Dispute between the Governor and House of Representatives*, p. 2; *The Remonstrance of Several of the Representatives for Several Colonies of the Province of New York Being Members of the Present Assembly* (New York, 1698), p. 1; "Resolutions of the Maryland House of Delegates, Oct. 22, 1722," in St. George Leakin Sioussat, *The English Statutes in Maryland* (Baltimore, 1903), p. 75; Elisha Cooke, *Just and Seasonable Vindication Respecting Some Affairs Transacted by the Late General Assembly at Boston, 1720* (Boston, 1720), p. 14.

② Anonymous, *The Privileges of the Island of Jamaica Vindicated with an Impartial Narrative of the Late Dispute between the Governor and House of Representatives*, p. 51.

的依赖”。在总督们看来，立法机关反对派领袖似乎并非为自由这一光荣的事业而斗争的爱国者，而恰恰是斯图亚特王朝眼里的议会平民院代表——“强迫和欺骗人民的诡计多端和恶毒之辈”，直到他们“冲昏头脑，以至于变得似乎对自己的……真正利益‘麻木不仁’了”。[①] 每个桀骜不驯的殖民地议会下院似乎都决意以“1641 年英国议会为榜样”，每个领导都是“伟大的《大宪章》（*Magna Carta*）的拟定者和《权利请愿书》（*Petition of Right*）的制定者”，决意要说服其立法者同事“对长期议会亦步亦趋”[②]。因此，两方都在直接来自英国斯图亚特王朝时期革命形势的政治观念中扮演角色、发挥作用，这种观念使其将政治视为特执权与自由、行政权与立法权之间的持久斗争。

对总督以及立法者们来说，这种有关其行为的观念及其之间的分歧使其有了一个“扩大”的目的，这个目的超越了几个地方的狭隘边界，并且通过为自己的行动赋予全国性——如果说不是普遍的——意义，将他们与他们作为英国人的文化传统直接联系起来，使他们对自己的身份有了更加安全的认识，因而有助于满足他们最深层的模仿冲动。同样重要的是，至少对立法者们来说，那种“扩大”的目的也为他们以及他们的制度提供了在各自社区的声誉、地位和政治权力，这对满足新兴精英们的心理需求来说似乎是重要的。

在殖民地立法者们有意识地开始培育英国的政治价值观，并模仿议会平民院的程序和行为时，这种具体的政治观念在英国人头脑中根深蒂固这一事

---

① *The Representation and Memorial of the Council of the Island of Jamaica to the Right Honorable the Lords Commissioners for Trade and Plantations* (London, 1716), ii, iv, p. 14; “Governor James Glen to Commons House, Sept. 20, 1755,” *Journals of the South Carolina Commons House*, Jan. – May 1754, *Colonial Office Papers*, 5/472, ff. 5 – 7, Public Record Office, London; “A Speech of Governor Jonathan Belcher to the Massachusetts General Assembly, Oct. 2, 1730,” reprinted in *Extracts from the Political State of State of Great Britain*, *December 1730* (Boson, 1731), pp. 4 – 5. 总督及其支持者对殖民地议会下院及其领袖们的许多类似描述，参见“Sir William Beeston to Board of Trade, Aug. 19, 1701,” *Cal. St. Papers*, Col., 1701, pp. 424 – 425; “Lord Cornbury to Board of Trade, Nov. 6, 1704, Feb. 19, 1705,” *Cal. St. Papers*, Col., 1704 – 1705, pp. 308 – 309, p. 386; “Samuel Shute to Crown, Aug. 16, 1723,” *Cal. St. Papers*, Col., 1722 – 1723, pp. 324 – 330; “Henry Worsley to Duke of Newcastle, Aug. 4, 1727,” *Cal. St. Papers*, Col., 1726 – 1727, pp. 325 – 326; *The Honest Man's Interest as He Claims Any Lands in the Counties of New-Castle*, *Kent*, *or Sussex*, *on Delaware* (Philadelphia, 1726), p. 1。

② “Francis Lord Willoughby to King, Aug. 8, 1665,” CO 1/19, no. 92, PRO, as quoted in A. P. ThornSton, *West-India Policy*, p. 65; “Lewis Morris to Board of Trade, Jun. 10, 1743,” *The Papers of Lewis Morris*, New Jersey Historical Society, *Collections* (14vols., Newark, N. J., 1852 – 1965), 4: 162.

实并不能完全解释为什么各个殖民地都接受了那种观念。能够解释这种观念在英国成为一系列政治陈词滥调以及与政治生活现实基本无关的陈腐的宪政主义观点很长时间之后能够被殖民地接受并且在殖民地保持持久活力的是，在18世纪的殖民地存在着最初在17世纪的英国酝酿出这种观念的那些条件和形势。正如贝林最近提醒我们的，英国议会在“光荣革命”之后对英国特执权所成功施加的明确限制从未在殖民地实现。[①] 结果是，英国革命达成的体制合作从未在殖民地实现，因此毫无限制的特执权的幽灵持续在殖民地立法者心中作祟。

对“……［英国］宪法的钟爱”、孜孜不倦地努力建立类似“英国”的“政府形式”——“根据其殖民地的情况尽可能地”建立“类似母国的政府”以及文化上的素养使他们，随时警惕无限制的特执权的危险，[②] 这种情况是他们永久焦虑的根源。这明显提醒了他们，自己的抱负与现实之间的巨大鸿沟，因此直接挫败了他们的模仿冲动，同时也使他们陷入持久的恐惧——他们担心一些邪恶的总督利用自己过大的权力引入最有害的专制形式。正如一个匿名的牙买加人在1714年所宣称的，似乎绝对无法解释的是，自“王政复辟”以来，“经历了国家的历次革命和政府部门的更换”，“在构成英帝国的几个美洲殖民地”，尽管居住的据称是自由出生的英国人，但“在不稳定的政府和令人痛心的行政管理下，他们仍然备受忽视，这在近期发生的重大革命前后并无二致”。[③] 确实，从那场使英国臣民的权利和特免权被充分“确认”、使剥夺臣民权利的狡诈和“巧妙”的发明被废除的英国革命的角度来看，似乎尤其令人痛心、令人恐惧和极其危险的是，“任何殖民地的总督……如此远离（法律）救济的中心……应该被赋予比女王在英国依法或曾经试图行使的更加绝对和无限制的权力”，或殖民地议会下院应该比英国议会平民院拥有“更小的影响力和重要性”。[④]

---

① Bernard Bailyn, *The Origins of American Politics*, pp. 66 - 71.

② Fayer Hall, *The Importance of the British Plantations in America to the Kingdom* (London, 1731), p. 24; Anonymous, *The Privileges of the Island of Jamaica Vindicated with an Impartial Narrative of the Late Dispute between the Governor and House of Representatives*, p. 31.

③ *The Groans of Jamaica, Express'd in a Letter from a Gentleman Residing There, to His Friend in London* (London, 1714), iv.

④ Daniel Dulany, *The Right of the Inhabitants of Maryland to the Benefit of the English Laws* (Annapolis, 1728), p. 17; *Americanus A Second Letter from One in the Country to His Friend in Boston*, p. 2; *The Groans of Jamaica, Express'd in a Letter from a Gentleman Residing There, to His Friend in London*, vi.

这种情况的危险并非仅仅是想象的。这已被皇家和业主殖民地总督的许多“实例”生动证实。在很多情况下，这些总督与殖民者的利益大相径庭，他们利用压倒性权力“无缘无故地折磨和压榨人民，他们追求的只是自己的私利”；他们“篡夺了［在理论上］不属于他们的更多权力”，试图行使“我们的母国自1688年光荣革命以来未曾见过的专断权力”。众所周知，殖民地“总督和居民之间的……［许多］斗争和仇恨”“源自行政部门的一些有害且令人无法忍受的压迫行为”。正如理查德·杰克逊（Richard Jackson）所指出的，总督们总是“惹是生非者”，他们“提出的要求毫无正当理由”，利用“圈套、威胁、中伤、骚乱以及其他一切不公正的手段”，威吓或用甜言蜜语哄骗“居民放弃他们与生俱来的特免权”。殖民地议会下院如英国议会平民院一样，总是“处于守势”；他们的成员凭借真正的英国人的爱国主义，勇敢地与“饥渴、无知或奢华的”总督机器，“狡猾、活跃、无赖、奴性十足和阿谀奉承的”追随者等“人类中的垃圾”进行斗争。只有这些“垃圾”才会结成令人讨厌的联盟，反对殖民地议会下院所代表的人民的权利和自由。①

然而，无论殖民地议员们如何看待自己，他们无法总是“处于守势”。这恰恰是因为英王的总督们声称，他们“在殖民地”比英王自己“在英国拥有更加绝对的权力”，因为一些总督实际上试图利用他们不受法律限制的权力以自由为代价强化特执权，也因为（如一个巴巴多斯人在1719年所抱怨的）总督对有权的人的压倒性影响不能总是在伦敦得到“伸张”——由于所有这些“在美洲众所［周］知”的原因，殖民地议会下院发现自己——也经常被正确地指控——试图遏制特执权以及行政权力，其程度超过了英国议会平民院。人们“普遍认为”，“没有权力保障的权利，只能是暴

① Anonymous, *An Essay upon the Government of the English Plantations on the Continent of America* (London, 1701). A New England Man, *A Letter to the Freeholders and Qualified Voters, Relating to the Ensuing Election*, p. 5; *The Groans of Jamaica, Express'd in a Letter from a Gentleman Residing There, to His Friend in London*, iv-v; Richard Jackson, *An Historical Review of Pennsylvania from Its Origin* (Philadelphia: E. Olmsted and W. Power, 1812), pp. 378 – 379; *A Representation of the Miserable State of Barbadoes under the Arbitrary and Corrupt Administration of His Excellency, Robert Lowther, Esq; the Present Governor* (London, 1719), esp. pp. 22 – 23; "Considerations of the Present Benefit and Better Improvement of the English Colonies in America, 1690s," in Historical Manuscripts Commission, *Report of the Manuscripts of the Duke of Buccleuch and Queensberry* (3vols., London, 1899 – 1926), 2, pt. 2: 737; "Morris to Secretary of State, Feb. 9, 1707," in Edmund B. O' Callaghan and Berthold Fernow, eds., *Documents Relative to the Colonial History of the State of New York* (15vols., Albany, 1853 – 1887), 5: 37.

君嘲笑的对象和玩物”。[①] 为了对这种对宗主国准则的偏离进行辩护，殖民地立法者们被迫依靠 17 世纪对英国议会平民院的最终辩护——“永久惯例”（Perpetual Usage）和“确立习俗”（established custom），并声称，像议会平民院一样，每个立法机关都有自己的“议会的法律和惯例”。[②]

尽管他们模仿的冲动如此深沉且真实，但殖民地议会下院对英国议会平民院的模仿，以及几个殖民地政府对宗主国政府的模仿永远也无法达到精准的程度，这恰恰是因为英王在殖民地夸大了特执权要求以及那些要求引发了立法机关的过度反应。结果是，令宗主国行政部门在殖民地的支持者们感到好笑、讽刺和震惊的是一个令人啼笑皆非的情景：那些决意要“按照英国议会的计划”组成“殖民地议会下院”的人被迫为他们特殊的做法辩护，其显而易见的理由是，“为处于不同情况的人民规定［完全］一样的政府形式……完全是荒唐的”。[③]

通过这种创新性手段，大多数殖民地的议会下院得以限制总督的权力。这一方面是因为总督与国王不同，他们永远无法受到国王不会犯错的观念之光环的保护而免受攻击；另一方面如贝林所充分且有效论证的，是因为大多数总督并没有掌握“英国的行政部门”能够借以施加其政治控制和实现其目标的那些“工具”。然而，这种对总督权力的限制从未完全缓解殖民地立法者对特执权和专断性政府的恐惧。只要英王或业主们拒绝放弃他们对总督这种过大权力的要求，或拒绝承认殖民地议会下院对特执权的实际限制，那

---

① Anonymous, *An Essay upon the Government of the English Plantations on the Continent of America*, p. 17; *A Representation of the Miserable State of Barbadoes under the Arbitrary and Corrupt Administration of His Excellency, Robert Lowther, Esq; the Present Governor*, pp. 32 – 33, Thomas Nairne, *A Letter from South Carolina*, pp. 21 – 22, pp. 26 – 27; A New England Man, *A Letter to the Freeholders and Qualified Voters, Relating to the Ensuing Election*, p. 5.

② 例证参见 Elisha Cooke, *Just and Seasonable Vindication Respecting Some Affairs Transacted by the Late General Assembly at Boston, 1720*, p. 3, p. 9; Henry Wilkinson, "The Governor, the Council and Assembly in Bermuda during the First Half of the Eighteenth Century," *Bermuda Historical Quarterly* 2 (1945): 69 – 84, esp. 81 – 81。

③ 引文源自 David Lloyd, *Remarks on the Later Proceedings of Some Members of Assembly at Philadelphia*, 引自 Roy N. Lokken, *David Lloyd: Colonial Lawmaker* (Seattle: University of Washirgton Press, 1959), p. 230; *Pennsylvania Gazette Letter from South Carolina* (Philadelphia), Mar. 28, 1738, 引自 Lawrence H. Leder Leder, *Liberty and Authority: Early American Political Ideology, 1689 – 1763*, p. 103; 另参见 Thomas Nairne, *A Letter from South Carolina*, pp. 21 – 22, pp. 25 – 26; Lewis Evans, "As Brief Account of Pennsylvania, 1753," in Lawrence Henry Gipson, *Lewis Evans* (Philadelphia, 1939), pp. 131 – 134。

么宗主国当局释放母国毫无限制的力量以强制实现其要求，甚至借助英国议会的力量对付殖民地议会下院的令人恐惧的可能性就总是存在。[①] 尽管一些殖民地的领袖一厢情愿地希望"那个威严的议会下院、英国人自由的保护者"实际能够与在殖民地的姊妹机构站在同一边，但他们惴惴不安地意识到，英国议会的干预可能会"深入""我们的宪制，并影响我们最珍贵的特免权"。当然，这种极端的脆弱性意味着殖民地的立法者们"面对专制权力……对其生命、自由或财产的攻击"，永远也不会感到完全安全。[②]

由此产生的焦虑——只是部分被意识到，并通过 17 世纪斯图亚特王朝反对派的经典论点得到了适当表达——确保至少直到殖民地被赋予了本国的英国人所享有的那种"政府的自由宪法"，那些论点将持续对殖民地政治具有特别的重要性，并为其外在表现赋予形式和完整性。然而，由于那些论点以及由此产生的政治观念似乎解释了殖民地政治的特殊情况，并且显然能够满足这些情况产生的心理需求，所以它们成为殖民地政治文化不可分割的一部分，并决定着殖民地政客们的感受，植根于"事物的深层"[③]。实际上，它们如此根深蒂固，以至于它们造成了一种强烈的倾向，即把几乎所有政治冲突都解释为特执权与自由之间的斗争。即使围绕具体经济问题的、显然超越体制界限、与宪制问题没有表面联系的党派斗争，也会被视为并由此在一定程度上实际转变为这种斗争。

当然，重要的是记住，在殖民地政治以及所有政治中，表面与现实之间通常存在"天然之别"；任何全面的解释都必须区分并描述"作秀式辩论"、"机会主义政治策略的计划"以及辩论背后具体的社会与经济利益。[④] 但同

---

① Bernard Bailyn, *The Origins of American Politics*, pp. 70 – 105; Jack P. Greene, review of F. G. Sprudle, *Early West Indian Government: Showing the Progress of Government in Barbados, Jamaica, and the Leeward Islands, 1660 – 1760* (Palmerston North, N. Z.: Van Riemsdyck Book Service, Inc., 1963), in *William and Mary Quarterly* 3 (1965): 149.

② *A Letter to a Gentleman Chosen to Be a Member of the Honourable House of Representatives to Be Assembled at Boston* (Boston, 1731), pp. 7 – 8, pp. 14 – 15; Anonymous, *The Privileges of the Island of Jamaica Vindicated with an Impartial Narrative of the Late Dispute between the Governor and House of Representatives*, pp. 27 – 28, p. 45.

③ Anonymous, *An Essay upon the Government of the English Plantations on the Continent of America*, p. 20; Isaac Norris, *Friendly Advice to the Inhabitants of Pennsylvania* (Philadelphia, 1710), p. 2.

④ 引文来自 Charles Worthen Spencer, "The Rise of the Assembly, 1691 – 1760," in Alexander C. Flick, ed., *History of New York State*, 2: 197。

样重要的是，要理解这一古老的反对派政治观念对殖民者政客思想的强大控制，以及它在相当大程度上促使他们将产生于最自私和最卑鄙的野心的行为和行动，设想和解释（即使对他们自己）为对英国人英勇反对毫无限制的特执权的重要贡献。

然而这种古老的政治观念对殖民地政客的控制还不够强大，以至于不足以阻止他们接受和利用后来的英国的观念。18 世纪中期的几十年，母国诸岛与殖民地经济体之间的联系更加紧密，最后两次跨殖民地战争提供了共同关注的新的更为迫切的焦点，[①] 殖民地精英们的文化与政治自我意识日益增强，越来越认识到殖民地与英国之间巨大的社会鸿沟。[②] 结果是，英国文化的吸引力以及精英们培育英国风格和价值观并实现社会英国化的明显愿望大大强化。在某些情况下，殖民地这种模仿冲动的强化，导致了从沃波尔时代的英国直接输入了两个（两个中的任何一个或两个中的部分）新的政治思想体系，形成了 17 世纪古老政治传统的补充和（在少数情况下）实际上的湮没。由于旧传统和新传统在有关人性的基本预设、不加限制的权力的腐蚀作用、政府与宪法的作用以及所偏爱的统治者品质方面有极大相似性，所以这种补充和服从得以轻而易举地发生。

这些传统中的第一个（贝林称之为“主流思想”）是在“光荣革命”之后的半个世纪里尤其是在沃波尔在职时期由行政部门的支持者提出的。在议会平民院里，这种传统是由阿瑟·翁斯洛（Arthur Onslow）所培育和代表的。翁斯洛在 1727～1761 年担任议会平民院议长。他在英国和殖民地都享有盛誉，是殖民地议会下院议长的榜样。此处不会描述这种传统的细节，但是其核心要素是政府的各个部门应该进行机构合作。[③] 各个殖民地的总督以及行政部门的支持者在各种政治情境下培育这种理想。然而，这种理想只能在那些不存

---

① 对殖民地之间的战争在强化英国人的爱国主义以及殖民者对英国事务的关注上的作用的描述参见 Max Savelle, *Seeds of Liberty: The Genesis of the American Mind* (New York: Alfred A. Knopf, 1948); Richard L. Merrit, *Symbols of American Community, 1735 - 1775* (New Haven: Greenwood Press, 1966)。

② 有洞察力的分析参见 Sir Egerton Leigh, *Considerations on Certain Political Transactions in the Province of South Carolina* (London, 1774), p. 27: “新生的社会走上正轨后步伐缓慢。起初，他们专注于满足他们必要的需求，确保自身的安全。而公共事务的细枝末节从未进入他们的头脑，直到他们使殖民地发展成为这种外向型国家，他们才感到心头产生了一些自命不凡的感觉。然后人们开始改进自己的行为，创建良好声誉。”

③ 这个传统从未得到充分分析，但 Issac Kramnick, *Bolingbroke and His Circle*, pp. 111 - 136 有很好的简要介绍。

在特执权威胁的殖民地立法者们和行政部门中成为占据主导地位的政治传统。这种威胁可能来自对执意行使自己全部权力的总督的直接挑战，也可能来自利用荫护（patronage）对立法机关的腐蚀或操控。

在大陆殖民地中，这种传统至少存在于弗吉尼亚。在那里，副总督威廉·古奇（William Gooch）实际上并不掌握荫护权，因此不会造成对行政权力过大的恐惧。而且，他与母国保持了密切联系，使贸易委员会（Board of Trade）不会执意要求他采取行动从而得到立法机关对其被授予的特执权的承认。古奇通过与殖民地议会下院（House of Burgesses）的两个议长约翰·伦道夫爵士（Sir John Randolph）和约翰·罗宾逊（John Robinson）（这两个人显然受到了翁斯洛的启发，并常常与伟大的翁斯洛相提并论）密切合作，设法根绝了殖民地的党派斗争，促成了对机构合作理想的普遍接受，从而避免了与立法机关的一切冲突，并大大削弱了政治就是特执权与自由之间斗争的古老观念。①

第二个传统来自沃波尔反对派。对此，贝林、J. G. A. 波科克（J. G. A. Pocock）、卡罗琳·罗宾斯（Caroline Robbins）、艾萨克·克拉姆尼克（Isaac Kramnick）等人已经进行了全面而透彻的分析，这里不需要详细论述。② 然而，我提请大家注意的是，这个传统强调有必要保持明确的权力划分以及防范行政部门在议会平民院中的影响所带来的危险。当然，在一定程度上，平衡政府理论是 17 世纪中期至 19 世纪早期整个英国政治传统的组成部分，殖民地在政治辩论中通常会利用它。即使小伊莱沙·库克（Elisha Cooke, Jr.）这样一位激进的反特执权政客也赞同它。1720 年，他写道："国王特执权使用恰当的话，会增加人民的利益和福利；如果国王特执权不被滥用，那么人民的自由和财产也将支持国王。"③

---

① 有关那个时代的陈述，参见伦道夫 1734 年 8 月 24 日和 1736 年 8 月 6 日的演讲，载 H. R. McIlwaine and John Pendleton Kennedy, eds., *Journals of the House of Burgesses of Virginia, 1727 – 40* (Richmond, 1910), pp. 175 – 177, pp. 241 – 243。

② Bernard Bailyn, *The Ideological Origins of the American Revolution*, pp. 22 – 93; J. G. A. Pocock, "Machiavelli, Harrington, and English Political Ideologies in the Eighteenth Century," *William and Mary Quarterly*, 22 (1965): 547 – 583; Caroline Robbins, *The Eighteenth-Century Commonwealthman: Studies in the Transmission, Development and Circumstances of English Liberal Thoughts from the Restoration of Charles II until the War with the Thirteen Colonies*, esp. pp. 271 – 319; Isaac Kramnick, *Bolingbroke and His Circle*, esp. pp. 84 – 110, pp. 137 – 187, pp. 205 – 260.

③ Elisha Cooke, Jr., *Just and Seasonable Vindication Respecting Some Affairs Transacted by the Late General Assembly at Boston, 1720*, p. 18.

然而，重要的是，库克等大多数殖民地立法者利用平衡思想主要是为了防止特执权侵害自由和财产。[1] 面对行政部门对这种广泛特执权的要求，他们很少有兴趣对自己的立法权施加任何限制。确实，正如科琳娜·科姆斯托克·韦斯顿（Corinne Comstock Weston）在其具有启发性的研究《英国的宪政理论与议会贵族院，1556～1832》中所暗示的，理论似乎主要对那些权力或特执权受到攻击、从现实的政治弱点角度出发的人具有吸引力。例如查尔斯一世为了阻止第一届“长期议会”的攻击，他在17世纪的英国普及了平衡政府理论，并将其推入政治意识的中心。[2] 因此在18世纪的殖民地，行政部门能力较弱地区的总督以及各种行政部门的追随者——纽约殖民地的卡德瓦拉德·科尔登（Cadwallader Colden）和阿奇博尔德·肯尼迪（Archibald Kennedy）以及宾夕法尼亚的詹姆斯·洛根（James Logan）和威廉·史密斯（Reverend William Smith）——是这种思想最早和最坚定的倡导者和笃信者。[3]

然而，在整个殖民地社会，它似乎主要在行政部门腐蚀立法机关的威胁足够大，从而使严格进行权力划分显然尤其必要的地区得到了强调。这种情况似乎存在于马里兰，在那里，业主们始终掌握广泛的荫护权；[4] 还有新罕布什尔，在那里，总督本宁·温特沃思（Benning Wentworth）在1750年之后确立起一个强大的荫护“机器”；[5] 还有纽约殖民地，在那里，在18世纪40～50年代，最初担任首席大法官后来担任副总督的詹姆斯·德兰西（James De Lancey）设法在政府中确立起无懈可击的地位，这样他就得以确立起一种非常类似“罗宾式无政府”腐败（“Robinarchical” corruption）的

① 确实，令殖民地立法者最感兴趣的平衡并非古典英国君主制、贵族制和民主制的混合。由于殖民地不存在政府贵族分支的任何社会基础，因此其实用性令人怀疑。然而，如一位不知名的南卡罗来纳人所说的，“[殖民地] 英王和人民之间适当的权力平衡”（《南开罗来纳公报》（增刊）（*South Carolina Gazette*, suppl., May 13, 1756）。有关各种渠道对于同一个思想的其他表达，参见 Thomas Foxcraft, *God the Judge, Putting Down One, and Setting Up Another* (Boston, 1727), iii; *The Crisis* (Boston, 1754); Lewis Evans, “As Brief Account of Pennsylvania, 1753,” in Lawrence Henry Gipson, *Lewis Evans*, pp. 131 - 134。

② Corinne Comstock Weston, *English Constitutional Theory and the House of Lords, 1556 - 1832* (London: Routledge and Kegan Paul, 1965), esp. pp. 5 - 6, pp. 26 - 28, pp. 32 - 33.

③ See Max Savelle, *Seeds of Liberty: The Genesis of the American Mind*, pp. 298 - 304.

④ See Donnell M. Owings, *His Lordship's Patronage: Offices of Profit in Colonial Maryland* (Baltimore: Maryland Historicou Society, 1953).

⑤ Jere R. Daniell, “Politics in New Hampshire under Governor Benning Wentworth, 1741 - 1767,” *William and Mary Quarterly* 23 (1966): 76 - 105.

制度；[①] 最突出的是马萨诸塞，在那里，1741～1756 年担任总督的威廉·雪利（William Shirley）汇聚了一个特别的优秀天才群体进行政治管理，与英国建立起强大的联系，确立起一套本地荫护制度，使他对马萨诸塞立法机关施加了有效“影响”。[②]

在这种情况下，“颠覆和改变宪法”的真正危险并非来自“特执权的恣意妄为和暴力”，而是对沃波尔反对派对阴谋、腐败和影响的指控以及与他们相关的整个思想体系都表现出高度的相关性。雪利治下的马萨诸塞让如下指控变得似乎并非捕风捉影。“自 1742 年以来，马萨诸塞殖民地所有变得相当富有、显赫、高贵和傲慢的人”中有一个“很深的阴谋”，他们“由于对权力、名誉和金钱的贪欲和对特权的热爱，由于嫉妒、傲慢、贪婪和暴力的野心，通过诡计和权力”，决意要“扼杀……我们的宪法”，毁灭“新英格兰人民的人身自由、公民自由和幸福”。在这种情况下，贪婪的行政部门决意腐败整个立法机关，因此，不能再信赖立法机关维护宪法。于是，那种责任就直接落到了人民的头上，他们被鼓励通过积极且灵活的指令约束自己的代表，避免他们出卖自己选民的自由以换取钱财或地位。[③]

雪利担任总督时期的马萨诸塞采用沃波尔反对派思想模式的政治论著数量十分可观，这表明在 1763 年之前，那种反对派的思想只是在那些政治形势比较类似沃波尔时期英格兰的殖民地才具有充分的重要性并占据主导地位。在这种形势下，行政部门实际上掌握了沃波尔曾经使用过的那些非正式宪制（informal constitution）的许多手段，那些手段使沃波尔的行政部门有效地影响了英国议会，也实现了“高度的公共和谐”和“对各种政治力量的和平整合”。这令反对派十分恼火和担忧，但解释了他任职期间的稳定和明显的成功。如果这个说法是真的，即如果在 1763 年之前对沃波尔反对派政治观念的接受和普遍利用集中在甚至仅限于那些总督拥有足够的实际政治权力使他们主宰了殖民地议会下院的地区，以及在那些与英国类似，其非正式宪制

---

① Bernard Bailyn, *The Origins of American Politics*, pp. 107 - 114.

② John M. Murrin, “From Corporate Empire to Revolutionary Republic: The Transformation of the Structure and Concept of Federalism,” Paper Read at the Annual Meeting of the American Historical Association, New York, Dec. 30, 1966.

③ A New England Man, *A Letter to the Freeholders and Qualified Voters, Relating to the Ensuing Election*, p. 6; Vincent Centinel, *Massachusetts in Agony: Or, Important Hints to the Inhabitants of the Province* (Boston, 1750), p. 4, p. 8, p. 9, p. 12; *A Letter to the Freeholders and Other Inhabitants of This Province* (Boston, 1742), p. 8.

得到最充分发展的地区，那么贝林所说的在独立革命之前的几十年沃波尔的反对派传统在各个殖民地都占据主导地位，而行政部门“要求大增权力但权力收缩”是那一发展最重要根源的观点，可能需要增加很多限制条件。[①]

我认为，实际上，18 世纪 60 年代之前，在大多数殖民地，主流传统和沃波尔反对派传统补充而不是取代了 17 世纪斯图亚特王朝反对派的古老传统。这一古老传统在殖民地政治中被制度化，在殖民地政客中内化到了很高的程度，以至于它实际上无法被取代，除非产生和滋养它的那些条件消失，除非“英国宪制原则”被完全扩大到各个殖民地，并且如詹姆斯·奥蒂斯（James Otis）在 1762 年所说的那样，“所有殖民地的总督”都已经决定“实践那些原则，而不是（像他们大多数人所做的那样）花费他们全部的时间来无所顾忌地扩大特执权”。[②] 在弗吉尼亚，即使伦道夫在赞誉副总督古奇的温和施政并详述立法机关与行政部门合作的必要性和好处时，他也仍然担心其他地方的“那些总督”“把专制作为荣耀”。这种对不加限制的特执权的恐惧一直处于弗吉尼亚政治的表层，并在 18 世纪 50 年代初“土地证印章费争端”（pistole fee controversy）中得到了显著表现。在这场争端中，古奇的继任者罗伯特·丁威迪（Robert Dinwiddie）未经殖民地议会同意就试图收费。[③] 同样，在雪利统治下的马萨诸塞，沃波尔反对派对行政部门影响的恐惧、对“野心勃勃或图谋不轨的总督”可能“腐蚀或镇住你们的代表”的恐惧，常常——很可能通常会——与对“特执权”“每天大踏步走向绝对和专制权力”的古老担忧结合在一起，[④] 正如 18 世纪初期，对特执权的恐惧常常伴随对贪得无厌的朝臣借助特执权无休止地要“完成”其“对自由

---

① Bernard Bailyn, *The Origins of American Politics*, p. 63, p. 96.

② James Otis, *A Vindication of the Conduct of the House of Representatives of the Province of the Massachusetts-Bay* (Boston, 1762), p. 51.

③ “Speech of Randolph, Aug. 6, 1736,” in *Journal of the House of Burgesses of Virginia, 1727－40*, p. 242. 有关土地征费争端，参见 Jack P. Greene, “The Case of the Pistole Fee: The Report of a Hearing on the Pistole Fee Controversy before the Privy Council, June 18, 1754,” *Virginia Magazine of History and Biography* 46 (1958): 399－422。

④ 如参见 A New England Man, *A Letter to the Freeholders and Qualified Voters, Relating to the Ensuing Election*; L. Quincius Cincinnatus, *A Letter to the Freeholders and Other Inhabitants of the Massachusetts Bay* (Boston, 1748); Vincent Centinel, *A Letter to the Freeholders and Other Inhabitants of This Province*, p. 9; and *The Crisis*。引文来自 Americanus, *A Letter to the Freeholders and Other Inhabitants of the Massachusetts-Bay Relating to Their Approaching Election of Representatives*, p. 5, p. 11。这个小册子是将反对派对于影响的新恐惧叠加于古老的反对派对于特执权的恐惧上的令人不安的甚至令人尴尬的情况的很好例证。

的……征服”的抱怨。[①]

最后造成古老的反对派传统被湮没并使沃波尔主流传统彻底失去相关性的是，1763 年之后英王和议会针对殖民地采取了一系列限制性措施。正如贝林所出色和令人信服地指出的，殖民者与英国反对派相比，更加远离政治中心，只能从反对派的角度解释英国的行为。然而，即使如此，他们主要担心的并非本地行政部门对本地立法机关的腐蚀，也并非是因为沃波尔反对派的信息与本地政治的相关性使其对他们如此富有吸引力。相反，他们主要担心的是行政部门对英国议会的腐蚀，以及那种腐蚀对宗主国政府对殖民地所作所为的解释力度。即使在 1763 年之后，沃波尔传统对旧传统的湮没也从未达到彻底的程度。由于 1763 ~ 1776 年英国政府许多令人反感的措施直接来自英王，并且这些措施对殖民地议会下院的惯常权力构成了直接挑战，所以古老的对无限制的特执权的恐惧依然存在。《独立宣言》可以也必须被解读为不仅仅是对受到一位邪恶国王影响的英国议会的控诉，而且也是对非正义地、专断性地滥用皇家特执权，破坏人民及其议会下院的自由的控诉。[②]

17 世纪将政治设想为特执权与自由之间的持续斗争，这对于古老的英帝国的政治制度的根本性意义，也许最充分地表现在这样一个事实上：这种设想对人们的思想持续施加强烈的影响，而且只要旧的政治和宪制关系模式持续存在，其就将继续深刻影响没有反叛的那些殖民地的政治生活。在美国革命之后的 60 多年里，事实仍然如 1839 年达勒姆勋爵所指出的那样，“可以公平地说……所有这些殖民地政府的自然状态是行政部门与立法机关之间冲突不断”。这种冲突是 18 世纪较老的殖民地“政府的自然状态”，也是 17 世纪斯图亚特反对派的传统直到 18 世纪 60 年代初始终是殖民地政治文化的主要因素，并对殖民地立法者的行为产生了深刻的塑造性影响的原因。

本文为 1968 年 7 月 19 日在伦敦召开的“代表制和议会制历史国际

---

① 许多例证，参见 *Samuel Mulford's Speech to the Assembly at New-York*（New York：William Bradford，1714）。引文源自 *A Letter to the Freeholders and Other Inhabitants of This Province*，p. 4。

② 参见 Jack P. Greene，*Quest for Power*：*The Lower House of Assembly in the Southern Royal Colonies*，*1689 - 1776*，ix-x，pp. 438 - 453；类似观点参见，Edward Dumbauld，*The Declaration of Independence and What It Means Today*（Norman：University of Oklahoma Press，1959）。

委员会”（International Commission for the History of Representative and Parliament）的发言而撰写。1969 年 11 月 4 日，于位于巴尔的摩市的约翰斯·霍普金斯大学历史系的研讨班上宣读。本文作为“鲍勃斯－梅里尔出版社美国历史重印系列”（“Bobbs-Merrill Reprint Series in American History”）的 H－395 号得到再版（印第安纳波利斯，1972 年）。并被收入厄尔·莱瑟姆编《独立宣言与宪法》（Earl Latham, ed., *The Declaration of Independence and the Constitution*）（马萨诸塞州莱克星顿，1976），第 33～57 页，第 61～65 页；彼得·查尔斯·霍弗编：《早期美国历史》（Peter Charles Hoffer, *Early American History*）（纽约，1988 年），第 12 卷《美国生活的模式：美国历史殖民地时期论文选》（*American Patterns of Life: Selected Articles on the Provincial Period of American History*），第 110～133 页。此书重印得到了《美国历史评论》（*American Historical Review*）的批准。

（张聚国译，满运龙校）

"根据其法律你就能了解他们"

——殖民地时期英属美洲的法律和认同

在过去的1/4世纪里，越来越多的早期美国法律史学者骨干摒弃了早期法律史学者的内在论方法（internalist approach），转而支持J. 威拉德·赫斯特（J. Willard Hurst）在20世纪50年代最先提出的美国"国家"法律史的社会-法律方法（sociolegal approach），推出了有关殖民地时期英属美洲法律文化多个方面的丰富而精深的研究论著。① 赫斯特论著的意义并未得到充分理解：研究19世纪和20世纪美国法律的学者基本上认为它与国家法律史毫不相关，而美国早期史的学者们低估了其对理解殖民地时期英属美洲的重要性；这是《早期北美诸法律体系》② 出版背后的动因。该书由这一领域备受尊敬的两名学者克里斯托弗·L. 汤姆林斯（Christopher L. Tomlins）和布鲁斯·H. 曼（Bruce H. Mann）主编，代表了展示早期美国法律史研究范围和重要性的重大努力，并"评估了早期美国法律史的现状"③。它包含14篇论

---

① 参见 James Willard Hurst, *Law and the Conditions of Freedom in the Nineteenth-Century United States*（Madison：University of Wisconsin Press，1956）。

② Christopher L. Tomlins and Bruce H. Mann，eds.，*The Many Legalities of Early America*（Chapel Hill：University of North Carolina Press，2001）. 对于早期的抱怨，参见 Stanley N. Katz，"'Introduction' to Explaining the Law in Early American History—A Symposium，" *William and Mary Quarterly* 50（1993）：5；Cornelia Hughes Dayton，"Turning Points and the Relevance of Colonial Legal History，" *William and Mary Quarterly* 50（1993）：17；Richard J. Ross，"Law and Society in Early America ‖ The Legal Past of Colonial New England：Notes for the Study of Law，Legal Culture，and Intellectual History，" *William and Mary Quarterly* 50（1993）：39，41。

③ Christopher L. Tomlins，"Introduction：The Many Legalities of Colonization：A Manifesto of Destiny for Early American Legal History，" in Christopher L. Tomlins and Bruce H. Mann，eds.，*The Many Legalities of Early America.*

文，13 篇属于提交至 1996 年秋季由弗吉尼亚威廉斯堡的奥玛洪多美国早期历史与文化研究所（Omohundro Institution of Early American History and Culture）发起的研讨会的论文。

这些论文一致体现出高超的研究水平、丰富的经验，它们较少使用理论，但分析透彻，在四个标题下探讨了广泛的研究课题。在“跨越大西洋”（“Atlantic Crossings”）部分：詹姆斯·马尔登（James Muldoon）分析了亚当·斯密有关英国在美洲领地的论点的理论基础，玛丽·萨拉·比尔德（Mary Sarah Bilder）分析了新英格兰早期上诉文化的法律和教会史根源及发展过程，戴维·巴里·加斯帕（David Barry Gaspar）分析了 17 世纪牙买加英国法与奴隶制法律之间的关系，戴维·托马斯·科尼格（David Thomas Konig）分析了法官制法（judge-made law）与殖民地时期和独立革命时期美国法规之间的张力。在“跨文化遭遇”（“Intercultural Encounters”）标题下：凯瑟琳·赫米斯（Catherine Hermes）分析了 17 世纪土著人与新英格兰法庭之间的关系，詹姆斯·布鲁克斯（James Brooks）分析了殖民地时期新墨西哥习惯正义（customary justice）的运作，安·玛丽·普莱恩（Ann Marie Plane）分析了纳拉甘西特（Narragansett）土著人中本地习惯法与英国习惯法传统之间的关系。在“法治：作为社会关系的法律关系”（“Rule of Law：Legal Relations as Social Relations”）标题下：克里斯蒂娜·达尼尔斯（Christine Daniels）分析了 17～18 世纪马里兰殖民地的契约劳役利用法庭保护其合同权利的方式，琳达·L. 斯特尔茨（Linda L. Sturtz）分析了弗吉尼亚的拓殖者们如何利用授权委托书保障妇女的法律权能，约翰·G. 科尔普（John K. Kolp）和泰瑞·L. 斯奈德（Terry L. Snyder）分析了弗吉尼亚殖民地的男性的选举权常常依靠妻子持有的财产这一事实的政治影响，霍利·布鲁尔（Holly Brewer）分析了在殖民地司法实践中有关儿童证词观点的变化。在“法治：法律制度及其社会影响”（“Rule of Law：Legal Regimes and Their Social Effect”）标题下：科妮莉亚·休斯·戴顿（Cornelia Hughes Dayton）分析了加尔文教对纽黑文法律制度建设与运行的影响，小威廉·M. 奥法特（William M. Offutt，Jr.）分析了 1670～1710 年中部殖民地法庭权威的文化基础和局限，理查德·莱曼·布什曼（Richard Lyman Bushman）分析了在自订约章者（Regulator）时代北卡罗来纳奥伦治县农场主对法庭的广泛依赖；A. G. 罗伯（A. G. Roeber）分析了早期北美慈善法律与国家形成之间的关系。

早期美国法律史的学者们长期以来一直抱怨这个领域缺乏“令人信服

的总体叙事"。汤姆林斯写的精彩导论，一方面试图提炼出该书所包含的驳杂论题的统一主题，另一方面试图提出一种"新殖民综合历史"，在这种历史中，"将法律视为殖民过程中的一个核心动因"为形成"有关早期美国法律史的统一而令人信服的解释"奠定了基础。汤姆林斯提出的这种综合历史集中于两个主要主题——"民族的互动与转变"以及"地点的占领和转变"，强调了法律在构建与土著人以及其他非欧裔民族的相遇经历，将欧洲的政治、社会与经济形势投射到美洲的自然形势下，以及建设和维护拓殖者社会中的作用。①

这个方法带来了两个直接好处。首先，"诸合法体"（many legalities）的概念开启了撰写出更加全面且具包容性的法律史的可能。名词"合法体"（legality）不仅仅集中于正式法律中，而且集中于"人们作为个体、群体、阶级、社群或国家调整相互关系的无数方式"中，② 形容词"诸"让人注意到殖民地时期英属美洲发挥作用的各种合法体。正如该书中的论文所明确或含蓄描述的，这些合法体包括：①多个土著法律体系或辖区，它们中至少有一些在欧洲拓殖之后的很长时间内在美洲土著人社群内继续展现出活力并发挥作用，②每个独立（相互独立的）政治辖区（1770 年英国 13 个北美殖民地中的每一个都有自己独立的法律制度）内存在的法律制度，③有助于这些拓殖者合法体构建的各种欧洲法律遗产，④这些拓殖者法律体系对由年龄、性别、法律地位（契约劳工或奴隶）、种族和财产占有等决定的人口的社会类别产生的差别化作用，⑤与家族、家庭、农场、种植园、工匠或商业设施有关的私人治理（private governance）安排。同样有潜力的是，"诸合法体"概念也能够涵盖该书几乎完全忽略的合法体形式，即英国议会和枢密院制定的日益庞大的宗主国法律体系，这些法律至少在大多数宗主国人的眼里，适用于各个殖民地并是各殖民地的法律。当然，如新法律史学者中最具洞察力的人之一戴维·科尼格（David Konig）所指出的，在众多的合法体中，拓殖者的法律"在其辖区属于最高法律"。③

① Christopher L. Tomlins, "Introduction: The Many Legalities of Colonization: A Manifesto of Destiny for Early American Legal History," in Christopher L. Tomlins and Bruce H. Mann, eds., *The Many Legalities of Early America*, pp. 11 - 13.

② Bruce H. Mann, "Afterword: The Dutch and Transfiguration of Early American Legal History," in Christopher L. Tomlins and Bruce H. Mann, eds., *The Many Legalities of Early America*, p. 447.

③ David T. Konig, "A Summary View of the Law of Early America," *William and Mary Quarterly* 50 (1993): 47.

然而，该书中的很多论文所重点强调的一个重要观点是：拓殖者的法律始终受到了与在该法律以及其他形式法律指导下的各民族的持续互动和谈判过程的塑造。

其次，将殖民地时期英属美洲的发展置于15世纪以来欧洲殖民的更宏大框架内的殖民综合历史之中，将法律史研究从对民族国家范式的传统服从中解放出来。在摆脱这种范式之前，研究殖民地历史的学者，包括法律史学者等，永远也没有希望摆脱在以美利坚合众国的崛起为其宏大叙事核心的历史学中被边缘化的命运。正如科妮莉亚·戴顿（Cornelia Dayton）所指出的，他们将始终不得不努力展示“1776年前的发展与产生于美国革命的国民性格之间的相关性”。[①] 这种摆脱的一个主要好处是，这允许我们提出一种可能性：将殖民地法律史纳入一种完全不同的宏大叙事中可能更有助于对它的研究，这种宏大叙事为我们提供了一种必要的视角，以便更全面和更深刻地理解那种历史对整个殖民地历史的意义。

确实，汤姆林斯的“新殖民综合历史”代表着朝构建另外一种宏大叙事迈出的有益的第一步。这种叙事集中于南北美洲的社会与文化转变，各民族的拓殖者都参与了这一叙事。在这一适用于殖民地时期英国人/不列颠人的美洲叙事中，个体的欧洲拓殖者和非洲奴隶及其克里奥尔后裔（creole descendants）缓慢地以英国人的景观以及政治、社会和文化制度取代土著人的景观及其政治、社会和文化制度。从东海岸开始，他们替换了美洲土著人分布广泛的农业和狩猎村落，代之以精耕细作的农业拓殖地，这些拓殖地上阡陌纵横，点缀着连接沿海巨大的海外贸易站的乡村市场村镇，其越来越明显的特点是：拥有复杂的商业与社会基础设施，包括法院、商店、客栈和教堂。在这个过程中，他们在景观上划定了财产的分界，创建可以拥有执行财产划分、管理居民间关系的法律意义上的民事政体（civil polities）。

参与这一过程的那些人——拓殖者以及土地开发者，对这一过程中遭到他们驱赶的土著居民受到的悲剧性影响无动于衷，相反把它设想为一个巨大的文明开化计划。他们深刻意识到了他们正在做的事情的巨大的转变性影响，他们自认为正从事一种艰苦而高尚的事业——砍伐树木，开垦新土地，建设新果园和牧场，以驯养动物取代野生动物并以某种方式驾驭土地、征服

---

① Cornelia Hughes Dayton, “Turning Points and the Relevance of Colonial Legal History,” *William and Mary Quarterly* 50 (1993): 7.

荒野并使之物产丰饶。在这个过程中，他们将他们看来粗野、荒芜和贫瘠的景观转变为文明的、经过耕耘的、物产丰富和改良的空间，这些空间代表英国或其他欧洲空间的最偏远的扩展。它们依靠英国或其他欧洲空间获得文明社会的准则和标准。从美洲大陆的东部边缘到西部边缘，从1607年英国拓殖开始一直到美利坚国家的缔造，再到19世纪90年代边疆的逝去，这个荒野转变故事是激励、联系参与其中的数百万人生命并赋予其意义的主要故事。

通过这个故事，在故事展开的殖民地时期的英国背景下——在13个殖民地的175年间以及其他殖民地的更长的时间内——我们最终可以考虑如何对法律逐渐占据更核心地位的殖民地时代进行重新构想。在我提出的再构想中，驱动力从宗主国转向拓殖者。我故意使用"拓殖者"（settler）这个词［该词很长时间以来是分析英帝国其他拓殖者国家（澳大利亚、加拿大、新西兰和南非）殖民地历史的一个常见术语］，因为这可以避免与殖民者（colonists）［正如我在其他地方所指出的，在宗主国的人看来，殖民者始终是一个他者的类别（a category of others）］相混淆，[①] 使我们得以超越"精英"（另一个被不加鉴别地随意使用的词语）概念，纳入更广泛的人群，这些人群在确立财产结构中拥有更大的利益，在其自我治理中拥有一些发言权。这些人包括所有的土地持有人、将来的土地持有人以及这些群体的家庭成员。

在殖民地时期的英属美洲，最早的拓殖者远渡重洋时并没有带来多少由特许状创设（如果它们可以创设的话）的"权威"；因此，殖民地的权威并非来自特许状，而是由参与殖民事业的人当场确立的。[②] 如果说如约翰·亚当斯（John Adams）在其署名为"诺万格拉斯"（Novangulus）的文章中所指出的，这些参与者很少从美洲土著人那里购买土地，[③] 那么他们确实如整个17世纪和18世纪以及在独立革命前夕的辩论中他们的许多后裔所辩称的，通

---

① Jack P. Greene, "Empire and Identity from the Glorious Revolution to the American Revolution," in P. J. Marshall, ed., *The Eighteenth Century*, vol. 2 of *The Oxford History of the British Empire*, William Roger Louis, ed. (5vols., Oxford: Oxford University Press, 1998 - 2000), pp. 224 - 225.

② 这个观点得到了进一步发展，参见 Jack P. Greene, "Negotiated Authorities: The Problem of Governance in the Extended Polities of the Early Modern Atlantic World," in Jack P. Greene, *Negotiated Authorities: Essays in Colonial Political and Constitutional History* (Charlottesville: University Press of Virginia, 1994), pp. 1 - 24。

③ James Muldoon, "Discovery, Grant, Charter, Conquest, or Purchase: John Adams on the Legal Basis for English Possession of North America," in Christopher L. Tomlins and Bruce H. Mann, eds., *The Many Legalities of Early America*, p. 46.

过应用资本、精力和劳动“购买”了那些土地。在其创建的拓殖者飞地（enclave）内，他们通过构建拓殖者法律体系来主持那些购买活动，确立起多个权威辖地。英国缺乏技术性和强制性资源，意味着这些“拓殖者共和国”（settler republics）（我故意选择这个概念，并全面意识到它对重构殖民地历史的激进意义）并未受到母国的密切或持续监控，因而拥有构建最适于它们的法律体系的广泛自由度。然而，拓殖者并非全都是按自由意志行动的人。他们必须在两套广泛的限制条件内运作。第一套限制条件是他们试图组织并参与其中的新兴社会的特殊特征——需求和发展潜力——我下面会回到这个话题。第二套限制条件是他们带到美洲的英国法律遗产，包括多种“英国”合法体。

现在让我们更为细致地分析这些英国合法体的性质。作为一套体系，它们拥有若干个非常明确的特性或特征。

第一，它们建立在同意的基础上。视法律为“命令”（demand）的诸概念，强调了法律源自一个主权权威的程度。引用 18 世纪伟大法学理论家和这一法律概念的较早倡导者威廉·布莱克斯通爵士（Sir William Blackstone）的话说，“法律总是假设存在某种……制定法律的高级权力”；“对法律的遵守不取决于我们的认可，而是取决于制定者的意志”。[1] 然而，布莱克斯通自己的文字颠覆了或至少大大限定了这个法律概念。他对英国法律过程的广泛分析（对习惯法惯例基础的深入分析）告诉我们，英国法律“约束力”的来源包括：表现为“长期而古老的惯例”及其“在整个王国得到普遍接受”的“共同同意”，[2] 由同等身份之人（peer）组成的陪审团作为征求“12 位邻居和同辈人的……一致同意”的手段，[3] 议会法令的同意基础等。这些分析有力地印证了英国法律获得同意的基础，并表明，布莱克斯通过于仓促地低估了公众认可在法律制定过程中的作用。

我认为，在现代早期的英国法律中，合法体的实际创设，既需要制定者的意志，也需要适用人群的认可或同意；这些人群必须承认它、遵守它，并指望获得其指导和保护。合法体需要得到公众认可并具备强制性的事实，使人注意到了拓殖者的能动性，以及殖民地时期（以及现代早期英国）权力结构中极为重要的“同意”要素。

---

① William Blackstone, *Commentaries on the Laws of England* (4vols., London, 1764 - 1769), 1: 39, 43, 46.

② William Blackstone, *Commentaries on the Laws of England*, 1: 64, 77, 183.

③ William Blackstone, *Commentaries on the Laws of England*, 2: 379.

第二，整个体系是多元的。英国法律并非来自更权威的统一的法律体系，而是源自适应了英国诸多社区特殊需求的法律。在早期现代，英国中央习惯法法庭无疑扩大了“管辖权，但是这是以英国文化中许多竞争的合法体为代价的”。[①] 然而，即使在18世纪的最后几十年，习惯法程序、陪审团审议、司法实践也根据本地情况、习惯和舆论而有所差异。英国法律也以非决定性著称，且这种非决定性给了诉讼当事人、法官和陪审团广阔的余地。总之，英国的法律体系具有高度灵活性、适应性，并能对民意做出回应。这一切都强化了其同意性性质。

第三，法律是动态的，能够发展出新的流程、形式和工具，以满足新的要求或条件，如16世纪市场的扩大，也能够默默地允许废止过时的法令或习惯法惯例。

第四，英国法律来源多元。它源自议会通过的法令，源自治安法官和陪审团的法庭裁定，源自英王的特执权性敕令（prerogative decree），源自福蒂斯丘（Fortescue）、柯克（Coke）、黑尔（Hale）和布莱克斯通等权威评论家的评论。

第五，对我所阐述的观点最为重要的是，它具有界定功用。“根据其法律你就能了解他们”的格言普遍适用于所有民族。正如同时代许多现代思想家们（如孟德斯鸠和休谟）所理解的，法律给一个民族的身份认同提供了最好的“指标”。然而在现代早期构建其认同时，英国人为英国法律和自由权体系提供了一个特别突出甚至是决定性的地位。近期，理查德·赫尔格森、利亚·格林菲尔德、凯瑟琳·威尔逊和琳达·科利等人有关现代早期英国（或不列颠）民族自我认识的令人印象深刻的著作[②]，指出了英国性（Englishness）构建中的许多因素，包括新教、丰裕、商业、海军力量、社会开放性和思想成就等。然而，除科利外，这些分析者大都同意，在现代早期英国人看来，英国法律与自由的特殊制度是使其不同于其他民族的主

① David T. Konig, “Legal Fictions and the Rule (s) of Law: The Jeffersonian Critique of Common-Law Adjudication,” in Christopher L. Tomlins and Bruce H. Mann, eds., *The Many Legalities of Early America*, p. 102.

② Richard Helgerson, *Forms of Nationhood: The Elizabethan Writing of England* (Chicago: University of Chicago Press, 1992); Liah Greenfeld, *Nationalism: Five Roads to Modernity* (Cambridge, Mass.: Harvard University Press, 1992); Kathleen Wilson, *The Sense of the People: Politics, Culture, and Imperialism in England, 1715 - 1785* (Cambridge: Cambridge University Press, 1995); Linda Colley, *Britons: Forging the Nation, 1707 - 1837* (New Haven: Yale University Press, 1992).

要因素。令英国人自豪地吹嘘——这种吹嘘至少可追溯至福蒂斯丘——与欧洲其他国家形成鲜明对照的是，通过各种征服和巨变，他们保留了作为一个自由民族的认同，这个民族通过对法治的充满激情的笃信保障了自己的自由。

在19世纪和20世纪初欧洲帝国主义第二波浪潮期间，欧洲的法律经常成为征服者主宰和控制被征服的工具。在欧洲扩张的这个阶段，一个人数相对较少的殖民者群体，作为欧洲国家以及自诩的欧洲文化承载者的代理人，努力使被殖民者——他们一般都常常拥有自己古老而复杂的法律制度——臣服于欧洲的法律传统和制度。对美洲土著人而言，这个过程也成为现代早期殖民运动的特征。

然而，在欧洲人建立的许多拓殖者社会——最先在16世纪的美洲，然后19世纪开始在其他地区——中，法律也发挥着文化移植主要工具的作用。为了在“新世界”创建“旧世界”的分支，前往殖民地的大量移民坚持将自己的法律带过去，并使其成为他们所努力建设的新社会的主要基础。对这些拓殖者社会的拓殖者来说，欧洲的法律与其说是“帝国主义的工具”、主宰留在他们中间的土著人的工具，还不如说是“迁移的伴随物。它并非是强加给拓殖者的，而是他们自己要求的”。生活在欧洲法律之下常常并非一种被赋予的特权，或是在相当多条件的限制下赋予土著民族的特权，这生动而象征地表明移民深切希望在其新的居住地保留他们所眷恋的欧洲社会成员的认同，在他们眼里，这种认同一方面确立了其相对其他人（他们试图剥夺其土地的似乎粗野且不文明的民族）的优越性，另一方面使他们与其他人泾渭分明。①

随着英国拓殖者在17世纪初开始构建其文明开化过程的宏大叙事，法律成为其构想的核心。他们是民族文化的代表和承载者，而这种民族文化在很大程度上依据其法律文化认同自己。为了维持其英国性，为了能够令人信服地将他们正在建设的社会定义为英国人的社会，他们不得不将英国的法律制度强加给这个社会。如果说英国国家对拓殖者施加了很少的影响，那么他们的英国遗产所施加的影响则大得多。一个具有法律意识和权利意识的民

① See Jorg Fish, “Law as a Means and as an End: Some Remarks on the Functions of European and Non-European Law in the Process of European Expansion,” in W. J. Mommsen and J. A. De Moor, eds., *European Expansion and Law: The Encounter of European and Indigenous Law in 19th-and 20th-Century Africa and Asia* (Oxford: Berg Publishers, 1992), p. 21.

族，除了将其社会建立在法律基础之上别无选择。

从一长串的法学著作的作者和政治理论家那里，从国内的法学分析家那里，从他们的自身经验中，他们知道了，用布莱克斯通的话说，"个体的需求和恐惧"以及相互"感受到自己的弱点和不完美"，是"社会稳固的基础和黏合剂"；政府以及"人类法律"制度是人们实现政治社会"主要目标"的基本工具。这个目标是：保护个体享有个人安全、个人自由和私人财产等"绝对权利"。他们认为"不可改变的自然法"赋予了他们这些权利，但这些权利只能通过"公民自由"制度得到保障。这种"公民自由"制度通过"统一的法律的力量"，规定公民的行为规则，维持社会秩序，并促进"每个个人的幸福"。①

然而，如果如科尼格曾经说过的，这种"后来主宰美洲的"② 基于法律意识和权利意识的意识形态在很大程度上是继承来的——拓殖者既将其视为一种继承之物，也将其视为一种所有物——那么拓殖者在重新组织他们所拓殖的物理和社会景观，并维护他们在那些景观中所创建社会的过程中，也对那种意识形态进行了社会化巩固。

首先，他们需要为自己立规，或至少提供一个框架，通过这个框架，他们能够以古典方式，按照英国的样子在英国法律遗产的框架内实现其政治社会的宪法化。英国法律遗产是构建殖民地法律体系的重要基础，但是《早期北美诸法律体系》一书并未为其留出多少篇幅。

其次，具有根本性重要意义的是，他们必须组织起一套制度，其主要作用是设计出一系列管理财产和社会关系的规则。如果复述一下布莱克斯通的一段话，那就是他们必须确立土地通过继承进行世袭的途径，获取和转移财产的方式和形式，契约（包括婚姻）的严肃性与义务，解释遗嘱、契约和立法法案的规则，民事伤害的相应救济措施，世俗犯罪的种类与惩罚方式和程度，以及无数详细的特定事项。③

在这些社会中，大西洋对岸的遥远国度发布的公告影响甚小，英国殖民地创业者们的计划，只有在其目标和哲学被内化并与拓殖者的社会目标

① William Blackstone, *Commentaries on the Laws of England*, 1: 40, 47, 120, 244.

② David T. Konig, "Legal Fictions and the Law's Rule (s): Modalities of Stability in Colonial Virginia," p. 20, unpublished paper presented at the conference "The Many Legalities of Early America," Williamsburg, Va., November 22 - 24, 1996.

③ William Blackstone, *Commentaries on the Laws of England*, 1: 68.

一致时才会起作用。殖民地的法学几乎完全属于“殖民地执业者的法学”[①]。换句话说，与斯蒂芬·福斯特发现的与17世纪新英格兰清教教会特征相对等的一种激进志愿主义（radical voluntarism）发挥着作用。[②] 不足为奇的是，法律成为实现拓殖者愿望的工具。它符合拓殖者的利益，成为不动产积累的工具，或者用科尼格的话说，是保障和保存不动产、维护家庭单位的工具。[③] 布什曼指出，法庭是财产持有者的工具。这些财产持有人决意要为他们自己以及他们的家庭开辟出“小王国”，其“对社会的主宰如此彻底，以至于没有人能够设想出另外一种情况”。[④] 因此，法律机构“从持有财产的自由白人男性的角度”看待社会的“福祉”；并且正如布什曼在他对北卡罗来纳奥伦治县农场主的令人信服的分析中所指出的，只要立法机关和法庭采取行动维护拓殖者获取和处理财产的自由，那些已经获得财产的人以及那些希望获得财产的人都将有巨大的兴趣维护那些机构的权威。[⑤] 在整个殖民地时期的英属美洲，拓殖者的同意和支持因此成为政府权威的主要基础。如亨德里克·哈托格（Hendrick Hartog）很久之前教导我们的，与其说法律机构的权威源自它们所属的集权化制度，不如说是源自它们所服务的公众。[⑥]

殖民地政体的强制性资源相对较少。正如威廉·奥法特所指出的：“殖民地法院强制服从的能力极小。”不仅在早期，而且在之后的几十年间，法院“缺乏机构历史，缺乏可以执行法律的存在已久并受人尊重的（表现为建筑、

① David T. Konig, “Legal Fictions and the Law's Rule (s): Modalities of Stability in Colonial Virginia,” p. 106.

② Stephen Foster, *Their Solitary Way: The Puritan Social Ethic in the First Century of Settlement in New England* (New Haven: Yale University Press, 1971), pp. 67 – 98, pp. 155 – 172.

③ David T. Konig, “The Virginia and the Virginia's Sister: Virginia, Massachusetts, and the Contested Legacy of Colonial Law,” in Russell K. Osgood, ed., *The History of the Law in Massachusetts: The Supreme Judicial Court 1692 – 1992* (Boston: Supreme Judicial Court Historical Society), p. 96.

④ Richard L. Bushman, “Farmers in Court: Orange County, North Carolina, 1750 – 1776,” in Christopher L. Tomlins and Bruce H. Mann, eds., *The Many Legalities of Early America*, p. 412.

⑤ Richard L. Bushman, “Farmers in Court: Orange County, North Carolina, 1750 – 1776,” in Christopher L. Tomlins and Bruce H. Mann, eds., *The Many Legalities of Early America*, pp. 388 – 413.

⑥ Hendrik Hartog, “Distancing Oneself from the Eighteenth Century: A Commentary on Changing Pictures of American Legal History,” in Hendrik Hartog, *Law in the American Revolution and the American Revolution in the law* (New York: New York University Press, 1981), p. 235.

图书、资金和能力）和人力"。根据定义，这种法院必须"在很大程度上依赖民众普遍参与……并承担各种职责"，根据"法庭的志愿惯例，解决民事和刑事争端"。我想补充的是，它们的权威源自他们所服务的拓殖者的自愿支持。[①]他们强制性资源的缺乏意味着他们的权威必须得到同意，或者反过来说，那种同意是其强制能力的主要基础。如此依赖同意为基础的制度无法避免地通过科尼格所谓的"普通人的法理"（jurisprudence of ordinary people）[②] 来运作。为了实现某种支配权，它们必须积极响应。很显然，政体管辖权法令的所及范围，仅限于其权力的有效范围。例如，马萨诸塞或弗吉尼亚的政体仅在拓殖者声称占有的广大地区内施加控制。

通过关注法律在多大程度上在殖民地成为拓殖者继承工具，以及殖民者继承英国法律的差异和灵活性，我们就能够开始理解拓殖者的法律制度如何在彼此之间存在天壤之别的同时保持显而易见的英国特性。用布莱克斯通的话说，英国法律是一种"特殊的习惯"和"特殊的法律"[③]，如此具有特色的法律制度只能鼓励美洲飞地内的英国法律的本土化和克里奥尔化（creolizatgion）。在英国人的"旧世界"，特殊性以及对特殊性的宽容司空见惯。对在完全不同的自然和社会背景下运作的新社会来说，这种多元化鼓励了选择和因地制宜。正如科尼格所指出的，"殖民地居民选择了对其特殊经历有意义的那些语料并加以美化"。[④] 在这个方面以及许多其他方面，他们具有很强的英国特征。这是长久以来英国习惯法的运作方式。

在美洲，本地情况的巨大差异造成了法律系统的迥然不同，这种差异主要是环境以及那种环境的社会、政治、经济和宗教要求的作用结果。这种差异和因地制宜的能力意味着拓殖者的法律制度一方面能够像赫米

---

① William M. Offutt Jr. , "The Limits of Authority: Courts, Ethnicity, and Gender in the Middle Colonies, 1670 - 1710," in Christopher L. Tomlins and Bruce H. Mann, eds. , *The Many Legalities of Early America*, p. 357; William M. Offutt Jr. , "The Limits of Colonial Court Authority: Legal Subgroups and the Avoidance of the Law in the Middle Colonies," p. 6, unpublished paper presented at the conference "The Many Legalities of Early America," Williamsburg, Va. , November 22 - 24, 1996.

② David T. Konig, "A Summary View of the Law of Early America," *William and Mary Quarterly* 50 (1993): 46.

③ William Blackstone, *Commentaries on the Laws of England*, 1: 63.

④ David T. Konig, "A Summary View of the Law of Early America," *William and Mary Quarterly* 50 (1993): 49.

斯在她的文章中所分析的那样，接受美洲土著文化的影响，[①] 另一方面，它们能够利用多元化的资源，包括中世纪对合法性的讨论[②]，加尔文教神学[③]，罗马法、安立甘教的教会制度[④]，以及罗伯特·罗斯（Robert Ross）所说的源自法国、爱尔兰、荷兰、苏格兰和德国当地习惯的"大杂烩"[⑤]。这意味着一些异族群体能够适应拓殖者的法律，而不必被要求完全同化以符合这种法律的要求；也意味着其他一些人，其中许多是贵格会教徒，可以使自己独立于法律制度之外。这还意味着17世纪新英格兰人进行的那种改革是可能的，而且，无论社会条件在何时和何地提出要求，都相对比较容易进行涉及种族类别的法律构建[⑥]、契约劳动制度改革[⑦]、对父权制进行重新定义[⑧]、确立种族奴隶制[⑨]以及创建本地和殖民地的法律拟制（legal fiction）[⑩]

---

① Katherine Hermes, " 'Justice Will Be Done Us': Algonquian Demands for Reciprocity in the Courts of European Settlers," in Christopher L. Tomlins and Bruce H. Mann, eds., *The Many Legalities of Early America*, pp. 123 – 149.

② James Muldoon, "Discovery, Grant, Charter, Conquest, or Purchase: John Adams on the Legal Basis for English Possession of North America," in Christopher L. Tomlins and Bruce H. Mann, eds., *The Many Legalities of Early America*, pp. 25 – 46.

③ Cornelia Hughes Dayton, "Was There a Calvinist Type of Patriarchy? New Haven Colony Reconsidered in the Early Modern Context," in Christopher L. Tomlins and Bruce H. Mann, eds., *The Many Legalities of Early America*, pp. 377 – 356.

④ Mary Sarah Bilder, "Salamanders and Sons of God: The Culture of Appeal in Early New England," in Christopher L. Tomlins and Bruce H. Mann, eds., *The Many Legalities of Early America*, pp. 47 – 77.

⑤ Richard J. Ross, "Law and Society in Early America ‖ The Legal Past of Colonial New England: Notes for the Study of Law, Legal Culture, and Intellectual History," *William and Mary Quarterly* 50 (1993): 36.

⑥ Ann Marie Plane, "Customary Laws of Marriage: Legal Pluralism, Colonialism, and Narragansett Indian Identity in Eighteenth-Century Rhode Island," in Christopher L. Tomlins and Bruce H. Mann, eds., *The Many Legalities of Early America*, pp. 181 – 213.

⑦ Christine Daniels, "Liberty to Complane: Servant Petitions in Maryland, 1652 – 1797," in Christopher L. Tomlins and Bruce H. Mann, eds., *The Many Legalities of Early America*, pp. 219 – 250.

⑧ Cornelia Hughes Dayton, "Was There a Calvinist Type of Patriarchy? New Haven Colony Reconsidered in the Early Modern Context," in Christopher L. Tomlins and Bruce H. Mann, eds., *The Many Legalities of Early America*, pp. 337 – 356.

⑨ David Barry Gaspar, "Rigid and Inclement: Origins of the Jamaica Slave Laws of the Seventeenth Century," in Christopher L. Tomlins and Bruce H. Mann, eds., *The Many Legalities of Early America*, pp. 78 – 96.

⑩ David T. Konig, "Legal Fictions and the Law's Rule (s): Modalities of Stability in Colonial Virginia," pp. 97 – 177, unpublished paper presented at the conference "The Many Legalities of Early America," Williamsburg, Va., November 22 – 24, 1996.

等创新[①]。正如斯坦利·卡茨（Stanley Katz）常常强调的，这表明，拓殖者的合法体在殖民地时代显然不是稳定且一成不变的，而是或多或少处于一种经常性的波动和谈判之中。也如汤姆林斯所言，这意味着早期美洲法律文化的特征是“在社会实践和日常事件中存在多方面的创新和转变”[②]。例如科尼格所提到的18世纪中期弗吉尼亚的情况，习惯法一直是“法学家手里的灵活工具”[③]。如身份认同一样，法律随时代和空间而变。它是富有弹性的，有延展性，有适应性，也是动态的——如对它进行解释所服务的社会一样。

殖民地法律的动态与同意性基础，意味着它长期而惊人地“平易近人”。《早期北美诸法律体系》的许多文章表明，拓殖者不仅是饱学之士而且是普通人，是法律体系的参与者。当然，对潜在的参与者来说，法律既不是神秘的，也不是令人敬畏的。戴顿（Dayton）指出了一种长期趋势，即从17世纪“通过社群、非正式的解决争端”到18世纪“与日益狭隘的、具有商业倾向的听众相对应的理性化律师模式”转变。[④] 奥法特则追溯了另外一个过程，即中部殖民地法院越来越“仅对那些最接近殖民地社会中心的人的需求”做出回应，不再认为“有必要与那些处于边缘的人进行谈判或鼓励他们参与”。[⑤] 同样，汤姆林斯和曼恩提到了，“原则、实践、程序和实施的明显具体化和常规化”表现为“以18世纪英格兰法律文化为模板并受其影响的日益统一的法律文化——职业化、正规化并致力于习惯法的实践与程序细节”。[⑥] 我并不怀疑存在此类趋势，也不怀疑17世纪中期的纽黑文、17

---

① 怎么强调都不为过的是，在这些创新中许多涉及对各殖民地独立人口的自由施加严厉的限制。参见 Jack P. Greene, *All Men Are Created Equal: Some Reflections on the Character of the American Revolution* (Oxford: Oxford University Press, 1976)。

② Christopher L. Tomlins, "Introduction: The Many Legalities of Colonization: A Manifesto of Destiny for Early American Legal History," in Christopher L. Tomlins and Bruce H. Mann, eds., *The Many Legalities of Early America*, p. 19.

③ David T. Konig, "Legal Fictions and the Law's Rule (s): Modalities of Stability in Colonial Virginia," p. 110, unpublished paper presented at the conference "The Many Legalities of Early America," Williamsburg, Va., November 22 - 24, 1996.

④ Cornelia Hughes Dayton, "Turning Points and the Relevance of Colonial Legal History," *William and Mary Quarterly* 50 (1993): 10.

⑤ William M. Offutt Jr., "The Limits of Authority: Courts, Ethnicity, and Gender in the Middle Colonies, 1670 - 1710," in Christopher L. Tomlins and Bruce H. Mann, eds., *The Many Legalities of Early America*, p. 385.

⑥ Christopher Tomlins and Bruce H. Mann, "Rules of Law: Legal Regimes and Their Social Effects," in Christopher L. Tomlins and Bruce H. Mann, eds., *The Many Legalities of Early America*, p. 333.

世纪末期的宾夕法尼亚或18世纪中期北卡罗来纳的奥伦治县的参与机会至少比其他地方更加普遍，但我怀疑这种趋势截至18世纪70年代中期并未普遍存在于各个殖民地。

我如此强调英属美洲殖民地合法体的许多差异，并非认为不存在许多共同点。恰恰相反，殖民地的合法体拥有许多共同点，其促成因素不仅包括共同的内部法律需求以及共同的外部压力，[①] 而且包括拓殖者在整个殖民地时代按照英国标准定义他们自己以及他们的社会的共同愿望，这不仅体现在他们的输入品及官方语言上，而且尤其体现在其合法体上。确实，如果我们暂时把美国革命视为拓殖者在英帝国内的反叛，而不是创建美利坚国家的第一步，我们能够看到，从拓殖者对自己的看法来说语言远不如法律重要，也许这是因为它从未受到质疑。存在问题的是，在他们看来受到宗主国政府的许多行为质疑的是，美洲拓殖者是否有权享有英国的法律制度和自由，以及那种制度暗含的英国/不列颠身份认同。通过有效地把拓殖者当作另外一类人来对待——不是当作文明而独立的自由持有人以及将英国文明移植到"新世界"的人来对待，相反当作他们极力剥夺其财产和权利的粗鲁而野蛮的民族来对待，当作他们从非洲运输而来承担起文明开化计划之重担的劳动者来对待——18世纪60年代宗主国的各种措施似乎威胁到了拓殖者的继承权利（或那种继承批准过程中构建的权利），并因此威胁到其作为英国/不列颠人民的身份认同。

在1993年的一次法律论坛上，斯坦利·卡茨把拓殖者英属美洲的拓殖者合法体描述为"复杂、多元、不对称、性别化和多元文化的体系"[②]。它们确实如此。我在这里试图指出的是，它们也深深地建立于同意的基础之上，具有不确定、灵活、动态和易于接触的特点，地方特色浓重，表达了主流拓殖者对他们所创建的政体和社会的愿望与兴趣，具有广泛的适应性和因地制宜性，最为重要的是，它们界定了拓殖者最深层的"自我感"和身份认同。对于那些将他们自己以及他们的社会定义

① David T. Konig, "The Virginia and the Virginia's Sister: Virginia, Massachusetts, and the Contested Legacy of Colonial Law," in Russell K. Osgood, ed., *The History of the Law in Massachusetts: The Supreme Judicial Court 1692 – 1992*, pp. 89 – 90.

② Stanley N. Katz, "'Introduction' to Explaining the Law in Early American History—A Symposium," *William and Mary Quarterly* 50 (1993): 6.

为"具有英国特色",并相信自己正从事一项使广阔的荒野走向文明的光荣计划的拓殖者来说,法律不仅仅是"许多社会制度中的一个"制度,[①] 而且在他们对自己在时间中所处地位的认识、对他们所创建社会的性质的思考以及对自己引以为豪的独特的法律和自由制度的文化媒介的认知中,处于核心位置。

本文原题为《殖民地时期英属美洲法律的社会与文化功能:一些反思》("The Social and Cultural Functions of Law in Colonial British America: Some Reflections"),最初是为1996年11月24日在弗吉尼亚威廉斯堡美国早期历史与文化研究所组织的主题为"早期美洲的诸合法体"的大会闭幕式发言而撰写的。以同样的标题,本文于1997年10月24日在哥伦比亚南卡罗来纳大学纪念罗伯特·威尔(Robert Weir)教授的研讨会上宣读;2000年9月13日,在俄罗斯伏尔加格勒国立大学(Volgorad State University)历史系宣读;以《殖民地时期以及独立革命时期认同构建中的自由与法律》("Liberty and Law in the Construction of Colonial and Revolutionary Identity")为题,稍加修改后,于1999年3月9日,在爱尔兰都柏林爱尔兰皇家学院(Royal Irish Academy)进行宣读;1998年12月3日,在密苏里州圣路易斯大学历史系进行宣读;2000年4月28日,在达勒姆(Durham)新罕布什尔大学历史系进行宣读。以《"根据其法律你就能了解他们"——殖民地时期英属美洲的法律和认同》("'By Ye Law Shall Ye Know Them': Law and Identity in Colonial America")为题,2000年2月29日,在普罗维登斯罗得岛历史协会进行宣读;2000年11月14日,作为"弗兰克·X. 格里蒂讲座"(Frank X. Gerrity lecture)发言内容,在费城的圣约瑟大学(St. Joseph University)进行宣读;2001年5月29日,在威尔士斯旺西大学(Swansea University)历史系进行宣读;2001年11月7日,在圣马科斯(San Marcos)得克萨斯西南州立大学历史系进行宣读。本书重印采用了《跨学科历史杂志》(*Journal of Interdisciplinary*

---

① Bruce H. Mann, "Afterword: The Dutch and Transfiguration of Early American Legal History," in Christopher L. Tomlins and Bruce H. Mann, eds., *The Many Legalities of Early America*, p. 442.

History)，第 33 卷（2002 年秋季号），第 247 ~ 260 页题为《“根据其法律你就能了解他们”——殖民地时期英属美洲的法律和认同》的论文重印，并得到该杂志允许。

（张聚国译，满运龙校）

中　编

英国特性的重塑

——英属美洲殖民地法人社团身份认同建构中的文化适应与地方特色

早期现代开始的人群从欧洲外迁的运动，对全球社会组织产生的影响之巨大，是其他历史运动难以望其项背的。这种扩张起初向西和向南进入南、北美洲，后来向南和向东进入非洲和亚洲，启动了一场民族与文化流动，在19世纪扩张到了西伯利亚、澳大利亚、大洋洲其他地区和非洲。这些欧洲人作为探险家、贸易商、水手、士兵、勘探者、传教士和拓殖者而迁移，但他们只代表欧洲各个文化区域的一小部分人口，即使是对最初的人口流动做出了最大贡献的那些地区——伊比利亚半岛和英伦诸岛——也不例外。然而，他们的人数足以使他们成为人类历史发生根本转变的媒介。在南、北美洲，他们的病原体通过感染杀害了大批土著人，改变了人口的景观；他们对贵金属、土地以及其他资源的饥渴，使本地的帝国沦落至从属地位，使帝国的各民族成为种植园、牧场和矿山的劳力，同时驱动尚未站稳脚跟的民族深入内地。欧洲人对劳力的巨大需求是毁灭性的跨洋贸易发展背后的驱动力，这种贸易将数百万受奴役的非洲人带到了“新世界”，并对非洲内部的社会与政治关系产生了深刻影响。新的贸易和产品流动大大刺激了西欧经济的发展以及商业扩张，以至于截至19世纪后半叶，欧洲对世界经济与政治的主宰程度，远远超过此前任何地区。

目前大西洋研究的激情将历史的眼光集中于这些发展对扩大的“大西洋”世界的塑造。正如我在约翰斯·霍普金斯大学的同事与我在20世纪60年代末在开设了第一个正式的大西洋历史与文化博士点之后很快发现的，人口、商品和文化的流动以及作为欧洲扩张特征的社会过程都不仅限于大西洋。从一开始，这些发展就波及全球，进入了印度洋和太平洋及其周边沿海地区，并且在几个世纪中，这种全球扩张变得更加广泛和突出。然而，大西洋盆地为研究最初三个世纪期间的这一扩张过程提供了一个有用且可控的舞台。

我自己的学术专长仅限于大西洋盆地这一部分，即在北美学术界及其知识附属机构中为人所熟知的“早期美洲”（early America）。由于两个原因，我一直认为这个术语并不令人满意。首先，该术语带有难以名状的帝国（imperial）思维特征，构成不假思索地用“美洲”（America）一词指称西半球的一个部分的又一实例。最近，从包容性角度考虑“早期美洲”一词，也不会减逊其帝国思维特征，因为那种用法仍然主要指后来构成美国的那些地区。其次，它太模糊和太笼统，不能促成有效而批判的利用。在早期现代之前和之后，不是仅有一个早期美洲，而是有多个早期美洲。正是为了明确分析这一问题，杰克·波尔（Jack Pole）和我在20世纪80年代初使用“英属美洲殖民地”（colonial British America）一词作为我们组织和编辑的有关届时该领域研究状况的论文集[①]的标题。我们想通过这一用法表明，这本论文集的研究涉及的是名义上属于英国即与英国相关或结盟的广阔的文化区域；同时也要表明，正如我在后来的数篇论文中所阐明的，英属美洲殖民地是多个“早期美洲”（Americas）之一，后者包括西属美洲、葡属美洲、法属美洲、荷属美洲、瑞典属美洲、丹麦属美洲、俄属美洲，当然还有无数土著人的美洲。除非“早期美洲”的课题被狭隘地局限于美国建国之前的历史（prehistory）——这是我在自己大部分职业生涯中一直反对的，否则早期美洲的任何全面的历史显然都需要对所有这些文化区域进行考量。

当然，我们都已经知道，几代人时间内，这些实体中没有一个完全由与之关联国家的人口组成。例如，我们已经知道，西属美洲包含许多葡萄牙和佛兰德移民以及数量巨大、基本自治的土著居民；英属美洲包括数以千计的德国人、法国人、爱尔兰人和犹太人后裔；荷属美洲拓殖地也同样是多民族的。在更长时间内，我们已经知道——即使大多数历史学者选择忽略这一事实——非洲人构成了整个南、北美洲移民和定居人口中的很大一部分。这些人口的异质性及其必然的混血，理应很早之前就对任何暗示人口同质性的术

① Jack P. Greene and J. R. Pole, eds., *Colonial British America: Essays in the New History of the Early Modern Era* (Baltimore: Johns Hopkins University Press, 1984).

语的充分性提出质疑。对英属美洲来说，在过去一代人的时间里，许多对非英人口（无论是除英国人外的欧洲人、非洲人、美洲土著人还是混血后裔）的细致研究，强调了这些群体在很大程度上设法沿袭了他们所继承文化的重要元素，并由此更加凸显了哪些人构成了“早期美洲”这个问题。

研究早期现代美洲的历史学者们如今面临的问题是，使用这种民族或种族标签是否还有价值。而本文的目的是强调，它们不仅仍然有用，而且对理解早期现代多个美洲的转型是绝对必要的。就英属殖民地而言，我想强调杰克·波尔与我在20世纪80年代初为我们的论文集书名选用的词语“英属美洲殖民地”仍然有用。

我首先要说明，这种主张并不是要为作为各种版本美洲殖民地历史特征的盎格鲁中心论（Anglocentrism）辩护，更不是要重复或扩展它。相反，作为各种“中心主义”的终生敌人，无论它是国家的、本地的、宗教的、族群的、种族的、阶级的还是性别的，我相信我们这一代研究殖民者的学者最重要的成就是打破了这种框框，并强调必须写出“年鉴学派”（Annalistes）所称的“总体史”（histoire totale）。于是，我从下述预设入手，即我们需要为参与多个美洲转型的所有民族找到各自的位置。我对“英属美洲殖民地”概念的定义并不意味着非英裔参与者无关紧要。土著居民的持续存在，非洲裔人口的不断增加，非英裔欧洲移民人数的增长，对来自美洲其他区域、战争和征服“造成”的欧洲、非洲和美洲土著人后裔的吸纳，以及在边疆和边境地区新社会实体的形成，都代表着那一故事的重要部分。

在运用“英属美洲殖民地”的概念时，我至少首先想要做的是，强调并让人们注意到早期现代殖民地社会固有的权力鸿沟。即使在历史学者们（他们自身也是殖民地时代的产物）不加批评地接受了强调拓殖者人口的成就、弱化那些成就对其他人口的影响，并基本上忽略了其他人口所发挥重要作用的历史解释的漫长时代，历史学者们至少也暗暗地意识到了多个美洲转型过程中的权力鸿沟。确实，历史研究在一种权力范式内运作，根据这种范式，具有最大权力的实体最值得历史研究的关注。在这方面，历史学者们大大不同于文学领域的学者。文学学者们似乎直到上一代才对权力在文化形成和运行中的作用产生了兴趣。尽管他们进入“游戏”较晚，但在我看来，文学学者们通过后来被称为“后殖民时代研究”（postcolonial studies）的媒介，在强调并使殖民地情境下固有的权力鸿沟进入历史研究前沿中起到了最重要的作用。也许，如我经常听到的说法，他们并未告诉历史学者多少他们并不了解的东西，这对那些关注非洲和亚洲非殖民化的影响以及殖民地经历对之前的殖民地的持续影响的二战之后的历史学者和其他社会分析家们来说当然是事实。然而，在过去的一代人中，文学学者的努力至关重要，他们为陈旧的历史知识赋予了新的意义，对殖民主义的性质和社会影响提出了更全面和更清晰的理解，削弱或挑战了长期以来阻止许多历史学者获得类似理解的那些预设。

后殖民理论尽管有用，但不可不加鉴别地将其应用于早期现代殖民地时代多个美洲的研究。它主要是其实践者从对 19～20 世纪殖民主义的研究中提取出来的理论，并将它运用于此。在那一时期，殖民者始终只占密集定居"受剥削的殖民地"人口中的很小一部分。后殖民理论实践者很少将这种理论运用于大量拓殖者组成和主导的殖民地。我来举几个例子。在拓殖者殖民地，占据主导地位的拓殖者在与邻近的土著人的关系中可能拥有"殖民者"（colonizers）地位，但在与他们所属的宗主国社会的关系中，他们又是"被殖民者"（colonized）。同样，那些处在拓殖者殖民地之外、抵制拓殖者文化影响的土著群体几乎不属于"被殖民者"（colonized），至少在他们被迫背井离乡和被征服之前不是。这对西属美洲土著人的自治共和国来说也是一样，那些自治共和国与西班牙人的共和国共存，并未受到西班牙拓殖者的直接政治控制。还有那些被强制纳入拓殖者控制地区的非土著的受奴役民族中的群众。他们确实是殖民主义的受害者，但是他们是否属于"被殖民者"？如果是，在何种意义上？

尽管存在这些术语上的问题，但我们从后殖民主义者著作中提取的根本观点仍然是有效的，即在拓殖者殖民地，拓殖者（殖民者）很快开始行使具有压倒性优势的权力。当然，这并不是说，那种权力没有受到抵制或质疑。当代以及前一代历史学最为显著的发展是，其承认在各种社会或政治关系中，即使在主人和奴隶之间，那些传统上被视为无权的群体也至少拥有使用策略的空间，而掌握充分权力的群体常常发现与无权群体就权威问题进行谈判是明智的。无论这种处于优势地位的权力在多大程度上取决于谈判，其存在都是不容否认的，而权力的存在提出了几个更为宽泛的问题：拓殖者是如何获得这种权力的？他们如何表达它，并且达到了何种效果？他们通过何种过程把土著人的美洲转变为英属美洲殖民地？下文将讨论这些问题。

在某种重要的意义上，拓殖者的权力源自人数优势。随着拓殖者人口的增加，他们扩张到所有殖民地的农村地区，重组现有的景观，并很快在那些景观中发挥主导作用。然而，使英国人/不列颠人占据权力最高地位不只依赖人数上的优势。在几个西印度群岛殖民地以及南卡罗来纳的低地，自由拓殖者占移民人口多数的时间不超过几十年。然而，他们仍然得以确立和维护其建立的政治社会的主导地位。因此，不只人口数量，还有自由拓殖者带来的目标及其目标的成功实现，都是他们在新社会得以行使非凡决定性权力的主要原因。最早的拓殖者大多（如果说不是压倒性的数量）是英国人，他们来到切萨皮克和新英格兰，来到百慕大的大西洋岛屿以及巴巴多斯、背风群岛（Leeward Islands）等西印度群岛，带着按照英国的模式建立殖民地社会的预期。在后来创建的殖民地中，英国移民所占比重较小，但仍然足以使其追求同样的目标。

征服而建的殖民地属于一个特别的类别。在那些当英国人到来时，早先扎根的拓殖者大多旋即离开的殖民地，包括 1655 年的牙买加、1763 年的东佛罗里达和西佛罗里达，英国移民相对可以放手做他们想做的。但是在那些已经扎根的拓殖者大多选择留下来的殖民地，如纽约、新泽西和特拉华，英国的新来者有同样决心要使新家园变成英国式的，但他们花费了几十年，而且通过相当大的让步才实现了这一目标。英国移民成分在起初微不足道的、征服而建的殖民地，如新斯科舍，代表一个能证明规则的特例。由于其英国拓殖者没有追求创建英国社会的目标，新斯科舍一直基本上属于法国殖民地，直到 1748 年英国开始认真开展拓殖。因为已经有了密集的法国居民，英国移民数量很少，魁北克本质上一直是一个法国殖民地，实行法国法律，建立起了法国式的民事和宗教制度。然而，无论英国拓殖者主宰了哪里的殖民地公共生活，他们都能够在一个强制能力羸弱、遥远而且常常漫不经心的宗主国政府的宽泛限制下活动，成为将土著人的美洲转变为英国人的美洲的核心媒介。

这就是说，建设早期现代帝国新政体的大多数力量掌握在拓殖者自己手里。他们拓殖并重建了新的空间，创建了使他们能够在那些空间中生活的经济与家庭结构；他们的代理人（以议员和治安官身份）基本上塑造了使他们得以管理社会与经济互动，管制土地、奴隶和物质商品等财产的获取和流通的法律和治理制度。当然，他们并非这个过程中的自由媒介。尤其是，他们受到了宗主国法律和文化传承的制约。在英国殖民地，这意味着他们在重建英国普通法文化的一个变种，这些文化根据本地习惯在各个政治实体之间存在差异，给予他们巨大的灵活性，使他们得以使法律适应当地的情况，同时，坚定甚至激进地使他们表现出英国人的特性。

当针对拓殖者对本地土著民族和非洲人的所作所为存在疑虑时，拓殖者用自己编织的故事为自己的行为辩护，解释他们生命更为普遍的意义。根据那个在美洲的英国殖民地以及许多其他新殖民世界里都千篇一律的故事，他们所从事的是一项高尚的事业：将此前未得到适当开发的荒蛮之地变成教养之都。他们正在建设欧洲文明的前哨，由此开始将文明带入广袤的新世界。这个“赋德”（ennobling）和“赋能”（enabling）的故事，为拓殖者在整个殖民时代的扩张提供了合理依据；拓殖者争先恐后建立新的政治单位，将法律和治理携带到他们的所到之处。因此，拓殖地的扩张代表着惊人的文化扩张，边疆（frontier）很快变成边远地区（backcountry），边远地区则很快发展成为发达地区（forecountry）。

研究这个广泛的文化转变过程的一个特别有趣的路径是通过研究身份认同回答英国/不列颠拓殖者如何使他们的新政治社会具有英国性或不列颠特性。这一过程为什么很重要？尽管现在很难理解，但对身份认同或品格的研究在最近与在 1/4 世纪之前一样，在历史学者们中很少具有正统性。确实，二战之后美国早期史研究的学者们对研究美国品性表现出极大兴趣。心理学家埃里克·埃里克森（Eric Erikson）在 20 世纪 50 年代发表了对美国身份认同的引人入胜且具有影响力的论文。但很少有历史学者效法他，他们认为这种问题属于毫无价值的东西，要从属于处于历史研究核心的政治、经济、思想与社会问题。

我自己对这种问题的兴趣可以追溯至半个多世纪之前的 20 世纪 50 年代初。当时，作为在伦敦的一个青年研究人员，我发现自己为早期殖民地方志、历史和游记的一个核心特征所吸引。当时，我是第一次阅读那些资料。它们总是饱含作者们描述的地点和人物的“品性”（character），而且常常是很多片段。在后来的 20 年间，我并未认真或系统地探讨这个令我着迷的课题，直到我受邀去摩斯大学（Mercer University）发表有关南部史的三个演讲。当时，我对英国种植园殖民地发展的各方面特点进行了深入研究，所以我将讲座的主题确定为 17～18 世纪三个种植园殖民地——弗吉尼亚、牙买加和南卡罗来纳——变化的社团身份认同（corporate identity）。我故意使用了具有讽刺意味的标题——“界定天堂”（“Paradise Defined”）。这些演讲非常粗略。然而，在组织以及后来尝试将其扩展为一本书的过程（非常不成功）中，我不得不面对社团身份认同研究中的很多问题，而且我有了一些重大发现。对于其中一些，我会在这里详述。

身份认同（identity）这个概念指的是，个人和集体如何认识自己和别人以及他人如何认识自己。可以在几个层面上通过几个不同的策略对其进行研究：可以研究个体层面，也可以研究集体或共同实体层面。不仅仅是个人，每个家庭、每个亲属群体、每位会众、每个俱乐部、每个社群、每个政体、每个语言群体、每个教派、每个殖民地以及每个民族都有自己的身份认同，对于这种身份认同，有足够多的人已经遵从了足够长的时间，使其获得了可信性和效用。我感兴趣的那种具体的身份认同是 17 ~ 18 世纪殖民地时代的英属美洲殖民地的社团身份认同，尤其是我在最初的演讲中分析过的三个殖民地和后来我增加进研究项目的巴巴多斯。

我的第一个发现是，我研究的每个殖民地都有一种独具特色的身份认同，而且该身份认同随时间的推移而变化。四个地方有几个共同属性：它们有共同的英国/不列颠社会、文化、政治和法律传统以及新教宗教传统；它们被纳入同一个扩伸政体；它们都位于热带或亚热带地区；它们在不自由的白人、受奴役的黑人和土著劳力的基础上发展种植园农业制度；它们人口中有很大一部分（如果说不是大多数）受奴役的人；每个地方都发展起针对英伦诸岛等地的重要的出口贸易；它们占据主导地位的人口有共同的经济、社会和政治目标；而且它们在经济事业方面都大获成功。确实，宗主国的人把它们视为英国最有价值的四个殖民地。这些身份认同的特殊性显然是几代人在同一个政体下共同生活和活动的产物。这种特殊性如此明显，以至于针对英属美洲殖民地的大陆身份认同或一个总体的西印度群岛身份认同的任何谈论都是极为有问题的。

尽管存在这些结果上的差异，但这些新殖民地身份认同的形成过程相当类似——这是我的第二个重要发现。这个过程包含了三个交叉阶段。起初，在我细想应该采用什么策略来研究我的项目时，我明白了可以通过这些社会为自己制定的法律或通过来自殖民地以及有关殖民地那个时代的题材芜杂的论著来研究身份认同问题。我后来认定，在许多意义上，第一个途径可能是更好的一个。很可能没有比一个政治社会的法律以及实施那些法律的司法行动更能揭示其身份认同的了。法律是立法者集体行动的结果。这些立法者在上述四个殖民地属于独立人民的代表。因此，法律既代表了那些独立人民的价值观，也在一定程度上揭示了除促使那些法律形成的人口外其余人的行为。[①] 起初是通过阅读庞杂的论著确定了课题并定义了项目的参数，这并非我选择的路径。结果证明这是一个非常有益的决定，这些论著性质的变化使我确定了殖民地集体身份认同的三个阶段。

在第一个阶段，论著主要集中于描述一个特定殖民地即将占领的自然空间以及有效利用那种空间的开发建议。有时伪装为历史文本的旅行报告以及宣传性小册子旨在为宗主国的读者描述和评估土地质量、植被、土著民族、河流与小溪、港口、野生动物、降水和气候。它们推测大西洋东岸需要的什么产品可以在那里生产，想象如何对那种特殊的自然空间进行改造，使其符合英国人的意图。相比生活艰难或不适宜的危险，它们倾向于强调殖民潜在的好处和移民的前景。殖民地发展的时间越长，第一个阶段就越长。它在巴巴多斯相对较短，在弗吉尼亚、牙买加和南卡罗来纳则要长得多。

在身份认同形成的第二个阶段，方志或历史文本形式的论著的焦点从在一个特定的自然空间内能够做什么，转移到拓殖者需做到或不做什么事以使它们成为富饶的、可以识别的英国人的地方。换句话说，这些论著主要强调的不再是殖民地的自然属性，尽管这些属性从未被忽略，而是拓殖者带来的社会、经济、文化和政治变革。这些著作的克里奥尔人作者和被同化的移民对拓殖者改造英国社会与文化惯例，使其符合在新的居住地遇到的自然状况引以为豪，并对其进行了细致描述，包括土地占有模式、城市与村落和农村拓殖地的布局、土地利用、经济生产和分配模式、家庭与家庭结构、住房、家畜与其他动物饲养、饮食、服饰、政治与宗教机构以及（最重要的是）法律结构。

除了少数例外，他们把这些改造赞誉为他们及其祖先对从土著居民手里夺取的社会景观进行大幅“改进”（improvement）的证据。在这个过程中，他们最早采取的步骤是创造理论依据，其后裔以及后来的数代移民借此在大陆上扩张，或扩张到其他岛屿上，并自认为正身处一种大规模的文明开化过程。通过这个过程，之前非生产性的和无组织的土地被按照欧洲人的标准转

① 我对此课题进行了详细分析，参见 Jack P. Greene，“By Their Laws Shall Ye Know Them：Law and Identity in Colonial British America，” *Journal of Interdisciplinary History* 33（2002）：247－260。

变为富饶且有组织的实体。这种著作常常是劝告性的，鼓励拓殖者努力，以充分实现特定殖民地的自然潜力，并消除那些使人怀疑其英国性的深度和程度的特征。

这种著作集中于将殖民地描绘为一个需要改进的、正在改进的和仍然可以改进的地方；对改进的定义在很大程度上基于英国模式，一直持续到身份认同形成的下一个阶段。然而，在第三个阶段，著作关注的重点转向对殖民地及其民族（当然主要是自由的民族）正在出现的具体身份认同的阐释。拓殖者及其辅助者在第三阶段撰写的方志、历史文本以及其他描述性著作声称，这些显然属于英国的每个地方都形成了自己固定的认同，这种独具特色的认同产生于具体的物质空间，有各自的社会特征，并与这种空间和社会特征互动。其社会是居住在那里、一起创造历史的数代人共同活动的结果。

他们指出，这种独具特色的身份认同一方面确定了地点，另一方面使其区别于所有其他类似实体。阐明身份认同形成的第三个阶段的评论和著作暗含的一个观点是，最早的几代拓殖者开始时可能试图在美洲重建小型英格兰，但在各种情况下，他们都以“重塑英国性”（reformulating Englishness）告终，以适合他们在每个殖民地遇到的或创造的具体条件。这些作者指出，重塑过程几乎体现在他们生活与社会的方方面面，最终以创立具有独特身份认同的独特殖民地告终。而且，这些作者声称，特定殖民地成为不同于英国人世界中的任何其他类似实体的独具特色的社团实体（corporate entity），而且其居民成为不同于居住在任何其他地方的英国人的独特民族。如果说他们曾经都是（或大多数）是英国人，那么他们现在是英国人在弗吉尼亚、巴巴多斯、牙买加和南卡罗来纳的“变种”。

但强调殖民地特色并不需要排斥英国/不列颠标准和模式。四个殖民地的居民有若干共同特点。在其先辈们的基础上，他们拥有在“新世界”创立和发展新英国实体的共同经历。在与英国保持联系的同时，他们还拥有与他们中间的非英裔不同民族互动的共同经历，这些民族包括弗吉尼亚和南卡罗来纳的土著民族以及四个殖民地的非洲民族。然而，最为重要的是，他们作为海外的英国人共享身份认同，并极为尊崇那种身份认同带来的一切特征，包括对英式同意型治理（consensual governance）的笃信，对强调法治和私人财产神圣性的英国法律体系、新教以及长期以来维持它们与母国社会的密切联系的商业的极度重视。确实，他们都把殖民地身份认同视为这种更大的英国或不列颠认同的变种。

我的第三个重要发现是，在自由拓殖者逐渐理解他们是谁的过程中，有两种不同的分析性和功能性文化模式。借用参照群体理论，我们可以称这两种类型的模式为规范性模式（normative model）和比较性模式（comparative model）。对英国殖民者来说，具有复杂而丰富文化的不列颠提供了一个规范性模式。殖民地开创者，即创业群体（charter groups），在努力在“新世界”创立“旧世界”的分支时得以从中选择性地汲取要素。后来的几代拓殖者，可以在这一基础上塑造他们自己的社会改进计划。规范性模式提供了衡量文化成就、评估社会发展的标准。然而，在英属美洲殖民地身份认同形成过程中，对宗主国模式的模仿总是选择性的。拓殖者们从英国宗主国社会提供的特性或惯例的巨大储备库中进行挑选和选择。比较性模式可以是正面的，也可以是负面的，相比较而言，可以被用来提及那些人（主要是土著人和非洲人），其古怪的举止和粗鲁的行为为拓殖者们提供了不希望成为的那个样子的范例。在一定程度上，殖民地的非英裔居民也能发挥类似作用，而对那些距离外国殖民地较近的殖民地来说，如南卡罗来纳和牙买加，那些地方的天主教居民也作为负面的比较性模式发挥作用。当然，占据主导地位的拓殖者与那些负面参照群体［“他者”（others）］之间经常进行密切的文化谈判，这在将英国性重塑为独特的殖民地文化的过程中成为一个重要原色。

我的第四个重要发现是，这种殖民地身份认同在18世纪80年代英帝国解体之后一直长期存在。美国革命确实对那些身份认同产生了影响，为新大陆各州提供了一套新的英雄标准和一个新的参照系，也在旧的西印度群岛殖民地中造成了一种孤立、茫然甚至是无助的感觉。在英属美洲，殖民地的身份认同不仅在各个殖民地之间存在差异，而且能随时间的推移适应新的条件并在殖民地内部发生变化。然而，在四个殖民地早期几代人中开始形成的身份认同的核心一直完好无损，并发挥重要作用，至少一直到我的研究结束的18世纪20年代情况一直如此。在弗吉尼亚和南卡罗来纳，这种身份认同的核心一直存续到两州被并入美利坚联邦。在巴巴多斯和牙买加，它们一直存续到18世纪90年代新的帝国制度开始出现，甚至存续到宗主国开始抨击并在19世纪30年代初最终废除奴隶制度。

我认为，从四个殖民地研究中提取的这些观点能够展示殖民地拓殖者及其辅助人员将美洲部分地区转变为各种可以识别的英国式——不是西班牙的、葡萄牙的、荷兰的或法国的，而是不列颠的——美洲之过程的大致轮廓。用粗线条描绘一下这个过程：以英国人为主的人口创建和组织了英国殖民地（1707 年之后称不列颠殖民地），将他们对于所离开的文化，以及那种文化中暗含的民族身份认同的明确而深刻的认识带到了他们的新家。无论去哪里拓殖，他们都表现出强大的决心，要通过按照英国人的方式重新组织现有的自然和文化景观，通过强加给殖民地英国的土地占有模式、经济与社会组织、文化惯例、政治及法律和宗教制度，通过规定英语为官方语言来表达和维护其英国特性。这对那些希望改进英国制度的人，如马萨诸塞清教徒来说，同样适用。

有那个时代，这种英国化的冲动并未被大批输入的非洲人以及来自不列颠、爱尔兰、法国、德国和欧洲其他地区的大批移民冲淡。实际上，1740 年之后的几十年里这种冲动似乎因殖民地与英国之间通信和商业联系的增强以及殖民地在 1739～1763 年参与反对天主教以及据称专制的法国和西班牙的帝国战争并发挥重要作用而得到强化。很可能在殖民地时代的任何时期，殖民地的英国式爱国主义和民族主义都没有“七年战争”结束时那么强烈。

然而，对英国殖民者及其后裔来说，在漫长的殖民地岁月中，各种条件的作用一方面使殖民地维护英国特性的要求出现问题，另一方面在移民及其后裔中间增强了这种要求的紧迫性。这些条件包括殖民地与英国之间遥远的实际距离；他们创建的简单而粗陋的社会与他们来自的复杂而文明得多的社会之间的社会与文化差异，尤其是在殖民最开始的几十年里；他们位于英国文明最外部边缘；他们处于对他们来说看起来是异教、蒙昧和野蛮的人中间；他们社会中存在（如果不是占据优势）土著美洲人和后来的非洲人这样的“异类”；他们经常依靠新的制度，如种植园和以种族为根基的不动产奴隶制；他们与母国之间针对他们作为殖民者是否有权享有英国法律保护和特权产生了持续冲突；也许最为重要的是，母国诸岛上的人普遍倾向于把他们视为远未达到母国标准的“他者”。

本文集中于我所专业研究的领域，并未明确采取比较的方法。但它努力借助英国殖民地经验进行探究这一方法可以用于分析早期现代在美洲建立的其他拓殖殖民地的某些一般性概念和过程。基于这种分析，我们可以提出若干个可以验证的命题。

第一，个体参与者——贸易商、拓殖者、有时组织为远征军的战士和传教士、贸易公司、宗教社团或家庭——而不是政府或官僚，是欧洲扩张以及将土著文化和政治空间转变为欧洲化的文化和政治空间的主要动力。

第二，第一代欧洲占领者——创业群体——在很大程度上决定了每个新殖民地或省份的经济、社会、政治、法律和宗教生活的轮廓。

第三，这些创业群体及其后代在维护与他们所来自的宗主国文化之间的联系并赢得该种文化的尊重这一愿望的驱动下，表现出将宗主国文化移植到新的居住地的强大模仿冲动。

第四，在移植过程中，殖民地群体发现有必要对宗主国文化进行重塑，也就是克里奥尔化，以便使其适应当地的实际情况并适应正在出现的土地占有和使用的社会-经济结构和模式，从而使其能够适应和控制不同文化背景的人口。

第五，在不同时间和空间里，移植和克里奥尔化的共同过程，在对欧洲殖民范围内变化的历史条件做出回应的过程中产生了明显的文化差异。

第六，可通过研究变动的社团身份认同来充分理解这些差异与共同性。

第七，这种研究最有前景的地方是殖民地或省级层面。居民在景观重组、政体建设、制度建设、规则制定、法律实施和社会重组方面的集体经验主要发生在这个层面。

第八，这些省级单位是国家帝国的中心与边缘之间谈判权力分配的主要场所。

第九，在这些省级单位中形成的相当持久的“文化源地”（cultural hearths）成为向新殖民地进行地理扩张的强大动力，这种扩张反过来带来了新政体的创建，这种政体自己的特定社团身份认同的形成过程与旧殖民地一样。

第十，通过将“新世界”的部分地区转变为至少部分是欧洲化的单位而达标的那种殖民并未随独立的实现而结束。

第十一，在政体建设和政体内身份认同形成方面，前国家殖民主义和后国家殖民主义（pre-national and post-national colonialism）之间存在强大的连续性。

第十二，与独立前一样，独立后，公共生活继续以省而不是以国家为中心。

第十三，在摆脱帝国联系并组成全国政府（经常是联邦政府）之后的很长时间里，现有的殖民地身份认同一直是社团身份认同的主要形式。

第十四，国家历史的构建模糊了各省/州作为政治集体的持续重要性以及全国性民族身份认同的薄弱性。

第十五，对殖民地形成过程中不同的“国家风格”（national styles）的强调模糊了这一过程超越时间、空间和文化的不同而呈现出共同点。

这些假说主要源自我对英属美洲殖民地的研究，其是否可用于组织其他文化地区的历史研究，必须留给那些地区的研究专家们来确定。

本文《英国特性的重塑——英属美洲殖民地法人社团身份认同建构中的文化适应与地方特性》是为 2005 年 9 月 5 日在巴西圣保罗举行题为“巴西：另一个帝国”（“Brasil：De Império a outro”）的国际研讨会上的发言而撰写的。2005 年 9 月 10 日，在剑桥大学克莱尔学院美国早期史英国小组（British Group in Early American History）召开的主题为“流散、迁徙与身份认同”（“Diasporas，Migration and Identities”）的会议上，本文作为主旨发言内容得到宣读。后来于 2006 年 1 月 30 日在洛杉矶南加州大学历史系以演讲稿的形式提交；并以葡萄牙语版本《英属美洲身份认同的重新定义：集体认同构建中的文化适应与地方特色》（“Reformulando a identidade inglesa na Américabritânica colonial：AdaptaÇâo cultural e experiêcia provincial na construÇào de identidades corporativas”），于 2006 年 5 月 30 日，在圣保罗大学国际研讨会上的“学术追踪”时段进行了讨论。本文以这一标题发表于在线期刊《巴西年鉴》（*Almanack Braziliense*）第 4 卷（2006 年 11 月）第 5～36 页。

（张聚国译，满运龙校）

近代早期殖民与国家创设期间的社会与文化资本

——英属美洲殖民地个案研究

“社会资本”是政治学者和社会学者提出来的一个相对较新的概念，用以描述某些类型的社会资源，区别于其他类型的社会资源（如金融资本、投资资本、体现为动产或不动产资源的物质资本，以及体现为个体知识和技术技能的人力资本）。按照现代社会学家罗伯特·帕特南（Robert Putnam）的用法，社会资本由社会内部的组织机构及其联系组成，这种组织机构及其联系能在追求社会目标的过程中促进合作、互信、参与、信息交换、公民互动和活动协调。① 这个概念表现了传统社会科学对结果的关注，被证明可用于解释或预测公民社会的出现、市场经济的发展与增长和政治民主的成就。

“社会资本”这个概念对历史学者是否同样有用尚有待观察。历史学者们不大关心如何实现现代社会称心如意的具体目标。他们主要感兴趣的是去理解和描述使不同形态与规模的社会在特定时间和特定地点运行的多个过程和动力。对历史学者而言，当前对社会科学的定义太狭窄，工具性太强，太强调社会的进步性，也太西化了。要使“社会资本”概念能够成为对历史学者有用的工具，必须使它适用于不同时空下的各种情境。具体而言，本文提出，必须对它进行重新定义和扩展，使其不仅包括公民互动的传统，而且包括全部的能让集体和个体使物质空间效益更高，使社会与文化空间更令人

① 参见 Robert D. Putnam, *Making Democracy Work*: *Civic Traditions in Modern Italy* (Princeton: Princeton University Press, 1993)。

惬意的制度、实践、方法和后天习得的各种行为（learned behaviors）。按照这个方向得到扩展后，“社会资本”或者一个更好的短语“社会与文化资本”，指的是：将不同的文化传承至后代，以便其成员能够在新的场所将其发扬光大、改变、摒弃或重组。

本文利用对英国人（1707 年之后称不列颠人）经历的个案研究，分析社会与文化资本在近代早期新的海外社会建设，以及那些社会在 18 世纪的最后 20 多年里转变为邦国这一过程中的作用。更为具体地说，本文集中于这一课题的三个方面。第一个方面是“新世界”的拓殖者在多大程度上依靠其“旧世界”的文化传统在南、北美洲建设欧洲风格的社会。第二个方面是选择性利用所继承的社会资本以及后来对这些社会资本的提炼和阐释，为在“新世界”出现可以识别的公民社会奠定了基础。而这种公民社会在那些社会着手准备成为独立邦国之前就已经出现了。第三个方面是，这些殖民地的社会创建过程，在决定 1776 ~ 1800 年于英属美洲殖民地部分地区形成的新的联邦制国家特征中继续发挥了重要作用。

一

“七年战争”的全球性规模让欧洲分析家们前所未有地注意到欧洲海外卷入的范围、意义和改变一切的特征。威廉·伯克在 1757 年出版了两卷本的《欧洲在美洲的拓殖地描述》①，首次对欧洲国家在南、北美洲活动的历史进行了比较。1770 年，法国哲学家纪尧姆·托马斯·弗朗索瓦［又称“雷纳尔神父”（Abbé Raynal）］发行了他雄心勃勃的多卷本《欧洲人在东西印度群岛殖民和贸易的哲学及政治历史》。正如其标题所示，这套书不仅涉及南、北美洲，还包括非洲和亚洲。尽管伯克和雷纳尔神父都深刻批评了欧洲人对美洲土著人的做法以及奴役数百万非洲人获取其劳力，但二人也都对欧洲人的海外成就表示极度欣赏。这些成就包括成功地将其贸易范围扩大至地球的很大一部分地区，并将南、北美洲以及非洲和亚洲的部分地区置于其霸权之下。正如雷纳尔神父在其著作第一卷的第一句话中所宣称的，“新世界的发现以及经过好望角到达东印度”显然是“人类历史上最为重要的

---

① William Burk, *An Account of the European Settlements in America* (2vols., London, 1757).

事件之一”。①

给上述以及同时代的其他分析家们留下尤为深刻印象的，当属亚当·斯密（Adam Smith）提到的“所有欧洲殖民地在财富、人口和改良”等方面取得的长足“进步”。斯密1776年出版的《国民财富的性质和原因的研究》中“论殖民地”部分，提供了截至那时所发表的有关近代早期欧洲人在南、北美洲殖民的最为系统和深刻的分析。在斯密看来，英国人在这一方面最令人刮目相看，其许多殖民地在之前的半个世纪里已经表现出惊人的发展。他指出，在巴西的葡萄牙人也建立起一个“幅员辽阔的强大殖民地”，这个殖民地的“欧洲裔人口数量”超过了任何其他“美洲殖民地”。西班牙控制了最大片的土地，并据此建立起一个人口众多的繁荣帝国，其中一些城市的规模超过了任何其他国家殖民地上的城市。法国殖民地尽管起步很慢，但在18世纪经历了“较快的”发展。斯密认为，在主要的殖民大国中，唯有荷兰在殖民“进步”方面“一直懈怠而缓慢”。②

在斯密描述这种相对“进步”时采用的衡量标准——所占领地区的面积、“财富、人口和改良情况”——中，改良是最基本的。自欧洲人与美洲土著人初遇以来，数十位较早的观察家之后，斯密强调在相遇之时，美洲尚处于原始的社会状态以及落后的印第安时期。他写道：哥伦布来到的是“一片覆盖着森林的、尚未开垦的土地，那里只是居住着一些一丝不挂、痛苦不堪的野人部落”。整个美洲只有“两个文明王国”——墨西哥和秘鲁。但它们甚至都“没有可以拉车的牛”，美洲驼这种动物作为那里“唯一的驮畜”，其“力气”甚至“还远远赶不上一头常见的驴子”。美洲土著人完全“不了解犁”，也“对用铁一无所知。他们没有铸造货币，也没有形成任何商业手段。他们的商业采用的是物物交换的形式。一种木质铲子是他们主要的农具。他们把锋利的石块用作刀子和斧头切割东西。他们使用鱼骨和某些动物的坚硬肌腱作为针线缝补衣服。这些似乎就是他们主要的行业工具”。③

---

① Guillaume Thomas François, *Philosophical and Political History of the Settlements and Trade of Europeans in the East and West Indies*, vol. 1, trans. by J. Justamond (London, 1798), p. 1.

② Adam Smith, *An Inquiry into the Nature and Causes of the Wealth of Nations*, vol. 2, edited by R. H. Campbell and A. S. Skinner (Oxford: Oxford University Press, 1976), pp. 567 – 571.

③ Adam Smith, *An Inquiry into the Nature and Causes of the Wealth of Nations*, vol. 2, edited by R. H. Campbell and A. S. Skinner, p. 559, pp. 567 – 569; William Burk, *An Account of the European Settlements in America*, vol. 1 (London, 1808), p. 21.

同时代的欧洲和欧洲裔美洲人观察家们认为，不同寻常的是，在不到三个世纪的时间里，欧洲人及其后裔将他们在美洲发现的“不利健康”、人烟稀少、几乎全都未经清整和几乎全都未经耕种的“荒漠”转变为耕种和清整了的、人口众多、改良了的空间。许多此类空间经历了西方已知历史上的前所未有的经济繁荣与人口增长以及社会与文化发展。大多数观察家们，如伯克和雷纳尔神父，只是满足于记录这些现象，偶尔会停下来谴责或赞扬某些方面。然而，对斯密来说，这些现象迫切需要得到解释。也许近代早期作家们中没有任何人比他对欧洲殖民者做出了更深入的思考和更透彻的分析。①

斯密提出的有关近代早期欧洲海外经历的一个明确问题是，为什么这么多“新殖民地”似乎很繁荣；为什么如他所说，“在一个文明国家占领的殖民地，无论它是一个荒野，还是人口稀薄的地区，其土著人都会轻易让位于拓殖者，而这些殖民地会比任何其他人类社会都更快地发展到富裕而强大的阶段”。正如他问题的措辞所表明的，美洲土著人文化的毁灭或溃败提供了部分解释。他强调说，殖民者还得益于他们在美洲发现的得天独厚的丰富资源以及他们远离他们所眷恋的宗主国。“丰富而优良的土地”既吸引着殖民者，也刺激人们更加勤劳。而且这些土地的位置“使它们不为母国所注意和控制”，因此提供给殖民者最大限度的“以自己的方式管理自己事务的自由”和发展经济、社会与政治的自由。这使他们“用自己的产品”制造一切，并“以他们认为最有利于自己的方式”利用“自己的资本和劳动”。②

但斯密深信，欧洲人在开发南、北美洲方面能够取得对美洲土著人巨大竞争优势的主要原因是，他们携带到美洲的丰富的社会与文化元素。他指出，当欧洲人迁移至南、北美洲的时候，他们随身带来的是他们积累起来的文化遗产，这些文化遗产来自一个在斯密看来古老且更为高级的公民社会。斯密挑选出来进行特别强调的主要因素包括“掌握农业和有用的技艺”、“习惯服从权威”、“源自自己国家的正常政府的观念”、维持政府的“法制

---

① Adam Smith, *An Inquiry into the Nature and Causes of the Wealth of Nations*, vol. 2, pp. 597 - 598.

② Adam Smith, *An Inquiry into the Nature and Causes of the Wealth of Nations*, vol. 2, p. 564, p. 567, pp. 572 - 573, p. 582.

观念”以及“正常司法的观念”。[①] 斯密本来可以扩大这个名单，使其包括各种社会与经济技能，技术知识，稳固的土地所有制和法律制度，自我约束和时间管理的传统，还有各种经济的、法律的、社会的、公民的制度、工具和技术，普遍识字并可以计算以及了解畜牧业。

实际上，斯密让人注意到他们的文化遗产为欧洲殖民者提供了一个巨大且重要的“资源宝库”。正如斯密所观察到的，这个宝库中的一些要素结合在一起，远远“优越于几个世纪以来在未开化的野蛮人中间自行发展起来的制度”。[②] 斯密认为，欧洲人来自已经高度商业化的社会，因此他们带着对美洲落后社会的决定性优势参与对美洲的角逐。斯密指出，欧洲人还得益于可以持续进入宗主国市场，并接触其知识和各种发明。由此产生的那种优势，立即让殖民地具备了在欧洲之外建设新的“欧洲风格的”社会的社会与技术能力，确保他们有权决定在与土著居民互动下在美洲发展起来的社会景观的风貌，并使他们能够在近代早期跨大西洋经济体系里游刃有余。在这种有关欧洲人在美洲的经历的观点中，用斯密的苏格兰同胞大卫·休谟（David Hume）的话说：美洲是一片“高贵”且得天独厚的土地，其“古代居民的野蛮生活方式使其一直荒芜着”。[③]

通过这一分析，斯密强调了社会与文化资本在近代早期欧洲海外殖民成功中的关键作用。在这个语境下使用的“社会与文化资本”概念，就是本文开篇提到的扩大意义上的概念。以斯密的洞见为基础，本文将利用英属美洲（British America）新社会的经历，对社会与文化资本在近代早期殖民和海外国家建设过程中的作用提出我的初步见解。

社会与文化资本在殖民过程中表现出来的若干特性值得注意。首先是斯密强调的可转移性（transferability）。殖民者能够将社会与文化资本携带到新的地方，将其与劳力资本和投资资本结合起来，并常常彻底地将美洲土著人的社会与文化景观转变为英国风格的空间，这种空间具备了英国风格的经济、社会与文化制度。社会与文化资本的第二个特性是

---

① Adam Smith, *An Inquiry into the Nature and Causes of the Wealth of Nations*, vol. 2, pp. 564 – 565.

② Adam Smith, *An Inquiry into the Nature and Causes of the Wealth of Nations*, vol. 2, p. 564; E. L. Jones, “The European Background,” in Stanley L. Engerman and Robert E. Gallman, eds., *The Cambridge Economic History of the United States*, vol. I: *The Colonial Era* (Cambridge: Cambridge University Press, 1996), p. 125.

③ David Hume, *The History of England*, vol. 6 (London, 1778), p. 186.

它超常的“适应性”（adaptability）。殖民者以及殖民地的其他居民能够将他们带来的社会与文化资本用于许多不同的社会－经济背景和生态区域的各个方面。在近代早期英属美洲，这些区域从郁郁葱葱的热带岛屿巴巴多斯一直延绵至萧瑟的纽芬兰海岸。社会与文化资本第三个特性是“可拆分性”（partiality）。从可以获取的丰富的社会工具和知识中，拓殖者可以选择任何有利于其在特定空间内进行社会建设的元素。在这个过程中，他们摒弃了很多，而且在适应他们所处的新形势的过程中，他们对一切进行了简化或修改，包括经济实践、社会组织、法律甚至语言。①

社会与文化资本在殖民过程中表现出来的第四个特性是“可改进性”（enhancibility）。它可以通过两种普遍方式得到丰富。第一种方式是通过发明。殖民者通过反复试验获取诸如粮食生产、产品运输或住房形式等基本问题的知识，以适应他们所处的新形势或是他们在新形势下确定的具体目标。这里提到几个众所周知的例子。他们从美洲土著人那里借鉴了玉米种植和加工技术；从葡萄牙人那里，他们输入了蔗糖生产的文化和技术以及种植园和动产奴隶（chattel slavery）制度；从被奴役的非洲人那里，他们学会了改良水稻种植。这种发明和借鉴又产生了新的社会与文化资本库，这个资本库将移植和习得的知识、实践及制度结合在一起，成为殖民者创建的新的英国风格社会的重要构成要素。新的社会与文化资本库也可以转移至其他新地方——弗吉尼亚的社会与文化资本可以在相邻殖民地马里兰和北卡罗来纳再现，新英格兰东部的社会与文化资本可以在新英格兰西部再现，巴巴多斯的社会与文化资本则可以在背风群岛、牙买加和南卡罗来纳再现。所有这一切都经历了适应、选择和改进的过程，这与英国在南、北美洲开拓殖民地过程中最早的空间建设发展模式类似。

在早先几代英国人在每个新殖民地建立的那种人口稀少的社会中，殖民活动急需的具备特定技能个体的人力资本被有效地转变为社会资本。另外，在英国人占领初期，各地移植的社会与文化资本都经历了一个扬弃或者简化过程。在殖民地始建的简单社会里，一些移民在老英格兰赖以谋生的一些专门技能没有用武之地或需求。例如，来自东安格利亚（East Anglia）的纺织

---

① 对欧洲社会资本在“新世界”背景下的选择和简化进行了经典分析，且在分析方法上仍然给人以深刻印象的是 George M. Foster, *Culture and Conquest: America's Spanish Heritage* (Chicago: Quadrangle, 1960)。另参见 R. Cole Harris, "The Simplification of Europe Overseas," *Annals of the Association of American Geographers* 67 (1977): 469－483。

工、漂洗工和印染工由于在自己以往从事的行业中找不到工作，最后在新英格兰当起了农场主。他们的服装制作技能也随着他们的死亡而消失。同样，“旧世界”社会的许多复杂制度在简单的“新世界”社会中不再起作用。在摒弃繁文缛节的过程中，殖民者遗失了大量知识以及许多“旧世界”的社会形式与文化资本。结果是，随着切萨皮克湾、新英格兰和西印度群岛最早开创的殖民地逐渐变得更加复杂并需要更精细的社会与文化资本形式，其居民经常哀叹在殖民早期已丢失了这些形式，并表达了对他们已经陷入了一种远远低于宗主国标准的本土化堕落状态（creolean degeneracy）的忧虑。在这种情况下，正如斯密所说的，“在当时的欧洲或美洲，没有一个人预见到甚至相信”殖民地在未来半个世纪中取得的“快速进步”。①

二

确实，促使这种忧虑产生的许多因素提供了殖民者社会与文化传递的手段。贸易、持续的移民、政府与宗主国政治监督机构之间的互动、在科学与宗教和政治方面的持续的文化交流使他们成为一个不断扩大的跨大西洋“信息库”② 的一部分，强化了他们继承的对英国事物的文化偏好，而且由于他们能够接触宗主国的社会与文化资本，他们得以不断补充、扩大和更新“新世界”各地的社会与文化资本。采用更好的导航辅助设备后，情况改善的交通和通信、效率更高和更安全的船舶运输、更频繁的航班、邮政服务系统的建立以及更加紧密的经济一体化也起到了同样的作用。③ 同样，18 世纪前 3/4 世纪的高增长率和高速发展表明，殖民地获取宗主国的社会与文化资本并将其成功纳入英属美洲文化的能力不断提高。

尤其是大约 1715 年后，英属美洲殖民地在北美的扩张几乎体现在生活的方方面面。在北美大陆上，1710 年的居民仍然聚集在大西洋沿海一系列不接壤的核心地区。在后来的半个世纪里，这些人口从那些核心地区

---

① Adam Smith, *An Inquiry into the Nature and Causes of the Wealth of Nations*, vol. 2, pp. 597 - 598.

② E. L. Jones, “The European Background” in Stanley L. Engerman and Robert E. Gallman, eds., *The Cambridge Economic History of the United States*, vol. I: *The Colonial Era*, p. 104.

③ 参见 Ian K. Steele, *The English Atlantic, 1675 - 1740: An Exploration of Communication and Community* (New York: Oxford University Press, 1986)。

分散到四面八方。18 世纪 60 ~ 70 年代，从佐治亚到缅因，形成了一个连续的殖民地带，并在新斯科舍和东西佛罗里达形成了新的核心地区。同期，白人殖民者人口剧增，从 1710 年的大约 318600 人增至 1760 年的大约 1326300 人。北美大陆殖民地的人口增长尤其引人注目。在这些殖民地，白人人数每隔 25 ~ 30 年就会翻一番，从 1710 年的 286785 人攀升至 1275163 人。在同一时期，各英属殖民地的黑人人数（绝大多数都是奴隶）从 181511 人增至 646305 人，北美大陆上英属殖民地的黑人人数则从 44386 人增至 317906 人。除始终能够得到土地以及有大量经济机会来满足不断增加的人口和扩大的海外商业需求之外，北美大陆上白人人口的增加，一方面是持续移民的结果，另一方面是死亡率下降、结婚年龄降低、出生率较高以及营养更好等综合因素作用下人口快速自然增长的结果。各地黑人人口的增长表明奴隶主购买者的资本和劳力资源增加了，也表明黑人中也出现了稳健的人口自然增长。①

那些年经济指标增长情况同样可观。每个能够获得的指标——奴隶人数、个人财产的增长、农业产量、出口值、从英国进口额以及沿海贸易的运输量——表明 1740 年前经济稳定发展，1740 年之后经济快速发展。1700 年之后的 60 年里，农业产量增长了至少 6 倍，对外出口额增长了 4 倍，从英国进口额增长了近 7 倍。近期的估计表明，1650 ~ 1770 年国民生产总值（GNP）增长了大约 25 倍。这一增长速度相当于实际年均增长率为 0.6%，是英国年均增长率的 2 倍。② 截至美国独立革命，这种强劲的经济增长带来的可能是“截至那一时期，所有国家中可为最大多数［自由］人提供的最高的”生活水准。③

伴随这种显著的领土、人口和经济扩张的是人力、社会与文化资本的快

---

① Jack P. Greene, *Pursuits of Happiness*: *The Social Development of Early Modern British Colonies and the Formation of American Culture* (Chapel Hill: University of North Carolina Press, 1988), pp. 177 - 181.

② John J. McCusker and Russell R. Menard, *The Economy of British America* (Chapel Hill: University of North Carolina Press, 1985), pp. 51 - 60.

③ John J. McCusker and Russell R. Menard, *The Economy of British America*, p. 55, pp. 59 - 61. 另参见 Alice Hanson Jones, "The Economy of British America, 1607 - 1789," *Economic Development and Cultural Change* 18 (1970): 130; Alice Hanson Jones, *The Wealth of a Nation to Be*: *The American Colonies on the Eve of the Revolution* (New York: Columbia University Press, 1980), pp. 302 - 303; Alice Hanson Jones, "Wealth and Growth of the Thirteen Colonies: Some Implications," *Journal of Economic History* 44 (1984): 250 - 252。

速发展及其令人刮目相看的积累成果。在经济领域，这种发展表现为生产日益专业化以及后来的生产成本降低，交通情况得到改善和由此带来的分销成本降低，出现了效率更高的市场经济组织进一步发展，技术能力日益提高。这些发展还表现为职业结构日益复杂，技术更加熟练，商业部门内部进一步差别化发展，法律、牧师和医学等职业领域的日益专门化，工匠、手艺人和妇女的经验日益丰富以及农场主和奴隶在新的环境里学会了以新的产品和实验改造旧的产品和实验之后，农产品产量增加。

社会与人力资本的增加和积累在社会与文化领域也显而易见。在社会领域的表现是，出现了一个日益复杂的社会，其范畴更大、人员更加稠密、社会机构更加稳固。这些社会机构包括家庭和亲属团体、街坊和村庄、港口城市和行政村镇、商店和工匠的门面、当地的司法和行政机构、教会以及道路、桥梁、渡口和少数运河等。①

在文化领域，明显表现为殖民者通过各种教育、文化、社会、经济和宗教机构以及从殖民地、英国和欧洲其他地方可以获取越来越多的图书、杂志和报纸并从中获得越来越多的知识；学校普遍增加，包括了更多的高等教育机构；英语识字率提高（成年男性殖民者的英文识字率超过70%，高于英国）；私人和公共图书馆建立和扩大；出现了日益“生机勃勃”的出版社，能够出版图书、小册子、报纸以及其他阅读材料；咖啡馆团体、商务部门、专业协会、兄弟会、文学俱乐部、沙龙、茶座、集会等自愿性协会以及模仿宗主国文明社会的其他机构剧增。②

三

这些发展代表了殖民地的社会与人力资本大幅度增加，共同促使在整个英属美洲殖民地出现了一个欧洲式的公民社会。根据亚当·塞利格曼

① Jack P. Greene, *Pursuits of Happiness: The Social Development of Early Modern British Colonies and the Formation of American Culture*, pp. 184 – 187.

② Lawrence A. Cremin, *American Education: The Colonial Experience, 1607 – 1783* (New York: Harper and Row, 1970), p. 545, p. 551, p. 553; David Lundberg and Henry F. May, "The Enlightened Reader in America," *American Quarterly* 28 (1976): 262 – 292; Richard D. Brown, *Knowledge Is Power: The Diffusion of Information in Early America, 1700 – 1785* (New York: Oxford University Press, 1989); Richard L. Bushman, *The Refinement of America: Persons, Houses, Cities* (New York: Alfred A. Knopf, 1992); David S. Shields, *Civil Tongues and Polite Letters in Early America* (Chapel Hill: University of North Carolina Press, 1997).

(Adam Seligman) 最近在《公民社会的观念》中的分析，公民社会作为“独立于国家的”人们的自愿性联合，起源于18世纪的英格兰和苏格兰，在“苏格兰启蒙运动期间得到了最充分的论述”，亚当·斯密就是公民社会的主要分析者和倡导者。然而，正如塞利格曼所评论的，那个时代的人在大西洋对岸寻找“这种理论的（主要）历史模式”。他写道，新的美国共和政体“为18～19世纪的哲学家们（还有许多之后的哲学家）提供了一个公民社会的典范，表现在自愿组织、政教分离、联邦制（与单一制相对立）观念和保护个人自由”上。①

塞利格曼的评论暗含这样一个问题：这种公民社会的模式在多大程度上是美国革命的产物，又在多大程度上根源于早期英属美洲殖民地的社会经验。一些学者执意将美国独立革命与大规模欧洲革命混为一谈，强调其革命性质和与过往美利坚历史的明显分离。但他们在总体上没有探讨早期北美社会经历与美国革命及其发展之间的关联。

“革命”的概念，以及将全国性政治制度的创建视为“开国”和将领导有关事件的人物尊为“开国者”，加剧了这种忽略。如果我们只考虑美利坚民族国家的创建，那么这种表述不会引起反对之声。在1776年之前，不存在美利坚国家，也当然不存在可以称为“美利坚”的政治实体或政治社会。而今天的美国，即那个时代的欧洲哲学家和美国政治分析家极力颂扬的美利坚国家，直到18世纪80年代末才形成。

然而，如果我们考虑一下后来构成美国的那些美洲地区的公民社会，就会发现这种概念问题严重。正如亚当·斯密和他同代的美洲人所清醒地认识到的，那些公民社会并不是在18世纪末期“创建”的。它们的建立经历了漫长的过程，除一种情况外，大多经历了长达一个世纪至170年的时间。当这些社会在1775～1800年联合在一起组成美利坚国家的时候，它们经历的是第二次创建（a second founding）。

这不是在语义学或学术上吹毛求疵，尤其是对于一个想要理解18世纪美国公民社会观念的社会历史学者或分析家来说。将殖民地的建立设想为“第一次创建”（the first founding）是为了让人们注意在美国革命时期殖民

① Adam B. Seligman, *The Idea of Civil Society* (New York: Maxwell Maemillan, 1992), p. 3, p. 5, pp. 61 - 62. 关于公民社会思想的起源和早期发展，另参见 Marvin B. Becker, *The Emergence of Civil Society in the Eighteenth Century: A Privileged Moment in the History of England, Scotland, and France* (Bloomington: Indiana University Press, 1994)。

地社会作为政治社会的漫长历史，并开启理解那些历史与18世纪末美国同时代人对公民社会的理解之间的重要关系的可能性。

自17世纪初英国殖民肇始，殖民和社会形成的实际过程，以及当时人们对那个过程的设想，促进了这类思想的发源以及它们引领之下社会发展体现出来的优序组合的出现。确实，有关公民社会应该是什么样的问题，也许是殖民者从“旧世界”带来的最为重要的社会与文化资本形式。在殖民过程的几个阶段，从巴巴多斯一直向北到新英格兰，那种思想提供的标准发挥着识别框架（framework of identification）的作用。那些领导这一计划的人，包括殖民者和土地开发商，几乎没有注意到殖民对他们面前被驱赶的土著居民的悲剧性影响。他们把殖民计划设想为一个大规模的文明开化计划。他们深刻意识到他们的所作所为的深刻转变性影响。他们认为自己正从事一项艰难而高尚的工作，那就是征服荒野，让其五谷丰登。他们的做法是：砍伐森林，开辟土地，创建果园和牧场，以驯养动物替代野生动物，并以其他方式将土地据为己有。在这个过程中，他们故意并高兴地把对他们来说粗俗、未开垦、利用不足或贫瘠而野蛮的土地转变为文明、开垦的、多产的和改良的文明空间（civil spaces）。这些空间代表他们在政治、经济、文化和感情上眷恋着的、他们赖以获得公民社会准则和标准的英国或其他欧洲地区最外层的扩展。①

正当英属美洲殖民地每个新社会的第一批创建者在设想这个过程之时，他们跨过大西洋，发现了新的适合居住的地区，通过对付或打败土著人占有了那些地区，开垦了荒野，采用了似乎最适合他们新生活地点的定居农业形式。在这一过程的最早阶段，为了满足需求，他们经常回到较为原始的经济与社会活动形式，如像土著人一样打猎、放牧和蓄养牲畜。然而，他们所从事的更为宏大的计划一直是建立“旧世界”的那种农业、商业和公民社会。随着他们在特定的土地上各自站稳脚跟，他们开始采用欧洲的农业方式，为他们自己以及他们的家人或未来的家人建造房屋和积累地产，他们共同将殖民地重组为农场和城市社区，划定地界，并开始了移植、提升和积累社会与文化资本的缓慢过程。这些资本将构成产生公民社会构想的基础。

无论他们是订立了所有殖民者起初明确同意的契约（如普利茅斯殖民

---

① 参见 Jack P. Greene, *The Intellectual Construction of America: Exceptionalism and Identity from 1492 - 1800*（Chapel Hill: University of North Carolina Press, 1993）。

地），还是（更为常见的情况是）只是将众所周知的英国习惯法惯例和规则加以改造，并将其运用于他们面临的新形势，他们都很快建立起公民政体，其主要目的只是保护自己的拓殖地免受美洲土著人或与其竞争的其他欧洲人的侵害，治理他们之间的关系，并保障他们通过自己的勤劳和活动创造和积累的财产不受侵犯。以这些早期努力为开端，农业的“自然进步”[①] 以及使农业有利可图的商业网络的发展，一方面如苏格兰移民、律师詹姆斯·威尔逊后来所评论的，使“社会事务”奠定在“一个更加宽松和稳固的基础之上”，[②] 另一方面为殖民者提供了培植公民生活的经济与社会资本。结果是，如亚当·斯密所指出的，带来了“人文艺术的自然进步”[③]，而人文艺术的进步又不可避免地导向文明与优雅。这种发展与周围美洲土著人的条件形成鲜明对比。尽管有拓殖者做榜样，这些土著人“仍然处于最为粗鲁和野蛮的社会状态”[④]。

而且，根据英属美洲殖民地的经历，这一过程不仅限于最早的或首次创建的殖民地。正如 18 世纪末期的许多观察家们——其中包括克里弗科（J. Hector St. Jean de Crevecouer）和塞缪尔·威廉斯（Samuel Williams），后者作为那个时代的人，其 1794 年出版的《佛蒙特史》[⑤] 对他所说的“社会状态”进行了最全面、系统且深入的分析——所指出的，随着殖民者向“内地”推进，他们重复着首批殖民者的经历，首先转向狩猎，然后用克里弗科的话说，将“森林茂密”“令人恐惧而野蛮的乡野”转变为“美丽且管理良好的地区”。这些地区遍布精耕细作的农业拓殖地，道路四通八达，点缀其中的是与沿海规模巨大的海外贸易站相联系的村镇。这些地区日益表现出来的特点是，居民“普遍举止得体”，商业和社会基础设施日益丰富，包括商店、客栈、法院、教堂以及其他机构。[⑥] 在各个地区——从原始的边疆，到克里弗科所说的中部区域，再到文明而商业氛围更

---

① Adam Smith, *An Inquiry into the Nature and Causes of the Wealth of Nations*, vol. 2, p. 565.

② James Wilson, "Lectures on Law," in Robert Green McCloske, ed., *The Works of James Wilson*, vol. 1 (Cambridge Mass.: The Belknap Press of Harvard University Press, 1967), p. 231.

③ Adam Smith, *An Inquiry into the Nature and Causes of the Wealth of Nations*, vol. 2, p. 565.

④ William White and James Wilson, "The Visitant," *Pennsylvania Chronicle*, Feb. 29, 1768.

⑤ Samuel Williams, *Natural and Civil History of Vermont*, vol. 2 (Walpole, New Hampshire, 1784), p. 352.

⑥ J. Hector St. Jan de Crèvecoeur, *Letters from an American Farmer* (New York: E. P. Dutton, 1957), pp. 42 - 43.

浓的东部地区——英属美洲殖民地在经历最早的两三代人拓殖之后，几乎在每个时刻，都展现了当代社会学理论家提出的社会在走向商业文明的过程中所经历的全部阶段。

这种对社会发展过程的理解可以追溯至首次创建时期，并深深植根于英属美洲殖民地的经历之中。这种理解认为，社会发展是一个从粗野到文雅，其社会组织从初级到高级，从激情与自我放纵到理性和自我控制的过程。18世纪中期的几十年中，这种观点被彻底铭刻于英属殖民地自由人的集体意识之中。美国革命之前的很长时间里，英属美洲殖民地社会发展就是一个公民社会形成之蓝图的开卷，发挥了详尽展示这一历史过程的作用，并表现在数以千计的实例之中。

正如拓殖者以及其他同时代的分析家们所设想的，殖民地的历史只是附带地与战争、政治或宗教的成功与失败有关（新英格兰地区与众不同，它属于英属美洲殖民地文化发展的一个非典型案例）。它与在一个多世纪里，在北美和西印度群岛的一半地区所发生的社会转变有关，是一个被无数个人成功崛起，获得能力、权势和财富的实例反复证实的宏大故事。正如克里弗科对安德鲁（Andrew，the Hebridean）职业生涯所做的描述："一个穷人，摆脱压迫，获得自由，之前出身卑微、粗鲁无礼，如今出人头地——这不是凭借捉摸不定的财富，而是依靠节制、诚实和迁移的逐渐作用。"① 在整个殖民过程中，这个将荒野转变为改良的欧洲式文明空间的故事，是为数百万参与其中的自由人的生活提供信息、形成纽带和赋予意义的主要故事。

而且，这种转变所促成的社会的相关特点，在许多方面几乎就是同时代苏格兰启蒙运动公民社会理论的最完美典范。作为自然规律和意志的产物，英属美洲殖民地新社会中的自由人群主要是由那些我在其他地方指出的全力投入追求个人幸福②的"自由而独立的男性"③ 以及"通情达理的"女性④构成，他们组成了终身持有不动产的独立家庭社会。尽管那些男性和女性

① J. Hector St. Jan de Crèvecoeur, *Letters from an American Farmer*, p. 64.

② Jack P. Greene, *Pursuits of Happiness: The Social Development of Early Modern British Colonies and the Formation of American Culture.* 由于中文翻译的需要，对原文注释 29、30 和 31 的顺序进行了调整——译者注。

③ James Wilson, "Lectures on Law," in Robert Green McCloske, ed., *The Works of James Wilson*, vol. 1, p. 81.

④ William White and James Wilson, "The Visitant," *Pennsylvania Chronicle*, Feb. 28, 1768.

中有很多人的幸福在于占有黑人奴隶，在经济上剥削那些在社会上依附他人的人，在于驱动他们所占领地区的社会重建普遍而强烈的文化帝国主义，正如观察家们相继指出的：他们创建的社会的特点表现为与公民社会的思想联系在一起的特性。这些特性包括：专注发展农业；经济繁荣；社会自由人群之间社会地位平等；家庭社会管理良好；街坊、协会、机构和市场构成的同心圆为进行社会交流和互动提供了公共场所；在社会上培育了殷勤好客、勤劳、活跃以及改善的强大冲动；产生了温和如果并不总是"完美自由和平等"[①] 的宗教；温和、低劣且参与性很高的政府，对外部权威入侵心怀戒备，决意限制权力的范围，将其保持在本地人手中；文职编制较少，税收较低；对特权充满敌意和"对自由保持热情而一致的眷恋"[②]。

正如亚当·斯密在《国富论》中所指出的，早在英属美洲殖民地 1776 年采用共和政体之前，它们的做法和政府就已经是共和性质的了。他解释说，由于宗主国给他们留下了几乎完全的"以自己的方式管理自己事务的自由"，殖民者们确立起来的政体完全能够保证殖民者"平等而公正的司法。这使地位最为卑微的英国臣民的权利得到了最尊贵的人的尊重，而且平等而公正的司法也通过保护每个人辛勤劳动的成果，最大限度和最有效地鼓励了各种勤劳的行为"。另外，这种政体由当地选出的议会控制。这些议会与英国议会下院相比，更具代表性，腐败更少，也更能有效地对其选民的要求做出回应。[③] 詹姆斯·威尔逊后来解释说，这种政治安排在英属美洲殖民地人的性格中镌刻上两个与公民社会观念相关的主要"美德"："对自由的热爱和对法律的热爱"[④]。

塞缪尔·威廉斯在阐述斯密和威尔逊的洞见的意义时写道："在欧洲国家还不清楚人们的头脑正发生什么变化的时候，美洲发生的社会变化已经奠定了自由的基石。"并不是"政治上的制约、平衡和安排"等"人为设计

---

① Samuel Williams, *Natural and Civil History of Vermont*, vol. 2, p. 423.

② James Wilson, "Oration Delivered on the Fourth of July 1788," in Robert Green McCloske, ed., *The Works of James Wilson*, vol. 2 (Cambridge, Mass.: The Belknap Press of Harvard University Press), p. 777.

③ Adam Smith, *An Inquiry into the Nature and Causes of the Wealth of Nations*, vol. 2, p. 585, p. 600.

④ James Wilson, "Lectures on Law," in Robert Green McCloske, ed., *The Works of James Wilson*, vol. 1, p. 72.

的”制度而是美利坚人在早期历史阶段创立的独具特色的社会条件构成了产生“美利坚共和主义制度”的“最广泛和最永久的因素”。威廉斯认为，“美利坚共和主义制度”下，其政府局限于三种简单的职能：“维护正义、保护财产和保卫国家。”①

威廉斯解释道，“独立战争来临之时，殖民地［自由］人的自然、悠然和独立的状态与精神”以及他们享有的广泛的“公民自由”是殖民地开创者即首批开创者及其子孙后代与后来的移民们所创建的社会运作的“恒久结果与影响”。② 他认为，在这种状态下，“美洲的普通农场主对权利与特权的看法要比欧洲的思辨哲学家们对其研究对象的看法更为全面”。威廉斯在对托马斯·潘恩（Thomas Paine）的具体评论中指出，独立革命时期的政治作家们之所以“大获成功”，并不是“因为他们让人们知道了之前并不理解的原则，而是因为他们”“在最为危机和重大的时刻”将他们在“美洲社会状态下”习得的原则“非常明确而引人注目地”摆上桌面。③

在这些本质上是自我管理的社会中，用詹姆斯·威尔逊的话说，社会不是“政府的脚手架”，相反，政府是“社会的脚手架”。④ 政府与法律的目的是“保护和改进社会生活”⑤，确保“个人通过劳动和勤劳获得的”土地、商品、不动产和权利始终是属于他们的不容侵犯的“财产”。⑥ 一个良好政府的标准是它能够增进“人民的安宁、幸福、繁荣、繁衍和情感”。⑦ 还有什么能够更好地体现公民社会的根本原则？“社会的幸福”应该成为“每个政府的首要法则”。⑧

因此，早在他们阅读苏格兰启蒙运动作品之前，英属美洲殖民地的居民就已经认同苏格兰人所谓“公民社会”所包含的含义，那就是，社会先于

---

① Samuel Williams, *Natural and Civil History of Vermont*, vol. 2, pp. 358 - 359, p. 426.

② Samuel Williams, *Natural and Civil History of Vermont*, vol. 2, pp. 429 - 431.

③ Samuel Williams, *Natural and Civil History of Vermont*, vol. 2, pp. 429 - 430.

④ James Wilson, "Lectures on Law," in Robert Green McCloske, ed., *The Works of James Wilson*, vol. 1, p. 86.

⑤ James Wilson, "Lectures on Law," in Robert Green McCloske, ed., *The Works of James Wilson*, vol. 1, p. 88.

⑥ James Wilson, "Lectures on Law," in Robert Green McCloske, ed., *The Works of James Wilson*, vol. 1, p. 233.

⑦ Samuel Williams, *Natural and Civil History of Vermont*, vol. 2, p. 415.

⑧ James Wilson, *Considerations on the Nature and Extent of the Legislative Authority of the British Parliament*, vol. 2 (1774), p. 723.

政府存在，法律、政府和宪制的作用是促进公民社会目标的实现，尤其是帮助组成社会的个人追求幸福的伟大目标；对大多数人来说，在家庭、邻里或地方公民制度中所追求的结果要比在殖民地特有的小政治圈子里更令人满意。

四

对英属美洲殖民地来说，欧洲式的公民社会并非美国革命的产物，而是美国革命的前提条件。它们并非国家独立或某种新近发现的资源或独立革命所激发的感情的结果，而是17世纪上半叶在切萨皮克、新英格兰和西印度群岛首批创建英国殖民地之后的一个半世纪里对社会与文化资本进行转移、提炼和积累这一持续过程的结果。从这一角度看，历史学家们所称的美国革命是为永久维护殖民地时代最后几十年里已经稳固确立的公民社会带来的利益而付出的努力。英属美洲殖民地居民通过独立追求的公民自主（civic autonomy）以及他们在18世纪最后1/4世纪期间缔造的制度结构，既是该努力的一部分，也是他们已经创造并决心要维护的社会与文化资本的表现。

当然，在殖民地时代，殖民者以及宗主国的人都未曾充分理解美洲殖民地社会成就的更宏大的意义。确实，殖民者并不认为他们以及他们的先辈所创建的社会是一个“社会秩序的新模式”①。相反，他们如亚当·斯密一样，继续把“旧世界”视为“伟大的母亲”，② 认为“旧世界”为他们提供并补充了大量社会资本。在美洲的特殊条件下，殖民者及其后代在美洲各地创建英国社会的过程中，得以对这些资本加以提炼、扩大和积累。在18世纪60年代中期开始的1/4世纪里，在有关英帝国结构、共和政体的必要特性以及“一个幅员辽阔的帝国（应该采用的适当）的政府形式”③ 的激烈的宪制讨论中，大西洋两岸的人们逐渐理解了，在大多程度上英属美洲殖民地的“历史发展”成为“情感、价值观和世界观方面更为普遍的巨大变化的典范”。④

---

① Adam B. Seligman, *The Idea of Civil Society*, p. 16.

② Adam Smith, *An Inquiry into the Nature and Causes of the Wealth of Nations*, vol. 2, p. 590.

③ Adam Smith, *An Inquiry into the Nature and Causes of the Wealth of Nations*, vol. 2, p. 623.

④ Adam B. Seligman, *The Idea of Civil Society*, p. 91.

在18世纪末期，也就是在第二次创建期间，美洲殖民地的社会经历对美国人有关公民社会以及公民社会与政府之间关系的认识产生了深刻影响。从经验和概念上来说，第一次创建与第二次创建是一体的，二者之间的任何非连续性只是为了细致发掘出殖民地时期美国人在1607~1776年所创建的激进公民社会的一些政治与思想意义。正是由于其激进性质，这些社会能够进行一场极为保守的革命，同时也可以被视为在“旧世界”出现的公民社会的典范。

本文源自作者1996年3月29日在印第安纳大学布鲁明顿分校法学院召开的主题为“法律与‘公民社会’”（“Law and ‘Civil Society’”）的研讨会上“公民社会与美利坚的缔造”（“Civil Society and American Founding”）时段的评论性发言。后来以《公民社会与美利坚的缔造》（“Civil Society and the American Founding”）为题，发表在《印第安纳法学杂志》（*Indiana Law Journal*）第72卷（1997年春季号），第375~381页。这个短篇在作者参加1997年12月5日《跨学科历史杂志》（*Journal of Interdisciplinary History*）马萨诸塞州堪布里奇哈佛大学约翰·肯尼迪政府学院组织的主题为“社会资本的类型：比较视角的稳定性与变化”（“Patterns of Social Capital: Stability and Change in Comparative Perspective”）的会议时，扩充为充分论证的文章，题为《近代早期拓殖期间的社会与文化资本：英属美洲殖民地个案研究》（“Social and Cultural Capital in Colonization and State Building in the Early Modern Era: Colonial British America as a Case Study”）。本文还曾以《近代早期拓殖时代社会资本的转移》（“The Transfer of Social Capital in the Age of Early Modern Colonization”）为题，提交至1998年10月13日在伊利诺伊州芝加哥纽伯里图书馆（Newberry Library）召开的“纽伯里美国早期史研讨会”（Newberry Seminar in Early American History）；也曾以《近代早期拓殖期间的社会与文化资本：英属美洲殖民地个案研究》为题，提交至1998年10月13日在纽约州哥伦比亚大学召开的“美国早期历史与文化大学研讨班”（University Seminar on Early American History and Culture）。本文在这里重印得到了《跨学科历史杂志》的授权。本文原发表在该杂志第19卷（1999年冬季号），第491~509页；同时发表在罗伯特·罗特伯格编《社会资本的类型：历史视角的稳定性与变化》（Robert I. Rotberg，ed.，*Patterns of Social Capital*：*Stability and Change in Comparative Perspective*，Cambridge：Cambridge University Press，2001），第 153 ~ 171 页。

（张聚国译，满运龙校）

“众还是一?”

——殖民地时期美利坚文化形成过程中的白人族群

一

1776 年组成美利坚合众国的那些地区的居民主要是三个群体相结合的后代：15 世纪末欧洲人开启“旧世界”与“新世界”之间持续接触时一直占据该地区的原始原住民，17 世纪初期开始涌入英属美洲（或 1707 年后的大不列颠美洲）殖民地的大量欧洲人，被强制带到“新世界”为欧洲人在其所发起和控制的新经济事业提供劳力的非洲奴隶。在两次跨越大西洋的大规模人口迁徙中——一次来自西北欧，另一次来自非洲西海岸——来自非洲的迁移是迄今最为广泛的。从 1680 年至 1807 年废除奴隶贸易，大约 300 万非洲人跨越大西洋来到英属美洲殖民地，其人数是来到同一地区的欧洲人人数的近三倍。① 尽管英国贸易商把这些非洲人中的大多数带到了英属西印度群岛，但到达英属美洲大陆殖民地的人数也是相当可观的，尤其是在 1680 年之后。根据最新预测，在美国革命之前的 3/4 世纪里，进入英属美洲殖民地的欧洲人只比非洲人大约多 29000 人。在 585800 名新来的移民中，非洲人大约有 278400 人，约占 47.5%。在 1730 ~ 1770 年移民高峰的几十年里，非洲人占来自大西洋东岸的所有新

---

① 参见 David Richardson，“The Eighteenth-Century British Slave Trade: Estimates of Its Volume and Coastal Distribution in Africa,” *Research in Economic History* 12 (1989): 151 - 195; David Eltis, “Free and Coerced Transatlantic Migrations: Some Comparisons,” *American Historical Review* 88 (1983): 251 - 280。

来移民的比重超过50%。[①]

尽管在数量上，非洲人及其后裔在英属美洲殖民地人口中举足轻重，但本文的兴趣不是在于分析族群上更加多元化的非洲人，而是将欧洲移民及其后裔同化进 17 ~ 18 世纪在北美创建的新的英国社会的途径与程度。在 17 世纪，有 155000 ~ 180000 名欧洲人定居到了英属美洲殖民地。其中绝大部分或者说至少 70% 是英国人。爱尔兰裔大约有 20000 人，可能是最大的非英裔群体。还有大批威尔士人，9000 ~ 10000 名荷兰人定居在新尼德兰（New Netherland），特拉华河谷的新瑞典（New Sweden）殖民地居住着 1000 名左右的瑞典人或芬兰人、2000 ~ 3000 名法国胡格诺教徒，以及一些主要来自伊比利亚世界（Iberian world）的苏格兰人和犹太人。1700 ~ 1775 年的大约 307400 名欧洲移民中，只有 44100 名或大约 15% 是英裔，另有 56% ~ 57% 的移民来自不列颠群岛，因此可能会说英语。阿尔斯特苏格兰人（Ulster Scots）大约有 66100 人，约占移民总数的 21% ~ 22%。爱尔兰南方人（Southern Irish）有 42500 人，约占 14%。苏格兰人有 35300 人，约占 12%。威尔士人有 29000 人，约占 9%。德裔是最大的单一文化群体，有 84500 人，约占移民总数的 27%。欧洲大陆其他人大约只有 5900 名，仅占 2%。[②]

这些形形色色的族裔群体之间的相互关系，一直是美国殖民地史学始终关注的问题。20 世纪 60 年代之前，占据主流地位的解释是大熔炉理论。在“七年战争”期间以士兵身份来到加拿大、战争结束后定居纽约殖民地奥伦治县（Orange County）的法国人克里弗科（J. Hector St. John de Crèvecoeur）1782 年于伦敦首次出版的《美洲农场主信札》（*Letters from an American Farmer*）较早而完整地提出了这个理论。克里弗科在标题为“什么是美利坚人”的一章中雄辩地问道：“那么，什么是美利坚人，这个新人？”他回答道：一个美利坚人“或者是一名欧洲人，或者是后来经过奇特混血、只有在这个国土才能看到的欧洲人的后裔。我可以向你介绍一个家庭，这个家庭中的祖父是英格兰人，他的妻子是荷兰人，他们的儿子娶了一个法国女人，他现在的四个儿子有四个妻子，分属于不同的民

① Aaron Fogelman, “Migrations to the Thirteen British North American Colonies, 1700 – 1775: New Estimates,” *Journal of Interdisciplinary History* 22 (1991 – 1992): 698.

② Aaron Fogelman, “Migrations to the Thirteen British North American Colonies, 1700 – 1775: New Estimates,” *Journal of Interdisciplinary History* 22 (1991 – 1992): 698.

族”。他指出，在美利坚，“不同民族的个体被融为一个新的人种”，一个“英国人、苏格兰人、爱尔兰人、法国人、荷兰人、德国人和瑞士人”的“杂交人种”。[①]

在这些语句中，克里弗科描述了一个吸引力异常巨大的社会，新来的移民蜂拥而至，以新的文化实践与特性取代“旧世界”文化遗产，这将使它们加入争取个人幸福的竞争。这是英属美洲殖民地东部沿海地区文化的核心要素。[②] 勤劳和低税收使贤能之人很快晋身“独立的不动产所有人之列”，在这片丰裕之土上，克里弗科描述了长期以来一直让欧洲人对“新世界”魂牵梦萦的愿景。[③] 他宣布各类移民最初“非常理智地逆来顺受”，后来他们深深地喜欢上了这里新的氛围、治理形式、语言、畜牧业模式以及其他似乎是使其取得成就的主要决定性因素中的其他新的习惯和情况。与此同时，在追求个体幸福的过程中，他们很快摒弃了他们继承的文化与宗教偏见。克里弗科指出，在这种文化环境下，婚姻市场日益摆脱了所继承的族群、宗教、语言或甚至是阶级的限制，由此造成的混血强力促成大熔炉以及一个新的民族的形成。克里弗科写道：“他是一个美利坚人，将他自己陈旧的偏见和态度抛诸脑后，从他接受的新的生活方式中、他遵从的新政府以及他持有的新地位中获得了新的观念。他在被接纳到我们伟大母亲（*Alma Mater*）的怀抱之后就被称为美利坚人了”。[④]

然而，克里弗科的许多同时代人对于他描述的同化过程的有效性并不乐观。尤其是，1730～1770 年说德语的人大规模涌入宾夕法尼亚让人们怀疑这个殖民地是否有能力同化如此大批量的异族，担心他们会压倒并改变东道国文化（host culture）。本杰明·富兰克林（Benjamin Franklin）对这个问题进行了极为透彻的分析。他在 1751 年 3 月致纽约殖民地的印刷商同行詹姆斯·帕克（James Parker）的信中写道：如此多的德国人输入宾夕法尼亚将造成令人不安的可能性，即宾夕法尼亚“在几年的时间里，将成为德国人的一个殖民地，他们不会学习我们的语言。我们必须学习他们的语言，或者

---

① J. Hector St. John de Crèvecoeur, *Letters from an American Farmer* (New York: E. P. Dutton, 1957), pp. 37 – 39.

② Jack P. Greene, *Pursuits of Happiness: The Social Development of Early Modern British Colonies and the Formation of American Culture* (Chapel Hill: University of North Carolina Press, 1988).

③ Jack P. Greene, *The Intellectual Construction of America: Exceptionalism and Identity from 1492 – 1800* (Chapel Hill: University of North Carolina Press, 1993).

④ J. Hector St. John de Crèvecoeur, *Letters from an American Farmer*, pp. 37 – 45.

如同居住在外国”。[①] 他在同年晚些时候发表的一篇著名文章《对人口增长和定居殖民地的观察》中问道：“为什么容忍帕拉丁的乡下佬（Palatine Boors）涌入我们的拓殖地，听任他们聚集一处，确立他们的语言和习俗，从而排斥我们的语言和习俗呢?”“为什么英国人建立的宾夕法尼亚要成为一个异族（Aliens）的殖民地？不久，他们的人口会如此众多，以至于将使我们日耳曼化，而不是我们使他们英国化。他们永远也不会采用我们的语言和习俗。”

生动的短语“聚集一处”[②] 表明移民并不倾向于同化，而是表现出很高程度的族群抱团意识，其特征是倾向于组成族群飞地，尽可能在“新世界”重现他们很大一部分的文化遗产，并尽可能与接纳他们的东道国社会少接触。富兰克林阐明了这种行为的几种比较重要的表现。他向他的英国通讯员彼得·科林森抱怨道：“殖民地居民的子女很少学习英文”，而且“他们从德国进口了许多图书。殖民地六个印刷厂中，有两个只印刷德文材料，两个印刷德文、英文材料，只有两个只印刷英文材料。他们有一份德文报纸，一份德文、英文双语报纸。一般性广告如今以荷兰文和英文印刷。我们街道上的标牌都以双语写成，而在许多地方，只用德语写成。最近，他们所有债券和其他法律文件都使用自己的语言。而我们的法院对此是认可的。德国人的业务不断增加，对口译人员的需求也持续增加”。[③]

对于富兰克林以及他的英国同时代人来说，克服德国人“对他们自己的语言和习俗”的“天然”钟爱，将如此多异族人吸收进东道国文化是一个真正巨大的挑战，因为他们在很大程度上“不熟悉我们的法律与习俗”，似乎偏爱“作为独立的团体与主要是他们自己类型的人”居住一处。[④] 18世纪50年代初，持有此种信念的人时常提出将德国人赶出宾夕法尼亚，剥夺所有不说英语的人担任文职和军职人员的资格，要求所有的法律文件使用

---

① “Franklin to James Parker, March 20, 1751,” in Leonard W. Labaree et al. , eds. , *The Papers of Benjamin Franklin*, vol. 4 (New Haven: Yale University Press, 1959 –), p. 120.

② “Observations on Concerning the Increase of Mankind, Peopling of Countries, & Co. ,” in Leonard W. Labaree et al. , eds. , *The Papers of Benjamin Franklin*, vol. 4, p. 234.

③ “Franklin to Peter Collinson, May 9, 1753,” in Leonard W. Labaree et al. , eds. , *The Papers of Benjamin Franklin*, vol. 4, pp. 484 – 485.

④ “Franklin to Peter Collinson, [1753?],” in Leonard W. Labaree et al. , eds. , *The Papers of Benjamin Franklin*, vol. 5 (New Haven: Yale University Press, 1959 –), pp. 158 – 159; “William Smith to the Society for the Relief and Instruction of Poor Germans, February 1754,” in Leonard W. Labaree et al. , eds. , *The Papers of Benjamin Franklin*, vol. 5, pp. 214 – 215.

英文，关停英文材料印刷数量不到其印刷总量的一半的德语印刷厂，禁止进口德文图书，通过经济手段鼓励通婚，建立免费英文学校——这是19世纪中期以来美国社会主要的社会化和同化工具。①

在这些建议中，在殖民地时期宾夕法尼亚唯一实行了的似乎是建立学校。这似乎为同化提供了最有希望的前景。据富兰克林的密友威廉·史密斯牧师（Reverend William Smith）、费城新建立的新学院的教务长预计，在这些学校里，德裔儿童将“认识熟人，建立联系，学习共同的语言，学习共同的习俗以及自由、共同福祉和共同国家的意义”。史密斯指出：“正如罗马历史所表明的，伴随通婚，这将使他们统一于一个共同的利益之下。”②尽管富兰克林支持在所有德裔移民“密集定居的”地区建立说英语的学校，但他还是一直担心，“不一致的习俗之间的冲突”可能将永远阻止英国人和德国人融合为一个单一的民族。他声称，“德国妇女在英国人看来一般很难看，以至于”很难“促使英国人跟她们结婚”。他补充说：“德国人的审美观总体上与我们对妇女的审美观不一致……厚重而强壮，常常是对漂亮女孩的描述，因为对他们来说妻子的价值在于她能够从事的工作。”③富兰克林的评价构成了一个文化过程的图景，其特点不是大熔炉，而是一个坚实但基本上难以驾驭的文化多元主义。

那个时代有关移民经历的两个对立观点，即克里弗科对族群混合的强调以及富兰克林对族群分离的强调，可以作为重新审视本文标题“众还是一？”所包含的一个老问题的出发点。

二

这种审视必须从了解在殖民地时代作为接纳欧洲移民的“东道国”的

---

① See “Peter Collinson to Franklin, August 20, 1753,” in Leonard W. Labaree et al., eds., *The Papers of Benjamin Franklin*; “Franklin to Peter Collinson, [1753?],” in Leonard W. Labaree et al., eds., *The Papers of Benjamin Franklin*, vol. 5, p. 21, pp. 158 – 159.

② “William Smith to the Society for the Relief and Instruction of Poor Germans, February 1754,” in Leonard W. Labaree et al., eds., *The Papers of Benjamin Franklin*, vol. 5, pp. 214 – 215.

③ “Franklin to James Parker, March 20, 1751,” in Lenoard W. Labaree et al., eds., *The Papers of Benjamin Franklin*, vol. 4, p. 120; “Franklin to Peter Collinson, [1753?],” in Leonard W. Labaree et al., eds., *The Papers of Benjamin Franklin*, vol. 4, pp. 158 – 159; “Franklin to Peter Collinson, May 9, 1753,” in Leonard W. Labaree et al., eds., *The Papers of Benjamin Franklin*, vol. 4, pp. 484 – 485.

几个新社会入手。在过去的1/4世纪里，历史学者们不是将这些社会构想为一些独立的殖民地，而是将它们设想为一系列相互交叉但在社会经济与社会文化上各不相同的地区，每个地区有各自的殖民和经济文化的模式。按照殖民地建立的顺序，我们论述四个主要的地区：切萨皮克，包括弗吉尼亚、马里兰和北卡罗来纳北部，以烟草生产为主，偏好分散的农业拓殖地，广泛使用奴隶劳动；新英格兰，由马萨诸塞、康涅狄格、罗得岛和新罕布什尔组成，倾向于生计农业（subsistence agriculture）、渔业、航海、对外商业、木材生产，尤其（相对所有同时代其他英属殖民地而言）笃信清教并严格遵守社会准则；中部殖民地，包括纽约、新泽西、特拉华和宾夕法尼亚，集中于粮食和肉类生产；以及下南部地区（Lower South），包括南卡罗来纳、北卡罗来纳南部和佐治亚，主要通过奴隶生产大宗作物和产品，如稻米、靛蓝和松脂制品。切萨皮克和新英格兰在17世纪上半叶开始拓殖，以英裔居民为主；中部殖民地最初是荷兰人或瑞典人开辟的，直到17世纪60年代才被英国占领。下南部曾经是西班牙的领地，1660年之后也被英国人占领。这些地区的族群更加多元化，包括哈德逊河谷和特拉华河谷的居民，荷兰人、瑞典人和芬兰人，大量的威尔士和爱尔兰拓殖者，人数较少的苏格兰人和讲法语或德语的清教徒，以及人数更少的讲西班牙语、荷兰语或葡萄牙语的犹太人。

就本文的有关课题而言，对于这四个地区以及构成它们的若干殖民地的性质来说，我们强调三个总体观点。第一点是，每个地区应被视为一个新社会。也就是说，这个社会是一群控制了土地的开创者创建的。他们设计出办法，为自身生存和利润操控当地的物质资源，重建物质与社会景观，确立适合自己情况的政治、法律以及其他文化制度。随着"第一批人进入之前无人居住"或更确切地说人口减少的"地区，成为有效的占有者"，这些创始人构成了社会学家约翰·波特所说的"创始"群体（"charter" group），也就是说，他们及其直接后裔或继承者对于他们正在创建的社会的性质拥有"最大的发言权"。[①] 因此，这些最早到达的移民发挥了不成比例的巨大决定性作用。由于即使到17世纪下半叶，所有这些创始集团成员大部分还是英裔的并且在英国的赞助下作为英国文化的代理人而行动，所有这些新社会都

① John Porter, *The Vertical Mosaic: An Analysis of Social Class* (Toronto: University of Toronto Press, 1965), p. 60.

表现出可以识别的英国文化特征，而且在其对外关系的各个方面，与更大范畴的大西洋世界联系密切。而“老英格兰”（Old England）日益成为这个大西洋世界公认的政治、经济、文化与精神中心。极其明显且确定无疑的是，它们的文化特征不是西班牙的、葡萄牙的、法国的、荷兰的、美洲土著人的或非洲人的，而是英国人的，或1707年之后的不列颠的。

第二点是，尽管这些新社会表现出英国文化的特征，但这些创建和控制它们的英国人无一例外来自英格兰的许多不同地区。近代早期英国，与近代早期法国或西班牙一样，是一个成分混杂的社会实体。它是由大部分说同样语言的人构成的，但是也存在很多方言；他们共享一个拥有（普遍的）共同法律制度的国家政体，但他们生活的条件存在天壤之别，地方文化各具特色。他们中的许多人甚至拥有他们自己独特的政治与法律制度。因此，“英国”（English）只不过是一个宽泛而极具争议性和有问题的文化类别。它包含了驳杂且千差万别的地方文化。来自英格兰许多文化地区的殖民者在适应新的物理空间并在英属美洲殖民地的各个地区创建一个英国地方文化的新变种时，彼此之间必须进行协商，并因此敏锐地意识到作为“英国人”的意义。

与后来来自世界其他地区，如来自非洲、西印度群岛以及欧洲其他地方的移民一样，最早来到北美的英裔移民发现自己在正在创建的社会中不得不经历一个现代移民史学者所说的“族群化”（ethnicization）过程。“族群化”这一概念承认，来自同一个民族文化的移民既无“预先存在的纽带使其在内部保持统一”，也并非欧洲文化中各个社会成分共同认同的某种特定“旧世界”习俗和制度的承载者。在他们到达美洲时，这些群体常常四分五裂。他们只是逐渐就使他们结成多个统一族群的特定的社会与文化统一体（social and cultural unities）达成共识。换句话说，“族群联系只是在美洲土地上形成的”；而那些联系的主要标志对于同一个民族血统的后来移民来说以及对那些“东道国”居民来说常常同样陌生。[①]

有关英属美洲殖民地几个地区文化形成过程的第三个总体要点是，无论这些英国多元群体结合在一起形成统一的英国文化有多难，后来的移民，无论是来自英格兰、英国的其他地区，还是来自欧洲大陆或美洲的其他地方，

① See Jonathan D. Sarna, “From Immigration to Ethnics: Toward a New Theory of ‘Ethnicization’,” *Ethnicity* 5 (1978): 370 – 371.

他们进入的都是一个早已定义明确的政治、法律、社会和文化的景观。留给他们的只有两个选择：同化还是族群化（ethnicize）。任何特定群体发展或保持其族性（ethnicity）的程度都取决于一系列变量的作用，这将在下文进行讨论。然而，在殖民地时代，大多数英裔和欧洲裔移民的强大趋向与其说是族群化，倒不如说是同化，或至少是适应（accommodate）。然而，如果出于选择或宗主国文化的压力，他们经历了族群化，那么他们作为松散的民族群体或前族裔群体（pre-ethnic group），首先经历了最早的英国殖民者所经历的族群化过程。他们通过将自己的文化与所居住地区的主导性东道国文化相对照，逐渐理解了他们与那些文化的不同之处，以及在他们从“旧世界”带来的丰富的世袭传统和制度之中，是什么使他们凝聚在一起，成为一个独具特色的统一的“族裔”群体。

这三个总体观点暗含的文化形成模式的主要例外是纽约殖民地。这里的创始性文化（charter culture）不是英国人的，而是荷兰人的。从族性和宗教上说，新尼德兰的人口从一开始就出了名的混杂。尽管新尼德兰人口来自荷兰附近的许多地区，他们包括说法语的瓦龙人（Walloons）和莱茵兰（Rhineland）的德国人，还有在长岛上居住的来自新英格兰的一大批移民以及少量的苏格兰人和来自伊比利亚半岛的犹太人，这个地区“充满了独特的荷兰特色”①，而且其荷兰特性（Dutchness）是一个在英国殖民地的英国人中间发生的族群化类似过程的产物。这里的族群化发生在最初占领这个殖民地并控制了支撑和定义这个殖民地的社会制度安排的各色荷兰人和其他民族的人中间。乔伊丝·古德弗伦德指出，这个创始群体（charter group）通过引入“制度、法律和习俗”，改变景观，确定“与土著人和输入的非洲人之间的互动模式并选择性地”输入他们母国文化的其他方面，实现在文化上根深叶茂。② 1664 年，当英国人征服新尼德兰之后，这里的文化已经牢牢地扎根，这是定义他们的英国性（Englishness）的背景。他们发现，他们的处境不是要在英国人中间与另外一个英国地方文化谈判，而是要将英国文化的习惯与形式强加到一个在这里已根深蒂固的荷兰文化上。

这个强加的过程是在后来的七八十年里慢慢实现的，其经过了两个竞争

---

① Donna Merwick, *Possessing Albany, 1630 - 1710: The Dutch and English Experience* (Cambridge: Cambridge University Press, 1990), p. 8.

② Joyce D. Goodfriend, *Before the Melting Pot: Society and Culture in Colonial New York City, 1664 - 1730* (Princeton: Princeton University Press, 1992, p. 5.

的冲动——英国化（anglicization）与约翰·默林（John Murrin）所说的“荷兰化”（batavianization，即荷兰殖民者在英国人英国化的压力下表现出的坚守荷兰方式的愿望）——之间一系列旷日持久的文化谈判和调整。控制公共领域有助于英国人赢得这个竞争。他们很快将英语确定为法律和公共讨论用语，按照英国人的方式重组了政治机构，将英国法律实践引入法庭，并将贸易导入讲英语的世界。然而，由于在私人领域缺乏强制性资源，英国人并未系统性地或持续地努力根除其他方面的荷兰文化。相反，他们采取了一种迁就性政策，允许与英国文化存在“天然之别的荷兰文化传统不受骚扰，继续存在”。正是由于这个原因，用古德弗伦德的话说，纽约殖民地众多荷兰人中的很多人“只需要对英国政府这一事实做出最小的让步”。由于“他们的家庭和教会生活得到了保障”，他们没有多少英国化的动力。确实，与英国人为邻使荷兰人意识到了自己的“荷兰特性”，促使他们表达自己的族群性，并强化了他们对“自己的习俗和价值观”的眷恋。[①]

所以，尽管英国人口稳步增长并强制确立了英国制度，但直到18世纪，纽约殖民地的“荷兰生活方式”一直很强势。以荷兰归正会（Dutch Reformed Church）为制度基础，荷兰人的社区和家庭得以自行安排其家庭生活。在乡村和城镇，他们聚集在通常“不受外部影响的”族群社区。他们表现出同族通婚的明显倾向。1700年之前，超过80%的荷兰裔妇女和100%的荷兰裔男性从族群内部选择配偶。尽管截至17世纪90年代，荷兰人通常由配偶双方共同签署的、以保障遗孀在其一生中能够监管财产的互惠遗嘱开始让位于仅由丈夫签署的英式遗嘱，但荷兰人丈夫起草的遗嘱依然旨在实现互惠遗嘱的传统目标。同样，尽管越来越多的荷兰人掌握了“基本的英语表达方法”以及复杂的英国法律和商业惯例，但荷兰语继续作为该族群宗教和家庭用语。[②]

1710～1750年，随着英国人逐渐在数量上占据优势以及公共生活呈现更多的英国特性，荷兰人发现越来越难以“在一个日益英国化的世界里维

---

① Joyce D. Goodfriend, *Before the Melting Pot: Society and Culture in Colonial New York City, 1664–1730*, p. 110, p. 219.

② Joyce D. Goodfriend, *Before the Melting Pot: Society and Culture in Colonial New York City, 1664–1730*, p. 6, p. 41, p. 60, p. 81, pp. 94–97, p. 186, pp. 208–210.

持他们的族群认同”[①]。他们依然建造荷兰风格的房屋，也依然到荷兰归正宗的教堂礼拜，然而，那个荷式堡垒内的成员越来越少。荷兰父母希望自己的孩子成功立业，越来越多的人为他们的子女提供英文教育，以便他们能够“提高自己的社会地位”。到 18 世纪中期，英语“已经成为荷兰青年人的主要语言”，而“熟练使用荷兰语”主要局限在老年人中间。正如兰道尔·巴尔默所说的，“许多自称具有荷兰血统的人已经不会说荷兰语了”。1700 年之后，荷兰男性和女性“在选择婚姻伴侣时”逐渐摒弃了“族群排他性”原则。[②] 截至 18 世纪 50 年代，男性遗嘱起草者基本上放弃了荷兰人重点保护妇女财产利益的平等财产继承惯例，转而模仿他们的英国人邻居，利用他们对财产的控制“保障子女的继承权，限制其遗孀对财产的控制”。实际上，在纽约殖民地开放的经济环境下，荷兰人已经吸收了由英国法律定义的、在英国政治制度下运行的一种共同文化。这种文化“促进了男性对婚姻内财产的控制、青年人的个体发展”、一个自由的婚姻市场“以及家庭经济上的自给自足”。[③]

在纽约殖民地以及中部殖民地其他地方的荷兰人的例子说明了相互补充的三方面发展，这些发展后来在 18 世纪来到英属美洲殖民地的大多数非英裔欧洲移民的经历中得到了复制：第一方面是，逐渐适应英国人或不列颠人及其准则主导的相当小的公共领域；第二方面是，一个非常大的家庭领域出现了明显的私人化，其中，人们根据个体或群体的价值观构建生活；第三，逐渐吸收主要由占据主导地位的英裔人口定义的核心文化，这种文化一直“容忍”各种族群认同的表达。在荷兰人中间，这第三个方面的发展所代表的英国化过程，在富裕的人口中和在城市地区进展较快。在不太富裕的人中和农村地区，至少直到 18 世纪末期，荷兰人的生活方式一直非常强势。

“新瑞典”（New Sweden）是另外一个其创始文化并非由英裔或不列颠人成就的殖民地。该殖民地的瑞典裔和芬兰裔拓殖者的经历与荷兰裔拓殖者的经历形成了鲜明对照。位于特拉华河谷的瑞典人和芬兰人处于荷兰人的管

① Joyce D. Goodfriend, *Before the Melting Pot: Society and Culture in Colonial New York City, 1664 – 1730*, p. 154, p. 210; Randall H. Balmer, *A Perfect Babel of Confusion: Dutch Religion and English Culture in the Middle Colonies* (New York: Oxford University Press, 1989), p. 153.

② Joyce D. Goodfriend, *Before the Melting Pot: Society and Culture in Colonial New York City, 1664 – 1730*, p. 101, pp. 188 – 189, p. 198, p. 200, pp. 208 – 210, p. 213.

③ David E. Narrett, *Inheritance and Family Life in Colonial New York City* (Ithaca: Cornell University Press, 1992), p. 203, p. 214.

辖范围内。1664 年，英国人征服新尼德兰；1680 年，特拉华河谷被并入宾夕法尼亚和特拉华殖民地。在面对周围在人数上占有压倒性优势的英国人口时，他们缺乏至关重要的大量人口，以维持很大一部分族群性。1750 年，芬兰语完全消失，而芬兰人的后代，用芬兰博物学家比得·卡尔姆的话说，全部“转变成了英国人”。瑞典人开始人口较多，因而在较长时间内坚守了自己的语言与习俗。在访美期间，卡尔姆发现许多瑞典人仍然能够听懂瑞典语，并在私下里用瑞典语交谈，但是，英语已经成为他们的“主要语言”。他们中越来越多的人“耻于用自己的语言交谈，因为他们担心这样的话他们就无法成为真正的英国人”。他们拒绝在公共场所说瑞典语。随着瑞典人与邻近英国人之间通婚现象的增加以及瑞典路德宗（在 18 世纪上半叶成为安立甘宗）的彻底英国化，彻底放弃瑞典语言一方面证明一个较小的民族群体在英国人海洋中很难维持独立认同，另一方面也许也证明了占据主导地位的文化的吸引力。①

三

与在哈德逊河谷和特拉华河谷被征服的荷兰人和斯堪的纳维亚半岛人相比，在 1680～1775 年来到英属美洲殖民地的新欧洲移民面临一个现成的英国文化。他们从一开始就知道，他们必须适应他们将前往定居或被遣离的地方性英国文化。他们包括四种不同类型的自愿性和非自愿性移民。第一类是罪犯。有数千罪犯被英国法庭判定发配到各个殖民地作为役奴（bound servants）长期服役。第二类是在社会上陷入绝境的人。他们在英国的边缘化生活迫使他们以若干年的劳动换取跨越大西洋的旅程。第三类是战争和宗教歧视产生的难民。他们把美洲视为一个开始新生活的地方。第四类是所谓的改善型移民（betterment immigrants），这些人拥有资源与技能，他们希望能够在新世界对其加以应用，以改善他们的经济处境。

自 17 世纪 80 年代开始，殖民地的推动者们，即获得英王授予的整个殖民地或殖民地很大一部分土地的人，以及获得殖民地政府授予的大片土地的人，努力从三个自愿性移民群体中招募英国和欧洲的新教移民。为此，他们

---

① Adolph B. Benson, ed., *Peter Kalm's Travels in North America* (2vols., New York: Wilson-Erickson Inc., 1937), p. 717.

印制了多种语言的宣传材料，将殖民地描绘为安全而诱人的地方。那里的社会几乎没有贫困，自由人生活富足，不需要太多劳动，勤劳的人则建立了家庭，获得了独立甚至财富。数量激增的类似材料强调这里没有确立代价高昂的官方宗教，实行宗教宽容，有相对简单、开支低和并不引人注目的政府，不存在“旧世界”特有的社会等级制和法律限制的压迫，并且在英国治理制度下自由财产持有人享有很大程度的独立和自由。为了同样的目的，各殖民地通过了归化法，保障外来的新教徒享有与英国殖民者同样且全部的公民权利。1740 年，英国议会通过了自己的《归化法》（*Naturalization Act*），批准了这个制度。实际上，这种宣传材料吸引来自欧洲的各类新教徒，包括那些未能在“旧世界”取得成功的新教徒，让其在“新世界”将资源、技能、创业和勤劳精神投入对幸福的追求。在新世界的这种追求比在当时西方世界的任何地方有更大的可能性获得他人尊重，取得经济上的成功。[①]

这些宣传材料暗示或常常明确向外国人描述同化进在英属美洲殖民地正在形成的新社会的前景。换句话说，要追求幸福、追求物质与社会地位的提高以及个人的自我实现，就要成为社会创建的完全参与者。然而，近期对各种族裔群体经历的研究，包括乔恩·巴特勒对法国胡格诺教徒的研究[②]，斯蒂芬妮·沃尔夫、A. G. 罗博、玛丽安妮·沃基克和赫尔曼·韦伦罗特对德国人的研究[③]，以及内德·兰兹曼对苏格兰人的研究[④]，表明特定族群成员同化的速度和程度，以及其加入或抵制被吸收进英属美洲殖民地文化的程

---

① Jack P. Greene, *The Intellectual Construction of America Exceptionalism and Identity from 1492 - 1800*, pp. 68 - 78.

② Jon Butler, *The Huguenots in America: A Refugee People in a New World Society* (Cambridge, Mass.: Cambridge University Press, 1983).

③ Stephanie Grauman Wolf, *Urban Village: Populations, Community, and Family Structure in Germantown, Pennsylvania, 1683 - 1800* (Princeton: Princeton University Press, 1976); A. G. Roeber, *Palatines, Liberty, and Property: German Lutherans in Colonial British America* (Baltimore: Johns Hopkins University Press, 1993); Marianne Wokeck, "German Immigration to Colonial America: Prototype of a Transatlantic Mass Migration," in Frank Trommler and Joseph McVeigh, eds., *America and the Germans: An Assessment of a Three-Hundred-Year History*, vol. 1 (Philapdelphia: University of Pennsylvania Press, 1985), pp. 3 - 13; Hermann Wellenreuter, "Image and Counterimage: Tradition and Expectation: The German Immigrants to English Colonial Society in Pennsylvania, 1700 - 1765," in Frank Trommler and Joseph McVeigh, eds., *America and the Germans: An Assessment of a Three-Hundred-Year History*, vol. 1, pp. 85 - 105.

④ Ned C. Landsman, *Scotland and Its First American Colony, 1683 - 1765* (Princeton: Princeton University Press, 1985).

度，取决于一系列重要变量。我列出了10个变量。

1. 群体规模：大规模到来的群体拥有抵制同化压力的更大可能性。

2. 殖民地点与模式：聚集定居或居住在城市族群社区的群体相比那些分散在全部人口中的群体来说更能有效地抵制同化。

3. 英语语言的熟练程度：不熟悉英语会使同化变得更加困难和缓慢。

4. 性别比例的平衡：那些以家庭为单位移民的群体或男性与女性的比例没有严重失衡的群体能够提供族群内的婚姻伙伴，以保持族群的完整性。

5. 与来源文化保持持续联系的程度：连续不断的移民及其带来的跨大西洋亲属、金融、社群与宗教网络的维持，强化了群体维护其族群传统的能力。

6. 对宗教的笃信程度与宗教排他性：那些表现出维持一个纯洁教会的巨大冲动的自我封闭性宗教群体拥有维持族群凝聚力的强大意志力。

7. 排外的程度：在"旧世界"表现出排外行为的群体来到"新世界"之后很可能会继续这种行为。

8. 东道国人民的态度：一个不能容忍另外的行为模式的东道国人民可能会迫使一个群体同化，或者强化自己的族群意识。

9. 内部敌人：邻近的文化与其差别巨大的群体——美洲土著人、非洲人或非裔美国人——尤其是在这种群体似乎表现出威胁性的时候，倾向于模糊或消除欧洲群体之间的差别。

10. 外部的敌人：容易受到邻近的西班牙或法国殖民地的攻击会促进同化。

我们可以通过对主要族裔群体经历的分析来说明这些变量如何发挥作用从而加快或延迟在英属美洲殖民地社会中的同化过程。我建议简要地看一下两个群体：一个是最容易被同化的法国胡格诺教徒，另一个是最难以同化的德国移民。在这项研究中，本文将重点关注语言坚守、宗教附属、惯例继承和婚姻选择等关键衡量标准。

法国胡格诺教徒不到5000人，也可能只有3000人。他们是英属美洲殖民地非英裔欧洲移民中到达最早、人数最少的群体。"与后来经常居住在孤立的农村地区、很少与不同族群接触的德国、苏格兰和苏爱人移民大大不同的是”，在1685年取消《南特敕令》（*Edit of Nantes*）之后的20多年里逃离法国，主要居住在南卡罗来纳、纽约殖民地和新英格兰地区的胡格诺教徒们，经常居住在城市中心，与英国人保持密切联系。尽管居住在小规模的农村飞地，如纽约殖民地的新罗歇尔（New Rochelle）或新帕尔茨（New Paltz）的胡格诺教徒的族群凝聚力保持时间最长，但“在［英属］美洲殖民地的各个地方，胡格诺教徒的典型经历是被同化和凝聚力的削弱”。他们很快学会了英文，并且很快表现出族群外通婚的明显倾向，乔恩·巴特勒称之为“匆忙走向族外通婚”。在18世纪20年代，南卡罗来纳60%的胡格诺教徒与非胡格诺教徒结婚；在18世纪60年代，这一比例上升至90%。在17世纪90年代的纽约殖民地，40%的胡格诺教徒族外通婚。到18世纪五六十年代，这一数字已经上升至接近90%。在18世纪40年代的波士顿，这一数字接近97%。起初，法国新教教会成为族群凝聚力的基础。然而截至1750年，“在所有殖民地只有两个影响力比较弱的法国新教教会”。其他的教会或者变成了安立甘教会，或者在其成员加入其他地方性主导教会（在波士顿是公理会，在南卡罗来纳和纽约是安立甘教会）之后解散。在初期，在经济上获得成功的胡格诺教徒，如南卡罗来纳的曼尼高尔特家族（Manigaults），纽约殖民地的德兰西家族（Delanceys）或马萨诸塞殖民地的法纳尔家族（Faneuils），已经彻底融入了殖民地政治与经济主流生活。在殖民地时代，没有任何其他的族群经历了如此“快速的社会与宗教解体”。与克里弗科理论一致的是，法国胡格诺教徒几乎融入了全部人群之中。①

德国移民的经历与此形成了鲜明对照。他们的人数超出胡格诺教徒人数的20~25倍。他们来时有的是自由人，有的是奴仆，主要以家庭的形式，来自许多小的政治辖与地区，包括巴拉丁（Palastinate）、施瓦本（Swabia）、阿尔萨斯（Alsace）、威斯特伐利亚（Westphalia）、黑森（Hesse）、西里西亚（Silesia）、符滕堡（Württemberg）、巴登（Baten）、瑞士和奥地利。他们代表许多不同的族群分支，持有五花八门的宗教信仰——路德教派、德国改革教派、各种虔信派，甚至还有少数天主教徒——他们说同种语言中的不同方言。尽管他们中的许多人定居在南卡罗来纳、北卡罗来纳、弗吉尼

① Jon Butler, *The Huguenots in America: A Refugee People in a New World Society*, p. 5, p. 9, p. 45, p. 55, p. 81, p. 89, p. 110, p. 132, p. 158, p. 187.

亚、马里兰、新泽西和纽约殖民地，但他们主要集中在宾夕法尼亚。在殖民地时代末期，他们大约占到该殖民地总人口的40%。如此众多的人口使宾夕法尼亚德裔移民成为非英语移民中唯一一个开办了几种报纸和几家出版社的群体，且其报纸和出版的图书以自己的语言为载体。由于众多讲德语的人聚集在农村社区和小的城镇，德语成为社区、家庭和宗教生活中的一种交流语言。来自德国的移民持续大量涌入，大量德国人保留了在“旧世界”社区的财产权，维持着与“旧世界”教会之间的宗教联系，因此他们与其所来自的文化保持着密切联系。①

这些条件使德国移民，至少在宾夕法尼亚与其他中部殖民地保持了很高程度的族群凝聚力。德国人以母语进行交流。他们到德语教会礼拜，居住在德国风格的农场和城市住房中。在任何可能的情况下，他们都遵循了德国人私下裁决的习俗，而不是诉诸法庭。他们延续了德国的继承惯例，将财产平等地分配给子女。如果想要保留自己的财产，他们会采用合同的形式，强制继承人供养他或她的兄弟姐妹。除了费城及其周边地区以外，第一代人很少族外通婚。他们也很少借钱给非家庭成员。如在英国人中一样，德国人中的族群化过程，也就是建立统一社群的过程，同样很缓慢。在这样多样化人口中建立一个统一的德裔族群，需要长期而艰苦的族群内文化谈判。可以确定的是，直到殖民地时代结束之后，这不会取得什么结果。②

---

① Don Yoder, "The Pennsylvania Germans: Three Centuries of Identity Crisis," in Frank Trommler and Joseph McVeigh, eds., *America and the Germans: An Assessment of a Three-Hundred-Year History*, vol. 1, pp. 42–43; Stephanie Grauman Wolf, "Hyphenated America: The Creation of an Eighteenth-Century German-American Culture," in Frank Trommler and Joseph McVeigh, eds., *America and the Germans: An Assessment of a Three-Hundred-Year History*, vol. 1, pp. 65–84; Hermann Wellenreuter, "Image and Counterimage: Tradition and Expectation: The German Immigrants to English Colonial Society in Pennsylvania, 1700–1765," in Frank Trommler and Joseph McVeigh, eds., *America and the Germans: An Assessment of a Three-Hundred-Year History*, vol. 1, p. 90; A. G. Roeber, " 'The Origin of Whatever Is Not English Among Us': The Dutch-Speaking and the German-Speaking Peoples of Colonial British America," in Bernard Bailyn and Philip D. Morgan, eds., *Strangers within the Realm: Cultural Margins of the First British Empire* (Chapel Hill: The University of North Carolina Press, 1991), pp. 220–283.

② Daniel Snydacker, "Kinship and Community in Rural Pennsylvania, 1749–1820," *Journal of Interdisciplinary History* 13 (1982–1983): 41–62; Stephanie Grauman Wolf, *Urban Village: Populations, Community, and Family Structure in Germantown, Pennsylvania, 1683–1800*, p. 132, pp. 296–300.

然而，尽管许多德国人决意要在家庭领域内保存其"德国性"（Germanness）——在家里，妇女维持语言、宗教准则以及与众不同的族群习惯——只有最为排外的德国人（如摩拉维亚兄弟会）表现出十分不情愿接受他们居住其中的英国人东道国社会，但从整体上说，他们相对较快地同化为英国文化的主要组成部分。如他们的英国人邻居一样，他们不是在村落里定居，而是定居在分散的农场。他们也积极参与土地市场，经常迁徙，表现出桀骜不驯的倾向，并且在家庭、农场、社区和信仰等私人领域集中精力。他们习得了足够的英语，以参与法律和政治制度建设。那些居住在城市地区的人，所居住的小区是由阶级而不是由族性决定的。他们与英国人和苏爱人镇民自由交往。[①] 这些行为模式表明，德国移民的经历涉及的不是形成自给自足的族群社区，而是在私人生活领域追求族群传统的同时，在公共领域被同化、接受东道国的准则。

四

人数众多的德裔族群被强推向同化，这表明英属美洲殖民地同化的压力确实强大。这些压力中最为重要的因素包括：

> 1. 广泛获得可利用的物理与社会空间。相对来说，同化可广泛地占有地产以及其他形式的财产，并由此取得独立，这吸引各个欧洲族群的自由人参与对物质地位改善的追求。这构成了英属美洲殖民地生活的核心文化要素。
>
> 2. 区域性东道国文化的社会与经济吸引力。各殖民地很早就设计出在特定物理景观（physical landscape）上定居并进行开发的有效方式。后来的移民认识到，最有把握取得经济成功的途径是在文化上接纳那些方式。
>
> 3. 巨大的家庭领域的力量与吸引力。在这一领域，人们拥有自主权，可以根据自己的族群或其他偏好安排自己的生活。

---

① Laura L. Becker, "Diversity and Its Significance in an Eighteenth-Century Pennsylvania Town," in Michael Zuckerman, ed., *Friends and Neighbors: Group Life in America's First Plural Society* (Philapdelphia: University of Pennsylvania Press, 1982), pp. 196 - 221.

4. 各个殖民地美洲土著人、非洲人和非裔美国人的大量存在，提醒欧洲人注意到他们具有共同的欧洲性、文明和白肤色。

5. 社区混合，不同族群的人彼此密切接触，促进了社会交往，鼓励了族外通婚。

6. 宗教多元化和混杂，促使一种宽容的意识形态进一步发展，有时带来跨越族群和宗派界线的合作。

7. 自由的婚姻市场，在这个市场上，男人和女人可以根据自己的个人偏好选择配偶，无须考虑族性或宗教。

8. 将天主教徒和不说英语者排斥在公共生活之外，促使那些拥有参与公共生活抱负的人去学习英文，即政治与法律讨论所用语言，并促使天主教徒放弃或隐藏其宗教。

9. 国族化的公共经历（nationalizing public experience），如与天主教西班牙和法国之间的跨殖民地战争，突出了殖民者对新教的共同信仰；美国革命，通过性别、种族和阶级而不是族群定义了哪些人属于或不属于公民。

这些压力的作用可以被设想为同化过程的代际形态（generational morphology）。英属美洲殖民地的各个移民群体都或多或少地受到这些压力。这种同化过程强调族群特殊性和凝聚力的逐渐衰减。第一代移民适应了当地的政治、法律和社会 - 经济文化，并学会了足够的英文以积累并转移财产。后来的第 1 ~ 2 代移民，即克里奥尔人或本土出生的人，在成长过程中一直说英语，作为英属美洲殖民地区域文化的完全或部分社会化的成员，与那种文化上不属于他们所在族群的人交往，参与所有族群参与的活动或经历，有时在婚姻中跨越族群边界。再后来的几代人在婚姻以及其他行为中基本上忽略了族群考虑。不同族群经历这一过程的速度各异，取决于其规模、凝聚力以及前文所讨论的其他变量。法国胡格诺教徒和瑞典人处于这个连续统一体（continuum）的一端，德国人处于另一端，威尔士人、苏格兰人、乌尔斯特苏格兰人（Ulster Scots）和爱尔兰人则处于连续统一体的中间位置。

如果历史地理学家罗伯特·米切尔对谢南多瓦河谷（Shenandoah valley）经历的描述具有典型性，那么在后来几代人二次殖民的地区，族群凝聚力的虚弱和同化到同种文化之下的过程可能更快。米切尔的著作表明，在这些地方，随着对经济和商业的考虑优先于对宗教和族群的考虑，“创建分散的农村定居点模式和个体家庭农场的景观超越了族群来源的差别”；“与日俱增的人口在空间上的混合”较高比例的人口更替以及向上的社会流动性“逐渐削弱了族群认同”。由于部分地“将讲德语的群体与河谷的其他人口”分离开来，语言以及宗教上的差别“延迟了他们的文化同化。与讲英语的群体相比，他们较少参与河谷早期的公民、政治和商业活动。然而，他们越快地实现商业成功，就越快地被同化”。[①] 18 世纪最后的几十年，他们成为自由婚姻市场的完全参与者，表现出越来越少的对族群考虑的关注。在整个英属美洲殖民地欧洲移民及其后裔中较为普遍的这种同化过程，给当时克里弗科的熔炉理论提供了那个时代非常有力的社会证明，有助于消解富兰克林在 18 世纪 50 年代表达的对于族群竞争和族群排外性的担忧。

当然，这种同化过程并未扩大到其他种族。那些居住在白人中间的土著美洲人选择或由于个人情况被迫同化，接受了白人的生活方式，并与具有欧洲血统的殖民者通婚。尽管很难确定这些土著人的数量，但是不应低估他们的人数。与此同时，在殖民地时期，只有非洲人或非裔北美人可能有极其罕见的被同化的机会。用文学学者艾伦·沃尔德的话说，在整个殖民地时期及其后，不是由生物学，而是由一种强大的“围绕肤色神话的种族类型社会解释”以及与之相伴的“深色肌肤代表低劣”的观念定义的种族（race）而非族群（ethnicity），一直是“美国文化中最核心的范畴”。[②]

如果英属美洲殖民地时期欧洲移民的经历可以通过本文提出的框架进行解释，那么本文标题所提出的问题似乎是法国人所说的“不正确地提出的问题”（a *question mal posé*）。英属美洲殖民地文化的形成过程并不是“一还是众”（Unum or Pluribus）的问题，而是“一和众”（Unum and Pluribus）的问题。用文学理论家沃纳·索拉斯的话说，“‘多元’与‘同化’之间的对立是一个伪命题”。[③] 在各个地方，英属美洲殖民地文化展现出一种松散的一致形式，这表明越来越多的人一致认为和坚信，

① Robert Mitchell, *Commercialism and Frontier: Perspectives on the Early Shenandoah Valley* (Charlottesville: University of Virginia Press, 1977), pp. 239 – 240.

② Alan Wald, “Theorizing Cultural Difference: A Critique of the ‘Ethnicity School’,” *Melus* 14 (1987): 28.

③ Werner Sollors, “Introduction,” in Werner Sollors, ed., *The Invention of Ethnicity* (New York: Oxford University Press, 1989), xiv.

一种本质上是英国的、新教的、商业的和繁荣的公共文化是可取的，这种文化倾向于促进独立白人男性个体或群体对幸福的追求。这种普遍的一致看法反过来允许，甚至在某些方面鼓励作为追求幸福的产物的、在家庭空间建设中程度很高的多元化。这种情况鼓励了对族群意识和行为的维系，而这又造成了一种平行的族群化（ethnicization），并为 19 世纪缔造族群传统奠定了基础。然而，后来出现的对族群的怀旧情绪不能掩盖的事实是，在殖民地时期，每个主要的族裔群体，包括大多数德国人，在政治上、法律上、社会－经济上和语言上被同化进他们居于其中的东道国文化。用内德·兰兹曼的话说，这一经历“有助于将地区背景多样且互不联系的殖民者统一于一面共同的民族旗帜之下”。①

本文是为 1995 年 11 月 4 日弗吉尼亚威廉斯堡市威廉斯堡殖民地历史协会（Colonial Williamsburg，Inc.）组织的一年一度的主题为“美利坚人试验：移民幸遇机会之土”（Americans on Approval：Immigrants Encounter the Land of Opportunity）的第九届“威廉斯堡殖民地历史论坛”（Colonial Williamsburg History Forum）撰写的发言稿；后来于 1996 年 8 月 8 日在基督城（Christchurch）的新西兰富布赖特委员会（New Zealand Fulbright Commission）以《众还是一：早期美国族群化》（“Pluribus of Unum：Ethnicization in Early America”）为题进行了宣读；在 1997 年 9 月 19 日在匹兹堡宾夕法尼亚西部历史协会（Historical Society of Western Pennsylvania）组织的主题为“土地的诱惑：早期美国苏爱人殖民者”（“The Lure of Land：Scots-Irish Settlers in Early America”）的全体会议上以《文化景观：早期美国的族群认同》（“The Cultural Landscape：Ethnicity Identity on Early America”）为题进行了发言；于 1997 年 10 月 30 日在田纳西州杰克逊市联合大学（Union University）“卡尔斯－施沃德费格讲座”（Carls-Schwerdfeger Lecture）上以《众还是一：英属美洲殖民地时期的族群与社会》（“Pluribus or Unum：Ethnicity and Society in Colonial British America”）为题进行了宣读；在 1999 年 9 月 6 日在莫斯科俄罗斯科学院（Russian Academy of Sciences）组织的“俄罗斯美洲公司 200 周年（1799～1999）”（“The

① Ned C. Landsman，*Scotland and Its First American Colony，1683－1765*，p. 258.

Bicentennial of the Russian-American Company”）国际会议的全体会议上以《众还是一：英属美洲殖民地的族群认同》（“‘Pluribus or Unum’?: Ethnic Identity in Colonial British America”）为题进行了演讲。本文曾以英文《众还是一?：殖民地时期美国文化形成中的族群》（“Pluribus or Unum?: White Ethnicity in the Formation of Colonial American Culture”）为题发表在《今日历史》（*History Now*），第 3 卷（1997 年 5 月），第 1～12 页；以俄文《众还是一：殖民地时期美国文化形成中的族群》为题发表于《1999 年美国年鉴》［*American Yearbook*, *1999*，莫斯科诺卡（Nauka）出版社，2001 年］，第 31～48 页。这里再版获得了英文版杂志的许可。

本文源自一篇题为《“扩大殖民地历史：一些评论”》（“Extending Colonial History: Some Remarks”）的文章，是为 2004 年 3 月 26 日在波士顿召开的美国历史学家组织年会上的“研究状况：殖民地时期的北美”（“The State of the Field: Colonial North America”）小组讨论而撰写的。之后不久，这篇论文在 2004 年 4 月 30 日美国国家人文基金（National Endowment for the Humanities）在华盛顿特区举办的“美国历史论坛：殖民地和建国时期的文化与思想”（Forum on American History: Culture and Ideas in the Colonial and Founding Period）中的“研究状况：社会与经济维度”（“The State of the Field: Social and Economic Dimensions”）小组进行了宣读。它还作为主旨发言，于 2005 年 9 月 23 日，在堪萨斯州劳伦斯市召开的美国中部历史大会（Mid-American Conference on History）上的“重塑美国历史：新殖民地史对于理解美利坚民族历史的意义”（“Refashioning the American Past: The Implications of the New Colonial History for Understanding the History of the American Nation”）小组进行了宣读；以《殖民地历史和国家历史：对一个持续存在问题的反思》（“Colonial History and National History: Reflections on a Continuing Problem”）为标题，于 2006 年 1 月 31 日，在加州圣马力诺市亨廷顿图书馆和美术馆近代早期研究所（Early Modern Studies Institute）召开的研讨班上进行了宣读；也于 2007 年 3 月 24 日在查普希尔史北卡罗来纳大学“和平、战争、国防课程”（Curriculum in Peace, War, and Defense）和历史系的“希金博特姆事件”

(Higginbotham Affair) 研讨会上进行了宣读。这里的重印得到了《威廉－玛丽季刊》(*William and Mary Quarterly*) 的许可，原发表于该刊第3系列第64期 (2007年4月) 第235～250页，标题为《殖民地历史和国家历史：对一个持久性问题的反思》。

(张聚国译，满运龙校)

美国早期史思想文化秩序探研

——一个解释框架

至少在过去的30多年中，越来越多的历史学者撰写了大量日益专深且碎化的著作，涉及近代早期英国治下北美各个新创社会的方方面面。这些著作卷帙浩繁、范围广泛、观点新颖，在学术界产生了巨大反响。起初，这种反响促成了实证研究。从事这种实证研究的学者们大都满足于将其学术发现置于现有的解释框架中。他们常常采用的是“共同体－社会”（gemeinschaft-gesellshaft）模式，或现代化理论的某种相关变种。20世纪70年代中期出版的两本书——詹姆斯·亨利塔（James A. Henretta）的《1700～1815年美利坚社会的演变》[①] 和理查德·布朗（Richard D. Brown）的《现代化：1600～1865年美利坚生活的转变》[②] ——较早在旧的解释框架下对一些新的学术研究成果进行了简明而有益的整合。

随着有关殖民地时代论著的增加，有两点变得明朗起来：第一点是，新的实证研究的很多发现不太契合现有的解释框架；第二点是，这些发现实际上对那些解释框架的总体主题和基本预设提出了质疑。正如J. R. 波尔（J. R. Pole）与我于1984年在《英属美洲殖民地：近代早期时代新历史论集》一书（这是16位学者的论文集，旨在确定和阐明新的研究成果中出现的“核心主题和更为宏大的论题”）的导言中所指出的，新的学

---

① James A. Henretta, *The Evolution of American Society, 1700 - 1815* (Lexington, Mass.: D. C. Health and Company, 1973). 亨利塔与格雷戈里·诺布尔斯（Gregory H. Nobles）合作，将这本书修订为 *Evolution and Revolution: American Society, 1600 - 1820* (Lexington, Mass.: P. C. Health and Company, 1987)。

② Richard D. Brown, *Modernization: The Transformation of American Life, 1600 - 1865* (New York Hill and Wang, 1976).

术研究摧毁了这一研究领域的整体性，必须提出与日益增加的实证研究资料一致的新的解释框架，以便历史学者们能够从总体上理解那些资料的意义。[①]

两年后，伯纳德·贝林（Bernard Bailyn）重申了这一点。他说："所积累信息的绝对数量使此前组织这些信息的有效原则、从这些信息中总结出的主要主题或者这些信息的解释框架都不再适用。"他在《定居英属北美：导言》的开头写道："最迫切需要的是'重新审视'整个问题，需要一个总体解释或者一系列相关解释，以便统领可以获取的大量资料……并且以发展的眼光为美国早期史提供一个全面的叙述框架。"[②]

在20世纪80年代，历史研究者们以两种互补的方式对这种需要做出了回应。一些学者推出了综合性著作，涉及殖民地发展的一些具体方面。包括约翰·J. 麦卡斯克（John J. McCusker）和拉塞尔·R. 梅纳德（Russell R. Menard）对关于殖民地经济发展不断扩大的研究成果中的主要发现的大胆解释；[③] 伊恩·K. 斯蒂尔（Ian K. Steele）对1675年之后的六七年里英语世界的沟通发展进行的研究；[④] 我自己对近代英帝国早期扩伸政体（extended polity）内部实际可行的权力分配模式的分析；[⑤] 以及帕特里夏·

---

① Jack P. Greene and J. R. Pole "Reconstructing British-American Colonial History: An Introduction," in Jack P. Greene and J. R. Pole eds., *Colonial British America: Essays in the New History of the Early Modern Era* (Baltimore, London: Johns Hopkins University Press, 1984), p. 7.

② Bernard Bailyn, *The Peopling of British North America: An Introduction* (New York: Random House, 1986), pp. 6-7.

③ John J. McCusker and Russel R. Menard, *The Economy of British America, 1607-1789* (1985). 麦卡斯克和梅纳德将区域史框架与主要农产品的路径（强调外部市场的作用）相结合，承袭了所谓马尔萨斯的传统（强调内部人口增长的重要性），为经济史领域提供了一个模式。这种模式将殖民地经济史描述为人口中的自由人发展和繁荣而黑人奴隶和印第安人受到可怕的剥削的故事。这个模式与贝林和我提出的更为总括性的模式以及如下分析并不矛盾。

④ Ian K. Steele, *The English Atlantic, 1675-1740: An Exploration of Communications and Community* (New York: Oxford University Press, 1986). 斯蒂尔提出，由于贸易、旅行和接触的增加，邮政系统的改善以及报纸和其他印刷品的扩散，英国与美洲殖民地之间沟通加深，这造成了1675年之后的六七年里一个更加一体化的跨大西洋世界的出现。这种发展可能增强了殖民地晚期宗主国文化（metropolitan culture）的影响力。

⑤ Jack P. Greene, *Peripheries and Center: Constitutional Development in the Extended Polities of the British Empire and the United States, 1607-1788* (Athens: University of Georgia Press, 1986). 这本著作利用核心—边缘框架来阐明近代英帝国早期宪制关系的模糊性质。

U. 博诺米（Patricia U. Bonomi）对英属北美殖民地宗教生活的探索。[①]

有些学者的研究视野更为宏大。20世纪80年代上半叶产生了两项成果，它们都是在1981年出版的。肯尼思·A. 洛克里奇（Kenneth A. Lockridge）在《早期北美的拓殖与躁动：独立革命前政治合法性的危机》中围绕副标题隐含的总体主题进行了简短而富有启发的“个体化综合”。[②]更加雄心勃勃的安格斯·考尔德（Angus Calder）在《革命性帝国：15世纪至18世纪80年代英语帝国的兴起》中提供了关于英格兰以及一切“说英语者侵占以及统治地区”（包括威尔士、苏格兰、爱尔兰、北美殖民地、西印度群岛殖民地、非洲和印度的贸易工厂和边疆地区居民社会）的经济、社会、文化、政治以及军事发展的翔实的“大规模历史叙事”。[③] 然而，这两部著作都未采用波尔、贝林和我倡导的那种全新的解释框架进行全面的综合。

20世纪80年代下半叶，四位雄心勃勃的学者试图明确提出这样一种框架。四位学者视角各异。四部著作包括上文引用的贝林言简意赅的解释性论著、D. W. 迈尼格（D. W. Meinig）从历史地理学角度出发的综合性论著《1492～1800年大西洋世界中的美洲》[④]、我在1988年出版的试图解释近些年来社会史和文化史学者新发现的论著《追求幸福——近代英属美洲殖民地早期的社会发展与美国文化的形成》[⑤] 以及戴维·哈克特·费希尔（David Hackett Fischer）于1989年出版的《阿尔比恩的种子——四类英国民俗落户美洲》[⑥]。这四本论著为研究美国殖民地历史的学者提供了恢复这一领域思想秩序的丰富可能性。下文将对这四本论著的解释模式进行初步评价。

---

① Patricia U. Bonomi, *Under the Cope of Heaven: Religion, Society, and Politics in Colonial America* (New York, 1986). 博诺米探讨了宗教领域的制度建设过程，指出教堂激增以及参加教堂礼拜活动的人数增加为殖民地的许多地区（一些地区是首次）带来了更加深厚而自觉的宗教文化。

② Kenneth A. Lockridge, *Settlement and Unsettlement in Early America: The Crisis of Political Legitimacy before the Revolution* (Cambridge: Cambridge University Press, 1981), p. 3.

③ Angus Calder, *Revolutionary Empire: The Rise of English-speaking Empires from the Fifteenth Century to the 1780s* (New York, 1981), xviii-xix.

④ D. W. Meinig, *Atlantic America, 1492 – 1800* (New Haven: Yale University Press, 1986). 《大西洋语境下的美国》是作者计划撰写的三卷本系列《美国的塑造：500年历史的地理视角》(*The Shaping of America: A Geographical Perspective on 500 Years of History*) 中的第一部。

⑤ Jack P. Greene, *Pursuits of Happiness: The Social Development of Early Modern British Colonies and the Formation of American Culture* (Chapel Hill: University of North Carolina Press, 1988).

⑥ David Hackett Fischer, *Albion's Seed: Four British Folkways in America* (New York: Oxford University Press, 1989).

费希尔的著作没有声称要对零散的研究进行全面的综合。这本书对近代早期殖民地生活的一些方面提供了巨量信息，但对有关英属美洲殖民地的新的研究成果所提供的数据或启示置若罔闻。然而，《阿尔比恩的种子——四类英国民俗落户美洲》至少不显山不露水地为分析殖民地时代提供了一个总体框架，由此做出了对正在进行的探索美国早期史解释秩序的潜在贡献。[①]

费希尔提出的框架重点强调的是，近代早期，英国在北美创建的新社会中，许多保持着跨大西洋的文化连续性。然而，这种强调并无新意。19 世纪 80 ~ 90 年代提出生源说（germ theory）的历史学者以及爱德华·埃格尔斯顿（Edward Eggleston）1901 年出版的开创性论著《17 世纪文明从英格兰向美洲的转移》[②] 关注的就是这种连续性。在整个 20 世纪，许多研究美国早期史的学者，包括这一观点最有力的倡导者——20 世纪 20 ~ 30 年代的查尔斯·M. 安德鲁斯（Charles M. Andrews）、20 世纪 40 ~ 50 年代的路易斯·B. 赖特（Louis B. Wright）以及 20 世纪 70 ~ 80 年代的 J. G. A. 波科克（J. G. A. Pocock），[③] 都强调新兴北美殖民地文化的宗主国来源以及那些文化所依附的更宏大的英国或不列颠背景。确实，当代研究美国殖民地历史的学者中很少有人否定殖民地与宗主国文化联系的至关重要性。

在强调英国文化继承在四种区域文化形成过程中的重要作用方面，费希尔超越了上述任何学者。他认为，这些区域文化在殖民地时期发展为重要的文化源头。费希尔另一个超出之前所有历史学者的方面是，他把各种区域文

---

① 对《阿尔比恩的种子——四类英国民俗落户美洲》所提出的解释框架的广泛评论，请参见"Transplanting Moments: Inheritance in the Formation of Early American Culture," *William and Mary Quarterly* 48（1991）：224 – 230；我在"论坛：《阿尔比恩的种子：美国流行的四种英国民俗》研讨会"上的发言，*William and Mary Quarterly* 48（1991）：223 – 308。论坛发言是最初为本文撰写的一部分补充。在论坛组织者的请求下，我加以修改，作为论坛的开篇文章。

② Edward Eggleston, *The Transit of Civilization from England to America in the Seventeenth*（New York: D. Appleton and Company. 1901）.

③ 参见 Charles M. Andrews, *The Colonial Period of American History*（4vols., New Haven: Yale University Press, 1934 – 1938；Louis B. Wright, *The First Gentlemen of Virginia: Intellectual Qualities of the Early Colonial Ruling Class*（Son Marino, California: The Huntington Library, 1940）；J. G. A. Pocock, "British History: A Plea for a New Subject," *New England Journal of History* 8（1982）：3 – 21；J. G. A. Pocock "The Limits and Divisions of British History: In Search of the Unknown Subject," *American Historical Review* 87（1982）：311 – 336。波科克呼吁将整个大西洋不列颠、爱尔兰群岛以及美洲等地的各个拓殖者社会的整个文化史整合为考尔德论著提到的"大不列颠"（Greater Britain）新历史。

化描绘为具体的不列颠区域文化的延伸：马萨诸塞是东安格利亚（East Anglia）文化的延伸，弗吉尼亚是南部英格兰和西部英格兰文化的延伸，特拉华河谷是英国中北部文化的延伸，偏远地区（backcountry）则是英格兰、苏格兰和阿尔斯特（Ulster）地区文化的延伸。

费希尔采用了一个文化扩散模式作为解释这种殖民地区域文化形成过程的框架。根据这种模式，一个有影响力的移民精英集团主导下的针对特定地区的大规模迁移，成为文化转移的主要力量。这些精英是美洲新创建文化的“管理者”，他们主导了包含三个阶段的较短过程：人员与文化的最初转移期、“剧烈的文化危机期”、文化巩固阶段。在最后一个阶段，他们成功复制了在英国的来源地区的大部分文化。费希尔指出，在一代人的时间里，美洲地区的所有新文化都形成了独具特色的特点，这些文化尤其持久而恒定。[①] 尽管其观点的提出较少依靠解释，更多地依靠详尽的证据，但是他认为很快出现了新的文化形式以及这些文化形式后来被持久地保存下去，这让人不禁想起了路易斯·哈茨（Louis Hartz）的零碎化学说（fragment thesis），这种观点强调“零碎化的传统化影响”。[②]

费希尔使用了“民俗”（folkways）一词作为他的主要分析工具。他将“民俗”定义为“任何文化中存在的价值观、习俗和含义的规范结构（normative structure）”。对于每个区域，他通过对24个独立的民俗类别（从语言和建筑到秩序、权力与自由）的长时段共时性描述（extended synchronic descriptions），阐明了文化形成与存续的过程。[③] 这个方法与20世纪初人类学家提出的用以描述文化特点和进行文化比较的方法类似。[④] 费希尔如他之前的分析者们一样，未能明确说明文化是否只不过是民俗的集合，根据重要性对几种民俗类别进行排序是否可以更充分地阐明文化转移的过程。

费希尔在《阿尔比恩的种子——四类英国民俗落户美洲》中使用这一框架产生了严重问题。首先，他很显然夸大了宗主国文化继承的作用，这使他忽视了近代早期美洲新建立的拓殖者社会中文化再造的复杂过程中固有的

---

① David Heckett Fischer, *Albion's Seed*: *Four British Folkways in America*, p. 896, pp. 819 - 820.

② Louis Hartz: *The Founding of New Societies*: *Studies in the History of the United States*, *Latin American*, *South Africa*, *Canada*, *and Australia* (New York: Harcourt, Brace and World, 1964), p. 4.

③ David Heckett Fischer, *Albion's Seed*: *Four British Folkways in America*, p. 7.

④ George P. Murdock et al., *Outline of Cultural Materials* (New Haven: Yale University Press, 1961).

其他因素。研究这一课题的许多其他学者确认，这些因素包括物质上的考量、环境的限制与潜力、现有本土文化的抵制和接受以及拓殖者人口来源于不同地区。同样，费希尔专注于说明文化转移的整体性，未能考虑到人类学家乔治·M. 福斯特（George M. Foster）所说的“地方筛选过程”（local screening process）的程度。这种“地方筛选过程”的特点是“剥离”（stripping down）或“削减”（reduction）。在这个过程中，输入文化的许多组成部分“被清除，许多复杂而多样化的结构……被简化”。[①]

同样有问题的是，费希尔强调精英在创建新的文化发源地中的作用，并达到了不必要的单向度的程度。尽管各个地区最早到达者中占据战略地位的那些人的影响是决定性的，正如费希尔的分析似乎暗示的，那些精英既非文化转移的独立媒介，也不会不受到美洲当地条件下出现的力量的影响。费希尔所关注的几乎全为来自英国的拓殖者。他强调精英的作用，这使他未能考虑到美洲印第安人、非洲人甚至其他欧洲人之间必要的互动对那些人口共同进行的文化构建的形态与内容的影响。他也未能理解精英们需要付出对其他社会集团做出重要让步的代价以换取其目标的实现。最后，费希尔的框架无法被用于考虑、解释和描述实现文化巩固与殖民地时代结束之间的历史变化。

费希尔为理解英属美洲殖民地而建议的模式强调了几个独具特色的地区文化移植的过程（经常要经历一代或数代人的时间），以及精英在其不成比例的影响下所创建的文化（表现为民俗）的特征。伯纳德·贝林“初步……辨识了”“美国早期人口史的主题”，尤其是生成了这些人口的大规模民族迁移的历史。[②] 贝林和费希尔一样，采用了一个区域性框架和一个宏大的跨大西洋视角，强调英国联系的重要性，并且专注于英属美洲拓殖地。

然而，与两个模式之间的许多不同点相比，两个模式的相同之处只是表

---

① George M. Foster, *Culture and Conquest: America's Spanish Heritage* (Chicago, 1960), pp. 12 - 13, p. 227, pp. 232 - 233. 对于将类似观点用于近代早期整个欧洲扩张过程的论著，参见 R. Cole Harris, "The Simplification of Europe Overseas," *Annals of the Association of American Geographers* 67 (1977): 469 - 483；以及此文引起的专题讨论 Robert D. Mitchell, "The Simplification of Europe Overseas," *Annals of the Association of American Geographers* 69 (1979): 474 - 476; Adrian Pollock, "Commentary-Europe Simplified," *Annals of the Association of American Geographers* 69 (1979): 476 - 477; R. Colle Harris, "Comment in Reply," *Annals of the Association of American Geographers* 69 (1979): 478 - 480。

② Bernard Bailyn, *The Peopling of British North America: An Introduction*, ix-x.

面的。费希尔对拓殖者民俗的描述，主要是为了解释他们在美洲创建了什么类型的文化以及创建的原因。这种模式强调了每个地区的初始移民，被迁移的英国地区性特征，殖民地地区文化复制英国根深蒂固且稳定的地区文化的程度，以及移植到美洲的文化建构的相对不变的特点。

贝林采用了更具动态性的定居（peopling）概念，强调人口不断向美洲迁移。这些人口不仅来自英国，而且来自欧洲大陆。他对这些迁移人口的分类依据的不是他们的来源地区，而是他们是来自都市还是乡下。他指出，近代早期，与其说英国是一个互不相干的地区文化的结合体，不如说它是一个流动的、动态的、快速变化的、日益一体化的社会。他强调与英国的联系对美洲文化发展来说日益重要。他特别注意到了美洲对英国的反向影响，而且更加强调接受者的环境对美洲所创建社会塑造过程的影响。

确实，贝林想要解释的世界具有很大的流动性。在那个世界中，“一切都在运动、变化、增长和分散”。贝林的兴趣在于解释移民迁移至殖民地的原因和模式，以及那种迁移对旧世界的长期影响。他将迁移至美洲描述为“向外的扩展以及一种与移民来源国国内人口流动具有同等规模的扩张”。在这个过程中，对劳力的持续需求和土地投机者的狂热活动成为“人口招募和拓殖的主要促进因素”。通过“经济地位改善和宗教宽容的绝对吸引力”，“美洲殖民地的拉力”最终产生了“一股巨大的人流”。这股人流重新塑造了“欧洲国内人口流动的模式”，成为“有史以来最伟大的事件之一”，“最初改变了半个地球，最终根本性地改变了整个地球，其程度超过了除工业革命之外的任何事件”。[①]

在提出定居概念的同时，贝林建议在关注人口迁移过程之外，还要关注定居模式、土地使用、流动性、“不同群体和种族的混杂与冲突、社会模式以及社区与家庭组织结构（social pattern）的演变、人口特点，也即整个文化人类学、社会结构和人口史构成的世界”。[②] 贝林主要依靠两种解释工具来描述这一系列复杂课题的模式。

第一种解释工具类似费希尔所利用的文化区域的概念。在概括介绍1700年假设性的《边缘区域末日审判书》时，贝林确定了英属美洲殖民地

① Bernard Bailyn, *The Peopling of British North America: An Introduction*, p. 60, p. 20, p. 60, p. 37, p. 36, p. 4, p. 5, p. 4.

② Bernard Bailyn, *The Peopling of British North America: An Introduction*, pp. 7 - 8.

的四个“不同区域”：新英格兰、哈德逊河和特拉华河周边拓殖地构成的“中间地带”（middle circuit）、切萨皮克殖民地和卡罗来纳的两个人口稀薄的拓殖区。在贝林看来，这些区域并没有像费希尔认为的那样实现了文化一致。贝林认为，在18世纪初，这些区域具有一种“柔软”的可塑性，“为后代人所熟悉和显而易见的事物正从一个陌生而不熟悉的历史中显现，一切还不确定”。但贝林与费希尔一样，都强调这些文化各自的特色。①

第二种解释工具是核心（core）与边缘（periphery）的差别。贝林认为，使这些极不相同的区域产生许多共同点的“内在品质”（inner quality），也是“那时正在出现的”“将构成整个前工业化时代甚至之后时期美国社会特点”的“唯一复杂的特征”是：它们与英国文化之间的边缘性关系（peripheral relationship）。他设想：“如果把早期美利坚文化视为欧洲宗主国文化系统中具有异国情调的遥远的西部边缘和边陲文化，就完全好理解了。”②

贝林延续了以弗雷德里克·杰克逊·特纳（Frederick Jackson Turner）为代表的传统，强调“成熟的美利坚经济”的吸引力，以及社会行为所揭示的“不是逐渐重建传统的形式，而是一个新的动态过程，成为在北美定居的核心动力”。然而，他质疑特纳的观点。特纳把“殖民地世界视为一个‘边疆’，即一种进步，一种前瞻性、外向性、预计未来的进步，最终走向我们已知的结局”。与此不同，贝林坚持认为，它是一个边陲（marchland）——“一个典型的失序的边疆国域”，“中心世界破破烂烂的外部边缘，对宗主国成就的逆向的、后瞻性的缩减”。在那里，生活的特征是“原始而暴力”，表现出“奇特而实际上怪异的品质”；“那些（文明）薄薄的外衣”——法律和宗教太弱了，无法抑制“野蛮的生活”。③

这个视角让贝林意识到：美洲印第安人战争、奴隶制和将罪犯运输到美洲，共同构成了对“文明的一般限制”的摒弃，也是对“母国文化中存在元素”的延伸，“但在母国，那些元素限制、塑造了自己的发展，并在一定程度上使这种发展表现出文明的状态”。这也使他认识到，英属美洲殖民地的区域文化自相矛盾。因为在1700年，“边陲生活的失序”与正在出

① Bernard Bailyn, *The Peopling of British North America: An Introduction*, p. 50, p. 80, p. 91.

② Bernard Bailyn, *The Peopling of British North America: An Introduction*, p. 112.

③ Bernard Bailyn, *The Peopling of British North America: An Introduction*, p. 37, p. 85, pp. 112 – 113.

现的克里奥尔（creole）人中的“自觉的文明”（self-conscious gentility）之间存在张力。在贝林看来，这种“野蛮与发展中的文明的混杂”属于正在出现的殖民地世界的“核心特征”。主要是这种特征造就了“独特的生活方式”。①

与费希尔的文化扩散模式（cultural diffusion model）相比，贝林的定居方法似乎能够对英属美洲殖民地区域文化的形成过程提供更具包容性的解释。尽管他几乎无法在《英属北美殖民地的定居居民》这样一本简要的历史论著中将其充分展开，但这个方法不仅可用于评估文化传承的作用，而且可用于评估外在物质条件的作用、早期拓殖地文化形成中与美洲印第安人之间的互动以及后来者在自愿或非自愿的情况下对那些文化变迁的贡献。尽管只是一种共时性的描述，但贝林对 1700 年这些文化的分析表明他强烈地意识到，与早期相比，它们已经发生了重大变化。他使用核心—边缘框架，暗示宗主国核心的拉力成为扩大中的英国跨大西洋文化体系边缘区域变动不居的强大动力。

然而，贝林的模式以其目前的整体形式，对解释人们为什么以及如何迁徙到英属美洲殖民地的几个地区，要比用于增进我们对他们到达之后的所作所为的理解更加有用。他强调在克里奥尔人中出现了一些高贵文雅（gentility）的人，这至少包含了一个具有可比性的社会区域的概念，因此暗示那些区域存在某种从相对野蛮到相对文明的社会发展过程。然而，贝林在这本书中使用的核心—边缘框架太宽泛和太一成不变了，因而无法解释他看到的各种区域生活特有的多重变化。确实，贝林强调变化无处不在，只是让人注意到他在该书中未能探讨和解释那些变化固有的基本模式。如费希尔一样，贝林的模式缺少的是一种解释渐次发展（sequential development）的明确理论，以及一个清晰的框架，因此无法系统勾画出混乱的边陲转变为更容易识别的英国文化省份的过程。

在《1492～1800 年大西洋世界中的美洲》中，D. W. 迈尼格（D. W. Meinig）表现出对变革顺序更强的敏感性。他将他的著作设想为“历史学研究的地理学补充”。与费希尔和贝林相比，他对“重要主题的综合”提供了更宏大的时空视野，尽管在写到 16 世纪后半叶英国以及其他西北欧国家开始对美洲表现出积极兴趣之后，他的关注点很快集中于北美和西印度群岛。迈尼格

---

① Bernard Bailyn, *The Peopling of British North America*: *An Introduction*, p. 113, p. 122, p. 114.

确定的核心主题是，“构建一条巨大的跨大西洋环路（Atlantic circuit），一个包括点位和通道的新的人员网络（a new human network of points and passages），将四大洲三大种族和千差万别的不同区域连为一体”。他用了很大篇幅描述15世纪末至16世纪欧洲强国最初扩张至非洲和美洲的时期。①

迈尼格强调这种扩张造成了“三个旧世界”“突然而残酷的遭遇”。在本文讨论的主要论著的作者们中，只有他持续关注和分析了这种遭遇对美洲印第安人的悲剧性影响。尤其是北美灾难性地剿灭印第安人，实际上为后来贝林感兴趣的定居开辟了道路。为了阐明这种遭遇的性质以及这种欧洲人和美洲印第安人“逐渐融合”“为一个新世界”的过程，迈尼格区分了三种可能的互动模式：“满足于一个单一的复杂社会”，如在墨西哥和秘鲁；“两个民族在交流点进行良好沟通”，如在法属加拿大；“将土著人驱赶出殖民地，并创建一个将两大民族隔离得固若金汤的边疆”，如在整个英国拓殖地。最后一个模式最终产生了美洲印第安人和白人关系的三个广阔区域：“一个征服与压制的沿海区域”，一个“沟通与相互独立的”中间区域，一个“不存在持续的大规模”接触“但受到其明显影响的”更加偏远的内陆区域。②

正如他对这些区域的定义所强烈暗示的，迈尼格主要感兴趣的是提出一种时序框架（sequential framework），来解释欧洲人如何在美洲确立起主导地位，并由此开启了重新塑造美洲世界的过程。为此，他将欧洲人对美洲沿海地区的入侵划分为三个阶段：航海（seafaring）阶段，包括探索、收集、以物易物和掠夺；征服（conquering）阶段，包括建立商业据点，并对战略性地点进行某种程度的政治、军事和宗教控制；扎根（planting）阶段，包括欧洲人永久定居，转移欧洲制度以及文化的其他方面，并将拓殖地组建为殖

---

① D. W. Meinig, *Atlantic America, 1492 - 1800*, xv, p. 3.

② D. W. Meinig, "The Continuous Shaping of America: A Prospectus for Geographers and Historians," *American Historical Review* 78 (1978): 1190; D. W. Meinig, *Atlantic America, 1492 - 1800*, p. 70, p. 72, p. 208. 为了解释这个过程对美洲印第安人的影响，迈尼格采用了弗朗西斯·詹宁斯（Francis Jennings）提出的框架。在这个框架下，接触造成了人口的减少以及社会与文化的动荡。紧接着发生的是：白人与美洲印第安人之间主宰—依附关系（dominance-dependence relationships）的调整；通过文化适应过程建立新的大规模的制度；最终确立了一种稳定的文化模式，在这种模式下，所有参与的群体都经历了巨大变化。Francis Jennings, *The Invasion of America: Indians, Colonialism, and the Cant of Conquest* (Chapel Hill: University of North Carolina Press, 1975), p. 329; D. W. Meinig, *Atlantic America, 1492 - 1800*, p. 207.

民地。迈尼格将扎根阶段细分为两个小阶段：一个较长的移植(implantation) 期，在这期间形成了“主要的生产区”以及文化发源地(cultural hearths)；一个重组 (reorganization) 时期，在这期间，宗主国当局更加严格地集中控制这些移植的制度与文化。①

如费希尔和贝林一样，迈尼格采用了文化区域 (cultural region) 的概念作为移植过程的核心解释工具。他将所有属于英国以及后来成为美国一部分的所有地区都包括在内，追踪了北美和西印度群岛 11 种独立的区域文化的出现。这些区域包括大新英格兰 (Greater New England)、圣劳伦斯河谷(St. Lawrence River valley)、哈德逊湾 (Hudson's Bay)、哈德逊河谷(Hudson River valley)、宾夕法尼亚 (Pennsylvania)、大弗吉尼亚 (Greater Virginia)、热带岛屿 (Tropical Islands)、卡罗来纳 (Carolinas)、佛罗里达(Florida)、路易斯安那 (Louisiana)、得克萨斯 (Texas) 以及格兰德河下游河谷 (lower Rio Grande valley)。

迈尼格对这些文化的“功能连贯性 (functional coherence)、文化相似性和区域意识性 (regional consciousness)”进行了定义，描述了它们的发展过程。所采用的框架“给予地方与区域、网络与流通、全国性和跨大陆的体系”特别关注。关键的分析概念包括：“空间系统” (spatial system)，指的是“节点与链接的网络，这些节点与链接引导着一个特定地区边界内部人员、商品和信息的流动”；“文化景观” (cultural landscape)，指的是“特定的移民群体对特定国家的征服的结果，征服过程为一个拓殖地区打下了几何学、形态学和建筑学烙印；对一些精选的作物、动物、技术和经济活动的引进；特殊的生态改变模式的创建”；“社会地理学” (social geography)，指的是“人口的分布与人口学特征；重要社会群体的居住地点 (无论如何确定)；以及基本的社会制度与背景 [例如，村庄、市集村镇 (market town)、县、种植园、租赁的房产、自由持有的农场 (freehold farm) 等]，其都构成了独具特色的地方社会形成的基质”。②

---

① D. W. Meinig, *Atlantic America*, *1492 - 1800*, p. 7, pp. 65 - 66, p. 80; D. W. Meinig, "The Continuous Shaping of America: A Prospectus for Geographers and Historians," *American Historical Review* 78 (1978): 1190 - 1191.

② D. W. Meinig, *Atlantic America*, *1492 - 1800*, xv, p. 85; D. W. Meinig, "The Continuous Shaping of America: A Prospectus for Geographers and Historians," *American Historical Review* 78 (1978): 1195.

也许由于视角扩大，迈尼格从未一以贯之和系统地发展或应用这些概念或更宏大的框架。但是从他对区域形成的分析中我们可以看到两大主题。第一个主题是乔治·福斯特和 R. 科尔·哈里斯前面用到的观点，那就是，由于拓殖者不能“在美洲海岸上重建一个完全欧洲化的社会”，所以采用了一种简化了的欧洲社会与文化形式。第二个主题是在区域之间以及区域内部日益增长的多元化。这种多元化是资源利用、气候、区域内的各个民族与文化（从至少 40 个不同的印第安人群体、大量的非洲民族以及 30 多个来自欧洲的区域文化和宗教文化中产生的各种民族与文化）等方面的差异造成的。在迈尼格看来，这造成了各个地区内部、各个地区之间及其与宗主国社会之间越来越大的鸿沟。为了描述这一过程，迈尼格在对众所周知的核心—边缘二分法（core-periphery dichotomy）进一步提炼时，提出了一个“距离衰败”光谱（“distance decay”spectrum），以说明殖民地居民根据其宗主国文化接近性（cultural proximity）的强弱，表现出不同程度的欧洲性（Europeanness）的削弱。①

尽管迈尼格理解环境限制、机会与气候在“塑造美洲”中的作用，但他与费希尔和贝林一样十分强调文化传承在英属美洲殖民地区域文化形成中的作用。他同意费希尔的观点：殖民地开创者中占据战略地位的人通过“优越的地位、信誉或权力”，在这个过程中施加了与其人数比重不相称的影响。然而，与费希尔相比，迈尼格并不把这些文化描绘为来自旧世界的纯粹而直接的移植物。相反，他认为，这些文化产生于拓殖者“长达数年的经历”，经过了文化选择、适应美洲的条件以及与其他种族和族群的人（他们为文化综合体带来了他们自己的文化传统）互动的复杂过程。②

很可能由于专注于这种过程在他描述的文化区域中产生的不同结果，迈尼格对这种经验性过程（experiential process）的描述是他解释性框架中最不能令人满意的部分。他分析那一过程某些方面的模式——欧洲与美洲接触进行拓殖之前的时期、欧洲与土著人之间的互动模式、美洲印第安人与白人遭遇的区域以及宗主国影响的空间分配，为理出近代早期英属美洲历史的头绪提供了很好的工具。但他对区域文化形成的依次描述，过分宽

---

① D. W. Meinig, *Atlantic America*, *1492 - 1800*, p. 215, p. 265. 迈尼格在第 222 ~ 225 页根据人口的同质性粗略地对北美文化区域进行了分类。

② D. W. Meinig, *Atlantic America*, *1492 - 1800*, p. 221, p. 85.

泛，因而缺少实用价值。他将“迁移”（implantation）的概念用于描述几代人的发展，但对这个概念未能进行细致的界定。迈尼格使用“重组”（reorganization）概念所描述的主要是外部政治要求塑造的情况，很少考虑内部区域文化或社会经济的力量。需要的似乎是“移植”概念所暗示的用于描述区域形成历时过程（temporal process）的更加复杂的模式。

T. H. 布林（T. H. Breen）在1984年的一篇文章中提出了这样一个模式。在这篇文章中，他区分了“开创者社会”（charter societies）和“克里奥尔社会”（creole societies）。前一个概念适用于创建殖民地的几代人。在创建殖民地时期，社会为“开创者群体”（charter group）所控制。布林从约翰·A. 波特那里借用了“开创者群体”这个概念，指的是来到一个新地区并确立有效占有权的“第一批族裔群体”。在开创期的这种群体，“做出有关制度形式、如何对待其他种族以及自然资源配置的决定”，如费希尔和迈尼格强调的处于战略地位的精英们一样，他们“对后来的数代人施加了巨大的影响”。布林将“克里奥尔社会”的概念用于之后的几代人。在这种社会中，殖民地人口中的大多数是本土出生的；社会与文化习俗得到更加严格的界定，而且不容易改变和出现地方变种；人口统计学方面的发展和经济增长以及提高的社会密度为扩展中的英国文化核心中的成员自我意识的强化创造了条件。尽管这个构想只是为讨论种族和族群关系而设计的框架，但它对不同的发展阶段进行了区分，有可能用于解释英属美洲殖民地更加宏大的社会过程。①

布林和迈尼格划分的时序性阶段与我在《追求幸福》中提出的那些建议并不矛盾。该书直言要提供一个“早期北美史全面的、发展式叙事框架”。② 在研究范围上，这本书不如迈尼格的著作宏大。它只是探讨了1770

---

① T. H. Breen, “Creative Adaptations: Peoples and Cultures,” in Jack P. Greene and J. R. Pole, eds., *Colonial British America: Essays in the New History of the Early Modern Era*, pp. 195 – 232, 引文在第205页。布林引用了John Porter, *The Vertical Mosaic: An Analysis of Social Class and Power in Canada*（Foronto: University of Toronto Press, 1965）, p. 60。布林的时间类型学（temporal typology）类似詹姆斯·洛克哈特（James Lockhart）和斯图尔特·B. 施瓦茨（Stuart B. Schwartz）的研究中隐含的框架。他们使用这个框架来统领他们对近代早期美洲的西班牙和葡萄牙殖民地社会发展的分析。在*Early Latin America: A History of Colonial Spanish America and Brazil*（Cambridge: Cambridge University Press, 1983）第4章和第5章，他们划分了征服社会（conquest societies）、成熟社会（mature societies）和边缘地区（fringe areas）。在边缘地区，在后来的很长一段时期，保留了许多“征服社会”的特征。

② Bernard Bailyn, *The Peopling of British North America: An Introduction*, p. 7.

年之前英国人有效占领的地区，未把分析延伸至美国独立革命时期。尽管有这些局限性，但它采用了一个宏大的视角。论著涉及整个英属大西洋世界，包括不列颠和爱尔兰。它与费希尔、贝林和迈尼格论著的相似之处在于，它把美洲殖民地视为宗主国世界的延伸，并采用了一个宏大的区域史框架。它集中描述了六个独具特色的美洲殖民区域——切萨皮克、新英格兰、百慕大及巴哈马群岛、西印度群岛、中部殖民地和下南部。这本书试图描述这些地区之间的重要差异。

《追求幸福》采用了社会发展的视角，把“社会发展”作为主要的分析概念，试图将费希尔强调的民俗，贝林使用的“定居”以及迈尼格利用的空间体系、文化景观和社会地理学囊括其中。研究的重点是殖民地时期各个地区的创建与后来的发展。这个过程是由社会经济结构以及拓殖者及其后代们设计和修订的文化建构（cultural constructs）决定的。这些拓殖者及其后裔的目的是，表达他们创建的社会的更加宏伟的目标。如费希尔、迈尼格和贝林的分析一样，《追求幸福》强调精英在这些地区的形成与连续性发展中的作用。然而，作者关心的与其说是确定关键行动者（key actors）的贡献，倒不如说是描述具有决定性意义的社会过程的性质、功能和不断变化的特征。这些过程表现在人口分布、经济组织、土地使用、劳动体系、社会制度以及社会结构（包含职业与财富分布）中。

《追求幸福》认为，我们不能将这些过程单单追溯为英国文明的转移，或者新世界条件下的美洲化影响。相反，它们是宗主国文化继承［拓殖者最初从“旧世界”带来的“那些传统、文化要素（cultural imperatives）和与适当的社会秩序有关的概念”］与美洲经历（居民们“通过反复尝试的过程逐渐积累专门知识，学会了如何最充分地满足他们的社会需求对他们提出的复杂要求，以便有效地应对他们具体的物质与社会环境”）之间复杂且存在地区差异的互动的结果。①

《追求幸福》指出：通过这种互动过程，两大总体变量（general variables）一直在起作用。第一个变量是自由（或未来会自由的）移民带到殖民地的对物质的强烈追求。他们及其后代通过创造性地利用自然资源以及他们所能获得与掌握的任何劳力和资本，发现和创造各种机会，培育这种物质追求。

① Jack P. Greene, *Pursuits of Happiness*: *The Social Development of Early Modern British Colonies and the Formation of American Culture*, p. 169.

正如贝林同样强调的，在 1720～1770 年的漫长时间里，随着领土的扩大及人口和经济的增长，这类机会不断增加。第二个变量是拓殖者们普遍希望将殖民地社会转变为比英格兰宗主国"更好的"社会。《追求幸福》认为，随着社会机制变得更加复杂而严密，他们的期望更有可能实现，那种社会期望也变得日益强烈。

《追求幸福》建议采用"发展模式"（developmental model），作为理解这些过程与变量发挥作用的方式的框架。其显而易见的基本预设是：最好将近代早期英属大西洋世界的殖民经历理解为适应和制度创建以及人口、经济、社会与文化资源不断扩大的过程，并且这一殖民经历将拓殖初期简单而不成熟的社会实体转变为殖民时代末期更加复杂、更具差别化和更能够清晰表述的社会。如迈尼格和布林采用的模式一样，"发展模式"将这个过程描述为一系列的交叉阶段。但这个模式包含了不是两个而是三个依次发展的阶段。早期阶段的特点是福斯特、哈里斯和迈尼格强调的"继承的社会分层"。第二个阶段是社会细化阶段（social elaboration），"其特征是对社会、经济、政治与文化制度、结构和价值观的持续表述（continuing articulation）。这些制度、结构和价值观是拓殖程度更深的英国地区的制度、结构与价值观高度'克里奥化'的变种。它们足以使当地居民比较容易地同化它们"。第三个阶段是社会复制阶段（social replication），其特征是拥有了足够大的人口与社会密度、经济与政治能力以及更复杂的内部文化，拓殖地与旧世界的成熟社会因此更加相似。这些阶段，根据殖民地区域在任何特定时间与宗主国社会的相对关系而划分。如贝林和迈尼格建议的模式一样，这一模式强调那些区域在广大的英国文化体系内处于边缘的特征，但同时也强调在那些边远地区内部逐渐出现了日益复杂而愈加接近宗主国的社会区域。①

"发展模式"关注的核心问题是，展示在英属美洲殖民地各个区域发生作用的共同的社会过程，以及这些区域共有的重要的基本统一特征，包括它们都是新建立的，都是正在建立的跨大西洋贸易网络的成员，都具有族群与种族多样性，都具有开发特性（exploitative character），殖民地条件具有相似性以及对母国在文化、政治和战略上存在依赖性。这个模式也旨

---

① Jack P. Greene, *Pursuits of Happiness: The Social Development of Early Modern British Colonies and the Formation of American Culture*, pp. 167 - 168.

在让大家注意在背景、过程以及发展上各个区域以及次级区域间的差异。提出这样一个模式，一是将其作为一个工具，促进对（各个区域）空间与时间性差异的确切理解，同时提供“一个分析框架，由此将不同的区域经历关联起来，并在社会形成的总体过程中理解这些区域经历。这可能有助于促进从整体上来研究殖民地史”。随着每个区域从临时性的社会发展为复杂社会，社会凝聚力从较弱发展到较强，其实现的社会整体性必然根据它所依托和必须兼容的当地条件而出现差别。同时，这种社会整体性也将体现当地的条件。①

与费希尔和迈尼格的著作不同的是，《追求幸福》并不认为，这些强大的区域差异必然导致文化上的鸿沟。当然，它也没有像迈尼格的著作一样暗示，美国革命就是这种文化鸿沟的结果。相反，它认为，在18世纪中期的几十年，在英国大西洋世界的整个英国化地区（anglicized areas），逐渐出现了社会合流（social convergence）。《追求幸福》提出：在殖民地，“克里奥尔化”（适应当地条件）以及“宗主国化”（metropolitanization）（成功培育母国文化的主要价值观和形式）两大过程的合流，为1775年之后形成松散的政治联盟以及随后形成初步的民族文化奠定了基础。各个殖民地日益强烈要求宗主国承认其日益增强的宗主国特性，也成为近代早期英帝国分裂的一个关键前提条件。

在这么短的时间内出现如此多著作，表明研究英属美洲殖民地历史的学者们深刻而广泛地认识到了恢复他们所研究领域的总体思想文化秩序的必要性。这些论著的作者们努力提出解释框架和模式，表明他们普遍认识到了这种工具的用处，以及强调这种工具带来的裨益，并自觉地对其加以利用。这里讨论的四部著作，以及麦卡斯克和梅纳德的著作等，都采用了区域分析（regional analysis）的方法，这表明学者们已经普遍接受文化区域（cultural region）概念作为他们梳理对近代早期美洲历史的理解的适当工具。可惜的是，这里讨论的全部框架都未能明确关注种族与族群互动的重要过程，而且它们在很多方面的重点大相径庭。然而，费希尔采用的文化扩散模式、贝林阐释的殖民地发展（尤其是移民过程）的广泛参数、迈尼格提出的用以描述拓殖过程和分析其空间维度与社会维度的概念和工具以及我提出的时序模

① Jack P. Greene, *Pursuits of Happiness*: *The Social Development of Early Modern British Colonies and the Formation of American Culture*, xii.

式（sequential model），具有潜在的互补性，有助于我们理解这个生机勃勃的历史研究领域不断产出的驳杂信息。

本文原载《威廉－玛丽季刊》第48卷第4期（1991年10月），第515～530页。

（张聚国译，满运龙校）

下　编

宗主国与殖民地

——1607～1763 年近代早期英帝国宪制冲突不断变动的模式

埃德蒙·伯克（Edmund Burke）在詹姆斯敦建立 150 年之后的 1757 年写道："我们殖民地的拓殖从来就不是根据任何既定的计划进行的。相反，它们的形成、发展和繁荣完全因偶然事件、气候特点或私人气质的作用而异。""在我们的殖民地规划中，"他补充说，"并未出现宏大的立法精神"。[①] 伯克的评论准确描述了英国人在 17 世纪最初 40 多年在美洲建立殖民地的过程。殖民地的建立是以冒险者个人、业主集团或公司集团的形式自费进行的，其过程并非依据任何全面计划，而且在最初的几年里，很少受到来自宗主国政府的指导和保护。如果说殖民地对宗主国的意识有什么影响的话，英国官员们并不把殖民地视为附属性的政治社会，也不把它视为英国人组织的海外独立的或附属性社会，而是视为一系列经济单位，旨在为英国的繁荣做出贡献，使英国能够堂而皇之地要求获得"新世界"巨大财富的一部分。

然而，在殖民地，这些拓殖的宏大目标被湮没在各种个人和高度个体化的目标下。为了吸引他们去从事建立种植园这种如此烦琐且代价高昂的工作，英王赋予了几个殖民地事业发起人对大片土地的独家所有权、广泛的统治权以及在许多情况下的特殊的经济特权。殖民地事业的发起者们则反过来认识到，有必要在获取土地、保障自治权和临时免税以招募拓殖者方面做出慷慨的让步。因此，在两个层面上——一方面是英王和殖民地发起者之间，另一方面是发起者与个体殖民者之间——英国人的殖民过程起初依赖契约安排。这保证殖民地发起者和个体殖民者享有广泛的政治自由以及追求自己个

① Edmund Burke, *An Account of the European Settlement in America*, vol. 2 (London, 1757), p. 288.

人目标的最大自由，而他们与殖民地内部的各种统治机构或国内的宗主国政府之间只存在最低程度的相互义务。

其结果是对英国社会与经济生活中某些已经存在的趋势的强化和加速。17世纪初，英国社会正成为C. B. 麦克弗森（C. B. MacPherson）最近恰当提出的一个"占有性市场社会"（possessive market society），社会组织和运行围绕一系列麦克弗森称之为"占有性个体主义"（possessive individualism）的预设。在这些预设中，有三个与英国殖民地拓殖极为契合的条件，因此它们很快实际上（如果不是在理论上）主宰了殖民地内部大多数的社会关系，并决定了殖民者对他们自己的事务中母国政府所起作用的态度。这些预设中的第一个是，所有人都不仰赖他人的意志；第二个预设是，不仰赖于他人意味着不存在个人在关照自己个人利益的情况下自愿与他人确立关系之外的任何其他关系；第三个预设是，政府的职能是保护个人对其人身和财物的所有权，维护社会中个人之间有秩序的交易关系，以便每个人能够追求个人利益。① 即使在马萨诸塞湾这种个人利益要服从更宏大的社会和宗教目标的殖民地，个人的事业仍然属于主旋律。个人应自由地追逐个人利益，以及英王和个体种植园的政府按照契约有义务保护个人追求个人利益的信念，是英国殖民地生活不可分割的一部分。

1660年之前，宗主国政府并未做出持续努力使个人事业服从于其更宏伟的目标，从而抵消拓殖条件中固有的各种离心力。1625年，当英王在法庭上撤销了弗吉尼亚公司的特许状并掌握了对弗吉尼亚殖民地的控制权时，英王声称对美洲的所有英国种植园拥有管辖权，并宣布计划为所有的殖民地提供"一个统一的政府路线"②。为了确立对弗吉尼亚的有效行政管理，宗主国的官员们确实针对各个殖民地的内部管理确立起一个制度性框架。他们还阐述了一系列政策目标，明确宣布母国政府有权以符合自身利益的方式管理各个殖民地内部政府的各个方面。然而，由于在英国并未确立起任何进行殖民地行政管理的核心机构，且英国内战分散了宗主国官员们的精力，各殖民地拒绝遵守它们反对的规章制度。加上缺乏足够的执行机构，英王或议会

① C. B. MacPherson, *The Political Theory of Possessive Individualism* (New York: Oxford University Press, 1962)，尤其是第263～271页。

② "A Proclamation for Settlinge the Plantations of Virginia, May 13, 1625," in Thomas Rymer, ed., *Foedera*, *Conventiones*, *Literal*, *Acta Publica*, *Regis Anglicae*, vol. 18 (London, 1726), pp. 72－73.

未能确立起对各殖民地的有效控制，尽管曾有人不时地想要实现这一点。

然而，在17世纪中期的几十年，随着各个殖民地范围的扩大和人口的增加，随着它们作为原材料的来源地以及英国制造业产品市场的价值愈加明显，英国商界和政界的领袖们开始担心殖民者不顾一切地追求其公司和个人利益会造成这种有价值的领土利益的丧失，担心殖民地之间及其与英国之间会形成毁灭性的经济竞争。他们担心殖民者甚至可能利用其广泛的政治特权将自己组织为独立的政体，或成为荷兰人半独立的盟友。荷兰人在英国内战初年已经成功独占了英国殖民地的相当大一部分运输贸易。为了对这些担忧做出回应，英国议会在1650～1673年确立起一套被称为《航海法令》的商业管理措施。这些措施第一次全面定义了英国与各殖民地之间的经济关系，表达了殖民地的经济利益应从属于母国经济利益的重商主义观点。它们在理论上确立了英国对殖民地贸易的垄断，也为殖民地时期剩余时间里宗主国对殖民地的经济政策奠定了基础。

尽管《航海法令》包含了对殖民地利益的重大让步，但它们被证明极难实施，尤其是在私人殖民地。皇家特许状授予了那些殖民地的业主以及治理公司以广泛权力，这使他们可能对这些法令置之不理，甚至在许多情况下公开违抗它们。1676年，当宗主国政府派爱德华·伦道夫（Edward Randolph）前往调查马萨诸塞湾殖民地的状况时，有人告诉他“你们的陛下和你们的议会制定的法律”对马萨诸塞居民的“强制作用必须符合殖民地的利益；立法权归居民所有，只有他们有权依照皇家特许状采取行动并立法”。[①] 与此同时，说服殖民地改造其政治制度使其尽可能符合英国制度的努力较为成功，但在马萨诸塞湾遭遇了尤其顽强的抵制。[②]

由于查理二世和詹姆斯一世不仅将殖民地视为经济生产的单位，同时，用A. P. 桑顿（A. P. Thornton）的话说，也将其视为“皇家权力的附属物和英王王座上的珠宝”[③]，在这一明显趋势的强化下，宗主国当局日益认识到，

① As quoted by A. Berriedale Keith, *Constitutional History of the First British Empire* (Oxford: Clarendon Press, 1930), pp. 104 - 105.

② 最重要的尝试是1664～1666年皇家委员会（Royal Commission）被委以从荷兰人手中夺取新尼德兰（New Netherlands）和管理新英格兰殖民地事物的职责。它在征服和安抚新尼德兰及争取康涅狄格和罗得岛殖民地的积极合作方面取得的成功，与其在马萨诸塞殖民地的失败形成了鲜明对照。在马萨诸塞殖民地，殖民地的领袖们尽一切办法阻挠委员会的行动。

③ A. P. Thornton, *West-India Policy under the Restoration* (New York: Oxford University Press, 1956), p. 18.

如果要让《航海法令》和皇家权威在私人殖民地得到彻底的遵守和尊重，实施严格的经济控制和政治统一运动应辅以英国（对殖民地）更为严格的监督。1675 年之后的半个世纪里，这种认识的结果是，宗主国时断时续地努力重建英格兰与殖民地之间的政治关系，办法是以一种新的关系取代传统的契约安排。在这种传统的契约安排下，殖民者与英王受到了特许状规定的某些相互义务的约束。而在新的关系下，英王的权威将是无限的和至高无上的，同时也可能是宽厚的和正义的。这一运动经历了两个阶段。第一个阶段从 17 世纪 70 年代中期一直持续到 1688 年“光荣革命”。第二个阶段从 1696 年确立新的商业法规以及新的行政机构开始一直到 18 世纪 20 年代初，截至那时，在罗伯特·沃波尔勋爵（Sir Robert Walpole）的长期领导下，宗主国的官员们对殖民地采取了一种更加随意的态度。

第一阶段的开端是 1675 年贸易大臣委员会（Lords of Trade）的建立。这是英国枢密院下设的一个常设委员会，负责监督各个殖民地。在直到权力被詹姆斯二世统治期间的枢密院剥夺之前的十年，这个机构在一位常设职员和一大批分布在各个殖民地的新任命的皇家官员的协助下，在近 3/4 世纪之前、英国殖民发轫以来第一次对殖民地进行了严格而系统的监督。贸易大臣委员会齐心协力要使殖民地服从皇家权威和《航海法令》，制定了一个包含三个部分的全面计划。第一部分旨在加强英王对四个现有皇家殖民地的控制，四个殖民地包括弗吉尼亚、在“空位时期”（Interregnum）[①] 从西班牙人手里夺取的牙买加、1663 年掌控权从业主转移到英王手里的巴巴多斯和背风群岛（Leeward Islands）。为了实现这一目标，贸易大臣委员会试图将皇家总督置于更加严密的监督之下。它坚持所有总督应更加频繁而全面地执行报告制度，同时，它将总督们置于比以往更加细致而严格的管理之下，途径是大幅扩大发布给总督的皇家指令的范围并增强其具体性，以指导其施政行为。

在为确立宗主国对皇家殖民地的有效控制而做出的努力方面同样重要的是，贸易大臣委员会极力限制选举产生的议会下院的广泛权力，这种议会下院是殖民地抵制宗主国政策的堡垒。殖民地议会下院的权力在很大程度上源于总督对殖民地议会在资金上的依赖，这部分资金一方面用于支付总督的个

---

① 指 1649 年 1 月 30 日查理一世被处死至 1660 年 5 月 1 日查理二世上台期间没有英王在位的时期——译者注。

人俸禄，另一方面用于政府一切正常开支。殖民地议会下院借此将权力扩大到了殖民地政府的几乎所有方面。掌握了这种充分且全面的立法权力促使殖民地立法者们得出了一个“任性”的结论，那就是每个殖民地议会下院都是“［英国］平民院的缩影”①。为了减轻皇家总督对殖民地议会下院的依赖，贸易大臣委员会极力说服弗吉尼亚和牙买加殖民地的议会下院以巴巴多斯和背风群岛的立法机关为榜样。分别在1663年和1664年，这两个殖民地的议会投票确定通过一项永久性的税收，来支付总督和其他皇家官员的薪俸以及其他的政府日常开支。这一举措在弗吉尼亚获得了成功，但在牙买加失败了。它直接要削弱殖民地议会下院的立法权。贸易大臣委员会企图对牙买加和弗吉尼亚实施《波伊宁斯法》（*Poynings' Law*）——这项法律要求爱尔兰议会通过的一切法律必须事先经过英王同意——但未能成功，并且规定，殖民地议会下院只能得英王之恩赐而存在，并非如这些议会所声称的其存在属于一种权利。

贸易大臣委员会计划的第二个部分是阻止创建更多的私人殖民地，并将已有的私人殖民地转变为皇家殖民地。在其建议下，新罕布什尔的一些城镇于1679年从马萨诸塞湾殖民地分离出来，成为一个皇家殖民地。尽管1681年该委员会未能阻止将宾夕法尼亚授予威廉·佩恩，但它争取在宾夕法尼亚特许状里“塞入”一系列限制条件，使佩恩比他之前的任何业主都遭受了更加严格的控制。从1684年开始，贸易大臣委员会进行了巧妙策划，通过法庭对私人殖民地的特许状展开普遍攻势，结果是撤销了马萨诸塞湾殖民地的特许状。

贸易大臣委员会计划的第三个部分——前两个部分的自然延伸——是将各个殖民地政府合并为三个大政府，由总督的代表控制，使其不受选举产生的殖民地议会下院的干预。这一目标——显然至少部分受到了柯尔贝尔（Colbert）改革法国殖民地体系的启发——早在1678年就已盛传。1686年，詹姆斯二世（他跟贸易大臣委员会一样对私人殖民地和殖民地的代议制度表示反感）即位后，建立了新英格兰领地（Dominion of New England），旨在将从缅因以南到宾夕法尼亚的所有殖民地包括在内。

宗主国重建与各殖民地的政治关系、完善航海体系的第二个阶段以

---

① 引自 Agnes M. Whitson, *The Constitutional Development of Jamaica, 1660 - 1729* (Manchester: Manchester University Press, 1929), p. 162。

1696 年的两个相关进展为开端。第一个进展是通过了一部新的航海法，规定应更加严格地执行已有的措施，宣布任何违背《航海法令》的殖民地法律无效。第二个进展是，创建了贸易委员会（Board of Trade），以接管之前由当时已经徒有虚名的贸易大臣委员会处理的杂务。在 1688 ~ 1689 年“光荣革命”之后的一段时间里，宗主国官员似乎要对殖民地采取一种更加宽容的政策。新国王威廉三世或其顾问都没有表现出复兴新英格兰领地（这个领地在“光荣革命”之后被新英格兰人推翻）的意向。他们也不想在统治中废除代议制议会下院。1691 年，他们为马萨诸塞湾殖民地颁发了一个新的特许状，但这个特许状代表着对殖民地自治权的严格限制。1694 年，他们将 1692 年收回的宾夕法尼亚交还威廉·佩恩。

然而 1696 年之后很快明确的是，贸易委员会将施行与其前身贸易大臣委员会极为类似的一项政策。1689 ~ 1763 年英国与拉丁天主教列强之间爆发了四场大规模殖民地战争，贸易委员会建立在第一场战争期间。在成立之后的几个月里，它收到了来自北美大陆殖民地皇家官员以及个人的指责，他们说殖民地未能团结一致抵抗法国和印第安人。指责者一致认为，困难的根源是“存在太多小的独立政府”，它们“由于各自利益”，视彼此为“异族，结果是，任何一方受到任何伤害，其余的都漠不关心”。①

这种明显的狭隘性在和平时期是可以理解的，但在面对一个共同的敌人时，其结果可能是灾难性的。正如贸易委员会在其最早的一份主要报告中宣布的，经验似乎证明，各个殖民地“在目前状况下”，“总是拒绝相互给予协助，只关注它们自己当前的利益而不是共同的防务”，② 因此，贸易委员会就像十年前的贸易大臣委员会一样，快速得出结论：唯一的解决办法是将临近法国殖民地的各个殖民地合并。然而，贸易委员会小心翼翼地避免重犯它的前身所犯的错误。它谨慎地通过只确立一个军事而不是民事联盟来避免冒犯本地利益，引发政治风暴。1697 年初，它争取任命贝洛蒙特伯爵（Bellomont）担任北部三个皇家殖民地——马萨诸塞、新罕布什尔和纽约——的总督以及宾夕法尼亚各个殖民地的武装部队总司令。

---

① 引自 John Nelson, “Memorial to Board of Trade, Sept. 23, 1696,” in William Noel Sainsbury et al., eds., *Calendar of State Papers*, *Colonial* (43vols., London, 1860 –), pp. 1696 – 1697, pp. 134 – 138。

② “Board of Trade to Lords Justices, Sept. 30, 1969”, in William Noel Sainsbury et al., eds., *Calendar of State Papers*, *Colonial*, pp. 165 – 167.

特许状殖民地罗德岛和康涅狄格对贝洛蒙特的抵制以及有关它们不断违反贸易法的报告使贸易委员会深信，贸易大臣委员会的一个目标是正确的：如果要使私人殖民地适当服从宗主国政府的命令，应将其置于皇家的直接监督之下。贸易委员会也不希望通过法庭成本高昂且耗费时间的流程实现这一目标。它掌握了它的前身不具备的一个武器：议会的权威。查理二世或詹姆斯二世可能会否定议会在这方面的能力，但在 1688 年之后，宗主国的行政人员依赖议会的协助掌控棘手的殖民地形势。

当贸易委员会开始考虑撤销殖民地特许状的时候，它自然认为应通过议会法令进行撤销。贸易委员会在 1701 年 3 月提交给英王的对私人殖民地的尖锐抨击中指出：这些殖民地完全没有实现宗主国“赠予这么大片土地及这些特权和豁免权”时对它们的意图；它们违反《航海法令》，未能保护好自己，所通过的法律违反了母国的法律。贸易委员会建议，应“通过这个王国的立法权……将它们置于与陛下的其他种植园一样的状态和依附性之下”。[①] 英国议会在 1701 年、1702 年和 1706 年为此提出了提案。然而，各种因素的共同作用使这些议案都未能获得充分的听证，这些因素包括业主的抵制，英国议会的许多成员其实不愿侵害私人财产权，政党政治的反复无常，以及 1702 年安妮女王战争（Queen Anne's War）开始之后不确定的国际形势使任何可能在殖民地造成不满的措施都显得极为草率。结果是，它们全部没有通过。贸易委员会临时放弃了这一计划。

然而，私人殖民地并非贸易委员会麻烦的唯一来源。皇家殖民地的总督们抱怨自己所在的殖民地持续违反《航海法令》，以及他们无力执行英王的指令，也无力对付代议制议会下院。这些议会下院专注保护本地利益，自称拥有英国议会平民院的地位。这在“光荣革命”以来似乎明显变本加厉。牙买加殖民地的总督威廉·比斯顿爵士（Sir William Beeston）在 1701 年写道，议会下院的议员们相信，“议会平民院在英国有权做的，他们在这里也有权做；在他们开会期间，他们掌握着一切权力和权威”。[②] 纽约和新泽西

---

① “Board of Trade to Queen, Mar. 26, 1701,” in William Noel Sainsbury et al., eds., *Calendar of State Papers, Colonial*, pp. 141 – 143. 1698 年 2 月 26 日的一份报告首次提出依靠议会的可能性，见 William Noel Sainsbury et al., eds., *Calendar of State Papers, Colonial*, pp. 1697 – 1698, pp. 121 – 122。

② “Beeston to Board of Trade, Aug. 19, 1701,” in William Noel Sainsbury et al., eds., *Calendar of State Papers, Colonial*, pp. 424 – 425.

殖民地总督康伯里勋爵（Lord Cornbury）以及巴巴多斯的总督罗伯特·劳瑟（Robert Lowther）也提交过类似报告。康伯里说道："随着殖民地的扩大，他们变得粗野。无疑，如果听之任之，他们会变本加厉。"[①] 总督们普遍认为，这种行为显然模仿了"特许状政府和业主政府（Charter and Proprietary Governments）等各种不和谐的榜样"，只能被解释为殖民者意欲"成为独立的民族，为此将……剥夺……［各殖民地］行政部门履行的一切权力和权威，并将其赋予殖民地议会下院"。"这一计划已经蓄谋已久，并且已经取得巨大进展，"劳瑟在1712年写道，"因为他们已经从我的前辈们那里强取了很大权力，以至于我几乎没有足够的权力去维护治安，更缺乏权力维持对女王公仆的尊重与尊敬"。[②]

贸易委员会决心阻止殖民地取得"他们渴望的独立"。它严格遵循贸易大臣委员会在1/4世纪之前确定的立场，坚持殖民地议会下院的存在并非权利问题，而是得英王之恩赐，决不允许他们僭取"英国议会平民院的一切特权"[③]。无论贸易委员会的决心有多大，它作为一个只有咨询权的机构，既无力遏止殖民地议会下院变本加厉的僭越，也无力为总督执行其指令、抵制殖民地的本地利益提供有效支持。

这种明显的无能为力以及殖民地经常蔑视直接来自英王和枢密院的行政命令，使宗主国的官员们逐渐考虑借助议会的干预。他们希望议会参与殖民地的行政管理，其愿望程度之深在1711～1713年得到了表现。在那期间，他们试图迫使纽约殖民地议会下院通过决议，为1710年被任命为该殖民地

---

① "Cornbury to Board of Trade, Nov. 6, 1704," in William Noel Sainsbury et al., eds., *Calendar of State Papers, Colonial*, pp. 1704 – 1705; "Cornbury to Board of Trade, Feb. 16, 1705," in William Noel Sainsbury et al., eds., *Calendar of State Papers, Colonial*, p. 386.

② "Hunter to St. John, Jan. 1, 1712," in William Noel Sainsbury et al., eds., *Calendar of State Papers, Colonial*, pp. 1711 – 1712, pp. 189 – 190; "Lowther to Board of Trade, Aug. 16, 1712," in William Noel Sainsbury et al., eds., *Calendar of State Papers, Colonial*, pp. 1712 – 1714, p. 29.

③ "Board of Trade to Bellomont, Apr. 29, 1701," in William Noel Sainsbury et al., eds., *Calendar of State Papers, Colonial*, p. 1701; "Board of Trade to Cornbury, Feb. 4, 1706," in William Noel Sainsbury et al., eds., *Calendar of State Papers, Colonial*, pp. 1706 – 1708, p. 45; "Board of Trade to St. John, Apr. 23, 1712," in William Noel Sainsbury et al., eds., *Calendar of State Papers, Colonial*, pp. 1711 – 1712, pp. 267 – 268; "Board of Trade to Hunter, June 12, 1712," in William Noel Sainsbury et al., eds., *Calendar of State Papers, Colonial*, pp. 298 – 299; and "Board of Trade to Lowther, July 20, 1713," in William Noel Sainsbury et al., eds., *Calendar of State Papers, Colonial*, pp. 1712 – 1714, pp. 207 – 209.

总督的罗伯特·亨特（Robert Hunter）提供薪俸。当殖民地议会下院未能投票通过亨特提交的薪俸金额或为其他行政官员提供薪俸时，枢密院在贸易委员会的建议下，于1711年3月采取了前所未有的措施，威胁将在英国议会提出议案："在纽约殖民地……长期征税，用以供养总督以及负担政府的必要开支。"[①] 尽管贸易委员会在几个场合几度威胁，而且枢密院两次命令英国议会平民院提出议案，但纽约殖民地议会下院在两年多的时间里一直采取坚定的立场。最后，亨特对获得来自伦敦的任何有效支持绝望了，在1713年夏季同意了一项妥协解决方案。这最终解决了冲突，也导致宗主国当局放弃了诉诸英国议会的任何计划。

在这段漫长的争端时期，实际上英国议会并未提出任何议案使人们对宗主国威胁的真实性，以及英王官员们愿意彻底背离传统惯例将英国议会引入殖民地内部政治事务的实际管理大为怀疑。然而，贸易委员的声明和行为都明确表明，其成员确实想要英国议会进行干预，希望由此确立一个先例，作为"美洲其他政府"如果继续僭取"使其倾向于独立于宗主国的权利"将面临的后果的一个活生生的例子。[②] 无论贸易委员会成员或英王高级官员的真正动机和意图是什么，这一事件表明二者都深刻地认识到，行政权力本身不足以迫使各殖民地遵循皇家命令。他们期待英国议会能够也愿意在必要时接受召唤，协助处理殖民地内部任何非同寻常的紧急情况。

尽管贸易委员会在撤销私有殖民地特许状、执行皇家指令的努力中未能成功获得英国议会的帮助，但它轻易争取到了英国议会对殖民地内部经济生活的立法。在"王政复辟"（Restoration）之后的几十年里，英国的商业团体当初建立殖民地的热情有些衰退。他们中的一些人甚至开始提出，殖民地将人力吸引出英国，由此减少了劳动力供给，阻碍了制造业的发展，造成经济增长放缓。在"光荣革命"之后，乔赛亚·柴尔德（Josiah Child）和查尔斯·达维南特（Charles Davenant）等经济学作家极力反驳这种观点。他们指出，殖民地为英国提供了它本来应该从外国竞争者手里购买的商品，为

---

① "Board of Trade to Privy Council, Mar. 1, 1711," and "Order in Council, Mar. 1, 1711," in W. L. Grant and J. Munro, eds., *Acts of the Privy Council of England*, *Colonial Series* (6vols., London: Wyman and Sons, 1908 - 1912), 2: 641 - 642.

② "Board of Trade to Dartmouth, Apr. 1, 1713," "Board of Trade to Lowther, July 20, 1713," and "Board of Trade to Lord Archibald Hamilton, Mar. 22, June 21, 1714," in William Noel Sainsbury et al., eds. *Calender of State Papers*, *Colonial*, pp. 1712 - 1714, p. 68, p. 207, p. 322, pp. 35 - 60.

英国的制造业商品提供了额外的“国内”市场，鼓励了英国海运业和海外贸易的发展，并刺激了英国的经济。

这种反驳如果指的是西印度群岛的蔗糖殖民地以及切萨皮克的烟草殖民地，则令人信服，因为这些殖民地的经济显然是英国经济的补充，其对英国的出口贡献了巨大的海关关税收入，而其对劳动力的需求推动了有利可图的非洲奴隶贸易的发展。然而，对北部的大陆殖民地来说，这种反驳并不是那么令人信服，因为这些殖民地的经济与英国太类似了，以至于具有潜在的竞争性。在讨论这个问题的过程中，经济领域的思想家们和宗主国的官员们逐渐得出结论：必须阻止北部殖民地从事竞争性制造业；而且如有可能，应对其经济进行改造，以使其对母国经济形成补充。

这种对未来竞争的担忧是将《1699 年羊毛法令》（*Woolen Act of 1699*）扩大到殖民地的动因。这部法律尽管主要针对爱尔兰，但也将殖民地生产的羊毛成品的销售严格限制在本地市场。英国议会希望促使北部殖民地放弃贸易，鼓励它们生产英国本来从波罗的海沿岸国家进口的松脂。这样一种重要考量促使英国议会决定在 1705 年通过一项法律对殖民地生产松脂给予奖励。尽管这确实刺激了南、北卡罗来纳松脂业的繁荣发展，但这最后一项法令未能在北部殖民地取得所希望的效果。而且在新英格兰，殖民者公开违反将所有适合制造桅杆的松树留给皇家海军的规定。在安妮女王战争期间，一个很明确的事实是，至少在战时，北部殖民地发挥了一个至关重要的作用，那就是为西印度群岛殖民地提供了粮食、木材、役畜以及其他无法直接从英国获取的必需品。然而，宗主国官员们中间仍然存在一种普遍的想法，即主张通过英国议会的立法，直接作用于殖民地内部的经济生活，使它们更加符合关于理想殖民地的普遍观念。

这种想法，加上显然很难在私人殖民地和皇家殖民地执行宗主国的政策，很可能使贸易委员会在安妮女王战争一结束，就试图对现有的殖民体系进行重大修改。在贸易委员会创建后不久，它就收到了来自关心体系的多元化和异常现象、急切要发挥帝国政客作用的个人的改革建议。1713 年《乌特勒支条约》（*Treaty of Utrecht*）签订后的几年里，这种建议的数量猛增。这些建议的细节大相径庭。一些建议要求彻底剥夺各政体的殖民地行政管理权，将其赋予具有做出和实施决策的充分权力的专家委员会。还有些建议想要将北美大陆上的殖民地政府组织为一个或多个大政府。无论建议的手段有何差异，其基本目标是一致的：确立更加严密的宗主国控制。然而，很少有建议主张大力削弱殖民地的自由权。大多数建议同意查尔斯·达维南特（Charles Davenant）的观点，即“只有能够使他们陷入绝望的专制权力才能使他们揭竿而起”。[①]

尽管贸易委员会显然同意这些建议的核心目标，但1714年汉诺威家族登上英国王位（Hanoverian accession）造成的国内局势的不确定性以及1715年的詹姆斯党人造反（Jacobite uprising）阻止它开展它长期以来希望进行的全面改革。1715年，贸易委员会为将私人殖民地转变为皇家殖民地而付出的努力遭受重大挫败。当年，英国议会第四次未能通过致力于实现这一目标的议案，英国枢密院决定将“光荣革命”之后英王夺取的马里兰殖民地归还给卡尔弗特家族（Calvert family）。然而，贸易委员会确实设法进行了一些零星的改革，驳回了一些侵犯皇家特权的法律，在皇家指令中塞入一些条款，旨在控制殖民地议会下院的权力，并争取任命了一些它自己的特别法律顾问，以促进对殖民地立法的审查。然而，有关殖民地议会下院拒绝遵守皇家指令以及特许状政府反抗负责执行《航海法令》的皇家海关官员的持续报告似乎表明，需要进行重大的改变。

1720年8月，贸易委员会获得了一个机会。当时，英王的顾问大臣们为确定如何应对近期发生的反对南卡罗来纳业主的叛乱，要求贸易委员会提交一份有关各殖民地“状况和形势”的报告，并对它们“的更好治理和安全”提出建议。贸易委员会的回应——“其撰写的最完备和最具启发性的报告”[②]——耗时一年的时间完成，可谓鸿篇巨制。报告最终于1721年9月8日提交。不足为奇的是，它呼吁对殖民地的行政管理进行彻底改革。大致说来，它建议确立一种更加合理的体系，以实现“王政复辟”以来所确立的英国殖民地政策的具体目标。消除宗主国—殖民地关系中的许多不确定性，实现更大程度的行政统一，以及确保更加有效地实施贸易法是重中之重。该报告还希望让殖民地放弃制造业，想方设法使北部殖民地更加紧密地融入重商主义体系，让英王更加牢固地控制对殖民地土地和森林的处理，通过更加系统地征收免役税增加皇家收入，将业主殖民地和公司殖民地转变为皇家殖民地，遏止殖民地议会下院的广泛权力以及殖民地日益蔓延的特殊性，并使皇

---

① Charles Davenant, “On the Plantation Trade,” in Anonymous, *The Political and Commercial Works of that Celebrated Writer Charles Davenant* (5vols., London, 1771), 2: 10–11.

② Charles M. Andrews, *The Colonial Period of American History* (4vols., New Haven: Yale University Press, 1935–1938), 4: 389–390.

家官员在财政上独立于殖民地议会下院。贸易委员会以及在很多情况下它之前的贸易大臣委员会的所有这些古老的目标，都成为其建议中的重要元素。

尽管贸易委员会的总体目标没什么新意，但它提出的实现这些目标的建议确有创见。截至当时，贸易委员会已经放弃了争取英国议会采取行动撤销私人殖民地特许状的希望，它现在劝英王通过“购买、协议或其他方式”收回特许状——当时宾夕法尼亚的业主提出将殖民地出售给英王以及南卡罗来纳的反叛者请愿将该殖民地转变为皇家殖民地时所暗示的流程。按照殖民地官员以及其他感兴趣的观察者经常提出的建议，贸易委员会试图提高伦敦和殖民地的行政效率。由此它建议殖民地的权力应集中在几个机构手里，机构的首脑应直接听命于英王；所有殖民地的任职者都被要求“亲自”履行职责；为大陆殖民地建立一个总政府，总政府由对军事事务具有绝对控制权、对各个殖民地的总督具有监督权的郡尉（lord lieutenant）领导。他与各个殖民地的代表组成的顾问委员会一起，有权确定战时各个殖民地的人员和资金配额。[①]

这份报告的“命运”颇具启发意义。它的少数具体建议最终得到了实施。尽管英国议会没有集中改变北部殖民地的经济发展方向，但它在1722年和1729年制定了其他的松脂法案。尽管宗主国政府没有制订购买私人殖民地的全面计划，但它确实在1729年购买了南、北卡罗来纳。在18世纪50~60年代，其他一些建议至少得到了部分实施。然而，宗主国政府未能立即接纳大部分建议，造成了贸易委员会的长期失败。在25年里，它未能争取到足够的支持以使自己能够完全实施其有关帝国政治重建的任何计划。结果是，殖民地仍然拒绝遵守任何贸易法律，因为如殖民地的一位官员所抱怨的，这种法律妨碍了“其小型共同体的发展与繁荣”[②]。宗主国在大多数殖民地的政治权威要比贸易委员会成员以及各殖民地的官员们所希望的薄弱得多和更加不确定。

尽管贸易委员会的许多总体政策目标未能实现，但它在确定这些目标的过程中，阐明了有关英国和殖民地之间关系的性质的实际可行的假设。这些假设至少在宗主国的范围内得到了普遍接受，并最终被提升到了不可挑战的

---

① William Noel Sainsbury et al., eds., *Calendar of State Papers, Colonial*, pp. 1720 - 1721, pp. 408 - 449.

② “Caleb Heathcote to Board of Trade, Sept., 7, 1719,” as quoted by Dixon Ryan Fox, *Caleb Heathcote, Gentleman Colonist* (New York, 1926), pp. 186 - 189.

理想地位。其中两个假设是从贸易大臣委员会那里承袭而来的。第一个也是最为基本的假设暗含在我们熟知的父母—孩子比喻之中，这个比喻越来越多地被用来描述宗主国与殖民地之间的联系。如果说英国是母国而殖民地是其子女，自然而然的是，各个殖民地是未成年人，需要得到母国的保护，并且必须服从母国的命令。在任何意愿或判断的冲突中，殖民地必须遵从宗主国政府的超级力量和智慧。

第二个假设认为，整个帝国的福祉应优先于任何个体组成的部分的利益。“一个不容改变的箴言是，”一个作者写道，“较小的公共利益必须让位于更大的公共利益；较大数量的臣民要比维持较小数量的臣民为国所用更为重要”。[①] 作为一个神圣的政治概念，对各个殖民地各行其是和个人主义的倾向来说，这种思想可能成为一种有用的抵制。然而，如在大多数类似的政治团体内部一样，掌握统治权的官员们的明显倾向是，根据占据主导地位的成员的利益定义共同福祉。对伦敦的宗主国官员们来说，整个帝国的利益意味着皇家特权和英国商业利益是至高无上的。1693 年，乔赛亚·柴尔德写道，一个殖民地的价值，只能根据它对“这个王国的利益或损失”所做贡献大小来衡量。[②] 经济学家查尔斯·达维南特在 1698 年指出：一个普遍接受的原则是，“殖民地是其王国母亲的左膀右臂，只要它们安分守己，只要它们严格遵守其来源国的基本法，只要它们依赖来源国”。[③] 这句话后来被有关殖民地的数部论著引用。

在殖民地应依附母国的认识中产生了第三个有关宗主国和殖民地关系的假设，即殖民地政府必须服从宗主国政府；无论殖民地在“外表”、结构和功能上与英国政府有多类似，它们归根结底只是“远方的许多公司，被赋予了为自己制定符合其各自情况和气候的临时条例的权利，但这些条例绝不可妨碍英王的合法特权或母国的真正的立法权”。因此，尽管贸易委员会不同于其前身贸易大臣委员会，认可了代议制议会下院是殖民地宪制中的必要而有利的要素，但它从不承认那些机构（无论其成员有何愿望和主张）能

① Sir William Keith, “A Short Discourse on the Present State of the Colonies in America with Respect to the Interest of Great Britain, Nov. 1728,” *in Collection of Papers and Other Tracts* (London, 1740), p. 174.

② Sir Josiah Child, *A New Discourse of Trade* (London: Sam Crouch, 1693), pp. 204 - 208.

③ Anonymous, *The Political and Commercial Works of that Celebrated Writer Charles Davenant*, 2: 10.

与英国议会平民院平起平坐。为了强调其从属地位，宗主国当局一直坚持认为，殖民地议会下院的存在并不是一种权利，并非因为需要它们保障殖民者作为英国人的权利。它们的存在只是因为英王的恩赐。

最后，如果说殖民地存在的主要理由是有助于增进母国的福祉，而且如果说殖民地政府必须是“依附性的”和“地方性的”，用宾夕法尼亚前总督威廉·基思爵士（Sir William Keith）的话说，各殖民地自然而然“应当受到”母国法律的“约束”。因此，英国议会作为英国的最高立法机构，显然对殖民地生活的方方面面具有管辖权，包括政治事务、内部事务以及商业事务和外部事物。合情合理的是，殖民地的行政事务应由英王及其官员在其行政和司法职权范围内处理。而贸易委员会敢于建议英国议会在纽约征收永久性税收表明，在“光荣革命”之后，宗主国政府认为，英国议会对殖民地的权力是无限的。[①]

鉴于在宗主国内没有人公开反对这些预设中的任何一个，也鉴于贸易委员会一切具体的政策目标只是一个或多个预设的自然表现，那么该委员会无力实现更多目标至少在表面上看是无法理解的。在一定程度上，贸易委员会失败的根源在于英国政治的变化无常以及掌权者专注于其他更为紧迫的问题。“光荣革命”要求的政治调整、两次重要战争、确保新教徒掌权和汉诺威继位的安全的需要以及党派政治经常造成的剧烈震动，在 1689 ~ 1721 年共同推动殖民地最迫切的问题之后的其他问题全部都推到了英国公共生活的背景之中。然而，各级殖民地官员在实施自己能够独立实施或得到贸易部、议会支持的措施时遭遇了困难，这明确表明，在更大的意义上，英国1660 ~ 1721 年殖民政策的失败最终可以归结为一个更深的根源，那就是帝国本身的性质。

那种政策及其背后的预设不符合帝国最初赖以立足的商业传统，也不符合殖民地创建中的个人创业精神。殖民者对他们的行为应有助于增进整个帝国的福祉的看法没有异议，但他们与宗主国官员对福祉的看法有根本不同。对他们来说，公共利益似乎使得他们能够追求自己的利益，而宗主国政府的任何限制似乎违反了最初的契约。根据这种契约，殖民者被赋予了追求那些目标的权利，以换取他们冒着生命危险去美洲的荒野和热带地区开辟殖民

① Sir William Keith, “A Short Discourse,” *in Collection of Papers and Other Tracts*, pp. 167 - 170, p. 175.

地。巴巴多斯的种植园主爱德华·利特尔顿（Edward Littleton）于1689年在伦敦出版了一本质量很高的小册子《种植园的呻吟》（*The Groans of the Plantations*），其中，他不认同《航海法令》伤害甘蔗殖民地的某些特征。他说道："我们享受着令人欣喜的特权和豁免权，这种权利包括自由贸易权，尽管我们认为那种权利是一种权利而不是一项特权……没有自由贸易的刺激，种植园今天仍将是荒凉的树林。如今那些权利和特权都不复存在，被人遗忘……现在对我们的一切关照都是要剥削我们、压制我们。我们害怕英国议会的法案提到我们，因为它们总是给我们带来伤害。"

利特尔顿认为最令人反感的是，对殖民地有害的措施在通过时借助的"光鲜借口"是它们是"为了英国国民的共同利益和福利"。但他没有西印度群岛人多尔比·托马斯爵士（Sir Dalby Thomas）走得远。托马斯在1690年指出，"只有殖民地自己是它们的痛苦、需求和应该拥有什么的恰当法官"；"它们的想法必须在［其各自的］大议会中得到反映"；"在征求殖民地议会的意见之前"，不应制定和实施影响殖民地的任何"法律或计划"。但利特尔顿确实坚持认为，提升帝国一个部分的地位而对其他部分不利始终是不公正的；殖民者"像奴隶一样被压迫……或像异族一样被压榨。人们的处境还有比这更凄惨和可怕的吗"，殖民者"血脉中的英国人血统不是如那些抛弃我们的人一样优秀吗"，他问道。"那我们怎么会失去我们的国家以及作为这个国家臣民的特权呢？你们为什么要把我们逐出去呢？""任何社会的人，"他写道，"如果没有平等的正义的话，都无法立身于世。而平等的正义是一切美德的源泉。如果对海盗和抢劫者们来说，平等意味着必须平等瓜分共同夺取的战利品，那对一个国家来说，更有必要平等分担公共负担"。①

利特尔顿观点的主旨是，殖民者应该享有与国内的英国人同样的权利；殖民地的利益应该与英国利益一样得到同等对待。殖民者应与其他英国人平起平坐的要求暗含在殖民地的一系列文件中，包括1677年牙买加议会起草的《特权法案》（*Bill of Privileges*），1683年纽约第一个殖民地议会制定的《自由宪章》（*Charter of Liberties*），以及1691～1696年弗吉尼亚、纽约、马萨诸塞、南卡罗来纳和马里兰等殖民地立法机关在1689年英国议会通过

---

① Edward Littleton, *The Groans of the Plantations* (London, 1689), p. 16, p. 20, pp. 22 - 24; Sir Dalby Thomas, *An Historical Account of the Rise and Growth of the West-India Colonies* (London, 1690), iii, p. 32.

《权利宣言》(*Declaration of Rights*) 这一榜样的鼓舞下为对他们享有英国人的公民自由权利提供正式法律保障制定的法案。① 这些努力揭示出对宗主国—殖民地关系的理解显著不同于英国官员的观点，这种观点中包含的殖民者平等超出了宗主国的理论所允许的程度。

在17世纪最后的几十年，由于殖民地出现的政治精英野心勃勃，这两种对立观点之间的冲突在较老的殖民地十分激烈。这些精英中的成员无论如何为财富、地位和权力而争斗不休，他们都表现出一种共同愿望，那就是在殖民地复制一套尽可能类似英国的社会和政治制度。由于他们大多数政治抱负的主要宣泄口是选举产生的殖民地议会下院，因此他们尤其决意要使这些殖民地级别的立法机关成为英国议会平民院的对等物。他们想在各自管辖范围内享有完全立法权，这凭借的是其选民所继承的英国人的权利——不服从任何未经其代表同意就通过的任何法律。尽管他们的努力取得了极大成功，但宗主国当局始终拒绝在理论上承认既定事实，这使殖民地议会下院的地位极不确定。

殖民地议会下院模棱两可的地位始终是殖民地立法者以及其他政治领袖所关注的问题。正如查尔斯·达维南特曾经指出的，如果要消除那种模糊性，必须清楚地划定"主要权力与人民之间的界限"。他建议通过一部公告法，从而保障所有英国人"享受所有英国法律保护的权利，只要他们居住在处于王国治下的国家"。② 然而殖民者的要求不限于此。用新英格兰殖民地代理、著名的《为新英格兰特许状辩护》的作者杰里迈亚·达默(Jeremiah Dummer)的话说，他们想要"一个自由政府，在那里，法律是神圣的，财产权得到保障，正义得到公正而快速的分配"。由于他们认为"英国从殖民地所获得的利益源自其商业活动"，"而压迫是与商业世界直接对立的事情"，因此达默做出推论说：他们想要的是在最初的特许状各方达成一致的条件下追求个人和公司利益的自由，免于压迫的自由，免于"直接掠夺……人民"以及有时作为各殖民地总督行为特征的"[许多]其他苛政和无法无天的权力"，这些苛政和权力滥用使殖民者的财产及其追求财产的自由常常陷入岌岌可危

---

① A. P. Thornton, *West-India Policy under the Restoration*, pp. 171 – 172; David S. Lovejoy, "Equality and Empire: The New York Charter of Libertyes, 1683," *William and Mary Quarterly* 21 (1964): 493 – 515; A. Berriedale Keith, *Constitutional History of the First British Empire*, pp. 141 – 142.

② Anonymous, *The Political and Commercial Works of that Celebrated Writer Charles Davenant*, 2: 35 – 36, 55.

的境地。然而，要全部实现这些目标，仅仅通过殖民地议会下院小心守护原始的“人民的自由”或由英国当局遏制潜在专横或腐败的总督是远远不够的。[①] 正如一位匿名的弗吉尼亚人在1701年所理解的，这至少需要一个建立在一部“自由宪法之上的”“正义而平等的政府”。这部宪法通过定义“什么是（殖民地的）法律、什么不是”并规定“殖民地议会立法权的范围”，能够消除宗主国和殖民地关系中的一切模糊性。[②] 如果没有这种安排，殖民地议会下院、人民与他们所代表的利益永远也不可能完全安全，他们的自由和财产永远也不可能获得与他们的英国国内同胞一样同等程度的保护，也永远不可能满足在殖民地复制一个完整的英国社会的模仿冲动。

具有讽刺意味的是，在很大程度上造成1689～1721年母国政府与殖民地之间紧张关系的那种模糊性，为未来30年发展起一种相当稳定的政治关系奠定了基础。这种发展恰逢罗伯特·沃波尔勋爵政治霸权的崛起，也与此紧密相关。沃波尔在1721～1742年担任英国首任首相。这种发展在很大程度上得益于他将在管理国内事务方面大获成功的许多基本原则和技巧运用于管理殖民地事务。他避免涉及根本问题的任何难题以及涉及基本原则的一切辩论，尽可能限制政府的积极作用使其只在合适或必要的时候采取行动，通过迎合其利益将具有破坏性的群体限制于行政部门之内，通过妥协和技巧努力协调一切冲突，如果需要在冲突双方的利益之间做出选择，总是让政府站在更有利的一边，沃尔波式的这些处事作风，每一种都必然涉及并影响对殖民地的治理。

殖民地的持续繁荣——“这个国家富有的（重要）原因”在很大程度上取决于它们拥有（用一个作者的话说）“一个……尽可能宽厚而温和的政府，以吸引人在其治下定居”并使他们定居后过得快活。基于这一明确认识，沃波尔的一个下级官员查尔斯·德拉费伊（Charles Delafaye）对宗主国对殖民地的新的姿态进行了简明扼要的描述。“没有人会走极端，”德拉费伊在沃波尔任职早期警告南卡罗来纳总督弗朗西斯·尼科尔森（Francis Nicholson）说，“这对我们的国王和国家毫无用处，还会为自己树敌”。[③] 为

---

① Jeremiah Dummer, *Defence of the New-England Charters* (London, 1721), pp. 68-69, p. 73.

② Louis B. Wright, ed., *An Essay upon the English Government of the Plantations on the Continent of America* (San Marino, Calif., 1945), pp. 15-17, p. 23.

③ Joshua Gee, *The Trade and Navigation of Great-Britain* (London, 1729), p. 98; "Charles Delafaye to Francis Nicholson, Jan., 26, 1722," in Jack P. Greene, ed., *Settlements to Society, 1584-1763* (New York: Mc Graw Hill, 1966), pp. 231-232.

了增加帝国总体的经济利益并且并非附带地避免为国内的行政部门带来政治困难，英国自“王政复辟”以来形成的殖民地政策的传统目标是尽可能确保眼前的政治利益。实际上，如果不是在理论上，这回到了英国殖民第一个50年母国与殖民地之间的那种旧的契约关系。

然而，这种对殖民地的比较宽松的态度并未立即得到那些最直接关心殖民地管理的人的效法。英国国内的贸易委员会、殖民地的总督以及官僚机构的其他成员们仍然使用陈旧的规则评估殖民地的形势。总督们继续抱怨殖民者“很少或根本不尊重……来自国内贸易部的意见或命令”。他们还大骂殖民地议会下院“试图篡取”仍然“保留给英王的少数特权”。[①] 海关官员以及殖民地的其他人强烈谴责殖民者公然违反《航海法令》，肆意将保留给皇家海军的木材挪为己用，公开试图阻止域外海事法庭（vice-admiralty court）执行贸易法案。对贸易委员会来说，它继续试图让皇家总督严格执行其指令，在伦敦建立起一项更加集中和常规的殖民地控制制度，合并殖民地以实现更加有效的管理和防卫，让特许状殖民地得到更加严苛的监管，争取殖民地通过永久性征税供养皇家官员，有时还会在其建议没有得到遵从的情况下威胁让英国议会干预。

然而，在1721年之后，贸易委员会的建议经常无法得到行政大臣们的完全支持。我们可以引用两个案例为证，这两个案例都涉及贸易委员会对付“桀骜不驯”的马萨诸塞殖民地议会下院。第一个案例源自1723年8月总督塞缪尔·舒特对该殖民地议会下院连篇累牍的控诉。与该机构进行了长达数年的激烈争吵之后，舒特来到英国从其上司那里寻求直接帮助。贸易委员会对舒特的抱怨进行了正面的报告，并敦促“英国议会干预”，以将马萨诸塞殖民地议会下院“限制在服从英王的适当界限之内”。然而，英国行政部门并未走得那么远。尽管它同意针对马萨诸塞殖民地议会下院的每项指控都有道理，并强烈谴责该殖民地议会下院“非法篡取……不属于它的权力”，但它只是发布了一项解释性特许状（explanatory charter），对总督七个最初指控中的两个的立场进行了“确认”，并威胁说，如果殖民地抵制新的特许状，那么这一问题将提交英国

① “Samuel Shute to Board of Trade, Oct. 29, 1722,” and “Shute to Crown, Aug. 16, 1723,” in William Noel Sainsbury et al., eds., *Calender of State Papers, Colonial*, pp. 1722 - 1723, pp. 157 - 158, pp. 324 - 330.

议会解决。[1]

贸易委员会对殖民地的指令无法获得行政部门的支持，在随后的十年，更为突出地表现在它未能迫使马萨诸塞殖民地议会下院确立永久性税收，从而为皇家官员提供薪俸。在经过一再指示和请求仍然无法打动该殖民地议会下院之后，贸易委员会在绝望中于 1729 年初威胁要诉诸英国议会。然而，正如纽卡斯尔公爵（Duke of Newcastle）［他在 1724 ~ 1746 年作为南方部（Southern Department）的国务大臣，主要负责关于殖民地的决策］对总督威廉·伯内特（William Burnet）所承认的，行政部门不想把“事情做绝了”。结果是，马萨诸塞殖民地议会下院立场坚定，而贸易委员会在无力落实其威胁的情况下，首先不得不暂时让步，同时否认其让步可以被“解释为废除……之前的指令”。最后，它于 1736 年彻底放弃，允许总督［那时是乔纳森·贝尔彻（Jonathan Belcher）］接受殖民地议会下院的年度拨款。[2]

贸易委员会在这个问题上的逐渐退让与其活动和效率的总体衰退切合，也是这种衰退的象征。这种衰退开始于沃波尔任职初年，并在1737 ~ 1748 年蒙松勋爵（Lord Monson）担任委员会主席期间加快了速度。贸易委员会从未明确放弃它在 1721 年前极力推行的计划，然而，由于贸易部不愿支持它加上殖民者的不妥协，它一再被迫屈服于与殖民地内部政府打交道的现实必要。很显然，由于“玩忽职守和注意力分散”，纽卡斯尔在担任国务大臣期间的大部分时间同样也是无所作为。[3] 因此，殖民地的皇家官员们不得不

---

① “Shute to Crown, Aug. 16, 1723,” and “Board of Trade to Lords Justices, Sept. 23, 1723,” in William Noel Sainsbury et al., eds., *Calender of State Papers, Colonial*, pp. 1722 – 1723, pp. 324 – 330, pp. 339 – 340; “Shute to Dartmouth, Mar. 5, 1724,” and “Newcastle to William Dummer, Sept. 30, 1725,” in William Noel Sainsbury et al., eds., *Calender of State Papers, Colonial*, pp. 1724 – 1725, pp. 50 – 52, p. 442; W. L. Grant and J. Munro, eds., *Acts of the Privy Council of England, Colonial Series*, 3: 92 – 204.

② Leonard Woods Labaree, ed., *Royal Instructions to British Colonial Governors, 1670 – 1776* (2vols., New York: Octagon Books, Inc., 1935), 1: 257 – 265; “Mass. House of Representatives to Crown, Nov., 22, 1728,” “Board of Trade to Newcastle, Mar. 27, 1729,” and “Newcastle to Burnett, June 26, 1729 (two letters),” in William Noel Sainsbury et al., eds., *Calendar of State Papers, Colonial*, pp. 1728 – 1729, pp. 311 – 313, pp. 339 – 340, pp. 412 – 414; “Belcher to Newcastle, June 11, 1734,” and “Board of Trade to King, Aug. 29, 1734,” in William Noel Sainsbury et al., eds., *Calendar of State Papers, Colonial*, pp. 1734 – 1735, pp. 130 – 131, pp. 194 – 195; W. L. Grant and J. Munro, eds., *Acts of the Privy Council of England, Colonial Series*, 3: 259 – 264.

③ Philip Haffenden, “Colonial Appointments and Patronage under the Duke of Newcastle, 1724 – 1739,” *English Historical Review* 108 (1963): 417 – 435.

接受这样的事实：很难让英国的任何人“将殖民地事务纳入考虑范围”，部长们只是“忙于其他事务而无暇顾及这种琐事”。[①] 由于他们“很少”得到其“英国上司的支持”,[②] 因此总督以及其他皇家官员被迫主要依靠他们自己的资源来处理殖民地的政治事务。

行政部门不愿密切关注对殖民地的治理并不适用于经济领域。行政部门和英国议会对强大的利益集团的要求极为敏感。它们经常对这些利益集团通过涉及殖民地新经济法规的要求做出回应。当殖民地利益与英国某些有影响的群体的利益切合时，各殖民地的要求就有指望获得积极的回应。因此，1730 年，卡罗来纳的稻米种植者与英国的大米贸易商联合起来，说服英国议会允许将卡罗来纳的大米直接出口至南欧；1748 年，南卡罗来纳的靛蓝种植者与羊毛加工商合作，争取设立奖金，鼓励卡罗来纳的靛蓝生产。实际上，如 1732 年詹姆斯·奥格尔索普（James Oglethorpe）在英国议会平民院所宣布的，主流思想仍然是：“对于提交到本院的任何事件，只要似乎涉及国家不同地区之间的利益冲突，……我们不应仅仅考虑国家或任何群体的特定利益。我们考虑的应该只是整体的利益。我们的殖民地是我们自己领土的一部分。每一个殖民地的人民都是我们自己的人民，我们应给予所有人平等的尊重。”[③]

然而，当英国群体与殖民地群体之间实际出现“利益冲突”的时候，英国群体总是在英国议会得到更多的重视。1732 年，英国帽子制造商毫不费力地争取到英国议会立法支持，以限制殖民地新生的帽子产业；英国商人争取通过了一项法律，使他们更容易确保殖民地偿还欠他们的债务。由于英国议会议题复杂，且竞争的英国群体对应通过什么议案存在分歧，英国的生铁制造商和英国商人需要经过更长期的运动才能分别争取到英国议会对殖民地的生铁制造和纸币实行管制。最后，这两个群体都成功了，但每个群体都对殖民地的利益做出了某些让步。即使殖民地的利益集团得到了行政部门的支持，但如果涉及英国主要游说集团所反对的任何提案，那么殖民地的利益

① As quoted in Joseph E. Johnson, “A Quaker Imperialist's View of the British Colonies in America, 1732,” *Pennsylvania Magazine of History and Biography* 60 (1936): 100.

② “Governor Gabriel Johnston to Lord Wilmington, Feb. 10, 1737,” in Historical Manuscripts Commission, ed., The Manuscripts of the Marques of Townshend (London, 1887), pp. 262 - 264.

③ Leo Francis Stock, ed., *Proceedings and Debates of the British Parliaments Respecting North America* (5vols., Washington, D. C.: Carnegie Institution of Washington, 1924 - 1941), 4: 125.

集团都没有希望成功。令弗吉尼亚烟草种植商大为失望的是，他们在1733年发现了这个明显的政治事实。那年，他们未支持沃波尔推动其税收计划，以纠正他们反感的烟草贸易中的一些问题。

而且，一旦殖民者之间出现利益冲突，北美殖民者将不得不接受英国国内明显偏爱西印度群岛这个事实。18世纪中期的几十年，随着大陆殖民地作为英国制成品市场的重要性越来越明显，宗主国对它们也越来越重视。这一发展最为引人注目的证据是英国议会在英国殖民历史上第一次愿意投票为建立一个新的殖民地提供资金。在很大程度上出于战略考虑，为了加强对大陆上的南部殖民地的防卫，英国议会从1732年开始每年拨款用于支付佐治亚全部民用机构的费用以及其他开支。仅在最初的20年，英国议会就为那个殖民地拨款136608英镑。

即使宗主国当局更倾向于认为“英国的真正利益在于鼓励和支持北部以及南部殖民地”,[①] 然而，当面临选择时，他们仍然不能克服他们对甘蔗殖民地的传统偏见。这种偏见在1731～1733年表现得很明显，当时，西印度群岛和大陆殖民地在西印度群岛要求保护其免受外国岛屿的竞争上产生冲突。在18世纪最初的几十年里，外国岛屿尤其是法国的岛屿开始生产价格远低于英国的蔗糖，并在世界市场上以低价抛售。结果是，在1713年实施《乌特勒支条约》之后，新英格兰的商人与外国岛屿发展起繁荣的贸易。英国岛屿的经济开始衰落，西印度群岛在伦敦的利益集团向英国议会施压，要求阻止新英格兰人与外国岛屿进行贸易。经过长时间的激烈辩论，英国议会于1733年做出回应，通过《糖蜜法令》（*Molasses Act*），通过对蔗糖产品征收高额关税，来阻止与外国岛屿的贸易。这对北部大陆殖民地潜在有害管制的锋芒只有在海关官员未能严格执行《糖蜜法令》时才得以顿挫。

英国议会愿意对广泛的经济问题采取行动与它在18世纪30～40年代三次拒绝干预经济问题以强化殖民地皇家政治权威形成了鲜明对照。于是在1734年，英国议会上院的一个委员会建议通过一项议案，阻止殖民地法律在获得英王批准之前生效，但议会上院从未将那一建议起草为

① John Ashley, *Memoirs and Considerations Concerning the Trade and Revenues of the British Colonies in America* (London, 1740).

议案。[①] 同样，1744 年和 1749 年，英国议会平民院审议的管制殖民地纸币两项的议案包含的条款将使皇家指令在殖民地具有法律效力。然而，议会平民院没有通过任何一项议案，并且 1751 年最终制定的货币法并未包含这种规定。英国议会这种不作为的直接结果是在殖民者中间形成了一种印象，那就是英国议会在殖民地不明确的权威并不包括干预殖民地内部政治事务的权力。

在沃波尔倾向于让殖民地自行其是不受行政部门干预（涉及英国强大利益集团严重关切的迫切问题除外）的同时，英国议会在殖民地内部事务领域的不作为为本地总督在政治上要花招预留的空间超过了“王政复辟”以来的任何时期。对那些拥有实际或潜在政治权力优势的总督来说，这种压力的缓解意味着他们能够从母国获得“实在的利益”，同时不必时时防备因为未能执行贸易委员会“长期以来确立的准则”而受到母国的训斥。[②] 因此，1736 年放弃迫使马萨诸塞议会下院投票支持永久性征税，为皇家总督在未来 20 年里影响的大幅扩大奠定了基础。于 1741 年成为马萨诸塞殖民地总督的威廉·舍利（William Shirley）在政治管理、与英国建立强大的联系和娴熟地利用日益成熟的荫护制度（system of patronage）以争取殖民地精英的忠诚和合作方面具有非凡的天赋，这使他成为马萨诸塞政治中的“主导性人物”，并结束了殖民地政治生活中在创建后最初半个世纪期间在英王的统治下总督与立法机关之间的斗争。[③] 在弗吉尼亚，1727 ~ 1749 年管理殖民地的副总督威廉·古奇（William Gooch）也取得了同样的成功，尽管他们成功的原因不同。由于他几乎不掌握任免权，所以他无法利用舍利的管理技巧。但古奇通过与本地政治领袖联手强调政治中党派斗争的有害影响、治安法官和立法者公正无私的好处以及像沃波尔一样强调体制合作的必要性，得以根绝旧的党派斗争，取得了很大程度的政治和谐和平静。

---

① Laws relating to emergencies and defense were to be excepted.

② The quotations are from Sir William Gooch, “Some Remarks on a Paper Transmitted into America, Entitled a Short Discourse on the Present State of the Colonies in America with Respect to Great Britain,” in William Byrd, *History of the Dividing Line, and Other Tracts* (2vols., Richmond, 1866), 2: 228, 248.

③ The quotation is from John M. Murrin, “From Corporate Empire to Revolutionary Republic: The Transformation of the Structure of the Concept of Federalism,” paper delivered at the Annual Meeting of the American Historical Association, Dec. 1966.

然而，在其他地方，总督既没有这么幸运，在保障英王的利益不受侵犯方面也没有取得如此大的成功。使古奇在弗吉尼亚取得成功的那种一体化程度高的社会与政体在其他任何皇家殖民地都不存在，而且任何其他总督都不具备舍利所掌握的广泛任免权。如果总督们能够将殖民地不断增加的皇家职位全部给予在殖民地有影响力的精英，他们就能像舍利一样，在很大程度上规避殖民地对英国政策的反对，并争取到殖民地社会关键群体的支持。相反，英国政府削弱了总督的权力，剥夺了他们大多数的任免权，从英国国内任命贫困的求职者担任许多职务，而不会停下来考虑一下“殖民地总督在被剥夺任命其政府内少数官员的权力时会显得多么可鄙，在被剥夺奖赏功绩和产生［并施加］影响的唯一手段之后，他几乎无法为英王效劳”。[①] 确实，对那些总督在国内没有影响力的殖民地来说，在18世纪中期几十年间的一个明显趋势是，英王的官员任命英国国内的人担任殖民地参事会参事，而这些席位之前是留给富裕而忠实的殖民者的。

在这种情况下，许多总督选择“只是考虑如何坐稳官位”，小心翼翼地“不去做任何在公正的听证之后……会招致责备的事情”。[②] 由于“坐稳官位”最稳妥的办法是与本地利益集团达成政治和解，所以他们经常与殖民地主导性的政治派别结盟。这些总督极力避免与殖民地议会下院发生争执，特别注意不去挑战他们通常的特权，如有必要，甚至在他们提出要求之前默默地让步。结果是，许多殖民地的皇家总督完全融入了地方政治社会，倾向于同时认同殖民地的利益以及宗主国政府的利益。

随着总督个人声誉以及有时甚至是政治影响的实际提高，这种对总督的“驯化”大大缓解了紧张关系，殖民地议会下院对在必要时可以行使的实际巨大权力表示满意。在这种情况下，殖民地议会下院实际上不再像它们在

---

① Sir William Gooch, “Some Remarks on a Paper Transmitted into America, Entitled a Short Discourse on the Present State of the Colonies in America with Respect to Great Britain,” in William Byrd, *History of the Dividing Line, and Other Tracts*, 2: 243 - 244. On the general point about the crown's assumption of patronage, see Philip Haffenden, “Colonial Appointments and Patronage under the Duke of Newcastle, 1724 - 1739,” *English Historical Review* 108 (1963): 417 - 435; and Bernard Bailyn, *The Origins of American Politics* (New York: Alfred A. Knopf, 1968), pp. 72 - 80.

② Joseph E. Johnson, “A Quaker Imperialist's View of the British Colonies in America, 1732,” *Pennsylvania Magazine of History and Biography* 60 (1936): 114; “Governor Gabriel Johnston to Lord Wilmington, Feb. 10, 1737,” in Historical Manuscripts Commission, ed., *The Manuscripts of the Marques of Townshend* (London, 1887), pp. 262 - 264.

1660~1721年一样经常要求对殖民地权利进行明确承认。1723年牙买加殖民地议会争取英王具体承认牙买加人有权享有英国人的一切权利，以换取投票支持献给英王的永久性征税。这个事件之所以值得注意，是因为它是美国革命之前所有殖民地议会最后一次做出这种努力。

这种非正式和务实的政治安排的主要困难在于其特别脆弱。在英国丧失政治影响或一个殖民地内部经济与社会形势的变动有可能立即让一个总督彻底"毁灭"。同样，拒绝服从这一安排的总督——他无论出于何种原因，或者决意要"在面对事情时做出重大改革"，或不愿意接受殖民地议会下院作为其平等的或从属的伙伴的地位——可能轻易激起立法者和强大的本地利益集团曾经的担忧，而使殖民地陷入政治僵局甚至混乱。

殖民地总督可能得到一个决意，要求其"榨干殖民地国库和侵吞诚实劳动的成果"或"颠覆殖民地长期以来确立的宪法"。而英国议会与殖民地之间关系的不确定性强化了总督的不安全感。① 议会无论是否有权，其行使令人生畏的权力始终是一种潜在的令人不安的可能事件。尽管一个"如此尊贵的"机构不会"为我们确立奴隶制的先例并将此先例适用于我们"，但它会采取行动从而扩大其在殖民地的特权这一令人不安的前景始终存在，并由此"立即打击臣民的自由，在英王领地内的美洲大陆和岛屿确立起专制权力"。②

虽然存在这些不确定性，但母国与大多数殖民地之间的关系至少暂时是稳定的。在帝国大多数地区共同繁荣的影响下，作为对安妮女王战争结束之后几十年里殖民地经济与社会的巨大发展的反映，殖民者中间出现了一种对其与英国的联系日益增强的自豪感，也出现了培育传统的英国社会和政治价值观的意识。在1721年之后的几十年出现的宗主国与殖民地领袖们之间基本上未能明确提出和未得到承认的让步条件为殖民者提供了很大程度的自治和经济自由，同时他们并未要求宗主国官员们明确放弃英国

---

① "Governor Gabriel Johnston to Lord Wilmington, Feb. 10, 1737," in Historical Manuscripts Commission, ed., *The Manuscripts of the Marques of Townshend* (London, 1887), pp. 262-264. "Henry St. John, 1st Viscount Bolingbroke," in *The Craftsman* (London, 1727), 9: 267; and Sir William Gooch, "Some Remarks on a Paper Transmitted into America, Entitled a Short Discourse on the Present State of the Colonies in America with Respect to Great Britain," in William Byrd, *History of the Dividing Line, and Other Tracts*, 2: 231.

② "Henry Beekman to Henry Livingston, Jan. 7, 1745," as quoted by Philip L. White, *The Beekmans of New York in Politics and Commerce, 1674-1877* (New York, 1956), p. 190.

殖民政策中的任何传统理想与预设。因此，这种安排中的许多模糊性（是其潜在的不安全和极端脆弱性的根源）不仅是其核心弱点，而且是主要的优势。只要英国官员们能够信仰旧的理想而不被迫去实现它们，只要他们认为英国议会有权干预殖民地的事务而不必相信它有必要这样做，只要殖民地议会下院不要求宗主国正面承认它们实际上行使并相信正当属于它们的所有特权和权力，只要潜在有害的航海法体系只是很宽松地得到执行，总之，只要各方满足于默认宗主国的理想与殖民地的实践之间的鸿沟，这种安排就是可行的。

1763 年后最后破坏了这种体系并造成其彻底崩溃的是 18 世纪 40 年代末和 50 年代初在大多数殖民地同时爆发的严重的政治动乱。在 1744～1748 年乔治王战争（King George's War）的最后阶段，殖民地问题丛生，这使伦敦的许多人认为帝国正处于分崩离析的边缘。剧烈的派系斗争已经使新泽西陷入了内战，终止了新罕布什尔和北卡罗来纳的一切立法活动，并严重降低了牙买加以及纽约皇家总督的地位。在纽约、南卡罗来纳、新泽西、百慕大、牙买加、北卡罗来纳和新罕布什尔——在除马萨诸塞、弗吉尼亚、巴巴多斯以及一些较小的岛屿之外的所有皇家殖民地——总督们抱怨说：他们无力贯彻宗主国的指令或执行他们自己的抵制殖民地议会下院过大权力的计划。这种越来越强烈的齐声哀叹所传递的最终信息非常明确：总督需要来自宗主国政府的帮助。“殖民地议会下院大幅度、毫无根据的权力扩张”，新泽西总督刘易斯·莫里斯（Lewis Morris）宣布，“必须以某种方式被遏制，应使他们回到……适当而合法的界限之内”。[①] 纽约殖民地总督乔治·克林顿（George Clinton）附和道，需要采取严厉措施“以遏止殖民地议会下院对……行政权的这些永久性侵犯”。[②] 更令人担忧的是，行政权威的削弱似乎还伴以公众对总督尊重程度的降低，而对总督的尊重正是宗主国在殖民地权威的主要象征。来自百慕大的报告说，总督的地位如此之低，以至于议会下院的一名成员甚至悬赏杀他。各个殖民地的形势如此令人绝望，似乎必须对其宪法进行彻底改革。

---

① “To Board of Trade, Jan. 28, 1744,” in New Jersey Historical Society, *Collections* (14vols., Newark, N. J., 1852), 4: 225.

② “To the Board of Trade, Oct. 20, 1748,” in Edmund B. O' Callaghan and Berthold Fernow, eds., *Documents Relative to the Colonial History of the State of New-York* (15vols., Albany, 1853 – 1587), 6: 456 – 457.

宗主国政府几乎无法对这些迫切的呼吁置之不理。在蒙松勋爵担任主席的三年间贸易委员会的回应像早期一样有力。但是直到1748年蒙松去世，战争结束，才出现了一个对殖民体系进行总督们所倡导的重大改革的机会。当纽卡斯尔公爵建议以自己的女婿利兹公爵（Duke of Leeds）（他想找一份“没有太多关注事项，不必事事躬亲的公职”[①]）取代蒙松时，南方部的国务大臣贝德福德公爵（Duke of Bedford）在一份经典而委婉的声明中提醒纽卡斯尔，“考虑到目前的形势，任命一名工作效率低的人担任贸易委员会主席是极不合适的”。[②] 很显然需要一位精力充沛、具有商业头脑的人担任此职。找到的是雄心勃勃、不知疲倦的乔治·邓克（George Dunk），即哈利法克斯伯爵（Earl of Halifax）。他在1748～1761年，也就是贸易委员会最活跃的年代里，担任该委员会主席。

哈利法克斯的表现达到了预期设想。在他的领导下，贸易委员会主导了一个重大计划，即将之前几乎完全由中立甚至充满敌意的法国人居住的名义上的英国殖民地新斯科舍转变为一个成熟的英国殖民地，以增强英国殖民地针对法属加拿大的防卫。同样重要的是，他针对殖民地主要的棘手问题撰写了一系列报告。这些报告所包含的建议表明，尽管沃波尔任职以来，长期实行和解和宽松的行政管理，但贸易委员会成员以及其他殖民地官员并未根本改变他们对母国与殖民地之间适当关系的认识。所有建议背后的预设是，绝对“有必要修改海外拓殖地的宪法”，“对它们加以管理，使它们有益于母国，并在权力和贸易方面不会与母国竞争”。[③] 在伦敦和殖民地都有传言说，行政部门最终“决定确立一项总体计划，以确立英王在各种植园的权威”。[④] 除受到行政部门强大支持的新斯科舍计划以及英国议会拨付巨款支持的佐治亚殖民地开发项目之外，贸易委员会的建议几乎全部被行政部门忽略了。正如弗吉尼亚和北卡罗来纳的殖民地代理詹姆斯·阿伯克龙比（James Abercromby）后来所哀叹的，“在［哈利法克斯］卸任之后”，有时“重大

---

① Oliver M. Dickerson, *American Colonial Government, 1696 - 1765* (Cleveland: The Arthur H. Clark Company, 1912), p. 39.

② "Bedford to Newcastle, Aug. 11, 1748," Additional Manuscripts, 32716, f. 38, British Library, London.

③ "Some Considerations Relating to the Present Conditions of the Plantations..., 1748 - 1751," Colonial Office Papers, 5/5, ff. 313 - 318, Public Record Office, London.

④ "Cadwallader Colden to George Clinton, Feb. 12, 1756," Clinton Papers, Gifts and Deposits, 30/8/95, ff. 197 - 208, Public Record Office, London.

事情会耽搁数年”。[①] 厌倦了等待“伟人”（这些“伟人”“从来不乏耽搁被委派事务的借口”[②]）出现，哈利法克斯费尽心机让自己被任命为掌握广泛权力的国务大臣，从而对殖民地担负全责。尽管英王以及另外两个年老的国务大臣的阻挠使他未能在这方面取得成功，但他确实成功地在 1752 年 4 月扩大了贸易委员会的权力。

有了新的权力，贸易委员会开始推行一项轰轰烈烈的计划，以实践英国殖民政策的传统理想，尤其是要削弱殖民地议会下院的权威与影响。它确立起一个班轮系统以方便与殖民地经常沟通，敦促每个皇家殖民地总督对其殖民地的法律进行全面修订并立即将所有政府文件寄回国内，还命令总督“严格遵循对其的指令，不得有任何偏离，除非出于特殊情况”。[③] 尽管贸易委员会的计划在许多地方得到了皇家任职者以及长期以来对殖民地议会下院不断“蚕食英王特权”[④] 造成殖民地宪法失去平衡感到惊恐万分的那些人的热情欢迎，但它们受到了殖民地议会下院的坚决反对，因为其成员认为那些计划是对殖民地既定宪法的攻击。“过去 50 年间对它们的宽厚态度”，一位作者一针见血地评论道，似乎无法让殖民地服从除它们已经习以为常的控制之外的“任何其他支配”。[⑤]

即使权力扩大了，贸易委员会也无法有效应对来自殖民地议会下院的抵制。贸易委员会确实能够恐吓总督，让他们严格遵守它的指令，然而，那只是缩小了其施展政治谋略的空间，尤其是在它需要一切必要的自由以实现分配给它的不可能完成的任务的时候。因此，贸易委员会只是在新罕布什尔实现了目标，在那里，总督本宁·温特沃思（Benning Wentworth）建立起一个强大的政治联盟，由此垄断了一切政治权力，消弭了一切抵抗。贸易委员会在新斯科舍和佐治亚的新公民政府建设上也取得了成功，在那里，贸易委员会不遗余力地“将一切违反和不必要地背离母国宪法的情况扼杀于萌芽之

---

① “Abercromby to William Pitt, Nov. 25, 1756,” Chatham Papers, Gifts and Deposits, 30/8/95, ff. 197 – 208, Public Record Office, London.

② “See John Catherwood to George Clinton, Mar. 1, 1751,” Clinton Papers, Box 11, Clements Library.

③ “Board of Trade to Governors, June 3, 1752,” CO 324/15, 318 – 323, Public Record Office, London.

④ Archibald Kennedy, *A Speech Said to Have Been Delivered...* (New York, 1755), p. 5.

⑤ “W. M. to Halifax, Mar. 10, 1756,” Chatham Papers, 30/8/95, ff. 157 – 160, Public Record Office, London.

中”。[1] 1756 年“七年战争”的爆发迫使它终止了改革活动，贸易委员会认识到整个运动失败了。它越来越被迫以英国议会的干预相威胁。1757 年，英国议会下院实际上首次干预了殖民地的内部事务。它谴责牙买加殖民地议会提出过分的宪政要求，同时抵制来自贸易委员会的指令。

殖民地和宗主国对“七年战争”经历的反应大相径庭。殖民地议会下院步步紧逼的策略——利用对防卫资金的需求从总督那里强夺更多的权力以及北方殖民地商人公开违反《航海法令》——使伦敦的官员们确信只有在战争结束时对殖民地进行某种根本重建，才能一劳永逸地遏止殖民地极端的特殊性。哈利法克斯在战前几年的经历表明，如一些有关帝国改革的新建议所强调的，那种重建在很大程度上需要由英国议会来进行，因为“只有英国议会的权威”才能“在殖民地得到尊重，或能够使其敬畏而默从”。[2]

另外，在殖民者中，殖民地在“辉煌的”英国胜利中发挥了主要作用的信念以及对英国人在殖民地出色军事表现的真正理解增强了其对自身重要性的感受，也激发起强烈的英国民族主义。在 1758～1759 年英国大获全胜和 1763 年《巴黎条约》签订的喜悦中，很少有殖民者注意到，在 1759 年，也就是在取得对加拿大的法国人的胜利、殖民地对战争的支持不再至关重要的时候，宗主国当局再次试图加强对殖民地的监督。而这些殖民地对成为罗马帝国以来世界上最幅员辽阔的帝国的一部分感到自豪。他们期待一个和平、繁荣的光明新时代的到来。在那个时代，由于已经将法国人赶出了北美，他们将比以往更加自由地追求它们各自的利益。

当然，这种令人欢欣鼓舞的状态在很大程度上取决于宗主国的宽容，取决于《航海法令》的执行比较宽松，取决于殖民地主导性利益集团能够通过议会下院在殖民地政府持续具有很大的发言权。它也受到了在过去一个世纪期间一直“折磨”殖民者的对其与宗主国政府之间关系的忧虑的影响。他们的“完全幸福”以及确保他们对帝国的未来伟大做出潜在贡献需要的是一些保证，即他们的利益不会为了母国诸岛的利益而被牺牲；他们不会如纽约殖民地的一个人所写的那样，被剥夺“上帝为了我们生活的安逸和舒适而非常欣慰地赐予我们的生计手段，还有我们制造的产品以及自己的生产

---

① John Powell, “General Propositions. . . ,” Shelburne Papers, 49: 559 – 566, Clements Library.

② “Hints Respecting the Civil Establishment in Our American Colonies, 1763,” Shelburn Papers, 49: 508, Clements Library.

和劳动成果"。[①] 他们也需要一些保证，如 1764 年 7 月弗吉尼亚通讯委员会在反对英国议会建议的印花税时所宣布的，他们"作为自由出生的英国臣民的正当自由和特权"应受到保护；他们不应专断地受制于英国政府的"各种权力"。[②] 人们主要担心的问题是，殖民地的宪法"在无数情况下是如此不完善，即使在当前，人民的权利也完全受到总督的支配"。[③] 很显然，正如一位殖民者在十年前所预言的，殖民者会将英国议会或各部对其追求自己利益的所有限制视为"压迫，尤其是那些根据［他们］对英国人的自由的理解而认为他们没有参与设计或制定的法律"[④]。

由于日益意识到殖民地"确实在积累帝国财富和创造辉煌中发挥了最大作用"，且他们在 17 世纪 90 年代以来一直担心，殖民地广泛的自治权必然导致"其独立于母国的想法"，[⑤] 1763 年之后帝国的官员们在英国议会的全力支持下开始施加这种限制。他们试图将殖民地永不满足的奋斗限制在符合英国经济利益的领域内，确立起一种更加严格的殖民地管理制度，并限制殖民者长期确立起来的自治权。大陆殖民地领袖们的反应至少是不愿承认对他们经济利益的保护和对他们自由的保障永远无法在英帝国内实现。

只有在分离之后才得以消除 1660 年以来殖民地与母国之间的紧张关系。在美国革命和独立运动中，从在美洲建立第一个殖民地以来在殖民地生活中一直十分突出且始终作为宗主国行政管理困难核心根源的个人主义倾向最终被彻底释放。《独立宣言》中的追求幸福条款暂时将这些倾向上升至一种权利的地位，在 1776 年之后的半个世纪里，它们被转变为美国生活的核心理想之一。

本文最早版本的标题是《英帝国的宪制冲突，1660 ~ 1763》（"Constitutional Tensions in the British Empire, 1660 - 1763"）。1965 年

① Archibald Kennedy, *Observations on the Importance of the Northern Colonies under Proper Regulations* (New York, 1750), pp. 30 - 31.

② "Proceedings of the Virginia Committee of Correspondence," *Virginia Magazine of History and Biography* 12 (1905): 8 - 14.

③ William Smith, *The History of the Province of New York* (Albany, 1814), p. 10.

④ Archibald Kennedy, *Observations on the Importance of the Northern Colonies*, p. 10.

⑤ "W. M. to Pitt, Nov. 16, 1756," Chatham Papers, 30/8/95, ff. 194 - 195, Public Record Office, London; "Some Considerations Relating to the Present Conditions of the Plantations..., 1748 - 1751," Colonial Office Papers, 5/5, ff. 313 - 318, Public Record Office, London.

12 月 29 日，在加州旧金山召开的美国历史学会第八次年会“18 世纪美洲帝国的宪政冲突”（“constitutional tensions in the American empires during the eighteenth century”）小组中，进行了宣读。在对少数词语进行修改后，经哈珀柯林斯出版公司批准，据杰克·格林编《大不列颠与美洲殖民地，1606～1763 年》（*Great Britain and the American Colonies, 1606－1763*，纽约，哈珀与罗，1970），xi-xlvii 重印。

（张聚国译，满运龙校）

谈判而立的权威

——近代早期大西洋世界扩伸政体的治理问题

本文旨在重新探讨一个老问题：近代早期建立的大批新的跨大西洋政治实体的性质是什么？这一笼统问题之内暗含着几个更为具体的问题。这些实体是如何创建的？发起并声称对这些政治实体拥有管辖权的“旧世界”中根深蒂固的政体与其最边远的单位、在美洲（或更远的）边缘地区建立的新政体之间的关系是什么？在这些边缘地区的政体内部以及对这些政体本身的权威是如何建立起来的？是谁通过什么过程建立起来的？

自20世纪20～30年代以来，在研究美国早期各个地区的历史学家所涉及的最早的问题中，这些传统问题不是历史研究的核心问题，自20世纪60年代以来，也很少受到学界的关注。然而，在过去的十几年里，当代欧洲国家组织模式的大规模变化，尤其是走向欧洲联盟的运动，许多对国家不满的地区或群体追求地区自治的要求以及苏联的解体，刺激学者对国家形成与组织的整个过程产生了新的兴趣，产生了一批研究中世纪、近代早期以及近代欧洲这一过程的激动人心的新成果。反过来，这批新的研究成果强烈表明，有必要对近代早期和近代欧洲海外帝国创建和运行中的这一过程重新进行详细研究。如下这些简要的评述以研究欧洲国家形成的新成果为出发点，对这个复杂问题进行初步分析。

专业史学出现于欧洲殖民主义的巅峰时期，并形成了自己的特点。尽管之前殖民地世界的很大一部分在18世纪末期和19世纪初期实现了去殖民化，尽管在19世纪末和20世纪初英国殖民世界中一些较大的殖民地开始走向自治，但欧洲工业国家之间对市场、原材料以及国际主导地位的争夺导致欧洲系统征服了全球相当大一部分地区。在南北美洲，只剩下一些古老帝国的残余，它们分布在加拿大和西印度群岛以及中美洲和南美洲北部沿海地区的少数地方。相对而言，在非洲，很少存在独立的政治实体。英国、法国、德国、葡萄牙、比利时和西班牙在“一战”之前的60年间将非洲大陆瓜分殆尽。在亚洲，只有泰国和中国在名义上避免了类似的命运，但中国不得不将其具有战略意义的地区或领域拱手让给欧洲人。英国控制了印度次大陆、锡兰、缅甸和马来亚等国家。法国占领了印度支那，英国、荷兰和葡萄牙瓜分了东印度。日本，作为一个完全抵抗了这一轮新的欧洲帝国主义鲸吞蚕食的亚洲国家，控制了朝鲜和中国台湾。在其他地方，欧洲国家、美国或其他新的美洲国家声称对世界上的每个岛屿拥有领土主权，或占领之，或与之建立起某种政治关系。

在新一轮近代帝国主义浪潮之中扎堆出现的帝国核心，都是一个强大的近代民族国家，设有掌握权威的，即掌握主权的中央统治机构，履行日益繁杂的政治功能，包括国防、裁决甚至生产和分配，垄断武力。这些国家的权威从中央政府机构向外经过各种官僚的和强制性的机构，流向构成核心国家的（通常是）毗连的地区，或流向构成海外帝国的那些偏远的殖民地体系。殖民地“属于”或被民族国家“占有”，而这些民族国家则对殖民地行使主权性（绝对性的和完全的）权力。在这些偏远地区的殖民地中，殖民地人口中有少数欧洲血统的人占有较小比例。个人、公司和政府许可的垄断机构常常通过他们对劳力、土地、矿产以及其他经济资源的组织和掌控，发挥巨大的非正式的影响与权力。欧洲核心国家则通过由正式的帝国制度构成的完善而复杂的体系行使并维持有效的权威，其包括总督、官僚机构、陆军和海军。这些制度为维持中心对遥远的殖民地的有效权威提供了必要的行政经验与武力支持。

因此，1880年之后这些近代帝国提供给历史学者的帝国组织模式的特点是：拥有巨大的行政和强制性资源优势以保障其主权要求的由强大的民主国家主宰殖民地。在这些统一实体中，即使在那些殖民者人数众多的殖民地，权威并非从殖民地人口向上流动，因为他们中的大多数只是始终被剥夺了选举权的臣民。权威是从遥远的中心向下流动的。“殖民地”和“殖民的”等概念带有强烈的臣服、屈从、依附、主宰、劣等、无能和他性（alterity）等色彩。民族国家对殖民地以及殖民地人民行使霸权性控制。不足为奇的是，早期的职业历史学家倾向于不加鉴别地将这种源自近代帝国的强制性和集权的帝国组织模式应用于它们之前的近代早期帝国。

当代的社会科学趋势强化了这种倾向，并使其永久化。尽管历史学者们一直抱怨学界内外的政治学者和社会学者偏好采用一种解释模式，将混乱的、无规律的以及有时似乎难以理解的历史细节硬塞进统一的、有规律的、可以理解的体系之中，但他们同时也被那些模式吸引并受到它们的巨大影响。也许更为重要的是，大多数历史分析家，无疑受到了过去一个世纪几乎所有民族国家都呈现出的集权趋势和日益增长的强制性权力的影响，无论他们是现有社会的、经济的还是政治安排的批评者或维护者，似乎都偏爱那些在运行中实质上具有强制性的社会与政治组织模式。

然而，尤其是由于近期社会史研究的发现，这种模式的解释效果，特别是其囊括能力，受到了质疑。历史学者审视的无论是性别与家庭关系，还是种植园和社区的组织和运行，抑或是经济、社会和政治关系广泛结构的动态，他们都发现了所创建的权威结构并非绝对属于自上而下或中心向外部强加，而是通过一种各方参与的复杂谈判过程实现的。在这个过程中，竞争各方的权力很少（如有）是平等的。然而，通过抵抗和默认，即使处于最不利地位的、很显然没有权力的参与方也提出了某些重要意见。虽然定义为"力量"（strength）、"强制"（force）和"威力"（might）的"权力"（power）在任何特定关系中或一套关系中分布不均，但据我们所知，"权威"（authority）这个暗示合法性、正义和权利的术语，一直是各参与方谈判的产物，也必须得到它们的认可。

近期有关国家形成的研究成果强烈表明，这一洞见对分析国家和帝国等大的实体以及对分析小的社会群体的形成都同样适用。提出这些研究成果的学者们反对历史学者们"将欧洲的政治史归结为创建民族国家"以及从那一过程中成功参与者的角度解释历史根深蒂固的倾向。他们表明将欧洲组织成为"少量统一的、一体化民族国家"属于近期出现的现象，是一种权宜之计，绝非必然的结果。[①] 这些成果的主要贡献者之一查尔斯·蒂利写道："民族国家——在较大的、毗邻的、界限明确的地区成功优先使用武力的、相对集中的、差异化的和自治的组织——花费了较长的时间才主宰欧洲。"蒂利认为，"在 1490 年"，也即近代早期之肇始时间，"未来悬而未定。尽管经常使用'王国'这个词语，但一种或另一种类型的帝国占据了

---

① Mark Greengrass, ed., *Conquest and Coalescence: The Shaping of the State in Early Modern Europe* (London: Edward Arnold, 1991), vii.

大部分欧洲领土，联盟只是在欧洲大陆的一些地区是可行的”。[1]

确实，在那一时期，如马克·格林格拉斯所指出的，“欧洲的政治结构为各种相对持久而稳固的区域性政治实体所主宰”。到1500年，欧洲有接近500个独立政体，形成了由不同类型国家构成的复杂的马赛克，这些国家“拥有纷然杂陈的［政治］传统”。这些政治实体包括“大型老派国家、新建公国、王朝国家、城邦、邦联”，“继续普遍接受了神圣罗马帝国代表的普天下世界君主制的理想以及罗马教皇对精神和世俗世界的管辖”。即使是最大的国家通常也划分为各式各样的由“在其地盘上拥有巨大自主权的区域性富豪”掌控的领地。许多实体“只是逐渐”放弃了“自己的独立”，并接受了“在一个更大的实体内联合的命运”。到1789年，欧洲仍然有接近350个独立政体，直到现代时期，“这些最后的拥有支离破碎主权的主要地区才合并为民族国家”。到1900年，欧洲只剩下了25个独立的政治单位。[2]

为了避免“逆向解读历史”，有关国家形成的新的研究成果的贡献者们不是从埃斯科里亚尔宫、凡尔赛宫或白厅的角度重新审视欧洲的政治发展，而是从边缘地区的角度；不仅从“那些成功将其认同强加给他人的国家的角度”，而且从那些被吸收进那一过程的人的角度。正如格林格拉斯指出的，那些陈旧的方法由于关注促使民族国家成功的核心因素的出现，如“国家权力”，其包括“官员、财政基础及军事力量”，“必然”将“国家建设视为一个过程”，这个过程“从中心”开始，要求“边缘地区、独立或自治领地在军事上‘被征服’，在法律上臣服，在制度上‘被整合’，在文化上‘被同化’”。这一路径的倡导者们错误地认为，近代早期君主们和他们的臣僚们“蓄意要建立后来在19~20世纪主导欧洲生活的那种高度集权化的国家”。他们强调“国家的集中化活动”以及国家建设过程中的强制性因素。[3]

---

① Charles Tilly, *Coercion, Capital, and European States, AD 990 - 1990* (Qxford: Blackwell, 1990), pp. 43 - 44, p. 224.

② Mark Greengrass, ed., *Conquest and Coalescence: The Shaping of the State in Early Modern Europe*, vii, pp. 1 - 2, p. 3; Charles Tilly, *Coercion, Capital, and European States, AD 990 - 1990*, p. 23, pp. 41 - 42.

③ Mark Greengrass, ed., *Conquest and Coalescence: The Shaping of the State in Early Modern Europe*, viii, p. 3, p. 6, p. 15; Charles Tilly, *Coercion, Capital, and European States, AD 990 - 1990*, p. 11.

格林格拉斯写道，与此相反，近期的一些分析者从边缘的角度审视了同一个过程。他们的分析表明，“本地社会也可能成为欧洲国家形成和巩固的动力；本地的显要人物有能力为了自己的目的反对和‘利用’这个国家；成功的整合不仅仅是大的征服和吸收小的，也是在更大的政治框架内本地与更广泛的利益得以联合和延续”。从这个新的角度看，我们可以认为“统治者们意识到了维持本地认同和接受地区差别的重要性”；他们必须“在铸造新的忠诚的过程中”考虑到“本地精英的意志与决心”；一种“广泛的国家归属感不会简单地、很快地取代本地认同，而是会与之共存”。成功的“整合总是需要本地尤其是其精英的积极参与”。这些精英常常不会将他们被合并到更大的国家与“丧失其［本地］特权”联系在一起，而是会重视如何“在一个更大的单位内”保护那些特权。①

强制并非不重要，但大多数国家缺乏必要的军事、行政和金融资源以将其意志强加给临近的政体。除著名的特例爱尔兰之外，“征服常常发生在不信仰基督教或其他宗教的人中”。结果是，除少数情况外，合并涉及谈判，或蒂利所说的“讨价还价”。蒂利评论道，只要“本地的统治者能够遏制君主的敌人，并使收入不断流向国家首都”，君主们就愿意同意各种安排，允许本地人拥有“巨大的权力和自由裁量权”。“在整个连续体（continuum）内部［，］对国家征税要求的讨价还价”“产生或确认了个人或集体对国家的要求……这种讨价还价也产生了国家针对其公民的权利——其要求得到承认和执行”。②

在统治者“巩固和扩大其疆土”的同时，他们也创建了“前所未有的权利、特权和保护性机构”，其中包括代议制机构。这种讨价还价意味着，至少在早期阶段，民族国家的特征不是直接统治，而是间接统治。蒂利写道：“实际上，在国家层面上，直到法国大革命时代，没有任何欧洲国家（也许瑞典除外），曾认真地努力确立从上到下的直接统治。”“在法国大革命之前，除最小的国家之外，几乎所有的国家都依赖某种形式的间接统治，

---

① Mark Greengrass, ed., *Conquest and Coalescence: The Shaping of the State in Early Modern Europe*, pp. 6 – 7, pp. 12 – 20.

② Mark Greengrass, ed., *Conquest and Coalescence: The Shaping of the State in Early Modern Europe*, p. 10; Charles Tilly, *Coercion, Capital, and European States, AD 990 – 1990*, p. 25, pp. 102 – 103. 另参见 Ciaran Brady, “The Decline of the Irish Kingdom,” in Mark Greengrass, ed., *Conquest and Coalescence: The Shaping of the State in Early Modern Europe*, pp. 94 – 105。

由此也冒着不忠、遮掩、腐败和反叛的严重风险。但间接统治使不建立、资助和供养庞大的行政［和强制性］机构而进行治理成为可能。”①

因此，近代早期的“复合君主制”（composite monarchies）经常“建立在君王与不同省份统治阶级之间的契约上”。正如 J. H. 埃利奥特所指出的，这种契约确保“合并的王国在联合之后继续被当作独特的实体对待”，继续拥有“自己的法律、法典（fueros）和特权”。它们提供了一种“松散的联合”，“在君王们还无法将边远的王国和省份纳入严格的皇家控制之下期间，允许它们继续享有较高程度的地方自治”。埃利奥特补充说，同时，这种安排“一方面保障了各省精英们继续享有现有的特权，另一方面还会为他们带来参与更大范围的联盟的潜在利益”。②

这种讨价还价或谈判过程的普遍存在有力证明了在近代早期通过强制性或“行政手段”实现“政治一体化的实际局限性”。③ 大的国家通过税收、朝贡或商业获取资本，逐渐获得了体现为陆海军以及财政、行政和司法机构的引人注目的强制性和行政性资源。然而，正如丹尼尔·塞奇所指出的，部署这些资源“的代价极为高昂”。他评论说：“没有任何［近代早期的］政权能够承受得起仅仅依赖其武装部队控制和管理人口”，并且任何非常巨大的官僚机构的日常费用都能够很快消耗尽兼并土地带来的收益。结果是，近代早期国家，由于其服务的社会“基本上还是等级式的，垂直贯穿其社会阶梯上下的是家长式作风和先后尊卑的纽带”，如果它“想在不直接使用武装部队的情况下控制一个地区”，那么它必须“至少争取到与那一地区的一些‘贵族’的合作”。④

这种合作的代价并不低。塞奇补充说：为了报答他们的支持，“国家一方面要允许……本地精英享有很大程度的自治”，另一方面要允许他们“根据他们看到的本地情况分配国家的恩赐，解释国家的要求。因此，事实上，近代早期国家快速增长的强制其臣民的能力被限制在社会可以接受的程度

---

① Charles Tilly, *Coercion, Capital, and European States, AD 990 - 1990*, p. 25, p. 41, p. 103.

② J. H. Elliot, “A Europe of Composite Monarchies,” *Past and Present* 137 (1992): 52 - 53, 57, 69.

③ Mark Greengrass, ed., *Conquest and Coalescence: The Shaping of the State in Early Modern Europe*, p. 11.

④ Daniel Szechi, “The Hanoverians and Scotland,” in Mark Greengrass, ed., *Conquest and Coalescence: The Shaping of the State in Early Modern Europe*, p. 131; Charles Tilly, *Coercion, Capital, and European States, AD 990 - 1990*, p. 35, p. 125, p. 190.

内”。“在各个方面”，中央“权力受到迫切需要的制约”。[①] 蒂利对此表示同意。他指出，近代早期的“各种形式的规则”，“在特定环境中，其有效性的范围都会受到严格限制”。如果超出那种范围，努力就会失败，或造成控制的支离破碎。结果是，大多数统治者只能接受一种脆弱的集中控制的一体化制度。[②]

最早的民族国家的结构表现出所有这些特征。在 15 世纪末期和 16 世纪，西班牙既不是一个集中式国家，也未达到高度一体化。相反，用 J. H. 埃利奥特的话说，当时的西班牙“由各种王国和省份组成”，如卡斯迪利亚（Castile）、阿拉贡（Aragon）、莱昂（Leon）、纳瓦拉（Navarre）和加泰罗尼亚（Cataronia），“由于王朝的偶然因素或王朝的意图，这些王国都忠诚于同样的统治者”。这几个政治实体“名义上平等地服从国王的管理。在法律上，它们保留了它们传统的制度、权利和特权。后来的每个君王都要宣誓维护其法律和自由不受侵犯。由于这些‘政体’千差万别，西班牙菲利普二世（Philip Ⅱ）及其继承者的君主国只是各种臣服地区凑在一起的拼图，这些地区的法律和制度也是五花八门”，君王们要“宣誓保护”这些法律和制度。为了统治这些地区，西班牙国王任命了一个单独的委员会，其由当地的委员组成，负责监督政府事务。尽管来自“新世界”的金条最终促使西班牙国王废除了代议制度，但这些王国和省份在政治上一直是独立的，保留了其他本地权利和特权。[③]

相对而言，葡萄牙长期以来一直是一个统一的王国。在 15 世纪末和 16 世纪初，实行中央集权的君主，如约翰二世（John Ⅱ）和曼纽尔一世（Manuel Ⅰ），极力以城镇和贵族为代价，加强国家的权力。那些城镇和贵族长期以来一直享有西欧其他地区的城镇与贵族们享有的自由和特权。葡萄牙在早期成功的海外扩张中获得的资源削弱了葡萄牙君主们对“由议会的城市代表投票表决的补贴”的依赖性，使他们有了在大多数政治辖区安置领取俸禄的皇家官员的必要资金。[④] 商业上的扩张也为统治者提供了丰厚的

---

① Daniel Szechi, "The Hanoverians and Scotland," in Mark Greengrass, ed., *Conquest and Coalescence: The Shaping of the State in Early Modern Europe*, p. 131.

② Charles Tilly, *Coercion, Capital, and European States, AD 990 - 1990*, p. 15.

③ J. H. Elliot, "The Spanish Monarchy and the Kingdom of Portugal," in Mark Greengrass, ed., *Conquest and Coalescence: The Shaping of the State in Early Modern Europe*, p. 50, p. 54.

④ Lyle N. McAlister, *Spain and Portugal in the New World 1492 - 1700* (Minneapolis: University of Minnesota Press, 1984), pp. 66 - 68; James Lang, *Portuguese Brazil: The King's Plantation* (New York Academic Press, 1979), pp. 4 - 7.

资金，途径是颁发海外贸易许可证，这有利于收买贵族家族的忠诚。这些发展使葡萄牙国王“在一定程度上巩固了”王国，与其他欧洲君主相比其颇为“引人注目”。然而，国王巨大的贸易利润最终仍不足以支付不断增加的官僚机构的费用以及其他开支。结果是，城镇和贵族（后者由于渴望参与商业活动而获得了新的权力）“保留了他们的许多古代权利”，并在各自地区享有巨大的权威。①

如西班牙一样，英格兰也包括了“各种族裔、语言和文化群体”。然而，它和葡萄牙一样，也很早就建立起“一个持久的集权化结构”，包括一个皇家财政部和一个全国性法庭系统。在16世纪初，相对而言，它已经实现了“高度一体化”。威尔士和康沃尔（Cornwall）已经划归为全国性政府，都铎王朝（Tutors）非常成功地遏制了“大贵族。这些贵族拥有私人武装，要求自治权”。尽管17世纪中期社会动荡剧烈，但到1700年，英格兰被“称为欧洲最为统一的国家”。然而，在许多方面，它一直是社会学家们所说的“国家化程度低的范例”（model of under-statization），因为其权力与其说是依赖广泛的国家机器，不如说是依赖本地精英，尤其是本地的贵族和绅士。正如格林格拉斯所指出的，贵族和绅士们“在使英格兰的国家权力更为有效方面，发挥着比欧洲其他地方［类似群体］更大的作用”。而且，在1707年英格兰、苏格兰联合之后，在遏制英国人“潜在的分裂力量”方面，威尔士人、苏格兰人和英格兰人共有的强大的民族认同感发挥的作用比国家权力更大。②

与英格兰一样，法国的民族国家也建立在吸纳（incorporation）的原则上。法国的君主政体长期以来一直遵循“一种逐渐兼并和整合的传统”，在中世界晚期“吞并了一些封建公国，这些公国以前从不属于王土”，而且它们“在语言背景、法律传统、习俗和历史上有根本不同”。它“统一并吸收［一些公国］加入法国王国”，首先是图卢兹（Toulouse）和香槟（Champagne），然后是布列塔尼（Brittany）、加斯科涅（Gascony）、勃艮第

---

① James Lang, *Portuguese Brazil: The King's Plantation*, pp. 4 – 6.

② Daniel Szechi, "The Hanoverians and Scotland," in Mark Greengrass, ed., *Conquest and Coalescence: The Shaping of the State in Early Modern Europe*, pp. 116 – 117; Charles Tilly, *Coercion, Capital, and European States, AD 990 – 1990*, p. 7, p. 154, p. 156; Mark Greengrass, ed., *Conquest and Coalescence: The Shaping of the State in Early Modern Europe*, pp. 15 – 16.

（Burgundy）和佛兰德斯（Flanders）。这些公国加入法国王国之后“不是作为独立的实体存在，而是成为法国王国不可分割的一部分”。为了推进这一进程，与英国君主不同的是，法国国王们建立起一个由行政官员以及其他官员组成的庞大的“常设官吏科层”（standing officialdom），结果是，在17世纪中期，这使法国成为“近代早期欧洲独特的职权式国家（office-holding state）”。然而，即使拥有一支庞大的常规军，这种大规模的行政结构也未使法国成为一个现代意义上的一体化和高度集权的国家。正如17世纪中期的投石党运动（Fronde）所表明的，君王们尊重本地传统的庄严义务要求他们必须经常与当地要人谈判。这些要人通过本地议会，成为国王的合作代理人或阻挠国王意志的中间人。[①]

在近代早期其他新兴民主国家中，“在一个世纪里一直在欧洲占据主导地位的国家”荷兰共和国，采用了一种与其他任何国家完全不同的途径，表现出完全不同的形式。与其说它是一个统一的政体，不如说它“是由大体上自治的城邦组成的”联盟。它很少建立起“永久性的国家结构”，经常看起来即将解体为“构成它的几个主要政府”。其正式的统治者比掌控着广泛的国际贸易的国家特许的贸易公司力量要小，其不大的权威“受到了根深蒂固的宪政自由的严重限制”，也受到了“经常要（与共和国的许多组成部分）就国家政策进行谈判”的限制。[②]

由于这些具体的经历以及他们面临的总体情况，让人不足为奇的是，现代主权概念在近代早期欧洲发展缓慢。格林格拉斯指出：“在整个16~17世纪，主权仍然是在不同范围（领地、教会和司法）内行使权威”。用埃利奥特的话说，在17世纪，新一代的政客，包括法国的黎塞留（Richelieu）和西班牙的奥利瓦雷斯（Olivares），“由于对阻碍现代化变革的古代权利和公司特权不满”，开始“认为秩序、约束和将更大的权力集中到国王手中是在一个无情竞争的世界里提高国家实力和效率的唯一途径”。法国的法理学家

① Mark Greengrass, ed., *Conquest and Coalescence: The Shaping of the State in Early Modern Europe*, pp. 13 - 14.

② Charles Tilly, *Coercion, Capital, and European States, AD 990 - 1990*, p. 30, pp. 53 - 54, p. 62, p. 150; J. H. Elliot, "The Spanish Monarchy and the Kingdom of Portugal," in Mark Greengrass, ed., *Conquest and Coalescence: The Shaping of the State in Early Modern Europe*, p. 51.

在欧洲首次阐述了主权的概念，并发展了专制主义的政治理论。[①] 然而，法国的路易十四（Louis XⅣ）在很多情况下遵循了古代“继续拉拢地方实权派”的做法，“确认了他们的特权”。因此，他未能决然而彻底地摆脱传统的间接统治形式，转而确立一种直接治理制度。直接治理，如19～20世纪民族国家采用的统治形式一样，“削弱了当地或地域性受庇护者（patrons）的作用，并将民族国家的代表安置在每个社区”。[②]

因此，近代早期民族国家并非法国大革命之后出现的那种高度集权、高度一体化和高度强制性的实体。在当时，国家主权的概念刚刚被提出，财政、行政和强制性资源非常有限，因此民族国家的特征表现为间接统治制度和支离破碎的主权（fragmented sovereignties）。这些制度是国家建设过程的产物。在这个过程中，权威不是从中心向外流向边缘，而是通过中心与边缘之间持续的谈判以及互惠的讨价还价而建构的。由此确立的制度将一些权力集中到了核心国家的机构，但也将大量权力留在了边缘地区主要掌权者的手里。

在欧洲近代早期民族国家进行初期联合之时，每个国家都以特殊方式尝试探索联合在一起的途径。它们中的几个，主要是上面简要提到的五个国家，也开始了建立海外帝国的缓慢过程。在后面的评论中，本文提出了有关这一过程的两个主要论点。第一个论点是：在这些帝国（每个帝国都反映了与其相关的创始国家的具体经历）中形成的所有扩伸政体或帝国结构，与近代早期国家而不是1850年之后形成的以集权化和高强制性帝国为特征的帝国体系有更多共同点。第二个论点是：理解海外边缘地区尤其是更加接近欧洲的作为国家权力新中心的地区积极参与近代早期帝国统治制度建设的程度，大大改变了我们对近代早期帝国主义以及由此产生的扩伸政体的特点的理解。

根据传统观点，历史学者们将近代早期欧洲帝国在美洲的建立视为欧洲中心向外部新的美洲边缘地区下放权力的结果。然而，即使对这个课题进行粗略审视都能发现，这个观点严重扭曲了这些新实体树立权威的过程。这些

---

① Mark Greengrass, ed., *Conquest and Coalescence: The Shaping of the State in Early Modern Europe*, p. 3, p. 13; J. H. Elliot, “The Spanish Monarchy and the Kingdom of Portugal,” in Mark Greengrass, ed., *Conquest and Coalescence: The Shaping of the State in Early Modern Europe*, pp. 58－59.

② Charles Tilly, *Coercion, Capital, and European States, AD 990－1990*, p. 63, pp. 103－104.

帝国的权威并不是未来的移民从欧洲带到美洲的。相反，这种权威确立的过程经历了两个阶段。第一个阶段是通过参与者参与殖民过程的活动在美洲创建个体和地方权力的新舞台。第二个阶段是通过那些新舞台和欧洲中心之间的谈判或讨价还价确立权威的实际过程。欧洲中心想要将那些新舞台纳入其管辖范围内，而那些新舞台也希望附着于中心。

在近代殖民时代之肇始，欧洲新兴民族国家中没有一个具备确立其对“新世界”部分地区的霸权所必需的强制性资源，也没有资金用以支付动员那些资源所需要的高昂的费用。结果是，在殖民早期阶段，所有民族国家都将那一任务分包给了组织为特许贸易公司的私人集团或者个人——在西班牙，这种个人是贵族（adelantados）；在葡萄牙、英国、荷兰和法国，这种个人分别是领主（donatarios）、业主（proprietor）、大庄园主（patroons）和诸侯（seigneurs）。为了报答统治者的授权，也希望为他们自己获取广泛的经济或社会利益，这些人同意承担在美洲建立、保卫和援助欧洲占领的滩头阵地的沉重经济负担。实际上，欧洲统治者向这些私人机构颁发许可，授予他们在幅员辽阔、包含不同数量的土著人口的领地内从事活动的广泛的自由裁量权。在这些领地，那些统治者底气不足，也缺乏有效的控制，更不用说拥有权威。欧洲统治者那样做，旨在在最少地花费皇家国库库银的情况下，确保对美洲领土至少是名义上的管辖权。

欧洲帝国主义的一些早期的私人代理，尤其是在葡萄牙人和荷兰人赞助下运营的贸易公司，在建立贸易据点方面取得了极大成功，从而挖掘出他们在美洲、非洲和亚洲遇到的新世界的经济潜力。然而，除非他们遇到了可以掠夺的富有的本地帝国、可以开发的丰富的矿藏或者可以较快地转化为利润的大量本地劳力（在近代早期美洲，这些情况只是大规模地出现在墨西哥和秘鲁），否则很少有私人冒险家自身拥有足够的资源以承受较长时间的殖民地开拓、开发和管理的高昂成本。在初期，由于缺乏资源资助这些活动，那些主宰它们的人被迫去寻求殖民者、贸易商以及殖民过程的其他个体参与者的合作和贡献。

争取这种合作的这些努力确认了这样的事实：在美洲建立欧洲权力有效中心的实际过程，常常并不是殖民地组织者（或被许可者）活动的结果，而是许多群体和个人努力的结果。那些群体和个人实际占有土地，建设起庄园和企业，将之前完全属于土著人的社会图景转变为至少是部分带有欧洲特性的社会图景，创建并管理一套行之有效的经济制度安排，建立起城镇或其他政治实体，并征服了原始居民，让他们沦为为其创造利润的劳力，对他们“斩尽杀绝”或进行驱赶。为了弥补其经济资源的匮乏，成千上万的欧洲人，包括大量的西班牙人和英国人、大量的葡萄牙人和法国人以及大量的荷兰人和其他欧洲人，通过自己的勤奋和首创精神，为他们自己以及他们的家人在美洲开创了社会空间，并由此“获得”了或者更准确地说，“创造”（manufactured）了地位、资本或权力。

在近代早期欧洲人创立的整个新美洲，殖民过程的独立个体参与者由此参与了可以被描述为个体“自我赋权”（self-empowerment）的深刻而普遍的过程。在同时代的欧洲，只有很少一部分男性人口得以摆脱社会和经济上的依附性，获得公民能力（civic competence），即在政治决定中拥有完整发言权。那是独立财产拥有者的保障。相对而言，由于容易获取土地或其他资源，很大一部分成年白人男性殖民者获得了土地或其他资源，建立起庄园，并获得了个人独立。

这一发展促使获得授权的一大部分殖民人口强烈要求将宗主国政体下享有权利和地位的独立财产拥有者所拥有的财产安全和公民参与权扩大到殖民地。在他们看来，殖民地政府，应像宗主国政府一样，保障拥有他们这种地位的人不会未经协商就被统治，也不会受到明显违背其利益的统治。加上殖民地与欧洲相距很远，这些情况有力推动了那些名义上掌握着殖民地的人建立并容忍一种与本地殖民者积极磋商（尽管并不是得到其正式同意）的政治结构。磋商意味着本地人口将更加愿意承认参与殖民的私人机构权威的合法性，也愿意承担本地的费用。因此，在殖民的早期阶段，在新的殖民边缘地区出现了许多处于本地人有效控制之下的新的、相对自治的欧洲权力中心。

一旦这些地方权力中心建立起来，宗主国集权化的代理人将发现越来越难以管束它们。16 世纪上半叶，西属美洲贵金属以及其他财富的发现和创造，为西班牙君主们提供了足够的资源，使其得以逐渐在其美洲代理人在早些时候建立的几处私人权力飞地确立起某种有效控制。此后，西班牙统治者得以购买和操纵必要的舰船以保卫自己的殖民地和海运免受外国侵扰，资助部队和传教士将新地区纳入其霸权统治范围，支持日益庞大的由皇家官员组成的官僚机构从西班牙监督殖民地，并在殖民地保持明显的皇家存在感。尽管西班牙在任何新占领地区活动初期阶段的特点始终表现在私人的主动性上，但国王很少会拖延很久才将其权力扩大到这种地区。

与此相对，对英国人来说，或对1707年之后的英属美洲帝国来说，未能找到类似的财富来源意味着，在17世纪最初几十年里在弗吉尼亚首次成功建立殖民地之后，通过私人代理开展殖民制度一直延续了超过一个世纪。在18世纪30年代之前，在北美大陆上建立的所有12个英国殖民地以及在西印度群岛建立的8个殖民地中的7个都是通过特许公司或拥有土地的个体或集体业主建立的。只有牙买加殖民地是由英国军队在1655年从西班牙人那里夺取的，因此属于政府努力的结果。尽管英国在1689年之后花费了巨额而且缓慢增加的资金用于保卫殖民地，但在1732年佐治亚殖民地建立之前和1748年新斯科舍殖民地扩大之前，英国并未承担美洲殖民中的绝大部分直接成本。[①]

由于资金限制，英国继续依靠私人发起殖民活动。这对英帝国内部的统治结构产生了深远影响。直到殖民地时代的最后几年，英国一直显然不愿意承担殖民地巨大的军事和民事体制的花费。同时，独立财产拥有者人口众多（由于相对容易获得土地，他们在一些殖民地占到自由成年白人的80%～90%），且坚决要求他们生活在其下的政治制度为他们提供英国人享有的基本保障，尤其包括政府治理以同意为基础、依法治理和私有财产（财产既包括个人享有的法定的和公民权利形式的财产，也包括土地和其他财富形式的财产）神圣不可侵犯。

加上宗主国政府不愿意为帝国花钱，获得赋权的殖民者的这些期待不可避免地意味着英帝国的权威不可集中在中心，而是要在中心与边缘地区之间进行分配。更具体地说，这些条件意味着宗主国政府缺乏单方面在遥远的海外政体内执行其意志和权威的手段；英帝国中央指令的作用在最小限度内；宗主国在殖民地的权威是经过双方同意的而且严重依赖各殖民地的意见；其在遥远的殖民地政体的有效权力在很大程度上取决于殖民地政府和地方政府。这些政府具有广泛参与性，并且处于人数较多的、基础广泛的本地土地和财产拥有者的牢牢控制下。

在当时的情况下，这些当地产生的占有者阶级之所以承认宗主国的权威，并不是因为这种权威是中心强加给他们的，也并非像那个时代的一些人所写的，主要是因为在那个经常遭受战争蹂躏的世界里，宗主国至少会为他

---

① 参见 Kurt William Nagel, Empire and Interest: British Colonial Defense Policy, 1689 - 1748 (Ph. D. diss., John Hopkins University, 1992)。

们提供最低限度的保护。相反，他们接受宗主国的权威是因为，它将殖民地纳入了一个更大范围内的国家认同体系，这种体系带来的是对其英国性（Englishness）的保障，保障他们能够继续享有英国法律与政治传统的保护以及对他们和他们的先辈们帮助创建的政体的内部事务拥有高度自治权。这种政体维系着他们以及他们子孙后代的命运。英帝国的统治在大多数时间大体上反映出对殖民地土地占有者阶级广泛权力和高度个人自由的尊重。这种统治的主要作用是维护和保护那种授权与自由以及作为统治的基础财产。①

那个时代的评论者们确信，英国"相比任何其他国家更加慷慨地对待它的殖民地"。没有任何其他欧洲国家似乎赋予其殖民地"以自己的方式管理自己的事务的自由"。亚当·斯密指出："除了对外贸易，英国殖民地方方面面的自由都很完备。他们与母国的同胞在各个方面都是平等的，（其权利）通过人民代表会议以同样的方式得到了保障。"他评论道："英国政府也许是世界有史以来唯一一个给予如此遥远的省份的居民以完全保障的政府。"②

然而，如果说近代早期英帝国统治的特点是一种经过谈判而确立的权威体系，那么这在近代早期帝国中并无特别之处。即使在拥有可以支配的最多资金资源的君主们赞助建立的西班牙帝国，即使这些君主拥有仅次于法国君主的废除地方特权的决心，其权威的结构也经历了中心与边缘地区之间旷日持久的拉锯战式谈判。

西班牙人的新世界拓殖地表现出许多离心倾向。征服者们和殖民者们试图重建其欧洲传统，因此很快将自己组织为城镇。城镇的镇议会（cabildos）或镇委员会每年由居住在殖民地的土地拥有者、商人和居民选举产生。为了将他们自己与他们居住区域中的大量土著人区分开来，这些殖民者"自称拥有贵族（hidalgos）身份，坚持自己享有免受丧失体面的惩罚的权利，对

---

① 这里提出的观点是对下述论著观点的发展：Jack P. Greene, *Peripheries and Center: Constitutional Development in the Extended Polities of the British Empire and the United States, 1607 - 1788* (Athers: University of Georgia Press, 1986); Jack P. Greene "The Glorious Revolution and the British Empire, 1688 - 1763," in Lois G. Schwoerer, ed., *The Revolution of 1688 - 89: Changing Perspectives* (Cambridge: Cambridge University Press, 1992), pp. 260 - 271。

② Adam Smith, *An Inquiry into the Nature and Causes of the Wealth of Nations*, vol. 2, edited by R. H. Campbell and A. S. Skinner (Oxford: Oxford University Press, 1976), p. 572, pp. 583 - 585.

他们的监禁仅限于软禁的形式的权利，以及免征捐税（pechos）的权利。捐税是仅向社会最底层阶级征收的一种直接税”。伍德罗·博拉写道：尽管“皇家官员抵制殖民者的要求，但他们从不敢在‘新世界’征收捐税，而且由于缺乏常备军，他们被迫‘使用’殖民者作为民兵。殖民者声称这是他们对国王的主要贡献”。换句话说，西班牙国王在与其美洲臣民打交道时，“被迫像对待西班牙的贵族们一样小心翼翼”。①

确实，在西班牙城镇，“皇室的干预摧毁了大部分的当地自治”，而在“新世界，白人拓殖远在皇家权威到来之前就开始了，皇家权威也无力依靠殖民地救急。结果是，必然出现了对之前生机勃勃的中世纪城镇生活的复兴”。美洲的一些早期城镇表现出“近乎主权的特性”。国王周期性地努力削弱地方自治。尤其是在 16 世纪，在墨西哥城和利马等代表王权的权威的城市，国王的此种努力取得了相对成功。正如埃利奥特所评论的，国王需要殖民者协助“保护帝国暴露的据点”。如果他要以城镇为代价增强其权威，就会“使自己深陷严重的不利地位”。结果是，用博拉的话说，即使是总督所在的城镇也得以保存了“它们很大一部分原始活力”。而更远地方的城镇“几乎保留了充分的自治和对民众的控制”。在整个西班牙帝国，城镇委员会继续发挥着“提出对国王的要求并作为抵制税收增加和王权扩大的中心”的作用。②

两方面的进一步发展有助于保证边缘地区在西班牙帝国的统治中拥有重要发言权。第一方面的发展是立法咨询原则。即便说立法权完全掌握在国王的手中，但西班牙皇家官员在皇家文件（cedulas）定稿之前，也常常征求他们在殖民地的代表们的意见。早期确立的美洲的“首席治安法官”（presiding magistrates）可以“推迟执行那些实施起来可能造成不公正或不良社会结果的皇家命令”的原则，为殖民地官僚们“在其上司的命令和本地的压力之间达成一种微妙平衡”提供了必要的灵活性。正如约翰·莱蒂·费伦所指出的，这一原则是一种有效的“制度性手段”，有助于考虑到本地

---

① Woodrow Borah, “Representative Institutions in the Spanish Empire in the Sixteenth Century: The New World,” *The Americas* 12 (1956): 249 – 250.

② Woodrow Borah, “Representative Institutions in the Spanish Empire in the Sixteenth Century: The New World,” *The Americas* 12 (1956): 251 – 256; John H. Elliot, The Role of the State in British and Spanish Colonial America (Paper Presented at the David Library of the American Revolution, Washington's Crossing, PA, May 12, 1989), p. 29.

人对本地条件的意见和实现“决策的分权”。①

导向同一个方向的第二个方面的发展是美洲皇家官僚机构的缓慢克里奥尔化（creolization）或本地化（naturalization）。尤其在17世纪和18世纪上半叶，整个帝国出现的克里奥尔寡头政治集团（creole oligarchies）“利用国王的弱势……确立起对殖民地生活的总体控制”。这些寡头政治集团购买了地方法院（territorial audiencias）的大批法官职位，并从17世纪末起，购买了一些高级行政职务，由此以王权为代价增强了地方权力。②

至少直到18世纪中期波旁王朝进行改革，西班牙美洲帝国的边缘地区已设法广泛控制了地方政体的运作。用埃利奥特的话说，通过地方委员会，通过立法咨询原则的实践以及通过皇家官僚机构的克里奥尔化，“相当大程度的地方自治得以有效实现，尽管这种自治是在国王的掌控之下”。在名义上，国王一直保留着采取有关帝国的各种措施的广泛权威。然而，在实施那些措施时，国王的殖民地代表经常使其适应当地贵族们定义的当地形势。因此，如英帝国一样，宗主国与殖民地之间的讨价还价造成了一种分割和谈判的对权威的安排，这似乎是近代早期帝国的特点。③

位于巴西的葡萄牙帝国的情况也造成了类似结果。种植园主、农场主、牧场主以及其他殖民者早在葡萄牙国王尽力确立其对巴西所划分的行政区（donatary captaincies）的权威之前就已经占有了土地，重整了地形，建设起庄园，创建了独立的权力中心（pockets）。如西班牙一样，这种努力背后的理论是，一切权力源自里斯本的王座。然而，葡萄牙君主政体从来就没有足够的资源来供养规模和范围足够大的殖民地官僚机构，以行使它声称对巴西享有的广泛的立法权。事实上，巴伊亚（Bahia）是国王设法在其中建立了比较完善的官僚机构的“唯一行政区”。即使在那里，也很少有皇家官员的权力渗透到萨尔瓦多首都范围之外。在伯南布哥（Pernambuco）和里约热内卢等临近的蔗糖行政区，皇家的存在更趋薄弱。直到18世纪，富裕的地方

---

① John Leddy Phelan, "Authority and Flexibility in the Spanish Imperial Bureaucracy," *Administrative Science Quarterly* 5（1960）: 59 – 60.

② John H. Elliot, The Role of the State in British and Spanish Colonial America（Paper Presented at the David Library of the American Revolution, Washington's Crossing, PA, May 12, 1989）, p. 29.

③ John H. Elliot, The Role of the State in British and Spanish Colonial America（Paper Presented at the David Library of the American Revolution, Washington's Crossing, PA, May 12, 1989）, p. 29.

家族“一直控制着政治庇护（political patronage）”。很少有国王的官员冒险翻山越岭进入圣保罗周围的拓殖地，更不用说内地的放牧区了，在那里，“强大的家族管理着地方事务”，基本上不受皇家干预。而且，通过广泛收买官员，富裕的本地家族的代表得以渗透已有的皇家官僚机构的最基层。如詹姆斯·朗所评论的，这种做法极为普遍，以至于截至18世纪，官僚机构的“较低等级”职位“实际上成为殖民地精英的专属职位”。①

从很早开始，这些精英就通过管理地方政府的“卡马拉”（câmara）或者市政委员会制度施加政治影响。尽管这些机构无权制定法律，但它们在市政事务中享有广泛权力。它们负责授予公民身份、征税、实施法律，并且任命法官（这一点不同于它们参照的葡萄牙的制度）。这些机构的成员从本地公民选举产生的委员会中选拔，忠实地反映“社区的主导性利益”，发挥作为表达地方意见的“工具”的作用。通过“对裁决进行上诉和推迟执行（来自里斯本的）立法”，它们有时修改或推翻皇家的决定。确实，任何遭遇巨大本地阻力的皇家措施——1639年禁止奴隶抢劫土著人就是一个生动的例子——都“完全无法执行”。②

在17世纪60年代初，当法国国王占领“新法兰西”阿卡迪亚（Acadia，New France）以及西印度群岛的分散的贸易据点和农业拓殖地时，那些地方的社会与经济规模较小，相对不太发达。与英国、西班牙和葡萄牙等殖民地在被国王接管时的情况不同的是，这些殖民地中没有一个发展起强大的、坚定地要求本地统治特权的本地精英群体。由于这一原因，也由于国王为殖民地提供了大量补贴，而且也很少向殖民地征税，法国国王很快成功建立起一种有效的帝国统治制度，遇到的殖民地的抵制相对较少。

这种制度设计出现的时间处于法国“旧制度”的绝对国家（absolutist state）权威的巅峰时期，因此它代表了路易十四的大臣们有意识地将政治集权、皇家家长式统治（royal paternalism）、正统宗教和国家控制扩大到“新世界”的经济生活和社会秩序而做出的努力。理论上，所有的权力从国王经法国海事部（Ministry of Marine）向外流向国王任命的殖民地官员，这些官员包括殖民地首府的总督和地方行政官（intendant）；然后，权力从他们经过下属各省的本地统治者流向教区民兵队长（parish militia captain，

① James Lang, *Portuguese Brazil: The King's Plantation*, pp. 37 – 38, pp. 50 – 51, p. 57.

② James Lang, *Portuguese Brazil: The King's Plantation*, pp. 52 – 53.

capitaines de milice）——殖民地政府在地方的主要代表；最后权力从教区民兵队长流向贸易商、殖民者和种植园主等广大群体。所有的殖民地官员，包括司法和行政官员，都是被任命的。殖民地一级官员是由国王任命的，教区民兵队长则是由总督任命的。在这种制度中，没有正式制度可以帮助本地的财产所有者实现他们的愿望。与英国殖民者不同的是，他们没有代议制议会；与西班牙和葡萄牙殖民者不同的是，他们没有选出由贵族组成的强大的城镇委员会。早期来自“新法兰西”每个区的“选举产生的地方行政长官”（syndics）“汇总（其辖区的）人民的意见”的制度安排，在实施新的皇家制度之后未能保留下来。[①]

（张聚国译，满运龙校）

① W. J. Eccles, *France in America*（New York：Harper and Row，1972），pp. 67 – 70.

寻求身份认同

——对 18 世纪美国若干社会响应类型意义的解释

快速成长、成功的社会适应、惊人的物质成就、更加成熟、充溢的自信、快乐的庆典——有关 18 世纪英属美洲社会发展的叙事充斥了此类词语。传统的解释——我猜它仍然占据支配地位——是，殖民地开创者们的初始目标与价值观很快“在美洲的现实面前烟消云散或发生转变”。① 这个过程造成了高昂的心理代价，当然尤其是在新英格兰地区。在那里，第二代甚至第三代清教徒的领导们极力坚守建立一座“山顶之城”的初衷，但在 18 世纪中期的几十年里，它可能促成大多数英国拓殖者的成功调整，以适应他们在美洲的生活条件。随着这种调整，出现了新的更加符合美洲情况的价值观；而且，尽管各个区域甚至各个社区之间存在显著差异，但也出现了一种强烈的群体认同感。这种群体认同感源自拓殖者在新世界的一系列相似经历，体现在一系列自吹自擂的自我形象上。这种自我形象产生于他们对目前成就的满足感和对未来前景的无限乐观。这种过程是不可逆转的，也很少有人想要逆转它。因此，美利坚人自然而然地很容易接受实用主义以及对财富坚定不移、如痴如醉的追求；他们也很迫切地接受了“自主与首创精神”、强烈的个人主义、社会流动性、原子裂变式的社会自由以及及时行乐等伦理观。这些伦理观只是遭遇了少数适应性差的群体或个体的微弱抵制。② 美国革命只是加速了这一过程，因为它将拓殖者

---

① Daniel J. Boorstin, *The Americans*: *The Colonial Experience* (New York: Random House, 1958), p. 1. 这本书最细致而全面地表达了这一段所概括的观点。它为过去一个世纪期间发表的有关美国早期史的绝大多数论著提供了一个内在框架。

② 对于截至 20 世纪中期美国认同核心要素的富有启发意义的分析，参见 Erik H. Erikson, “Reflections on the American Identity,” in Erik H. Erikson, ed., *Childhood and Society* (New York: W. W. Norton, 1963), pp. 285 - 325。

从各种外部强加的制度和传统中解放了出来。这些外部强加的制度与传统，是他们完成自我实现以及成为完全的自己的最后障碍。

这种构想经久不衰，由此证明它在历史解释中还能继续发挥作用。最初开拓的殖民地背后隐含的巨大的经济与社会能量，不仅依靠英国人发现和创造的广泛机会来支撑，而且这些机会大大增强了这种能量。因此，各个殖民地社会都极为重视经济与社会成功，并尤其对社会中等阶层的年轻人施加了巨大压力，促使他们争取“事业成功”。[①] 但无论这种压力（其力度不应被低估）有多大，除了西印度群岛以及 1745 年之后的南卡罗来纳和 1760 年之后的佐治亚之外，这些压力并没有大到使得人们无暇他顾式。这些压力也没有对人们对自己及其社会的设想造成决定性影响，而且在殖民地的任何时刻，它们也没有取得它们将在 19 世纪取得的那种彻底的思想合法性。

实际上，我要提出的是，在 18 世纪的大多数时间里，这些压力与在传统上与它们相关联的乐观主义情绪和成功言辞一起受到了一种深刻、普遍而且很可能日益增长的失败感的平衡，并且它们与这种失败感之间存在一种不自然的紧张关系。殖民者并未形成任何明确的或新的“美利坚”身份认同感，直到 18 世纪 60 ~ 70 年代，他们很显然仍然依靠从两种来自外部的、重叠而时常冲突的社会模式中获取社会规范和价值观以及他们有关自己与社会的构想。[②] 这两种模式为他们提供了有关“善与恶的共同认识”，这种认识

---

① Philip M. Hamer et al. , eds. , *The Papers of Henry Laurens*, vol. 1 （Columbia：University of South Carolina Press，1968），p. 347.

② W. G. Runciman, *Relative Deprivation and Social Justice*：*A Study of Attitudes to Social Inequality in Twentieth-Century England*（Berkeley：Unversity of California Press，1966），pp. 11 – 13. 该书对标准参照群体（normative reference groups）和比较参照群体（comparative reference groups）进行了区分。同样的术语可以应用于社会模式：对照模式（comparative models）是为现有的情况提供了一个对照的模式；标准模式（normative models）是提供认可的标准模式。在对照模式中，印第安人、黑人、法国人、西班牙人、土耳其人以及英属西印度群岛人，对于北美大陆的殖民者们来说，充当着美洲英国人的负面参照群体，用罗伊·哈维·皮尔斯（Roy Harvey Pearce）的话来说，这些群体为美洲英国人提供了“他们不是而且他们绝对不可成为的”那种模式，从而帮助他们认识了自己。对其中两个群体的作用的精彩研究包括 Roy Harvey Pearce, *The Savages of America*：*A Study of the Indian and the Idea of Civilization*（Baltimore：John Hopkins Press，1953）；Winthrop D. Jordan, *White over Black*：*American Attitudes Toward the Negro*，*1550 – 1812*（Chapel Hill：University of North Carolina Press，1968）。上面的英文来自皮尔斯著作，第 5 页。然而，本文一个重要基本假设是，标准群体（normative groups）在各个群体的认同形成过程中的影响更大。我在这里关注的主要是这类群体。

为衡量善恶与成败提供了原型。[①] 这些模式如此强大，以至于妨碍了殖民者形成一种更加符合当时普遍行为模式的适当的个人认同感或一种全新的价值观，以完全适应美洲生活。对许多当代人来说，殖民者进行心理调适的实际成功程度，几乎成为精确衡量其道德和文化成功程度的标准。

说这两种模式中的第一种（对拓殖地早期几个殖民地社会特征与成就的理想化设想）源自外部，是因为它源自殖民地的过去，而不是殖民地的现在。佩里·米勒（Perry Miller）对 1680～1730 年的半个世纪中“新英格兰精神”（New England mind）中这种设想的“强大的心理现实”[②] 进行了详尽的描述。[③] 第一代人有马萨诸塞“大迁徙”（Great Migration）经历，在他们之后，清教牧师开始谴责人们“‘背离’了父辈们的美德”，[④] 呼吁他们回归“我们父母们心中隐藏的那种原始的热情、虔诚和神圣的激情”。[⑤] 通过连篇累牍的哀怨，牧师们谴责后来的几代人“在虔诚生活与信仰的程度上显然江河日下”，谴责他们日益随波逐流。[⑥] 他们把降临新英格兰的每个灾难都视为上帝的惩罚以及警告，如果不停止自己罪恶的生活方式，人们还将面临更大的灾难。

但牧师们继续不厌其烦地细致阐述新英格兰衰落的主题，“第一代（伟大）领袖们”在其中发挥了英雄和圣徒般的作用。1730 年，托马斯·福克斯克罗夫特（Thomas Foxcroft）在殖民地成立 100 周年布道中指出：“他们都是品格高尚的人，他们的非凡之处在于笃信宗教、朴素纯洁和成就杰

---

① Erik H. Erikson, “Identity and Life Cycle,” *Physchological* 1 (1959): 18. 我的假设是，这些模式对精英群体的影响最大。同时，由于精英集团有意识的普及和中等与下层群体仿效精英的司空见惯的倾向，这些模式也广泛扩散至各个社会阶层。

② Erik H. Erikson, “Identity and Life Cycle,” *Physchological* 1 (1959): 21.

③ Perry Miller, “Declension in a Bible Commonwealth,” in Perry Miller, ed., *Natures's Nation* (Cambridge, Mass.: Belknap Press of Harvard University Press, 1967), pp. 14 – 49; Perry Miller, *The New England Mind: From Colony to Province* (Cambridge: Harvard University Press, 1953).

④ Alan Heimert, *Religion and the American Mind from the Great Awakening to the Revolution* (Cambridge: Harvard University Press, 1966), p. 27.

⑤ Joshua Scottow, *Old Men's Tears, for Their Own Declensions* (Boston: Benjamin Harris and John Allan, 1715). 这篇布道词最初印刷于 1691 年。

⑥ Samuel Whitman, *Practical Godliness the Way to Prosperity* (New Lodon, 1714). Increase Mather, *An Earnest Exhortation to the Inhabitants of New-England* (Boston: John Foster, 1711), pp. 29 – 30.

出。"[1] 1716 年，塞缪尔·惠特曼宣布："他们的使命"不可能与"俗世"有关，"他们来到这里并非出于任何世俗的考虑。他们来这里是为了追求宗教信仰，是为了以上帝的名义创建一个前所未有的避难所"。对深深沉迷于"世俗"之中的之后几代的新英格兰人来说，[2] 这种对殖民地创始人崇高形象的理想化想象以及"夸大其典范与成就"的不可避免的趋势，[3] 产生了一种生动而夸大的效果，让他们认为自己做得不够，让他们情不自禁地得出与牧师们一样的结论——用福克斯·克罗夫特的话说——用任何标准与他们的"先辈们"相比，他们都"距离光辉典范相去甚远"。[4] 用约书亚·斯格托的话说，一枝"高贵的藤"（noble vine）很显然堕落"成为一棵奇怪的植物"（strange plant）。[5] 这种植物的奇异性和无法确认性令人不安。当前的实际行为模式与殖民地创始人代表的、牧师们推荐的生活方式之间的巨大鸿沟显然被无法弥补。结果正如佩里·米勒写道的，在 1730 年新英格兰拓殖 100 周年的时候，人们"被迫惊奇地看着自己，几乎无法理解我们为何会成为这个样子"。[6] 用我补充的话来说，他们无法准确地知道自己变成了什么样子、变成了谁。

在新英格兰之外的地区，这些效法祖先的冲动未能得到牧师们的"精心培植"，在传统上也未能以公开且高度仪式化的形式得到表达。因此，在这些地区，这种冲动不太明显（至少在 18 世纪初期的一段时间里），也很可能未能得到生动而细致的阐述。然而，在每个经济发达的地区以及在所有精英集团内部，这种冲动隐藏在公共生活的表面之下，并且时常露出表面。正如弗雷德里克·B. 托尔斯所指出的，在 18 世纪最初的几十年里，宾夕法

---

① Thomas Foxcroft, *Observation Historical and Pragmatical* (Boston, 1730), p. 30.

② 英文源自 Samuel Whitman, *Practical Godliness the Way to Prosperity*, pp. 28 - 31. 对于日益加深的世俗性类似抱怨的许多其他例子参见 Ebenezer Thayer, *Jerusalem Instructed and Warned* (Boston, 1725), pp. 31 - 32; John Barnard, *Two Discourses Addressed to Young Persons* (Boston, 1727), pp. 92 - 94; Samuel Wigglesworth, *An Essay for Reviving Religion* (Boston, 1733), pp. 15 - 16; John Webb, *The Duty of a Degenerate People to Pray for the Reviving of God's Work* (Boston, 1734), p. 3, pp. 25 - 26。

③ Alan Heimert, "Puritanism, the Wilderness, and the Frontier," *New England Quarterly* 26 (1953): 371.

④ Thomas Foxcroft, *Observation Historical and Pragmatical*, p. 41.

⑤ Joshua Scottow, *Old Men's Tears, for Their Own Declensions*, p. 19; 另参见 John Webb, *The Duty of a Degenerate People to Pray for the Reviving of God's Work*, pp. 25 - 26。

⑥ Perry Miller, *The New England Mind: From Colony to Province*, ix.

尼亚殖民地的贵格会信徒对他们显然与他们祖先们的“原始而质朴的”生活方式渐行渐远感到日益忧虑。他们也有一种与日俱增的“失败感”，觉得自己无力实现威廉·佩恩以及殖民地第一代领导人设想的“神圣实验”（Holy Experiment）的最初目标。[①] 由于弗吉尼亚，南、北卡罗来纳和纽约殖民地并非由那种拥有崇高、一贯和明确目标，超凡脱俗的人物建立，所以这些殖民地的倾向是较少抱怨背离以往的美德，更多抱怨未能充分发掘社会的潜能。然而，那里的人们普遍相信，当前的一代人在勤勉、创业、节俭、优势和美德等方面，都难以与那些在荒野中开拓种植园伟业的群体相比肩。[②]

在不同地区，被确认为这种衰落证据的行为，其具体形式略有不同。肯尼思·洛克里奇（Kenneth A. Lockridge）提到的新英格兰清教徒和宾夕法尼亚贵格会对“精神能量的不断削弱”[③] 的担忧在其他地区不太明显。然而，正如戴维·博特尔森（David Bertelson）所指出的，在南部殖民地，对出现的“好逸恶劳”的抱怨可能略微更加常见一些。[④] 然而，在所有殖民地，都出现了对在殖民地生活的方方面面人们越来越好争辩、社会下层越来越不服从上层社会、彻底的反社会的个体主义、忽视上帝的召唤和公共责任、自负、贪婪、奢侈和追求享乐等的抱怨。[⑤] 最令人震惊的是，出现了“社会各

---

① Frederick B. Tolles, *Meeting House and Counting House: The Quaker Merchants of Colonial Philadelphia* (Chapel Hill: University of North Carolina Press, 1948), esp. viii, pp. 123 - 124, pp. 234 - 236. 另参见 *Advice and Information to the Freeholders and Freemen of the Province of Pennsylvania* (Philadelphia, 1727), p. 1, p. 4。

② 如参见 Benjamin Whitaker, *The Chief Justice's Charge to the Grand Jury* (Charleston, 1741), pp. 10 - 11；老刘易斯·莫里斯：《有关政府驻地的看法》（无日期），莫里斯家族文件，罗格斯大学图书馆（新泽西新不伦瑞克）。罗伯特·基欧（约翰斯·霍普金斯大学）让我注意到了本文所引用的莫里斯家族文件中的这个文件以及其他文件。

③ Kenneth A. Lockridge, *A New England Town, the First Hundred Years: Dedham, Massachusetts, 1636 - 1736, unpublished manuscript*, p. 119.

④ David Bertelson, *The Lazy South* (New York: Oxford University Press, 1967), pp. 61 - 97. 引文源自 Robert Beverley, *The History and Present State of Virginia*, edited by Louis B. Wright (Chapel Hill: The University of North Caro-lina Press, 1947), p. 319。对于威斯托弗（Westover）的威廉·伯德二世（William Byrd II）如何内化这种对懒惰的担忧的分析，参见 Kenneth S. Lynn, *Mark Twain and Southwestern Humor* (Boston: Atlantic-Little, 1959), pp. 3 - 22。

⑤ 对这些哀叹、产生这些哀叹的条件以及这些哀叹的心理作用的优秀的个案研究是 Richard L. Bushman, *From Puritan to Yankee: Character and the Social Order in Connecticut, 1690 - 1765* (Cambridge: Harvard University Press, 1967)。

阶层的人普遍的”对“财富的过度追求”。[①] 牧师威廉·威廉斯（William Williams）在1719年马萨诸塞选举布道时哀叹道：“普遍关注的是现世，有多少人决意要发财致富？有多少人急着要一夜暴富？”[②] 伴随人们对财富的追求，“肉体欲望”出现了显然且可怕的增强。[③] 新英格兰的神职人员和世俗民众都在哀叹：“人们追求奢华，尤其是那些普通人，这种奢华超出了他们的能力，表现在购物、住房、家庭、开支、服装和整个生活方式上。”[④] 弗吉尼亚的军需官（Commissary）詹姆斯·布莱尔（James Blair）以一种不加掩饰的讽喻形式指责安立甘教的教区居民未能抵制“享乐的诱惑”以及他们沉迷于“奢侈品、堂皇的住宅、家具、装备、搬弄是非、寻欢作乐、歌舞宴饮等各种满足”。[⑤] 另一位评论者指出，这种“昂贵”而“奢华”的生活风格，“40年前的父辈们（完全）没有经历过”。[⑥] 宾夕法尼亚首席大法官詹姆斯·洛根（James Logan）质疑道：“享乐与安逸的吸引力”是否已经“超过了从事商业的吸引力”。[⑦] 南卡罗来纳州首席大法官本杰明·惠特克（Benjamin Whitaker）呼吁人们“戒除奢侈和无度。在过去几年里，奢侈和放纵像洪水一样吞噬了我们”，“这令我们意志不坚，走向堕落、好吃懒做”。[⑧]

各个殖民地的批判文章异口同声反对的是佩里·米勒（Perry Miller）所说的“外在的、显而易见的繁荣迹象和对繁荣的滥用”。[⑨] 1680年之后，尤其是在1713年之后，各个殖民地经济与人口的快速增长在土地、贸易和服务等领域创造了大量的、新的经济机会，并使殖民地从17世纪大部分

① Alan Heimert, *Religion and the American Mind from the Great Awakening to the Revolution*, p. 31. 引自 Samuel Wigglesworth, *An Essay for Reviving Religion*, p. 25。

② William Williams, *A Plea for God, and an Appeal to the Consciences of a People Declining in Religion* (Boston, 1719), pp. 23 – 25.

③ James Blair, *Our Saviour's Divine Sermon on the Mount*, vol. 1 (London, 1740), p. 58. 在第一次大觉醒期间和之后，这个词经常被福音新教的牧师使用。

④ Paul Dudley, *Objections to the Bank of Credit Lately Projected* (Boston, 1714), p. 24. 另参见 *The Present Melancholy Circumstances of the Province Considered and Methods for Redress Humbly Proposed in a Letter from One of the Country to One in Boston* (Boston, 1719), pp. 3 – 5。

⑤ James Blair, *Our Saviour's Divine Sermon on the Mount*, vol. 1, p. 127, p. 132.

⑥ Anonymous, *A Reply to the Vindication of the Representation of the Case of the Planters of Tobacco in Virginia* (London, 1733), pp. 4 – 5.

⑦ James Logan, *The Charge Delivered from the Bench to the Grand Jury* (Philadelphia, 1723), p. 9.

⑧ Benjamin Whitaker, *The Chief Justice's Charge to the Grand Jury*, pp. 10 – 11.

⑨ Perry Miller, *The New England Mind: From Colony to Province*, pp. 307 – 308.

时间里大体上传统且相对静止的社会加速过渡到 18 世纪中期那种面向市场的、快速变化的社会。当然，在老的拓殖区和偏远地区也存在穷乡僻壤。那里地理位置偏僻或自然资源匮乏，基本上没有受到这些发展的影响，也并未“分享”似乎伴随这些发展出现的日益普通的繁荣。但是对许多人和大多数地区来说，用纽约殖民地的小威廉·史密斯（William Smith, Jr.）后来的话说，美洲大陆“地大物博，资源取之不尽”。[①] 殖民地中“非常富有”的比较少，但是，正如一些观察者在 18 世纪最初几十年里所指出的，几乎“没有人”“穷得悲惨”（除非遭遇灾难），[②] 而“这种有利的物质环境”[③] 刺激了人们的社会与经济欲望，强化了社会各阶层对物质的追求。

对那些已经实现了经济抱负的人来说，对那些免受对向上流动的群体影响巨大的“成功综合征”的限制的人来说，对根基深厚的社会精英、第一代精英中的老年成功人士来说，[④] 对那些生存不再是其基本问题的地区的居民来说，或对把监督社会的道德健康视为己任的神职人员以及外部观察者来说，很显然，这种物质丰饶的环境并非一种纯粹的赐福。[⑤] 他们继承的基督教教义中财富对道德的不利影响使他们倾向于相信[⑥]（正如弗吉尼亚一位年轻的苏格兰家庭教师后来所评论的）：“富足的阳光”将造成“更多卑鄙的

① William Livingston, *The Independent Reflector or Weekly Essays on Sundry Important Subjects More Particularly Adapted to the Province of New-York*, edited by Milton M. Klein (Cambridge: The Belknap Press of Harvard University Press), p. 103.

② “George Vaughan to Board of Trade, May 10 1715,” in William N. Sainsbury, et al., eds., *Calendar of State Papers, Colonial: 1714 – 1715*, vol. 28 (London, 1928), p. 171.

③ Frederick B. Tolles, *Meeting House and Counting House: The Quaker Merchants of Colonial Philadelphia*, p. 11.

④ 关于中年人和老年人对殖民地社会道德状况的特别关注，Cedric B. Cowing 提供了一些证据，见“Sex and Preaching in the Great Awakening,” *The American Quarterly* (1968): 635 – 636。他指出大觉醒运动对“中年”人的巨大吸引力。

⑤ 当然，有些群体似乎既未完全陷入“成功综合征”，也未对下面描述的繁荣表现出担忧。这些群体大部分或者处于殖民地社会的边缘，或者几乎完全忙于维持自己及家人的生计或比这两种情况好一点。对于新英格兰地区这些群体的启发性讨论，参见 *A Plea for the Poor and the Distressed* (Boston, 1754), pp. 3 – 10。

⑥ 这种担忧的例证见 *A Rich Treasure at an Easy Rate: Or the Ready Way to True Content* (London, 1657); Perry Mille, *The New England Mind: From Colony to Province*, p. 42; James Blair, *Our Saviour's Divine Sermon on the Mount*, vol. 1, pp. 121 – 124; Frederick B. Tolles, *Meeting House and Counting House: The Quaker Merchants of Colonial Philadelphia*, pp. 81 – 84。

人而不是优雅的朋友";[1] 殖民地生活的一个核心悖论似乎是物质财富人增加不可避免地将导致道德的堕落；对物质荒野的征服，使规模与力量未知的心理和社会荒野悄无声息地侵入他们，窒息一切道德，并最终使他们处于大多数人所处的那种野蛮而最可怕的、毫无差别的状态。[2] 上帝赐予殖民者"富足的生活但富足产生安逸，安逸产生奢侈，奢侈"似乎"对每个美好且高尚的原则造成了致命的腐败"。[3]"在阳光之下"，美利坚人似乎只是变得铁石心肠。他们以"放荡"回报上帝"慷慨的施予",[4] 他们将"安宁（滥用）为安全"，将"富足（滥用）为放荡和奢侈"，"那些本应使他们亲近"上帝的"美好事物"却使他们"疏远了"他。[5]"新世界"富足的状况非但未能激发起人性良善的一面，非但未能促使和鼓励人们以其丰饶的物质资源为基础建设一个具有美德和仁爱的社会，反而只是导致人们几乎彻底暴露人性黑暗的一面。

日益奢侈和对上帝的忘恩负义并非各殖民地优裕经济生活条件带来的唯一负面影响。同样令人震惊的是这种优越的经济生活条件滋生的社会混乱：社会地位不确定、不稳定；传统社会等级以及社会与政治权威之间的界限越来越模糊；蔑视根深蒂固的社会与政治制度；牺牲对公共利益的关注，不加节制地追求个体的财富和野心。我们现在认识到，在经济与人口的快速增长期，在经济机会大幅增加、个人抱负大幅扩大、市场膨胀的社会早期，这些社会条件与它们产生的行为模式都是正常的，殖民者们的行动是基于在"经济匮乏"时期形成的一套社会态度。这种社会态度要求中层与下层阶级

---

① James Reid, "The Religion of the Bible and Religion of King William County," in Richard Beale Daivs ed., *The Colonial Virginia Satirist: Mid-Eighteenth Century Commentaries on Politics, Religion, and Society*; *Transactions of the American Philosophical Society*, h. s., vol. 57, part Ⅰ (Philadelphia: The American Philo Sophical Society, 1967), p. 65.

② Alan Heimert 简要地论述了这一主题，参见 Alan Heimert, "Puritanism, the Wilderness, and the Frontier," *New England Quarterly* 26 (1953): 377 – 381。也请关注弗朗西斯·罗尔斯（Francis Ralws）的评论："财富是奢侈和懒惰之母""女儿吞噬了母亲"。载 *Ways and Means of for the Inhabitants of Delaware to Become Rich* (Philadelphia, 1725), p. 12。Frederick B. Tolles 进行了转引，参见 *Meeting House and Counting House: The Quaker Merchants of Colonial Philadelphia*, p. 106。

③ *Discourses on Several Public Occasions During the War in America* (London, 1759), p. 77.

④ *South-Carolina Gazette*, Charleston, Jan. 8, 174. 刘易斯·弗里希（Lewis Frisch）让我注意到了这个引文。

⑤ Richard Allestree, *The Whole Duty of Man* (London, 1658), p. 149. 这部在安立甘教徒中具有广泛影响的著作于 1746 年在威廉斯堡（Williamsburg）重印。

接受自己的“从属地位并培养符合”其“从属地位”的“品质，如唯命是从、服服帖帖和低三下四”。[①] 从这些态度来看，这种不稳定的、脆弱的社会安排以及各个殖民地流行的这种极度自私自利的行为，只能被解释为对大大背离殖民地早期开创者们确立的标准的证明，以及社会濒临解体、即将“陷入无政府和混乱状态”的某些预兆。[②]

然而这些态度很显然不适合殖民地生活的状况。[③] 佩里·米勒所说的1730年新英格兰的情况同样适用于那一时期的所有老牌殖民地：“这个焦虑的社会复杂而躁动不安的现实……需要新的描述。应对与这些［新的社会］事实有关的观念进行阐述，使人们能够深切感受到社会事实与社会观念之间的关联。”殖民地社会“需要重建认同……并重构其个性”，[④] 以便个体能够适应社会丰裕的情况，为那些情况产生的新的行为形式提供合理理由并由此使其为人所接受，在社会和道德上能够站得住脚。

那些尤其关注这一问题的学者们，如佩里·米勒、弗雷德里克·托尔斯、丹尼尔·布尔斯廷、艾伦·海默特、戴维·博特尔森、理查德·布什曼等，大多强调殖民者在18世纪中期的几十年里成功进行了这种调整。然而，大量证据表明，长篇累牍的文章所谴责的日常行为的巨变伴随的并不是确立起一套全新的和更适当的价值观，或一种全新的认同观念，而是一种对旧价值观的充满激情的坚守。“沉重的历史”重重地压在殖民者的

---

① David M. Potter, *People of Plenty*: *Economic Abundance and the American Character* (Chicago: University of Chicago Press, 1954), p. 205.

② 引自 Benjamin Whitaker, *The Chief Justice's Charge to the Grand Jury*, pp. 10 - 11。

③ 这并不是说这些态度并未发挥一个重要的社会功能。当然，至少从16世纪中期开始，这种态度一直是英格兰智性氛围的一个标准特征。在殖民地以及英格兰，它们可能满足了一种深刻而持久的需求——在市场社会变动不居和可能随时引起震动的形势下维持建立一个静态而统一的社会秩序的理想。他们实际上是否适用于艾伦·海默特等研究殖民地历史的许多其他学者认为的“（17世纪）较为静态的社会”并不重要，更为重要的是它们显然与18世纪的殖民地行为格格不入。对于这种态度在16～18世纪英格兰持续存在的意义，我在 *William and Mary Quarterly* 26 (1969): 450 - 453 为 Isaac Kramnick, *Bolingbroke and His Circle*: *The Politics of Nostalgia n the Age of Walpole* (Cambridge: Harvard University Press, 1968) 和 David Bevington, *Tudor Drama and Politics*: *A Critical Approach to Topical Meaning* (Cambridge: Harvard University Press, 1968) 撰写的书评进行了简要分析。另见 E. M. W. Tillyard, *The Elizabethan World Picture* (New York, 1958); Michael Walzer, "Puritanism as a Revolutionary Ideology," *History and Theory* 3 (1963): 59 - 90; W. H. Greenleaf, Order, *Empiricism*, *and Politics*: *Two Traditions of English Political Thought*, *1500 - 1700* (New York: Oxford University Press, 1964)。

④ Perry Mille, *The New England Mind*: *From Colony to Province*, pp. 482 - 485.

头上，使他们无法放弃他们从祖先那里继承的标准，也无法面对和接受他们的社会正经历的变革。[①] 结果是，他们的行为与价值观之间的鸿沟越来越大，殖民者对自己的标准和能力感到茫然，对当前感到焦虑，对未来缺乏信心。他们远未发现自己“更深层的认同”。[②] 他们也从未停止用先辈们的理想化概念衡量自己的成就。这种神话般的历史与当代现实之间的明显鸿沟促成了埃里克·埃里克松所说的“负罪文化”（guilt-culture）的形成和存续。在这种“负罪文化”中，所有的悲剧性事件——地震、火灾、流行病、飓风、奴隶起义和战争——均被归咎于他们自己以及他们社会的“内在”失败；以早期殖民地开创者为榜样，“在内容与形式上反向回归到历史早期的行为原则”，[③] 被视为克服那些失败、挖掘社会最大潜能的唯一办法。

在某种重要意义上，大觉醒运动就是这样一种反向回归。艾伦·海默特指出，大觉醒运动至少产生了千禧年思想的某种基本形式，这种思想瞩目于最终在美洲建立上帝的王国。[④] 然而其主要的魅力似乎在于，它放弃了当代的追名逐利，回归早期几代人的那种简朴、廉洁、虔诚而重德的生活方式。例如理查德·布什曼指出的康涅狄格殖民地的情况，它似乎是基于与殖民地开创者有关的理想化的价值观和当前人们习以为常的行为模式之间的鸿沟造成的焦虑和负罪感的累积。[⑤] 大觉醒运动似乎造成横扫各个殖民地的罪恶和奢侈之风的戏剧性的也显然是暂时性的扭转。亚历山大·汉密尔顿（Alexander Hamilton）指出，在费城，“公开的寻欢作乐”[⑥] 几乎停止。近期的一项研究发现，这在查尔斯顿也带来了同样的结果。[⑦] 然而，大觉醒运动释放出来的狂热和激烈的宗教与政治敌意，至少对其反对者们来说，似乎预示着他们从未想象到的一场规模宏大的社会与政治混乱，并将激起对殖民地

---

① Perry Mille, *The New England Mind: From Colony to Province*, p. 375, pp. 398 – 400.

② Perry Mille, *The New England Mind: From Colony to Province*, pp. 391 – 392.

③ Erik H. Erikson, “Identity and Life Cycle,” *Physchological* 1 (1959): 28 – 29.

④ Alan Heimert, *Religion and the American Mind from the Great Awakening to the Revolution*, pp. 61 – 67.

⑤ Richard L. Bushman, *From Puritan to Yankee: Character and the Social Order in Connecticut, 1690 – 1765*, pp. 147 – 266.

⑥ Carl Bridenbaugh, ed., *Gentleman's Progress: The Itinerarium of Dr. Alexander Hamilton, 1744* (Chapel Hill: The University of North Carolina Press, 1948), pp. 22 – 23.

⑦ Lewis Frisch, “Changing Social Attitudes in South Carolina,” 约翰斯·霍普金斯大学本科生研讨班论文，1968 年 5 月，pp. 6 – 12。

社会最终结局的更深的忧虑。[①]

大觉醒运动激发的精神能量与道德热情，在1745年之后的20年里随着经济的加速发展很快烟消云散。[②] 事实上，南卡罗来纳殖民地的经济如此繁荣，以至于在18世纪50年代，其几乎消除了人们对繁荣的所有传统担忧，使人们完全适应了丰裕社会。结果是，在18世纪60年代，南卡罗来纳很可能比其他任何殖民地都更加拥有杰克逊时代美国的价值观和心理状态。[③] 然而，在其他任何地方，都没有出现规模足够大的经济扩张，因此没有实现对似乎是经济繁荣必然伴随物的那种行为方式的近似的完全接受。殖民者对自己道德状况每况愈下的担忧一再展现出来：一方面体现在每次重大灾难带来的连篇累牍的批判性文章中，如1755年11月新英格兰地震、法国印第安人战争初年被欺辱地连续挫败、1760年波士顿火灾；[④] 另一方面体现在世俗和宗教界对殖民地社会的罪愆日益深重的越来越多的抱怨。傲慢、贪婪、压迫、耍诡计、挥霍、放纵、淫乱、好色、通奸（甚至与黑人）、游手好闲、摆阔、野心勃勃、忤逆长者、无法管教孩子、忽视公共责任、对上帝忘恩负

---

① 如参见 *A Letter from a Gentleman in Boston, to Mr. George Wishart, One of the Ministers of Edinburgh, Concerning the State of Religion in New-England* (Edinburgh, 1742), esp. p. 9。以及近期的分析，参见 Richard L. Bushman, *From Puritan to Yankee: Character and the Social Order in Connecticut, 1690 - 1765*, pp. 190 - 195, pp. 268 - 269; Alan Heimert, *Religion and the American Mind from the Great Awakening to the Revolution*, pp. 159 - 293。

② 对于这种经济上的快速增长尚无令人满意的研究，但是当代人经常提及它。如参见 William Smith, *History of New-York* (Albany, 1814), p. 323; *The Power and Grandeur of Great-Britain, Founded on the Liberty of the Colonies* (Philadelphia, 1768), p. 7。

③ Lewis Frisch, "Changing Social Attitudes in South Carolina," 约翰斯·霍普金斯大学本科生研讨班论文，1968年5月。另参见 *The Private Character of Admiral Anson* (Dublin, 1747), pp. 15 - 16, pp. 21 - 23。同样的过程可能已经发生在西印度群岛。在那里，批判性的连篇累牍的文章似乎一直存在，但表现形式是高度程式化的，甚至有人认为，它们在心理方面毫无意义。参见 *Forms of Prayer to Be Used on the Island of Jamaica, on the Seventh Day of June, Being the Anniversary of the Dreadful Earthquake and on the Twenty Eighth Day of August, Being the Anniversary of the Dreadful and Surprising Hurricane* (London, 1748)。

④ 例证很多，参见 Gilbert Tennent, *The Late Association for Defence, Encouraged, or The Lawfulness of a Defensive War* (Philadelphia, 1748), p. 39; *A Letter to a Gentleman on the Sin and Danger of Playing Cards* (Boston, 1755); Timothy Harrington, *Prevailing Wickedness, and Distressing Judgments* (Boston, 1756); Jonathan Mayhew, *Practical Discourses Delivered on Occasion of the Earthquake in November, 1755* (Boston, 1760); *God's Hand and Providence to Be Religiously Acknowledged in Public* (Boston, 1760); John Burt, *Earthquakes, Effects of God's Wrath* (Bristol, Rhode Island, 1755); Samuel Davies, *Virginia's Danger and Remedy* (Williamsburg, 1756); *The Crisis* (London, 1756); Nathaniel Potter, *A Discourse on Jeremiad 8th, 20th* (Boston, 1758)。

义、宗教信仰三心二意——所有这些一直为神职人员以及其他社会批评家们所诟病的在几代人中长久存在的罪愆不仅普遍存在，而且变本加厉。[①] 然而，更令人震惊的是，奢靡之风、放浪形骸、沉迷享乐的情况日益严重，这种真正的"洪水猛兽"威胁着要破坏和毁灭殖民者的繁荣和美德。[②] 据说（也许是对的），在城市以及较早拓殖的农村地区，穷人的数量快速增加。[③] 人们广泛预言，如果不尽快改造人的性格，随着早期几代人通过勤劳积累起来的财富和财产被挥霍并被"换以……傲慢、炫耀和懒惰"，整个社会将陷入贫困。[④]

新兴的或走向衰落的精英似乎是最大的堕落群体，城市则是罪恶和腐败的最臭名昭著的中心。然而，道德败坏似乎蔓延到了各个社会阶层和殖民地的各个角落。甚至殖民地之前最勤劳和最具有创业精神的手艺人也"变得像许多西班牙人一样游手好闲和奢侈"。[⑤] 如果说农村地区和小城镇相比较大的城镇来说不太挥霍，那只是因为它们缺乏必要的手段。城市为乡村提供了"榜样"，受到"紧密追随"。一个爱说笑的人说，他"能够通过城镇中美女裙摆的长度"判断自己与波士顿的"距离"。[⑥] 各地殖民者似乎陷入了

---

① 除上下文中许多有关 18 世纪 40、50 和 60 年代的当代意见的引文外，参见 James MacSparran, *A Sermon Preached at Naragansett* (Newport, Rhode Island, 1741), pp. 15 – 16, pp. 22 – 23; Andrew Eliot, *An Inordinate Love of the World Inconsistent with the Love of God* (Boston, 1744); Thomas Prince, *A Sermon Delivered at the South Church of Boston* (Boston, 1746), p. 25, pp. 35 – 37; Daniel Fowle, *A Total Eclipse of Liberty* (Boston, 1755), pp. 31 – 32; *The Relapse* (Boston, 1754), pp. 2 – 3; *Zeal Against the Enemies of Our Country Pathetically Recommend* (Annapolis, 1755), pp. 7 – 8; Josiah Woodward, *A Disswasive from the Sin of Drunkenness* (Lancaster Philadelphia, 1755), pp. 7 – 8。

② Samuel Davies, *Religion and Patriotism* (Philadelphia, 1755), p. 59. 对于这个主题的持续探讨，参见 *American Magazine* vol. 1 (Philadelphia, 1757 – 1758), pp. 78 – 82, pp. 116 – 119, pp. 166 – 169, pp. 231 – 234, pp. 321 – 324 的反对法国移民的文章。

③ 有关许多类似抱怨，参见 *Industry and Frugality Proposed as the Surest Means to Make Us a Rich and Flourishing People* (Boston, 1753); *A Plea for the Poor and the Distressed* (Boston, 1754); Thomas Bernard, *A Sermon Preached in Boston, New-England, Before the Society for Encouraging Industry, and Employing the Poor* (Boston, 1758)。

④ Elixir Magnum, *The Philosopher's Stone Found Out* (New Haven, 1757), p. 23.

⑤ "Benjamin Franklin to Richard Jackson, March 8, 1763," in Leonard W. Labaree, et al., eds., *The Papers of Benjamin Franklin*, vol. 10 (New Haven, 1966), pp. 208 – 209.

⑥ William Stith, *The Sinfulness and Pernicious Nature of Gaming*, pp. 404 – 407; William Livingston, *The Independent Reflector or Weekly Essays on Sundry Important Subjects More Particularly Adapted to the Province of New-York*, edited by Milton M. Klein, pp. 404 – 407; Carl Bridenbaugh, ed., *Gentleman's Progress: The Itinerarium of Dr. Alexander Hamilton, 1744*, pp. 192 – 193. 另参见 John Hancock, *The Prophet Jeremiah's Resolution to Get Him unto Great Men* (Boston, 1734), p. 17; "The Antigallican No. 1," *American Magazine* 1 (1757 – 1758): 81 – 82。

一种“享乐和奢侈的生活方式”。那拉甘西特（Naragansett）的詹姆斯·麦克斯巴伦（James MacSparran）指出，唯一的例外是“爱尔兰人、荷兰人、帕拉丁人以及其他的德意志人”。但他补充说，“我认为，人们可以根据富贵家庭的后代中开始涌现的各种症状预言：他们的子孙后代将陷入毁灭性的放纵。”① 波士顿的医生威廉·道格拉斯宣称，一个令人悲叹的事实是，“好吃懒做、酗酒、饮食奢侈、服装奢华、生活方式放纵”已经成为各个殖民地“许多民众普遍品格”的显著特征。②

由于“国民”的这种突出的“罪恶和邪恶”被视为“其耻辱和毁灭的某种预兆和原因”，③ 因此1745年之后的20年里有关殖民者极力寻求办法，扭转腐败的潮流。他们呼吁神职人员“宣扬勤劳与节俭”，“谴责好吃懒做、生活放荡和欺诈”，④ 倡导治安法官贯彻执行现有的反对罪恶和不道德的法律，并敦促上层阶级根据其优越的生活地位的要求，摒弃奢侈和安逸的生活方式、履行社会职责，为“下层人民”树立适当的典范，由此“引导他们时时处处重德诚实”，从而挽救这个国家。⑤ 一些人认为，需要制定更为严苛的法律，禁止一切形式的罪恶，并“对挥霍行为征收禁止性税收”。⑥ 然而，所有这些努力似乎都未能取得成功。灾难和不幸偶尔会造成暂时性和地方性的洗心革面，然而从未根本上改变现有的行为模式。⑦ 这一切罪恶在何

---

① James MacSparran, *America Dissected, Being a Full and True Account of All the American Colonies* (Dublin, 1753), pp. 8 – 9.

② William Douglass, *A Summary, Historical and Political of the First Planting, Progressive Improvements, and Present State of the British Settlement in North America*, vol. 1 (London, 1760), pp. 222 – 223.

③ William Stith, *The Sinfulness and Pernicious Nature of Gaming* (Williamsburg, 1952), pp. 11 – 12.

④ William Douglass, *A Summary, Historical and Political of the First Planting, Progressive Improvements, and Present State of the British Settlement in North America*, vol. 1, p. 250.

⑤ William Stith, *The Sinfulness and Pernicious Nature of Gaming*, pp. 404 – 407; William Livingston, *The Independent Reflector or Weekly Essays on Sundry Important Subjects More Particularly Adapted to the Province of New-York*, pp. 404 – 407; "My Country's Worth," in James A. Servies and Carl R. Dolmetsch, eds., *The Poems of Charles Hansford* (Chapel Hilll, 1961), pp. 62 – 67.

⑥ William Douglass, *A Summary, Historical and Political of the First Planting, Progressive Improvements, and Present State of the British Settlement in North America*, vol. 1, p. 259. 另参见 Peter Clark, *The Rulers Highest Dignity, and the People's Truest Glory* (Boston, 1739); *Some Observations Relating to the Present Circumstances of the Province of the Massachusetts-Bay* (Boston, 1750), pp. 12 – 14。

⑦ 如参见 George Churchman, *A Little Looking-Glass for the Times* (Wymington, 1764)。

地会以何种方式结束仍未可知，然而在那个时代占据主导地位的一个假设是：社会，就像个体的人一样，会经历一些发展周期，最终无法抗拒地走向衰败和毁灭。在这个过程中，“谨言慎行与节俭”会产生“财富与荣耀”，“财富与荣耀”会造成“傲慢与奢侈”，“傲慢与奢侈”会导致“罪恶和懒惰”，“罪恶和懒惰”则会造成道德堕落、“贫困和卑微”。[①]

不列颠有关“罪恶和邪恶”“快速发展”的类似抱怨[②]在18世纪上半叶大多数时间里很普遍，[③] 表明这种有关道德堕落的言辞只是殖民者不加选择的文化借鉴的另外一个例证。这种文化借鉴在美洲没有多少社会意义，对殖民者对其社会的态度没有多少影响，与他们对自己的实际看法也没有多少关系。确实，正如弗吉尼亚殖民地亨里科教区（Henrico Parish）的教区长威廉·斯蒂思（William Stith）在1746年所说，“对这个时代的罪恶和腐败的普遍谴责”属于“老生常谈，无聊之极”。[④] 然而，就斯蒂思来说，考虑到18世纪40年代以来各殖民地的社会状况，有关道德堕落的言辞是难以抗拒的。这对神职人员和精英集团来说是这样，他们地位显然受到了那些条件的削弱；这对普罗大众中的一些群体来说，很可能也是如此。他们渴望确立一种更加稳定且连贯的社会秩序。使有关道德堕落的批判在殖民地如此难以抗拒而且相对在英国来说具有更强大的解释力的是，殖民者面对的殖民地开创者理想化的榜样的力量以及代代相传、长期存在的焦虑感。这种焦虑感一直隐藏在殖民地生活表层之下，产生于后代殖民者未能达到那种榜样强加给他们的标准。一个世纪以来，后一代似乎都未能达到上一代先辈们的道德标准，并且在这个过程中，越来越背离殖民地开创者的“至高之善”（exalted Goodness）、纯洁的美德和简朴的生活方式。基于这种长期失败，新的消费和行为模式以及伴随18世纪40年代经济快速增长开始的社会道德结构的进一步崩坏，促成了一场巨大的心理危机，加剧了殖民者对自己道德价值的怀疑，逐步削弱了他们对自身以及对社会的自信，并使他们更加难以确定他们到底是谁、到底是什么、他们是否“真的属于第一代拓殖者的后代”或只

---

① James Reid, “The Religion of the Bible and Religion of K [ing] W [illiam] County,” in Richard Beale Davis, ed., *The Colonial Virginia Satirist: Mid-Eighteenth Century Commentaries on Politics, Religion, and Society*; *Transactions of the American Philosophical Society*, p. 55.

② Andrew Eliot, *An Evil and Adulterous Generation* (Boston, 1753), p. 21.

③ See Isaac Kramnick, *Bolingbroke and His Circle: The Politics of Nostalgia in the Age of Walpole.*

④ William Stith, *A Sermon Preached before the General Assembly at Williamsburg, 2 March 1745 – 46* (Williamsburg, 1746), pp. 31 – 34.

是一个“假种族”、一个“被附体的民族”，这个民族“取而代之，但与他们相去甚远”。[①] “这个国家（物质上）的幸福”远远超过了其美德，殖民者不值得拥有上帝赐予他们的“公共繁荣”。这些都显而易见，令人痛心。[②] 他们的最终命运尚不明确，但人们普遍担心，如果不对道德和行为进行彻底革命，殖民地社会将因为内部的腐朽而崩塌，或被上帝“针对一片罪恶土地之罪行的正义报复”摧毁。[③]

在“七年战争”最后的几年里，英国和殖民地对法国人、西班牙人和土著人取得的巨大胜利以及 1763 年《巴黎条约》结束战争所创造的有利条件，为未来几年迎来更大的繁荣奠定了基础。然而，殖民者却以一种极为矛盾的心态面对战后的世界。由于担心他们既希冀又害怕的繁荣将带来“财富和奢侈之洪水”，而“财富和奢侈之洪水”又将导致道德堕落和社会毁灭，他们希望能够找到办法回归他们先辈们深厚的美德。[④] 他们取得的巨大的物质成功开启了殖民地未来强大的可能，然而，他们并未心存幻想。正如新泽西殖民地总督刘易斯·莫里斯（Lewis Morris）早在 20 多年前所说的，他们只有首先改造“人们的禀赋”才能实现殖民地的强大。[⑤]

作为殖民者规范性价值观之参考的第二个可能也是更具吸引力的模式，是英国社会与文化的理想化意象。[⑥] 殖民地居民对这一模式的普遍迷恋，只是为人所熟悉的领地社会从宗主国获得偏爱的价值观和得到认可的行为模式的另外一个例证。如果如彼得·拉斯莱特（Peter Laslett）所说，英国殖民本身包含一种在美洲“以自己的形象或以理想自我（ideal self）的形象”创建“新社会”的强烈冲动，[⑦] 那么殖民者中以那种理想的形象塑造他们的社会的冲动（马萨诸塞湾等地可能除外，在那里，在一代人甚至更长的时间里，人们实际上希望改进而不仅仅是复制英国的模式）甚至强大得多。

---

① Andrew Eliot, *An Evil and Adulterous Generation*, p. 8.

② East Apthorp, *The Felicity of the Times*, *A Sermon* (Boston, 1763), p. 21, p. 24.

③ *A Letter to a Gentleman on the Sin and Danger of Playing Cards*, p. 8.

④ 参见 James Horrocks, *Upon the Peace* (Williamsburg, 1763), esp., pp. 9 - 10；及 East Apthorp, *The Felicity of the Times*, *A Sermon*, p. 9, p. 11, p. 21, pp. 24 - 25。

⑤ “Manuscript Verses about the Seat of Government,” 莫里斯家族文件，罗格斯大学图书馆。

⑥ 这里的部分内容以及随后的两个段落改编自 Jack P. Greene, “Political Mimesis: A Consideration of the Historical and Cultural Roots of Legislative Behavior in the British Colonies in the Eighteenth Century,” *American Historical Review* 75 (1969): 343 - 344。

⑦ Peter Laslett, *The World We Have Lost* (2nd ed., New York, 1965), p. 183.

在英国文明的极端边缘，新建立的、尚未成熟和尚不稳定的社会的生活条件，必然造成深刻的社会和心理的不安全感以及一个重大的认同危机。这些问题只能通过不断参照一个确定的成就衡量标准，即宗主国中心的标准解决。结果是，殖民者中间产生了一种强烈的倾向，即培养理想化的英国价值观，模仿理想化的英国形式、制度与行为模式。这些模仿的冲动从英国殖民之初就在殖民地生活的方方面面中在一定程度上体现出来。[①] 在17世纪末至18世纪初，由于三个方面的同时发展，这种模仿的冲动变得更加强烈而明显。

第一个方面的发展是可识别的、相当稳定的殖民地精英的出现。在拓殖的第二代和第三代人期间，随着各个殖民地社会变得更加复杂，相互之间的区别更加明显，那些爬到殖民地社会阶梯顶端的人中很多实际上来自英格兰的绅士家族。他们试图在殖民地复制一个尽可能接近英国社会的社会。[②] 他们是希望重现“英格兰的乡村生活”还是大都市伦敦的氛围，取决于他们生活于其中的特定社会的性质和明显的潜力，然而，他们希望通过以英国绅士为楷模，彰显他们“外在的和显而易见的社会与政治影响的标志”。[③]

各个殖民地与英格兰，具体而言是殖民地与伦敦之间日益紧密的联系为“在殖民地永久性地确立与英国上层阶级有关的生活方式、特权和行为标准”提供了额外的推动力。[④] 这种联系更多地是经济上的。随着殖民地新精英的商业活动使他们直接卷入伦敦的商业生活和在较小程度上卷入英国的外港，英格兰成为“[殖民地] 一切事物倾向的中心”以及为它们提供它们无

① 对于欧洲扩张早期的这个主题缺乏任何实质性的研究，参见 Ronald Syme，*Colonial Elites*：*Rome*，*Spain*，*and the Americas*（London，1958）；G. C. Bolton，“The Idea of a Colonial Gentry，” *Historical Studies* 13（1968）：307－328。

② 有关这个现象的个案研究，参见 Louis B. Wright，*The First Gentlemen of Virginia*：*Intellectual Qualities of the Early Colonial Ruling Class*（San Marino，California，1940）；Frederick B. Tolles，*Meeting House and Counting House*：*The Quaker Merchants of Colonial Philadelphia*；Bernard Bailyn，*The New England Merchants in the Seventh Century*（Cambridge，Mass.，1955）；“Politics and Social Structure in Virginia，” in James Morton Smith，ed.，*Seventeenth-Century America*：*Essays in Colonial History*（Chapel Hill，1959），pp. 90－115。

③ 引文来自 Louis B. Wright，*The First Gentlemen of Virginia*：*Intellectual Qualities of the Early Colonial Ruling Class*，p. 2；G. C. Bolton，“The Idea of a Colonial Gentry，” *Historical Studies* 13（1968）：312；对于这一观点，也可参见 Perry Mille，*The New England Mind*：*From Colony to Province*，pp. 170－172。

④ G. C. Bolton，“The Idea of a Colonial Gentry，” *Historical Studies* 13（1968）：307.

法在殖民地生产的各种制造业商品的“巨大源泉”。[①] 但是殖民地与英格兰之间也存在政治联系。在“王政复辟”之后，英国政府对各殖民地的影响日益扩大。英帝国的官员们成功取代殖民地发展起来的类似英国政府范式的、芜杂的现有政治形式，使各殖民地更加严密地处于伦敦政府的控制之下。[②] 各殖民地与英格兰在经济与政治方面联系日益紧密，这不仅使殖民地精英们直接进入英国社会的范畴，而且蜂拥而至的皇家官员不断增多，因此“将英格兰带到美国殖民地的核心”。[③] 结果是，与早期殖民者相比，各殖民地的精英们受到了英国文化更加强大难以抵抗的拉力，即博林布罗克所称的“磁力”。[④]

有助于强化殖民者模仿冲动的第三方面的发展是，第二代和第三代殖民者中似乎出现了文化蜕变。从拓殖之初，人们就一直担心和苦恼的是，荒野的环境可能侵蚀殖民地社会。印第安人的野蛮状态导致边疆［拓殖地“异教边陲”（Pagan skirts）］地区的英国人使自己“印第安人化”（“Indianize”，即“野蛮化”——译者注)，完全不再考虑维持英国文明的基本要素，[⑤] 这一令人不安的倾向恰恰生动证明了“荒野地区自由释放出来的分裂性力量”的有害后果的。尽管他们设法避免了这一令人沮丧的命运，但更可能的是：他们可能因为专注于谋生和立身处世或在远离英国文化中心的偏僻角落为“隔离、孤独和缺乏［思想的］刺激的抑制性影响”所压倒，以至于他们的社会将“不知不觉地退化”至“无知与蒙昧的状态，比土著人的社会好不了多少”。[⑥]

---

① *The Craftsman*, vol. 4 (London, 1731), p. 55; John Wise, *A Word of Comfort to a Melancholy Country* (Boston, 1721), p. 38.

② 参见 A. P. Thornton, *West-India Policy under the Restoration* (Oxford, 1955); Michael Garibaldi Hall, *Edward Randolph and the American Colonies: 1676 - 1703* (Chapel Hill, 1960); Robert Beverley, *The History and Present State of Virginia*, p. 255。

③ John Clive and Bernard Bailyn, "England's Cultural Provinces: Scotland and America," *William and Mary Quarterly*11 (1954): 207 - 208.

④ *The Craftsman*, vol. 4, p. 55.

⑤ Perry Mille, *The New England Mind: From Colony to Province*, p. 305; 另参见 Leo Marx, *The Machine in the Garden: Technology and the Pastoral Ideal in America* (New York, 1964), pp. 34 - 72。

⑥ Louis B. Wright, *Culture on the Moving Frontier* (Bloomington, Indiana, 1955), p. 12, pp. 23 - 26; Louis B. Wright, *The First Gentlemen of Virginia: Intellectual Qualities of the Early Colonial Ruling Class*, p. 77, p. 108; James MacSparran, *America Dissected, Being a Full and True Account of All the American Colonies*, p. 10.

正如刘易斯·赖特指出的弗吉尼亚的情况，面对这种不祥的可能性，殖民地新兴精英们在努力增加自己财富的同时，极力保留英国文化传统，并将其传给子孙后代。然而，一个令人不安的事实是，尽管他们不懈努力，但后来的几代人似乎远“比他们的先辈们缺乏教养”；而且，从17世纪最后几十年开始一直到18世纪最初几十年，各殖民地似乎处于文化衰落的低谷期。[①] 在17世纪90年代的弗吉尼亚，人们抱怨说，与“之前的时代”相比，法院十分缺乏。“那时候，弗吉尼亚第一代绅士仍然健在。这些绅士是在英国接受的教育，与他们的后代子孙相比，他们在法律以及有关世界的知识方面更有造诣。相比而言，他们的后代子孙出生在弗吉尼亚，普遍缺乏受到良好教育提高自身修养的机会。”[②] 同样，纽约王座学院后来的院长塞缪尔·约翰逊（Samuel Johnson）回忆道：在18世纪初的新英格兰，他的青年时代，学术水准“（以及其他方面）确实非常低，要比之前的时代低很多。那时候，那些在英国接受教育的人还在世”。[③]

随着殖民地与英国的接触越来越多，殖民者获得了越来越多对照英国生活衡量殖民地生活的机会；而且，宗主国的人以及殖民地居民中自诩见多识广的人对殖民地采取了一种普遍的居高临下和贬低的态度。[④] 这两个方面都强化了科顿·马瑟（Cotton Mather）说的那种对“克里奥尔式衰退”（creolean degeneracy）[⑤] 的恐惧。这种恐惧表现一种“弥漫在（殖民地）文化之中的自卑感”，[⑥] 这种自卑感体现在几种不同形式的行为之中。其中一种形式是坦诚但通常带着歉意地承认殖民地文化的劣等性。面向宗主国读者的北美图书作者们经常为他们自己作品中表现出来的缺陷进行辩解，理由是

---

① Louis B. Wright, *Culture on the Moving Frontier*, pp. 20 – 21, pp. 43 – 45.

② Henry Hartwell, James Blair, and Edward Chilton, *The Present State of Virginia and the College*, edited by Hunter Dickinson Farish (Williamsburg, 1940), p. 45.

③ "Autobiography," in Herbert and Carol Schneider, eds., *Samuel Johnson: His Career and Writings*, vol. 1 (New York, 1929), p. 5. 有关新英格兰的类似大量类似印象，另参见 Samuel Dexter, *Our Father's God, the Hope of Posterity* (Boston, 1738), p. 33。

④ 就这一点参见 *The History and Life of Thomas Ellwood* (London, 1714), pp. 416 – 417; *The Interest of Great Britain in Supplying Herself with Iron Impartially Considered* (London, 1756?), p. 20; John, Lord Bishop of Landaff, *A Sermon Preached before the Incorporated Society for the Propagation of the Gospel in Foreign Parts* (London, 1767), pp. 6 – 7; Kenneth S. Lynn, *Mark Twain and Southwestern Humor*, pp. 3 – 22。

⑤ Bernard Bailyn, *Education in the Forming of American Society* (Chapel Hill, 1960), p. 79.

⑥ John Clive and Bernard Bailyn, "England's Cultural Provinces: Scotland and America," *William and Mary Quarterly* 3 (1954): 209 – 210.

他们一生的大多数时间都生活在蛮荒的“美洲森林之中，远离科学的源泉，只有极少的机会与学术渊博的人交谈”;[①] 殖民地的作家和记者也为他们语言和举止的特殊性、制度的粗糙、建筑的低俗、智性生活的贫乏以及事务的无足轻重而反复表达歉意。[②]

还有些人无法做出这种自我贬损的坦白，转而对殖民地生活质量进行一厢情愿的，偶尔甚至是离谱的吹嘘。他们通常不是说殖民地在任何方面都比不列颠优越，而是像塞缪尔·凯默（Samuel Keimer）在评论西印度群岛时所指出的，殖民地是“微型大不列颠”（Great Britain itself in Miniature）。[③] 他们极力确立英国认同的合法性，途径包括：大胆宣称殖民地的“习惯、生活、风俗等”“与伦敦大体一致”；“种植园主甚至本土出生的黑人一般都能讲很棒的英语，没有方言和口音”；这里的绅士“与伦敦的绅士们一样生活整洁，衣着优雅，行为得体”。[④]

另外一些人面对宗主国更加优越的明显事实，隐居山林，满足于殖民地田园牧歌式的图景。[⑤] 这一趋向可能最为明确地表现为约瑟夫·艾迪森（Joseph Addison）的戏剧《加图》（*Cato*，1713）在殖民者中颇受欢迎。[⑥] 公众眼中好汉的理想形象是艾迪森剧中男主角式的人物——远离大都市的腐败、奢华、浮华和“愚蠢的炫耀”，远离大城市的“双倍财富和双倍的关

---

① Benjamin Whitaker, *The Chief Justice's Charge to the Grand Jury*, vi. 其他例子参见 James Blair, *Our Saviour's Divine Sermon on the Mount*, vol. 1, xix - xx, xxviii, xxii; *A Letter From a Friend at J_ _ _ _ _, To a Friend in London* (London, 1746), p. 1。

② See Richard Lewis, "Dedication to Benedict Clavert," Maryland Historical Society, *Fund Publications* 36 (1900): 60; Frederick B. Tolles, *Meeting House and Counting House: The Quaker Merchants of Colonial Philadelphia*, pp. 156 - 157; Alan Heimert, *Religion and the American Mind from the Great Awakening to the Revolution*, p. 25; William L. Sachse, *The Colonial American in Britain* (Madison, 1956); Hugh Jones, *The Present State of Virginia*, edited by Richard L. Morton (Chapel Hill, 1956), p. 67; *Caribbeana*, vol. 1 (London, 1741), p. 235.

③ *Caribbeana*, vol. 1, iv.

④ Hugh Jones, *The Present State of Virginia*, pp. 70 - 71, p. 80. 其他的例子参见 *Caribbeana*, vol. 1, iii - vi; Robert Beverley, *The History and Present State of Virginia*, pp. 288 - 291; *Some Modern Observations upon Jamaica* (London, 1727), pp. 16 - 20; Carl Bridenbaugh, ed., *Gentleman's Progress: The Itinerarium of Dr. Alexander Hamilton, 1744*, p. 132; Richard Fry, *A Scheme for a Paper Currency* (Boston, 1739), pp. 4 - 5。对这个主题的一个精彩分析参见 Kenneth S. Lynn, *Mark Twain and Southwestern Humor*, pp. 3 - 22。

⑤ 两个不同的例子参见 Thomas Nairne, *A Letter from South Carolina* (London, 1710), p. 56; 更加详细的分析，参见 William Livingston, *Philosophic Solitude: Or, the Choice of a Rural Life* (New York, 1747)。

⑥ Bernard Bailyn, *The Origins of American Politics* (New York, 1968), p. 54.

照”，来到生活简单的僻静乡村，在那里他可以保持自己的美德，满足于做一个“默默无闻的善人”。正如我在其他地方所指出的，这种理想对殖民者非常有吸引力，[①] 这不仅仅是因为它为那些无法应对殖民地政治纷争而退出公众生活的殖民而地精英中提供了合理依据，而且它也为这部分精英的偏狭思想提供了辩解，将其解释为他们掩盖他人甚至自身的不安全感和对自己无力达到大都市标准的内疚感的一种方式。

然而，在他们的吹嘘或田园牧歌式自负心态的背后，他们缺乏信念和真正的自信。只要殖民地社会继续表现出明显的粗鄙之风，伦敦将继续提供“判断人物和事件的标准”、“文化修养的定义”以及“品味与行为得到认可的标准”，而“美利坚人”“效仿英国人行为方式的激情”将不会减弱。[②] 只有通过热情的效仿，只有通过以英国的理想取代北美的实践以提高殖民地的文化水准，殖民者才能有希望甩掉粗鄙之气，让宗主国承认他们事实上仍然是英国人，承认他们值得拥有他们热切盼望的英国认同。这种热情及其产生的各种不确定性隐藏于对宗主国的接受和认可的深切渴望之中，表现在一些感人的事件之中。如 1685 年詹姆斯二世加冕宣誓时，菲利普·鲁德维尔（Philip Ludwell）突然大喊，表示希望英国把弗吉尼亚兼并，使其成为“第四个王国”；[③] 以及科顿·马瑟在 1712 年祈祷，希望“我发往伦敦的文件能够被那里接受和保存”。[④] 只有通过宗主国的接纳，殖民者才能确信他们实际上就是他们希望自己成为的那个样子，并由此接纳他们自己。

因此，空洞的文化借用和殖民地效仿英国文化的例子，无法展现出殖民地内心深处的心理需求。简单的效仿过程本身没有效仿的强度重要，因为正是那些对文学感兴趣并凭此装点门面的人如饥似渴地阅读并自觉模仿英国文学最新潮流时表现出来的渴望，正是那些“在殖民地环境下追求绅士之

---

① *Landon Carter: An Inquiry into the Personal Values and Social Imperatives of the Eighteenth-Century Virginia Gentry*（Charottesville，1747）。

② John Clive and Bernard Bailyn，“England's Cultural Provinces：Scotland and America，” *William and Mary Quarterly*（1954）：209.

③ 参见 Sister Joan de Lourdes Leonard，“Operation Checkmate：The Birth and Death of a Virginia Blueprint for Progress，1660 – 1676，” *William and Mary Quarterly* 3（1967）：74。

④ William R. Manierre II，ed.，*The Diary of Cotton Mather for the Year 1712*（Charlottesville：The University Press of Virginia，1964），pp. 96 – 97.

风"[①] 的人在效仿英国绅士的生活方式去获取地产、建立家族王朝（family dynasty）、建设布置着最新式英国家具和带有一个正式花园的新古典式乡村宅邸、组建俱乐部、涉足文学、摒弃他们先辈们的宗教信仰皈依英国安立甘宗（大多数情况下发生在新英格兰）时表现出的乐此不疲，[②] 正是所有这一切熟悉的行为模式中蕴藏的巨大能量，揭示了他们全部的"社会与心理含义"，以及他们和殖民地不顾一切地在理想化的英国意象中寻求自己的身份认同而付出的努力之间的密切关系。

对殖民地精英们确立的价值观系统以及各种外在的绅士标志的分析，揭示了他们认为的殖民地生活如此令人不安和因此需要继续改进的方面，也揭示了他们对殖民地社会的不满的程度。众所周知，价值观体系主要关乎秩序。它基于这样的预设：社会是一个有机的整体，不同于也重要于组成社会的个体的总和。因此，个体的考虑总是要让位于整个社会的利益。它强调强化家庭、教会和社群（所有这一切作为社会控制的媒介似乎已经丧失了大部分活力）等传统社会机构的权威，它期待确立一种具有凝聚力的统一的社会秩序。在这种社会秩序中，每个人都在自己适当的范围内满意地活动，社会差别明显且得到尊重，每个群体都勤勉而忠诚地履行分配给自己的社会职能，所有人都奉行节俭、勤劳、谦逊、节制的原则并遵从个体价值观，以投身公共福利渠道几乎普遍的对自我的关心——殖民地个性最明显的一个特征。[③] 于是，在这里，在殖民者希望将其作为社会指导性原则的具体价值观层面上，两种作为其行为和自我发展的衡量标准的模式融合在一起，因为殖民地开创者们的美德与"古代不列颠人的美德"[④] 在最纯粹的形式上是相同的。

---

① Alan Heimert, *Religion and the American Mind from the Great Awakening to the Revolution*, p. 170.

② 关于这一点参见 Frederick B. Tolles, *Meeting House and Counting House: The Quaker Merchants of Colonial Philadelphia*, p. 114, p. 175, p. 176; Alan Heimert, *Religion and the American Mind from the Great Awakening to the Revolution*, pp. 28 – 29; Carl Bridenbaugh, *Rebels and Gentlemen: Philadelphia in the Age of Franklin* (New York, 1961), 书内各处; *Cities in Revolt: Urban Life in America, 1743 – 1776* (New York, 1955), p. 141; Perry Mille, *The New England Mind: From Colony to Province*, pp. 335 – 336, p. 395, p. 431。

③ 对这些观点的两个最好表述参见 James Logan, *The Charge Delivered from the Bench to the Grand Inquest: At a Court of Oyer and Terminer and General Goal-Delivery, Held for the City and County of Philadelphia, April 13, 1736* (Philadelphia, 1736); Samuel Johnson, "Raphael," in Herbert and Carol Schneider, eds., *Samuel Johnson: His Career and Writings*, vol. 1, pp. 519 – 600。

④ William Stith, *A Sermon Preached before the General Assembly at Williamsburg, 2 March 1745 – 46*, pp. 31 – 34.

将这些价值观强加给殖民地社会的企图常常被正确地视为一种精英主义，目的是与比他们地位低的人“划清界限”，给予他们的经济成就永久性的社会承认，并且固化社会制度，以便自己能够稳固而永久性地处于社会顶层。[①] 然而，具有根本性意义的是，它代表一种对稳定和秩序的难以抑制的渴望。正如他们建立正式花园属于一种含蓄且有些感人的努力，这是对殖民地的社会等级和似乎无法左右的自然环境强加某种对称性和精确性，而培养神圣的英国价值观则是要对在那种环境下发展起来的混乱而显然难以控制的社会确立某种控制权。这种企图可以被解释为拒绝建设一种更加符合殖民地生活条件的价值观体系，它也构成了对美国社会出现的许多最明显和最基本趋势的明确拒斥。精英们相信，只有扭转那些趋势，才能最终实现对殖民地生活的预期。

然而，在18世纪中期的几十年里，人们日益担心，那些承诺可能真的会永远难以实现。在那些年里，随着不列颠诸岛与殖民地之间的经济联系更加紧密，随着经济愈加繁荣，殖民者似乎更深刻地领会了英国文化的物质方面；随着最后两次殖民地之间战争的爆发，殖民者不得不共同关注新的问题；也随着殖民地精英产生了更为强烈的自我意识，殖民者越来越不愉快地意识到殖民地与英国之间巨大的社会鸿沟。无论较早拓殖地区的居民自己地区比之前或新近占领地区更加稳定、先进感到如何欣慰，[②] 他们对自己能够达到大都市的标准不抱任何幻想。

知道他们远未达到那些标准、远未实现他们可能和希望成为的那种理想形象，只是使那种形象更具吸引力，并强化了使殖民地社会英国化的愿望。至少部分源于这种愿望的直接结果是，1745年之后突然兴起的建立大学的运动尤其是费城学院以及纽约王座学院的建立被解释为“向无知和野蛮举止全面开战”的第一轮炮火。新建立的大学将成为培养美德和公共精神的讲习所。这些大学通过“遏制日益恶化的奢靡之风”以及“正本清源，为教育一代代真正的爱国者和公民奠定永久性基础”，将“遏制腐败吞噬一切

---

① Alan Heimert, *Religion and the American Mind from the Great Awakening to the Revolution*, p. 12, pp. 55 - 56; Perry Mille, *The New England Mind: From Colony to Province*, p. 327; Carl Bridenbaugh, *Rebels and Gentlemen: Philadelphia in the Age of Franklin*, p. 29.

② 有关这一点参见 John Callender, *An Historical Discourse on the Civil and Religious Affairs of the Colony of Rhode Island* (Boston, 1739), pp. 98 - 103; *A Word of Advice to Such as Are Settling New Plantations* (Boston, 1739); Carl Bridenbaugh, ed., *Gentleman's Progress: The Itinerarium of Dr. Alexander Hamilton, 1744*, p. 68; Kenneth S. Lynn, *Mark Twain and Southwestern Humor*, pp. 3 - 20。

的潮流”，以“光明、学术、美德和礼貌”取代“黑暗、不道德和野蛮”，从而使殖民地“具有文化品位，繁荣而幸福”。最后，这些大学将为殖民地提供适当工具，以实现它们尚未实现的承诺，使它们得以在新世界以最纯粹的形式重建英国文明。①

然而，无论是新建立的大学还是许多出于类似目的而建立的俱乐部、学校、专业组织等机构，② 都无法实现如此宏大的目标。在 18 世纪 40 年代中期运动开始时，令人震惊的是，以效仿英国社会最优秀的特征为出发点的一场运动，却以引出了英国社会许多最糟糕的问题而告终。在各个地区，人们似乎采纳了没有多少实质性内容的英国生活形式，以至于如亚历山大·汉密尔顿（Alexander Hamilton）医生对纽约殖民地的评论：在绅士们中间出现了“少数有理智、独创性和学养的人”，同时还有“更多的花花公子”。美国的绅士们原来只不过是一些“被激怒的笨蛋（ruffled Dunce）”。他接着说道，还能指望“美国这种新生的自负的‘暴发户’”什么呢？这些暴发户“一直没有机会去培养观察文明国度不同等级人群的能力，或者去了解它们真正差在什么地方”。③ 正如约翰·迪金森（John Dickinson）在律师学院（Inns of Court）学习期间直接观察到的，殖民地的法律与教育制度显然落后于伦敦。他在 1754 年从伦敦写信给他父亲说，当那种人“认识到他们自身与文明世界之间的差别时，他们一定会很狼狈”。④

与英国社会相比，北美有这些不利方面，当然必须同时考虑到对英国生活不怎么吸引人的许多方面的大量明确批评，甚至公然的强烈反感。拓殖之初，殖民地家庭就一直警告他们回到英国接受教育或经商的子女一定要警惕

---

① William Livingston, *The Independent Reflector or Weekly Essays on Sundry Important Subjects More Particularly Adapted to the Province of New-York*, p. 220; Hippocrates Mithridale, *Some Thoughts on the Design of Erecting a College in the Province of New-York* (New York, 1749), pp. 2 – 5; William Smith, *A General Idea of the College of Mirania* (Philadelphia, 1753), pp. 9 – 11, pp. 76 – 77.

② 有关这些机构的目标，参见 John Gordon, *Brotherly Love Explained and Enforced* (Annapolis, 1750), p. 21; William Smith, *History of New-York*, pp. 323 – 326, pp. 382 – 383。

③ Carl Bridenbaugh, ed., *Gentleman's Progress: The Itinerarium of Dr. Alexander Hamilton, 1744*, pp. 185 – 186; Hippocrates Mithridale, *Some Thoughts on the Design of Erecting a College in the Province of New-York*, p. 2.

④ "Letter to Samuel Dickinson, 15 Aug., 1754"; 参见 H. Trevor Colbourn, "A Pennsylvania Farmer at the Court of King Georgia: John Dickinson's London Letters, 1754 – 1756," *Pennsylvania Magazine of History and Biography* 86 (1962): 277 – 278。

大城市的各种诱惑,[1] 牧师们和辩论家们则对英国进口品的腐败性影响大加批判。自18世纪40年代开始，福音新教牧师公然反对殖民地日益英国化带来的危险。[2] 那些曾经访问过伦敦或在伦敦学习过的美利坚人，如迪金森和卡罗尔顿的查尔斯·卡罗尔（Charles Carroll of Carrollton），则对英国社会的弊端和奢华表示震惊和失望。[3] 在殖民地，对美利坚的未来表达乐观态度的各种文学作品的数量明显大幅增加,[4] 对英国社会的这些怀疑和批判表明殖民地效仿母国的激情日益衰减，也表明殖民者日益认识到英国模式并不适合美国社会。也许他们还未能意识到殖民地“需要另外一套”更加符合其条件的“文化标准和象征”。[5]

然而，我认为，如果把这种证据解释为殖民地英国崇拜（Anglophilia）思想衰落的表现，也是错误的。18世纪40~50年代的颂扬文学（literature of celebration）与该世纪初期的类似文学相比，同样既有为殖民地辩护之词，也不乏对美利坚人劣等性感受的表达。无论如何，在这种文学作品描述的愿景中，未来的美国通常与同时代的英国极为相似。正如约翰·辛格尔顿·科普利（John Singleton Copley）所说，一个令人痛苦的事实是，“与[英国]人相比……，我们美利坚人还远未摆脱自然状态（stage of nature）”。[6] 用康斯坦丝·鲁尔克（Constance Rourke）的话说，殖民地似乎注定了永远要追随英国的模式，“就像《批评家》（*The Critic*）中保持一定距离跟在女主角后面的宫女，笨拙地做着同样的动作，但无法实现同样的优雅”。[7] 如果殖民地能够声称与英国相比具有一定程度的道德优越性，那么殖民地文化上的落后就尚可忍受。[8] 然而，尚不清楚殖民地的腐败程

---

① 参见 Frederick B. Tolles, *Meeting House and Counting House: The Quaker Merchants of Colonial Philadelphia*, pp. 183-184。

② 参见 Alan Heimert, *Religion and the American Mind from the Great Awakening to the Revolution*, p. 34。

③ 参见 Bernard Bailyn, *Pamphlets of the American Revolution*, vol. 1 (Cambridge mass, 1965), pp. 56-58。

④ Max Savelle, *Seeds of Liberty: The Genesis of the American Mind* (Seattle, 1965), pp. 564-582 探讨了这一主题。

⑤ 引自 Carl Bridenbaugh, *Rebels and Gentlemen: Philadelphia in the Age of Franklin*, xi。

⑥ 引自 William L. Sachse, *The Colonial American in Britain*, pp. 202-203。

⑦ *The Roots of American Culture* (New York, 1942), p. 47.

⑧ 当然，这不是说一些殖民者没有谴责那个时代英国的腐败。对于这种情绪的表达，参见 William Livingston, *A Funeral Eulogium on the Reverend Mr. Aaron Burr* (Boston, 1758), pp. 14-15。但殖民地的腐败程度也不一定不如母国社会。

度是否等同于甚至超过了英国。本杰明·富兰克林（Benjamin Franklin）甚至担心，不是北美提高到英国的标准，而是英国会堕落至殖民地的水准，因为随着财富快速积累到一定程度，英国也会在“懒惰和狂热的奢华”方面形同殖民地。[①] 英国毕竟没有非洲奴隶的污点。越来越多的美利坚人开始认识到，奴隶制是北美道德和文化失败的首要标志，也是这种失败的一个重要原因。[②] 事实上，殖民地效仿英国的激情很可能远未衰减，相反，这种激情在《印花税法》（*Stamp Act*）危机前的一段时间达到了前所未有的强度。1755 年之后，进口的英国商品的数量以及殖民地报纸对英国新闻的关注度明显增加和提升。[③] 正如威廉·L. 萨克斯（William L. Sachse）所指出的，在乔治二世统治末年和乔治三世登基初年，对“热血鼎沸的英国崇拜”的表达明显增加。[④]

促进这些趋势的不仅有消除殖民地与英国之间的文化鸿沟的强烈愿望，而且有这一明显事实——在 18 世纪，至少在较早拓殖的地区，殖民地在面貌和结构方面看起来越来越像英国。对于这些地区实质上和表面上更加类似英国的程度，无法在这里详述，但几乎可以肯定的是，精英们培植的英国模式随着社会效仿的做法越来越普遍，而逐渐扩散至整个社会，这些模式成为殖民地“习俗、偏见和行动模式的强大溶剂”，从而

① Lewis Morris, “The Dream and the Riddle, A Poem,” pp. 7 – 8. 引自莫里斯家族文件，罗格斯大学图书馆；“Franklin to Richard Jackson, 8 March 1763,” in Leonard W. Labaree et al., eds., *The Papers of Benjamin Franklin*, vol. 10, pp. 209 – 210.

② 参见 George Whitefield: *A Collection of Papers Lately Printed in the Daily Advertiser* (London, 1740), pp. 5 – 11; John Bell, *An Epistle to Friends in Maryland, Virginia, Barbados, and the other Colonies* (London, 1741), p. 3; Charles Hansford, “My Country's Worth,” in James A. Servies and Carl R. Dolmetsch, eds., *The Poems of Charles Hansford*, pp. 66 – 67; Anthony Benezet, *Observations on the Inslaving, Importing and Purchasing of Negroes* (Philadelphia, 1762), pp. 31 – 34; Mark A. Dewolf Howe, ed., “Journal of Josiah Quincy, Jr., 1773,” *Massachusetts Historical Society Proceedings* 49 (1916): 454 – 457。甚至有人说，殖民者自身已经变得如此邪恶，现在的危险不再是白人被黑人腐蚀，而是黑人会像土著人一样被白人腐蚀。参见 Thomas Bacon, *Four Sermons up the Great and Indispensable Duty of all Christian Masters and Mistresses to Bring up Their Negro Slaves in the Knowledge and Fear of God* (London, 1750), pp. 43 – 44, pp. 48 – 49, p. 110。对于殖民者对土著人影响的类似几个抱怨，参见 Sammuel Hopkins, *An Address to the People of New-England* (Philadelphia, 1757), p. 10, p. 12, p. 27; *American Magazine*, vol. 1 (1757 – 1758), pp. 82 – 84, pp. 274 – 277。

③ 参见 Richard L. Merrit, *Symbols of American Community: 1735 – 1775* (New Haven, 1966); Michael Kraus, *The Atlantic Civilization: Eighteenth-Century Origins* (Ithaca, New York, 1949)。

④ William L. Sachse, *The Colonial American in Britain*, pp. 201 – 202.

使各个分离的殖民地比较早时期更加相像。[①] 然而，重要的一点是，尽管截至18世纪60年代北美社会的各个方面都实现了英国化，但是这种英国化的程度上不足以满足很多精英的愿望。并不像肯尼思·洛克里奇（Kenneth Lockridge）最近所主张的那样："北美社会逐渐'欧洲化'（Europeanization）"[②] 是其惴惴不安的根源。相反，让精英们忧虑的可能是北美社会欧洲化的程度还不够。正是这种担忧促使一些人在美国革命前夕的辩论中提议要打造一个美利坚贵族阶层，一个有头衔的贵族阶级，借以按照英国的模式为殖民地确立起一个"完整的"社会结构，支撑起殖民地社会，避免混乱和不稳定的力量。这种力量自拓殖之初就有效地抵制英国化。[③]

正如约翰·克莱夫（John Clive）和伯纳德·贝林所指出的，殖民地居民位于他们"熟悉的当地环境"和英国"更高级的文化来源"之间的特殊位置，这并未动摇自己的"习惯和传统的根基"，相反，似乎使他们更加密切关注那些根基，使他们在心理上更加依赖那些根基以获得某种自己的认同感和自己社会的某种模式，以至于他们无法再创建自己的文化模式或"独具特色的地位象征"。[④] 由于他们还只是模糊地意识到他们需要这种模式或象征，因此他们不能建立这种模式或象征还未成为他们主要关注的问题。他们确实关心的问题也是他们焦虑的一个重要原因以及自我形象上的一个黑点（dark blot）是，他们及其社会未能达到大都市强加给他们的文化标准。最终克服那种失败是独立战争之后的世界最为迫切和最为重要的愿望。

---

① 思想与行为模式向社会下层扩散的过程的分析，参见 Georges Duby, "The Diffusion of Cultural Patterns in Feudal Society," *Past and Present* 39 (1968): 3 - 10; E. A. Wrigley, "A Simple Model of London's Importance in Changing English Society and Economy 1650 - 1750," *Past and Present* 37 (1967): 50 - 51; H. J. Perkin, "The Social Causes of the Industrial Revolution," *Transactions of the Royal Historical Society* 18 (1968): 136 - 143, 分析了这一现象，提到了英国的各个殖民地地区。

② Kenneth Lockridge, *A New England Town, the First Hundred Years: Dedham, Massachusetts*, pp. 76 - 77.

③ James MacSparran, *America Dissected, Being a Full and True Account of All the American Colonies*, pp. 241 - 249; Edmund S. and Helen M. Morgan, *The Stamp Act Crisis: Prologue to Revolution* (Chapel Hill, 1953), pp. 16 - 18.

④ John Clive and Bernard Bailyn, "England's Cultural Provinces: Scotland and America," *William and Mary Quarterly* 11 (1954): 212 - 213; G. C. Bolton, "The Idea of a Colonial Gentry," *Historical Studies* 13 (1968): 327.

很显然，在 18 世纪 60 年代初期，并非殖民地的每个人都带着这种疑虑面对未来。许多人专注于参与争取物质成功的竞争，而无暇顾及社会提出的更为宏大的道德和社会问题。还有些人，正如艾伦·海默特（Alan Heimert）最近所指出的，正在上下求索，在当时的北美发现社会与精神千年王国（millenium）的萌芽，因为他们确信，这种千年王国将铸就未来美利坚的特征。[①] 与此对照，对殖民地社会有影响的很大一部分人来说，18 世纪 60 年代初期的情绪是对未能达到塑造着他们自己及其社会的两大社会模式中的任何一个的必要标准而感到失望。他们也为他们所想象的社会应该运行的方式和殖民地生活现实之间的巨大且不断扩大的鸿沟忧心忡忡。即使是“千年王国论”的思想家们在瞩目未来而不是殖民地现实时，也表露出深刻的不满情绪。

这种对美利坚道德和文化缺陷的生动感受，促使殖民地领袖们对偏离殖民地和英国公认准则异常敏感。这种异常敏感性有助于解释为什么殖民者对 1763～1776 年英国的一系列腐败事件的反应如此强烈。因为在反对英国人偏离了纯粹的英国价值观的过程中，殖民者同时表明他们自己对那些价值观的笃信，而且让自己警醒起来，摆脱“可耻的安逸”，有助于促进他们回归先辈们的质朴而刚毅的美德。[②] 因此，美国独立革命为殖民者提供了几个机会，让他们通过一次英雄的壮举，填补了他们社会与他们欣赏的社会模式之间的裂隙。然而，在《独立宣言》发表之后的十多年里，个体主义和反社会行为的大幅增加，表明他们未能充分利用这一机遇。1787 年《美国宪法》可以被解释为反击那种行为的努力，办法是将一系列政治安排强加给美国社会，旨在确立一个殖民地早期开创者们设想的秩序井然的世界，同时这个世界要保留英国和旧世界的特点。[③]

从长远的观点来看，面对独立革命释放出来的至少暂时更适合美利坚的反作用力，这种努力背后的推动力无法持久。美国革命推动人们将新世界的

---

① Alan Heimert, *Religion and the American Mind from the Great Awakening to the Revolution*，书的各处都有相关内容；Earnest Lee Tuveson, *Redeemer Nation*: *The Idea of America's Millenial Role* (Chicago, 1968), pp. 28 – 30, pp. 92 – 93, pp. 96 – 97。

② Bernard Bailyn, *The Ideological Origins of the American Revolution* (Cambridge Mass, 1968); Edmund S. Morgan, "The Puritan Ethnic and the American Revolution," *William and Mary Quarterly* 24 (1967): 3 – 41, esp. 12.

③ 参见 Gordon Wood, *The Creation of the American Republic*, *1776 – 1787* (Chapel Hill, 1969), pp. 391 – 532。

美德与旧世界的罪恶对立起来，并最终去反抗长期以来作为最高权力的来源和价值观的最高裁决者的母国。它也推出了新一代的领袖，其美德和成就可以与早期拓殖者相媲美，甚至有过之而无不及。于是，美国革命成为一次情绪宣泄事件，发挥了释放心理压力的作用。它最终使人们得以摒弃他们长期依赖的具有压迫性的社会模式，开始从感情上和思想上适应美国繁荣的形势，克服因在丰裕社会无法限制自己的攫取性本能而产生的焦虑，接受无限制的个人主义至少暂时不一定或通常不是反社会的环境中的奢华生活，并且学会摆脱古老的社会传统和传统行为模式，以及有史以来大多数时间里作为人类生活常态的贫乏的桎梏。

在美国革命之后的很长一段时间里，一些美利坚人继续对繁荣疑虑重重，渴望建立一种符合欧洲人标准的更加完整而统一的社会。美国革命造就的新一代领袖对后来几代人行使的权力，远比殖民地开创者对殖民地时代的人们行使的权力大。[①] 然而正如本杰明·富兰克林在 1787 年所写的，独立革命最终使人们意识到有必要“打破一个具有依赖性的民族习惯对思考和行动的一切束缚”，以便他们能够“适当理解他们承担的角色”。[②] 理解他们承担的角色，接纳他们自己以及他们的环境，理解自己及其社会的历史与现状，是形成新的美利坚身份认同观念必须迈出的第一步。承认美利坚人当前不同于而且应当不同于过去的美利坚人或欧洲人，将在下一个世纪使美国人的价值观和行为，在殖民地创建以来头一次实现至少是暂时的和谐一致。

本文最初发表于《社会史杂志》(*Journal of Social History*)，第 3 卷第 3 期（1969 年春至 1970 年春）。

（张聚国译，满运龙校）

① 关于这个主题，参见 Fred Somkin, *Unquiet Eagle: Memory and Desire in the Idea of American Freedom, 1815 - 1860* (Ithaca, New York, 1967)。

② *Rules and Regulations of the Society for Political Inquiries* (Philadelphia, 1787), p. 1；转引自 Paul W. Connor, *Poor Richard's Politicks: Benjamin Franklin and His New American Order* (New York, 1965), p. 106。

超越权力

——范式的颠覆与重建及近代早期大西洋世界的再造

过去的40年里，在我的专业生涯中，历史研究经历了剧烈转变。20世纪50年代初期，当我初涉历史学界之时，至少在西方国家，历史研究一直在追随权力。对古代社会的研究集中在对希腊和罗马伟大文明的研究中，包括它们的形成、扩大、衰落和最终被征服。对中世纪的分析集中于基督教信仰从罗马向外扩散，以及罗马天主教会最终占据主导地位。有关文艺复兴的研究强调学术、艺术的繁荣和意大利城邦以及14～16世纪低地国家（Low Countries）古代伟大成就的复兴。宗教改革历史强调西方基督教世界对罗马教会垄断宗教权威的支持和反对。很显然，近代早期时代的一个发展是，民族国家作为集中、组织和行使政治权力效率最高、最有成效的形式，是组织近代早期历史和近代历史的主要概念工具。在这个图式中，欧洲要比其他大陆更重要。确实，南、北美洲，非洲，亚洲和澳洲只是在与欧洲人接触之后才进入历史。

从这个历史概念中衍生出五花八门的有关统治的预设，尽管这些预设并未被阐明。由于民族国家在政治演化的阶梯上占据较高的位置，所以它比其他类型的政体，如公国、公爵领地、城邦、伊斯兰教君主领地、邦联和部落等更重要。较老的民族国家通常要比较新的民族国家更重要。在政体之内，首都比各省更重要，中心比边缘更重要，当然宗主国或帝国（imperial states）比其殖民地更重要。在殖民地内部，欧洲人及其后代定居或控制地区要比边疆地区或欧洲人及其后代定居或控制地区之外、尚未被纳入欧洲霸权范围地区更重要。最后，在帝国主义国家和殖民地，城市地区要比农村地区更重要。

这种以国家为中心的对历史的构想使公共生活研究处于显要地位。历史就是过去的政治，政治史主要是分析国家层面政党时领导权的竞争及政党之间争夺权力和资源的斗争，也分析宪制安排、政治制度以及从斗争中演化出来的法律制度。政治史重点关注的是地位显赫的领袖，如君主、首相、总理、内阁首脑、总统以及革命领袖。他们的名字常常成为与之联系的时代的标签。尽管还有一种历史是高于民族国家层面的，那就是国际史。但这种国际史并非文化与发展的比较史，而是外交史、战争史以及政治影响扩大的历史。所有这些方面讲述的都是重大事件的要素——条约或战役以及指挥战役和签订的政治领袖和将军等伟大行动者。在类似预设的指导下，经济史研究的是行会、贸易公司、工厂和公司等主要经济制度；而思想史则考察重大观念的出现及影响，与那些观念有关的主要数字以及标志着过渡到近代的思想、文化或宗教运动。如政治史一样，经济史和思想史同样强调伟大的行动者、经济创新者以及那些因著作或文化创作的斐然成就而闻名的人的作用。简言之，历史研究的是赢家而不是输家，是成功而不是失败。

一个类似的层级决定了应研究政治社会的哪些层面。有权者比无权者更重要，富裕者比贫困者更重要，有财产的人比无财产的人更重要，教育水平高的人比教育水平低的人更重要，奴隶主比奴隶更重要，雇主比雇员更重要，成人比儿童更重要，丈夫比妻子更重要，儿子比女儿更重要。权力、文明和现代性暗含的指标充满了对有关社会群体相对重要性的判断。历史的重要性也与肤色有关。浅肤色的人恰好受到了历史的关注。在这种对主导性群体和个体成就的颂扬中，权力、阶级、性别和种族决定了谁被写入历史以及谁没有被写入历史。

从我们自己的时代来看，这种权力范式遗漏或将其置于历史研究边缘的群体与它包括在历史之中的群体一样引人注目。社会史几乎完全附属于政治史，文化史研究的是高尚文化的生产与消费，人口史则几乎并不存在。有关不太强大的群体的历史，如本地史、家庭史、妇女史或儿童史，显然都处于从属地位，属于“不太体面”的研究领域，常常被整个西方学界视为老古董和不重要。

在 19 世纪最后 1/4 世纪期间出现了专业历史之后，大多数专注于探讨 15 世纪开始的近代早期欧洲和更广大的世界实现一体化的历史学者们都在这个概念框架中进行研究，由于研究这一过程的“冲动”在前殖民地（那里的历史学者主要关心的是复原他们社会的起源）更为强烈，这种实体中的历史学者们将这一过程设想为“殖民化”（colonization）。实际上，这些历史学者构建的殖民地历史是有关探索和合并的叙事。他们叙述了欧洲人将土著人以及他们在美洲占领的空间纳入其意识并在后来纳入其霸权之下的事件及发展。殖民化包括了一系列隐含的顺序。发现始终是欧洲人的特权，而且始终指的是欧洲人注意到各个民族和地方的事件。然后，随之而来的是探索、贸易、征服、拓殖和主宰，这一切都是欧洲人及其克里奥尔后裔们所为。

研究殖民地历史的学者有时认识到，占领“新世界”、为欧洲人所左右的土著民族拥有自己的历史，尤其是墨西哥和秘鲁的土著人在文化上取得了欧洲式的高水平发展。还有些土著民族，如“新西班牙”的奇奇梅克人（Chichimecas）、智利的阿劳坎人（Araucanian）和新墨西哥的普韦布洛人（Pueblos），进行了持续而有效的抵制；或者如纽约州的易洛魁族和佛罗里达州的卡卢萨人（Calusa）一样，他们由于人数众多、自身足够强大或足够孤立，得以在数代人的时间里保持了政治自治。历史学者们还认识到，那些身处两军对垒的欧洲强国所争夺的地区、能够通过变换支持任何一方维护自己独立的土著民族——如在北美可以选择支持北部英属殖民地或“新法兰西”，以及在南部英属殖民地、西属佛罗里达和法属路易斯安那之间做出选择——在欧洲权力斗争中发挥了重要作用。然而，一旦被征服或被主宰，土著民族在研究殖民地历史的学者的故事中就只是“湮没无闻”的劳动者、欧洲传播福音的目标、欧洲市场皮毛产品的生产者，或欧洲贸易商品的消费者。对大多数美洲土著群体史前历史——可以获取到作为历史学者叙事之基础的书面档案事件发生之前的经历——以及欧洲人对那些群体后来的文化与发展的影响的研究，被划归为人类学的研究范畴。用埃里克·沃尔夫具有嘲讽意味的话说，这一学科负责研究那些“没有历史的民族”。①

关注美洲土著民族的人类学家并不多。考古学家研究他们的史前历史，但社会与文化人类学只及于当代社会，充其量仅包括一章有关历史背景的内容。这一章只是他们的信息提供者告诉他们的“之前所发生”事情的简要而杂乱的信息汇编。除少数开创者之外，历史人类学——具体指的是研究美洲土著人的民族史（ethnohistory）和历史考古学（historical archaeology）——根

① Eric R. Wolf, *Europe and the People without History* (Berkeley: University of California Press, 1982).

本不作为研究领域而存在。[①]

对于被输入美洲为奴，用作田地、矿山和牧场生产劳动力的非洲人也可以得出同样的结论。研究殖民地历史的学者中，没有人强调1492年至19世纪20年代来到"新世界"的非洲人的数量远远超过了欧洲人。由于非洲，如土著人的美洲一样，基本上被排斥在人们那时理解的历史之外，只是在进入欧洲人的意识或斗争之时才会在叙述中被提到，因此研究殖民地历史的学者中，没有人理解更不用说强调这些不情愿的移民的极高的族群复杂性。没有研究殖民地历史的学者计划分析一下他们从非洲"旧世界"带来的历史与文化特性。与土著人的美洲相比，非洲在更高程度上是一个留给人类学家的研究课题。但人类学家中很少有人对非洲人及其在南、北美洲的克里奥尔人后裔的经历感兴趣。

在殖民地历史研究范畴之内，这些非裔美洲人（African Americans）很少受到关注。研究殖民地历史的学者几乎将W.E.B.杜波依斯有关应给予美国文化的非洲根源[②]更多关注的持续呼吁抛诸脑后，不愿承认奴隶劳动对建设美洲新世界的巨大而重要的贡献。他们对支撑美国奴隶制度的法律和思想构建、奴隶对那些制度的抵抗以及奴隶生活的性质与多样性不感兴趣。研究殖民地历史的学者中没有人分析非洲人是否给欧洲人重新塑造南、北美洲的计划带来任何专门知识或特殊技能，或与那些计划的成功有什么关系。只有少数学者认为非裔美洲人有可能对1492年之后形成的新世界的多种文化做出过贡献。对英属美洲殖民地任何地区的非裔美洲人的生活进行的唯一一项研究关注的并非非裔美洲人主要集中的地区之一，而是新英格兰。[③]

简言之，殖民地史主要关注欧洲征服者、拓殖者及其克里奥尔后裔，在那些人口中，重点关注成年男性。白人男性创建了殖民地。他们打了从土著居民手里夺取美洲领土的控制权的战役。他们供给、组织或控制了按照欧洲方式重构美洲景观的劳力，创建了供养新到的、日益增多的拓殖者和奴隶人口的经济体。他们建立然后控制了政治、经济、社会与宗教制度。他们

---

① 关于民族史运动之肇始，参见 William N. Fenton, *American Indian and White Relations to 1830: Needs and Opportunities for Study*（Chapel Hill, 1957）。

② W. E. B. DuBois, *The Negro*（New York, 1915）; *Black Folk: Then and Now*（New York, 1939）; *The World and Africa: An Inquiry into the Part Which Africa Has Played in World History*（New York, 1946）.

③ Lorenzo J. Greene, *The Negro in Colonial New England*（New York, 1942）.

编订了定义殖民地居民生活规则与标准的法律，确定了哪些属于和不属于正常行为以及哪些合法哪些不合法。他们持有财产，并作为那种财产支撑的家庭的一家之主。他们命名了他们正在创建的新社会中的地点，并绘制了展现其成就的地图。通过法律、历史以及他们撰写的其他故事，他们构建起使各个地点或社会相互区别的认同。他们为拓殖者反叛运动提供了领袖，以至于从 18 世纪最后几十年开始，许多美国政治社会得以独立。白人男性在美洲殖民的各个阶段所发挥的战略性的、强大的作用如此明显，以至于很少有人提出，集中于他们以及围绕他们的活动与成就的殖民地史有什么缺陷。

在 20 世纪 50 年代之前或者 20 世纪 60 年代初之前，对于将新世界的历史构想为殖民的历史，产生了一种竞争性观点，这种观点认为“新世界”的历史是包含在“欧洲扩张”这一思想之内的一个更广泛运动的一部分。这种观点对欧洲人的成就有同样甚至更多的溢美之词，更加强调欧洲人在叙事中的核心地位。这种观点是于 19 世纪末和 20 世纪初在学术界形成。这个学术界与其说是位于之前的殖民地，不如说是位于 1850 年之后主宰了地球很大一部分地区的大型欧洲帝国的中心。这种观点的主张者中，有几位在牛津、剑桥和伦敦等大学新近创建的帝国史讲座中持有教职。他们主要关心的是阐明欧洲在近代的扩张历史。然而，在他们努力将这种扩张运动的近代早期阶段与近代时期的扩张联系在一起的时候，他们中的一些人将近代早期的新世界历史重新设想为“帝国史”。

这种历史站在帝国中心的角度写成，强调美洲或其他地方的西班牙帝国或英帝国的分离部分本身的西班牙或英国特性。它强调将殖民地与宗主国以及殖民地之间凝结在一个政治与文化帝国体系中的正式和非正式联系中，反对使前殖民地国家（如美国）的历史学者忽略了宗主国与殖民地之间的紧密联系，以及一度属于同一个扩伸帝国政体的政治社会之间有时存在的密切联系的狭隘观念。根据这种观点，殖民地拓殖者是欧洲权力、权威、文化、政治与法律制度和传统以及经济与政治组织形式流入和改造新世界的代理和渠道。然而，与殖民史一样，帝国史关注的焦点也在于白人男性拓殖者的活动，尽管他们现在不得不与宗主国中心的显赫人物共享舞台，将部分代理权让给他们。

这种总体观察的唯一重要例外出现在拉美国家。其中几个国家发展起对其人口多元性质的新的自豪感。“土著主义”（Indigenismo）强调秘鲁和墨西哥土著美洲人的传统，“种族”（La Raza）则颂扬墨西哥的种族混杂。这在二战前导致席维欧·萨瓦拉等历史学家中出现了一种强调非白人在国家历史中的作用的新意识。[①] 同样在巴西，历史社会学者吉尔贝托·弗雷雷在论著《主人与奴隶：巴西文明发展研究》中对这个国家多元化种族历史的颂扬，[②] 有效地开始将大批非裔巴西混血人纳入职业历史学家的意识中。然而，这两种发展出现在，根据权力范式远远超出主流历史研究边界的国家，对占统治地位的历史分析范式以及与之相关、仍然根深蒂固的研究领域的层级体系没有产生多少直接的影响。

在过去的半个世纪中，若干种发展结合在一起，破坏了（如果没有完全消除）这种历史意识的模式。也许最为重要的是社会科学的繁荣。早在20世纪40年代初，地理学、经济学、政治学和心理学已经被纳入整个西方世界大多数学术机构的课程体系，但在大多数大学，人类学和社会学仍然属于边缘学科，声誉不著。二战以后，通过重建社会－经济和政治制度解决世界问题的运动，促使政府大幅增加对社会科学的资助。除地理学之外的所有社会学科很快经历了大幅扩张，尤其是在美国，它们获得了新的受尊重的地位，变得更加复杂。社会科学在理论和概念上表现出一定的活力，对同一时代历史学者们几乎闻所未闻的各种社会问题与全球性问题表现出广泛兴趣，不仅关注西方的精英群体，而且关注全球范围内各个社会阶层。为了寻找分析研究的额外主题，到20世纪60年代，少数社会科学学者甚至从当代世界转向过去，由此促进了新的子领域，如历史地理学、计量经济史学、历史社会学、历史人口学、民族历史学、历史考古学以及心理历史学的发展。

随着社会科学的影响渗透美国大学的本科课程并催生出颇受欢迎的论著，历史学者们开始越来越公开地利用社会科学的语言、概念、方法和关注的领域，尤其是社会学、心理学、经济学以及人类学。最后，这一发展刺激学者们明确使用主要从社会科学借鉴来的理论与方法，包括统计学和定量分

① Frederick C. Turner, *The Dynamic of Mexican Nationalism* (Chapel Hill, 1968), pp. 72 - 76, pp. 170 - 179; Frederick B. Pike, *The Modern History of Peru* (New York, 1967), pp. 233 - 236, pp. 306 - 308; Silvio Zavala, *New Viewpoints on the Spanish Colonization of America* (Philadelphia, 1943).

② Gilberto Freyre, *The Masters and the Slaves: A Study of the Development of Brazilian Civilization* (New York, 1956)，最初于1933年出版葡萄牙文版本。

析。更为重要的是，历史学者对社会科学的新兴趣促进了对社会史、经济史、人口史和文化史的新的、更为广泛的关注，有助于为历史研究范畴的大幅度扩大奠定基础。

在美国，法国和英国出现的新的历史方法论和研究学派的榜样性作用对这一运动构成了强大支持。截至 1945 年，法国的“年鉴学派”（Annales）（以杂志《年鉴》命名）在一代人的时间里一直努力倡导一种“总体史”（histoire totale）。这种史观使公共生活的历史从属于复原人口经历的方方面面的、范畴更加宏大的视野，从环境与材料到社会与思想，从宏观到微观，从最显赫的人到最边缘的居民。年鉴学派早期学者们几乎全部关注的是法国以及欧洲邻近地区和地中海的历史，因此研究近代早期各个地区的历史学者们相对来说对其不太熟悉。然而，在 20 世纪 60 年代初，研究近代早期欧洲其他地区的学者们受法国年鉴学派的启发，开始将注意力转向社会、经济、人口学以及文化方面的课题。1952 年创办的《过去与现在》（*Past and Present*）较早展示了他们的工作。最初，他们研究政治事件，如英国革命或尼德兰反叛（Revolt of Netherlands）的社会根源，但他们很快开始关注社会结构、文化与信仰体系之间的关系。部分由于受到马克思对受压迫者历史的关注的鼓舞，他们从一开始就关注“农民”、工人以及其他长期被关注权力的历史学边缘化的社会群体。同时，这些学者中有一些人，尤其是“剑桥人口与社会结构历史研究团队”（Cambridge Group for the History of Population and Social Structure），研究人口史与经济、社会和政治变革之间的互动。

这些历史学者的著作为研究近代早期大西洋世界的学者们提供了一种引人入胜的新模式，以便理解社会科学对所关注问题的新兴趣如何转变为对历史上一个特定时代的阐述。在研究近代早期大西洋史的学者中，那些关注西属美洲的人是最早步年鉴学派之后尘的，这可能是因为他们所研究的社会拥有为年鉴学派早期历史研究提供了大量文献基础的同样的系列公证档案。确实，1952 年以法文出版的首部研究近代时期新世界社会制度的著作《殖民地时代墨西哥的土地与社会》[①] 的作者弗朗索瓦·谢瓦利尔就是一位年鉴学派历史学家。研究近代早期英国、法国和葡萄牙殖民地的学者们也很快在这个新的传统下开展研究。到 20 世纪 60 年代末和 70 年代初，对家庭、社群、人口以及社会结构的研究正取代政治成为整个美洲殖民地研究的焦点。为了

---

① François Chevalier, *Land and Society in Colonial Mexico*（Berkeley, 1963）.

追踪这种兴趣，我们可以注意得到认可的期刊，如《威廉－玛丽季刊》（*William and Mary Quarterly*）和《西裔美洲历史评论》（*Hispanic American Historical Review*）等内容的变化以及为迎合对新方法、新理论和比较方法感兴趣的历史学者以及具有历史头脑的社会学者的兴趣而出现的新期刊，包括《历史与社会比较研究》（*Comparative Studies in History and Society*，1958）、《历史与理论》（*History and Theory*，1961）、《拉美研究评论》（*Latin American Research Review*，1966）、《社会史杂志》（*Journal of Social History*，1967）以及《跨学科史杂志》（*Journal of Interdisciplinary History*，1970）。

这种对英国以及欧洲历史研究模式的接纳至少部分是二战后西方学术机构总体对更广泛的世界开放的结果。在社会科学的引领下，在亚洲、中东和非洲的快速去殖民化（decolonization）以及西方联盟和东方集团展开的对许多新的后殖民国家施加影响的全球性竞争的刺激下，始终比欧洲学术机构更宽阔的美国学术机构，在20世纪50～60年代很快涉足他们之前忽略的对非西方世界的研究。截至20世纪60年代末，大多数主要的历史学校都开设了有关欧洲和亚洲的课程。在历史研究领域，这种影响体现在新期刊的创办上，如《非洲史杂志》（*Journal of African History*，1960），《中东研究》（*Middle Eastern Studies*，1964）和《非洲历史研究国际杂志》（*International Journal of African Historical Studies*，1968）。尽管哈佛大学自1922年以来一直开设非洲史课程，[①] 而且其他传统黑人学院和大学亦步其后尘，但在博士培养水准上非洲和中东研究一直仅限于少数最大的院系。

这三方面的发展——社会科学的繁荣、在年鉴学派的启示下从关注政治史转向关注其他形式的历史、非西方国家研究的发展——至少比较含蓄地挑战了占据主导地位的权力范式，这种范式给予西方历史及其占据主导地位的人口特别关注。但这些发展并未颠覆这一范式。这一点通过20世纪50～60年代初期三位美国学者极为精深、仍然有益的论著得到了生动展示，这三部著作的研究领域分别为美国史、欧洲史和世界史。同时代的人认为这三部著作具有开创性意义，但它们表明，旧的欧洲中心史观和精英中心史观仍有生命力，仍然渗透了美国的历史研究。

① 主要是通过威廉·利奥·汉斯伯利（William Leo Hansberry）的开创性努力。参见 Joseph E. Harris, ed., *Pillars in Ethiopian History: The William Leo Hansberry African History Notebook* (Washington, D. C, 1974), pp. 3－30。

1954 年戴维·波特的《富足的民族》[①] 采用了最新的社会科学理论，并具有讽刺意味地使人意识到对许多人来说，取得经济成功的美国梦常常被证明只是幻想。然而，波特并未强调美国人赖以实现富足的土地是从土著人那里抢夺的，实现那种富足的很大一部分劳力是由受奴役的非洲人及其后裔提供的。

1959 年和 1964 年出版的 R. R. 帕尔默的两卷本《民主革命的时代》[②] 采用了一种广阔的跨大西洋视野，这在研究欧洲的美国学者中几乎没有先例。这本书反映了正在出现的对美国历史与西方发展过程的相关性的理解，当然，这种理解在很大程度上反映了美国对二战后世界的影响。帕尔默试图撰写一部有关 18 世纪末期各国政治革命的综合性历史。他将美国革命纳入西方历史的主流，并详细分析了与欧洲的法国大革命相关的许多同时代的、从属性的革命。然而，他未提及在圣多明各发生的黑人革命，虽然那是他所涉及的时代最为"民主的"革命。

1963 年威廉·麦克尼尔的《西方的崛起》[③] 是对政治与历史研究中新的全球主义（globalism）的回应，他的著作旁征博引，令人印象深刻，提供了一种更具包容性和内容更广泛的西方文明史的版本。然而，在早期出版的这本书中，正如标题所示，他只能从西方中心论的角度构想世界历史。尽管他的书中有很大一部分涉及那些先于西方文明的文明的发展，甚至还包括了一章有关他所称的"边缘文明"——印度和中国的文明，但他之所以将欧洲之外的地区的历史纳入历史叙事，是因为那些地区似乎与西欧历史有关。他很少关注南、北美洲和非洲，有关前者的篇幅只有 15 页，有关后者的内容只有 5 页。

麦克尼尔的著作能够代表当代对非欧洲地区历史的兴趣。只是最近才被欧洲控制的地区的历史从根本上说只是帝国历史的一种扩展，基本上只是欧洲人在那些前殖民地活动的历史。在其发展的最早阶段，印度史或非洲史只是欧洲人在印度或非洲的历史。而且，当历史学者最初开始试图超越这种强调撰写土著人的历史的时候，他们常常采用源自西方社会历史的评估指标、

---

① David E. Porter, *People of Plenty*: *Economic Abundance and the American Character* (Chicago, 1954).

② R. R. Palmer, *The Age of Democratic Revolution*: *A Political History of Europe and America* (2vols., Princeton, 1959, 1964).

③ William H. McNeill, *The Rise of the West*: *A History of the Human Community* (Chicago, 1963).

术语和范畴组织那些历史，以使其产生意义。他们没有停下来细想那些评估指标、术语和范畴本身受到文化的限制，也许不适于用来组织有关完全不同的文化的知识。

换句话说，视野最初扩大后，历史研究将更多［普通］人而不只是精英，将社会-经济、文化、政治与思想体系，美洲以及欧洲甚至西方之外的地区包括在内，并未彻底动摇历史与权力之间的旧的关联。因此，在20世纪60~70年代，南、北美洲的殖民地历史学者们对他们的研究课题采取了一种更具包容性的研究路径，强调欧洲的新美洲殖民地的人口、经济结构、定居模式、社群、家庭与家庭组织、财富结构、社会和文化分化以及价值观体系等。也许是因为将历史设想为政治史的传统观点在那些很少有共同政治史的地区相比较而言不太根深蒂固，南、北美洲殖民地史的学者们比国家时期的历史学家较早和较深地进入这种新社会史领域。然而，这种研究的重点仍然是强调占据主导地位的欧洲拓殖人口及其克里奥尔后裔。确实，这种工作的主要影响之一是学者们开始理解这些欧洲的美洲扩展地区的欧洲特色的实际程度。1968年詹姆斯·洛克哈特出版了关于秘鲁第一代西班牙拓殖者的优秀研究论著——《1532~1560年西属秘鲁》①，其中的用词预示了这一发展。

这些研究至少在三方面发挥了重要的短期影响。首先是刺激了对殖民化或欧洲化过程的比较历史研究的兴趣。一个例子是我和查尔斯·吉布森（Charles Gibson）于1965~1966年在密歇根大学历史系共事的简短时间内，试图在威廉·克莱门茨图书馆（William L. Clements Library）建立“美洲殖民比较研究中心”（Center for the Comparative Study of American Colonization），但未成功。第二个影响是将1492年之后的美洲历史更加紧密地与占据主导地位的范式结合在一起。随着美洲的欧洲殖民地被越来越视为欧洲的扩展地区，它们获得了更大的历史意义。第三个影响是，更加清楚地表明，欧洲渗透“新世界”创建了一个巨大的相互联系的“大西洋”世界，在其中，人员、文化、制度、商品和观念在“旧世界”与“新世界”之间来回流动。

但迄今为止，这个新出现的大西洋世界中没有非洲人、非裔美洲人和美洲土著人的位置。20世纪50年代初期，查尔斯·吉布森有关墨西哥中部的

① James Lockhart, *Spanish Peru, 1532 - 1560* (Madison, Wisconsin, 1968).

美洲土著人的开创性著作[①]没有吸引到其他模仿者，除弗里尔（Freyer）的印象主义著作之外，历史学者们对奴隶制的兴趣——以埃里克·威廉斯、弗兰克·坦能鲍姆、肯尼斯·M. 斯坦普和斯坦利·M. 埃尔金斯的著作[②]为代表——更多地集中于奴隶制度以及对奴隶制态度的比较而不是奴隶本身，更多关注见证了奴隶制废除的一代人，而不是经历了奴隶制的数代人。[③] 确实，研究种族的历史学者，如罗伊·哈维·皮尔斯[④]或温斯罗普·D. 乔丹[⑤]，主要集中于奴隶主阶级的态度。20 世纪 70 年代初期之前，只有人类学家梅尔维尔·J. 赫尔科维茨[⑥]和罗杰·巴斯泰德[⑦]涉及范围广泛的著作一直在提出并努力回答有关非洲文化传播到美洲并存在和渗透于多种背景下的问题。

将非裔美洲人纳入历史并开启了近代早期大西洋世界历史解释的深刻革命的是 20 世纪 60 年代奴隶的后代们及其盟友的努力。在那个年代达到高潮的民权运动不仅要求结束美国生活中的种族隔离和种族不平等，而且要求承认非裔美洲人在美国殖民地历史与国家历史中的作用。我认为，源自这些要求的冲动颠覆了从一开始就一直主宰近代历史研究的权力范式。

起初，对非裔美洲人历史的研究一直在那种范式下运作。在美国，学

---

① Charles Gibson, *Tlaxcala in the Sixteenth Century* (New Haven, 1952); Charles Gibson, *The Aztecs under Spanish Rule: A History of the Indians in the Valley of Mexico* (Stanford, 1964).

② Eric Williams, *Capitalism and Slavery* (Chapel Hill, 1944); Frank Tannenbaum, *Slave and Citizen: The Negro in the Americas* (New York, 1946); Kenneth M. Stampp, *The Peculiar Institution: Slavery in the Ante-bellum South* (New York, 1956); Stanley M. Elkins, *Slavery: A Problem in American Institutional and Intellectual History* (Chicago, 1959).

③ Peter Kolchin, "American Historians and Antebellum Southern Slavery, 1959 – 1984," in William J. Cooper, Jr., Michael F. Holt, and John McCardell, eds., *A Master's Due: Essays in Honor of David Herbert Donald* (Baton Rouge, Louisiana, 1985), pp. 87 – 111. 其对此以及内战前有关奴隶制的研究进行了综合评述。

④ Roy Harvey Pearce, *The Savages of America A Study of the Indian and the Idea of Civilization* (Baltimore, 1953).

⑤ Winthrop D. Jordan, *White over Black: American Attitudes toward the Negro, 1550 – 1812* (Chapel Hill, 1968).

⑥ Melville J. Herskovits, *The Myth of the Negro Past* (New York, 1941); *The New World Negro* (Bloomington, Indiana, 1966).

⑦ Roger Bastide, *African Civilisations in the New World* (New York, 1971)，最初于 1967 年以法文出版；*The African Religions of Brazil: Toward a Sociology of the Interpenetration of Civilisations* (Baltimore, 1978)，最初以法文出版。

者们似乎主要认同那些对美国生活做出重要贡献的非裔美洲人，将他们纳入美国历史的标准叙述。然而，一些学者很快认识到，这种方法无法揭示非裔美洲人对塑造美国生活与文化的全部贡献；只有通过类似新社会史的方法才能复原那种贡献。这种方法既重视普通和卑微的人，也重视显赫的公众人物。

非洲史领域的新著大大促进了对这种方法的采用。在二战之后的几十年里，热带非洲地区大学的创立、欧洲及美洲大学中非洲研究中心的建立、英国和法国非洲史讲座的创设、欧洲教授向非洲的早期流动与非洲学生向欧洲和美国的流动以及非洲大学内部对一个更宏大的非洲经历历史的要求，共同促成非洲史的快速发展和专业化。[①] 1950～1970 年，越来越多的来自欧洲、美国、非洲和西印度群岛的从事相关研究的学生被吸引到伦敦的东方与非洲研究学院（School of Oriental and African Studies）、威斯康星大学的热带史专业或伊巴丹（Ibadan）大学的非洲研究中心等新的研究生培养中心，这大幅增加了非洲史著作的数量。尽管不是非洲人，但罗兰·奥立弗[②]、戴维·伯明翰[③]以及詹·范西那[④]等最初主导了这一领域，但 20 世纪 50 年代中期，K. O. 戴克[⑤]等非洲学者开始崭露头角，在学界获得声望。

在推动对非洲在近代早期大西洋世界创建方面的作用的理解方面，菲利普·D. 柯廷在 1969 年出版的《大西洋奴隶贸易》一书[⑥]尤其重要。柯廷的著作试图对从 16 世纪初期开始到 19 世纪 70 年代最终被废除的跨大西洋奴隶贸易提供统计学描述。这本书不仅对贩卖奴隶的总数（他估计不到 1000 万人）提供了一种更具体的新理解，而且对随时间推移奴隶贸易不断变动的非洲来源地以及美洲目的地进行了分析。他将奴隶进口数与奴隶人口的增长联系起来，强调了在整个热带美洲地区奴隶的令人震惊的死亡率和对生命的耗费。在奴隶制结束之前的一段时间里，只有占贩卖奴隶总人数的不到 10% 的英属美洲殖民地以及西属美洲非种植园地区，可能出现了奴隶人口的

---

① 对于这些发展，参见 Roland Oliver，"Western Historiography and its Relevance to Africa，" in T. O. Ranger，ed.，*Emerging Themes of African History*（Dar-es-Salaam，1968），pp. 53－60。

② Roland Oliver and Gervase Mathew，eds.，*History of East Africa*（Oxford，1953），p. 1.

③ David Birmingham，*Trade and Conflict in Angola：The Mbundu and Their Neighbors under the Influence of the Portuguese，1483－1790*（Oxford，1966）.

④ Jan Vansina，*Kingdoms of the Savanna*（Madison，Wisconsin，1966）.

⑤ K. O. Dike，*Trade and Politics in the Niger Delta，1830－1885*（London，1956）.

⑥ Philip D. Curtin，*The Atlantic Slave Trade*（Madison Wisconsin，1969）.

自然增长。然而，柯廷有关奴隶贸易量以及进入南、北美洲的非洲人数的可靠数字生动表明，在近代早期的大西洋世界不仅存在欧洲与南、北美洲之间的互动，而且存在那些大陆与非洲之间的互动。并且，从殖民开始到殖民结束，与非洲的互动一直广泛而持久。柯廷的著作将非洲和非洲人明确而有力地纳入近代早期的大西洋世界，这含蓄地提出了：如果不考虑新社会史学者强调的南、北美洲的"欧洲化"以及它们的"非洲化"，就不能够写出对大西洋世界的综合性叙事。

然而，研究近代早期非裔美洲人历史的较早著作并非立即涉及美洲的非洲化这一宏大问题。确实，它们利用社会史学者们利用的那种系列论据（包括奴隶贸易公司的档案、港口记录、人口统计资料、征税清单、个体种植园档案等欧洲人和克里奥尔奴隶主们生成的文件），对柯廷提出的从具体的非洲地区运送至美洲特定目的地的奴隶人数进行进一步细致分析和扩展，分析出"奴隶使用"、工作制度、食品的来源与数量、家庭组织、物质生活、死亡率、繁衍和反抗的模式。很少有历史学者试图对这些现象进行比较研究，一系列会议让研究奴隶贸易的不同分支、不同的奴隶制度以及那些复杂而多样的奴隶制度的不同方面的学者齐聚一堂。这些会议激发了对奴隶制比较与理解非裔美洲人在新世界的种种经历之间相关性的兴趣。20世纪60~70年代，没有其他群体更多地促进了对近代早期美洲比较历史研究的兴趣，或更进一步扩大、加深和改变了一个相互联系的近代早期大西洋世界的构想。①

① 参见 David W. Cohen and Jack P. Greene, eds., *Neither Slave nor Free: The Freedmen of African Descent in the Slave Societies of the New World* (Baltimore: Johns Hopkins University Press 1972); Robert Brent Toplin, *Slavery and Race Relations in Latin America* (Westport Connecticut, 1974); Stanley L. Engerman and Eugene D. Genovese, eds., *Race and Slavery in the Western Hemisphere: Quantitative Studies* (Princeton, 1975); Vera D. Rubin and Arthur Tuden, eds., *Comparative Perspectives on Slavery in New World Plantations* (New York, 1977)。促进了对奴隶制和非裔美国人的研究兴趣的早期重要的单一作者论著有：David B. Davis, *The Problem of Slavery in Western Culture* (Ithaca New York, 1966); Carl Degler, *Neither Black or White: Slavery and Race Relations in Brazil and the United States* (New York, 1971)。这两本论著尤其重要。最近的文集包括：Barbara L. Solow, ed., *Slavery and the Rise of the Atlantic System* (Cambridge, 1991); Ira Berlin and Philip D. Morgan, eds., *The Slaves' Economy: Independent Production by Slaves in the New World* (London, 1991); Ira Berlin and Philip Morgan, eds., *Cultivation and Culture: Labor and the Shaping of Slave Life in the Americas* (Charlottesville, Virginia, 1993); Joseph E Inikori and Stanley L. Engerman, eds., *The Atlantic Slave Trade: Effects on Economic, Societies, and Peoples in Africa, the Americas, and Europe* (Durham, North Carolina, 1992)。

通过对整个西半球奴隶制度的解构与重建，这些著作让历史学者们学会区分新输入的非洲人与克里奥尔人，种植园中的奴隶与城市中的奴隶，在非专业农业、工业或采矿业生产领域劳动的奴隶与距离白人权力结构较近的工匠、熟练工人、管理者或家庭佣人，奴隶人口占比较大与较小地区中的奴隶。这些著作关注他们的反抗与反叛、与欧洲人的基督教等信仰体系的距离、养活自己和参与市场的活动以及为解放自己和亲人而付出的努力，这表明尽管他们劳作其中的奴隶制度具有压迫性，但是奴隶们仍然保持了某些能动性。然而，这些研究所立足的系列档案还不足以说明，非洲人和非裔美洲人的大规模存在在多大程度上造成了南、北美洲社会与文化的非洲化。

早在20世纪60年代末，研究非裔美洲人的学者们就借用犹太历史研究的一个词语泛泛地把将非洲人运输至新世界、让他们分散在整个新世界称为“非洲人大流散”（diaspora）。“大流散”这个词语的使用代表概念上的突破和对近代早期大西洋历史的另外一种视角。[①]“殖民化”或“欧洲扩张”等概念暗示一个欧洲组织者及其后裔们主导的、在国家边界内进行的社会与文化形成的过程。相对而言，“大流散”这个概念强调民族的流动和混合，暗示一种并非自上而下强加的而是在相关民族与文化之间持续进行的谈判或交流过程中产生的社会与文化形成过程。这个概念适用于欧洲人，也适用于非洲人。少数学者实际上已经开始提到英国人或西班牙人在新世界的大流散。

然而，恰恰尚不清楚的是，历史学者们如何复原非洲人对这种交流的贡献。第一个问题涉及“非洲人”这个概念。柯廷有关大西洋奴隶贸易的著作已经让人注意到了奴隶族群和地区的多元化，这也是赫尔科维茨和巴斯泰德之前提出的观点。20世纪60～70年代非洲历史研究著作的日益增加表明，无论人们如何看待它，前殖民时代的非洲是一个远比近代早期欧洲更加复杂的实体。非洲的物理区域要比欧洲大得多。它包括更多的生态区域，而且其居民有更为驳杂的政治、经济和社会组织，文化传统，语言和宗教。即使那些被运送到美洲为奴的人大多来自这个巨大物理空间的西部和中部地区，他们仍然比长期由一个集权化的宗教文化统一在一起的西欧各个民族具有更大程度的多元化。学者们日益意识到非洲民族和文化的多样化使“非洲人”这个术语与“欧洲人”一样有问题。确实，这强烈地表明，被运到

① Joseph E. Harris, ed., *Global Dimensions of the African Diaspora* (Washington DC, 1982).

南、北美洲为奴的，来自黄金海岸、刚果或安哥拉（本身都是非常粗糙的现代分析概念）的多元民族只是在美洲被混杂在一起的时候才成为“非洲人”。这也表明，如果要理解非裔美洲人对促成了美洲的各种社会与文化谈判的贡献，就必须理解他们如何形成了新的非裔美洲人文化以及那些新文化的规模与内容。①

西方历史学的传统方法与预设并不适用于这项研究，它的进步首先取决于研究非洲的第二代历史学者提出的另一种方法。为了不局限于根据欧洲人保存的书面系列档案能够解决的那种问题，早在20世纪60年代末期，非洲的青年历史学者就已经开始探索其他类型的资料以及其他方法，以使他们能够通过非洲的透镜审视他们非洲的历史。历史考古学提供了一条路径。② 第二条路径是詹·范西那等历史学者开创的，即通过非洲许多社会保存并传给下一代的丰富的口述传统。他们认为这些传统对于他们的历史具有意义。③ 第三条路径是人类学家提出的用以分析当代社会与群体的民族志学的方法，其适用于研究非洲的早期时代。最后一条路径涉及对现存的视觉证据的细致分析以及对研究政治、经济和社会的历史学者们很少使用的那种书面文本的详细考究，如旅行报告，年鉴或贸易商、传教士以及其他在非洲各民族中工作的人的观察记录。④ 通过这三条路径，有可能重建各民族包括非裔美洲人的历史与文化。这些民族的书面档案——传统西方史学的基础——并不存在或很少。

这种产生于所有这一切发展的新视角体现在我的同事与我于1971～1972年在约翰斯·霍普金斯大学开创的“大西洋历史与文化项目”（Program in Atlantic History and Culture）中。项目中的“大西洋”是个四边形的实体。它包括非洲，欧洲和南、北美洲。尽管该项目声称旨在研究四个大陆上的各个民族和文化，但从新任命的参与项目教学的教师［人类学的西德尼·明茨和理查德·普莱斯，历史学的富兰克林·奈特

① 参见 Sidney W. Mintz and Richard Price, *The Birth of African American Culture: An Anthropological Perspective*（Boston，1992）的颇有见地的分析，写于1972～1973年，首次出版于1976年。

② Merrick Posnansky, "Archeology: Its Uses and Abuses," in T. O. Ranger, ed., *Emerging Themes of African History*, pp. 61－73.

③ Jan Vansina, *Oral Tradition: A Study in Historical Methodology*（Chicago，1965）.

④ 参见 David William Cohen, "Doing Social History from Pim's Doorway," in Olivier Zunz, ed., *Reliving the Past: The World's of Social History*（Chapel Hill，1985），pp. 191－235。

(Franklin Knight)、A. J. R. 拉塞尔·伍德（A. J. R. Russell-Wood)、雷·基亚（Ray Kea）以及后来调入的菲利普·柯廷和威利·李·罗斯(Willie Lee Rose)］的研究兴趣来看，重点主要是非洲，欧洲以及欧洲人和非洲人在南、北美洲占据的地区。西印度群岛、巴西以及北美南部奴隶和非洲人社会重点集中的区域是该项目特别关注的地区。土著美洲人相对获得较少关注。项目名中包含的“文化”一词预示它是一个包含历史学和人类学的联合项目，培训历史学者使用人类学的概念与方法以及非传统的资料，鼓励人类学家突破现实进入历史领域。这个项目的起点是承认不同文化权力与资源的巨大差异，并假定对不同文化及其之间的互动进行比较研究的目的不是确立一个文化的等级制，而是要尽可能理解每个文化自身的方式。这个项目背后的一些基本预设是，围绕大西洋的每个社会不仅拥有自己的历史，而且在塑造它们所属的社会－经济与文化区域乃至整个大西洋世界中发挥了作用。

如果将非洲人理解为积极的参与者，近代早期南、北美洲的实体历史将是什么样子？这可以通过彼得·H. 伍德 1974 年出版的重要著作《黑人大多数》[1] 看出。伍德对一个英国殖民地的奴隶文化的特点进行了截至该书出版时最好的描述。他有力地证明，在南卡罗来纳占据人口大多数的非裔北美人不仅为该州的水稻种植提供了劳力，也提供了技术。这种劳力和技术支撑了南卡罗来纳在整个 18 世纪的经济发展。七年后，丹尼尔·C. 利特菲尔德——“大西洋历史与文化项目”最早培养的一批历史学者之一——在《水稻与奴隶》一书[2]中通过富有想象力和令人信服的分析，将种植园主偏好塞内冈比亚的奴隶与该地的奴隶具有种植水稻的经验联系起来，支撑了伍德的观点。

还有些著作探讨了非洲各地的人聚在一起谈判统一的文化的方式。奥兰多·帕特森在 1969 年出版的开拓性新著作《奴隶制的社会学》[3] 中，富有想象力地重建了奴隶解放之前牙买加的奴隶社会。杰拉尔德·W. 马林 1974

---

① Peter H. Wood, *Black Majority: Negroes in Colonial South Carolina from 1670 through the Stono Rebellion* (New York, 1974).

② Daniel C. Littlefield, *Rice and Slaves: Ethnicity and the Slave Trade in Colonial South Carolina* (Baton Rouge, 1981).

③ Orlando Patterson, *The Sociology of Slavery: An Analysis of the Origins, Development, and Structure of Negro Slave Society in Jamaica* (Rutherford, 1969).

年出版的研究18世纪弗吉尼亚奴隶制的著作《逃跑与反叛》[1] 以及戴维·巴里·加斯帕1985年出版的分析安提瓜殖民初期奴隶反抗的论著《奴隶与反叛》[2] 探讨了克里奥尔人和非洲奴隶在奴隶制下和反抗奴隶制过程中的互动模式。20世纪80年代末，1988年出版的玛格丽特·克里尔·华盛顿的《一个特殊的民族》[3] 以及威廉·D. 皮尔森的《黑人北方佬》[4] 分析了非裔美国人在"新世界"重建其非洲传统的某些方面的方式。

这些以及其他一些有关近代早期美洲种植园中的欧洲-非洲人社会（Euro-African societies）的优秀著作[5]中的巅峰之作是约翰·桑顿1992年出版的《1400～1680年大西洋世界形成过程中的非洲和非洲人，1400～1680》[6]。在英属美洲殖民地历史方面，与此相对应的是，这些研究所激发的土著美洲人研究的复兴和重新定位。这一发展首先出现在墨西哥、秘鲁、中美洲以及其他西属美洲地区，对这些地区的研究也最为广泛。在西属美洲，尽管在西班牙征服之后出现严重的人口损失，但在殖民地时代或殖民地时代之后，土著美洲人始终比较多，而且常常与欧裔美洲人和非裔美洲人混杂居住，或居住在他们附近。这一发展在北美、巴西和加勒比海研究中同样很重要。早期对殖民地世界土著美洲人的研究主要关注的是解释欧洲人如何受到了他们与土著美洲人互动的影响。除查尔斯·吉布森等少数值得注意的学者外，这些研究集中于欧洲人与土著美洲人之间的关系。然而，大约在1970年开始的20年里，历史学者和人类学家，自觉地以"人种史学者"（ethnohistorians）的身

① Gerald W. Mullin, *Flight and Rebellion: Slave Resistance in Eighteenth-Century Virginia* (New York, 1972).

② David Barry Gaspar, *Bondmen and Rebels: A Study of Master-Slave Relations in Antigua with Implications for Colonial British America* (Baltimore, 1985).

③ Margaret Creel Washington, "*A Peculiar People*": *Slave Religion and Community-Culture among the Gullahs* (New York: New York University Press, 1988).

④ William D. Pierson, *Black Yankees: The Development of Afro-American Subculture in Eighteenth-Century New England* (Amherst, 1988)。

⑤ Peter H. Wood, " 'I Did the Best I Could for My Day': The Study of Early Black History during the Second Reconstruction," *William and Mary Quarterly* 35 (1978): 185-225, 分析了1978年之前有关英属殖民地的非裔美洲人的研究成果。有关西属美洲的非裔美洲人，参见 Leslie B. Rout, Jr., *The African Experience in Spanish America* (Cambridge, 1976) 以及 John E. Kicza, "The Social and Ethnic History of Colonial Latin America: The Last Twenty Years," *William and Mary Quarterly* 45 (1988): 480-486。

⑥ John Thornton, *Africa and Africans in the Making of the Atlantic World, 1400-1680* (Cambridge, 1992).

份进行研究，借鉴研究非洲和非洲人的美洲（African America）的学者采用历史考古学并将民族志的概念与方法巧妙地应用于传统书面材料的范例，成功重建了与欧洲人接触前后的许多土著美洲人群体的历史，并通过土著美洲人的“眼睛”审视那些接触。与前殖民地时代的非洲一样，接触之前的美洲日益被视为一个拥有丰富多样、异彩纷呈的复杂社会和文化的地方。[①]

人种史学者采用“遭遇”（encounter）这个词语指称土著美洲人首次遇见欧洲人或非洲人，由此实现了一个概念上的突破，其意义不亚于非裔美洲人学者在开始使用“大流散”一词时实现的突破。“遭遇”的概念比“大流散”的概念更能表明，参与各方都不是被动的，由此明确否定了欧洲人的能动作用。它暗示一种并非优越者和劣等者之间而是陌生群体之间的互动；每个群体都将另外的群体视为“他者”（others）。人种史学者将这种互动重新设想为一种“遭遇”，有效地以欧洲人和土著美洲人相互发现了对方的观念替代了欧洲人“发现”了美洲的传统观念。

当然，在这个过程中，土著美洲人获得了新的历史意义。作为拥有自己的历史、文化和社会完整性的民族，他们不能再被认为是劣等的、无足轻重的，不能再从欧洲人的角度，被认为是在文化上落后的民族，不值得历史关注，其观点不值得考虑，其对欧洲人的抵抗主要被视为对南、北美洲“欧洲化”——文明开化——道路上令人厌烦的事情的抵抗。“遭遇”的概念暗示各种变化，事件和发展至少有两个方面和两种要讲述的故事。而且，人种史学者表明，无论结果如何，遭遇并不总是和立即造成欧洲人占据主宰地位。相反，遭遇之后相继而来的可能是各种可能的后果：贸易、战争、征服、排斥、共存、吸收、灭绝、驱逐或民族与文化的重新组织。[②]

---

① 对于这种研究的综述，参见 James H. Merrell，“Colonial Historians and American Indians,” *William and Mary Quarterly* 46（1989）：94 – 119，对英属美洲殖民地的介绍。对于西属和葡属美洲的研究介绍，参见 John E. Kicza，“The Social and Ethnic History of Colonial Latin America：The Last Twenty Years,” *William and Mary Quarterly* 45（1988）：470 – 480。

② 参见 James H. Merrell，“‘The Customes of Our Country’：Indians and Colonies in Early America,” in Bernard Bailyn and Philip D. Morgan，eds.，*Strangers within the Realm：Cultural Margins of the First British Empire*（Chapel Hill，1991），pp. 117 – 156；Philip Morgan，“British Encounters with Africans and African-Amer：Cans，Circa 1600 – 1780,” in Bernard Bailyn and Philip D. Morgan，eds.，*Strangers within the Realm：Cultural Margins of the First British Empire*，pp. 157 – 219，分别对有关英国殖民者与土著美洲人和非洲血统的民族的文化遭遇的研究发现进行了综述。另参见 Ida Altman and Reginald D. Butler，“The Contact of Cultures：Perspectives on the Quincentenary,” *American Historical Review* 99（1994）：478 – 503。

与发生了革命的非裔美洲人和土著美洲人研究相平行的是，其他两个生机勃勃的历史研究领域。第一个是妇女史，其相关研究促成了过去20年中历史研究途径的最激动人心和最富有意义的变化。[①] 第二个是对创世文化国家之外族群和移民历史的研究，在美国，那就是非英裔民族。[②] 多年来，美国的历史学者一直在称这些研究中发展出来的较为宏大的历史为“多元文化主义”（multicultural）。多元文化的历史的主要特征是包容性。历史重要性的主要标准不是政治权力、公共生活的显赫地位、社会－经济影响力或高度的文化成就，而是作为一个统一的文化实体而存在。当然，这一包容性范式直接对传统历史权力范式的许多方面提出了挑战。

新的多元文化主义的历史将走向何方，目前尚不清楚。尽管它源自撰写具有包容性的历史的强大冲动，但它已经表现出产生专门历史的倾向。历史学者们苦心孤诣地重建了每个群体的历史，但他们常常把各个群体当作自成一体的实体来研究，并由此撰写出它们各自的历史。与这些群体相关的整体历史倾向于成为独立群体历史的汇编，其更宏大的目的只不过是为每个群体提供一个历史空间。然而，如果仅此而已，在我看来，我们将满足于如此小的目标，并且从颠覆强者范式（the paradigm of the powerful）的雄心勃勃的目标倒退。

20世纪60年代表达出来的雄心壮志是：理解更宏大的历史世界是如何通过不同民族和文化之间的互动创造出来的。对此，近代早期大西洋新世界提供了一个很好的实验室。其中的预设是，土著美洲人、欧洲人和非洲人均卷入了一种竞争性的、持续的社会互动。任何保存下来并加以发展的方面是在任何特定情况下运行最佳的功能，也是在社会上最适宜的。这一路径的几个范例包括爱德华·布拉思韦特1971年出版的《（1770～1831年）牙买加克里奥尔社会的发展》[③] 和米克尔·索贝尔1987年出版的《他们一起创造

---

① 参见 Mary Beth Norton, “The Evolution of White Women's Experience in Early America,” *American Historical Review* 89（1984）：593－619。

② 参见 A. G. Roeber, “‘The Origin of Whatever Is Not English among Us’: The Dutch-speaking and the German-speaking Peoples of Colonial America,” in Bernard Bailyn and Philip D. Morgan, eds., *Strangers within the Realm: Cultural Margins of the First British Empire*, pp. 220－283; Maldwyn Jones, “The Scotch-Irish in British America,” in Bernard Bailyn and Philip D. Morgan, eds., *Strangers within the Realm: Cultural Margins of the First British Empire*, pp. 284－313。

③ Edward Brathwaite, *The Development of Creole Society in Jamaica, 1770－1820* (Oxford, *1971*).

的世界》[1]。后者的标题准确描述了研究近代早期大西洋世界的历史学者们的最大抱负。布拉思韦特建议采用“克里奥尔化”（creolization）这个概念作为工具，历史学者可借此研究非洲人和欧洲人适应牙买加新世界以及相互适应的方式，索贝尔则分析了18世纪弗吉尼亚文化的形成，在这个过程中，弗吉尼亚白人和黑人都做出了巨大贡献。

为了完成理解作为这种互动产物的近代早期美洲新世界的宏大计划，强调民族扩散的“大流散”概念和与“接触”相关的概念“遭遇”，暗示了一种短暂的情况，其本身可能还不够。尽管相对于认为近代早期大西洋历史是殖民或欧洲扩张的观念，它们属于一种进步，但两个概念都没有捕捉到作为那种历史的社会与文化形成过程的动态性和持续性特征。作为替代，一些学者开始使用“主宰”（mastery）、“谈判”（negotiation）和“交流”（exchange）等相关概念。“主宰”让人注意到在定义近代早期南、北美洲的文化空间时权力的极不平等。而暗示过程的“谈判”和强调结果的“交流”承认甚至强调那些具有较小正式权力的人在产成那种空间的交易和互动中的能动性，暗示那一过程的持续性。

然而，无论“主宰”、“交流”和“谈判”等概念如何有用，且这些概念的初步使用表明它们具有很好的前景，“大西洋”史的观念仍与较老但更加根深蒂固的“民族国家”历史（权力范式的支柱和主要残余）的概念冲突。创建或发现大西洋历史的计划不仅需要在一个广泛的跨越大洋的框架内考虑各种事件和发展，而且需要重新构思它们存在于其中的整个历史景观。在这一景观中，同时代的区域或文化相似性而不是最终成为某种尚未创建的民族国家的成员，应成为组织的主要标准。

然而，超越民族国家解释范式的目标并未达到，而且在实现那一目标的过程中，多元文化主义研究的发展助益并不大。如果说，多元文化主义研究以及建立在它之上的所有发展使我们远远离开了历史就是研究主宰性的社会群体的这个观念，那么它实际上也强化了民族国家的范式。那一范式与多元文化主义之间的惊人联系表现出几种使视野更加狭隘和导致时代错误的趋势。它对同一语系、文化和政治信仰体系中的土著美洲人以及曾经是同一民族文化扩展地区的殖民地进行了人为区分，这仅仅是因为它们最终没有加入

① Mechal Sobel, *The World They Made Together: Black and White Values in Eighteenth-Century Virginia* (Princeton, 1987).

同一个民族国家。它粗暴地将某些社会－文化实体的殖民地经历从其所属的同时代国家背景中抽取出来并将它们硬塞进与它们与之很少或并不存在同时代关联的地区早期史的不自然的关系中。它将注意力从对最后成为不同国家成员的非裔美洲人经历的共性的关注上移开。尽管我们已经成功摆脱了历史就是过去的政治的观念，但我们并未摒弃历史必须或应该以国家为单位进行组织的目的论观念（teleological notion）以及殖民地时期的“大流散”和“遭遇”属于前国家历史的看法。只要囿于民族国家的视角，那么多元文化主义者们就不可能完成颠覆和重塑权力范式的计划。

如果说历史研究距离1/4世纪之前我所认为的在世纪末能达到的阶段依然很远，那也许是因为我这样的人期待太高。我们应该对迄今为止历史学发生的变化感到高兴。在数百位历史学者、人类学家以及其他学者的细致研究和努力下，对产生于大西洋四个大陆上不同民族、政体和文化之间的交流的大西洋世界的一个构想越来越清晰并成为关注的焦点，而且我们对作为那一世界特点的复杂的统一性、差别和互动的理解也得到了丰富。尤其是，这种构想有助于将注意力集中于在近代早期新世界无处不在的非洲裔人口，集中于奴隶制在建设那些世界中的重要意义甚至在许多情况下的核心作用，集中于非裔美洲人在作为那些世界的特征的各种文化形成过程中的能动作用。

在约翰斯·霍普金斯大学，“大西洋历史与文化项目”后来成为一个富有活力的机构，先后由来自美国、非洲、拉美甚至欧洲的历史学者主持，持续了将近1/4世纪的时间。直到两年前，人类学家们开始负责管理这个机构，并按照人类学家的方式，使其实现全球化并加以改造，将其更名为全球文化、权力和历史研究所（Institute for the Global Study of Culture, Power, and History）。然而，大西洋研究焦点继续吸引着学者们。1995年5月，查尔斯顿学院（College of Charleston）——20年前，彼得·伍德（Peter Wood）向我们指出，该学院所在地就是美国黑人的爱丽丝岛（Ellis Island）——宣布建立低地地区和大西洋世界研究所（Institute for the Study of Lowcountry and the Atlantic World）。1995年1月，在美国历史学会的一次会议上，伯纳德·贝林报告说，甚至哈佛大学也已经决定要采取激进的步骤——至少对哈佛来说是激进的——建立一个大西洋史研究中心。

然而，那些致力于更宏大的大西洋视野的历史学者们在最终消除民族国家范式——权力范式的最后残余——对历史思维的控制之前，还无法安歇。

本文系应达林·克拉克·海因（Darline Clark Hine）和巴里·加斯帕（Barry Gaspar）之邀，于1995年春季撰写完成。1995年4月14日，在密歇根州立大学东兰辛分校（East Lansing）举办的主题为“大流散中的黑人比较史”的研讨会上作为主旨演讲发表。我想感谢小阿德尔·巴顿（Adell Patton，Jr.）和彼得·科尔钦（Peter Kolchin）对有关修改的建议。这里是首次发表。

（张聚国译，满运龙校）

国家形成、抵制与早期现代革命传统的缔造

一

1997 年在普度大学召开的西尔斯研讨会“1688 ~ 1824 年跨大西洋的革命传统”似乎是对两大历史趋势的反映。一个是较老的、迄今为止备受景仰但并不过时的对革命意识形态的兴趣，另一个是较新也更时尚的对大西洋周围历史发展的跨大西洋背景的兴趣。在伯纳德·贝林（Bernard Bailyn）、戈登·S. 伍德（Gordon S. Wood）、J. G. A. 波科克（J. G. A. Pocock）以及其他研究早期现代和启蒙时代政治思想史的学者们的开创性著作的激励下，在过去的 30 年，对革命意识形态的兴趣催生了大量但关注点较为狭隘的论著，它们分析了 17 世纪末至 19 世纪初用以支撑（或解释）革命和国族构建（nation building）项目的彼此冲突的意识形态。对大西洋研究与日俱增的兴趣至少可以追溯到 R. R. 帕尔默（R. R. Palmer）对 18 世纪末北美和欧洲革命的原创性跨大西洋比较研究，它使人注意到在更大的大西洋世界内部进行比较研究并揭示各种发展之相互联系的可能性。

但还有与理解早期现代革命传统的兴起和特征相关的第三种史学。这种史学产生于有关国家形成（以及在略小程度上有关国族构建）的新的论著中，在 20 世纪 90 年代初开始出现，此后快速发展。这种史学表明单一民族国家主要在 19 ~ 20 世纪得到发展，使人们注意到早期现代——可称为“前现代”（premodern）——国家和帝国极为不同的特征，注意到那些政体内部固有的结构张力，注意到 16 世纪中期至 19 世纪初大西洋世界若干地区那些张力与“革命”运动和传统之间的关系。梳理这些革命运动与传统的最重要的共同点和差异（它们既产生于这些革命运动与传统，又界定了这些革

命运动与传统)，是本文主要讨论的话题。本文提出，围绕国家与帝国性质的争论，应该将早期现代所有“革命”及其相关传统的主要基本问题串联起来。

二

近期有关国家形成的论著的一个核心结论是早期现代的政体与现代国家存在根本不同。正如查尔斯·蒂利(Charles Tilly)以及研究这一问题的其他学者们所指出的，欧洲组织为“少数的单一制一体化民族国家”相对来说是晚近的事情。蒂利写道:“民族国家，作为相对集权、差别化的自治性组织和在广阔相邻和明确划定的地区内得以声称具有使用武力优先权的实体，用了很长时间才主宰欧洲版图。”① 正如马克·格林格拉斯(Mark Greengrass)所指出的，1490 年，在欧洲向大西洋对岸扩张的前夕，“欧洲的政治结构”仍然“被多种地区性政治实体主宰”，它们的总数近 500 个，而且形成了“不同类型的[政治和宪制]传统”。它们包括“大型存在已久的国家、新的封地、王朝帝国、城邦、联盟”、代表着“世界普遍君主制理想”的神圣罗马帝国，以及声称掌握着全球范围内精神和世俗管辖权的教皇制度。②

早期现代国族构建的过程在葡萄牙、英格兰、西班牙、法国、瑞典和荷兰导致了第一批大型民族国家的创建。它以两种方式进行：一种是通过自愿协议，如王朝联姻、防御联盟；另一种是较为罕见的征服。它采用了两种主要形式：一种是“合并”(amalgamation)，如西班牙；另一种是“吸纳”(incorporation)，如英格兰(吸纳了康沃尔和威尔士)和法国(吸纳了图卢兹、香槟、布列塔尼、加斯科涅、勃艮第和佛兰德斯)。截至当时，君主们缺乏通过强制或行政手段实现中央集权一体化政体所必要的财政、行政和强制性资源。因此，无论如何实现兼并(coalescence)和采用何种形式实现，都必然涉及谈判，或蒂利所说的“国王与不同省份统治阶级之间的”讨价还价。正如 J. H. 埃利奥特(J. H. Elliott)所解释的，通过这些谈判达成的安排始终(即使在征服的情况下)确保了各省“习惯法和制度”的存续，

① Charles Tilly, *Coercion, Capital, and European States, AD 990 - 1990* (Cambridge, Mass: Blackwell, 1990), pp. 43 - 44, p. 224.

② Mark Greengrass, ed., *Conquest and Coalescence: The Shaping of the State in Early Modern Europe* (London: E. Arnold, 1991), vii, pp. 1 - 2, p. 3.

“允许地方继续实行高度自治”，并留给地方巨头相当大的权力。[①] 约翰·米勒（John Miller）评论道：“任何前现代政权的有效性，既取决于臣民的接受，也取决于君王的强制性权力。”[②] 结果是，确立起一种“复合君主制”（composite monarchies）或“多民族国家”（multinational states）制度，在这种制度下，如 H. G. 康尼斯伯格（H. G. Koenigsberger）所指出的，“组成部分的成立时间……始终早于它们的联盟”，“因此拥有不同的法律、权利、特权和传统”。米勒写道：“在这种多个管辖区内，存在多种法律，尤其是在那些法律基于习惯的地区，那些地区主要位于欧洲北部。”康尼斯伯格评论道，按照这种制度，“君主可以将一个又一个省份或一个又一个王国纳入疆域，并将其作为自己的省份进行统治，每个省份有不同的法律，拥有不同的权力”。[③]

这些新的国家实体将一些权力集中在中央政府的机构手里，同时将相当大的权力留给了边缘地区主要的权力持有人。“和平共处……取决于国王。他居于较大的王国，以自己习惯的方式统治［每个］……较小的王国。也就是说，他尊重统治精英的权利，尤其是在宗教事务上的权利，并且在缺乏一个有效的文官系统的情况下”，承认国家的“本地人统治权”（jus indigenatus），根据这种权利，只有各省的本地人才能被任命担任公职，并且国王“根据精英的建议、依靠与精英的合作管理国家”。[④] 复述埃利奥特的话说，这些复合国家因此建立在君主与他（她）的每个不同省份统治阶级之间的相互契约的基础上，这些契约表现出“对［现有的］法人社团结构（corporate structure）以及［各省］传统权利、特权和习惯的极大尊重”。[⑤]

这种“权力的分散”并不局限于省一级。在早期现代大多数殖民地若干个组成部分内部，主要的巨头要与各地方辖区和法人社团组织（corporate

---

① J. H. Elliot, “A Europe of Composite Monarchies,” *Past & Present* 137 (1992): 52 – 53, 57, 69.

② John Miller, “Introduction,” in John Miller, ed., *Absolutism in Seventeenth-Century Europe* (New York: St. Martin’s Press, 1990), p. 13.

③ H. G. Koenigsberger, “Composite States, Representative Institutions and the American Revolution,” *Historical Research* 62 (1989): 135 – 136; John Miller, “Introduction,” in John Miller, ed., *Absolutism in Seventeenth-Century Europe*, pp. 3 – 4.

④ H. G. Koenigsberger, “Composite States, Representative Institutions and the American Revolution,” *Historical Research* 62 (1989): 136, 143, 149 – 150.

⑤ J. H. Elliot, “A Europe of Composite Monarchies,” *Past & Present* 137 (1992): 57, 68 – 69.

groups）就其统治的条件进行谈判，即要与各地区、城镇、社区以及其他组织化的社会、经济和宗教群体及机构谈判。在这种谈判中，这些社团和地区性机构有效地以忠诚和资源换取法人社团特权（corporate privileges），以保障它们在各自势力范围内拥有广泛的自治权。[①]

埃利奥特写道，这种普遍的权利分配，通过确保每个省份享有“现有特权”和很大“程度的自治权”，使地方掌权者“没有迫切的需要去挑战现状”，由此“使即使是最专制和武断的联盟也能保持某种程度的稳定和弹性”。[②] 在17世纪中期之前，由于尚未形成完善的同意主权观念，因此复合君主制的特点是间接统治、协商和（至少在起初）碎片化主权（fragmented sovereignty）。

尤其是在早期现代的大多数时间中，这种类型的政体包含根本性的结构弱点。这种弱点集中于趋向集权化的向心力与趋向地方主义的离心倾向之间的内在张力。对面临对其政权的重大挑战（包括战争以及镇压宗教异端）的君主们来说，早期现代大多数政体松散而分权的特征构成了一个严重问题。15世纪末至19世纪初，无论是基于王朝、土地或宗教野心的进攻型战争，还是防御性战争，它们都是无所不在的。随着时间的推移，战争费用和规模逐步增加和扩大，需要巨大的财政资源支持。就此，君王们必须取得国家或各省代表机关的同意。荷兰历史学者马乔莱恩·C. 蒂哈特（Marjolein C. t'Hart）写道，新兴的欧洲民族国家“对其国内社会［和政治］环境来说仍然很微小”，但它们“在战争中发挥着核心作用”。[③]

面对动员越来越多的人力、战舰以及其他军用物资的需求，君主们对全国范围内各省庄园和地方治安官们的地方主义思想越来越不耐烦，对需要获得这种机构同意才能征收一切税收的各种本地法律、特权、权利和宪制制度嗤之以鼻。他们对这种情况做出的回应是：想方设法提高皇家权威，压服或越过阻碍其有效获得他们所需要的资源的各种障碍性地方和代表机构。米勒写道，他们竭尽全力要实现“一个更加强化的单一制国家结构，他们设想的联盟主要用于实现宗教、法律和税收的统一”。他们越来越把作为早期现

① John Miller, "Introduction," in John Miller, ed., *Absolutism in Seventeenth-Century Europe*, pp. 3 - 4.

② J. H. Elliot, "A Europe of Composite Monarchies," *Past & Present* 137 (1992): 57, 68 - 69.

③ Marjolein C. t'Hart, *The Making of a Bourgeois State: War, Politics and Finance during the Dutch Revolt* (Manchester: University of Manchester Press, 1993), p. 6.

代复合政体特征的“制度与法律的多元化”视为实现其“资源最大化和（其政体各个组成部分的）军事合作计划”的“无法容忍的障碍”。[①]

为了这些努力提供意识形态方面的辩护，君主们及其发言人阐述了一种后来被称为“专制主义”（absolutism）的意识形态。这种新兴的意识形态强调君王或君主的优越性。它利用国家与家庭之间的类比，强调国王作为各民族家长的角色以及作为他所主宰的政体的保卫者的职责，这些职责要求他为了追求整个国家的安全和福祉凌驾于国家的若干组成部分及其代表机构的特权和利益之上。这种意识形态还强调王位的宗教维度，强调君王神圣权利这一旧的观念以及君主的权力来自神授，这赋予国王“超越习惯性宪制和本地特权的权力”，而习惯性宪制和本地特权的权力恰恰是早期现代复合制国家的精髓。[②]

用米勒的话说，“由于沟通不畅和财政资源不足”，“人员较少和精通程度较低”，“将职位视为私人财产”以及“将本地利益置于第一位这一习惯根深蒂固”，“强化型单一制国家结构”的倡导者到处都遭遇了强大的抵制，因此他们的计划没有取得多少进展。代表机构和本地当局越来越善于“回避、阻挠和玩弄伎俩”。然而，国家集权化活动激起了普遍的对丧失民族、省和地方自由的担忧。正如埃利奥特所写的，从属性的王国和省份以及存在的中央代表机构将任何增强中央权力的步骤都视为“标新立异”。他们“对可能被解释为违反其法律的皇家官员的每个行动进行严格审查”，“尽可能”扩大和强化“宪制上的防御”。[③]

为了努力防御中央权力的这种入侵，法学家和各州各省“占据主导地位的社会和职业群体”的代表——“贵族和绅士，如城市贵族、律师、神职人员和学者”——投身“重新发现或发明习惯法和宪法”的计划。相应地，这些计划激发了对“法律和历史研究”的巨大“热情”，也激发起“对习惯法的巨大兴趣”。表现出这种兴趣的代表学者有荷兰的冯·威塞姆比克（van Wesembeeke）、法国的博丹（Bodin）和霍特曼（Hotman）、英国的柯

① John Miller, "Introduction," in John Miller, ed., *Absolutism in Seventeenth-Century Europe*, p. 4; J. H. Elliot, "A Europe of Composite Monarchies," *Past & Present* 137 (1992): 62 - 65.

② John Miller, "Introduction," in John Miller, ed., *Absolutism in Seventeenth-Century Europe*, p. 5.

③ John Miller, "Introduction," in John Miller, ed., *Absolutism in Seventeenth-Century Europe*, p. 17, p. 19; J. H. Elliot, "A Europe of Composite Monarchies," *Past & Present* 137 (1992): 62 - 63.

克（Coke）。他们的著作“不仅提供了对抗专制权力的新防线……而且有助于确立每个国家［或每个从属性的王国和省份］都有独特的历史和宪政认同的观点”，这种认同“建立在历史、法律和成就、某些共同的经历及共同的生活和行为模式的基础上”。将古代特权与国家和省的认同联系在一起的结果是对社会宪制基础的“新的阐释和新的意识”，更加强调政体的“宪制和契约性质”，以及更加坚持保留那些共同权利和自由。那些权利和自由体现在法令、习惯法、特许状以及成文和非成文宪法中，“保持在集体记忆中”，在各地构成各邦和各省独特认同的精髓。①

正如埃利奥特所指出的，这些认同所基于的“法人社团或民族的宪政主义”，既能“提供一个行动计划，也能为［抵制和］反抗运动提供理论辩护”。在16～17世纪发生的数次事件中（发生地包括16世纪60～70年代的荷兰，17世纪30～40年代的西班牙、法国和英格兰），这种宪政主义意识形态的倡导者对其权利和自由一再遭到侵犯忧心忡忡，认为他们共同的或民族社群的历史认同受到威胁，通过他们的代表机构表达不满，并最终对君主通过压制宗教异见、新的和“非法的”财政勒索或二者兼有的方式谋求国家权力而践踏他们的自由做出回应，撤回了其忠诚，领导了大规模的反叛或革命。②

在这些事件中，集权的反对者们对国家的结构性创新或者明确的国族构建计划都不太关心。对维护旧宪制秩序的焦虑有时会延伸到社会下层。这些早期现代的反叛时常引发民众运动，民众要求废除现有的贵族或法人社团特权，但他们大体上坚定地接受国家中掌握主导权力的人的领导。同样，尽管这些权力持有者几乎始终宣布要维护他们祖国（patrias 或 fatherland）的古代权利、自由和宪制，但他们相对来说不太关心对“国族”（那些共同地域、语言或政治实体的成员，拥有广泛共同性和爱国情愫的人们的集合体）的缔造或巩固。研究早期现代国家出现的学者们小心翼翼地对“国家形成”（state formation）和“国族构建”（nation building）进行了区分。他们坚持

① J. H. Elliot, “A Europe of Composite Monarchies,” *Past & Present* 137 (1992): 60 - 61; J. H. Elliot, “Revolution and Continuity in Early Modern Europe,” *Past & Present* 42 (1969): 48 - 50.

② J. H. Elliot, “Revolution and Continuity in Early Modern Europe,” *Past & Present* 42 (1969): 48 - 49, 54; J. H. Elliot, “Revolts in the Spanish Monarchy,” in Robert Forster and Jack P. Greene, eds., *Preconditions of Revolution in Early Modern Europe* (Baltimore: John Hopkins University Press, 1970), p. 119, p. 126.

认为，尽管这两个过程可能会重合，但是它们是独立的，而且分析起来是不同的，后者常常是前者冲突的非预设结果。无论如何，正如埃利奥特在近 30 年前所指出的，“在 16 ~ 17 世纪，人们对祖国（patria）的概念是有疑虑和不确定的。这个单词很可能更经常用来”指“一个地方而不是一个全国性社群；即使表示全国性社群，它获得的忠诚也是不牢靠的”。对“祖国”的关注在政体的分离主义反叛中最为明显，苏格兰、加泰罗尼亚（Catalonia）、葡萄牙等政体作为“历史、民族和法律实体”，具有长期和相对较新的经验，它们始终怀疑它们所属的复合君主制中占主导地位的伙伴的意图。[①]

早期现代反叛的领袖们非常“迷恋‘复旧翻新’（renovation）——回归旧的习惯与特权以及旧的社会秩序”。他们的主要目标是维护宪制传统，抵制君主及其大臣所代表的中央国家的要求。这一传统有时与宗教、语言或族裔共性密切相关，但埃利奥特坚持认为，它总是“与赢得统治民族的大多数更加密切相关，这一点超过其他原因，包括宗教”。在早期现代欧洲，“最初由宗教抗议或地区不满点燃的”反叛，通常与一种“特权阶级的宪政主义”意识形态结合在一起。[②]

三

这一总体模式体现在 16 ~ 17 世纪欧洲所有大规模反叛和革命上。16 世纪 60 ~ 70 年代“尼德兰造反”（Netherland Revolt）可以说是第一次伟大的革命，提供了一个范例。尼德兰由 17 个不同的省组成，尽管处于哈布斯堡王朝的统治下，但直到 1548 ~ 1549 年才建立正式的联盟。尽管各省在 16 世纪中期开始参加一个共同的等级大会（Estates General），但它们本质上实行自治，而且大多数拥有自己的省级代议制会议。许多城镇和地方公司也享有自治特权，这些特权基于“由城市、行会、同业公会、牧师和贵族从中世纪末期统治尼德兰的帝国君王、诸侯、公爵和伯爵那里获得或强取的各种特

① J. H. Elliot, “Revolts in the Spanish Monarchy,” in Robert Forster and Jack P. Greene, eds., *Preconditions of Revolution in Early Modern Europe*, pp. 114 – 15; J. H. Elliot, “A Europe of Composite Monarchies,” *Past & Present* 137 (1992): 64.

② J. H. Elliot, “Revolution and Continuity in Early Modern Europe,” *Past & Present* 42 (1969): 44, 51 – 52.

许状”。正如马丁·范盖尔德仁（Martin van Gelderen）所言，这些由省、地方和法人社团享有的特权，既“限制了中央权力”，也支持“各省、市镇和低地的居民”“参与决策过程的要求”。[①]

当西班牙国王菲利普二世在16世纪60年代成为这些省份的君主时，他对它们宗教上的异端邪说及其具有分裂倾向的自治感到震惊，他把等级大会和各省的等级（estates）视为对皇权的严重威胁。16世纪60年代，他和他的军事总督阿尔巴伯爵（Duke of Alba）追求“疯狂的正统宗教”政策“及其逻辑结论”，由此激起了“各省的反抗精神”。菲利普二世和阿尔巴通过一处特别的宗教裁判所实施其政策。许多低地省份和地方认为“异端审判官越来越频繁的活动对其自治和特权尤其是只能由镇里的市政官法庭（Court of Aldermen）审判的权利构成严重威胁”，他们极力反对这些政策。16世纪70年代，菲利普二世及其代表建议征收系列新税，进一步激怒了本地要人和代议制机构以及等级大会和各省等级。他们认为未经他们同意，菲利普二世无权征税。“意识到自己的财政和机构力量”，他们与王国的大贵族们团结一致，组织全国性运动反对”这些政策。在后来的斗争中，大省荷兰（Holland）和泽兰（Zeeland）于1572年“发动暴动，获得了其他五个北方省的支持，暴动的最终高潮是”1581年国王放弃了尼德兰，使其在16世纪90年代在事实上独立于西班牙。西班牙在1648年通过《威斯特伐利亚和约》（*Treaty of Westphalia*），最终“承认联合省（United Provinces）或荷兰共和国成为独立国家”。[②]

因此，用杰弗里·帕克（Geoffrey Parker）的话说，“地方特权防范新的中央权力的侵犯”是荷兰造反的“主要原因”。“菲利普二世及其大臣们采取的‘新政策’对其法人社团‘自由’构成的威胁”——“西班牙驻军”、国王下属的控制、“一个特别的宗教裁判所积极迫害异教徒”、新税收的威胁——将“各省以及各省内的不同社会群体”团结在一起。同样的威胁催生了丰富的抗议文学作品。范盖尔德仁解释说，菲利普二世的反对者通过一部又一部小册子详细阐述了一种复杂的反抗意识形态。他们声称“数个世

① Martin van Gelderen, ed., *The Dutch Revolt* (Cambridge: Cambridge University Press, 1993), xii - xiv.

② James D. Treaty, *Holland under Habsburg Rule, 1506 - 1566: The Formation of a Body Politic* (Berkeley and Los Angeles: University of California Press, 1990), pp. 2 - 3, p. 8; Martin van Gelderen, ed., *The Dutch Revolt*, xii.

纪以来荷兰人民……一直崇尚和珍惜自由”，认为荷兰的政治秩序“最初建立时深思熟虑的目的是保护自由”，实现这一目的“靠的是”由各省、城镇和其他法人团体的“一套基本法、特权、权利、自由和旧的习惯构成的宪制框架”“以及（作为这种古代宪制遗产捍卫者的）一些机构尤其是国家”。在他们看来，荷兰人“最卓越的价值观”是自由，它是“‘尼德兰的女儿’，是繁荣和正义的来源”。他们反复强调“国家的自由与居民个人自由和福利之间的固有联系”。①

这种反叛的意识形态强调荷兰各省共同的宪制传统，以及团结一致反对菲利普二世集权野心的意义，它利用了“对局外人本能的反感”，这有助于激励早期现代欧洲许多反对中心的省级叛乱。“尼德兰革命”带来了民族自由抱负的实现以及一个全国性共和国的建立。由此确立的全国性议会以位于海牙的等级大会为核心。然而，短期看来，这未能促成具有至高无上的民族意识的荷兰民族的发展。由于“荷兰共和国一体化程度较弱”，民族感情“就低地国家的历史来说相当有问题”。“各镇和各省的所有‘特权’或‘自由’”实际上先于“国家”而存在；正是因为如此，“地方的忠诚……被顽强地维护着”，而且“特殊主义（particularism）比爱国主义更强势”。确实，反叛似乎实际上“强化了离心倾向，复兴了之前社群的权力和特权”，并因此“强化了边境和边界，使将荷兰人‘视为’一个民族变得极为困难”。而这种“文化碎裂”（cultural fragmentation）的情况并未出现快速的变化。“尽管荷兰存在许多旷日持久且费用高昂的战争，尽管在 17 世纪占据霸权地位，也尽管在军事组织和金融方面具有高超的技能”，蒂哈特写道，海牙（“等级大会 7 个省份的代表开会的场所”）并未对各省施加“强大的结构”，所以直到法国大革命，荷兰一直是一个组织松散的联邦共和国。②

17 世纪中期法国“投石党运动”（Fronde）遵循了一种类似轨迹，产生了一种类似的意识形态。尽管法国可能是 17 世纪欧洲最成功的专制国家，但它一直是复合君主制，国王与各种人民和机构共享权力，具体包括：“国

---

① Geoffrey Parker, *The Dutch Revolt* (Ithaca: Cornell University Press, 1977), pp. 13 – 14; Martin van Gelderen, ed., *The Dutch Revolt*, xiii, xvii – xviii, xxxii.

② Martin van Gelderen, ed., *The Dutch Revolt*, xxiii; Marjolein C. t'Hart, *The Making of a Boureois State: War, Politics and Finance during the Dutch Revolt*, pp. 5 – 6; Geoffrey Parker, *The Dutch Revolt*, pp. 13 – 14; J. H. Elliot, "Revolution and Continuity in Early Modern Europe," *Past & Present* 42 (1969): 48 – 49.

家和各省的王室和公爵家庭”“三级会议行省（pays d'états）的议会”“城镇中的市议会和行会”“乡村领主（seigneur）”“整个王国的教会”“让君王有偿债能力的财政大臣”。当马萨林枢机（Cardinal Mazarin）想当然认为法国是一个统一的国家的时候，他未经协商就“专断”而“非法地”采取行动。本地掌权者谴责大臣们“非法（进行）宪制创新”。他们援引法律、“特权、传统和无数先例”为其抵制做辩护，坚持认为，如果大臣们能“回到传统的统治方式，一切就会好起来”。①

四

17 世纪英国几场伟大革命——与 17 世纪 40 ~ 50 年代的英国内战和王位空位期（Interregnum）有关的那场革命以及 1688 ~ 1689 年“光荣革命”——的模式是“尼德兰革命”，“投石党运动”以及 17 世纪 40 年代在加泰罗尼亚（Catalonia）、葡萄牙、西西里和那不勒斯发生的反对西班牙君主制的几次暴动（其中只有葡萄牙的革命成功了）中表现出来的模式的重要变种。与尼德兰、法国和西班牙相比，英格兰已经在都铎王朝时期发展起许多统一民族国家特有的政治行政、社会和文化制度。如约翰·莫里尔(John Morrill）所评论的：

> 托马斯·克伦威尔（Thomas Cromwell）在 16 世纪 30 年代所做的事情是创建了英格兰的“统一疆域”，收并了帕拉丁（Palatinates），废除了［许多本地省份的］自由权，确立了皇家政令通行天下的地位，在政府的中心建立起一个真正的枢密行政机构，确立起由乡村法庭和行政办公室取代贵族家族处理政府事物的特色制度。1536 ~ 1543 年的改革使爱尔兰的英格兰人（Cambrian Englishries）和威尔士人（Welshries）的法律和社会制度得以系统化和标准化，也使威尔士因为一切政府之目的成为英格兰的一部分。②

① Roger Mettam, “France,” in John Miller, ed., *Absolutism in Seventeenth-Century Europe*, pp. 43 - 51 - 52. See also Orest Ranum, *The Fronde: A French Revolution* (New York: Norton, 1993).

② John Morrill, “The Fashioning of Britain,” in Steven G. Ellis and Sarah Barber, eds., *Conquest and Union: Fashioning a British State, 1485 - 1725* (London: Longman, 1995), p. 22.

通过这些举措，都铎王朝的君王们扩大了“国王的职能和权力”，并实现了“专制主义的许多目标，首先是不必诉诸专制方法也［不必］牺牲地方自治的传统自由，即可获得征战的一切资源”。[①]

然而，1603 年统治英国的斯图亚特王朝“对于君主制有较为专断的观点”。国王及其大臣服膺于正在出现的专制主义思想体系，并推动其发展；他们强调王位的神授性质，王室特执权优于宪制特免权和自由权，以及国家行为中国家之要务处于支配地位。他们比前辈们更加广泛地利用特执权法庭，尤其是星室法庭（Court of Star Chamber），未经正当程序监禁人民。他们极力“打破只有取得议会同意才能征税这一事实强加的财政‘紧身衣’”，“未经议会同意横征暴敛”。米勒写道：他们对特执权法庭的利用“似乎危及个人自由”，他们未经议会同意就筹款的行为似乎“危及议会的未来”。[②]

正当斯图亚特王朝的发言人极力为王权的这种扩大辩护的时候，英国法学家和其他政治领袖与作家们与几十年前的荷兰同类人一样，诉诸“古代的”政治和宪制传统。在这个过程中，他们对后来学者们称之为政治思想的英国法学传统进行了详细阐述。这种传统强调法律对于限制王权的作用。对于法律，这种传统的倡导者们不仅指议会的制定法，而且尤其指习惯法——英国法律制度运行数个世纪产生的习惯和司法裁定的复杂集合。习惯法可能体现了几个时代的集体智慧，在这一传统的阐释者们看来，它是英国人众所周知的生命、自由和财产安全权的主要保障。保障的工具有陪审团审判的权利、人身保护令、正当法律程序和代议制政府。

这种传统可以追溯至英国宗教改革之前。这一传统基于约翰·福蒂斯丘爵士（Sir John Fortescue）的《英格兰法律评赞》（*De Laudibus Legum Angliae*，大约写于 1470 年，英国法律界对其早已非常熟悉，但直到 1616 年才出版）等古老著作。17 世纪初期，那个时代最杰出的法官和法律思想家通过一系列著作对这一传统进行了全面论述。其中最为突出的是首席大法官爱德华·柯克爵士（Sir Edward Coke）的著作。1628～1644 年，他的《英格兰法律原理》（*Institutes of the Laws of England*）在伦敦以四卷本形式出版，

---

① John Miller, "Britain," in John Miller, ed., *Absolutism in Seventeenth-Century Europe*, p. 195.

② John Miller, "Britain," in John Miller, ed., *Absolutism in Seventeenth-Century Europe*, p. 198, p. 204, p. 206; John Miller, "Introduction," in John Miller, ed., *Absolutism John in Seventeenth-Century Europe*, p. 14.

后来反复再版，成为早期现代英国法学传统的主要基础。

这一传统代表确立法律与宪法的限制作用，以确保生命、自由和财产安全，抵制斯图亚特君主制追求的扩张王权的努力。于是，他们发明了“古代”英国宪法的传统，这种传统甚至先于普通法本身出现并通过普通法表现出来。公共领袖诉诸这种传统，为增加议会职能，使其保护人民权利、防范国王的专制政府辩护。[①] 尽管英王经常忽略或违背宪法，柯克及其同事们却坚持认为，这一古代宪法提供了英格兰“合法”政府的框架。英国法学著作者们认为，这一古老宪法，由各种可以追溯至《大宪章》和古代萨克森时代的箴言、先例和原则组成，包括免于专制政府的自由、正当程序、陪审团审判以及未经同意不得征税，其一度成为英格兰一切征服性权威的基础，将英王的自由裁量权或“意志”限定在它所表达的更窄的、根本的或自然法规定的范围内，尤其是避免英王撇开议会进行统治。

从这一传统提供的视角来看，截至1649年查尔斯一世的整个统治似乎涉及“对英国自由和宗教的系统攻击”,[②] 议会与英王之间围绕后者未经议会同意征税的冲突，在英国造成了一个重大宪制危机，随后导致内战发生，1649年查尔斯一世被处死，建立起奥利弗·克伦威尔（Oliver Cromwell）领导的共和制度。米勒写道：英国议会的拥护者们在“拿起武器保卫传统秩序、抵制专断征税和宗教上的标新立异之后”，发现“议会的激进支持者们[在伦敦街头、新模范军（New Model Army）内、平等派以及分离派中间]”提出的选举改革、经常性选举的建议以及平民主权的要求，对他们声称要维护的传统秩序构成了严重挑战，这种挑战在一些人看来，“激起了对无产者完全征用有产者财产的恐惧”。[③]

对这种发展的恐惧是与斯图亚特家族和解并在1660年恢复君主制背后的根源。但新的政权不仅涉及重新确立君主制，而且涉及对英国长期以来因之闻名的建立在同意基础之上的统治模式的再确认。与前两位斯图亚特国王相比，查尔斯二世接受了他的政权不仅依赖议会的同意而且依赖地方同意的事实。不是职业治安官，而是“地方社区的主要成员、乡绅或城市显

---

① See J. G. A. Pocock, *The Ancient Constitution and the Feudal Law* (Cambridge: Cambridge University Press, 1987).

② John Miller, “Britain,” in John Miller, ed., *Absolutism in Seventeenth-Century Europe*, p. 208.

③ John Miller, “Britain,” in John Miller, ed., *Absolutism in Seventeenth-Century Europe*, p. 199.

贵——基本上是平民院的那些人”执行法律，处理地方的行政事务。由于“各省职业官员很少”，且中央的职业官员也不多，英王别无选择，只能依靠不拿俸禄的官员在边缘地区维护王室法令。[①]

1679～1680年，公开的天主教徒詹姆斯二世在辉格派和不信奉国教者（Dissenters）发动的一场激烈运动中未被赶出王位继承范围，之后于1685年继承了王位，他的“行为造成对王权全面扩大和议会平民院受到阉割的担忧”。为了对排斥他的运动做出回应，查尔斯二世及其托利派支持者们在17世纪80年代初期采取了各种专断措施，包括直接攻击辉格派和不信奉国教者控制的各地，包括伦敦、许多郡内城镇以及新英格兰的殖民地，通过普通诉讼法院（Court of Common Pleas）针对它们的特许状发起责问令状（quo warranto）。詹姆斯二世不仅沿用了这些举措，而且如路易斯·施沃厄尔所解释的，强化了他的兄弟近期将法庭转变为王家意志的工具的努力，手段包括任命他能控制的法官进入法庭、随英王的喜好限制司法任期、影响陪审团的选择。他还摒弃了歧视天主教徒和不信奉国教者有关宗教的法律。詹姆斯二世比斯图亚特其他国王“对旧宪制进行了更为全面和激进的攻击”，他“对法律的滥用引起了对17世纪30年代令人不快的回应”。英格兰古代宪法的新一代倡导者诉诸并扩大了柯克以及17世纪早期其他法学思想家们仍然充满活力的思想，将其努力描绘为通过使法律失去确定性，使议会从属于王室特执权，从而“确立专制主义……邪恶意图的一部分”。正如施沃厄尔，指出的，这种意识形态为在1688～1689年“光荣革命”期间替换詹姆斯二世提供了辩护，并决定了革命意识形态的主要声明《1688年权利宣言》（*Declaration of Rights of 1688*）是“对现有权利的保守重述”（施沃厄尔并不赞成这一描述）。[②]

因此，如米勒所言，“光荣革命”使“英格兰明确摆脱［王室］专制主义”。它制止了行政部门对司法部门和法治的干预，严重限制了英王在英国本土对特执权的使用，并通过将议会提高到与英王平起平坐的地位，确保英国人的权利或1707年之后英国国家不会处于“君王不加限制的控制之下”。

---

① John Miller, “Britain,” in John Miller, ed., *Absolutism in Seventeenth-Century Europe*, p. 202.

② John Miller, “Britain,” in John Miller, ed., *Absolutism in Seventeenth-Century Europe*, pp. 211－214; Lois G. Schwoerer, “Law, Liberty, Juries, and the Bill of Rights, 1689: English Transatlantic Revolutionary Traditions,” in Michael A. Morrison and Melinda Zook, eds., *Revolutionary Currents: Nation Building in the Transatlantic World* (Lanham, Md.: Rowman & Littlefield, 2004), p. 49.

1688 年英国财政 - 军事国家进行大规模扩张期间，英王和议会成为平等的伙伴。在“议会的积极支持下，英国在武装部队和税收（首先是货物税）方面成为欧洲在技术上最为熟练（也是受到密切监督的）国家”。①

尽管国家权力了出现这种扩大，但英国人坚持“用法律保护‘消极自由’(negative liberties)，防范政府”。确实，正如劳伦斯·斯通（Lawrence Stone）所指出的，“光荣革命”及其在 17 世纪 90 年代和 18 世纪初的余波有效遏制了中央对地方权力的大多数侵犯。议会和地方政府维持了它们长期以来的地位，“被掌握在思想独立的乡绅和贵族手里。他们中的大多数人深深地怀疑军队，憎恨税收，坚持由他们自己控制地方政府的方方面面，包括动员人力以及评估和征收税收。而且，像东印度公司这样强大的私人公司几乎像一个微型国家一样运作，拥有自己的大型部队”。斯通写道：“权力当然从中心流出，但其流动只有经过本地的独立渠道才能到达所有人口。”用斯通的话说，18 世纪英国国家拥有“一种独特的分权式政治制度。在此制度下，地方政府运作、执法、收税、监督民兵、武装部队征兵等都依靠有土地的本地业余绅士和牧师的自行定夺和他们的忠诚履职，由他们代行治安法官、税收官以及地方民兵上校等的职责”。近期研究表明，这种权威和权力的下放“随着那个世纪的消逝而扩大，而”议会通过制定法令将“越来越多的责任……移交给地方资源机构”。英国设法增加了税收并增强海军和陆军的军力，但并未丧失“其议会对财政的控制、对分权式政府的控制及自由和保护财产的意识形态”。尽管斯图亚特王朝努力将英国转变为权力集中在皇家君王手里的单一制国家，但法治、须经立法机关同意和分权式政府的传统被保留了下来。②

如 16 世纪的“尼德兰革命”一样，英国 17 世纪的革命是代表古代特权的革命，表达了地方共同权利和个人权利的意识形态。它们重申了构成全国性国家的古代地方的完整性，甚至扩大了其管辖权，并由此产生了一种全国性政治制度，其特点是权威的广泛分散，这是早期现代欧洲国家的特征。尽管它们强调并表现出强烈的英国民族独特性意识（在革命之前的

---

① John Miller, "Britain," in John Miller, ed., *Absolutism in Seventeenth-Century Europe*, pp. 214 - 216; John Miller, "Introduction," in John Miller, ed., *Absolutism in Seventeenth-Century Europe*, p. 14.

② Lawrence Stone, "Introduction," in Lawrence Stone, ed., *An Imperial State at War: Britain from 1689 - 1815* (London: Routledge, 1994), p. 5, pp. 7 - 9.

几代人中得到了充分表达,[1] 强调英国法律和自由制度的独特性),并强调拥有陪审团和议会这种建立在同意基础之上的制度、让国王从属于法律的传统和笃信正当的法律程序,但英国的几次革命并未将公民参与的全部权利扩大到更广大的人民,革命之后的英国/不列颠国家继续被拥有财产的独立阶级控制。鉴于此,英国革命如尼德兰革命一样,并未推动确立"国族"(nation)是主权的驻所(repository of sovereignty)和单一制国家的基础这一包容性思想。

五

尽管"光荣革命"使英国免于遭受专制主义的集权式扩权,但它对英国殖民地的启示意义不大。美国革命发生在构成早期现代帝国的多个殖民地中的少数几个殖民地,而该帝国,就像它所属的国家一样,也如早期现代欧洲在美洲的所有帝国一样,特点是间接统治,分散的权威,不成熟的帝国主权理论以及宗主国中心有限的财政、行政和强制性资源。后来被称为"英帝国"的新的跨大西洋扩伸政体(new extended transatlantic polity)不具备权力从一个外部的帝国中心下放至新的美洲边缘地区的特点。相反,该帝国的权威经过了两个阶段完成了从边缘地区向外部进行构建。第一阶段涉及在美洲通过殖民冲动参与者的活动,创建了地方和个人权力的新的竞技场。第二阶段涉及通过这些拓殖者权力的新的竞技场与位于中心的宗主国代表之间的谈判实际确立权威。位于中心的宗主国的代表们希望将拓殖者的权力竞技场纳入其管辖权范围内,后者也希望依附中心。

因此,在整个早期现代的英属/不列颠美洲,参与殖民过程的英国裔以及其他欧洲裔独立个体仅参与了可被描述为一个深刻而普遍的个人自我赋权(individual self-empowerment)的过程,而这一发展导致大量获得赋权的拓殖者强烈要求将他们来源政体内掌握权力的地位高的独立财产持有人所享有的财产与公民参与权扩大到各殖民地。在他们看来,殖民地政府,如宗主国政府一样,应保证对他们那种地位的人的统治不能不跟他们协商,也不能采用

---

① See Richard Helgerson, *Forms of Nationhood: The Elizabethan Writing of England* (Chicago: University of Chicago Press, 1992); Liah Greenfeld, *Nationalism: Five Roads to Modernity* (Cambridge, Mass.: Harvard University Press, 1992), pp. 27 – 87.

明显侵犯其利益的方式。

由于缺乏财政和强制性资源以及宗主国不愿为帝国之目的花钱，拓殖者的期待必然意味着早期现代英帝国的权威不会集中在中心，而是在中心与边缘地区进行分配。更为具体地说，这些情况意味着宗主国政府缺乏单方面在遥远的边缘地区执行其意志和权威的手段；意味着中心对英帝国的指导性作用是最小限度的；意味着宗主国在各殖民地的权威建立在同意的基础上，并在很大程度上取决于各殖民地的意见；意味着在遥远的殖民地政体中，有效权力被牢牢掌握在殖民地政府和地方政府（这种政府具有广泛的参与性）手里，被稳固地掌握在大批基础广泛的、在本地持有财产的拓殖者阶级手里。因此，早期现代的英帝国是一个建立在同意基础上的帝国，由基本上自治的政体之间的松散联盟组成，在这种政体中，权威和有效权力在中心和边缘地区之间得到了分配。什么是合法的、什么是符合宪法的，不是由法令来确定，而是由谈判来决定。英帝国的统治突出反映了对广泛的赋权以及土地持有者阶级共同权利和个体权利的高度尊重，它像英国内部的统治一样，在殖民地的作用是维护殖民地赖以立足的赋权、自由和财产。①

从之前的政治革命的角度看，在这个特殊的帝国内这些特殊的社会发生的美国革命并无什么独特之处。② 像那些革命一样，它并非内部社会、宗教或政治紧张的结果。尽管南部和中部殖民地与新英格兰更加富有，而且尽管“七年战争”期间高昂的军事开支为一些殖民地带来了短期的经济问题，但在独立革命前夕它们都普遍富有。在整个 18 世纪 60 ~ 70 年代，各殖民地继续进行领土扩张，经济和人口增长，社会制度进一步完善。这是它们长期以来的特点。如早些时候的那些革命一样，美国革命主要是殖民地所属的中央国家巩固帝国努力的结果。在 18 世纪 40 ~ 50 年代，随着宗主国官员日益认识到了各殖民地对不列颠的繁荣和国力不断增长的经济和战略重要性，他们越来越担心宗主国权威将变得薄弱以及各殖民地广泛的自治可能让殖民地脱离帝国。

---

① Jack P. Greene, *Peripheries and Center: Constitutional Development in the Extended Polities of the British Empire and the United States, 1607 – 1788* (Athens: University of Georgia Press, 1986), 更详细论述了这个问题。

② 这里所提出的观点在如下文献中得到了更全面的分析：Jack P Greene, “Empire and Identity from the Glorious Revolution to the American Revolution,” in P. J. Marshall, ed., *The Eighteenth Century*, vols. 2 of William Roger Louis, ed., *The Oxford History of the British Empire* (5vols., Oxford: Oxford University Press, 1998 – 2001), pp. 208 – 230。

在这种担忧的驱使下，并且由于一种将在19世纪风行的新帝国秩序感的产生，他们采取了一系列措施。这些措施的总体效果是：英帝国长期以来松散的联邦式政体转变为一个权威明显掌握在中心的强化型单一制政体。这些措施直接挑战了各殖民地对其本地事物的自治权。这些措施让各殖民地服从拓殖者并未同意的法律以及其他指令，对拓殖者声称的英国认同提出质疑，而英国认同的核心要素是殖民者作为不列颠人有资格享有不列颠人的传统权利。不足为奇的是，这些措施立即成为H. G. 康尼斯伯格所说的“反叛、镇压和战争的导火索”。[①] 它们被各殖民地获得赋权的大多数拓殖者解释为要使他们服从一种更具侵入性的帝国秩序，由此引发了其对殖民地本地共同权利的强大保卫，以及越来越强烈地要求宗主国明确满足拓殖者对英国人的自由权以及与其权利联系在一起的那些英国人的认同的要求。

当然，“光荣革命”之后，大不列颠内部统治的变化使这种争吵更加复杂。康尼斯伯格最近借用中世纪英国法律理论学家约翰·福蒂斯丘爵士的方法对近代欧洲的复合君主制进行了分析。福蒂斯丘区分了两种政体：“王治政体”（dominium regale），其中“统治者不经臣民的同意就对臣民进行立法和征税”；“政治与国王共治政体”（dominium politicum et regale），其中“统治者需要得到同意”且那种“同意通常由代议制会议给出”。1688年之前，英国人实行的是一种“政治与国王共治政体”。但“光荣革命”及其后续发展将那种政体转变“为一种截然不同的议会制政府……在这种政体下”，“作为两个基本独立权威的君王和议会之间的平衡不再存在”。康尼斯伯格令人信服地指出：作为英国国内主权的驻所，君临国会（King - in - Parliament）如今成为“一个专制主义的议会制度”，而各殖民地以及爱尔兰保留了“政治与国王共治政体”。议会在18世纪60年代对各殖民地直接征税但殖民地拒绝同意这种征税，这尖锐地提出了一个根本性的理论问题，即如何协调君临国会与殖民地根据其长期“对政治与国王共治政体的经验而提出且”产生于截至那时对享有不列颠式统治形式的不列颠民族认同的古老要求这一“自由神话”中的限制宗主国政治权力的要求。正如康尼斯伯格所指出的，在这种情况下，殖民者必然“被迫诉诸由拥有平等的权利且

---

① H. G. Koenigsberger, “Composite States, Representative Institutions and the American Revolution,” *Historical Research* 62 (1989): 147, 151.

仅对英王拥有共同忠诚的邦国组成的复合君主制”。[①]

拓殖者对这些新措施的强烈抵制以及拓殖者要求的尖锐性，伤害了宗主国的自尊，引发了宗主国的反击和宗主国至上的盛气凌人的断言，这种断言暗示殖民者远非真正的不列颠人，只是一种“他者”，其品行低劣、周围环境野蛮，对非洲奴隶的野蛮和残酷行为使其在文明标尺上仅稍微高于他们所取代的美洲当地土著人或他们生活于其中的非洲人。这种态度强烈地表现在基础深厚且广泛的拓殖者怨恨和1774～1775年的抵抗以及1776年的独立上。因此，美国革命应理解为拓殖者的反叛，它是对宗主国一方面似乎对拓殖者本地事务控制权构成挑战，另一方面回绝了拓殖者获得英国人认同要求的直接回应。就此而言，它完全符合尼德兰和英国的早期现代革命早些时候表现出来的模式。

在摒弃君主制和与不列颠的联系并采取共和制度的过程中，拓殖者反叛运动的领袖们不需要领导英属美洲殖民地的居民在1607～1776年建立的激进政治社会中进行大规模的，更不用说是激烈的转变。[②] 在每个州，特殊的社会、宗教、经济和政治紧张塑造了革命发展的进程。确实，这些地方紧张基本解释了各州之间革命经历的巨大差异。在殖民地时代末期，在存在滥用行政权力、司法或文官腐败、代表权不平等、国立宗教遭到攻击或其他政治问题的任何地方，新的共和制邦国（州）的宪法或之后的法律都努力解决那些问题。在1764年之后对英帝国宪法性质的广泛政治辩论增强了政治意识的背景下，州宪法的缔造者们也进行了一些有限的试验，改良了他们现有的政治制度。1764年之后，尤其是在1775～1776年普遍的政治动员中，在许多州这造成了立法席位和公职的增多以及政治领导权的下移，使财产数量可观的更多拓殖者在公共领域发挥了积极作用。然而，除极少数情况外，殖民地末期政权领导者在实行共和制度之后仍然保留了权力。他们在1776年及随后确立的共和制度极为类似他们取代的社会政体。

在各个地方，政治权力掌握在现有拓殖者中居主导地位的群体手里。如在殖民地时期一样，作为各殖民地团结一致抵抗宗主国进攻而建立联盟的不经意后果，所建立的中央政府力量很弱。即使在18世纪80年代末期制定联

① H. G. Koenigsberger, “Composite States, Representative Institutions and the American Revolution,” *Historical Research* 62（1989）：136，149，150，152.

② 相反观点参见 Gordon S. Wood, *The Radicalism of the American Revolution*（New York：Knopf, 1992）。

邦宪法加强了全国政府统治之后，有效权力在随后的一个多世纪中仍然掌握在各州手里。在所谓的“1800 年革命”中，托马斯·杰斐逊的当选有效遏止了在 18 世纪 90 年代创建一个强化型单一制民族国家计划中的全国化和中央化趋势。至少在另外一个世纪中，省或州的认同一直比大陆或美国的认同更强大，而后者在 18 世纪 60 ~ 70 年代开始增强。在州和地方一级，政府一直是拓殖者实现愿望的工具。尽管它具有更为广泛的参与性，但它建立的基础是公民（仅限那些独立的人）的能力和平等是有限的。战争的迫切需要刺激了公共领域的大幅扩大。至少在最早的几十年，共和政府比殖民地政府更加“咄咄逼人”。然而，拓殖者领袖们继续偏好耗费少且较小的政府。如在殖民地时代一样，他们维持较小的官僚机构，谨慎地资助公共工程。如殖民地时期的政体一样，这些共和政体在各地继续成为占据主导地位的拓殖者阶级的工具，主要关注维持有秩序的社会关系、伸张正义，最重要的是保护私有财产。

新的共和政权也并未领导大规模的社会重建。在私人领域，对幸福的个体家庭的追求始终是核心的文化活动。社会秩序继续保持开放，社会关系从根本上说仍然是平等的，财富始终是社会地位的主要标准，雄心勃勃的精英们不断谴责那些拥有较少财富的人对他们缺乏尊重。由于对积聚私人财富没有限制，社会差别不断加大。尽管经常侵犯私人财产（虽然常常是无意的），但共和制下州拓殖者政权继续重申私人财产的神圣性。土地所有权得到保障，除了那些反对独立革命的人外，他们中的一些人的土地被没收并出售以支付公共开支。除土地外，从整体上说，奴隶是各州最有价值的财产形式。尽管在 1760 年之后出现了声势浩大的反奴隶制运动，但奴隶制在每个州都保留了下来，在这些州，奴隶制保存了其经济活力，代表巨大的投资。实际上，奴隶制存废的决定，如新的美国各州的其他问题一样，属于地方自行做出选择的问题。

由于一些学者决意认为美国革命与它之后的大规模欧洲革命是一脉相承的，而且强调其革命性质和与过去的彻底决裂，因此他们总体上没有探讨美利坚人的早期社会经历对美国革命及其发展的影响。对美国人的社会经历对同时代人的重要影响的理解有力地表明，殖民地时代和美国革命时代是一体的。美国革命最激进的结果是随后半个世纪发生的对政治与社会关系的深刻重构，以及人民主权观念的产生和获得支持。如约翰·默林（John Murrin）所写的，这种观念“得以确立，仍然是组织美国公共生活的基本神话”。[1] 然而，我认为，这种观念上的断裂需要就其当时的意义来理解，即煞费苦心地要跳出早期现代英帝国松散的帝国政体以及殖民地时期英属美洲激进的政治社会中一些长期趋势的逻辑，那些政治社会恰恰因为激进的特征，能够进行一场如此保守的革命。

在早期现代的美洲和欧洲，中央国家（central state）巩固权力的倾向都引发了抵制，在本文分析的案例中，这种倾向导致叛乱和革命。因此，在1789年之前，国家发展的方向不是走向国家权力的集中化，而是走向分散化。尽管在很大程度上美国革命是对宗主国集权化努力的一种反应，推动它的是一种迷恋保护个人和法人社团权利的意识形态，产生了以权威分散为特征的权力高度分散的政治体制，而且尽管出现了人民主权的观念（只是一种把人民视为国族的初级概念）作为国家的基础，但正如默林所宣称的，它绝非一个“逆周期的事件”（countercyclical event），[2] 至少在早期现代历次革命期间不是。相反，它代表了在尼德兰和英格兰早期发生的分散权力的革命的另外一个例证。

六

确实，如威廉·H. 塞维尔（William H. Sewell）所提出的，早期现代革命历史中的“逆周期事件”不是美国革命，而是法国革命。塞维尔的解释展示了对国家形成以及各种早期现代革命和革命意识形态的理解的最充分驾驭。正如他所解释的，“旧制度”（如16~17世纪）下的法国，属于一种复合君主制，被划分为规模和重要性各异的省份，这些省份在不同时期臣服国王的管辖，“并与国王形成不同的关系。各省份分为两种类型：自治省（pays d’état）和选举省（pays d’ élection）。前者“一般来说距离巴黎较远，在新近时期加入王国”，通常比后者拥有“更广泛的和更有利的特权”。确实，自治省“设法保留了省内的土地，本地政府掌握巨大权力，通常拥有省议会和掌管该地区司法的高等法院”。各省不是“唯一拥有特权的领土单

① Gordon S. Wood, *The Radicalism of the American Revolution*; John M. Murrin, “1776: The Countercyclical Revolution,” in Michael A. Morrison and Melinda Zook, eds., *Revolutionary Currents: Nation Building in the Transatlantic World*, p. 81.

② John M. Murrin, “1776: The Countercyclical Revolution,” in Michael A. Morrison and Melinda Zook, eds., *Revolutionary Currents: Nation Building in the Transatlantic World*, p. 81.

位。许多城市、城镇甚至一些农村地区都拥有它们的专有权力、管辖权和政府形式，其中许多依靠国王直接颁发的个体特许状或特许证书”。因此在“旧制度”下，法国“不是只有一种领土划分体系，而是有几种不同的、不一致的体系”：“称为‘政府’的军事分区，称为‘baillage’或‘balliwicks’的司法分区，称为‘道’（generalities）的财政和行政分区，称为‘主教郊区’（diocese）的宗教分区”。[①]

另外，塞维尔写道：“旧制度”下的法国拥有法人社团和等级制的一套社会秩序，“组织为一系列复杂的、相对有界限的单位，它们拥有不同的名称，如‘corps’、‘communatés’、‘orders’或‘états’。这些单位在规模和职能上各异，大的包括法国国家、教会体系、王国三个等级，小的则包括行会、学院、治安法官的机构、村级社区、教区、家庭或同业公会（confraternities）。这些机构在组织和性质上存在天壤之别，然而它们在各自特定范围内大致上实行自治”。塞维尔评论道：这种社会秩序“假定个人以及法人社团单位在品质、先例、等级和荣誉等方面存在差异”。[②]

在这种分散的政治与社会秩序中，很大一部分权威掌握在各省、社区和法人社团手里。用罗杰·米塔姆（Roger Mettam）的话说，在中心与各省就征税和实施新的法令发生争议时，各省的“états”和地方治安官“常常站在各省的精英一边，抵制巴黎遥远中央政府的新举措”。[③] 因此，塞维尔解释说，在中央政府和边缘地区之间的争执中，“高一级的单位对低一级单位拥有某种程度的权力，但实际上，相对权力是可变的和经过谈判的，在很大程度上取决于地方的决定”。[④]

债台高筑（部分是由于法国政府对美国革命的支持）迫使路易十六在1789年自17世纪以来首次召集“三级会议”（Estates General）。在那时，各个成员追随他们的荷兰、英国和美国前辈们，抗议国王近期的政策，表达

---

① William H. Sewell Jr., “The French Revolution and the Emergence of the Nation Form,” in Michael A. Morrison and Melinda Zook, eds., *Revolutionary Currents: Nation Building in the Transatlantic World*, pp. 103 – 104.

② William H. Sewell Jr., “The French Revolution and the Emergence of the Nation Form,” in Michael A. Morrison and Melinda Zook, eds., *Revolutionary Currents: Nation Building in the Transatlantic World*, pp. 98 – 99.

③ Roger Mettam, “France,” in John Miller, ed., *Absolutism in Seventeenth-Century Europe*, p. 57.

④ William H. Sewell Jr., “The French Revolution and the Emergence of the Nation Form,” in Michael A. Morrison and Melinda Zook, eds., *Revolutionary Currents: Nation Building in the Transatlantic World*, p. 98.

了他们省份的地方爱国主义（local patriotism），要求恢复并更新古代法国宪法。塞维尔写道：但这种冲动很快让位于“围绕‘国族’（Nation）这一关键合法性观念”重建“全新的国家和社会”。在之前的两个世纪中，出现了一种表达明确的观点，即将法国人凝结在一起的不仅有共同的语言和明确的居住地区，而且有“公认的独具特色的礼仪和道德准则”。而“国族”这个术语将法国的广大人民与国家或国王区分开来。但是，当“三级会议”在 1789 年 6 月转变为“国民公会”（National Assembly）并开始为国家起草一部新宪法的时候，它“将国族确立为主权的原则”，由此深刻改变了“‘国族’与国王、国家或政府的关系”。①

确实，使国族成为国家“政治生活的一个神圣中心”，国民公会作为国民的象征，有效利用了专制主义理想，并使其服务于国族。塞维尔评论道：它所构建的新的民族国家“证明自己要比前身的旧制度强大得多”，革命者们立即着手努力实现专制主义的许多目标，开展“广泛”、集权化且统一的“改革，并触及生活的各个领域”。“在为国家提供一部新宪法的过程中”，他写道，“革命者们系统摧毁了旧的法人社团机构，扫荡了对旧制度高度细分的等级制度和法人社团制度的支持”。为了实现两大目标——确立“一个由享有权利的个体公民组成的社会，这些公民在法律面前是平等的，并由其选出的代表组成的立法机关来统治”以及为所有法国公民提供“针对所有法国人的法律”管制下的平等的“公共自由”——革命创建了统一的法律制度，取代了“地区多样化的法律制度”，那种制度是在拥有“一套单一的、统一的全国性法律法规”的“旧制度”下争取来的。②

正如塞维尔生动评论的，革命者通过废除一切现有的管辖区域并以一种划分为公社（communes）的规模大致相当的政区（department）取而代之，努力创建新的空间类型，这种空间依赖民族国家存在。此后，国族“的重要性超过了所有其他团结的纽带”。革命者们想让新的省政府单位提供“所有国家职能的框架：征税、行政管理、军队、教会、法庭和政治代表”。尽

① William H. Sewell Jr., "The French Revolution and the Emergence of the Nation Form," in Michael A. Morrison and Melinda Zook, eds., *Revolutionary Currents: Nation Building in the Transatlantic World*, pp. 95 – 99. 另参见 J. F. Bosher, *The French Revolution* (New York: Norton, 1988), pp. 51 – 54。

② William H. Sewell Jr., "The French Revolution and the Emergence of the Nation Form," in Michael A. Morrison and Melinda Zook, eds., *Revolutionary Currents: Nation Building in the Transatlantic World*, p. 95, pp. 100 – 101, p. 104.

管这些新的领土单位将实行自治，但它们“显然并非享有特免权的法人社团，由于其特殊的豁免权、特殊的法律和优越性而与其他团体泾渭分明”。在进行这些根本性变革的过程中，革命者们也“废除了各种之前神圣不可侵犯的个人的、政治的和金钱的特权”，扩充了“国家的行政人员”，“改革了财政制度”，并“确立起新的、广泛的公民权利”。[①]

塞维尔令人信服地指出法国革命对民族国家历史许多方面的深刻影响。在对国族形式进行重新定义的过程中，法国革命者们阐释了“制度、法律、行为方式和文化预设的一个新框架，其此后将成为一个全面构建的国家的标志”。“通过达成认同和实现相互承认的一切直接形式”，他们有效地“使国家作为团结的‘最高地点’而绝对化”，并由此助长了一种比菲利普二世、早期斯图亚特国王或路易十六所追求的强大得多的专制主义。他们有意识地把法国重新塑造“为一个国族”，“利用了惊人的权力来源”，激发了民族主义的大幅高涨。用 J. H. 埃利奥特的话说，这种民族主义在 19 ~ 20 世纪“大大推动了单一制国家的缔造，其势头超过了（之前的三个世纪）皇家法令和官僚们的行动的推动力量”。[②]

在所有这些方面，法国革命都标志着对早期革命的较大背离。如美国革命一样，它产生了一个共和制政治制度。然而，在很大程度上由于“旧制度”下的法国并没有整个英属殖民地时期美洲的那种广泛参与的省级和地方自治的积极传统，因此法国的共和制度要比美国确立的那种松散的联邦结构单一性更强，各部分在一个中央国家的领导下更加紧密地整合在一起。与尼德兰革命、英国 17 世纪的革命或美国革命不同的是，它长期以来的出发点并不是要求保存地方和省的权威以及恢复古代宪法。相反，它代表对支持旧宪法特殊权利和特权的全面攻击，对现有从属性政治单位的清除，以及使地方从属于一个代表国民的单一制国家。在法国，不存在对许多地区的经济健康至关重要的大量职位属于不自由的人，因此，法国革命与美国革命的鲜明不同是，前者产生的政治与社会制度，要比北美实行的政治与社会制度具

---

① William H. Sewell Jr., “The French Revolution and the Emergence of the Nation Form,” in Michael A. Morrison and Melinda Zook, eds., *Revolutionary Currents: Nation Building in the Transatlantic World*, p. 95, p. 100, pp. 105 - 106.

② William H. Sewell Jr., “The French Revolution and the Emergence of the Nation Form,” in Michael A. Morrison and Melinda Zook, eds., *Revolutionary Currents: Nation Building in the Transatlantic World*, pp. 96 - 97, p. 108; J. H. Elliot, “A Europe of Composite Monarchies,” *Past & Present* 137 (1992): 70.

有更全面的参与性、包容性和平等性。在所有这些方面，法国革命一方面代表早期政治性革命和革命性意识形态的重大转向，另一方面作为近代民族国家发展中的一个奠基性事件。

七

法国革命之后的几十年，在美洲发生的所有革命中，18 世纪 90 年代出现在奴隶集中生产蔗糖的法国殖民地圣多明各的那场革命当然是最为激进的，并且在许多方面也是最令人感兴趣的。尽管这次海地革命如美国革命一样，肇始于白人拓殖者抗议波旁王朝的集权化政策，要求殖民地获得更大的自治权，但它很快成为一场广大的有色自由人民为殖民地所有自由人民争取自由和平等的运动。与美国革命不同的是，它最终引起一场决心要取得自由的奴隶进行的大规模成功起义。如富兰克林·奈特（Franklin Knight）写道的，结果造成了“殖民地社会、政治、思想和经济生活的彻底转变”，奴隶们推翻了现有的种植园社会，确立起农民经济，并缔造了独立的黑人共和国，成为“南、北美洲的第二个独立国家”和“各地普遍的欧洲帝国中的第一个独立的非欧洲国家”。奈特补充道，这一成就提供了另外一种“国家形成的模式，让从波士顿到布宜诺斯艾利斯的所有白人内心充满恐惧”。①

发生在 19 世纪第一个 1/4 世纪的西属美洲的独立战争比美国独立战争波及的范围更广，在政治和社会层面也复杂得多。1808 ~ 1826 年，类似或相关运动发生在西班牙在北美和南美大陆上所有的巨大占有地中。如美国革命一样，发生这些运动的政治社会处于克里奥尔西班牙人或美洲土著人的控制下，长期以来享有很大程度的自治，习惯了在影响他们的帝国决定中受到咨询并参与谈判。一方面，占西属美洲人口大多数的大量美洲土著人在“被一般称为‘共和国’（repúblicas）”的土著人的半自治的共和国内“享有土地、语言、文化、法律和传统”等方面的权利；另一方面，西班牙人的对应共和国则“拥有无数代表制共同法人社团机构”，用杰米·罗德里格斯（Jaime Rodriguez）的话说，包括“市政委员会（*ayuntamientos*）、大学、座堂圣职团（cathedral chapter）、女修道院、善会（confraternities）、采矿和

① Franklin W. Knight, “The Haitian Revolution,” *American Historical Review* 105 (2000): 105.

商业机构以及无数手工业行会”，所有这些机构都“享有很大程度的自治”。因此，如英帝国一样，西班牙帝国也是一个建立在同意基础上的帝国，其中的各种美洲政治实体显然不是殖民地，而是“世界范围内西班牙帝国的多个王国”。[①]

尽管与殖民地时期英属美洲相比，殖民地时期西属美洲的各个地方在18世纪末演变为“一个多种族的社会，其成员在文化上和经济上不同程度地融入了一个既非土著人亦非西班牙人的混血梅斯蒂索（Mestizo）社会”，主宰西属美洲所有政体的西班牙裔克里奥尔领导人，如美国革命者一样，对其宗主国传统与认同及其政体作为西班牙君主制“不可分割的组成”部分的地位感到自豪。[②]

如美国革命一样，西属美洲独立战争植根于对一个咄咄逼人的帝国国家集权化趋势的抗议。如英国一样，西班牙试图“在18世纪最后几年重组帝国”。通过被称为“波旁改革”（Bourbon Reforms）的一系列措施，它“建立起一支小规模的常备军和一支由各省民兵组成的大规模部队，划定新的行政管理边界，引入不同的行政管理制度，如监督官制度（intendancies），限制神职人员的特权，重组贸易”，并大幅削减美洲人获取其“属国”（patrias）内的行政与神职职位的机会。西属美洲的领导人们指责西班牙试图将在美洲的占领地从王国转变为殖民地。他们“深信非成文宪法要求皇家机构”针对有关其地位或行政的任何重大变革应“与国王的新世界臣民进行协商”。他们于是极力反对“这些标新立异的政策”，在整个西属美洲爆发了“大规模的反对运动”。用罗德里格斯的话说，“增税、驱逐耶稣会士以及其他变革导致1765年基多（Quito）、1766年新西班牙中部地区、1777～1780年上秘鲁北部（Upper Peru）的抗议和暴力性骚乱”，西班牙不得不部署大规模兵力以镇压“1780～1783年威胁吞没整个秘鲁副王区（Viceroyalty of Peru）的最严重的动荡——图帕克·阿马鲁（Túpac Amaru）叛乱以及1781年新格拉纳达（New Granada）的考姆奈罗（Communero）叛乱”。尽管这些抗议带来了在西班牙世界范围内复合君主制内部要求自治的

① Jaime E. Rodriguez O.，“The Emancipation of America,” *American Historical Review* 105 (2000)：135－136.

② Jaime E. Rodriguez O.，“The Emancipation of America,” *American Historical Review* 105 (2000)：138.

普遍表达，但它们并未引发独立于君主政体的运动。①

最终导致这种运动的是法国革命。罗德里格斯写道，法国革命“引发了长达20年的战争，而西班牙成为其中不情愿的参与者”。尤其是，1808年法国入侵西班牙造成的西班牙君主制的崩溃及其统治者的退位“引发了一系列的事件，这些事件的终极结果是在‘新世界’确立起代议制政府”，这些事件在美洲遭遇了来自宗主国支持者的强烈抵制。1810年，美洲各王国派遣代表前往西班牙国民议会柯蒂斯（Cortes）。美洲代表在起草1812年《卡迪兹宪法》（*Constitution of Cadiz*）中“发挥了核心作用”，这部宪法是为整个帝国制定的。罗德里格斯解释道，那部宪法模仿法国革命，“缔造了一个单一制国家，制定了西班牙君主制各个地区都适用的平等法律”。它“废除了领主制度、宗教法庭、土著人部落［和］强制劳力”，确认了“国家对教会的控制”，并“除非洲裔男性外，赋予了所有成年男性选举权”。它也“大幅扩大了（帝国、省和市）代议制政府的范围”。通过鼓励城镇“组成市镇委员会（Ayutamientos），它将［很大一部分］政治权力转移到地方一级，并将大批人纳入政治过程”。②

除秘鲁之外，西属美洲王国“在1810年建立起本地政府议事会（junta），以被监禁的国王的名义掌握权力，并试图控制所在地区”。但它们在这个过程中遭遇了巨大困难。很快爆发的冲突和内战，让“西班牙全国政府的支持者与美洲的议事会对立，首都与各省对立，精英相互之间对立，城镇与乡村对立”。根据埃里克·范杨（Eric Van Young）阐明的墨西哥的情况，至少进行了两场战争，“一场是反殖民战争，另一场是内战”。前者涉及“对殖民地政权及其前身的正面攻击”，后者则是“殖民地被控制的土著民族与拓殖者后代之间的族群冲突”。③

当费尔南多七世（Fernando Ⅶ）在1814年从囚禁地返回并恢复了西班牙君主制时，他废除了《卡迪兹宪法》，恢复了专制主义，并鼓动“新世界

① Jaime E. Rodriguez O., “The Emancipation of America,” *American Historical Review* 105 (2000): 138.

② Jaime E. Rodriguez O., “The Emancipation of America,” *American Historical Review* 105 (2000): 143 – 145.

③ Jaime E. Rodriguez O., “The Emancipation of America,” *American Historical Review* 105 (2000): 145; Eric Van Young, “To Throw Off a Tyrannical Government: Atlantic Revolutionary Traditions and Popular Insurgency in Mexico, 1800 – 1821,” in Michael A. Morrison and Melinda Zook, eds., *Revolutionary Currents: Nation Building in the Transatlantic World*, p. 132.

的皇家机构扑灭”一切自治运动。但这些举措只是强化了美洲的自治运动，使许多西属美洲人相信“在西班牙君主制内建立一个自治政府是正确之举”。然而，罗德里格斯指出，当西班牙国民议会否决了“给予西属美洲人自1808年以来一直追求的自治权”的提案时，西属美洲的领袖们在一旦个体王国与君主之间的契约——“非成文美洲宪法”被撕毁，“就没有什么可以约束美洲的王国一定要依附西班牙或任何其他新世界王国了”这一思想的鼓舞下，选择了独立。①

范杨在一项重要的个案研究中强调了墨西哥独立战争的分裂性质。尤其是，他将克里奥尔白人和梅斯蒂索精英对政治自治和墨西哥国家地位的关注与农村大众“保卫社区”的倾向进行了对照。尽管这个国家的人民偶尔“抨击本地的特权和财产制度”，但他宣布，“（维护）地方中心主义以及社区的完整性”“是殖民地时期以及1810～1821年内战时期及之后村级骚乱和抗议的特征”。1820～1821年的大众暴动时期，大众领袖拥护一种“地方自治主义观点”（communalist view），这种观点“支离破碎呈封建化和地方化，与大众反叛的深层保守主义完全一致”，带有“显著的传统主义烙印”，“反观非法的征服”以及“国民议会及其赞助者不虔诚的动机”。大众领袖更感兴趣的是“在乡村划出他们自己的势力范围”，而不是创建一个独立国家。他得出结论说，如果说“对独立运动的指挥者来说国族构建问题相当重要的话”，那么“没有证据表明这对于大众追随者来说有什么重要性”。范杨写道：在这些分歧的观点中，墨西哥独立战争“包含了整个西属美洲殖民地政权内部的许多社会矛盾和因而产生的紧张关系——种族和阶级、财富与贫困、中心与边缘、威权主义与政治开发、传统与现代”。②

然而，如范杨另外指出的，即使在克里奥尔爱国主义（creole patriotism）的倡导者中，建设革命后法国意义上的国族的冲动也相对有限。克里奥尔领导人当然利用新的代议制机构，作为其表达那种爱国主义的论坛，其中常常被提及的一种思想是：墨西哥是一个古代国家，“其合法的君主和人民被非法

① Jaime E. Rodriguez O., "The Emancipation of America," *American Historical Review* 105 (2000): 145 - 147.

② Eric Van Young, "To Throw Off a Tyrannical Government: Atlantic Revolutionary Traditions and Popular Insurgency in Mexico, 1800 - 1821," in Michael A. Morrison and Melinda Zook, eds., *Revolutionary Currents: Nation Building in the Transatlantic World*, p. 131, p. 137, pp. 145 - 146, pp. 148 - 149.

地篡权和征服”。他们呼吁恢复“其被篡夺的主权”。然而，“即使许多克里奥尔思想家”试图“利用一个尊贵的本地历史进行国家缔造和国族构建”，他们“对土著墨西哥人”仍表现出很深的“矛盾情绪”。这种矛盾情绪植根于“克里奥尔理论家试图使自己远离梅斯蒂索人的玷污的企图和对新世界人性的普遍的负面认识”，暴露出一种有关“新西班牙土著民族及其［据说］在殖民地时期结束的‘卑微’地位”的潜在的种族主义。这种种族主义阻碍人们努力按照法国革命者的方式创建一个建立在包容性国家概念基础上的墨西哥国家。在范杨看来，克里奥尔爱国主义只是“在独立之后才开始发展为真正的民族主义”。①

确实，如尼德兰革命、17 世纪英国革命和美国革命一样，但与法国革命不同（至少在短期内），西属美洲的独立战争及其产生的政权似乎主要倾向于保存现有的社会和政治制度。当然在墨西哥，至少在全国一级，“‘政治国家’”只是经历了数字上的小规模扩张，“大多数墨西哥人仍长期处在政治阴影下”。在社会和政治意义上，1812 年后在墨西哥占大多数的农村、农民和非白人从“殖民地独立于宗主国这一事件中获益很少。例如，根本性的财产关系实际上并未纳入克里奥尔反叛领袖的议事日程，这些领袖大多在社会上十分保守。还要经历 1910 年革命以及 1920 年之后的政权才能大量消除传统的墨西哥大农场主”。范杨得出结论：“独立斗争的领导者们提出的对末期波旁国家的批判”以及“在独立于西班牙之后的几十年试验的民族国族构建计划”，“是精英文化的产物，本质上是城市文化的产物”，很少关注广大的农村民众。②

八

我们对早期现代历次革命以及驱动它们的传统的总体性质能够做何总结呢？我努力想要证明的是：这些革命在国家形成过程中发挥了作用，也造成

① Eric Van Young, “To Throw Off a Tyrannical Government: Atlantic Revolutionary Traditions and Popular Insurgency in Mexico, 1800 – 1821,” in Michael A. Morrison and Melinda Zook, eds., *Revolutionary Currents: Nation Building in the Transatlantic World*, pp. 138 – 139.

② Eric Van Young, “To Throw Off a Tyrannical Government: Atlantic Revolutionary Traditions and Popular Insurgency in Mexico, 1800 – 1821,” in Michael A. Morrison and Melinda Zook, eds., *Revolutionary Currents: Nation Building in the Transatlantic World*, p. 133, p. 156.

了作为那一过程的特征的集权与分权之间的紧张关系。抵制或革命大多数是对皇家君主和帝国国家集权化活动的反应。它围绕维护现有（或新创的）本地特权和自由而团结在一起，渗透其中的宪政主义和权利的意识形态未必扩大到所有人民。除一种情况外，革命并未造成中央政权的加强，但造成了革命发生于其中的复合君主制和扩伸帝国政体下分散的统治制度的永久化及其在英国、美国和墨西哥的扩大。这个模式的唯一例外是宏大的法国革命。尽管其起源类似，但其原动力和结果迥异。通过废除现有的法人社团特权和各省权利，并以一个包容性国家的名义创建了一个单一制国家，它产生了一个全新的政治革命类别、一种全新的革命传统和一个引人注目的现代形式的民族国家。政治革命惯常被定义为一个断然切断与过去的联系、产生一个代表国族全面政治和宪制秩序转变以及代表该国族的单一制国家的过程，这一传统阐释似乎仅仅符合我在本文讨论的一场革命，即法国革命。

1997 年 11 月 1 日，普度大学历史系邀请四名学者召开了一个题为“1688～1824 年跨大西洋的革命传统”的研讨会，提交的论文涉及“光荣革命”、美国革命、法国革命和墨西哥革命。组织者后来让我做一个报告，将那些革命置于一个总体框架之内，于是写成了本文。本文最初的标题为《跨大西洋革命传统：回顾》（“Transatlantic Revolutionary Traditions：A Retrospect”）。1999 年 4 月 6 日，曾在普度大学“路易斯·马丁·西尔斯双年讲座”（Biennial Louis Martin Sears Lecture）上宣读。这里在再版之前获得许可，并进行了修订，题目为《国家形成、抵制与早期现代革命传统的缔造》（“State Formation，Resistance，and the Creation of Revolutionary Traditions in the Early Modern Era”），原载 Michael A. Morrison and Melinda Zook，eds.，*Revolutionary Currents：Nation Building in the Transatlantic World，1688－1821*（Lanham，Md.：Rowman & Littlefield，2004），pp. 1－34。

（张聚国译，满运龙校）

美国革命的先决条件

一

关于“1763年以前北美对大不列颠的态度和倾向”这一问题，本杰明·富兰克林（Benjamin Franklin）在1766年初英国下院针对印花税问题举行的听证会上做出了回答。在那次著名的“问询”（examination）中，富兰克林感叹：“真是不能再好了。”他指出：

> 殖民地服膺于英王的统治，各级法院服从议会颁布的法令。尽管一些老殖民地人数众多，但你们根本无须动用要塞、堡垒、驻军或国内军力来维持统治。你们需要的仅仅是一支笔、一瓶墨水和一纸文书。殖民地人普遍亲英。他们不仅对英国毕恭毕敬，对它的法律、习俗、礼仪怀有感情，而且热衷于英国的时尚，这些对英国的商业也大有裨益。本土的英国人总是特别受人尊敬；作为一名纯正的英国人本身就意味着某种高贵的特质，在我们当中享有不同一般的地位和待遇。

同时代人对富兰克林的这番论述深信不疑，许多学者在深入研究这一问题时也将其视作一个正确的判断。

当代历史学家深信，在印花税危机以前殖民地和英国的关系是比较友好的，因此他们一直把精力放在为美国革命的爆发提供一个最重要的充分性解释上。为什么在1763年后不到12年的时间，殖民地与英国的关系就变得如此疏离，以致演变为武力相向，并在一年后提出独立？所以，历史学家关注的焦点是殖民地对革命前争端的回应，促成1764~1774年革命形势的许多事件及条件，以及引发1775年军事冲突并导致殖民地在1776年宣布独立的那些短期事态发展。过分专注为革命寻找直接原因，导致富兰克林的论述涉及的另外两个相关问题被忽视了。首先，1763 年以前英国与殖民地的关系是否真的那么好？其次，如果现有的英帝国体制真的像富兰克林认为的那样能有效运作，那么英国又为何要采取乃至坚持那些有损这种有效安排的举措？这两个问题并不新鲜，早在 18 世纪六七十年代，就被大西洋两岸的人们反复讨论过，早期研究革命起因的大多数学者也将其作为关注的焦点。然而，近期没有任何学者就这两个问题做过系统研究。本文试图就革命的先决条件、长期的根本性原因提供一种综合性论述。

二

如果我们仔细考察从 1660 年至 1760 年这一个世纪里英国与殖民地的关系，就会发现在 18 世纪中期的几十年内双方关系在许多方面并不稳定，这是由发生在两者间的几次重大的结构性变化造成的。在这几十年内，大西洋两岸的民众惯于以家长—孩子关系的隐喻来描述英帝国与殖民地的联系，英国被视为母国，殖民地是没长大的孩子。这样的比喻充分说明殖民地的发展还远非完备。然而到 18 世纪中叶，在大部分殖民地，当地居民已经能够自己处理大部分本地事务，并且效率很高，在很大程度上，一些殖民地成为跨大西洋帝国政治体系里的“近乎独立的地带”。除佐治亚和新斯科舍这两处新殖民地外，1750 年，殖民地民众实际上已经获得了自治政体必需的一切条件。在这些先决条件中居于首位的是出现了一批坚定、有凝聚力、高效、得到承认的本地政治、社会精英。18 世纪中叶，几乎每一个殖民地都形成了一些有威望的统治集团，他们掌握很大的社会经济权力，有丰富的政治经验，对自己的治理能力充满信心，并且有广泛的群众基础。的确，大众对统治精英的顺从越来越成为 18 世纪中期殖民地政治生活的一种趋势；这些统治精英动员政治社会中的各种边缘力量来对抗《印花税法》，参与革命前的斗争，这当然也不是出于对这些群体的恐惧，它表明了统治精英对于控制这些力量的强烈信心。

第二个先决条件是各种中心和机构的建立，它与第一个条件形成互补。它使得权力能够集中起来，并通过一套明确的本地市政管理机制网络向外扩散到殖民地社会的外围地区。无论是安纳波利斯、威廉斯堡这样的小型行政中心，还是费城、波士顿、纽约、查尔斯顿等大型贸易中心，都使得殖民地居民更多地关注内部事务，从而为社会行为寻找政治领导和效仿对象。

也许，更为重要的是一系列有执行力的管理机构在城镇和县域中出现，而且关键在于这些机构在各地均是通过下议院表决的方式产生的。不同于一般政治机构，下议院具有一种特殊的感召型权威，这不仅是因为作为殖民地居民的代表，下议院被视为民众神圣权利的受托者和内部公共法律的唯一缔造者，还因为它被视作并被积极培育成与英国议会“等价”的部门，后者是英国自由的象征和一切英国人珍视的价值的具体体现。下议院作为强大、独立以及自信的机构提供了对英表达不满的潜在的有效机制。在很大程度上，殖民地的各个中心和机构尤其是下议院，连同通过这些机构发声的政治精英一起，塑造了殖民地的权威象征。因而，殖民地并不希求英帝国权威的介入，它早就拥有一个能发挥作用的本地权威的替代选择。

与革命息息相关的第三个先决条件是高度弹性化的政治体系的建立。首先，它是包容而非排斥性的。细加分析，我们可以把政治过程的潜在参与者（自由成年男性）划分为三类：各级政治机构中的精英人士、经常参与政治活动的广泛的“政治相关人群或被动员人群”，以及很少参与政治的消极人群或底层人士。在他们中，部分是由于种族和财产资格因素，被法律排斥在政治以外，部分则是对政治不感兴趣。前两类人数相对较多，第三类人数相对较少。精英人士占自由成年男性人数的3%～5%，而第二类人士占60%～90%。政治进程中的这种政府职位的广泛分布和政治上的充分参与对殖民地领导者及其追随者来说，意味着在政治活动和自治方面的广泛训练，意味着他们能够建立起一个成熟的政治体系。

另外，殖民地富有弹性的政治体系还意味着拥有解决内部冲突的能力。实际上，他们早就具备了这种能力。北美生活的扩张性与包容性使它拒绝任何群体对政治权力、经济机遇或社会地位的长久垄断，新群体不断出现并寻求与旧团体的同等地位。到18世纪中叶，由于人口和经济快速增长以及社会、文化和宗教多元化趋势加剧等综合因素造成的严峻压力，殖民地政治体系吸纳新的多样性群体的能力也在稳定提升。

18世纪殖民地在非政治或半政治领域不断提升的实力成为北美自治的第四个先决条件。实力的增强得益于如下发展：内外贸易额、旅游业贸易额和移民人数大量增长；教育、文化、社会、经济及宗教机构广泛兴起，加上殖民地居民所能接触的本地、英国和欧洲出版的图书、杂志、报纸增多，这一切带来知识普及；殖民地内部及殖民地与英国之间形成了更加高效的交流网络、出现了大批专门人才，带来了自治社会成功运转必需的法律、贸易和财务知识。这些变化不仅为殖民地居民提供了一些对抵制英国和缔造新的民族而言至关重要的技术资本，比如律师和报纸，而且有助于殖民地在某些关键技术上摆脱对英国的完全依赖，提升殖民地的识字率和教育水平，将民众从以前的孤立和愚昧状态下解放出来，拓宽他们的认知和想象力边界，激发他们的合作潜能，并克服其过去展现出的“天生的地方主义”与传统的不团结倾向。

第五项也即最后一项先决条件是殖民地在规模和财富上的巨大增长，涉及人口数量、可耕地面积、劳动力、技术，以及定居的地域范围等方面。殖民地的财富足以支持经济和军事上的抵制，北美大陆广袤的地域使英帝国几乎无法镇压任何大规模或分散性的抵抗行动。这项条件可能是五个条件中最为重要的，因为它是英属西印度群岛殖民地基本上不具备的，在那儿并没有发生叛乱。

因此很明确的是，到 18 世纪 50 ~60 年代，殖民地已经具备了很强的自治力。到 1760 年，殖民地不仅可以满足自治需要的大部分客观条件，而且在过去的 3/4 个世纪里乃至更久，他们已经实现了自我管理、内部治安的稳定和经济繁荣，建立起一个更为复杂的一体化社会。不言而喻，这种在殖民地社会的各个层面和部门业已形成的大范围自治局面，与其对责任的内在要求一起，在心理上已经为殖民地民众的自治和独立做好了准备。

殖民地能力的显著提高必然导致英国对殖民地权力的不断削弱。英国在王位复辟时期为控制殖民地而组建起来的官僚机构在很大程度上形同虚设。直到 1768 年革命前夕，英国一直都没能建立起一个反应迅速可以高效处理殖民地事务的中枢机构。1696 年后，主要负责殖民地事务的贸易委员会（Board of Trade）只剩下咨询权，尽管该机构曾多次寻求内阁及议会支持以建立一个更加严密、有效的殖民地管理体系，但这些尝试最终无不以失败告终。

与英国在殖民地力量的不断衰弱形成对比的是，在 18 世纪最初这 70 年里殖民地对英国经济的重要性日益突出。北美大陆殖民地人口从 1700 年的 257060 人跃升至 1730 年的 635083 人，1760 年又增至 1593625 人。随着人口的增长，殖民地不断增多的原材料——其中许多通过大量转口卖给英国中间商而获利颇丰——仍以极低的税率供应英国市场，同时，大量购买英国制成品为英国制造商提供了源源不绝的动力。殖民地贸易实际上成为 18 世纪英国海外贸易增长最快的部分，在英国的海外贸易总额中占有相当大的比重。1700~1701年英国从殖民地（包括西印度群岛）的进口量占进口总量的20%，1772~1773年达到36%；对殖民地的出口量从1700~1701年占出口总量的10%增长到1772~1773年的37%。可见，殖民地贸易已成为英国经济的重要组成部分，并且每十年贸易额就发生重大变化。从很大程度上说，正是日益意识到英国经济对殖民地的这种依赖，英国议会才愿意投入大量资金在18世纪30年代开发佐治亚和在1749年向新斯科舍殖民，并且在七年战争（the Seven Year' War）中不惜花费巨额人力物力保卫两地。英国不允许如此丰厚的资产落到其欧洲大陆的敌人手中。

三

殖民地力量的增长、英国在殖民地力量的日渐衰弱或殖民地对英国经济的贡献与日俱增等结构性特点本身并无任何一点能产生足够的张力推动革命；然而，它们综合起来形成了帝国与殖民地关系内部两种根本性差异，这种深刻差异为英帝国内部功能的失调埋下了隐患。第一种差异是理论与现实的差异，是英国当局想象中的殖民地与殖民地实际状况之间的差异。18世纪殖民地力量的日益增长显然要求英帝国对殖民地的行为和态度做出某种调整，在罗伯特·沃波尔爵士（Sir Robert Walpole）主导内阁的1721~1742年，英国似乎做出了这种调整。在沃波尔管理期间，英国当局与殖民地之间实现了非正式的调解，在很大程度上允许了殖民地实际上的自治与经济自由。

对英国与生俱来的优越性的确信不疑、对其政治制度和文化的自负构成了英国自我政治迷醉的不可撼动的基础。自光荣革命以来，人们普遍相信经由革命恢复的英国宪法传统体现了一切时代的最高政治成就，它在带来如此多的自由福祉的同时，又维系着一种稳定的政治秩序。

英国的优越性和光荣历史并不仅仅局限在政治领域。阿狄森（Joseph Addison）、笛福（Daniel Defoe）、盖伊（John Gay）、蒲柏（Alexander Pope）、斯梯尔（Sir Richard Steele）、斯威夫特（Jonathan Swift），以及18世纪前半叶一大批不太著名的作家的散文与诗歌都充分预示了英国已进入文学方面的“奥古斯都”时代。同时，尽管遇到了许多暂时性挫折，英国经济的前景似乎还是一片光明，不断增长的外贸总额和国内经济的强劲活力给了他们信心。实际上，经济形势如此之好，以至于不论是英国还是其在欧洲大陆的传统对手都认为英国很快将在竞争中独占鳌头，在财富和势力上遥遥领先。

面对如此辉煌的成就，有谁会怀疑英国在各方面都优越于其海外殖民地呢？正如英帝国惯用的家长—孩子的比喻所彰显的那样，殖民地被理所当然地视作附属的、依赖的一方，在帝国的家族序列中不能不安分守己，效忠于母国。同时，像任何孩子一样，他们既无法控制自己的情绪——他们之间永远都在争吵不休——也无法凭自己的力量抵御外来入侵。让英当局承认殖民地自身的能力是根本不可能的，因为这无异于暗示了殖民地具有与英国同等的地位。考虑到英国对自身优越性的深深自信，这种暗示无疑是对英国自我形象的践踏。

第二种差异是对英帝国与殖民地双方关系实质的认知差异。这种差异可以借先前的讨论提出的一个问题来加以探讨：如果英国对殖民地的强制权力越来越弱、殖民地的自治能力越来越强，那么是什么将殖民地与英国继续绑定在一起？部分原因，如前面的分析暗示的，是殖民地能从这种关系中获得实利。18 世纪前半叶殖民地的发展态势很好，维持同英国的经济联系可以保证相当一部分既得利益。然而，比这些功利性因素更为重要的原因，如富兰克林在其“问询”词中所强调的，在于一条根深蒂固的忠诚和情感的传统纽带，它将殖民地和它的母邦紧密联系在一起。而且，随着 18 世纪中叶殖民地与英国的交流日益密切，这条纽带得到前所未有的巩固，殖民地精英试图把殖民地变成一个完全类似于英国的社会，结果是在形式和实质上殖民地生活都变得越来越英国化。

英国也是为殖民地提供自豪感、自尊心和道德垂范的源泉。在 18 世纪，能够参与和分享英国的成就，哪怕通常只是外围的，对殖民地而言总是激动人心的，这种经历也势必增强对英国的爱国心，同时进一步强化殖民地同英国的心理纽带。

殖民地民众的这些期望表明殖民地对其与英帝国关系的理解与英帝国当局持有的观念大相径庭。两者的差异明确表现在双方对家长—孩子这一比喻关系的理解上，英国强调这一比喻的约束性含义，而殖民地将重点放在关怀和促进上。英国人的理解暗示了殖民地对母国永久性的依附关系，殖民地则表明了双方最终的对等地位。

这两种相互关联、又相互重叠的差异——英帝国理论与殖民地现实的差异、对双方关系本质的理解的差异——为18世纪中叶英帝国发生革命提供了潜在的可能性。我之所以说这种可能性只是“潜在的”，是因为这两种差异在引起帝国分裂之前，必须先被定义出来，并对其内涵有明确的理解。只要这两种差异仅仅被人模糊地感知且未被明确提出来，它们反而是维持帝国稳定的必要因素，因为它允许殖民地民众行使相当大的自治权，而无须英国官方明确表态放弃其对帝国角色的传统认知。只要英国政府不刻意消除这种差异、不强制推行它那套帝国观念或持续地、有计划地做出纠正，殖民地大规模反叛的可能性不会太高。

这两种差异可能引起帝国与殖民地关系的异常，进而导致对一方或另一方构想出来的现存道德秩序的严重冲击，并将双方的关系推向无法挽回的境地。然而，在我们之前描述的任何先决条件成为革命或帝国瓦解的动因之前，这种冲击是必要的。一些结构性条件已经将殖民地居民指向了平等与独立，同时也损坏了英国与殖民地间的传统纽带，使双方关系变得脆弱。但是这些先决条件也仅仅是为双方关系的恶化提供了一种可能，双方关系的最终破裂还取决于其他一些中间因素的作用。

四

导致古老的英帝国走向解体与革命，即开启了美国革命进程的一个突出前提在于，英国当局放弃了沃波尔的调和政策并试图对殖民地施以更严格的控制。这种转变不是在1763年突然出现的，而是在1748年后的10年里开始了逐步的过渡。这个决定及许多相关具体政策并不意味着英国当局与过去思想的突然决裂，相反，它们仅仅是当局实现其殖民地政策传统目标的又一次尝试，与英国对家长—孩子这一比喻观念的指导性设想一致。然而，局面已经与王位复辟时期或光荣革命之后的几十年相去甚远，在那时当局能够采取类似的有计划的尝试。差别显而易见，它基于一个共同的事实：殖民地能力的急剧提升以及相应地对英国依赖性的减弱。同时，在经过25年以上相对宽松的治理期后，英国转而寻求它在殖民地似乎已被遗忘的大部分目标。

如果殖民地的迅速成长以及随之而来的对英国贡献的提升是导致英国在18世纪40年代后期转变政策的最为重要的一个前提，那么两个短期内的因素则加速了这种转变。第一个因素是英国国内政治不稳定局面的结束，它肇始于1739年的权力斗争，随着1742年沃波尔的下台在18世纪40年代中期愈演愈烈。

第二个因素是一些严重的政治、社会动乱在多个殖民地的同时爆发。这个因素更为重要，它进一步加剧了帝国的戒备心理并促使其加快政策转变。在18世纪40年代末至50年代初，殖民地大量的问题几乎使帝国在伦敦的殖民地事务当局濒临解体。激烈的派系争斗使新泽西陷入内战，终止了新罕布什尔和北卡罗来纳的一切立法活动，并严重削弱了皇家权力机构在牙买加、百慕大（Bermuda）和纽约的地位。除了马萨诸塞、弗吉尼亚、巴巴多斯（Barbados）以及利沃德群岛（Leeward Islands），所有的皇家殖民地——纽约、南卡罗来纳、新泽西、百慕大、牙买加、北卡罗来纳、新罕布什尔——的总督都在抱怨难以推行帝国的指令，在当地利益团体以及北美议会下院过大的权力面前无能为力。百慕大总督报告自己的地位岌岌可危，当地议会甚至有人悬赏行刺他。每一个殖民地的总督都处境堪忧，英帝国当局很难控制局面。

在哈利法克斯（Halifax）的领导下——他一直做到1761年——贸易委员会有条不紊地加强帝国在殖民地的权力。通过把新斯科舍这个几乎全由中立或敌对的法国人居住的名义上的英国殖民地转变成真正意义上的英国殖民地，贸易委员会花大力气加强了英国殖民地对法属加拿大的防卫。更为重要的是，贸易委员会对大多数殖民地存在的问题与困境做了大量的报告，并在报告中给出了详细的建议。这些举措明确显示：尽管自沃波尔上台以来，英国对殖民地长期施行协调政策和温和的管理，但是贸易委员会及其殖民地官员并未改变他们对母国与殖民地间恰当关系的固有观念，也并未放弃英国殖民地政策的传统目标，虽然这些目标大部分都未能实现。除了在新斯科舍问题上获得了英国政府的大力支持并且由议会拨给了大量资金，贸易委员会的其他建议都未能获得政府的实质性支持，尽管与过去几十年相比殖民地事务确实得到了枢密院和政府的更多注意。不论殖民地的局面在知情人士看来多么危急，烦琐的行政程序和当务之急的国内事务都使得他们不能对殖民地问题采取有效行动。为了扭转这种局面，哈利法克斯费尽心机，试图成为一名独立的第三国务大臣，以全权管理殖民地事务。虽然这一努力没有成功，但是他在1752年4月争取到了贸易委员会权力的扩大。

虽然贸易委员会的计划在很多方面受到王室官员和其他一直以来为殖民地的法律制度明显偏向于民选议会感到担忧的人的热烈欢迎，但也总是遭到殖民地议会下院及其他有影响力的当地利益集团的强烈反对。他们认为这些计划是对母国与殖民地之间传统关系的伤害，并且在多数情况下是对殖民地业已建立的法律制度的攻击。尽管贸易委员会的职权和决策力都有所扩大，它依然无法有效应对这些反对的声音。贸易委员会能够强硬地要求殖民地总督严格遵照其指示办事，并且也这样做了，但这使得总督办起事来左右掣肘，无法完成委员会下达的那些不可能完成的任务。因此，贸易委员会仅仅在新罕布什尔达成了目标，在那里，本宁·温特沃什（Benning Wentworth）总督通过垄断政治权力和打压反对派建立起一个强有力的政治联盟。而在新斯科舍和佐治亚的新民众政府里，贸易委员会煞费苦心发起检查运动，要“将一切与母国宪法有出入的、不规范的、多余的行为扼杀在摇篮里”。直到 1756 年七年战争爆发被迫停下改革步伐，委员会才意识到检查运动是一次失败的。

综合来看，哈利法克斯和他的同僚在 1748 ~ 1756 年的行动构成了英国对殖民地行事在风格和性质上的一次重要转向。从根本上说，英帝国当局的姿态从宽容转向严厉与高压。这些年英帝国当局试图强加给殖民地的一系列政策，已经与殖民地对帝国与殖民地关系的本质及帝国行为恰当方式的结构性期待相抵触。1759 ~ 1776 年，殖民地民众感到无法接受的大部分政策其实已经以这样或那样一种方式被落实或提出。

这种政策转变对美国革命的偶然性意义在于：首先它并没有收到多大成效；其次它是英帝国最初采取的步骤，这比它在殖民地居民中造成的个别性的、暂时的不满还重要。因为这些早期改革努力的惨痛失败不仅加剧了英帝国对殖民地迟早会完全脱离帝国掌控的恐惧，而且使其有理由相信，甚至迷信必须进一步加强对殖民地的控制，将殖民地急剧膨胀的能量分解到英国可以接受的程度。

尽管七年战争迫使改革计划暂时停滞，但是战争经历反而增强了改革的愿望，因为英国在殖民地权力的削弱比以往更充分地暴露出来。在战争中，咄咄逼人的殖民地下议院公开动用政府防卫基金，进一步架空总督的权力；许多殖民地商人公然违背《航海条例》，并常常得到殖民地政府甚至英帝国海关官员的默许；许多殖民地的立法机关不配合帝国战时对人力物力的征用，即便英国议会已经做出了补偿的承诺。因此，战争经历加剧了英帝国对殖民地潜在的敌对和失控的担忧，加深了英帝国对殖民地妄图独立的疑虑，同时坚定了改革的决心。当英国和殖民地军队在 1759 年和 1760 年击败加拿大的法国军队，殖民地对战事的支持不再重要时，英国当局采取了一系列新的限制性措施以加强帝国在殖民地的权力，而1759～1764年的这些新举措只是对先前改革方案的恢复和补充。

但是这种补充是在一种全然不同的、极其脆弱的环境中进行的。对殖民地民众而言，战争提供了一种强烈的、解放性的心理体验。如此多的战事在北美的土地上进行，以及英国政府不惜付出巨大代价来保卫殖民地，这一切都极大地增强了殖民地的自我重要感。而且，战争在促使殖民地民众对英国的爱国情感高涨的同时，也增强了他们的期望，他们希望在帝国内部扮演更重要的角色从而使殖民地达到与母国几近同等的地位。相比之下，战争带给许多英国人的是对殖民地居民的不快和怨恨情绪，他们希望使殖民地恢复到一种恰当的依附地位。为保卫殖民地使英国蒙受的巨额债务和沉重的税收负担，加上关于北美殖民地富足和低税收的那些夸大了的报告，使他们把殖民地未履行王室征用号召和不遵守帝国条例的行为视作典型的以怨报德、不知恩图报的行为，不用说，这种过分的行为是对英国为了保卫它而进行的大量投入的抢掠。

如果说战争经历引起了大西洋两岸的人们对战后英国与殖民地关系的截然不同的期望，那么战争本身已经改变了这种关系的格局。随着法国人与西班牙人被逐出北美东部，英国必须给予殖民地的最后一项保护性条件——使他们免于法国人和西班牙人的入侵——不复存在了。因而，支撑殖民地那种潜意识的、对平等地位与自主的未阐明幻想的最主要基础或障碍也不存在了。更为重要的是，通过摧毁敌人、减轻安定殖民地的压力，英国的胜利使英帝国当局得以腾出手来专心推行殖民地的改革方案。而且，由于一支数量庞大的皇家军队的入驻，英国第一次在战时和战后拥有了对殖民地的强制资本。这些军力的存在使英国当局自信有能力镇压任何潜在的殖民地反对势力，在处理殖民地事务时他们再也不用像十年前那样小心翼翼了。

综上所述，战争造成的心理影响以及结构性改变使英国与殖民地的关系变得更不稳定。殖民地现今已不再迫切需要英国的保护，同时对自己在英帝国中的地位有了更高的期望；而英国官员对殖民地在战时的作为感到不满，决心对殖民地施以更为严厉的控制，这是议会的职权所在，况且在必要的时候有军队支持。考虑到这一系列因素，不难预测英国官员在18世纪60年代会采取某些行动，甚至以一种新的、殖民地人不习惯的乃至非法的方式扩大英国议会的权力，而这将是对现有的殖民地与英国关系的根本性的伤害。

本文的写作基于这样一个认识，即不论表面上看起来多么令人满意，任何对美国革命起因的有说服力的分析既要考虑 1763 年后殖民地反抗英国的内容与实质，又不能忽视使帝国与殖民地关系变得脆弱的长期因素。我们还应该注意到英国当局何时、为什么转变了对待殖民地的传统姿态。我试图表明的是，这种转变在 18 世纪 40 年代后期就已经开始，转变的原因主要在于殖民地对英国经济的重要性变得越来越突出，以及随之而来的英国对殖民地可能摆脱依附地位并由此使其渐渐退回到它在西欧国家中的传统地位的担忧。18 世纪 50 年代和 60 年代，事态的发展使这种担忧与日俱增，并且导致英国在 1763 ~1776 年举取了那些争议性举措。讽刺的是，正是英帝国当局采取的这些举措将其竭力避免的隐忧变成了现实。

（师嘉林译，贺新校）

本文在原文基础上稍做修改。

美国革命起源的背景与合法性：法律视角

在过去的20年，美国早期史研究范围的显著扩大并未造成对美国革命研究兴趣的爆发，尽管传统上这是早期史领域最为重要的研究课题。相反，那些聚焦重建和分析独立革命前夕英属美洲殖民地发展起来的新社会的各个方面的学者大幅增加。

尽管历史学者们对独立革命关注不够，但法律学者们首次把它作为严肃的研究课题。自从1970年希勒·B. 佐贝尔围绕波士顿大屠杀的法律环境与意见的论著[①]出版以来，现已出版了超过四本专著，一本论文集[②]，一本编辑论著，14篇律师们撰写的有关独立革命起源的方方面面的文章，包括M. G. 史密斯对马萨诸塞协助令案（writ of assistance case）的详尽研究[③]，威廉·E. 纳尔逊[④]、芭芭拉·A. 布莱克[⑤]和托马斯·C. 格雷的重要文章[⑥]。迄今为止，在这一研究领域中最为多产的贡献者是纽约大学法学教授约翰·菲利普·雷德（John Philip Reid）。1967年以来，他撰写了他有关独立革命的第一篇评论文章[⑦]。他

---

① Hiller B. Zobel, *The Boston Massacre* (New York, 1970).

② Hendrick B. Hartog, ed., *Law in the American Revolution and the Revolution in the Law* (New York, 1981). 该书收录了8篇美国法律史论文，其中5篇涉及美国革命。

③ M. G. Smith, *The Writs of Assistance Case* (Berkeley and Los Angeles, 1978).

④ William E. Nelson, "The Legal Restraint of Power in Pre-Revolutionary America: Massachusetts as a Case Study," *American Journal of Legal History* 18 (1974): 1-32.

⑤ Barbara A. Black, "The Constitution of Empire: The Case for the Colonists," *University of Pennsylvania Law Review* 124 (1976): 1157-1211.

⑥ Thomas C. Grey, "Origin of the Unwritten Constitution: Fundamental Law in American Revolutionary Thought," *Stanford Law Review* 30 (1978): 843-893.

⑦ John Philip Reid, "The Apparatus of Constitutional Advocacy and the American Revolution: A Review of Five Books," *New York University Law Review* 42 (1967): 181-211.

有关独立革命的作品包括三本专著[①]、1773 年总督托马斯·哈钦森与马萨诸塞殖民地参事会和下院的辩论汇编[②]、九篇文章[③]、一本书的一章[④]以及另外一篇评论文章[⑤]。

也许由于这浩繁的著作恰好出现在学者们对独立革命研究失去兴趣之际，其对于理解独立革命起源的意义并未被历史学者们充分理解。本文将探讨其中的含义，分析它们如何修订了当时学界对独立革命的解释。

在为研究独立革命做出贡献的法律史学者中，雷德最为明确地阐述了推动了这种研究的预设。雷德指出，由于分析独立革命的大多数历史学者缺乏法律方面的专业知识，他们未能理解法律的重要性，并“误解了美国独立

---

① John Philip Reid, *In a Defiant Stance: The Conditions of Law in Massachusetts Bay, the Irish Comparison, and the Coming of the American Revolution* (University Park: Pennsylvania State University Press, 1977); John Philip Reid, *In a Rebellious Spirit: The Argument of Facts, the Liberty Riot, and the Coming of the American Revolution* (University Park: Pennsylvania State University Press, 1979); John Philip Reid, *In Defiance of the Law: The Standing-Army Controversy, the Two Constitutions, and the Coming of American Revolution* (Chapel Hill, 1981).

② John Philip Reid, ed., *The Briefs of the American Revolution: Constitutional Arguments between Thomas Hutchinson, Governor of Massachusetts Bay, and James Bowdoin for the Council and John Adams for the House of Representatives* (New York, 1981)。

③ John Philip Reid, "A Lawyer Acquitted: John Adams and the Boston Massacre," *American Journal of Legal History* 18 (1974): 189-207; John Philip Reid, "In a Defensive Rage: The Uses of the Mob, the Justification in Law, and the Coming of the American Revolution," *New York University Law Review* 49 (1974): 1043 - 1093; John Philip Reid, "In a Constitutional Void: The Enforcement of Imperial Law, the Role of the British Army, and the Coming of the American Revolution," *Wayne Law Review* 22 (1975): 1 - 37; John Philip Reid, "In Our Contracted Sphere': The Constitutional Contract, the Stamp Act Crisis, and the Coming of the American Revolution," *Columbia Law Review* 76 (1976): 21-47; John Philip Reid, "In the First Line of Defense: The Colonial Charters, the Stamp Act Debate and the Coming of the American Revolution," *New York University Law Review* 51 (1976): 177-215; John Philip Reid, "In an Inherited Way: English Constitutional Rights, the Stamp Act Debates and the Coming of the American Revolution," *Southern California Law Review* 49 (1976): 1109-1129; John Philip Reid, "In Accordance with Usage: The Authority of Custom, the Stamp Act Debate and the Coming of the American Revolution," *Fordham Law Review* 45 (1976): 335-368; John Philip Reid, "In Legitimate Stirps: The Concept of 'Arbitrary', the Supremacy of Parliament, and the Coming of the American Revolution," *Hofstra Law Review* 5 (1977): 459-499; John Philip Reid, "The Irrelevance of Declaration," in Hendrick B. Hartog, ed., *Law in the American Revolution and the Revolution in the Law*, pp. 46-89.

④ John Philip Reid, "Civil Law as a Criminal Sanction: The Use of the Jury in the Coming of the American Revolution," in E. M. Wise and G. Mueller eds., *Studies in Comparative Criminal Law* (Springfield, 1975), pp. 211-247.

⑤ John Philip Reid, "The Ordeal by Law of Thomas Hutchinson," *New York University Law Review* 49 (1974): 593-613.

革命的法律史和宪政史”。结果是，他们经常“将政治与法律问题混为一谈”，未能理解“法律在为反叛搭建舞台并为战争创造条件的过程中发挥的作用”，“错误地”讲述了独立革命的故事。雷德声称：法律史学者挖掘的“深度超过了历史学者，所提出的问题是训练有素的历史学者所不能提出的”；他们证明，法律和宪法问题“在独立革命前夕的美国政治中发挥了全方位和核心作用”；而且“如果我们要真正理解独立革命前夕的斗争，就必须将法律和宪法作为研究的核心”。①

根据雷德以及这些他考虑到的其他作者的观点，非法律史学者们最为严重的错误的根源只有一个：他们秉承时空倒置的法律概念（anachronistic conception of law）。具体而言，他们通常使用的是一种现代的“法律定义，认为法律只不过是一个主权国家的命令（the command of a sovereign）”。然而，正如亨德里克·哈托格所指出的，这一概念源自“实证主义法学”（positivist jurisprudence）。这种理论在18世纪后半叶开始流行，在19世纪和20世纪取得支配地位。对独立革命前夕危机期间大西洋两岸的英国人来说，法律相比较而言“并不总是意味着‘命令’或‘意志’”，理论家们并不“必然将‘法律’与主权联系在一起”。相反，在英国以及英属美洲的法律传统中，18世纪60年代和70年代的法律除被视为“主权国家的命令”之外，也被视为“惯例与社群共识”（custom and community consensus）。根据雷德以及其他学者的看法，历史学者们由于未能理解这一事实，因此“赋予了18世纪的法律比其实际更大的强制性权力”，低估了独立革命前夕辩论中北美宪法论点的合法性。②

---

① John Philip Reid, "In an Inherited Way: English Constitutional Rights, the Stamp Act Debates and the Coming of the American Revolution," *Southern California Law Review* 49 (1976): 1109; John Philip Reid, "A Lawyer Acquitted: John Adams and the Boston Massacre," *American Journal of Legal History* 18 (1974): 189, 191; John Philip Reid, *In Defiance of the Law: The Standing-Army Controversy, the Two Constitutions, and the Coming of American Revolution*, p. 222; John Philip Reid, "The Irrelevance of Declaration," in Hendrick B. Hartog, ed., *Law in the American Revolution and the Revolution in the Law*, p. 46; John Philip Reid, "The Apparatus of Constitutional Advocacy and the American Revolution: A Review of Five Books," *New York University Law Review* 42 (1967): 190.

② Hendrick B. Hartog, "Losing the World of the Massachusetts Whig," in Hendrick B. Hartog, ed., *Law in the American Revolution and the Revolution in the Law*, p. 147; "The Irrelevance of Declaration," in Hendrick B. Hartog, ed., *Law in the American Revolution and the Revolution in the Law*, p. 60.

威廉·E. 纳尔逊对独立革命前夕马萨诸塞殖民地对政府权力的法律限制的重要研究，为18世纪法律的强制力比早期学者们认为的小得多这一观点奠定了基础。[①] 纳尔逊指出："独立革命前夕北美人最关注的问题之一是限制政府权力，保障个人的生命、自由和财产免受那种权力滥用的侵害。"至少在马萨诸塞，他们设法"在很大程度上"将那些关注的问题付诸实施。[②]

由于马萨诸塞没有永久性警察力量，只有一个很小的官僚机构，因此殖民地法庭是唯一一个拥有较大强制性权力的政府机构。没有其他"机构……拥有罚款或以其他方式惩罚并因此最终强制一个人的权力"。然而，由于"希望被依法统治，而不是受到拥有巨大自由裁量权（这种自由裁量权可能被滥用）的法官们的统治，"殖民地的立法者小心翼翼地"剥夺了法官们实施其广泛权力过程中的一切自由裁量权，也剥夺了他们让那些权力对个体的人施加影响的有效能力"。在一定程度上，长期存在的习惯也有助于立法者实现这一目标，据此，法庭从不超越先例。如在英格兰一样，先例、惯例或习惯都具有法律效力，始终被用于"填补法规或普通法中的空隙"。立法者也赋予了陪审团在民事案件和刑事案件审理中的广泛权力，甚至更为重要的是，赋予他们"巨大的权力从而在那些案件中发现法律与事实"。[③]

陪审团具有"几乎无限的"权力去发现法律，这实际上意味着法官具有非常"小的立法权"。"当地社区代表组成的陪审团"——不是法官或其他殖民地官员——"一般掌握着控制殖民地实体法律的有效权力"。确实，"陪审团具有的广泛的发现法律的权力（law-finding power）"所发挥的作用，是确保法官"遵循惯例，因此不会改变［惯常的］法律规则"。而且，尽管陪审团似乎通常更重视殖民地法规以及英国普通法的规则，而不是当地惯例，但他们"有权排斥普通法"，而且至少时常实际上"让当地惯例压倒明确的普通法"。纳尔逊指出，"独立革命前夕马萨诸塞殖民地的社区"因此"很随意地把英国普通法当作其司法权的基础，但同时给［陪审团］不加限制的权利以排斥英国普通法中与他们自己的正义、道德观或需求和情况相悖

① 这项研究的成果于1974年以注释4所引用的文章的形式首次发表，后来作为纳尔逊的重要论著：*Americanization of the Common Law*：*The Impact of Legal Change on Massachusetts Society*，*1760－1830*（Cambridge，Mass.，1975），pp. 13－35。

② William E. Nelson，"The Legal Restraint of Power in Pre-Revolutionary America：Massachusetts as a Case Study，" *American Journal of Legal History* 18（1974）：1.

③ William E. Nelson，"The Legal Restraint of Power in Pre-Revolutionary America：Massachusetts as a Case Study，" *American Journal of Legal History* 18（1974）：7，10，14，26.

的人和组成部分”。[①]

其他的殖民地官员——包括殖民地和宗主国的官员——比法官的权力更小。他们自己几乎没有任何强制性资源。实际上，他们要“接受司法监督”，“无论在什么时候当履行职责犯错时都要按照普通法做出赔偿”或按照法规“被罚款”。因此，“实际上”官员们“未经当地社区的同意无法行使强制性权力”，“有关独立革命前夕马萨诸塞殖民地政府的一个关键事实是治安法官、副治安法官和警察等下级官员——拥有执行裁决的法律责任的那些人——只有在当地社区愿意允许裁决被执行时才会去执行”。[②]

因此，马萨诸塞殖民地证明了近代早期英国政治理论家的一句被反复引用的箴言，正如埃德蒙·伯克所指出的，任何政府的指令“如果不顾那些被统治者的普遍意见”就不可能行得通。马萨诸塞以及大概所有其他英属美洲殖民地都与英国一样，遵循备受尊崇的“盎格鲁－美利坚传统”（Anglo-American tradition）。在这种传统下，“政府并不拥有大规模的官僚机构去执行法律，而依靠其国民协助少数［现有的］官员履行执法职责”。“总而言之，”纳尔逊评论道，“官员们确保法律实施的唯一途径是获得社会对法律的支持，他们获得那种支持的最佳途径是允许地方社区通过陪审团等决定法律的实质性内容”。[③]

纳尔逊有关马萨诸塞殖民地的法律制度建立在社区居民同意的基础上、缺乏强制性权利、受制于本地控制的研究成果，对 1970 年希勒·B. 佐贝尔提出的有关“波士顿大屠杀”的观点构成了潜在挑战。佐贝尔将独立革命前夕的波士顿描述为一个日益混乱而无法无天的地方。在那里，激进的阴谋家们，很可能在塞缪尔·亚当斯（Samuel Adams）的领导下，掌控着局势。在那种局势下，法治逐渐被暴民统治取代。根据佐贝尔的观点，在波士顿大屠杀之前的五年里，“对权威的抵制”成为“那个时代的（普遍）精神”，

---

① William E. Nelson, “The Legal Restraint of Power in Pre-Revolutionary America: Massachusetts as a Case Study,” *American Journal of Legal History* 18 (1974): 23–24, 26, 28.

② William E. Nelson, “The Legal Restraint of Power in Pre-Revolutionary America: Massachusetts as a Case Study,” *American Journal of Legal History* 18 (1974): 7–9, 26, 30.

③ Edmund Burke, “A Letter from Mr. Burke, to John Farr and John Harris, Esqrs., Sheriffs of the City of Bristol; on the Affairs of America (1777),” in *The Works of Edmund Burke* (16vols, London, 1826), 3: 187; William E. Nelson, “The Legal Restraint of Power in Pre-Revolutionary America: Massachusetts as a Case Study,” *American Journal of Legal History* 18 (1974): 31–32.

“秩序逐渐从街头消失，不受妨碍的司法逐渐被逐出法庭”，“暴力变得……司空见惯”。①

评论者们立即对佐贝尔的解释提出质疑，认为这种解释在本质上是“一种法律与秩序”研究框架，是对“波士顿大屠杀的托利派描述（Tory account）”。他们强调，“激进主义者的意识形态与策略的核心是对法律的关注”。② 雷德最充分地揭示了佐贝尔的观点在本质上存在时空倒置特性（anachronistic character）。在他称为马萨诸塞“法律状况”（conditions of law）的两本专著中，他探讨了纳尔逊的研究发现对理解那个殖民地的独立革命起源的意义。雷德提出的“法律状况”，“指的不仅是实体性法律规则，而且指该法律的确定性、权力和有效性以及它是不是由单一中心的（unicentric）或多元中心的（multicentric）权威主宰”。③

《公然反抗的立场》于 1977 年出版，比较了 18 世纪末两个英属殖民地，即马萨诸塞和爱尔兰在 60 年代北美抵抗运动和 90 年代爱尔兰起义期间的法律状况。《反叛精神》出版于 1979 年，叙述了马萨诸塞抵抗运动领袖们在 18 世纪 60 年代三个不同事件中是如何利用法律的。这三个事件包括：1766 年的马尔科姆事件（Malcolm affair）、1768 年庆祝《印花税法》废除和 1768 年的自由骚乱（Liberty riot）。

在雷德看来，独立革命前夕马萨诸塞殖民地法律状况的关键事实是它是多元中心的，而不是单一中心的。也就是说，那里存在的不是单一的法律，而是两种法律。位于伦敦的英国议会和皇家官员制定的“帝国法律”确实是“苍白无力”的。承担执行这些法律之职的马萨诸塞殖民地官员们没有可以有效掌控的法律制度，“如果没有”当地社区的“支持和默许，他们就无能为力”。在独立革命危机之前，帝国法律就已经走弱，并且随着时间的推移，变得更弱，因为本地舆论日益把它视为一系列专制措施，这些措施旨

① Hiller B. Zobel, *The Boston Massacre*, p. 48, p. 303. 对于佐贝尔的观点更为明确的论述，参见其早些时候发表的文章“Law under Pressure: Boston, 1769 - 1770,” in George A. Billias, ed., *Law and Authority in Colonial America* (Barrie, Mass., 1965), pp. 187 - 208。

② 尤其参见杰西·莱米什（Jesse Lemish）和保利娜·梅耶（Pauline Maier）的透彻批评。莱米什在“Radical Plot in Boston (1770): A Study in the Use of Evidence,” *Harvard Law Review* 84 (1970): 485 - 504 中重点分析了佐贝尔的法律和秩序偏见。梅耶在“Revolutionary Violence and the Relevance of History,” *Journal of Interdisciplinary History* 2 (1971): 119 - 135 中，分析了其叙述的非历史特点（ahistorical character）的其他方面。

③ John Philip Reid, *In a Defiant Stance: The Conditions of Law in Massachusetts Bay, the Irish Comparison, and the Coming of the American Revolution*, p. 2.

在破坏他们传统的宪政权利和经济与政治上的自治。①

雷德认为，值得强调的是，对帝国法律尊重的衰弱并未导致“对法律尊重的全面崩溃”。相对而言，在帝国法律稳步走弱的同时，本地法律——各殖民地法庭、大陪审团、小陪审团、治安法官所支持的那些法规、司法先例和惯例以及殖民地其他有效的法律制度——保留了充分的活力。正如纳尔逊早些时候所解释的，地方法律的两个基本特点是：它“反映了社会共识”以及它处于本地而不是宗主国的控制之下。②

与帝国法律一样，本地法律缺乏强大而正式的强制工具，只能依靠公众支持获得实施。保利娜·梅耶于 1970 年发表的一篇原创文章证明，在 18 世纪整个英属美洲殖民地，民众一再揭竿而起维护社区的“迫切利益”，以执行“当地治安法官的意志”，并对“合法部门”未能或无力采取行动做出补偿。尽管梅耶强调这种起义在英国与在美洲一样普遍，但她似乎不确定它们是否超越“法律的界限”。③

雷德提出了与威拉德·赫斯特（Willard Hurst）基本相同的观点，但进行了更加详尽的分析。他的分析建立在赫斯特有关“法庭外自助（extra-judicial）形式的暴力构成了美国法律史的一条合法脉络”的洞见上，而且观点更加鲜明。他指出，在两种不同情况下，人们会奉行自己主宰事务的根深蒂固的英国传统。第一种情况是，“普通的法律程序失败了或并不存在”；第二种情况是，他们没有其他途径取消“独断专行的”违背宪制的措施。只要民众的起义“发挥了公众性而不是私人性作用”，并且其行动仅限于骚扰那些负责执行“议会的违宪法令”的那些人，那么他们就完全符合“18 世纪宪政原则”所表达的“抵制非法的政府权力”是合法的英国法律传统。

---

① John Philip Reid, *In a Defiant Stance: The Conditions of Law in Massachusetts Bay, the Irish Comparison, and the Coming of the American Revolution*, p. 118; Hendrick B. Hartog, “Losing the World of the Massachusetts Whig,” in Hendrick B. Hartog, ed., *Law in the American Revolution and the Revolution in the Law*, p. 147.

② John Philip Reid, *In a Defiant Stance: The Conditions of Law in Massachusetts Bay, the Irish Comparison, and the Coming of the American Revolution*, p. 63, p. 65. 雷德倾向于把本地法律称为“辉格法”（whig law），因此过度强调了其党派性质，让人没有注意到的更为重要的一点是，对于马萨诸塞殖民地的大多数人来说，它是本地舆论的合法工具。

③ Pauline Maier, “Popular Uprisings and Civil Authority in Eighteenth-Century America,” *William and Mary Quarterly* 27 (1970): 3 – 35. 这篇文章的精简版构成了 Pauline Maier, *From Resistance to Revolution: Colonial Radicals and the Development of American Opposition to Britain, 1765 – 1776* (New York, 1972), pp. 3 – 26。引文见 pp. 4 – 5, p. 10。

因此，在雷德看来，佐贝尔等人描述为无法无天的暴力表达的民众起义远未超越法律的界限，实际上作为本地法律的“维护队伍”（police unit）发挥作用，用马萨诸塞殖民地下院的话说，它们就是维护本地法律的“临时警察部队”（posse comitatus）。因此，正如雷德所详细说明的，不足为奇的是，在1765～1775年的马萨诸塞，这种起义几乎无一例外地“得到了大多数当地政府机构的支持”。①

尽管雷德承认惯例以及这些起义的受害者即其他宗主国官员和支持者对起义的看法与佐贝尔的描述一致，但他坚持认为“托利派的法律观点”与殖民地民众口中的［大多数］“辉格派的法律观点并不相同”；“独立革命前夕的美国政治群众”至少“既是守法的，也是无法无天的”。雷德解释说，对帝国法律的抵制远非非法，它实际上是为了维护本地法律。“如果从法律和法律制度的角度看待独立革命前夕的时代”，他得出结论说，很显然北美的暴徒们在很大程度上成为本地人主宰的“陪审团和治安法官等法律制度”的“一个附属性执法”机构，因此其“主要作用是补充”本地法律。②

正式的法律工具——陪审团、治安法官等——以及非正式的法律工具——齐心协力的群众，在获得了普遍的公众支持的情况下，在1765年之后的一系列事件中废除了许多被认为是专制性的、有悖殖民地重大利益的议

① John Philip Reid, “Violence in American Law: A Review of Five Books,” *New York University Law Review* 40 (1965): 1208; John Philip Reid, “In a Defensive Rage: The Uses of the Mob, the Justification in Law, and the Coming of the American Revolution,” *New York University Law Review* 4 (1974): 1051, 1055, 1061, 1068, 1086; John Philip Reid, “The Apparatus of Constitutional Advocacy and the American Revolution: A Review of Five Books,” *New York University Law Review* 42 (1967): 210; John Philip Reid, “In Legitimate Stirps: The Concept of ‘Arbitrary’, the Supremacy of Parliament, and the Coming of the American Revolution,” *Hofstra Law Review* 5 (1977): 461 - 462; John Philip Reid , *In a Rebellious Spirit: The Argument of Facts, the Liberty Riot, and the Coming of the American Revolution*, p. 52; John Philip Reid, “The Irrelevance of Declaration,” in Hendrick B. Hartog, ed., *Law in the American Revolution and the Revolution in the Law*, pp. 53 - 54; John Philip Reid, “In a Constitutional Void: The Enforcement of Imperial Law, the Role of the British Army, and the Coming of the American Revolution,” *Wayne Law Review* 22 (1975): 7, 17.

② John Philip Reid, In a Defensive Rage: The Uses of the Mob, the Justification in Law, and the Coming of the American Revolution,” *New York University Law Review* 49 (1974): 1044; John Philip Reid, “In a Constitutional Void: The Enforcement of Imperial Law, the Role of the British Army, and the Coming of the American Revolution,” *Wayne Law Review* 22 (1975): 35 - 37; John Philip Reid, *In a Defiant Stance: The Conditions of Law in Massachusetts Bay, the Irish Comparison, and the Coming of the American Revolution*, pp. 170 - 171.

会法令和宗主国规定。在这个过程中，他们有效地强调，宗主国的代理人无力执行本地人反对的任何措施。1768 年之后，英国部队在波士顿的驻扎也并未增强帝国法律的效力。英国军队从未被授权发挥警察的作用，一直处于平民的控制之下。结果是，它无法被用作强制工具，而且很容易被同样的“本地法律”机构抵消。这些本地法律机构已经通过法律手段使帝国法律在殖民地成为一纸空文。雷德认为，1765 年之后宗主国权力的削弱并非如许多早期历史学者所提出的是由于宗主国的代表行使权力时十分克制或胆怯，而是因为他们被“［本地］法律”很快且彻底地束缚住了手脚。①

雷德利用与 18 世纪 90 年代爱尔兰的比较支持这一观点。爱尔兰和马萨诸塞的法律实质并无根本区别，同样源自英国。在雷德看来，两个地方的最大差别在于法律状况，具体而言在于“法律传统和地方对法律制度的控制程度”。与马萨诸塞的革命者不同的是，占殖民地人口至少 3/4 的反叛的爱尔兰人不仅没有有效控制爱尔兰的法律制度，而且实际上被排斥在政治过程的任何正式作用之外，几乎没有公民权利。结果是：本地的制度较弱，不能及时响应他们的需求；帝国法律拥有大规模军队的支撑，不受本地法律的限制，得以最为严厉地压制本地反对意见，因而帝国法律极其强大，真正的无法无天的暴力活动司空见惯。雷德写道：如果说马萨诸塞的革命者“为法律而战”，那么爱尔兰的反叛者则“为反对法律而战”。②

当然严格地说，雷德的爱尔兰—马萨诸塞殖民地比较不太严谨。根据他的分析，这一比较中的关键变量是法律情况和地方控制的程度。然而，两种情况下最为重要的区别似乎在于社会中反叛群体的特征。在马萨诸塞，统治者阶级揭竿而起。而在爱尔兰，起义的是被排斥的阶级。这两个群体的一个

---

① John Philip Reid, *In a Defiant Stance: The Conditions of Law in Massachusetts Bay, the Irish Comparison, and the Coming of the American Revolution*, p. 71, pp. 170 – 172; John Philip Reid, "Civil Law as a Criminal Sanction: The Use of the Jury in the Coming of the American Revolution," in E. M. Wise and G. Mueller, eds., *Studies in Comparative Criminal Law*, p. 211, p. 213, p. 216, pp. 246 – 247; John Philip Reid, "In a Constitutional Void: The Enforcement of Imperial Law, the Role of the British Army, and the Coming of the American Revolution," *Wayne Law Review* 22 (1975): 3, 7 – 10, 26, 35 – 37; John Philip Reid, *In Defiance of the Law: The Standing-Army Controversy, the Two Constitutions, and the Coming of American Revolution*, pp. 226 – 227. M. G. Smith, *The Writs of Assistance Case*, p. 519, 是最近的研究成果的一个范例，提出宗主国官员本来可以更加强势的。

② John Philip Reid, *In a Defiant Stance: The Conditions of Law in Massachusetts Bay, the Irish Comparison, and the Coming of the American Revolution*, p. 26, p. 135, pp. 172 – 173.

共同特征是他们都对现政权不满。在其他方面，爱尔兰的反叛者更类似美洲殖民地的奴隶以及其他受排斥的集团，也就是说，他们受到法律的约束，不能参与立法。

雷德似乎暗示，爱尔兰天主教徒遭到排斥、不能在公民生活中发挥积极作用这一事实并不意味着爱尔兰本地自治的传统较弱。确实，在爱尔兰以及美洲殖民地，"光荣革命"之后的70年见证了议会制度和本地自治的发展。为了对爱尔兰领袖一再要求摆脱英国控制做出回应，英国议会在1720年通过了公告令，宣称在"任何情况下"英国都对爱尔兰拥有管辖权。然而，正如J. C. 贝克特所指出的，议会沿袭了都铎王朝时期之后的做法，"小心翼翼地"行使对爱尔兰的立法权。1720年之后与此前一样，英国针对爱尔兰的立法"实际上主要涉及经济或行政问题，"而英王长期以来的习惯是，对于具体适用爱尔兰的任何英国法令，通常都要争取爱尔兰议会的同意。根据贝克特的观点，"从来不存在通过英国立法征税的问题；而且即使在不太重要的事务方面，部长们也非常不愿意利用英国法律赋予的权力践踏爱尔兰议会的意志而挑起事端"。英国议会通常也不会对爱尔兰的内部事务立法。宗主国政府"战战兢兢地关注爱尔兰的舆论"，并"对草率的惩罚性措施的后果忧心忡忡"。它时常威胁要采取不受欢迎的措施，但在爱尔兰的抵抗下一再让步。因此，在爱尔兰，与在美洲殖民地一样，政府似乎需要得到民众的同意，宗主国的官员无法执行本地统治阶级积极反对的措施。[①]

与马萨诸塞统治阶级的重要区别是，宗主国政府使大批遭到排斥的爱尔兰天主教徒服服帖帖。在这个意义上，英国-爱尔兰的统治阶级类似英国加勒比海殖民地中占比较小的白人种植园主统治阶级。因此，可以说在18世纪的英国殖民地世界，统治阶级相对的内部力量，而不是其对本地制度的控制，是决定任何特定殖民地政体内部帝国法律的强度以及其背后的各种力量的主要变量。

尽管雷德的比较存在这些问题，但它确实有助于强调本地革命者对马萨

① J. C. Beckett, "The Irish Parliament in the Eighteenth Century," *Belfast National History and Philosophical Society*, *Proceedings* 4 (1955): 18 – 23; J. C. Beckett "Anglo-Irish Constitutional Relations in the Later Eighteenth Century," *Irish Historical Studies* 14 (1964): 20 – 23; J. L. McCracken, "The Conflict between the Irish Administration and Parliament, 1753 – 6," *Irish Historical Studies* 3 (1942): 169, 179; F. G. James, "Irish Smuggling in the Eighteenth Century," *Irish Historical Studies* 12 (1961): 299 – 317.

诸塞法律实施过程进行有效控制的程度。

美洲殖民地的有效法律一方面是本地的，另一方面必须经过本地居民的同意。这一问题的发现，必然需要重新提出50年前查尔斯·麦基尔韦恩和罗伯特·L.舒勒辩论的经典问题，即独立革命前夕的辩论中美国宪政主张的合法性问题。[①] 雷德出版了有关这个问题的最大部头的著作。这是《公然反抗的立场》和《反叛精神》的重要主题，也是他的许多文章以及他1981年的专著《蔑视法律》关注的焦点。《蔑视法律》对北美人反对（英国）在殖民地驻军的论点的有效性进行了评估。而雷德对这个问题的分析通过芭芭拉·A.布莱克（Barbara A. Black）和托马斯·C.格雷（Thomas C. Grey）的两篇重要文章得到了补充。在富有想象力的洞见及其分析的严谨性和深度方面，布莱克的文章实际上是本文评论的所有文章中最令人印象深刻和最重要的。[②]

如果告诉历史学者们独立革命前夕的辩论中出现了有关宪制组织的两种彼此冲突的观点并且这两种观点推动着这种辩论，他们不会感到意外。宗主国“政府要求的前提是18世纪英国议会至上的宪政制度”。这种观点在“光荣革命”之后逐渐发展起来，代表一种“新宪政主义”。根据这种宪制，法律被视为“具有强制力的‘权力’”，“宪法则被视为一套由议会主导的制度。议会拥有通过立法改变通常的宪制安排的最终权力”。这种观点预示着“一种有关积极的统一国家的实证主义理论的出现”。它将权力与权利合而为一，将宪法视为一个灵活的体系，“其唯一固定的原则是，议会在法律问题上可以随心所欲”。[③]

为了反对这种立场，北美抵抗运动的领袖们诉诸“17世纪英国宪法对专断权力的惯例性限制”。北美人的观点基于爱德华·柯克爵士（Sir Edward Coke）、约翰·汉普登（John Hampden）和约翰·皮姆（John Pym）

---

① Charles Howard McIlwain, *The American Revolution: A Constitutional Interpretation* (1923); Robert Livingston Schuler, *Parliament and the British Empire: Some Constitutional Controversies concerning Imperial Legislative Jurisdiction* (New York, 1929).

② Barbara A. Black, "The Constitution of Empire: The Case for the Colonists," *University of Pennsylvania Law Review* 124 (1976): 1157 - 1211; Thomas C. Grey, "Origin of the Unwritten Constitution: Fundamental Law in American Revolutionary Thought," *Stanford Law Review* 30 (1978).

③ John Philip Reid, *In Defiance of the Law: The Standing-Army Controversy, the Two Constitutions, and the Coming of American Revolution*, p. 3, pp. 41 - 42, p. 48, p. 121; Thomas C. Grey, "Origin of the Unwritten Constitution: Fundamental Law in American Revolutionary Thought," *Stanford Law Review* 30 (1978): 857, 867.

提出的“旧的宪政主义”，将法律视为“同意、习惯或共识‘权’”的产物，将宪法设想为一系列习惯性权利，“主要是普通法财产权以及享有传统的制度安排和法律程序的权利”，这些“都是社会演变的产物”。由于宪法是立法权的来源，所以它高于立法权并对立法权构成限制。宪法相对来说是刚性的，只能通过“建立在同意基础之上的”先例修订，不能通过制定法律修订。宗主国观点暗示英帝国是一个无所不能的议会主导下的统一国家，而殖民地的观点指出，它是一个“权力分散的”实体。通过习惯和同意，它逐渐发展为一部“在法律上具有约束力的非成文宪法”，大大限制了议会对殖民地的权力。①

正如布莱克所指出的，“20 世纪的学术成果”“几乎一致认为”，在这场辩论中，“美国人‘在法律上是错误的’”；用雷德的话说，对于“北美人的宪制主张”没必要“当真，因为议会宣布什么是宪法，什么就是宪法”。这实际上是大多数早期历史学者的观点。但是，雷德、布莱克和格雷强烈反驳这个传统观点。他们认为，那种解释远非正确，“是对法律得出的不正确的结论”。②

这些学者并不否认伦敦当局“从单一中心权力（unicentric power）的角度看待其帝国的统治……认为这种单一中心权力只能实施议会通过的法律”。他们认为，“18 世纪英属美洲的帝国宪法并非如今天的历史学者们所坚持认为的那样精确”；它并不意味着为议会在帝国内的权威“提供了权威的答案”。议会至上的原则“发展于 18 世纪中期”，“在 1689 年不能被合理地预见到”，仍然属于非常新的东西，在英国本土也并未得到充分的理解或接受。“一部固定的宪法高于政府并限制政府的工作机构的旧的观点”并未

① John Philip Reid, *In Defiance of the Law: The Standing-Army Controversy, the Two Constitutions, and the Coming of American Revolution*, 护封, p. 3, p. 48, p. 121; Thomas C. Grey, "Origin of the Unwritten Constitution: Fundamental Law in American Revolutionary Thought," *Stanford Law Review* 30 (1978): 863 – 867, 892.

② Barbara A. Black, " The Constitution of Empire: The Case for the Colonists," *University of Pennsylvania Law Review* 124 (1976): 1157; Barbara A. Black, " The Irrelevance of Declaration," in Hendrick B. Hartog, ed., *Law in the American Revolution and the Revolution in the Law*, p. 60. 朱利乌斯·戈贝尔（Julius Goebel）是持有传统观点的主要法律史学家之一。参见他的著作《奥利弗·温德尔·霍尔姆斯·蒂沃斯美国最高法院史：迄至 1801 年的先例与开端》（*The Oliver Wendell Holmes Devise History of the Supreme Court of the United States: Antecedents and Beginnings to 1801*）。另参见另外一个法律史学家威廉·F. 斯温德勒（William F. Swindler）最近发表的文章“‘Rights of Englishmen’ since 1776: Some Anglo-American Notes,” *University of Pennsylvania Law Review* 124 (1976): 1083 – 1103。他认为美国人的观点“实质上是不准确的”（第 1089 页）。

丧失其“历史上受人尊重的地位以及宪政上的合法性”，“在18世纪60年代的英国仍然是一种受到尊重的观点”。实际上，正如雷德所评论的，宪法这一概念本身仍然不够精确，以至于其“定义更多取决于个人的用法，并不具备司法上的确定性”。甚至人们仍然可能一方面“接受议会至上的新宪法，同时信守施加固定限制的旧宪法”。①

如果说英国宪法的确切性质在英国还不明确，那么其地位在美洲就更加模棱两可。雷德指出：就“爱尔兰和北美”而言，宪法的确切性质始终属于“多个争论问题之一，即使英王的律师们对此也没有达成一致意见”。“帝国宪法不成文，也没有一个司法机关来解决冲突，它”实际上“是能够合理论证和有力主张的任何东西”，“精干的律师能够对问题的两个方面都写出令人信服的辩护状”。雷德认为，在这种情况下，这个问题“在大西洋两岸都被认为是悬而未决的”。那可能就是乔治·格伦维尔（George Grenville）在《印花税法》推出之前极力驳斥“无代表权不得征税”（taxation without representation）这一观点的原因。雷德写道：“在那时检验一个论点在法律上是否正确的检验标准”，是“那种观点是否得到了普遍的公众支持以及律师能否严肃地予以辩护”。因此在他看来，问题并非在于“北美宪政观点是否‘正确’甚至‘合理’”而在于“它们是否至少能够站得住脚”。②

---

① John Philip Reid, *In a Defiant Stance: The Conditions of Law in Massachusetts Bay, the Irish Comparison, and the Coming of the American Revolution*, p. 70; John Philip Reid , *In Defiance of the Law: The Standing-Army Controversy, the Two Constitutions, and the Coming of American Revolution*, p. 25, p. 33, p. 36, p. 205; John Philip Reid, "The Ordeal by Law of Thomas Hutchinson," *New York University Law Review* 49 (1974): 602; Barbara A. Black, "The Constitution of Empire: The Case for the Colonists," *University of Pennsylvania Law Review* 124 (1976): 1210 - 1211; Thomas C. Grey, "Origin of the Unwritten Constitution: Fundamental Law in American Revolutionary Thought," *Stanford Law Review* 30 (1978): 858.

② John Philip Reid, *In a Defiant Stance: The Conditions of Law in Massachusetts Bay, the Irish Comparison, and the Coming of the American Revolution*, p. 12; John Philip Reid, "Ordeal by Law of Thomas Hutchinson," *New York University Law Review* 49 (1974): 610; John Philip Reid, "In a Defensive Rage: The Uses of the Mob, the Justification in Law, and the Coming of the American Revolution," *New York University Law Review* 49 (1974): 1087; John Philip Reid, *In Defiance of the Law: The Standing-Army Controversy, the Two Constitutions, and the Coming of American Revolution*, 护封; John Philip Reid, "In Accordance with Usage: The Authority of Custom, the Stamp Act Debate and the Coming of the American Revolution," *Fordham Law Review* 45 (1976): 341; John Philip Reid, "The Apparatus of Constitutional Advocacy and the American Revolution: A Review of Five Books," *New York University Law Review* 42 (1967): 194.

布莱克和雷德两人的结论是它们当然“至少能够站得住脚”。历史学者们倾向于把北美人的观点视为“过时之论”。然而，正如雷德所解释的，“17 世纪习惯权利的宪法（constitution of customary rights）永远也不会被重新确立为英国的宪法”这一事实，“不能证明 18 世纪英国议会至上的宪法已经在美洲殖民地确立起来了”。相反，雷德和布莱克都认为，殖民地并非在英国宪法的保护下运作着，而是在正在出现的“帝国宪法”（imperial constitution，也就是布莱克文章标题提到的“Constitution of Empire”）的保护下运作着。截至 18 世纪 60 年代，这一宪法已经有近一个半世纪的历史。与许多历史学者的观点相反，它并非在很大程度上建立在特许状基础上。特许状像《大宪章》一样，属于仅仅是确认现有的权利而不是授予新权利的文件。对那些仍然持有此类特许状的殖民地来说，它们仅仅发挥着“第一道防线”的作用。雷德写道：它们是“北美人宪制论证”的一部分，但“并非论证本身”。相反，美国人的论证主要建立在其他三个在法律上更为坚实的基础上。①

第一个基础是“不可撤销的给予原则”（doctrine of irrevocable surrender），布莱克对此进行了深入分析。学术界对北美人宪制论证价值的研究，大多围绕爱德华·柯克对 17 世纪初两个案件的裁定意见。这些意见成为“那个时代关于英国议会在领地的权力的辩论的核心”。案件之一是伯纳姆案（Bonham's Case，1607），柯克在这个案件中认为，普通法高于议会法令；另一个案件是“卡尔文案”（Calvin's Case，1608），这是一个精心设计的案

---

① John Philip Reid, "The Apparatus of Constitutional Advocacy and the American Revolution: A Review of Five Books," *New York University Law Review* 42 (1967): 194; John Philip Reid, *In Defiance of the Law: The Standing-Army Controversy, the Two Constitutions, and the Coming of American Revolution*, p. 32, p. 159, pp. 162 - 163; John Philip Reid, "In the First Line of Defense: The Colonial Charters, the Stamp Act Debate and the Coming of the American Revolution," *New York University Law Review* 51 (1976): 177, 208, 209, 211; Barbara A. Black, "The Constitution of Empire: The Case for the Colonists," *University of Pennsylvania Law Review* 124 (1976): 1203. 对英国宪法与帝国宪法的区分是必要而有益的，但同时有必要强调的是，在帝国之内，还有第三种宪法，即每个独立殖民地的宪法，其中没有一个与另外一个是完全相同的。这一事实的意义在 Jack P. Greene, *Peripheries and Center: Constitutional Development in the Extended Polities of the British Empire and the United States, 1607 - 1788* (Athens, Georgia, 1986) 中进行了探讨。雷德含蓄地承认了这些本地宪法的存在与重要性，尽管他将它们合称“美国宪法”（如 *In Defiance of the Law: The Standing-Army Controversy, the Two Constitutions, and the Coming of American Revolution*）属于时代错误。这些本地宪法都建立在并表达了一套共同的基本原则之上。

件。在这个案件中，对于在詹姆斯一世1603年登上英国王位之后出生的苏格兰臣民是否享有“英国人的权利”的问题，柯克做出了支持性裁定，“尽管他们在苏格兰生活在独立的法律体系之下，而且英国议会对那里并无管辖权”。①

在“卡尔文案”中，柯克对苏格兰和爱尔兰进行了明确区分：前者是“一个世袭的王国，依据是英王获得其所有权的法律”；后者是“通过征服获得的领地”。在苏格兰，人们“在生活中可以忠诚于英国国王而不必臣服英国议会”。但柯克指出，在爱尔兰这种被征服的领地，情况根本不同。作为征服者，英王可以“随意改变和修订法律”。然而，一旦他将英格兰法律引入被征服地区，正如亨利二世在爱尔兰的做法，那么他以及他的继承者“不经英国议会同意将不得改变这些法律”。对这个观点的标准解释是柯克试图借此“使英国议会（对领地的）的权力达到最大化”。正如布莱克所评论的，这个观点得到支持似乎是因为这样的事实：在这个案件裁定意见的其他地方，“柯克特意……强调英国议会对爱尔兰的权力”，引入了“所谓‘命名原则’（naming principle）”。根据该原则，只要议会在法令中为那些领地命名，其就有权力管束那些领地。②

然而，在对“卡尔文案”的创新性再审视中，布莱克对这个解释提出了深刻的质疑。确实，她指出，柯克“远未表现出对确保英国议会对领地的管辖权的忧虑”。相反，柯克一方面“明确承认英国议会对爱尔兰（也可能对英国任何法律统治下的任何领地）”的权力是“不正常的”，另一方面“不愿承认那种权力”。布莱克宣称，“尽管有当前的观点”，但“没有理由认为当柯克”宣布“英国的法律［在被征服地区］确立之后，英王必须通过议会行使权力”时，“他脑子中想的是英国议会!”。“相反，”她认为，在“柯克的设想”中“议会似乎是被征服地区批准确立的议会”。③

布莱克令人信服地坚持，柯克在“卡尔文案”和《英格兰法律总论》（*Institutes of the Laws of England*）中“明显相信，把英国法律适用于爱尔兰将使爱尔兰的英王处于与英格兰的英王同等的地位，也就是说，他自身没有

① Barbara A. Black, “The Constitution of Empire: The Case for the Colonists,” *University of Pennsylvania Law Review* 124 (1976): 1175 – 1176.

② Barbara A. Black, “The Constitution of Empire: The Case for the Colonists,” *University of Pennsylvania Law Review* 124 (1976): 1176 – 1179.

③ Barbara A. Black, “The Constitution of Empire: The Case for the Colonists,” *University of Pennsylvania Law Review* 124 (1976): 1179 – 1180.

立法权，只能通过议会（来立法）”。布莱克将柯克的立场描述为“当地议员——而不是英国议员（that of a parliament-man，not a Parliament-man）的立场”，并强调他不情愿允许英国议会“对已经实施了英国法律的被征服国家”享有任何管辖权。因此，布莱克指出，并非如标准解释所认为的，“赋予英国法律”“等同于通过英国议会和法院强加给他们英国人的统治”。他指出，柯克“显然只是把它视为一种要求，那就是征服者要像在英格兰一样（通过当地议会）在爱尔兰采取行动”。①

布莱克通过这种解释思路，将“卡尔文案”的重点从大多数早期作者们集中研究的柯克的征服原则，转向她所说的他“新策划的对征服者特权的限制原则”。这个原则认为英王将英国人的权利授予被征服地区，代表了对那些权利的“不可撤销的给予”。她强调柯克对“有原则的限制”观念情有独钟。她认为，尽管他在“卡尔文案”中纳入了命名原则，但他对英国领地以及英格兰“主要关注的”“是确立我们所说的经过同意的政府”，是“消除绝对的皇家统治”，并让“所有生活在英国法律之下的人享受代议制政府的裨益”。她否认在柯克的著作或行为中可能发现“迹象”表明“柯克认为，当领地尚不存在代议制政府，并且在这一机构出现之前，英国议会能够适当代表除英格兰国王臣民之外的任何人”。她的结论是：“对卡尔文案的标准解释”，将“柯克希望对帝国统治施加原则性限制的一切迹象”转变“为在整个帝国确立英国议会至上性的迫切希望”，这是完全“不准确的”。②

如果说，布莱克所详细阐述的“不可撤销的给予原则”为北美人的论点提供了第一个基础，③ 那么拓殖地原则（doctrine of settlement）则提供了第二个基础。布莱克解释说，在“卡尔文案”中，“柯克只承认世袭和征服作为”获得新领地的“可能性方式”。这种观点是英国的财产法规定的。根据相关法律，“所有土地”“拥有终身保佑权”（in tenure），“一切所有权”都是“衍生的”（derivative），“无主财产（res nullius）不被承认”。因此，并“不

① Barbara A. Black，“The Constitution of Empire：The Case for the Colonists，” *University of Pennsylvania Law Review* 124（1976）：1181，1186 - 1187.

② Barbara A. Black，“The Constitution of Empire：The Case for the Colonists，” *University of Pennsylvania Law Review* 124（1976）：1184，1191，1196，1198，1203.

③ 在18世纪最初的60年王座律师以及北美、加勒比海和爱尔兰的殖民地评论人对“不可撤销的给予原则”的利用似乎为布莱克赋予它的重要性提供了正当理由。See Jack P. Greene，*Peripheries and Center*：*Constitutional Development in the Extended Polities of the British Empire and the United States*，*1607 - 1788*，chaps. 2 - 4.

存在后来被称为殖民、使其成为种植园或拓殖的（领地）获取模式”。[1]

布莱克指出，为了解决这一问题，后来的法学家们摒弃了“英国不动产法的限制”，“承认了殖民以及世袭和征服”作为获取新的地区的方式。拓殖地原则是这种新的区分的产物，它认为，殖民者作为“英王的臣民”自动地将“传统上与古代英国宪法相关的一切权利”携带到他们的新家。因为1760年之前拓殖的所有美洲殖民地中除了两个，都是通过殖民而不是征服的方式获得的，这一原则的一个影响是大大“减少了在任何时间段和时期受制于征服者绝对权力的地区的数量”。而且，正如宗主国的法律官员们在1774年的“坎贝尔诉赫尔案”（Campbell v. Hall）中所认为的，为牙买加和纽约等被征服殖民地“赋予立法会议”“构成了对英王权利的不可撤销的放弃”。[2]

布莱克令人信服地论证说，尽管像威廉·布莱克斯通爵士（Sir William Blackstone）这种著名的权威人士抱有相反观点，但“这些原则的累积性力量”是“相当大的”。截至美国革命，在法律上显然已经确认的事实是：“殖民地并非被征服地”，“被赋予立法议会的被征服地不再是被征服地”。布莱克的“原则性限制”和柯克的“不可撤销的给予原则”的最终目标是一样的，在她看来，拓殖地原则很显然是“走向自决的……一项法律发展”。[3]

雷德、布莱克和格雷似乎一直认为，北美人论证的三个法律基础中最为坚实的是第三个，即惯例原则（doctrine of usage or custom）。雷德写道，“17世纪英国宪法以及他们殖民地辉格派极力反对的18世纪英国宪法以及他们维护的同时代北美宪法”的主要“权威来源”是“惯例”。18世纪剑桥自然法理论家托马斯·拉瑟福德（Thomas Rutherford）持有同样的观点。他在1750年指出，“一个国家宪法的内容”在很大程度上“是一个事实问题，取决于一个民族的历史与惯例”。在很大程度上，北美论证最终基于《印花税法》危机期间首次提出的观点，即“议会通过立法”和“直接税收”“干预地方事务”与“那个时代”殖民地宪法的“原则相龃龉”，因为那些“宪法建立在长期惯例

① Barbara A. Black, "The Constitution of Empire: The Case for the Colonists," *University of Pennsylvania Law Review* 124 (1976): 1177.

② Barbara A. Black, "The Constitution of Empire: The Case for the Colonists," *University of Pennsylvania Law Review* 124 (1976): 1199; John Philip Reid, *In Defiance of the Law: The Standing-Army Controversy, the Two Constitutions, and the Coming of American Revolution*, pp. 79-80.

③ Barbara A. Black, "The Constitution of Empire: The Case for the Colonists," *University of Pennsylvania Law Review* 124 (1976): 1199-1200.

和习惯的基础上"，并且那种习惯"在当前得到了广为接受的惯例的批准"。[①]

正如历史学者们长期以来所认识到的，这些观点的证据还是很多的。正如布莱克所指出的，在18世纪，英国的所有海外领地都"大大（如果不是平等地）受益于经过同意的政府利益的扩大"。众所周知，在"光荣革命"之后，在英王特执权由于各种法律的限制大大减弱的同时，这种特执权在各个殖民地至少在理论上仍然很普遍。截至18世纪在美洲"英王的特执权已经被压倒"当然属于夸张之辞，但在之前的70年里，大多数殖民地的议会通过各种法令和惯例，确实得以在很大程度上抵消了英王的特执权。而且，这些成就不仅得到了惯例的认可（惯例和英国的再确认对此"不断"重申），而且在许多情况下，也得到了英王的执法官员的认可，这些官员在殖民地案件中反复支持和重申"惯例原则"的合法性。布莱克评论道，阅读"从柯克到曼斯菲尔德（Mansfield）之间的英王官员们对有关案件和裁定的意见"，"令人印象深刻的不是对英王领地皇家权力的支持的出现，而是英王权力的逐渐减弱"。在相当大程度上，各殖民地的皇家政府"日益"意味着"选出来的人民代表的政府"。[②]

由于惯例以及宗主国执法官员们承认其具有法律约束力的性质的共同作用带来的皇家权力的削弱的推论，议会未能在殖民地事务中扩大其作用。"除在贸易、帝国防卫以及一些不太重要的事务方面，"雷德指出，"议会约束美洲殖民地的权威并未通过惯例或先例确立起来"。正是由于英国议会在

① John Philip Reid, *In Defiance of the Law: The Standing-Army Controversy, the Two Constitutions, and the Coming of American Revolution*, pp. 79 – 80, p. 160; John Philip Reid, "In an Inherited Way: English Constitutional Rights, the Stamp Act Debates and the Coming of the American Revolution," *Southern California Law Review* 49 (1976): 1127; John Philip Reid, "In Accordance with Usage: The Authority of Custom, the Stamp Act Debate and the Coming of the American Revolution," *Fordham Law Review* 45 (1976): 341; Thomas C. Grey, "Origins of the Unwritten Constitution: Fundamental Law in American Revolutionary Thought," *Stanford Law Review* 30 (1978): 863.

② Barbara A. Black, "The Constitution of Empire: The Case for the Colonists," *University of Pennsylvania Law Review* 124 (1976): 1193, 1198, 1200, 1203; John Philip Reid, "The Ordeal by Law of Thomas Hutchinson," *New York University Law Review* 49 (1974): 599; John Philip Reid, "In Accordance with Usage: The Authority of Custom, the Stamp Act Debate and the Coming of the American Revolution," *Fordham Law Review* 45 (1976): 366. 强调惯例的重要性以及由于殖民地议会权力的扩大和宗主国监督的性质所造成的宪法惯例的变化的早期论著，包括 Bernhard Knollenberg, *Origin of the American Revolution, 1759 – 1766* (New York, 1960); Jack P. Greene, *The Quest for Power: The Lower Houses of Assembly in the Southern Royal Colonies, 1689 – 1763* (Chapel Hill, N. C., 1963)。

殖民地事务中只是发挥有限的、“实质上属于政务会的（essentially conciliar）”作用，“（英王的）特执权在各殖民地达到顶峰”的事实“强化了”殖民地“属于英王的领地”这一“感觉”。布莱克指出，结果是，“英国法以及殖民地议会通过巧妙手段努力削弱了英王的权力……不可遏制地［导致］一切外部权力（包括议会的权力以及英王的权力）在法律上的削弱”，由此为北美人提出的通过惯例确立的权利“不容议会”或英王“篡改”的要求赋予了合法性。截至18世纪60年代，各殖民地惯例性宪法都已经存在了80~100年，那些宪法保护下的殖民地议会“长期以来一直履行英国议会和英国各部［当时］试图承担的［一切］职责”。然而就北美人而言，雷德所说的“议会至上”“并未被确立为惯例性宪法的一部分，而如今《印花税法》［已经］暴露出议会至上的危险，因此它永远不会被确立起来”。①

大多数历史学者，包括一些早期的法律史学者，将殖民地自治的现实与宗主国理论之间的鸿沟视为“事实与法律”之间的区别，或如笔者一样，将其视为事实与理论之间的差别。这种区分属于本文讨论的法律史学家的一个主要贡献。然而，这种划分严重低估了英国法中惯例的法律力量。布莱克指出，所谓“事实与法律之间的张力”实际上是“法律内部的张力”。雷德解释说，在英国法律体系中，“时间与先例的共同作用”造就了惯例的“法律效力”。“远古以来，在一个社会中曾经做过的任何事情都是合法的，避免做的任何事情都是非法的。”“历史事实是宪法惯例的来源”，而根据截至18世纪末期英国人的惯例，“通过惯例确立的并经过时间考验的权利就是合法的权利”，用格雷的话说，“在司法上就是可执行的，甚至能压倒最高的立法和行政机构”。②

① John Philip Reid, *In Defiance of the Law: The Standing-Army Controversy, the Two Constitutions, and the Coming of American Revolution*, p. 162, p. 169; “In Accordance with Usage: The Authority of Custom, the Stamp Act Debate and the Coming of the American Revolution,” *Fordham Law Review* 45 (1976): 357, 364; Barbara A. Black, “The Constitution of Empire: The Case for the Colonists,” *University of Pennsylvania Law Review* 124 (1976): 1202.

② Barbara A. Black, “The Constitution of Empire: The Case for the Colonists,” *University of Pennsylvania Law Review* 124 (1976): 1202; John Philip Reid, *In Defiance of the Law: The Standing-Army Controversy, the Two Constitutions, and the Coming of American Revolution*, p. 81, p. 160, p. 165; John Philip Reid, “In Accordance with Usage: The Authority of Custom, the Stamp Act Debate and the Coming of the American Revolution,” *Fordham Law Review* 45 (1976): 356-357; John Philip Reid “The Irrelevance of Declaration,” in Hendrick B. Hartog, ed., *Law in the American Revolution and the Revolution in the Law*, p. 61; Thomas C. Grey, “Origin of the Unwritten Constitution: Fundamental Law in American Revolutionary Thought,” *Stanford Law Review* 30 (1978): 850.

格雷评论道，殖民者并未“仅仅”谴责英国政策“是不公正的，或不符合传统的，或甚至是‘违宪的’（使用的是该词的‘法外’的意思）”。他们谴责这些政策“是非法的”，他们借助的“法律”“是基于合理惯例（reasonable custom）和习惯性理性（customary reason）的非成文基本法，其在［传统上］构成了［且现在仍然构成了］英国宪法［的很大一部分］”。[①]因此，将“惯例视为并不是法律或者还称不上是法律的‘法律’的源泉或‘法律’的权威所在”的历史学者是错误的。布莱克坚持认为，殖民地“多年来通过拓殖地原则、不可撤销的给予原则和惯例原则在自治方向上取得的进步”，是“法律上的进步和通过法律取得的进步”；而“削弱王权并在帝国宪法中增强代表制元素”则是“法律［以及］事实上”的发展。[②]

正如在每个殖民地都有不止一种法律一样——一种是本地法律，另一种是帝国法律，这里涉及的作者们表明，在英帝国也不止一种宪法。如果说截至18世纪60年代，英国的宪法已经成为议会至上的宪法（the constitution of parliamentary supremacy），那么正在出现的帝国宪法与英国许多海外领地的独立宪法一样，一直属于惯例宪法（customary constitution）。惯例的一个重要方面是它取决于同意（consent）。正如拉瑟福德（Rutherford）在1750年指出的，“任何公民社会［从］远古时期获得的”惯例“据信已经获得了公民社会的同意”。正如拉瑟福德所说，公民社会所同意的，就成为这一社会的法律，未经这种同意任何东西都不可能成为法律、成为一个神圣的英国宪政原则。[③]

---

① Thomas C. Grey, “Origin of the Unwritten Constitution: Fundamental Law in American Revolutionary Thought,” *Stanford Law Review* 30 (1978): 890. 格雷指出，尽管在英国议会至上的原则日益得势，但英国的律师们直到18世纪70年代所诉诸的法律传统将基本法视为“法律上的最高法”，将惯例视为“自然法［或基本法］内容中最为可靠的证据”。与现代历史学者不同的是，基本法理论学家们并不认为理性与惯例是冲突的。相反，正如雷德所揭示的，他们将它们混合“成为一个单一的体系”，根据这一体系，“老的就是合理的，而合理的就是老的。” Thomas C. Grey, “Origin of the Unwritten Constitution: Fundamental Law in American Revolutionary Thought,” *Stanford Law Review* 30 (1978): 850, 853 - 854.

② John Philip Reid, “In Accordance with Usage: The Authority of Custom, the Stamp Act Debate and the Coming of the American Revolution,” *Fordham Law Review* 45 (1976): 344; Barbara A. Black, “The Constitution of Empire: The Case for the Colonists,” *University of Pennsylvania Law Review* 124 (1976): 1203, 1210.

③ Thomas C. Grey, “Origin of the Unwritten Constitution: Fundamental Law in American Revolutionary Thought,” *Stanford Law Review* 30 (1978): 863 - 864; John Philip Reid “The Irrelevance of Declaration,” in Hendrick B. Hartog, ed., *Law in the American Revolution and the Revolution in the Law*, p. 65.

这个原则的核心是统治者和被统治者之间存在一个宪法契约（constitutional compact）。根据这一原则，未经一方同意，另一方不得改变契约。简言之，未经相关双方的同意，不得改变政体或宪制。这种同意可以通过长期接受惯例表示，也可以通过这种同意的代表机构的正式立法表示。雷德写道：由于历史学者们倾向于将殖民者对这一观点的使用追溯至约翰·洛克和各种自然法理论家，所以他们未能理解它"从远古以来一直是英国和不列颠宪法的核心信条"。因此，契约理论并非仅仅基于哲学的理由，而是如惯例原则一样，也深深地植根于"惯例法学（customary jurisprudence）"，拥有稳固的法律基础。①

承认同意原则和契约原则的法律地位在法律上进一步强化了北美人提出的观点："公然挑战古代法的是伦敦的议会和各部门，而不是他们"，其试图通过改变"惯例性宪法"侵犯他们的"古老权利"。北美人承认，议会管理殖民地贸易是合法的，因为通过保护的替代物（quid pro quo）——惯例，他们"'非常高兴地'同意"这种管理。但他们明确指出，议会对殖民地征税或以不寻常的方式干预他们的内部事务是非法的，因为他们从未同意议会行使如此权力。通过"光荣革命"之后正式的议会立法以及随后几十年的惯例，不列颠的英国人很显然同意了议会至上原则。然而在各个殖民地，普通人通过惯例，他们在几个殖民地的代表都没有给予过这种同意。议会未经同意试图约束殖民地纯属"单方面违约，这种约定只能通过双方协商才能被适当地改变"。②

尽管法律论证充分，但北美人认为的帝国宪法是一种"有原则的限制"且借助殖民地"经同意的政府"得到了保障的观点很少得到英国人的支持。在这个方面，宪政理论走向了一个完全不同的方向。用布莱克

① John Philip Reid, "Irrelevance of the Declaration," in Hendrick B. Hartog, ed., *Law in the American Revolution and the Revolution in the Law*, p. 72; John Philip Reid, "In Our Contracted Sphere': The Constitutional Contract, the Stamp Act Crisis, and the Coming of the American Revolution," *Columbia Law Review* 76 (1976): 22.

② John Philip Reid, "The Irrelevance of Declaration," in Hendrick B. Hartog, ed., *Law in the American Revolution and the Revolution in the Law*, p. 83, John Philip Reid, "In Our Contracted Sphere': The Constitutional Contract, the Stamp Act Crisis, and the Coming of the American Revolution," *Columbia Law Review* 76 (1976): 31, 40; John Philip Reid, "In a Defensive Rage: The Uses of the Mob, the Justification in Law, and the Coming of the American Revolution," *New York University Law Review* 49 (1974): 1087; Barbara A. Black, "The Constitution of Empire: The Case for the Colonists," *University of Pennsylvania Law Review* 124 (1976): 1202 - 1203.

的话说，这个方向“在理论上，从法律中擦除有原则的限制的一切痕迹，并将其降级到实践的不确定境地”。宗主国的官员们一旦以这种新的理论检验北美的主张，就会“基本上丧失”其论点在伦敦得到正面倾听的希望。①

但他们不能认真对待北美人的主张的事实，并不意味着宗主国的官员们“有关法律的观点是正确的”。这些法律史学者中肯地强调：英帝国内的宪制安排远非精确，每一方都能列出有效的法律论点支持自己的观点。正如雷德所强调的，在帝国之内，除议会本身之外，并不存在任何“法庭，可以解决［这种］宪政冲突”，而议会“恰恰是殖民者正在与之斗争的制度”。在这种变动不居的形势下，“主权和合法性”问题并不像英国论述的那样明确，也并不如后来的许多历史学者认识的那样。因此，“惯例是不是［帝国］宪法的权威（来源）”这一法律问题，在18世纪60~70年代是“使北美的辉格党人与他们的英国同胞臣民分裂”的主要问题，迄今仍然是一个在很大程度上悬而未决的问题。②

新的法律史论著中出现的与美国革命相关的论述所争论的问题，不是对宪法的正确或错误解释，而是“不同级别政府之间的斗争”。每一级政府都有一个合法的宪制论点。英帝国并非一个现代单一制国家，它处在“多元中心”而不是一个“单一中心权威”的主导之下。殖民地的帝国制度拥有很小的强制性权力，而其有效性取决于本地人的同意。帝国内部的权力分散在权威、强大且“在很大程度上自治的地方机构手里”。这些机构的有效性并不依赖“一个中央机构的支持或默认”，它们极力“抵制集权化控制”。它们被制度的创建者以及制度所服务的人视为“宪法权力和权威的独立接受者”。正如哈托格所指出的，在这种“分散而去中央化的”

---

① John Philip Reid, "In Accordance with Usage: The Authority of Custom, the Stamp Act Debate and the Coming of the American Revolution," *Fordham Law Review* 45 (1976): 344; Barbara A. Black, "The Constitution of Empire: The Case for the Colonists," *University of Pennsylvania Law Review* 124 (1976): 1203, 1210.

② John Philip Reid, "In a Defensive Rage: The Uses of the Mob, the Justification in Law, and the Coming of the American Revolution," *New York University Law Review* 49 (1974): 1063; John Philip Reid, *In a Defiant Stance: The Conditions of Law in Massachusetts Bay, the Irish Comparison, and the Coming of the American Revolution*, p. 162; John Philip Reid, "A Lawyer Acquitted: John Adams and the Boston Massacre," *American Journal of Legal History* 18 (1974): 191; John Philip Reid, "In Accordance with Usage: The Authority of Custom, the Stamp Act Debate and the Coming of the American Revolution," *Fordham Law Review* 45 (1976): 344.

政治实体中，地方制度与帝国制度一样，“定义着‘法律’的含义”。宪政的安排也一样。鉴于这种对其法律背景的新的理解，殖民地有关宪法对宗主国对殖民地所拥有权力的限制的论点（学者们长期以来普遍认为这是被临时杜撰出来的，没有实质性意义），如今被视为具有稳固的法律和经验基础。[①]

这些著作也为研究法国革命之前时代扩伸政体以及革命之后近代统一国家发展的学者提出警示。对这种政体来说，不能再自动地认为中心的观点就是正确的甚至是主导性的。事实上，这些新的法律史研究有力表明，在任何政体中，如果中心的权力和意识形态在其地方表现较弱，而本地的权力和传统较强，那么在决定现有的法律和宪制状况中，本地的制度与传统至少与中心的制度与传统同样重要。在这种实体中，“中心”的观点几乎自动成为一种“党派”观点。在美国革命这个特例中，惯例性帝国宪法原则性限制的古老观念以及本地制度的力量与相对较新的议会至上原则和在各殖民地宗主国权威较弱相结合，使中心的观点成为一种“托利观点”（Tory perspective）。也许更为重要的是，中心未能在各个殖民地确立其观点的合法性，因此在适用整个帝国的法律和宪制安排时那种观点成了一种时空倒置。[②]

如果对 18 世纪 60 年代之前北美、爱尔兰和西印度群岛等殖民地宪制思想进行系统分析，就能进一步巩固这里的解释。目前对这一课题的粗略研究[③]，造成了雷德明确指出的错误认识，即“在殖民地时期，北美人并未沉溺于有关宪制理论问题的辩论”。诚然，他们并未对各个殖民地与议会之间的关系进行深入思考。这个问题直到 18 世纪 60 年代初才被明确提出。

---

① John Philip Reid, *In a Defiant Stance: The Conditions of Law in Massachusetts Bay, the Irish Comparison, and the Coming of the American Revolution*, p. 2, p. 161; John Philip Reid, "In a Defensive Rage: The Uses of the Mob, the Justification in Law, and the Coming of the American Revolution," *New York University Law Review* 49 (1974): 1091; Hendrick B. Hartog, "Losing the World of the Massachusetts Whig," in Hendrick B. Hartog, ed., *Law in the American Revolution and the Revolution in the Law*, p. 146, p. 147, pp. 152 – 153, p. 160.

② John Philip Reid, *In a Defiant Stance: The Conditions of Law in Massachusetts Bay, the Irish Comparison, and the Coming of the American Revolution*, p. 162.

③ Lawrence H. Ledger, *Liberty and Authority: Early American Political Ideology, 1689 – 1763* (Chicago, 1968), pp. 79 – 139; Bernard Bailyn, *The Origins of American Politics* (New York, 1968), pp. 124 – 161 对殖民地时期的宪政思想进行了简短的分析。前者充其量只是非常肤浅的分析，尽管那种分析背后的研究是很广泛的。第二个是附带提到宪政问题本身。

然而，直到那时，他们已经卷入有关殖民地与英国之间关系的性质的长达一个世纪的系列辩论，这些辩论对殖民者能否享有英国法和宪制权利之利益及其选出的议会下院的地位进行了深入探讨。即使对这些争论产生的大量论著进行粗略的分析都足以证明，它们促成了统一宪制传统的发展，以至于在独立革命前夕，这种传统变得明确且至关重要。①

鉴于这种发展，如雷德所说：殖民者只是“他们宪制世界的继承者而不是创始人”以及他们的“指导原则”是后瞻性的、“英国的而不是美利坚的”当然具有误导性。我们可以更为准确地说：他们的原则既是美利坚的也是英国的；那些原则基于他们自己的历史以及英国的历史；他们既是他们生活于其中的宪政世界的积极创始人，也是其继承人。这些论著也表明，美利坚人“有关权力在整个帝国的分布方式的”观点，并非如雷德所说的是“特殊的”，实际情况是爱尔兰、西印度群岛以及其他岛屿殖民地占据主导地位的人均持有这种观点。这种观点扩大到了所有发展成熟的帝国边缘地区的事实，支持了本文所评析的著作有力和令人信服地提出的设想，即在近代早期英帝国这个实体中，权力的分散而不是集中，成为其法律和宪制特征的核心事实。②

20 年前，我在《南大西洋季刊》（*South Atlantic Quarterly*）上对二战之后出现的论著关于美国革命的新解释进行了描述。由于找不到更好的词语，我称那种解释为“新辉格派（neo-Whig）”。它是老一代学者奥利弗·迪克森（Oliver M. Dickerson）和伯纳德·诺伦伯格（Bernard Knollenberg）以及一大批青年学者尤其是埃德蒙·S. 摩根（Edmund S. Morgan）等的新著的产物。该解释的早期主要贡献是主要说明了殖民者在 18 世纪 60 ~ 70 年代为什么反对英国的政策。③ 那些学者重视美国抵抗运动的领袖们的思想，探讨了殖民地在独立革命之前（英美）争端涉及的大多数重要性、实质性问题中所持立场的背景和特征，强调了宪政考虑的重要性。他们中的少数

① 对于此发展的更为广泛的分析，参见 Jack P. Greene, *Peripheries and Center: Constitutional Development in the Extended Polities of the British Empire and the United States, 1607 - 1788*, chaps. 1 - 4。引文源自 Thomas C. Grey, “Origin of the Unwritten Constitution: Fundamental Law in American Revolutionary Thought,” *Stanford Law Review* 30 (1978): 865。

② John Philip Reid, *In a Defiant Stance: The Conditions of Law in Massachusetts Bay, the Irish Comparison, and the Coming of the American Revolution*, p. 31, p. 34, p. 54, p. 229.

③ Jack P. Greene, “The Flight from Determinism: A Review of Recent Literature on the Coming of the American Revolution,” *South Atlantic Quarterly* 61 (1962): 235 - 259.

人甚至提出，殖民地反对议会征税的论辩比大多数学者认为的更加有力。[①] 本文涉及的法律史学者证明了殖民地论辩在法律上的力度。这使他们置身新辉格党传统之中，同时，他们也为这种传统做出了重大贡献。

20 世纪 80 年代初，《南大西洋季刊》编辑小理查德·L. 沃森（Richard L. Watson, Jr.）让我撰写一篇有关美国革命的学术综述。由于 20 世纪 60 年代初以来有关这个课题的论著浩繁，十分复杂，无法囊括在一篇文章内，因此我提出撰写一篇有关法律史学者对美国革命起源研究的贡献的文章。当时，我正在撰写我的论著《边缘和中心》，也正考虑这个题目。这里发表和重印得到了《南大西洋季刊》（1986 年第 75 卷，第 56 ~ 77 页）的允许，也进行了少数文字上的修订。

（张聚国译，满运龙校）

① Bernhard Knollenberg, *Origin of the American Revolution, 1759 - 1766*, pp. 157 - 75; Jack P. Greene, ed., *The Nature of Colony Constitutions: Two Pamphlets on the Wilkes Fund Controversy in South Carolina by Sir. Egerton Leigh and Arthur Lee* (Columbia, S. C., 1970), pp. 49 - 55.

潘恩、美国与政治意识的现代化

对于托马斯·潘恩一生成就的重要意义，也许世人从未给出全面彻底的阐释。他的公共生涯总是被整齐地分为两段：1774～1787 年是美国人，1787～1802 年是一个欧洲人。很少有关注其美国生涯的学者对他的欧洲经历感兴趣，而那些研究其欧洲活动的学者大多也对其美国经验并不敏感。[①] 林林总总的潘恩传记都以不同程度的客观态度来追索其生命轨迹，[②] 但是传记往往只聚焦于各种孤立的细节，很难作为一种令人满意的载体来发掘人之一生的更为广阔的影响。因此，也许只有将潘恩与现代历史进程中最重要的转变之一联系起来，我们方能理解他更加深远的意义。这一重要转变——借用一套社会科学概念来表述的话——可以最恰当地称为政治意识的现代化。这一历史转变以政治领域中"思考、表达及评价方式"的根本变革为特征，这些根本性变革如同 16～17 世纪宗教领域的改革一样至为关键、意义深远。其产生的结果是在政治活动的各个层面，参与者的政治心智都为之一新。这种新的政治心态不仅接受而且渴望变革，其指向的不再是过去，而是现在和将来，它坚信人类理性塑造当下与未来的能力，并且执着于一种革命信念，即政治国家的成员资格标准应该是普世的而非命定的，并且社会与政治的进步应该建立在现实成就而非呼天咎命（ascription）的基础上。[③] 伴随着这一历

① 一个显著的例外就是埃里克·方纳（Eric Foner）的近著——《潘恩与革命中的美国》（*Tom Paine and Revolutionary America*, New York, 1976），这是迄今为止潘恩研究中最好的著作。

② 其中最好的包括：David Freeman Hawke, *Paine*（New York, 1975）；Audrey Williamson, *Thomas Paine: His Life, Work, and Times*（New York, 1974）；Alfred Owen Aldridge, *Man of Reason: The Life of Thomas Paine*（Philadelphia, 1959）。

③ 对现代化过程的系统论述，见 Alex Inkeles and David H. Smith, *Becoming Modern: Individual Change in Six Developing Countries*（London, 1974）, pp. 15－17, pp. 289－291。现代一词对我来说并非暗示某种更好的东西。它在这里用作一个使用便利的标签，用来标示在现代欧洲和美洲世界早期已经开始获得凸显地位，并在之后表明了人类发展过程中许多部分特征的一系列结构和态度。

史转变——并且也是由这一转变决定性地促成的——出现了两方面至为关键的发展变化：一是先前政治上的一潭死水让位于广泛的社会动员，二是针对传统政治秩序的祛魅进程逐渐展开。如果仔细推敲，就会发现如标题所示，本文的两个主要论点即：潘恩在18世纪最后20年——这一历史转变波澜初兴之际，就扮演了一个核心角色；并且潘恩之所以对这一历史转变做出了自己独特的贡献，正是因为他所经历的美国社会政治现实对其贡献的形式和内容两方面都产生了至关重要的决定作用。

人类思想的耕耘者

于1774年11月3日抵达费城时潘恩已经37岁了。虽然我们只能获得其在当时的一个大致轮廓，但那时的潘恩无论如何都不能被称为成功人士。之前的20多年，他一直默默无闻地辗转于不同的生计之间。如他自己所言，直至那时他还从未在英格兰发表过只言片语。在本杰明·富兰克林——他觉得潘恩是一个聪敏可敬之人——的鼓舞之下他满怀着在新世界从头再来的希望踏上了费城之行。他起初的打算是建一所学校，按照伦敦的模式来传道授业，但不料想初到美国就参与了《宾夕法尼亚杂志》的编辑与撰稿活动，如他事后回顾，正是这一杂志编辑的职业使他最终发现了此生适宜的那种生活——思考与写作。如同之前和之后的大多数移民一样，潘恩在美国发现了真正属于自己的事业，只有作为一位作家，作为一位“思想的耕耘者”，才能满足他渴望声名的无限热情。① 虽然他很快就放弃了办学校的所有计划，但他始终坚持做一名教师的人生规划。只不过他的学生不是一班年轻的费城孩子，而是崛起中的整个美国民族。

作为一名老师，他从他的新学生那里领受的成就感实际上转瞬即逝。从

---

① 1792年，潘恩的《税务官事件》由英国下议院印行，但并没有公开发表。我们现在所知的他抵达美国前唯一的这部作品，直到1793年才公之于世。Thomas Paine, “American Crisis II,” in Philip S. Foner, ed., *The Complete Writings of Thomas Paine*, vol. 1 (New York: The Citadel Press, 1945), p. 72; Thomas Paine, “To Henry Laurens,” in Philip S. Foner, ed., *The Complete Writings of Thomas Paine*, vol. 2 (New York: The Citadel Press, 1945), p. 1143; Thomas Paine, “To the Honorable Henry Laurens, January 14, 1779,” in Philip S. Foner, ed., *The Complete Writings of Thomas Paine*, vol. 2, p. 1161; Thomas Paine, “To the Honorable Henry Laurens, September 14, 1779,” in Philip S. Foner, ed., *The Complete Writings of Thomas Paine*, vol. 2, p. 1178.

一位曾经做过乔治二世的老师的朋友那里，潘恩了解到现今的国王从孩提时起的真实性格，并且能够很自然地推想出当局诸公的处事风格。潘恩意识到，美国人其实都错了，他们对英王一直怀有一种错误的信赖，殊不知国王，当然还有内阁，一心致力于对殖民地的全面征服。毫无疑问，在朋友的催促下，潘恩决定写一本小册子，1776 年 1 月 10 日，此时距他初到美国不过 13 个月多一点，《常识》出版了。这部字字珠玑之作以绝不妥协的态度反对君主政治，坚决拥护美国独立。更为重要的是，仅在英语世界中，这本小册子就已赢得了前所未有的广泛接受。潘恩在 1779 年写道，不算其在英格兰与爱尔兰引起的轰动效应，仅在美国一地，印刷与销售的数量就不少于 15 万册，这是自文字使用以来最伟大的出版业绩。在伦敦，仅 1776 年一年就印刷了 17 次；同年，法文版在巴黎和鹿特丹出版。1776 年在费城，1777 年在莱姆葛分别推出了《常识》的德文版。[①] 在 1776 年早期，《常识》所起的重要作用自不待言，它使美国政治民众中的主战派相信独立不仅是可欲的，也是可能的；以至于仅靠《常识》一书所取得的成就——诚如他在 1782 年致信宾夕法尼亚金融家罗伯特·莫里斯时所言——“就足以使他当之无愧地跻身独立新世界的奠基者之列”，而永享“至上荣光”。[②]

但是潘恩注定要在更大的舞台上扮演更重要的角色。1791 年 2 月，先是在伦敦，而后是在巴黎、美国以及欧洲的大部分出版中心，《人权论》的第一部分问世，第二部分也在一年后出版。如它的法文版译者所言，就像其在美国所取得的成就一样，这位自由的使者开始向全世界解释人权实践的理论基础。《人权论》的销量迅速赶超《常识》。如潘恩十年后所言，《人权论》获得了英语著作有史以来最辉煌的发行量业绩。不算外文译本的数量，风行英伦三岛的《人权论》就有四五十万册。经过人生失意的前 37 年，克服了早年岁月中的重重阻碍，潘恩至此功成名就。在他的贡献下，一个建立在全新政府体制上的新生国家屹立于世界之林，同时，他在政治写作领域亦是成就斐然，而这一行可以说是所有职业中最难胜任和最难有所创获的。贵族们即使用尽全力，也只能望而兴叹而了无建树。潘恩自豪地认为，没有人能像

---

① Thomas Paine, “To the Honorable Henry Laurens, January 14, 1779,” in Philip S. Foner, ed., *The Complete Writings of Thomas Paine*, vol. 2, pp. 1161 - 1163; Richard Gimbel, *Thomas Paine: A Bibliographical Check List of Common Sense* (New Haven, 1956), p. 57, p. 124.

② Thomas Paine, “To Robert Morris, Esq., February 20, 1782,” in Philip S. Foner, ed., *The Complete Writings of Thomas Paine*, vol. 2, p. 1207.

他那样对两个世界——欧洲和美洲——的自由事业同时做出如此大的贡献。①

潘恩非凡的文学成就以及成功有效地吸引公众注意力的超凡才能，不仅使同辈青眼有加，更使今昔的学者兴致盎然。这也是潘恩本人颇感兴趣的现象，他曾为此提出了许多看似合理但也可能是片面的解释。他认为，他的公正无私，他所公开展示以及精心维护的良好声誉——作为一个相信创造而不屈服命运的人，作为一个从不靠公共写作渔利的人，作为一个对利益、地位、权力置若罔闻的人——总是能让读者和听众肃然起敬。他同时认为，其之所以能在民众中产生深深的共鸣，完全得益于其观点之震撼有力、风格之简洁明快以及他对民众的政治理解力的坚定信念。在《人权论》第二部分致拉法耶特侯爵的敬辞中，他是这样说的："人类总是足以成熟地认识他们的真正利益所在，只要这种利益清楚地为他们所理解，并且不因任何个人野心而引起疑虑，或要求过高而引起反感。"②

现代历史学家提供了一些补充性解释，伯纳德·贝林强调了潘恩具有那种将 18 世纪后期郁结的社会愤怒充分具体地予以表达的能力；埃里克·方纳则强调潘恩对大多数观众来说具有社会亲和力，这使得向他们发表见解时可以如此有效。正如方纳所言，毫无疑问，无论什么样的解释，"对潘恩而言，其使用的媒介与所要传递的信息都是一致的"。③ 18 世纪后期一个决定性的转变是，过去那种口耳相传的媒介形式逐渐为"大行其道"的书面印刷文化所取代。在这样一个逐渐兴起的笔墨社会中，谁能掌握新型的印刷品

---

① Thomas Paine, "Rights of Man," in Philip S. Foner, ed., *The Complete Writings of Thomas Paine*, vol. 1; Thomas Paine, "Rights of Man, Part Second," in Philip S. Foner, ed., *The Complete Writings of Thomas Paine*, vol. 1, p. 346, pp. 405 - 406; "To the Citizens of the United States," in Philip S. Foner, ed., *The Complete Writings of Thomas Paine*, vol. 2, p. 910, p. 920; Thomas Paine, "To John Hall, November 25, 1791," in Philip S. Foner, ed., *The Complete Writings of Thomas Paine*, vol. 2, p. 1322.

② Thomas Paine, "Rights of Man, Part Second," in Philip S. Foner, ed., *The Complete Writings of Thomas Paine*, vol. 1, p. 347, pp. 405 - 406; Thomas Paine, "A Serious Address to the People of Pennsylvania on the Present Situation of Their Affairs," in Philip S. Foner, ed., *The Complete Writings of Thomas Paine*, vol. 2, p. 279; Thomas Paine, "Six Letters to Rhode Island," in Philip S. Foner, ed., *The Complete Writings of Thomas Paine*, vol. 2, p. 366; Thomas Paine, "To His Excellency George Washington, July 21, 1791," in Philip S. Foner, ed., *The Complete Writings of Thomas Paine*, vol. 2, p. 1319.

③ BernardBailyn, "Common Sense," in *Fundamental Testaments of the American Revolution* (Washington, D. C., 1973), pp. 7 - 22; Eric Foner, *Tom Paine and Revolutionary America* (New York, 1976), pp. 79 - 87.

媒介，谁就能与那些依旧习惯于古老的于口耳之间交流思想的民众进行有效沟通。[①] 在这样一个线性发展的理性交流过程中，潘恩可谓是开路先锋。但同样需要强调的是，对潘恩来说，媒介断然不是信息的全部。何以大西洋两岸如此众多之人对充斥其著作中的不敬、渎神及愤怒深有同感？何以人们对潘恩提出的社会政治论点欣然接受？若不仔细关注其著作的内容——如同关注其形式那样——根本无法回答这些问题。

教导美国人尊重自己

从最根本的意义上说，对维系欧洲传统社会政治秩序的所有根本制度和信念而言，潘恩的政治著作不啻为致命一击。他的首要关注点是撕去传统的神圣面纱，将其曾受民众尊崇的荒谬之处暴露于朗朗乾坤之下，进而使民众得以逐渐摆脱自小即在压制环境下习得的偏狭之见。他的首要任务是使民众相信：只有通过理性思考得出的真知灼见而非偏见，才是个体政治行动的坚实基础。其在《人权论》中写道："他之所以偏爱这东西是因为相信它是正确的，一旦他知道它并非如此，就会放弃这种偏见。我们对偏见是什么只有一种片面的概念。也许可以说，在人们自己能够进行思考以前，全都是偏见而不是意见，因为只有经过推理与思考产生的才是意见。"[②]

因此，在潘恩通过《常识》获得一个为美国独立慷慨陈词的机会之前，他必须首先破除殖民地观念体系中一些最基本的谬误：与英国保持现有关系乃殖民地繁荣安定之根本，英国宪政是人类历史上最完美的政治设计，君主政治既是一项合法的制度，也是宪政必不可少的组成部分。潘恩告诫殖民地人民：他们在英国庇护下取得了非凡成就，并不意味着他们自立之后不能做得更好。脱离英国在欧洲的战火而保持中立，只会意味着更多而不是更少的安全。英国其实奉行的是一个腐朽的政体，是夹杂着一些新的共和政体因素的两种古代暴政——君主政治与贵族政治的肮脏残余。并且君主政治对民众

---

① See Walter J. Ong, *The Presence of the Word* (New Haven, 1967), pp. 22 – 87.

② Thomas Paine, "Common Sense," in Philip S. Foner, ed., *The Complete Writings of Thomas Paine*, vol. 1, p. 7; Thomas Paine, "Rights of Man, Part Second," in Philip S. Foner, ed., *The Complete Writings of Thomas Paine*, vol. 1, p. 353; Thomas Paine, "Emancipation of Slaves," in Philip S. Foner, ed., *The Complete Writings of Thomas Paine*, vol. 2, p. 22.

而言是一种不敢信赖但又总是不得不信赖的威权，是不值得贵族之外的任何人为之奉献忠诚的，也是不容于一个真正自由的宪政制度的。谈到世袭制，潘恩指出，其不过是捏造出来的，是异教始祖的传说般的、迷信的鬼话。其通过模糊当时国王们发迹的根源向民众反复灌输世袭权的合法性。但是这些国王的始祖“只不过是某一伙不逞之徒中的作恶多端的魁首罢了，他那残忍的行径或出名的阴险手段为他赢得了盗匪头领的称号，由于势力的增加和掠夺范围的扩大，他吓倒了手无寸铁的善良人民，逼得他们时常贡献财物来换取他们的安全”。溯其“卑微不堪的出身”就会发现，君主政治和世袭制度如此荒谬，以至于只有真正的“蠢人”才会在真相大白之后依旧卑顺于他们。①

谁继续顺服旧制度，谁就是软弱无为，这是潘恩最有力的修辞技巧之一。他随后在《人权论》中写道：对民众来说，现在正是一个关键时刻，他们应变得更加理性果敢，而不能像动物一样为了驾驭者的欢娱心而横遭驱使。他在1775年的《宾夕法尼亚杂志》中告诫读者：美国人应该鄙视其与英国之间的联系，正是这种附庸关系将他们贬斥到一种与战马或大象同等的地位，并且剥夺了他们为自身谋划的自由。他觉得，人应该有充分的荣辱之心，在苛政加身之时应感到无地自容，在认识到自我之时应起而追求。只有在摆脱了偏见与先入之见，并且运用（自己的）理性和感觉去决定自身命运的时候，一个人才能从这种沉睡中觉醒，重新获得人之为人的真正秉性。同样只有当足够多的人都如此行事的时候，只有在绝大多数人都用理性战胜了偏见，重新找回了他们的独立人格的时候，美国才能“获得充分的精神支持来做她自己的主人”。② 因此，潘恩就牢不可分地将美国的独立与个人基于理性的人格联结起来；与此相对应，继续依附英国就等于是臣服于偏见。他对旧体制的攻击，必然在如美国人那样热望人格（并且认为个人独立对人格来说至关重要）的人民中激起强烈的认同。③

---

① Thomas Paine, "Common Sense," in Philip S. Foner, ed., *The Complete Writings of Thomas Paine*, vol. 1, pp. 7-9, pp. 13-14.

② Thomas Paine, "Common Sense," in Philip S. Foner, ed., *The Complete Writings of Thomas Paine*, vol. 1, pp. 17-18, pp. 22-23; Thomas Paine, "The American Crisis V," in Philip S. Foner, ed., *The Complete Writings of Thomas Paine*, vol. 1, p. 121; Thomas Paine, "Rights of Man, Part Second," in Philip S. Foner, ed., *The Complete Writings of Thomas Paine*, vol. 1, p. 421; Thomas Paine, "A Dialogue between General Wolfe and General Gage in a Wood Near Boston," in Philip S. Foner, ed., *The Complete Writings of Thomas Paine*, vol. 2, p. 49.

③ 这一联系，参见 Jack P. Greene, *All Men Are Created Equal: Some Reflections on the Character of the American Revolution* (Oxford, 1976)。

约翰·亚当斯——从来不是潘恩的仰慕者——曾一度评论：潘恩“善于推翻而不善于建设”。[1] 但是这样的判断，加上之后的学者无数次的重复，严重误读了潘恩思想的特性所在。潘恩不仅摧毁了人们的诸多错觉——它们使很多美国人把欧洲世界想象得比它本身要好——他还教给美国人尊重自己的果敢（manly）信条。对他们来说，仅仅学会轻蔑地对待“那些名之为国王和贵族的虚幻之物，以及宫廷的骄奢淫逸”并不足够，[2] 美国人还必须认识到：他们长久以来视为缺憾的美国社会的诸多特征——她的简单质朴、她的“崭新无瑕”、她的幅员辽阔——其实都是优点而非不足。[3] 潘恩写道：各殖民地的幼稚状态，是一个有利于独立而非不利于独立的论据。“青年时代是良好习惯的播种季节，在个人如此，在国家也是如此”，潘恩指出，“历史揭示了，最勇敢的事业总是在一个国家的未成年时期完成的”，并且“将来由贸易增长和人口增加引起的多种多样的利害关系”，可能使“在北美大陆组成单一政府变得更加困难——如果不是不可能的话”。美国的简单、质朴以及崭新无瑕都是优点。英格兰那样高度分化的社会只不过意味着一小部分人富裕至极，社会中大多数民众则贫厄交加，并且其极端复杂的政府形式使得整个国家多年都不能发现问题出在哪个部分。潘恩认为：“任何事物越是简单，就越不容易失序，即使是出现功能紊乱也会很容易修复。国土面积的劣势在任何地方也都比不上它的益处。”潘恩觉得：“其国土之幅员辽阔，只会让美国人更容易忘却579公里（360英里，英国的长度）的狭窄范围”，并为宽容仁爱的精神氛围战胜了地域偏见的力量而感到欢欣鼓舞，生活在面积占地球1/4的广阔国土中，这种氛围是很自然就会产生的。[4]

此外，潘恩展示给美国人的，不仅在于一种全新的价值观，还在于他赋予了美国一种特殊的地位——在不断延展的人类历史进程中敢为天下之先的

---

① Winthrop D. Jordan, “Familial Politics: Thomas Paine and the Killing of the King, 1776,” *Journal of American History* 60 (1973): 298.

② Thomas Paine, “Common Sense,” in Philip S. Foner, ed., *The Complete Writings of Thomas Paine*, vol. 1, p. 21; Thomas Paine, “The American Crisis II,” in Philip S. Foner, ed., *The Complete Writings of Thomas Paine*, vol. 1, p. 59; Thomas Paine, “To Mr. Secretary Dundas,” in Philip S. Foner, ed., *The Complete Writings of Thomas Paine*, vol. 2, p. 452.

③ See Jack P. Greene, “Search for Identity: An Interpretation of the Meaning of Selected Patterns of Social Response in Eighteenth-Century America,” *Journal of Social History* 3 (1970): 189 – 220.

④ Thomas Paine, “Common Sense,” in Philip S. Foner, ed., *The Complete Writings of Thomas Paine*, vol. 1, pp. 6 – 7, p. 19, p. 36; Thomas Paine, “To Mr. Secretary Dundas,” in Philip S. Foner, ed., *The Complete Writings of Thomas Paine*, vol. 2, p. 451.

重要地位。早在宗教改革之前，人们即认为：仁慈的上帝打算在将来为受迫害者辟一块避难之所。北美随即应验，成了欧洲各地热爱公民与宗教自由之士的避难所。但是现在她注定要扮演一个更伟大的角色，潘恩在《常识》很有名的一页写道："旧世界遍地盛行压迫。自由到处遭到驱逐。亚洲和非洲早就已经把它逐出。欧洲把它当作异己分子，英国已经对他下了逐客令。"他随后在《美国危机》中写道："如果没有了北美，整个宇宙中的自由都将荡然无存。"①

潘恩在 1776 年写道："北美的角色不仅在于她是自由的最后避难所，还在于她构筑了一个大舞台，人类天性在其中自然地发展，很快就能收获最伟大的军事、民政及文学成就。"他在《常识》中宣告：北美存在的理由，很大程度上即是全人类存在的理由。"一个拥有足够优势来抵御世间最强悍国家的民族，需要真正的智慧来构建完美自由的政府形式。"历史留给美国人一张白纸，就如同将他们置于思想的原点，他们因此也就有能力使天地为之一新。当前的这种形势是自诺亚之日起从未有过的。潘恩预言：新世界的诞生指日可待，北美人民——其人数和整个欧洲的总人数不相上下——必将获得属于他们自己的自由。滚滚向前的自由洪流最终必将世间的专横暴虐荡涤殆尽。人世间不会再有如北美一般的幸福之所，人类世界得救——也许是最后一次得救的机会，正孕育在北美的幸福之中。②

《康涅狄格报》的一位匿名撰稿人曾经写道：对美国而言，潘恩的见解坚定有力，不证自明；那些真知灼见确如"平地风雷横扫万钧"，让人欢欣鼓舞。"我们曾经蒙昧，但捧读这些启蒙之作让我们大彻大悟。即使是根深蒂固的偏见也纷纷'铩羽而走'。独立的信念在过去很是招人反感，但正是这些曾经讳莫如深的原则现如今成为我们欣然接受的主题，引领我们最纯真的情感。"此外，"随着美国独立的意义为人们所思考和理解"，潘恩在其致

① Thomas Paine, "Common Sense," in Philip S. Foner, ed., *The Complete Writings of Thomas Paine*, vol. 1, p. 19, p. 21, pp. 30 – 31; Thomas Paine, "The American Crisis II," in Philip S. Foner, ed., *The Complete Writings of Thomas Paine*, vol. 1, p. 123.

② Thomas Paine, "Common Sense," in Philip S. Foner, ed., *The Complete Writings of Thomas Paine*, vol. 1, p. 3, p. 5; Thomas Paine, "The American Crisis I," in Philip S. Foner, ed., *The Complete Writings of Thomas Paine*, vol. 1, p. 54; Thomas Paine, "The Forester's Letters," in Philip S. Foner, ed., *The Complete Writings of Thomas Paine*, vol. 2, pp. 82 – 83; Thomas Paine, "A Dialogue between the Ghost of General Montgomery and an American Delegate," in Philip S. Foner, ed., *The Complete Writings of Thomas Paine*, vol. 2, pp. 90 – 93.

阿贝·雷纳尔的信中写道："对即刻行动者来说，美国独立的地域优势，以及她向人类许诺的所能带来的无数益处，正在与日俱增；我们看到的，不仅对当代人善莫大焉，还必将泽被后世。"①

祛除旧秩序的神魅

《常识》出版后的20年里，潘恩逐步转向了一种广阔而全新的社会政治秩序观念。这种观念在旧世界产生的反响如同他早先的观点在美国产生的影响一样热烈。一连串时论性质的作品，最终促成这些观念以《人权论》为名结集出版。潘恩继续为旧世界贡献其曾为新世界所做的一切：彻底扭转根深蒂固的假定，改变既定的愿景，使一贯为人们所接受的范式——传统秩序即在其中孕育——"接受拷问"。②"时间以及形势和见解的改变使政府体制逐渐趋于过时，正如使风俗习惯逐渐过时一样"，正是在这样的前提之下，潘恩于新旧政府体制的一系列鲜明对比中，构建起他自己的崭新模式。他在这里指出：

> 旧体制的政府为了提高自身地位而窃取权力；新体制的政府则代表社会共同利益行使权力。前者靠维持战争体系来获得支撑；后者则推行和平作为富国裕民的手段。一种政府煽动民族偏见，另一种政府则提倡大同社会以实现普遍通商。一个用它勒索来的税收的多寡作为衡量其繁荣的尺度，另一个则以其需要的少量税收来证明自己优越性。③

这两种体制间的差别是绝对的，并且是无法调和的。正如潘恩所言，它们建立在理性与愚昧这两种截然不同且对立的基础上。"人类的统治有两种方式"，潘恩在1778年致宾夕法尼亚人民的严正声明中写道："一种是使其

---

① 《康涅狄格报》（1776年3月22日），据 Winthrop D. Jordan, "Familial Politics: Thomas Paine and the Killing of the King, 1776," *Journal of American History* 60 (1973): 295; Thomas Paine, "Letter to the Abbe Raynal," in Philip S. Foner, ed., *The Complete Writings of Thomas Paine*, vol. 2, p. 238。

② Bernard Bailyn, "Common Sense," in *Fundamental Testaments of the American Revolution*, p. 15.

③ Thomas Paine, "Rights of Man," in Philip S. Foner, ed., *The Complete Writings of Thomas Paine*, vol. 1, pp. 343 - 344, 363 - 364；译文引自《潘恩选集》，马清槐等译，商务印书馆，1981，第236页。

无知，另一种是使其睿智。前者过去是，现在仍然是旧世界的传统，后者则属于新世界。”实际上，一个国家越愚昧，它也就越适合旧有的政府体制。潘恩在 18 世纪 90 年代写就的《土地正义》一文中曾经谈道，这种体制“靠一种卑贱的教化来维持自身。人类心智遭受贬斥，大多数民众生活沦贱，成了衡量这种处境的首要标准。这样的政府视百姓为刍狗，理性思考不再是人的权利。民众所能做的，只有无条件地服从现有的法律”。因此，“旧世界所有的政府模式都依赖通过贫穷来击垮民众的信念”，使他们始终对其保持一种“迷信般的敬畏”，从而使他们对其顶礼膜拜，这些政府治下的民众在这样荒诞的氛围中耳濡目染，也就变得日久成习，对此“逐渐认同了”。因此，可以说“世袭统治就是一种奴隶制”，是“强制与荒谬的大杂烩”，只能灌输给那些智识尚不足以接受理性统治的人。在君主专制国家，偏见这一人类“心智中的蜘蛛”大行其道，“深得人心”。身处其中的人，谁又会对人类智识的悲哀境地大惊小怪呢？①

旧有的政府体制因而就是压榨人的，它应得的只有人们的鄙夷，以及所有沦贱得几乎尊严不存的人坚定不移的仇恨。它的根本制度只适用于那些受嘲弄的事务。“君主制的全部特征就是荒谬与无用”：“它先是排除了一个人获知的途径，继而又对他委以重任，授权他在需要做出最高决断的场合恣意妄为”。整个君主制就是“一种智力上拉平的制度。它不加区分地让各种人掌权，无论贤与不贤，智与愚，一句话：无论品质好坏，都一视同仁。国王不是作为有理性的人，而是作为野兽相继即位”“以受加冕之首领的名义，国王还期望人们能像崇拜偶像似地给予他荣耀”。此外，如“屈膝去亲吻一个裹在法兰绒袍子里、患着中风的老朽昏聩者之手”，以及“称呼一个 1 ~ 20 岁的小男孩为人民之父”之类，都是具备理性之人不应容忍的荒谬至极

① Thomas Paine, "Rights of Man," in Philip S. Foner, ed., *The Complete Writings of Thomas Paine*, vol. 1, pp. 338 - 339; Thomas Paine, "Rights of Man, Part Second," in Philip S. Foner, ed., *The Complete Writings of Thomas Paine*, vol. 1, pp. 364 - 366, p. 390; Thomas Paine, "Agrarian Justice," in Philip S. Foner, ed., *The Complete Writings of Thomas Paine*, vol. 1, pp. 620 - 621; Thomas Paine, "Letter to the Abbe Raynal," in Philip S. Foner, ed., *The Complete Writings of Thomas Paine*, vol. 2; Thomas Paine, "A Serious Address to the People of Pennsylvania on the Present Situation of Their Affairs," in Philip S. Foner, ed., *The Complete Writings of Thomas Paine*, vol. 2, pp. 289 - 290; Thomas Paine, "Letter Addressed to the Addressers on the Late Proclamation," in Philip S. Foner, ed., *The Complete Writings of Thomas Paine*, vol. 2, p. 484.

的事情。[①]

贵族与教会——旧体制依然残存的两根支柱，同样不会对人类福祉有更大的增进。贵族制是一种“蜡像秩序”（waxwork order），唯有将它视作孩童般的愚蠢，方能稍稍纾解因其而产生的那种“耻辱感”。贵族制的成员不过是“一窝雄蜂，他们既不采蜜，也不营巢，活着只是为了过骄奢淫逸的生活”。“我们原宥纨绔之辈的理由正是因为其一无是处”，潘恩在1795年所作的《关于首要原则的论文》中如是评价：“基于同样的原因，我们也宽恕了贵族的矫饰愚蠢。但贵族的起源要比纨绔之辈更糟，他们就是一种强盗。所有国家最早的贵族都是一伙匪徒，之后又变成了阿谀奉承之辈。”[②] 同样，教会也不过是另一种压迫人的工具，它消耗了很大一部分诚实正当的行业所创造的财富，用以供养其炫示而笨硕的建制；而且它每每通过对宗教正统性的追逐来试图束缚人们的心智。潘恩在《人权论》中就曾指出：“迫害，总是所有法律、宗教，或通过法律建立起来的宗教强力掩饰的特征。”[③]

因而，旧体制不仅荒谬，而且有害于治下人民的利益，挫伤他们的精神。即使“英国政府那种非自然地糅合起来的体制”包含了代议制的成分，也不可能减缓其副作用。潘恩指出：“这种体制中不受牵制的（moving）权力不可避免地将导致腐败。”无论多么需要选举制改革，英国下议院“更多地还是纠缠于那些理性的部分，而不去触动世袭制那一块”。但只要“将这

---

① Thomas Paine, “Common Sense,” in Philip S. Foner, ed., *The Complete Writings of Thomas Paine*, vol. 1, pp. 8 – 16; Thomas Paine, “The American Crisis I,” in Philip S. Foner, ed., *The Complete Writings of Thomas Paine*, vol. 1, p. 51, p. 56; Thomas Paine, “The American Crisis II,” in Philip S. Foner, ed., *The Complete Writings of Thomas Paine*, vol. 1, p. 72; Thomas Paine, “Rights of Man, Part Second,” in Philip S. Foner, ed., *The Complete Writings of Thomas Paine*, vol. 1, p. 364 – 366; Thomas Paine, “A Serious Address to the People of Pennsylvania on the Present Situation of Their Affairs,” in Philip S. Foner, ed., *The Complete Writings of Thomas Paine*, vol. 2, pp. 289 – 290; Thomas Paine, “To the Abbe Sieves,” in Philip S. Foner, ed., *The Complete Writings of Thomas Paine*, vol. 2, p. 520.

② Thomas Paine, “Rights of Man,” in Philip S. Foner, ed., *The Complete Writings of Thomas Paine*, vol. 1, p. 289, pp. 330 – 331; Thomas Paine, “Rights of Man, Part Second,” in Philip S. Foner, ed., *The Complete Writings of Thomas Paine*, vol. 1, p. 412; Thomas Paine, “Dissertations on Government; the Affairs of the Bank; and Paper Money,” in Philip S. Foner, ed., *The Complete Writings of Thomas Paine*, vol. 2, p. 412.

③ Thomas Paine, “Rights of Man,” in Philip S. Foner, ed., *The Complete Writings of Thomas Paine*, vol. 1, p. 293.

些理性人士悉数收买”，这些部分就能很容易地解决这一问题。国王处置之下有如此众多的金钱官职以及垄断性特权，它可以轻而易举地将那些代议制的成分转变为一种“无用之物”（cipher），将它的成员转变为一群不加思考只领干薪的禄虫（placeman），以及一群领着养老金的跟班，将他们变成管理体制奴颜婢膝的附庸者。这些附庸者和贵族联合起来，一起动用他们的资源将这种委托附庸的体制铺展到政治国家的底层，直至这个国家中的整个统治阶层——这些像熊一样的粗鲁横蛮之人——都变成了“政府的走狗”。因此，正是这一庞大、笨硕、奢侈并且毫无必要的特权及庇护体制，以广大人民诚实正当的事业为代价，霸占了国家的大部分资源。“国家内部也就因此而形成了两个截然不同的阶层：一部分人缴税，另一部分人收税并以此为生。”①

这样一种不合理的体制，如其所是，是建立在对收益的不公正分配基础上的，压根就不考虑人们的功绩和劳作。这种体制也是建立在一种特许，以及一种完全站不住脚的“权利的不平等性”基础上的；这种体制之所以能够维系，只是因为其治下的人民放弃了“思考的特权”，当别人仅仅是站在古代的理据上厚颜无耻地拥戴旧有的体制，反对所有“理性的以及公共的利益”时，这些治下的人民只是在“麻木地袖手旁观”。因此，正是通过“用时间（问题）来代替原则（问题）”，通过“对先例规则的赞颂”，通过将先例与对古物迷信般的尊崇联系起来，就如同僧侣们展示古物并将它们称为圣物是一样的，这些人不过是要以此掩饰旧体制的缺陷与不公，使人民始终处于“普遍的孱弱无力的境地”，在旧世界的所有社会中，这种孱弱无力的状态曾长久地控制住了“国家中的大多数”。但是，如潘恩所言，“丝毫不考虑先例之原则的先例统治”，不过是一种政治上的教会体制，是人类能够建立起来的最为邪恶的制度。它被创制出来的目的，既是要把人们束缚在“一种无知的状态”，又“等于在实践上承认了随着政府年龄的增长，政府

① Thomas Paine, “Rights of Man,” in Philip S. Foner, ed., *The Complete Writings of Thomas Paine*, vol. 1, p. 281, pp. 330 – 331, pp. 338 – 339; Thomas Paine, “Rights of Man, Part Second,” in Philip S. Foner, ed., *The Complete Writings of Thomas Paine*, vol. 1, pp. 394 – 395; Thomas Paine, “A Serious Address to the People of Pennsylvania on the Present Situation of Their Affairs,” in Philip S. Foner, ed., *The Complete Writings of Thomas Paine*, vol. 2, pp. 293 – 294, pp. 300 – 301; Thomas Paine, “Letter Addressed to the Addressers on the Late Proclamation,” in Philip S. Foner, ed., *The Complete Writings of Thomas Paine*, vol. 2, p. 478, pp. 482 – 483; Thomas Paine, “Letters to Onslow Cranley,” in Philip S. Foner, ed., *The Complete Writings of Thomas Paine*, vol. 2, p. 463.

的智力是逐渐衰退的，只能依靠先例的支柱和拐杖蹒跚而行”。[1]

整个旧有的体制，“都建立在一些与其应然状态背道而驰的原则和观念基础上”。因而它若要维持，只能“靠蒙蔽人的理解力，使人相信政府是一种绝好的神秘之物”。它展示出一种“对无知的顺从”，并且如潘恩在《人权论》中所言：“一旦心智使自己表示出这种不分青红皂白的尊崇，它就降低到成年人智力水平之下。”与美国一样，潘恩在欧洲的第一个任务就是祛除旧秩序的神魅，暴露它的荒谬，动摇它的“结构”，并且“打碎政治迷信的枷锁，将受贬斥之人提升到一个完全的人应有的地位”。潘恩是通过使人们信服地接受以下两条根本性真理——他和所有的早期移民都在美国发现了这样的真理——来达到以上目的的。首先要明确，“政府并非什么复杂之物，也不必将其奉若玄秘；教会与国家相互勾结、沆瀣一气，本身就很能说明它的本质”。其次，如潘恩试着对待他的读者那样，只有在差不多每一个人都被“当作成年人，而不是孩子来对待”时，他们的政治理解力才成其为政治理解力。[2]

在欧洲传播美国的政府原则

潘恩不可能像在美国那样，仅仅满足于探察欧洲的谬误与横暴。他为欧

---

① Thomas Paine, "Common Sense," in Philip S. Foner, ed., *The Complete Writings of Thomas Paine*, vol. 1, p. 3; Thomas Paine, "Rights of Man, Part Second," in Philip S. Foner, ed., *The Complete Writings of Thomas Paine*, vol. 2, p. 386, pp. 446 – 447; Thomas Paine, "Letter Addressed to the Addressers on the Late Proclamation," in Philip S. Foner, ed., *The Complete Writings of Thomas Paine*, vol. 2, p. 470, p. 483; Thomas Paine, "Answer to Four Questions on the Legislative and Executive Powers," in Philip S. Foner, ed., *The Complete Writings of Thomas Paine*, vol. 2, p. 536; Thomas Paine, "Dissertation on First Principles of Government," in Philip S. Foner, ed., *The Complete Writings of Thomas Paine*, vol. 2, p. 573, pp. 577 – 578; Thomas Paine, "Prospects on the Rubicon," in Philip S. Foner, ed., *The Complete Writings of Thomas Paine*, vol. 2, p. 623.

② Thomas Paine, "Rights of Man, Part Second," in Philip S. Foner, ed., *The Complete Writings of Thomas Paine*, vol. 1, p. 375, p. 389, p. 368; Thomas Paine, "Reflections on Titles," in Philip S. Foner, ed., *The Complete Writings of Thomas Paine*, vol. 2, p. 33; Thomas Paine, "A Serious Address to the People of Pennsylvania on the Present Situation of Their Affairs," in Philip S. Foner, ed., *The Complete Writings of Thomas Paine*, vol. 2, p. 289 – 290; Thomas Paine, "Letter Addressed to the Addressers on the Late Proclamation," in Philip S. Foner, ed., *The Complete Writings of Thomas Paine*, vol. 2, p. 471, p. 488; Thomas Paine, "To the People of England on the Invasion of England," in Philip S. Foner, ed., *The Complete Writings of Thomas Paine*, vol. 2, p. 676; Thomas Paine, "To the Citizens of the United States," in Philip S. Foner, ed., *The Complete Writings of Thomas Paine*, vol. 2, p. 928.

洲人贡献的是一种“通过政治知识的显著增长”而更加自由——更少贬抑——的生活观念。“虽然为了奴役、劫掠以及盘剥人民，政治科学总是被裹上了一层神秘的色彩”，但正如潘恩在1795年向他的读者所保证的那样，“政治科学其实是最少神秘性因而也是最容易理解的东西。就是对理解力最差的人而言，如果从一个正确的突破口着手，他也不会对其感到疑惑”。那些将自身从古时偏见的影响中解放出来，并且“以一种超越鼠目寸光之政治的方式”来行事的人，很快就会发现，“以自然、理性以及经验”为指导，他们就可以将政治科学“提升到一种他们现在还没有概念的完美高度”。同样，他们就能够创设出一种政府形式，其经过最完美的设计以保障国民付出代价所支持之目标的实现，这一目标即是公共之善。潘恩将其定义为一种能力，即“每个人都和平而安全地以尽可能低的代价来从事他的工作，享受他的劳动果实和财产所得”的一种能力。①

潘恩自己深信达致这一目的的最好方式就是代议制。如潘恩所言，人们会嘲笑那种文学和科学可以通过世袭的方式来成就的提法。“正如文坛要出最优秀的文艺作品，就得给天才作家公平且普遍的机会；政府的代议制要制定最明智的法律，就得尽其所能广罗人才。”潘恩指出，一旦人们对代议制政府的诸多益处更加了解，他们就会发觉，“所有的人天生就是共和主义者，只有为时事所趋之时才是保皇主义者”，因为“共和主义政府较之帝王政府确实有更多的伟大之处”。正如潘恩所指出的，“就公众这一部分而言，由自由的人自己来确定他们的统治者，比起这些统治者是天生注定的，要显得更为天经地义；同样对掌权者来说，作为人民选取的统治者，要比因出生的机遇而成为国王来得更为荣耀”。此外，对这一新近才认识到的政治原理

---

① Thomas Paine, "Rights of Man, Part Second," in Philip S. Foner, ed., *The Complete Writings of Thomas Paine*, vol. 1, pp. 367 - 370, p. 388; Thomas Paine, "The Society for Political Inquiries," in Philip S. Foner, ed., *The Complete Writings of Thomas Paine*, vol. 2, pp. 41 - 42; Thomas Paine, "Letter to the Abbe Raynal," in Philip S. Foner, ed., *The Complete Writings of Thomas Paine*, vol. 2, p. 245; Thomas Paine, "Candid and Critical Remarks on a Letter Signed Ludlow," in Philip S. Foner, ed., *The Complete Writings of Thomas Paine*, vol. 2, p. 274; Thomas Paine, "Letter Addressed to the Addressers on the Late Proclamation," in Philip S. Foner, ed., *The Complete Writings of Thomas Paine*, vol. 2, p. 471, p. 487, p. 496; Thomas Paine, "Answer to Four Questions on the Legislative and Executive Powers," in Philip S. Foner, ed., *The Complete Writings of Thomas Paine*, vol. 2, p. 531; Thomas Paine, "Dissertation on First Principles of Government," in Philip S. Foner, ed., *The Complete Writings of Thomas Paine*, vol. 2, p. 571.

而言，“政府不是任何人或任何一群人为了牟利就有权利去开设或经营的生意，而完全是一种信托”，代议制政府必然也会更为赞同，更为敏感。① 为了能给这一政府的行为提供规则，非常有必要确立一部宪法。但需要的并非一部像英国宪法（它无论如何都只能算一个政府，而不是一部真正的宪法）那样偶然而神秘地发源的宪法，而是一部通过自由的方式确立起来，并且能保障公民的自然权利以及法治的至上性的宪法。一个切实可行的代议制政府，也必须建立在包含所有成年男子在内的、广泛的公民权利的基础上，建立在绝对的权利平等基础上，以及建立在对职位垄断完全禁止的基础上，从而使“每一个人都能自由地［参与国家的统治以及］从事任何种类的工作，以此在全国的任何地方，集镇或城市，都可以获得一份老实正当的生计”。潘恩指出，“代议制政府即是自由”，并且“自由的基面”一定是“平之如水”。② 他认为，自由应该总是优先于“对财产的保障”。但在一个权利平等且拥有广泛的公民权的社会里，也不存在对财产的真正威胁。潘恩在美国学到了：自由可以平息而不是激发争夺。潘恩预言，在一个广泛的参与型社会中，利益和观念自由持续的循环，必将鼓舞“所有的文明之士”，从而使所有的财产在他们的保护之下变得非常安全。③

---

① Thomas Paine, "Rights of Man, Part Second," in Philip S. Foner, ed., *The Complete Writings of Thomas Paine*, vol. 1, pp. 367 – 368, p. 371, p. 379; Thomas Paine, "The Forester's Letters," in Philip S. Foner, ed., *The Complete Writings of Thomas Paine*, vol. 2, p. 79 – 80.

② Thomas Paine, "Common Sense," in Philip S. Foner, ed., *The Complete Writings of Thomas Paine*, vol. 1, p. 29; Thomas Paine, "Rights of Man," in Philip S. Foner, ed., *The Complete Writings of Thomas Paine*, vol. 1, p. 281; Thomas Paine, "Rights of Man, Part Second," in Philip S. Foner, ed., *The Complete Writings of Thomas Paine*, vol. 1, p. 387, p. 390, pp. 413 – 414; Thomas Paine, "Letter to the Abbe Raynal," in Philip S. Foner, ed., *The Complete Writings of Thomas Paine*, vol. 2, p. 259; Thomas Paine, "A Serious Address to the People of Pennsylvania on the Present Situation of Their Affairs," in Philip S. Foner, ed., *The Complete Writings of Thomas Paine*, vol. 2, p. 282 – 289; Thomas Paine, "Dissertation on First Principles of Government," in Philip S. Foner, ed., *The Complete Writings of Thomas Paine*, vol. 2, pp. 579 – 580.

③ Thomas Paine, "Rights of Man, Part Second," in Philip S. Foner, ed., *The Complete Writings of Thomas Paine*, vol. 1, p. 359; Thomas Paine, "The Forester's Letters," in Philip S. Foner, ed., *The Complete Writings of Thomas Paine*, vol. 2, p. 87; Thomas Paine, "Thoughts on Defensive War," in Philip S. Foner, ed., *The Complete Writings of Thomas Paine*, vol. 2, p. 54; Thomas Paine, "Letter to the Abbe Raynal," in Philip S. Foner, ed., *The Complete Writings of Thomas Paine*, vol. 2, p. 245, p. 250, p. 262; Thomas Paine, "A Serious Address to the People of Pennsylvania on the Present Situation of Their Affairs," in Philip S. Foner, ed., *The Complete Writings of Thomas Paine*, vol. 2, p. 286; Thomas Paine, "Address to the People of France," in Philip S. Foner, ed., *The Complete Writings of Thomas Paine*, vol. 2, p. 538.

潘恩呼吁旧世界人民清醒地认识到："没有王权，只有人民的最高权威；没有政府，只有人民之代表的政府；没有主权，只有法律的主权。"用埃里克·方纳的话说，这样一种呼吁是要他们"用新世界的模子在旧世界中重铸政府"。潘恩在1796年告语乔治·华盛顿："我在欧洲尽心竭力地播撒的，正是美国的政府原则。"旧世界将"因这些新的原则"而获得重生，为了他人的利益，潘恩立誓要以毫不气馁的态度，用发表著作来高声宣扬这些原则。[①] 绝不是要以自由的正直之名，如许多人起初所担忧的那样，来掩盖无政府状态的恐怖形象或是暴政这一阴郁的怪物；潘恩认为，较之于此前的任何人类事件，美国革命都对这个世界的启蒙以及自主和自由精神在人类中的传播贡献良多。在所有国家中，只有美国不会羞于说出自己的身世，不会耻于讲述其成长为一个国家（empire）的历程。美国革命真正标志着一个"理性的黎明"——其开创了一个崭新的扩展的文明体制。正如潘恩所言，它给了理性和自由"一席立足之地"。他在《人权论》中指出："旧世界的一切政府根深蒂固，暴政与古俗深入人心，以至于无法在亚洲、非洲或欧洲着手改革人类的政治条件。对自由的迫害遍及全球，理性被视为叛逆，而屈服于恐惧的心理已经使得人们不敢思考。"[②]

通过为人类提供"一场政府的原则和实践领域的革命"，美国因而成了"世界的父母（parent）"。"雅典人小规模实行过的（体制）"，美国"大规模推行"，"一个是古代社会的奇迹，另一个则正在成为现代社会人人赞美的目标和典范"。潘恩告诉他的欧洲读者，美国的"政府体制"是不会产生腐败的，"它现在掌管着十倍于英格兰面积的领土，政府运作的费用却要比

---

① Eric Foner, *Tom Paine and Revolutionary America*, p. 217; Thomas Paine, "To the Sheriff of the County of Susse," in Philip S. Foner, ed., *The Complete Writings of Thomas Paine*, vol. 2, pp. 464 - 465; Thomas Paine, "Address to the People of Franc," in Philip S. Foner, ed., *The Complete Writings of Thomas Paine*, vol. 2, pp. 538 - 539; Thomas Paine, "Letter to George Washington," in Philip S. Foner, ed., *The Complete Writings of Thomas Paine*, vol. 2, p. 697, p. 707; Thomas Paine, "To the Citizens of the United States," in Philip S. Foner, ed., *The Complete Writings of Thomas Paine*, vol. 2, p. 912; Thomas Paine, "To Messieurs Condorcet, Nicolas De Bonneville, and Lanthenas, June, 1791," in Philip S. Foner, ed., *The Complete Writings of Thomas Paine*, vol. 2, p. 1315.

② Thomas Paine, "The American Crisis XIII," in Philip S. Foner, ed., *The Complete Writings of Thomas Paine*, vol. 1, p. 230 - 232; Thomas Paine, "Rights of Man, Part Second," in Philip S. Foner, ed., *The Complete Writings of Thomas Paine*, vol. 1, p. 353 - 354, pp. 396 - 397; Thomas Paine, "Letter to the Abbe Raynal," in Philip S. Foner, ed., *The Complete Writings of Thomas Paine*, vol. 2, pp. 239 - 240, p. 256.

英格兰的养老金加在一起还要少；人们在这样的政府体制下，要比在现存的任何其他类型的政府体制下享有更深的自由，得以维护更好的社会幸福状态，也得以促进更深的全面繁荣”。“那里的穷人不受压迫，富人没有特权。工业发展不因负担宫廷挥霍无度的费用而受到限制。他们交的税少，因为他们的政府是公正的；而且由于那里没有什么东西会使他们遭受苦难，也就没有什么东西会激起暴动和骚乱。”美国为世界上的其他人树立了一个坚实的榜样，即这样的乌托邦状态是人类能够达致的。潘恩预言，由“美国的一个小火星”所点燃的这一熊熊烈焰，必定“将其进步之处从一个国家传至另一个国家”。直至人们通过公平地维护自身权益而获得了一套关于其权利的知识，并且在这一事件中认识到，专制的力量和权力完全在于使人们不敢反抗，因此“要想获得自由，只要有决心就足够了”。因此潘恩鼓励他的读者，要以更果敢的方式变得自由。①

潘恩政治远见的美国根源

也许永远都不可能精确指出，潘恩是在什么地方明确地萌生了一种崭新的“现代”政治世界的观念。人们对他到达美国之前的精神信念所知甚少。但绝对可能的是，之前他已经有过充分而广泛的阅读，足以体会商业和科学之于传统的生活和思考方式的影响。② 此外，成年之后，他就总是徘徊在独立和依附之间；这种感觉是如此切近，以至于使他从未对贫穷的“困厄而潦倒的境况”丧失敏锐的体察能力，并且他总是对一个社会的诸多不公正之处非常敏感。在这样的社会中，如他的朋友富兰克林在1772年所描绘的苏格兰和爱尔兰那样，一小部分地主、爵爷、绅士、巨富，总是生活在最富裕奢华的层次，大多数人民则是佃农［或其他依附者］和赤贫者，他们生活在最为卑污的凄惨境地，他们住的是泥巴和稻草砌成的茅

① Thomas Paine, "Rights of Man, Part Second," in Philip S. Foner, ed., *The Complete Writings of Thomas Paine*, vol. 1, pp. 353 – 354, pp. 360 – 361, pp. 371 – 372, p. 398; Thomas Paine, "To Mr. Secretary Dunda," in Philip S. Foner, ed., *The Complete Writings of Thomas Paine*, vol. 2, p. 449; Thomas Paine, "To the Sheriff of the County of Susse," in Philip S. Foner, ed., *The Complete Writings of Thomas Paine*, vol. 2, pp. 464 – 465; Thomas Paine, "To Thomas Jefferson, January 1, 1805," in Philip S. Foner, ed., *The Complete Writings of Thomas Paine*, vol. 2, p. 1454.

② See Thomas Paine, "Letter to the Abbe Raynal," in Philip S. Foner, ed., *The Complete Writings of Thomas Paine*, vol. 2, pp. 241 – 242.

草屋，“衣衫褴褛”且“精神贫瘠”。[①] 不管潘恩是带着什么样的经验和知识到达美国的，他之后致信纳撒内尔·格林：“［在《常识》中，］我之所以能够比他人更为深入地涉足政治并获得更大的成功，很大程度上要归功于我是带着英格兰的知识来到美国的。”[②] 其余证据则强有力地证明了，是美国赋予了他灵感，并且使其清晰表达出了现代世界模型的样态。

传统上，对潘恩学术成就的强调往往集中在他对美国的影响上。并且有学者硬是要主张，潘恩沉溺于理性之烈酒，以至于他的知识很少有通过“对实在的事实的观察”而充实起来的。[③] 但是我认为，一个有力的事实可以证明，潘恩为美国所做的，其实美国已经为他准备好了。诚如埃里克·方纳所言，潘恩之后，“政治社会应该是什么样”这一观念，在很大程度上不仅为“美国社会在革命时期经历的急剧的社会和政治变革”所形塑，而且美国社会的激进特性本身——革命之前之后都存在——也对其成形有决定性的影响。[④] 如果的确如潘恩在《美国危机》中所言，“因为美国”他成了“一位作家”，那么就是美国本身用巨大的力量打动了他，使其37年郁积的愤怒一下子释放了出来，并且使他对旧世界之罪恶的理解和不满更加锐利，上升到一个明确清晰的层次。佛蒙特的牧师兼历史学家塞缪尔·威廉姆斯在1794年指出：“潘恩和其他评论美国政治的作家之所以获得如此令人称奇的成就，不是因为他们教给了美国人民以前不明白的什么原则，而是因为他们把从美国人民那里学来的原则，用一道非常透彻震撼的光芒，投射到了最为关键和重要的场合。”威廉姆斯强调，潘恩就是“从美国的社会状况中学到了他的那些原则的”。潘恩也不曾提笔反驳威廉姆斯的这一判断。相反，如他后来致信乔治·华盛顿时所言：“在我后来发表的所有著作中，美国始终存留在我的心间。”并且，如他在写给阿贝·雷

① 《税务官事件》（“Case of the Officers of Excise”，1772）是潘恩移居美国之前唯一可知的一部政治作品，载 Philip S. Foner，ed.，*The Complete Writings of Thomas Paine*，vol. 2，pp. 8 – 9，p. 11；Benjamin Franklin，*The Writings of Benjamin Franklin*，vol. 5，edited by Albert Henry Smyth（New York，1905 – 07），pp. 361 – 363.

② Thomas Paine，“To Major – General Nathanael Greene，September 9，1780，” in Philip S. Foner，ed.，*The Complete Writings of Thomas Paine*，vol. 2，p. 1189.

③ Cecelia M. Kenyon，“Where Paine Went Wrong，” *American Political Science Review* 45（1951）.

④ Eric Foner，*Tom Paine and Revolutionary America*，p. 17. 与这里提出的主张形成鲜明对照的是，方纳认为潘恩的大部分观念在他到达美国之前就已经固定下来了，这些观念的形成可以追索至这样一些“影响性格形成的因素”：他父亲的贵格会信仰、他作为政府税务官的服务经历、他的贫穷、他对牛顿科学的了解以及激进的英国反辉格党观念对他的影响。Eric Foner，*Tom Paine and Revolutionary America*，pp. 3 – 17.

纳尔的信中所言，他只是获知了一种美国的“公平观念”，并在之后的旧世界转型中“予以应用”，将其最丰富的深意发挥到极致。①

美国之所以能够如此强烈地打动潘恩，即在于它与旧世界截然不同。他写道：“美国的情况和环境——在它还未被权力和资源的垄断者霸占和侵蚀之前——使它自身处于世界的起点。”如温思罗普·乔丹所评论的，潘恩将早期的美洲殖民地等同于自然状态以及“人类社会和政府的开端”。在抵达美国几个月之后，他即写道：“那些亲近欧洲的人也会禁不住地信服：即使是大西洋上的空气都不会同意外来之邪恶的统治（constitution）；这些人如果能挨过漫长的航程，要么顺利抵达美国，要么就是在一种不可治愈的肺病中奄奄一息；美国的气候中有一种适宜的东西，它能够解除他们所有人传染或吸引（他人）的力量。”这种东西是什么？就是空间和机会。如潘恩所言，世上再没有哪个国家能像美国那样，拥有如此多的向幸福敞开的机会。“它幅员辽阔，拥有多样的气候、肥沃的土地，在它的腹地还有尚待开发的财富宝藏，以及众多的河流、湖泊、海湾、海口和其他适于航运的便利之处”，这一切都使得美国成了“大自然为人类提供的最为丰裕的沃土”，“这个国家让一个观客看到的景色具有某种能激发伟大思想的东西。大自然以其宏伟气势展现在他面前。他看到的高山大川开阔了他的胸襟，他也获得了山川的伟大气质”。“仍留在欧洲做一些世袭君主［并且是在一个不公正和邪恶的社会中］之臣民的那些人，也就只具备与其境况一致的观念。”潘恩这样写道：“但是一抵达美国，他们就发现自己拥有了一种崭新的特性；并且，像皈依了新的宗教一样，他们开始为新的原则所鼓舞。”②

① Thomas Paine, “The American Crisis XIII,” in Philip S. Foner, ed., *The Complete Writings of Thomas Paine*, vol. 1, p. 235; Thomas Paine, “Letter to the Abbe Raynal,” in Philip S. Foner, ed., *The Complete Writings of Thomas Paine*, vol. 2, p. 250; Thomas Paine, “Letter to George Washington,” in Philip S. Foner, ed., *The Complete Writings of Thomas Paine*, vol. 2, p. 694; Samuel Williams, *The Natural and Civil History of Vermont* (Walpole, N. H., 1794), pp. 372 – 373.

② Thomas Paine, “Rights of Man, Part Second,” in Philip S. Foner, ed., *The Complete Writings of Thomas Paine*, vol. 1, pp. 353 – 354, pp. 375 – 376; Thomas Paine, “The American Philosophical Society,” in Philip S. Foner, ed., *The Complete Writings of Thomas Paine*, vol. 2, p. 39; Thomas Paine, “Six Letters to Rhode Island,” in Philip S. Foner, ed., *The Complete Writings of Thomas Paine*, vol. 2, pp. 346 – 347; Thomas Paine, “To the People of England on the Invasion of England,” in Philip S. Foner, ed., *The Complete Writings of Thomas Paine*, vol. 2, p. 676; Thomas Paine, “The Magazine in America,” in Philip S. Foner, ed., *The Complete Writings of Thomas Paine*, vol. 2, p. 1110; Winthrop D. Jordan, “Familial Politics: Thomas Paine and the Killing of the King, 1776,” *Journal of American History* 60 (1973): 296.

结果就是："春天、进步、目标、影响、反对、那些人，他们的思维习惯以及这个国家的所有情况，都与旧世界决绝地分道扬镳。""人们彼此间的偏见逐渐消失，一种仁爱而达观的精神孕育而生，年轻人都被激励得勤勉可嘉，并且争先恐后地去追求智慧，并因为这些提升而超越了原有的阶层。"这些美国移民很快就学会了"将政府和公共的事务视作他们自身事务的一部分"，"政府的理论在美国变得家喻户晓，几乎所有农人都对其了然于胸"，并且"不存在任何种类的独立于人民的权力"，"除了人民，也不存在其他类别的人"。欧洲与美国之间的区别，因此也就变成了一个充斥着众多阶层（class）的穷困潦倒之民的世界，与一个不存在这种情况的世界之间的区别；成了一个"包含在最为荒谬的奴隶制中的世界，与另一个拥有并尽享所有自然及公民权利的世界之间的区别"。①

如果说潘恩的现代世界的远景基本上就是美国式的，那么关于如何在旧世界中实现这一远景，北美的革命为他提供了一个有力的榜样。潘恩相信，美国革命已经创造出了一种巨大的政治觉醒的可能性，这一觉醒之广瀚深远，在整个世界的历史中都没有能与之匹敌的，甚至是以前做梦都不会想到的。潘恩告诉他的欧洲读者，"当美国不再考虑英格兰时，心智就向整个世界敞开了"。旧有的偏见"经历了一种精神上的考验"，直至"心智中每一个角落的蛛网、毒素与尘埃都被彻底扫除，并且大量的长期处于蛰伏状态的意识都被激活"。解除了以前偏见的"镣铐"，美国人从此得享一种"心智的自由"，这与他们长久拥有的那种现实环境的自由正好契合。这一新的自由不仅使他们在改进"政治科学"的原则和实践方面得以为天下先，而且也激起了一场关于思维方式和态度的革命，这较之于国家的政治革命而言更是非比寻常。在这一革命的影响下，美国人开始"用另外的眼睛来看……用另外的耳朵来听，并且用和以前不同的思路来思考"。革命在人们的意识领域产生的影响是如此彻底，以至于美国人真正［变］成了"另外一种人

① Thomas Paine, "The American Philosophical Society," in Philip S. Foner, ed., *The Complete Writings of Thomas Paine*, vol. 2, p. 39; Thomas Paine, "Letter to the Abbe Raynal," in Philip S. Foner, ed., *The Complete Writings of Thomas Paine*, vol. 2, pp. 220 – 221, p. 258; Thomas Paine, "Six Letters to Rhode Island," in Philip S. Foner, ed., *The Complete Writings of Thomas Paine*, vol. 2, pp. 336 – 337, p. 344; Thomas Paine, "To Mr. Secretary Dunda," in Philip S. Foner, ed., *The Complete Writings of Thomas Paine*, vol. 2, pp. 451 – 452; Thomas Paine, "To the People of England on the Invasion of England," in Philip S. Foner, ed., *The Complete Writings of Thomas Paine*, vol. 2, p. 676.

民”，而且永远也不会回到那种无知和偏见的状态。潘恩在18世纪90年代早期曾经写道：“如果我问一位美国人他是否想要一位国王，他一定会断然反驳，并且会质问我是否把他当作笨蛋。”潘恩相信，“人的心智一旦被启蒙”，就再也不会回到“黑暗的状态”，“面纱一旦被撕破，就再也不可能被修复了。”因而，美国革命以永远不可能倒退的方式，“向这个世界投下了一束直射人们内心的光”。政治春天中的第一枝蓓蕾，或迟或早，都必然在整个欧洲迎来一个“政府全面革命”的“政治夏天”。一旦无知和迷信被驱散，一旦政治意识被唤醒、被推广，一旦人们“通过自身的有用性开始感觉到他们的重要性，感觉到他们作为社会成员的权利”，“就再也不可能像以前那样去统治他们了”。唯一的问题是革命应像在法国发生的那样采取暴风骤雨的方式；还是应该如美国革命，“平缓，理性，并且无须付出太多的代价”。①

当他不知疲倦地利用新世界的经验为改造旧世界而奔走呼告时，潘恩成了将“美国的政府体制”传播到世界其他地方去的自封的导师。如阿瑟·谢普斯最近所揭示的，其实“早在潘恩的影响随着1790年《人权论》的出版而为世人所［广泛地］感受到之前”，美国已经成了“英国激进主义者瞩目的焦点”。谢普斯令人信服地指出，在美国共和制这一榜样的垂范之下，英国激进主义者的政治意识经历了一场“范式的革命”，在这场革命中，“那些常见的词汇和概念，如宪法、共和主义、政府的代议制基础以及人民主权……都开始具备新的以及扩展了的含义”。谢普斯主张：“潘恩首要的贡献，要到18世纪90年代才得以显现。”通过将美国树立为社会及政治改革的典范，潘恩有助于给予英国激进主义一种全新的维度，他是通过激励其拥护者关注一种当时仍缺失的“政治改革的社会效益”来做到这一点的。在潘恩产生了其对英国的主要影响之前，英国的激进主义者已经确实将

① Thomas Paine, "Rights of Man," in Philip S. Foner, ed., *The Complete Writings of Thomas Paine*, vol. 1, p. 320, p. 326; Thomas Paine, "Rights of Man, Part Second," in Philip S. Foner, ed., *The Complete Writings of Thomas Paine*, vol. 1, p. 368, pp. 404 - 405, p. 447, pp. 449 - 451, pp. 453 - 454; Thomas Paine, "Letter to the Abbe Raynal," in Philip S. Foner, ed., *The Complete Writings of Thomas Paine*, vol. 2, pp. 242 - 244; Thomas Paine, "Letter Addressed to the Addressers on the Late Proclamation," in Philip S. Foner, ed., *The Complete Writings of Thomas Paine*, vol. 2, p. 481; Thomas Paine, "Dissertation on First Principles of Government," in Philip S. Foner, ed., *The Complete Writings of Thomas Paine*, vol. 2, p. 571, p. 580; Thomas Paine, "To Thomas Jefferson, September 18, 1789," in Philip S. Foner, ed., *The Complete Writings of Thomas Paine*, vol. 2, p. 1296.

“美国视作了改革的标杆”。但是，在受到美国革命的警醒发生在欧洲的政治意识的“再调整”过程中，潘恩仍不失为“一位至关重要的人物”。因为除他之外，再没有人能够如此坚持不懈、如此硕果累累地为欧洲人详解美国经验之于旧世界的重要关联，并且再没有人能够接近他所获得的那种如此广泛的声望。一俟“法国革命为自由原则扩展到欧洲的绝大部分展开了一幅美好的前景”，潘恩就势不可当地开始了将其在美国所学的政治及社会经验教给欧洲人的事业。并且，从之前出走英国且再也没有回到美国，直至他意识到，法国“根本无法领会到自由政府的任何原则”，他的事业从未停止。①

无论在说服法国采纳真正的“美国式”自由政府原则方面，潘恩做得多不成功，他都在一场远不是根本且彻底的政治意识的革命中扮演了开路先锋的角色，如果不是在促成这一革命的过程中扮演核心角色的话。这一革命重绘了人类的认知地图，并且重置了传统政治世界的核心的——同时也是潜在且以前未受到实质性挑战的——精神关联。在潘恩的手中，那个世界中许多被认定为对与善的东西，都被说成了是有害的；而许多被视为有害的东西则被说成了是对的和善的。词汇本身获得了新的含义，比如说他为一些当时基本是贬义的词——像创新（innovation）、新颖（novel）、新发明的（new fangled）以及现代（modern）——赋予了一种褒义。② 潘恩甚至促使革命一词本身的含义发生了转变。正如 J. H. 埃利奥特所言，在现代早期欧洲可以被划归为革命的支持者的那些人，对革新（renovation）是心存困惑的，他

① Arthur Sheps, “The American Revolution and the Transformation of English Republicanism,” *Historical Reflections* 2 (1975): 4 - 28; Thomas Paine, “To George Jacques Danton, May 6, Second year of the Republic [J793],” in Philip S. Foner, ed., *The Complete Writings of Thomas Paine*, vol. 2, p. 1335; Eric Foner, *Tom Paine and Revolutionary America*, p. 253. 也可参见 Joyce Appleby, “America as a Model for the Radical French Reformers,” *William and Mary Quarterly* 28 (1789): 267 - 286。其表明了，在法国对美国榜样的热衷也要比《人权论》的出版早 15 年，并且它是被亲美派人士（americanistes）有意扭曲的，以便使其在与钦羡英国宪法的思潮的斗争中，服务他们自身的政治目的。

② 方纳在谈到潘恩对共和、民主以及革命这些词的使用时指出了这一点，见 Eric Foner, *Tom Paine and Revolutionary America*, p. 15, p. 217。但是潘恩在这一领域中的贡献更为深远。参见 Thomas Paine, “Rights of Man, Part Second,” in Philip S. Foner, ed., *The Complete Writings of Thomas Paine*, vol. 1, p. 453; Thomas Paine, “A Dialogue between the Ghost of General Montgomery and an American Delegate,” in Philip S. Foner, ed., *The Complete Writings of Thomas Paine*, vol. 2, p. 91; Thomas Paine, “Letter to the Abbe Raynal,” in Philip S. Foner, ed., *The Complete Writings of Thomas Paine*, vol. 2, p. 257; Thomas Paine, “A Serious Address to the People of Pennsylvania on the Present Situation of Their Affairs,” in Philip S. Foner, ed., *The Complete Writings of Thomas Paine*, vol. 2, p. 281.

们“还是想要回归古老的习惯和特权以及社会的传统秩序”。潘恩的贡献以及在他之前美国的客观形势，重新将革命定义为一种指向将来而非过去的事件，强调的是“建立一种新的社会秩序”而非“回到过去的黄金时代”的需要，强调的是创新（innovation）而非革新（renovation）。“在以往世代的革命中（为美国革命）寻找先例乃是徒劳的。”潘恩曾告诉阿贝·雷纳尔：“以前称之为革命的东西，不过是一种人事的变动，或者是一种局部的改变。”潘恩在《人权论》中也曾写道：这些革命“都是在宫廷内部进行的”，或是在统治阶级内部的一个小团体中进行的，“从未以广大的国土为根据地；革命的各方总是那帮朝臣，不论他们怎样热望改革，他们总是小心翼翼地把他们那一行的骗局保持下来”；涉及的“只是一些人事和措施的改变，而非原则的改变”。这样的革命“一再兴起且让人感觉是势所必然，但它们的存在和命运中，不会产生任何超越一时一地的影响”。但 18 世纪后期的革命，“正借助一股比依靠暴力由东方绕向西方的政府所产生的力量更加强劲的冲力，从西方绕向东方”。“它不会引起个别人的兴趣，但会引起进步中的各国国民的兴趣。”并且“向人类许下新时代即将来临的诺言”，在那一时代中“所有的东西都值得期待”。这一新的时代建立在“事物的自然秩序”被完全扭转的基础上，并且一种全新的、不断扩展的政治意识也将致力于确立起“一套与真理以及人之存在一样普遍的［政治］原则，并且将道德和政治幸福与国家的繁荣结合起来”。①

由潘恩激起的这种政治意识，强调政治社会应建立在普遍原则的基础上，应依据德行来选取领袖，并且应由见多识广、高度自治、头脑灵活而且具备参与意识的公民组成。因而，这一政治意识本质上即是现代的。② 这个世界可以变得更好，人能够从古代偏见的专制统治下解放出来。这就是潘恩传递给这个世界的主要信息，并且他为这一信息赋予了具体形态以及可信性

---

① J. H. Elliott, “Revolution and Continuity in Early Modern Europe,” *Past & Present* 42（1969）: 43 – 44, 52 – 56; Thomas Paine, “Rights of Man,” in Philip S. Foner, ed., *The Complete Writings of Thomas Paine*, vol. 1, pp. 340 – 344; Thomas Paine, “Rights of Man, Part Second,” in Philip S. Foner, ed., *The Complete Writings of Thomas Paine*, vol. 1, pp. 355 – 356, pp. 360 – 360, p. 400; Thomas Paine, “Letter to the Abbe Raynal,” in Philip S. Foner, ed., *The Complete Writings of Thomas Paine*, vol. 2, p. 220.

② AlexInkeles and David H. Smith, *Becoming Modern: Individual Change in Six Developing Countries*（London, 1974）, p. 16, pp. 9 – 25, p. 290. 对潘恩思想中这些使他“变得现代”的方面，另一种多少有些不同的分析，见 Eric Foner, *Tom Paine and Revolutionary America*, pp. 19 – 20。

这一观点的的典范就是美国。是美国社会的开放性以及根本的现代性给了他灵感，并且美国革命的解放性和激励性特征让他印象深刻，潘恩由此才能帮助美国人意识到他们自身社会的优点、其内在的价值，以及他所认为的它们相对于旧世界的优越之处。在这一过程中，他又为其进一步的贡献打下了基础，即提出一种强有力的政治社会的崭新观念，这一观念不仅是纯粹理性的结晶，更是理性运用于经验——美国经验，并且从经验中概括得出的成果。伴随在旧世界激起了强烈回响，这一观念——即使在其受到最有效抵制的英国——迅速取代了传统的政治社会观念，而且不管结果如何，旋即为许多同时代的政治世界提供了——并且现在仍在提供——基本架构，并主导了它们的政治理解。潘恩最早获得声名，即在于将美国从（他所认为的）对传统和宗主国世界的一种虚假而孱弱的尊重状态中解救了出来。但是他要帮助解救的不止美国人。并不是英国人在约克镇的失败，而是潘恩，以及他殚精竭虑地在欧洲普及的那种崭新的美国政治社会的观念扭转了那个世界的乾坤。

（高　杨 译）

[本文原载《社会科学论坛》2010 年第 12 期，第 4 ~ 20 页。收录本书时在原文基础上稍做修改。]

人人生而平等

——对美国革命性质的反思

积极参与这场革命的大多数民众，都是勤勤恳恳、自力更生之人；他们通过自己的劳作，确立或者说奠定了个人独立之根基，他们普遍相信个人独立，并在建立自己国家的过程中卓有成效地贯彻了个人独立原则。

——戴维·拉姆齐（David Ramsay）《美国革命史》（1789 年）

一

在过去 200 多年里，研究美国革命史的大多数学者倾向于强调美国革命的变革性，甚至是其中的转折性。18 世纪末的戴维·拉姆齐和 19 世纪中期的乔治·班克罗夫特（George Bancroft）就将美国革命解释为迈向公民自由和政治民主的一大步。后来的几代学者，比如 J. 富兰克林·詹姆森（J. Franklin Jameson）更是强调说，美国革命带来的巨变将美国社会引向“拉平式民主”。[①] 在 20 世纪 50 ~ 60 年代，政治革命受到激烈的国内冲突和广泛的社会变革措施的影响，成为司空见惯之事，美国革命突然显得毫无革命性，包括丹尼尔·布尔斯廷、路易斯·哈茨和汉娜·阿伦特在内的很多学

---

① 参见 Jack p. Greene, ed., *The Ambiguity of the American Revolution*（New York, 1968）, pp. 2 - 10。引文出自 J. Franklin Jameson, *The American Revolution Considered as a Social Movement*（Princeton, 1926）, p. 18。作者感谢 Willie Paul Adams、Stanley Coben、Martin Diamond、H. T. Dickinson、Charles Hyneman、Thad. W. Tate 和 Fred Weinstein 提供的批评与建议。

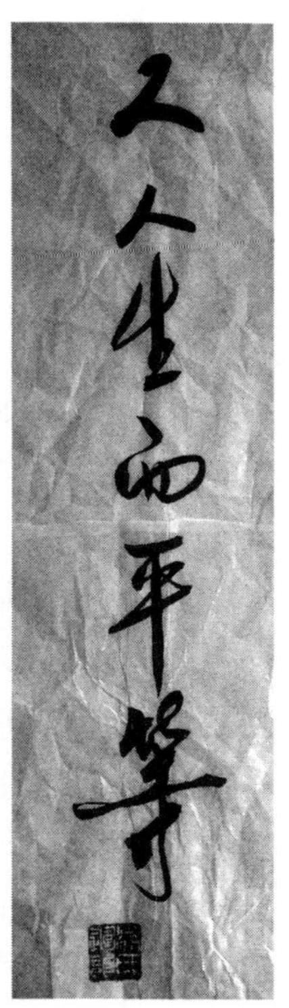

图 1

者，都强调美国革命的社会保守性质，强调那场革命的宪政特色，以及革命过程中秩序与稳定的重要地位。[①]

但是，到了最近，早期的革命解释倾向卷土重来，学者们再次重视美国革命的激进特征。伯纳德·贝林和戈登·伍德都在强调1776年精神的激进性质。贝林强调说：在美国革命发生前的十年里进行的政治辩论，就呈现激进的政治特征。伍德提出，当时的北美人相信，独立将引导他们进入一个自由的新时代，这不仅是北美人之幸，也将造福全人类。贝林认为，美国革命从根本上重构了某些传统观念，比如政府根源以及社会与政府的关系，尤其是其中的挑战传统秩序、不相信权威的观念，影响了美国社会组织的根基，并永久性地改变了美国社会生活的性质。[②] 伍德提出，独立一代自信地期待脱离堕落的英国，以及新的共和政府制度将净化北美人的道德和社会杂质，因此改变北美人的特性，将他们转化为具有美德的公民，以简单的德性避免旧世界的腐化与奢华，使他们抛弃所有的个人私欲，追求共同的至善，重建他们的社团，人人之间唯一重要的社会区分仅仅来自他们的自然差别。伍德认为，革命一代自信他们能实现这种乌托邦式的理想，这种自信让美国革命具有一种“激进的社会性质”。[③]

当然，贝林和伍德都承认，革命一代致力于保护私有财产，这无疑将极大地弱化美国革命的激进性质。近20年前，埃德蒙·摩根（Edmund S. Morgan）论述了革命时期人权与财产权的紧密交织状态，[④] 温斯洛普·乔丹（Winthrop D. Jordan）也论证说，保护私有财产的观念“严重而持续地阻

① 进一步的讨论，参见 Jack P. Greene，*The Reappraised of the American Revolution in Recent Historical Literature*（Washington，D. C.，1967）。

② Bernard Bailyn，*The Ideological Origins of the American Revolution*（Cambridge，Mass.，1967），p. 230，pp. 301 –302.

③ Gordon S. Wood，*The Creation of the American Republic*，*1776 – 1787*（Chapel Hill，1969），esp. p. 68.

④ Edmund S. Morgan，*The Birth of the Republic*，*1763 –89*（Chicago，1956）.

碍了强行废除”奴隶制的进程。[①] 但是，我想指出的是没有得到充分注意的一点——革命时期还有一个制约社会政治变迁范围与程度的重要因素：革命一代深刻而持续地相信政治不平等。

二

也许，革命时期的任何词句，都没有像《独立宣言》中的“人人生而平等”那样，对美国的公共生活产生如此深远的影响。[②] 对于每一代美国人，这句话都是一个发人深省的提示和指标，告诉他们美国人应该实现什么目标，让他们知道自己离人人平等的目标还有多远。对托马斯·杰斐逊及其同代人而言，人人平等意味着什么？这一直是美国历史上持续不断的讨论话题。在美国早期这样一个人人如此不平等的社会，人人平等的确切含义到底是什么？[③] 对当时的人而言，平等一词的含义本身就非常模糊不清，根据塞缪尔·约翰逊（Samuel Johnson）博士的解释，平等的意思是“基于同一基础”，“不高也不低”。[④] 但是，这样的定义如何才能适用于所有人呢？也许，从所有人都有年寿、终有一死的意义上讲，确实是人人平等。[⑤] 或者，按照拉平派和英国辉格党的说法，所有人在上帝面前平等，因为上帝造人时，给予他们“平等的精神”，让他们每个人都有能力“知晓美德的指令，并根据

① Winthrop D. Jordan, *White over Black*: *American Attitudes Towards the Negro*, *1550 - 1812* (Chapel Hill, 1969), p. 350.

② 《独立宣言》的文本，参见 Jack P. Greene, ed., *Colonies to Nation 1763 - 1789*: *A Documentary History of the American Revolution* (New York, 1975), pp. 298 - 301。

③ 杰斐逊及其同代人头脑中所理解的平等形式，主要是“在同一帝国之内，美国臣民和英国臣民之间的”平等，David S. Lovejoy 已经提出了令人信服的论证，“‘Rights Imply Equality’: The Case Against Admiralty Jurisdiction in America, 1764 - 1776,” *William and Mary Quarterly* 16 (1959): 459 - 484。最近，J. R. Pole 也支持这一观点，见“Loyalists, Whigs and the Idea of Equality,” in Esmond Wright, ed., *A Tug of Loyalties*: *Anglo-American Relations*, *1765 - 1785* (London, 1975), pp. 66 - 92。但是，平等一词显然有更为宽泛的含义，对此，最好的讨论可以参见 Gordor S. Wood, *Creation of the American Republic*, pp. 70 - 75，以及 Willie Paul Adams, *Republikanische Verfassung und bürgerliche Freiheit*: *Die Verfassungen und politischen Ideen der amerikanischen Revolution* (Darmstadt und Newwied, 1973), pp. 162 - 190。

④ Samuel Johnson, *A Dictionary of the English Language* (2vols., London, 1755).

⑤ 1775 年 4 月乔治·梅森评论说，“我们平等地来到这个世界，又平等地离开”，似乎就是这个意思，参见“Remarks on Annual Elections of the Fairfax Independent Company,” in Robert A. Rutland, ed., *The Papers of George Mason* (3vols., Chapel Hill, 1970), I: 229。

这些指令行事”。[①]

显然，人人平等不可能意味着所有人自然平等。约翰·亚当斯写道：人人“自然”不同于其他人，“根据自然法则，所有人都是人，不是天使，不是狮子，不是鲸鱼，也不是老鹰，他们是同一物种，这大概就是自然平等的意思”。[②] 来自弗吉尼亚的保守安立甘教会牧师乔纳森·鲍彻（Jonathan Boucher）轻蔑地说，“所有人生来平等、没有人天生低人一等”的观念，“同样毫无根据，这种观念的前提和结论都不真实”。[③] 剑桥大学法学教授爱德华·克里斯汀（Edward Christian）在修订威廉·布莱克斯通爵士极富影响力的《英国法律评论》时写道：“即便是偶尔想想这样的问题，也能看得出来，恰恰要反过来讲才是真的——所有人自然不平等。就算小孩来到这个世界时是同样的无助无力，但是数年之后，随着他们的身体逐渐强壮，他们的思维和情感日益成熟，我们会看到他们的自然禀赋、能力、喜好会极其不同；而且，他们接受的指导也会加剧他们之间的不平等。”[④] 1740 年，公理会牧师威廉·库珀（William Cooper）告诉他的马萨诸塞会众，“拉平主义者的观念没有任何自然依据”。[⑤] 积极提倡美国式英语的诺亚·韦伯斯特（Noah Webster）也说，无人能成功地论证，“造物主赋予了所有人平等的身体机能或者体能，或者智力才能”。[⑥] 革命结束之后，宾夕法尼亚律师和法律理论家詹姆斯·威尔逊（James Wilson）写道：“当我们说人人平等时，

---

① 参见 Sanford A. Lakoff, *Equality in Political Philosophy* (Cambridge, Mass., 1964), pp. 62 - 63; Caroline Robbins, *The Eighteenth-Century Commonwealthman: Studies in the Transmission, Development and Circumstances of English Liberal Thought from the Restoration of Charles II until the War with the Thirteen Colonies* (Cambridge, Mass., 1959), p. 16。

② "Adams to Thomas Brand-Hollis, 11 June 1790, and to - 4 Feb. 1794," in Charles Francis Adams, ed., *The Works of John Adams* (10 vols., Boston, 1856), I: 462, IX: 570.

③ Jonathan Boucher, Discourse XI, "On Civil Liberty, Passive Obedience, and Nonresistance, [1775]," in *A View of the Causes and Consequences of the American Revolution* (London, 1797), pp. 514 - 516.

④ Sir William Blackstone, *Commentaries on the Laws of England* (2 vols., London, 1793), I: 407. 关于布莱克斯通在美国人中的影响，参见 Gerald Stourzh, "William Blackstone: Teacher of Revolution," *Jahrbuch für Amerikastudien* (Heidelberg, 1970), pp. 184 - 200。

⑤ William Cooper, *The Honours of Christ Demanded of the Magistrate* (Boston, 1740), pp. 6 - 7, as quoted by Cecelia M. Kenyon, "The Declaration of Independence," in *Fundamental Testaments of the American Revolution* (Washington, 1973), p. 31.

⑥ Noah Webster, "That Intelligence and Virtue Are the Basis of a Republican Government," in *A Collection of Papers on Political, Literary, and Moral Subjects* (Philadelphia, 1837), pp. 269 - 74. Charles Hyneman 的相关引述，引起了我的注意。

我们的意思不是说，他们的德行、他们的才能、他们的品性或者他们的成就平等；在这些方面，人与人之间是非常不平等的，这也符合整个社会的意图。"[①] 伍德告诉我们，"在 1776 年，就连最激进的共和党人也承认，人的自然秉性，诸如强弱智愚等，存在不可避免的差异"。[②]

社会地位上的平等同样不可求。美国可能不像旧世界的绝大多数地方那样，存在极穷与极富之人，或者继承特权与独特地位之人。1776 年 4 月，欧多克斯（Eudoxus）在《宾夕法尼亚邮包》(*Pennsylvania Packet*) 中写道："目前，我们之中似乎只有一个民众团体，没有自古以来的贵族，宣称自己拥有与普遍自由完全不相容的特权。"[③] 正如波士顿的约瑟夫·沃伦（Joseph Warren）在 1776 年所鼓吹的那样，如果与欧洲人相比，美国人的生活仍"非常接近最初的平等状态"。[④] 但显然，他们并不像本杰明·拉什(Benjamin Rush) 在 1777 年所指出的那样，享有一种"绝对平等的状态，居民之间平等分配财产"。[⑤] 1794 年，佛蒙特历史学家塞缪尔·威廉斯(Samuel Williams) 认为，在美国"这样一个新国家，最有可能诞生平等，人和人之间的平等，但结果没有出现，社会上也没出现权力、能力或者地位上的平等，或是其他的人人平等状态。人的能力与天资极其不平衡，天性差异有效阻止了人和人的平等"。[⑥] 1777 年《宾夕法尼亚杂志》(*Pennsylvania Journal*) 上的一位匿名作者宣称："更多的勤奋加上更高的天资，肯定会在我们中间造成财产上的不平等，这些也会带来地位上的差异，而欧洲普遍存在这种人造的差异。"[⑦] 1784 年，新罕布什尔历史学家杰里米·贝尔纳普(Jeremy Belknap) 问道："如果平等是共和国的灵魂，那么我们的灵魂又在

---

① James Wilson, "Lectures on Law," in Robert Green McCloskey, ed., *The Works of James Wilson* (2 vols., Cambridge, Mass., 1967), I: 240.

② Gordon S. Wood, *The Creation of the American Republic, 1776 – 1787*, p. 72.

③ *Pennsylvania Packet*, 22 April 1776.

④ "Joseph Warren to Edmund Dana, 19 March 1776," in Richard Fiothingham, *The Life and Times of Joseph Warren* (Boston, 1865), p. 20, as quoted by Willie Paul Adams, *Republikanische Verfassung und bürgerliche Freiheit: Die Verfassungen und politischen Ideen der amerikanischen Revolution*, p. 168.

⑤ Benjamin Rush, "Observations upon the Present Government of Pennsylvania..., 1777," in Jack P. Greene, ed., *Colonies to Nation 1763 – 1789: A Documentary History of the American Revolution*, p. 359.

⑥ Samuel Williams, *The Natural and Civil History of Vermont* (Walpole, N. H., 1794), pp. 328 – 329.

⑦ *Pennsylvania Journal*, 28 May 1777, as quoted by Willie Paul Adams, *Republikanische Verfassung und bürgerliche Freiheit: Die Verfassungen und politischen Ideen der amerikanischen Revolution*, p. 162.

哪儿？我们的实际原则难道不是都指向不平等吗？我们应该上哪儿去寻找财产分配平等呢？不是在南方的五个州，在那几个州，每个白人男性都是成百奴隶的高傲暴君；也不可能在重要的贸易集镇和城市，在那儿，现金的获利比例是 13% 或者 16%，贸易中的利润更高；在新英格兰的自由民中同样找不到财产分配平等，他们与其他人一样小气、自私，像商人爱钱一样渴求土地。”贝尔纳普总结说：“这个世界上所有的形而上学体系和权利法案都无法阻止一个人变得比其他人更强壮、更明智，或是更富裕。强者永远会凌驾于弱者之上，智者总会超越无知者，借贷者会成为出借者的仆人，在美国和世界各地都是一贯如此，会有强弱之分。”[①] 三年后，约翰·亚当斯（John Adams）以更加简洁的话语提出了同样的问题：“是否存在或者将会出现这样一个国家，国中人人天生平等，在德行、天赋和财富上也一样平等？”[②]

当美国人谈论平等时，他们是在讨论机会平等，18 世纪 60 年代弗朗西斯·艾利森（Francis Alison）牧师就是这么跟自己的长老会会众解释的，所有人都有“通过诚实劳作获取收益的权利”。[③] 这种解释可能更有说服力。但是正如伍德指出的那样，这种机会平等“隐含着社会性差异与区别”。[④] 用詹姆斯·哈灵顿（James Harrington）的名言来说，“最重要的是，财富的积累主要来自勤劳，而积累的财富最憎恶平分。”[⑤] 约翰·亚当斯也表示：“美国人或许比其他任何国家的人（迦太基人和荷兰人也不例外），都更贪婪（也更注重积累财富）。这个国家比我见过的任何国家，都更倾向于觊觎他人的财产（Alieni appetens sui profusus）。”[⑥] 革命前夕，一位南卡罗来纳人说：美国人正在进行一场“不间断的赛跑，每个人都在努力甩掉身后的

---

① “Belknap to Ebenezer Hazard, 3 March 1784,” in *Belknap Papers*, Massachusetts Historical Society, *Collections* 2 (1877): 312 - 315.

② John Adams, “Defence of the Constitutions,” in Charles Francis Adams, ed., *The Works of John Adams* (10 vols., Boston, 1856), Ⅰ: 462; Ⅸ: 570.

③ Alison, “Of the Rights of the Supreme Power and the Methods of Acquiring It,” 1760s, Alison Sermons, Folder 5, no. vi, Presbyterian Historical Society (Philadelphia), as quoted by J. R. Pole, *Political Representation in England and the Origins of the American Republic* (London, 1966), p. 269.

④ Gordon S. Wood, *The Creation of the American Republic, 1776 - 1787*, p. 70.

⑤ James Harrington, “A System of Politics,” in *The Oceana and Other Works of James Harrington* (London, 1771), p. 471.

⑥ “Adams to Benjamin Rush, 4 April 1790,” in Alexander Biddle, ed., *Old Family Letters* (Philadelphia, 1892), pp. 56 - 57.

人，都在努力赶上甚至超越前面的人，每个人都在从低处往上冲，冲向高处，他们以同样轻快的身姿向上冲”。[①] 正如塞缪尔·威廉斯在1794年证明的那样，美国人“都知道自然的禀赋让他们彼此具有不平等的体能、智能与才能”，他们“联合起来，为自己谋求利益，他们的利益来自自然禀赋的不平等”。[②] 换句话说，美国人同意运用自然或者命运给予他们的社会性不平等条件。威廉斯提出，他们的这种一致看法，发挥了强大的社会聚合作用，很可能也发挥了最强大的单一作用。毕竟，如果将我们之中必定（也自然）会出现的这些不平等视为不利因素，也完全于事无补。[③]

对革命一代而言，机会平等意味着维护个人最大限度地发挥各自所长的权利，使个人可以利用自己有限的能力、手段与环境，过上最好的生活。每个人都有平等的机会让自己与别人不同。正如波尔（J. R. Pole）所评述的那样，一个基于哈灵顿的理想共同体《大洋国》建立的社会，“不仅能容忍更明显的经济不平等，而且要求保护财产权益”。[④] 宾夕法尼亚的激进共和派曾提出，要在1776年的州宪法中增加一个条款：“少数人拥有大量的财产，将危及个人权利，破坏人类的共同福祉，因此，每个自由的州都有权通过立法禁止拥有这样的（巨额）财产。”[⑤] 他们的提议没有成功。当时的一位观察者称整个英美世界正处于“停滞的时代”，[⑥] 在少数有能力、有进取心的人都无法获取财产的环境中，这一条款背后体现出的厌恶和怀疑财富的态度，既不会深入人心，也不可能持久。尽管强调平等的美国社会似乎与外部世界格格不入，但是美国人还是和英国人一样，费心劳力地保护自己的财产。18世纪50年代，当英国人指责新英格兰人满脑子都是“拉平财富地位思想”时，本杰明·富兰克林就是这么跟英国读者解释的。[⑦] 英国激进派代表人物约翰·塞尔沃尔（John Thelwall）说，美国人“过于崇拜财产”，太

---

① “South Carolina Gazette（Charleston），1 March，1773，” as quoted by Carl Bridenbaugh，*Myths and Realities：Societies of the Colonial South*（Baton Rouge，1952），p. 115.

② Samuel Williams，*The Natural and Civil History of Vermont*，p. 330.

③ “Belknap to Hazard，3 March 1784，” *Belknap Papers*，p. 315.

④ J. R. Pole，*Political Representation in England and the Origins of the American Republic*，p. 9.

⑤ *An Essay of a Declaration of Rights*（Philadelphia，1776），as quoted by Eric Foner，*Tom Paine and Revolutionary America*（New York，1976），p. 133.

⑥ *State of the British and French Colonies in North America*（London，1755），p. 67.

⑦ “Franklin to London Chronicle，9 May 1759，” in Leonard W. Labaree，et al.，eds.，*The Papers of Benjamin Franklin*（10 vols.，New Haven，1959），Ⅷ：341 -342.

喜欢“尊重富有的人”，不可能成为社会地位上的拉平派。[①]

因此，尽管革命激起并广泛传播了人人平等的概念，甚至使一些人产生了拉平社会地位的观念——在过去的两个世纪里，每当美国出现经济和社会困境时，这种观念都会在政治生活中重现——但是，正如塞尔沃尔前面所说的那样，美国人相信机会平等，崇拜那些成功把握机会获取财富的人，他们不可能普遍认为平等就是“平分财产，或是损害个人拥有财产的权利”。在1792年曼彻斯特宪法协会的成员看来，美国人争取的平等肯定不是“财产与地位的平等”。[②]

爱德华·克里斯汀告诉美国人，“真正的自由是向处于较低社会地位的人敞开晋升的大门，只要这些人的德行和才能可以获得进一步的提升”。“处于社会最底层的农民之子”，也应该能够“通过自己的品性和能力掌管教会、法院、陆军、海军，以及国家的所有部门。所有人都应该遵循平等原则，这一点儿也不违背天性，也不会损害他们的幸福，不会像普洛克路斯忒斯（Procrustes）那样，用自己的床要求所有人一般高矮，拉长短小者，砍断身长者”。[③]

机会平等也“不是美国人在1776年径直想出来的一种社会平等手段”。[④] 当然，机会平等要求不能给个人的前进道路设置法律障碍，美国人痛恨法律、经济、社会和政治方面的特权与优待，反对欧洲式的法定特权等级，因此好几个州的宪法都禁止垄断地位、贵族头衔和继承性荣誉称号。1776年马里兰宪法规定，这些特权“违背了自由政府的精神与商业原则”，[⑤] 因为，正如1780年马萨诸塞宪法所言，“任何人、公司或者协会都无权获得这样的头衔，或是独特的排他性权益，让自己的地位与众不同，除非是为了服务公众”。[⑥] 一个弗吉尼亚人在1776年说：“除了能力、气质和德行上的差异之外，希望任何人都不要低人一等。”[⑦] 社会、经济和政治上

---

① As quoted by Eric Foner, *Tom Paine and Revolutionary America*, p. 230.

② As quoted by Eric Foner, *Tom Paine and Revolutionary America*, pp. 226 – 227.

③ Sir William Blackstone, *Commentaries on the Laws of England* (12th ed.), Ⅰ: 408.

④ Gordon S. Wood, *The Creation of the American Republic*, *1776 – 1787*, p. 70.

⑤ Francis Newton Thorpe, ed., *The Federal and State Constitutions*, *Colonial Charters*, *and Other Organic Laws* (7 vols., Washington, 1909), Ⅲ: 1690.

⑥ Francis Newton Thorpe, ed., *The Federal and State Constitutions*, *Colonial Charters*, *and Other Organic Laws*, Ⅲ: 1890.

⑦ Democratitus, "Loose Thoughts on Government, 7 June 1776," in Peter Force, ed., *American Archives* (Washington, 1837 – 1853), 4th series, Ⅵ, pp. 730 – 731. 斜体为我所加。

的差异，都是那些更勤劳、更聪慧、更有德行的人用努力换来的。[①] 政治职务、社会地位和经济利益，对所有人都平等开放。

但是，政治职务、社会地位和经济利益对哪些人开放呢？要回答这个问题，必须先考察另一个更为普遍的概念，革命一代人心目中的平等概念：人人平等是一种“权利平等，或者说自然赋予每个人共同而平等的权利，这些权利涉及自由、财产、安全、政府、法律、宗教与自主”。[②] 但是正如爱德华·克里斯汀谦逊地指出的，问题在于，“没有人能否认说，这种意义的平等是毫无说服力的简单事实”，这样定义的平等，“无异于自我重复，所有人都有权利享有平等的权利；当不同的人在不同的事情上，都完全拥有绝对的权利时，他们在权利的绝对性方面，肯定是平等的，他们在主张这种权利的正义性方面，也肯定是平等的”。克里斯汀认为：“这就是全人类都平等的唯一含义。”他强调说，“在最完美的共和国中，人和人之间的勤奋程度和德行高下，必定造成不同的权利”，形形色色的人也因此“必然会不平等、具有不同的权利”。[③] 早在1766年声讨《印花税法》时，弗吉尼亚律师和收藏家理查德·布兰德（Richard Bland）就有类似表述，他写道：“权利蕴含着平等，因为每个人都有自己的权利，无论其身份是什么，在任何情况下，都应一视同仁。”[④] 伯纳德·贝林认为，布兰德的表述“强调的是社会平等”。[⑤] 但是恰恰相反，用克里斯汀的话来说，只有那些享有同样权利的人才是平等的，那些不“涉及”这类权利的人是不平等的。因此，在政治社会，并不是所有人都享有“平等的自由和平等的权利”，只有那些有权者才有这样的平等权利。我们应该清楚地看到，要判断美国人在多大程度上实现了政治权利平等，就必须知道哪些团体拥有这些权利。像宾夕法尼亚的一

① Gordon S. Wood, *The Creation of the American Republic, 1776 – 1787*, pp. 70 – 73.

② Samuel Williams, *The Natural and Civil History of Vermont*, p. 330. See also "The Essex Result," in Oscar and Mary Handlin, *The Popular Sources of Political Authority: The Massachusetts Constitution of* 1780 (Cambridge, Mass., 1966), p. 330; James Wilson, "Lectures on Law," in Robert Green McCloskey, ed., *The Works of James Wilson*, Ⅰ: 241; "Loose Thoughts on Government, 7 June 1776," in Peter Force, ed., *American Archives*, 4th ser., Ⅵ, pp. 730 – 731.

③ Sir William Blackstone, *Commentaries on the Laws of England*, Ⅰ: 407.

④ Richard Bland, "An Inquiry into the Rights of the British Colonies (Williamsburg, 1766)," in Jack P. Greene, ed., *Colonies to Nation 1763 – 1789: A Documentary History of the American Revolution*, p. 91.

⑤ Bernard Bailyn, *The Ideological Origins of the American Revolution*, p. 307.

位作者写的那样，“民治政府”可能“向自己的公民承诺平等的自由和平等的权利”，但是，谁才是公民，谁又不是公民呢?①

约翰逊博士告诉我们，公民就是国家的“自由人，不是外国人，也不是奴隶”，自由人“不是奴隶，也不是替身”，他们共同拥有国家保障的“权利、地位与豁免身份”。约翰逊表示，在英美社会，最基本的权利便是选举权，“换句话说，公民权利”可以作为主要指标，充当判断公民身份、国民资格与获得平等政治权利的标准。② 如果分析一下早期英国和殖民地时期的选举资格，以及革命时期几个州政府新规定的选举权要求与当时人们的观念，我们就能清楚地发现，在革命时期，美国人致力于实现的平等政治权利是多么有限，以及这种有限的政治平等背后隐藏的逻辑。

三

众所周知，从理论上讲，英国人的选举权与他们拥有的土地紧密相连。作为英国选举权基础的 1430 年立法，将选举权限制在“郡内每年收入达到 40 先令的自由民”手中，③ 而且必须先扣除议会税和教会税之外的所有税费。随后的立法禁止未成年人和作伪证者投票。自由民通常拥有土地，但是，某些从中世纪继承来的收益，比如年金和不动产租金，以及教会、国家和宫廷里的终生职务，也可以成为“获得选举权的自由人的权益”。不过，郡内的选举资格要求，拥有选举权的人一般仅限于真正拥有财产的人，“并不包括只在一定年限内租佃或者租用土地的人”。④ 而在拥有自治权的市镇，选举资格要求差异非常大。超过一半的市镇对选举资格提出了财产要求：要么拥有可供缴税的财产，要么是市镇团体成员。不过在有些市镇，缴纳地方

① As quoted by Gordon S. Wood, *The Creation of the American Republic, 1776 – 1787*, p. 401.

② Samuel Johnson, *A Dictionary of the English Language*; Johnson quotes Sir Walter Raleigh: “All inhabitants within these walls are not properly *citizens*, but only such as are called freemen.” “Thomas Jefferson to Edmund Pendleton, 26 Aug. 1776,” in Julian P. Boyd, ed., *The Papers of Thomas Jefferson* (19 vols. to date, Princeton, 1950 – 1974), Ⅰ: 504.

③ Sir William Blackstone, *Commentaries on the Laws of England* (6th ed., London, 1774), Ⅰ: 172.

④ Sir William Holdsworth, *A History of English Law* (13 vols., London, 1922 – 1966), X: 554 – 557. Copyholders were explicitly excluded by 10 Anne c. 23 and 31 George II c. 14. John Cannon, *Parliamentary Reform, 1640 – 1832* (Cambridge, 1973), p. 87n.

税、出任地方官吏，便足以使成年男性获得投票权。在余下的大约 47% 的市镇，选举权可以延伸到“经济独立”的成年人，包括“大多数的男性户主”，在某些地方，甚至包括所有的成年男性。在户主拥有选举权的市镇，每个成年男性只要有自己煮饭的灶台，便有选举资格。[①] 理查德·布什曼（Richard L. Bushman）和德里克·赫斯特（Derek Hirst）最近指出：在斯图亚特王朝统治初期，英国的郡和自治市镇都在显著地扩大选举权。从理论上讲，选民越多，就越难以腐败收买他们，1604 年以后，议会下院在裁决有争议的选举时，一贯倾向于支持放宽选举资格要求。赫斯特证明，在内战之前，各郡“根本没有严格执行或者认真对待”年收入达 40 先令的自由民选举资格要求，“地方与下院的政治人物非常乐意更多的人参加市镇选举”。[②] 然而，17 世纪 40 ~ 50 年代他们遭遇的“短暂无政府状态”，让他们很警觉，担心地位不保。1647 年以后，上层阶级坚定要求控制放宽选举权资格要求的进程。实际上，在克伦威尔统治时期，选举权的资格要求就已非常严厉，1653 年的一部法律将郡的选举资格限制为“拥有价值 200 英镑个人资产（不动产或者个人财产）”。复辟之后，尽管这类要求不再有效，但是限制选举权的趋势一直在持续，“淘汰没有资格的选民，严格控制剩下的选民。由于经济与政治变迁，这类人的数量一直在慢慢减少”。在接下来的一个世纪里，英国从未认真打算扩大选举资格。约翰·坎农（John Cannon）发现，1688 年之后，下院越来越倾向于“支持缩小选举权，只有市镇团体成员和缴纳地方税的人才有选举权，市镇居民和其他人员都没有选举资格”。[③]

从 1905 年的阿尔伯特·麦金利（Albert E. McKinley），到 20 世纪 60 年代的奇尔顿·威廉森（Chilton Williamson）和波尔（J. R. Pole），很多学者

---

① Sir William Holdsworth, *A History of English Law*, X: 559 - 69; J. R. Pole, *Political Representation in England and the Origins of the American Republic*, p. 400; John Cannon, *Parliamentary Reform, 1640 - 1832*, p. 29; Derek Hirst, *The Representative of the People?: Voters and Voting in England under the Early Stuarts* (Cambridge, 1975), p. 22, pp. 90 - 105.

② Richard L. Bushman, "English Franchise Reform in the Seventeenth Century," *Journal of British Studies* 3 (1963): 36 - 56; Derek Hirst, *The Representative of the People? Voters and Voting in England under the Early Stuarts*, p. 7, p. 65, pp. 81 - 82, pp. 232 - 236.

③ J. R. Pole, *Political Representation in England and the Origins of the American Republic*, p. 7; Hirst, *Representative of the People*, p. 25; John Cannon, *Parliamentary Reform, 1640 - 1832*, p. 12, pp. 17 - 19, pp. 23 - 25, pp. 33 - 34, pp. 41 - 42; Richard L. Bushman, "English Franchise Reform in the Seventeenth Century," *Journal of British Studies* 3 (1963): 55 - 56.

都发现，在美洲殖民地建立的最初几十年，各殖民地普遍规定了选举权方面的财产资格要求。[①] 帝国政府希望将英国各郡的选举资格要求移植到殖民地，但是各殖民地的具体选举资格要求不尽相同。只有七个殖民地要求选民像英国自由人一样拥有自己的财产。有些要求拥有一定的资产（40～50英镑），有些要求一定数量的地产（通常不太大的一片可以耕种的土地），还有些要求具备一定数量的年收入（比如像英国一样，40先令）。有六个殖民地可以用"财产（动产或者不动产）或税收"，替代选举所需的自由民资格要求。通常情况下，选民需要拥有一定的不动产或者40～50英镑的净资产。只有南卡罗来纳允许每年纳税20先令的男性投票。最后，纽约和弗吉尼亚两个殖民地扩大了英国原来的要求，让自由佃农拥有选举权，但仅限于那些"租期无限的佃农"。[②] 用波尔的话说，这些对自由民选举资格要求的变通措施，代表"殖民地希望根据地方状况建立一套选举资格标准"；[③] 而且，在以市场为中心的英属美洲殖民地，相对于不动产而言，动产和商业财富越来越重要。市镇居民的选举资格由具体法律规定，但也同样有财产方面的要求。[④]

1670年，弗吉尼亚殖民地议会在一部法律的前言中表示："英国对选举资格的法律规定，目的在于让选民的不动产和动产与公共利益活动紧密联系起来。"[⑤] 这就非常明确地体现了选民财产资格要求背后的部分逻辑。这样的要求，非常类似广为人知的英国和美洲殖民地商业公司法的要求：只有购

---

① See, especially, Albert E. McKinley, *The Suffrage Franchise in the Thirteen English Colonies in America* (Philadelphia, 1905); Chilton Williamson, *American Suffrage: From Property to Democracy 1760 - 1860* (Princeton, 1960); J. R. Pole, *Political Representation in England and the Origins of the American Republic.* See Richard L. Bushman, "English Franchise Reform in the Seventeenth Century," *Journal of British Studies* 3 (1963): 36 - 37, 关于弗吉尼亚早期开放选举权的讨论，参见 T. H. Breen, "Who Governs: The Town Franchise in Seventeenth-Century Massachusetts," *William and Mary Quarterly* 27 (1970): 460 - 474。文中列举了许多其他著作和论文，它们生动地讨论了马萨诸塞州早期的选举权问题。

② Chilton Williamson, *American Suffrage: From Property to Democracy 1760 - 1860*, pp. 12 - 15.

③ J. R. Pole, *Political Representation in England and the Origins of the American Republic*, pp. 47 - 48.

④ Cortlandt F. Bishop, *History of Elections in the American Colonies* (New York, 1893), pp. 86 - 90; Chilton Williamson, *American Suffrage: From Property to Democracy* 1760 - 1860, pp. 14 - 18.

⑤ W. W. Hening, ed., *The Statutes at Large* (13 vols., Richmond, 1809 - 1823), Ⅱ: 280, as quoted by J. R. Pole, *Political Representation in England and the Origins of the American Republic*, p. 138.

买公司股份的人才能成为公司成员。国家公民也一样，只有那些通过财产与国家永久联系在一起的人，才能拥有选举权。十三个殖民地中，有九个殖民地还对选民提出了居住期限要求（普遍要求在当地住满六个月至两年），这背后体现的也是同样的观念。①

但是，缺乏在“社会中发挥作用”所需的足够财产，并不是无法获得选举资格的唯一乃至最重要原因。无论是在英国还是在美洲殖民地，有好几类人，无论他们是否达到普遍的财产要求，都无法获得选举权。其中最大的群体是妇女。在英国和美洲殖民地，女性一旦结婚，便丧失了政治人格，或者说她们的人格被丈夫“吸收”了。婚后，由丈夫替她们行使完全的法律责任，控制她们的财产。已婚妇女无法享有自己的财产权益，达到选举权财产资格要求的未婚女性（包括寡妇），也被根深蒂固、无处不在的传统剥夺了选举权。尽管有些女性偶尔也能获得选举权，但她们不过是普遍规则之外的特例。将妇女排除在选举之外的传统非常深厚，四个殖民地的选举资格法明确禁止女性参加选举。当男性尚未达到法定年龄时，他们同样无法参加选举，这个法定年龄一般是 21 岁。当然，很多不到 21 岁的年轻人也没法拥有自己的财产，如果他们在那个年龄拥有财产——孤儿居多——他们的财产也要由监护人支配。一小部分（六个）殖民地规定了最低投票年龄（21 岁）。与禁止女性投票一样，要求投票者达到一定的年龄，也多半反映了传统的力量。②

在殖民地，其他被剥夺选举资格的群体还有未归化的外侨，以及非新教徒。各殖民地限制外侨参与投票，延续的同样是根深蒂固的英国做派，英国

---

① Chilton Williamson, *American Suffrage: From Property to Democracy 1760 - 1860*, p. 15.

② 参见 Linda Grant De Pauw, “Land of the Unfree: Legal Limitations on Liberty in Pre-Revolutionary America,” *Maryland Historical Magazine* 67 (1973): 355 - 368。沙夫茨伯里（Shaftesbury）的一番话，体现了这种对待妇女和儿童的态度：“每一位家长或者户主都是天然的君王，拥有控制自己家庭的绝对权力，其中自然也就包括所有家庭成员的投票权，无论男女老少，都包括在内。”“Some Observations Concerning the Regulating of Elections for Parliament, 1679,” in J. Somers, *A Collection of Scarce and Valuable Tracts* (2nd ed., 13 vols., London, 1812), p. 401. See also James Tyrrell, *Patriarcha non Monarcha* (London, 1681), p. 83, p. 109，尤其是他的如下表述：“家庭中的父亲……才是真正需要拥有投票权的人，因为女性已经被丈夫涵盖……在父亲主导下的家庭中，孩子相当于仆人，没有任何财产……也不具备投票所需的理性……” Mary R. Beard, *Woman as Force in History* (New York, 1947), pp. 77 - 144, pp. 95 - 204，讨论了英国普通法理论中的女性地位以及美国对此理论的接受情况。

在很多领域都限制外侨的权益。不属于新教群体的天主教徒和犹太人同样没有选举权（有几个殖民地曾一度给予他们选民身份）。在18世纪的英国，上述三种群体都无权参加选举。传统的宗教力量使各殖民地无须制定具体的禁止参选条款，只有一个殖民地（宾夕法尼亚）明确禁止外侨参加选举，有五个殖民地明确禁止天主教徒参加选举，有四个殖民地明确禁止犹太人参加选举。①

在美洲殖民地，具有部分非洲血统的自由人和印第安人后裔，也没有选举权，英国本土显然没有这样的先例。从弗吉尼亚南部到佐治亚的几个殖民地，尤其排斥黑人、混血儿、印第安人参加选举，或者明确表示只有“白人”可以投票。为了吸引更多的自由人，1765年的佐治亚议会承诺给予他们“英国后裔享有的所有权利、特权、优惠或者豁免”，但是作为公民身份主要象征的投票权和担任官职的权利除外。从马里兰往北，根据传统（而非成文的法律），妇女和未达到年龄的男性显然也没有选举权。在英国所有的殖民地中，只有牙买加规定非洲裔的自由黑人可以参加选举，其中有些通过单个法案获得选举权，有些因为从非洲到牙买加后满三代获得选举权。对此，温斯洛普·乔丹（Winthrop D. Jordan）解释说，这是由于白人数量太少，他们不顾一切地希望“漂白”一些有色人种。②

妇女、未达到年龄的男性、外侨、天主教徒、犹太人、非白人都没有资格参加选举，不是因为他们没有财产，或者他们没有与整个社会连接在一起。与奴隶一样，仆人、短期佃农、穷人和贫困者，乃至年满21岁仍和父母同住的儿子（在罗德艾兰，自由民的长子有权投票）以及③大部分的已婚妇女和未达到年龄的男性，都没有公民身份。但是对于未结婚的女性以及这些群体中满足选举资格财产要求的其他人，要否认他们的选举权利，还需要其他理由。

四

具体有哪些理由？或者说界定公民身份的最重要因素有哪些？我们如果

---

① Chilton Williamson, *American Suffrage: From Property to Democracy 1760 – 1860*, pp. 15 – 16.

② Winthrop D. Jordan, *White over Black: American Attitudes Towards the Negro, 1550 – 1812*, pp. 126 – 127, p. 169, p. 176.

③ Chilton Williamson, *American Suffrage: From Property to Democracy 1760 – 1860*, p. 15.

分析一下17~18世纪英国法律和政治理论家的论述，或许可以得出答案。在英国革命期间，有些拉平派成员根据“数十年来断断续续鼓吹的扩大议会选举权”的逻辑，要求将选举权延伸至“最穷的那批人”。[①] 但是，他们的主张没能实现，反倒是克伦威尔手下将军亨利·艾尔顿（Henry Ireton）在普特尼辩论中提出的看法，后来占据了上风。艾尔顿认为，获得选举权应该满足两大要求：第一，也是大家最熟悉的，“应该与王国之间存在永久的经济联系”，也就是说，“参加选举的人应该在国内有土地，或者加入利益攸关的团体”；第二，个人独立，这也是一项必要条件。艾尔顿表示，“个人独立是个人自由的根基，那些有权挑选立法者的人应该是不依附他人的人”，[②] 这一点非常关键。艾尔顿说，财产本身并不是自由和公民身份的基础，财产使人获得独立，所以才是自由和公民身份的根基。17世纪晚期，约翰·洛克提出了同样的观点，他认为，值得拥有所有政治权利的公民，应该是“具有完全行动自由的人，能处置自己的财产、来去自主、不依赖他人意志的人”。很显然，“从属于他人意志或者权威的人，不可能完全参与公民社会的活动”。[③]

普特尼辩论之后，在18世纪或者19世纪，无论是左派还是右派，都没有人质疑上述观点。有些人偶尔也提出要改变选举资格。比如，17世纪70年代的沙夫茨伯里（Shaftesbury）和18世纪40年代的大卫·休谟（David Hume）就呼吁增加财产要求，取消“选民中”很多人的选举资格。休谟认

---

① C. B. MacPherson, *The Political Theory of Possessive Individualism* (Oxford, 1962), pp. 107 - 159，提出了一个强有力的论断：拉平派希望将仆人、接受救济之人，甚至是拿工资的劳工排除在选举之外。但是后来的相关材料显示，拉平派在选举权问题上并无统一立场，他们中的一些人，尤其是John Lilburne、Thomas Rainborough与John Wildman，似乎主张所有成年男性都拥有选举权。参见 J. C. Davis, "The Levellers and Democracy," *Past & Present* 40 (1968): 174 - 180; David E. Brewster and Roger Howell. Jr., "Reconsidering the Levellers: The Evidence of *The Moderate*," *Past & Present* 46 (1970): 68 - 79; Keith Thomas, "The Levellers and the Franchise," in G. E. Aylmer, ed., *The Interregnum: The Quest for Settlement 1646 - 1660* (London, 1972), pp. 57 - 78; John Cannon, *Parliamentary Reform, 1640 - 1832*, pp. 7 - 10. The quotations are from Keith Thomas, "The Levellers and the Franchise," in G. E. Aylmer, ed., *The Interregnum: The Quest for Settlement 1646 - 1660*, p. 63; and John Lilburne, *The Charters of London; or the Second Part of London's Liberty in Chaines Discovered* (London, 1646), p. 4.

② "The Putney Debates, 29 Oct. 1747," in A. S. E Woodhouse, ed., *Puritanism and Liberty* (London, 1938), p. 54, p. 78, p. 82.

③ John Locke, *Two Treatises of Government*, edited by Peter Laslett (Cambridge, 1960), p. 287, p. 322.

为，他们是“毫无辨别能力的乌合之众”，因为这些人“财产微少不堪”，很少能够行使独立的选举权。[1] 而其他一些人则赞成扩大选举权。有位匿名者写道，“年收入两三百英镑的自由租佃者”，“资产达到50英镑、40英镑、30英镑、20英镑或者上千英镑的商人与富人”都没有选举权，而“年收入40先令的穷自由民却可以投票”。[2] 同样，1723年罗伯特·莫尔斯沃思（Robert Molesworth）也提出，少数“年收入刚刚超过40先令的自由民”有权“挑选议会代表，而大量的租佃者，虽然租期久远只不过是名义上的租佃者，但仍然没有选举权，也无法担任任何政府职务”。[3] 1768年的《政事记录》（*The Political Register*）写道：雷古拉斯（Regulus）希望将选举权授予“每个缴纳了八扇窗户税的户主”。在1774年，詹姆斯·伯格（James Burgh）也提出，“每一个纳税的人，都应该有选举权”。[4] 麦克弗森（C. B. MacPherson）的研究表明，在普特尼和詹姆斯·哈林顿之后，即便是最激进的一批人，比如拉平派，在主张将选举权扩大到所有自由人时，也同样赞同传统观念：独立是成为公民的前提条件。用马克西米兰·佩蒂（Maximilian Petty）的话说，他们也拒绝将选举权授予“学徒、仆人或那些领取救济金的人”。也就是说，所有成年男性，只要他们“依赖别人的意愿，或者担心惹恼别人”，就肯定不是完全的自由人。[5] 1776年，约翰·威

---

① See Shaftesbury, “Some Observations... 1679,” in J. Somers, *A Collection of Scarce and Valuable Tracts*, pp. 396 – 398, p. 400; David Hume, “Idea of a Perfect Commonwealth,” in *Political Discourses* (Edinburgh, 1752), p. 295, p. 300.

② “Marginalia in British MuseumCopy of [Daniel Defoe],” in Daniel Defoe, *The Original Power of the Collective Body of the People of England, Examined and Asserted* (London, 1702), pp. 18 – 19.

③ Robert Molesworth, *Some Considerations for the Promoting of Agriculture and Employing the Poor* (Dublin, 1723), pp. 43 – 44.

④ Regulus, “View of the Precent State off. Public Affairs,” *The Political Register* 2 (1768): 222, 225 – 226; James Burgh, *Political Disquisitions* (3 vols., London, 1774 – 1775), 1: 39.

⑤ C. B. MacPherson, *The Political Theory of Possessive Individualism*, pp. 120 – 136, p. 181. See also Keith Thomas, “The Levellers and the Franchise,” in G. E. Aylmer, ed., *The Interregnum: The Quest for Settlement 1646 – 1660*, pp. 66 – 77; Sanford A. Lakoff, *Equality in Political Philosophy*, pp. 67 – 68; James Harrington, “Oceana” and “The Art of Law – giving” in *The Oceana and Other Works of James Harrington*, p. 77, p. 409. 哈林顿强调独立地位与公民身份之间的关系，参见 J. G. A. Pocock, “Machiavelli, Harrington, and English Political Ideologies in the Eighteenth Century,” *William and Mary Quarterly* 22 (1965): 555 – 557, 566 – 567. The quotation is from “Putney Debates, 29 Oct. 1747,” in A. S. E Woodhouse, ed., *Puritanism and Liberty*, p. 83.

尔克斯（John Wilkes）再次提及早期拉平派的某些看法："收入低的手艺人、贫穷的农夫和计日而食的劳工"都应该"有权参与制定影响他们生活、决定其地位的法律"，直到这时，才有人想到要改变传统。在美国革命前夕，[①] 詹姆斯·伯格表达政治异见的小册子《政治专论》(*Political Disquisitions*) 在美洲殖民地非常流行，伯格在其中表示，"为他人服役的人、接受救济的人，不能参加议会选举投票，因为他们的选票受到其所依赖的人的影响，这是普遍认同的规则"。[②]

威廉·布莱克斯通爵士用下面这段话，更加充分地阐述了个人独立的含义。

> 在选举中，进行财产方面的资格限制，真正的原因在于排除一部分人，他们的生存状况很糟糕，没有个人意志可言。如果让这些人投票，他们将受到其他人的过分影响；势必会让有钱有势有心眼的人，在选举中起到更大的作用，违反普遍自由规则。如果每个人都能自由地投票，不受任何影响，都能遵循真正的自由理论和原则，社会上的所有人，无论贫富，都应该可以在选举中投上一票，挑选他们自己的代表，让他们

---

① As quoted by John Cannon, *Parliamentary Reform*, 1640 - 1832, p. 67. Endorsements of the traditional assumptions may be found in Henry Neville, *Plato Redivivus*: *Or*, *A Dialogue Concerning Government* (2nd ed., London, 1681), pp. 50 - 51; James Tyrrell, *Patriarcha non Monarcha*, pp. 83 - 84; "Speech of Sir Robert Sawyer, 28 Jan. 1688/89," in Anchitell Grey, ed., *Debates of the House of Commons From the Year 1667 to the Year 1694* (10 vols., London, 1769), pp. 21 - 22; Algernon Sidney, *Discourses Concerning Government* (London, 1698), p. 75, p. 423; Daniel Defoe, *The Original Power of the Collective Body of the People of England, Examined and Asserted*, p. 18; Regulus, "View of the Precent State off. Public Affairs," *The Political Register* Ⅱ (1768): 222, 225 - 226; James Burgh, *Political Disquisitions*, 1: 36 - 39, 49. 很多材料讨论过相关问题，以及重划选区之后如何吸引选民的问题，但是没有提及选举权改革。See John Toland, *The Art of Governing* (London, 1701), pp. 75 - 78; Robert Molesworth, "Preface to Francis Hotornan," in *Franco-Gallia*: *Or*, *an Account of the Ancient Free State of France* (London, 1721), xxiii-xxiv; John Trenchard and Thomas Gordon, *Cato's Letters*; *Or*, *Essays on Liberty*, *Civil and Religious* (3rd ed., 4 vols., London, 1733), pp. 239 - 240. See also Caroline Robbins, *The Eighteenth-Century Commonwealthman*: *Studies in the Transmission*, *Development and Circumstances of English Liberal Thought from the Restoration of Charles II until the War with the Thirteen Colonies*, p. 110.

② James Burgh, *Political Disquisitions*, 1: 36 - 37. 美国人热情地接受了伯格的观念，参见 Oscar and Mary F. Handlin, "James Burgh and American Revolutionary Theory," Massachusetts Historical Society, *Proceedings* 73 (1961): 38 - 57。孟德斯鸠也支持伯格的看法，参见 *The Spirit of the Laws*, trans. Thomas Nugent (6th ed., London, 1793), p. 115。在英格兰，这些人"处境艰难，被认为无法拥有自己的意志"，因此被排除在"选举代表的权力"之外。

来处置自己的财产、自由和生命。但是，那些穷困潦倒的人、那些受旁人控制的人无法做到这一点。因此，所有国家都不得不确立一套选举资格，将那些无法掌控自我意志的人排除在选民之外，以便让那些意志独立的人更加完善地实现自我治理。①

拥有财产成为获得投票权的基本前提，不仅仅甚至也不主要是因为财产能够让一个人与社会紧密联系在一起，还因为财产意味着人身、经济与政治上的独立。约翰逊博士解释说，独立就是“自由，免于依赖或不受控制，不为其他权力所支配”，独立意味着“不依赖，不受其他人支持，也不依靠其他人，不受他人控制”。相反，依附的定义则是“某事或者某人受制于其他人”，“处于从属地位，或是在某种程度上受人制约”。“与自主相对”，依附就是指“一个人从属于或者受制于其他人”。② 1774 年，詹姆斯·威尔逊写道，依附“不是别的，就是从属者有义务遵从被从属者的意志”。③ 塞缪尔·威尔逊说，这种状况往往像奢侈放荡一样，会破坏“人的活力与能力，会持续弱化身体和意志，使他们低人一等……这些人的头脑极少能维持理性的判断力，他们会变得虚弱、呆滞，无法像人一样起作用，或是缺乏必要的学识；最终退化、阴柔，没有男子汉气概”。依附他人者会一直堕落，直到他们身上的“人类气质”所剩无几。④ 美国最激进的共和主义者托马斯·潘恩（Thomas Paine）说，“依附会破坏自由”。⑤ 1776 年 3 月，潘恩的匿名搭档坎迪杜斯（Candidus）还说，“依附就是奴役”。几个星期后，潘恩的另一个支持者卡珊德拉（Cassandra）接着说，人们将自己“置于这种受支配的境

---

① Sir William Blackstone, *Commentaries on the Laws of England* (6th ed.), Ⅰ: 171. 1774 ~ 1776 年美国人对这种逻辑的支持情况，参见 James Wilson, "Considerations on the Authority of Parliament, 17 Aug. 1774," in Robert Green McCloskey, ed., *The Works of James Wilson*, Ⅱ: 725 - 726; Alexander Hamilton, "The Farmer Refuted [23 Feb.], 1774," in Harold C. Syrett and Jacob E. Cooke, eds., *The Papers of Alexander Hamilton* (19 vols., New York and London, 1961 - 73), pp. 105 - 107; and John Adams, "John Adams to James Sullivan, 26 May, 1776," in Charles Francis Adams, ed., *The Works of John Adams*, Ⅸ: 375 - 378.

② Samuel Johnson, *A Dictionary of the English Language.*

③ James Wilson, "Considerations, 17 Aug. 1774," in Robert Green McCloskey, ed., *The Works of James Wilson*, Ⅱ: 741.

④ Samuel Williams, *The Natural and Civil History of Vermont*, p. 331. 斜体为我所加。

⑤ Thomas Paine, "Dissertations on Government; the Affairs of the Bank; and Paper Money," in Philip S. Foner, ed., *The Complete Writings of Thomas Paine* (2 vols., New York: The Citadel Press, 1945), Ⅱ: 399.

地，就像其他动物一样，等着被人剪羊毛”。詹姆斯·伯格说，这些人参与管理的政府，只可能是穷人或者乞丐统治的政府。詹姆斯·威尔逊也说，这样的政府“侮辱了独立的选民，他们不受影响的投票”，完全被这样一批“无知的奴隶、潜藏的代理人”败坏了，这批人“无法自由地表达自己的心声”。坎迪杜斯写道：“自由和依附是截然相反、互不相容的两个词。”[①]

此前一个世纪，哈林顿在《政治体系》一文中，将社会与政治领域里依附与独立之间的区别，浓缩为一句简短的格言：“无法自食其力的人，一定是仆人；如果能够自食其力，他就是自由人。”[②] 阿尔杰农·西德尼（Algernon Sidney）说，只有自由人，只有那些独立的“拥有土地的自由民”和城镇的手工艺者、商人，才是“公民，才能成为国家成员，他们不同于那些单纯的居民或农民，以及那些受父母控制的人，也就是没有法律行为能力的人”。[③] 因此，独立就构成了获得公民身份和政治平等所需的自由的必要组成部分。只有那些不受“他人意志或权威控制”的人，才能自由地行使公民权利，成为真正的公民。1776 年弗吉尼亚关于州宪法的辩论便涉及这个问题，州宪法将这些人称为“我们社会和共同体中的选民团体”。[④]

塞缪尔·威廉斯对依附的狭隘定义指出：独立不仅是成为公民的必

---

① Candidus, *Pa.*, *Gazette*, 6 March 1776. Cassandra, *Pa. Packet*, 8 April 1776; James Burgh, *Political Disquisitions*, vol. 1, p. 50; James Wilson, “Considerations, 17 Aug. 1774,” in Robert Green McCloskey, ed., *The Works of James Wilson*, Ⅱ: 725.

② James Harrington, “A System of Politics,” in *The Oceana and Other Works of James Harrington*, p. 465.

③ Algernon Sidney, *Discourses Concerning Government*, p. 75, p. 423. 类似的区分，参见 Daniel Defoe, *The Original Power of the Collective Body of the People of England*, *Examined and Asserted*, p. 18, p. 19。

④ Edmond Randolph, *History of Virginia*, ed., Arthur H. Shaffer (Charlottesville, 1970), p. 253. 斜体为我所加。乔治·梅森将人民定义为，作为统治权力来源的选民团体，见“Remarks on Annual Elections for the Fairfax Independent Co., 17 – 26 April 1775,” in Robert A. Rutland, ed., *The Papers of George Mason*, Ⅰ: 230。伦道夫告诉我们，“选民团体”一词明确排除了奴隶，这样的理解也不能限制南方各州。正如马萨诸塞州的一位反联邦主义者在 1788 年所言，处于“奴隶状态的人”，“没有能力拥有任何财产”，因此，也不能被“视为公民社会的一份子，因为保有财产是公民社会的首要特征”。同年，纽约州也有类似的提法：“我们从来没有说过，那些生而不自由的人……可以参与政府活动。” As quoted in Howard A. Ohline, “Republicanism and Slavery: Origins of the Three – fifths Clause in the United States Constitution,” *William and Mary Quarterly* 23 (1971): 582 – 583. See also Willie Paul Adams, *Republikanische Verfassung und bürgerliche Freiheit*: *Die Verfassungen und politischen Ideen der amerikanischen Revolution*, pp. 186 – 187.

要条件，还是作为一个人的必要条件。托马斯·潘恩解释说，交出或者放弃独立地位的人，从仆人到政府小吏，既丧失了“他们作为人的基本品质……也失掉了与此相关的全部自由”，直到再次获得独立地位，他们才能恢复自由。[①] 1748 年，一位牛津大学的学生说，只有独立的人才不会“害怕其他人的控制”，因此能成为一个真正的人。[②] 人的身份与独立如此紧密相连，以至于约翰逊博士在自己的字典里定义说，人是“拥有财富或者独立的个体”，[③] 也就不足为奇了。这样的定义，至少提醒我们杰斐逊所说的“人人平等”，其中的关键词可能不是“平等”而是“人”；他可能不是想说所有人都平等，而是认为符合“人”的全部条件的公民都是平等的。

如此一来，我们有理由提出，个人独立——“自由意志”甚至比“在社会中拥有利益攸关的财富”更为重要。在近代早期英国和美洲殖民地，这种利益攸关者组成的社会排斥了很多群体的选举资格和公民身份。[④] 那些无法获得公民身份的人都有一个共同点：依附他人意志。妻子依附丈夫，未成年人依附父亲提供的家庭，仆人和奴隶依附主人，短期佃户和租户依附地主，侨民依附他们的母国，天主教徒依附教会，士兵和水手依附指挥官，债务人依附债权人，穷人和病人依附社区。被排斥在选民之外的人，大多可以找到依附的根源，但也不全是。达到财产资格要求的未婚妇女、有色人种或是犹太人，实际上也具备必要的人格独立条件。在 18 世纪的英美世界，这三类人群也被排除在选民之外，但这并非因为他们与社会利益不相关联。

五

要理解这类人群为何也受排斥，我们必须稍稍深入地探寻一下“公民

① Thomas Paine, “A Serious Address to the People of Pennsylvania,” in Philip S. Foner, ed., *The Complete Writings of Thomas Paine*, Ⅱ: 287. 斜体为我所加。

② W. R. Ward, *Georgian Oxford: University Politics in the Eighteenth Century* (Oxford, 1958), p. 170, as quoted by J. G. A. Pocock, “Machiavelli, Harrington, and English Political Ideologies in the Eighteenth Century,” *William and Mary Quarterly* 22 (1965): 567.

③ This meaning of man is the eleventh offered in Johnson.

④ The quotations are from Edmond Randolph, *History of Virginia*, p. 256.

能力”（*civic competence*）一词的丰富含义。[①] 在探寻的过程中，我们发现，不受任何外力控制或支持的独立性，是公民能力最重要但不唯一的判断标准。独立性是公民能力的必要前提，但不是这种能力的必然保障。对公民能力而言，德行与独立几乎同样重要，德行就是自动遵循公认的正确行为准则：自我控制、不受自我内心情绪的摆布。“爆发野蛮脾气，或受傲慢、羡慕或嫉妒，及其他恶劣情绪”摆布使得很多独立的成年白人男性实际上无异于奴隶，他们不是别人的奴隶，而是自己“坏性情”的奴隶。他们陷入“邪恶的贪婪与激情中不能自拔”，这种贪婪和激情的束缚使他们丧失了经济上的独立性，让他们坠入犯罪的深渊。但是，这已使他们无法将自己与他人区分开来，也无法找到外在的、直接的辨认标准，轻易将他们与其他社会成员以及被剥夺公共事务发言权的人区分开来。[②] 但是，同样，英美社会普遍认为，其他几类人群也具有这些“天生”或后天的缺陷，无论他们的生活境遇多么富有独立性，他们都无法自我控制，也因而缺乏获取公民身份所必需的德行与能力。

“生活中行为不端”的疯子或者罪犯，显然属于这一类人，[③] 妇女、有色人种和犹太人，也是如此。1681 年，洛克的朋友詹姆斯·蒂勒尔（James Tyrrell）的一番话，体现了时人对待女性的传统态度。他说：“绝对没有任何一个政府，让妇女和儿童这样的乌合之众拥有选票，他们也没有能力投票。”[④] 尽管有些人坚持认为，“所有人，无论黑白，都生而自由”，因此拥

---

① “公民能力”一词，借用自 J. R. Pole，*Political Representation in England and the Origins of the American Republic*，pp. 47 –48.

② The Monitor，“On Good Nature，” *Virginia Gazette*（Williamsburg），28 Jan 1737；Phillips Payson，“On Virtues Essential for Self – Government （Boston，1780），” in John Wingate Thornton，ed.，*The Pulpit of the American Revolution*（2nd. ed.，Boston，1876），pp. 329 –330.

③ J. R. Pole，*Political Representation in England and the Origins of the American Republic*，pp. 37 –38；Benjamin Franklin，“Some Good Whig Principles，1774，” in Ralph Ketcham，ed.，*The Political Thought of Benjamin Franklin*（Indianapolis，1965），p. 280.

④ James Tyrrell，*Patriarcha non Monarcha*，p. 83. See also Theophilus Parsons，“The Essex Result，29 April 1778，” in Oscar and Mary Handlin，eds. *The Popular Sources of Political Authority*：*The Massachusetts Constitution of 1780*，pp. 340 –341. 有人提出：“女性，无论年龄多大，都没有足够的判断能力，思考能力也不足，她们天生脆弱，她们的生活方式和各种家务劳动阻断了她们与外在世界的充分交流，使得她们不足以成为选举人。”参见“The Return of Northampton，2 March 1780，” in Oscar and Mary Handlin，eds. *The Popular Sources of Political Authority*：*The Massachusetts Constitution of 1780*，p. 580.

有公民权利。[①] 但是，很多人还是认为有色人种缺乏这方面的能力，并以此为由，将他们排除在美洲殖民地的选民之外。1736 年，弗吉尼亚殖民地副总督威廉·古奇（William Gooch）表示："黑人天生"无法成为公民。他以此解释 1723 年弗吉尼亚的一项立法为何拒绝给予自由黑人的后裔选举权。他们绝对不会"获得与英国人后裔一样的地位"，除非很久以后，"时间和教育改变了他们低下的出身带来的特征，改造了他们的道德品质"。[②] 将犹太人排除在选民之外的具体理由就不那么清晰了。认同正统宗教美德的人，对犹太人有一种根深蒂固的看法，认为他们无法控制自己贪婪的强烈欲望。1753 年，当英国上议院辩论美洲殖民地是否可以归化犹太人时，贝德福德（Bedford）公爵说：犹太人"见利忘义，如果归化他们，他们将蜂拥而至"。这无疑是一个重要的考量因素。三周后，英国下院继续辩论这个问题，代表圣日耳曼选区的议员托马斯·波特（Thomas Potter）表示："犹太人是受上帝诅咒的民族"，显然不配在"任何国家定居"，这也使得他们成为另类，无法养成德行和让人放心地履行公民职能。[③]

公民，也就是真正的"自由人"，不仅独立于外在控制，还"不为内心所役，具有坚定的灵魂，相信真理，不惧外部世界的恐吓与引诱。他们有足够的力量和勇气，能有效地抵制狂躁的自然欲望和激情"。他们能成为"理性的人……不是没有独立性、无法对政府做出客观判断的人"。所有这几类

---

① See James Otis, "Rights of the British Colonies Asserted and Proved (Boston, 1764)," in Bernard Bailyn, ed., *Pamphlets of American Revolution 1750 - 1776* (Cambridge, Mass., 1965), Ⅰ: 439; "Return of Hardwick, June 1780," in Oscar and Mary Handlin, eds. *The Popular Sources of Political Authority: The Massachusetts Constitution of 1780*, p. 830. See also Willie Paul Adams, *Republikanische Verfassung und bürgerliche Freiheit: Die Verfassungen und politischen Ideen der amerikanischen Revolution*, pp. 181 - 186.

② "William Gooch to Alured Popple, 18 May 1736," in Emory G. Evans, ed. "A Question of Complexion: Documents Concerning the Negro and the Franchise in Eighteenth-Century Virginia," *Virginia Magazine of History and Biography* 71 (1963): 414. 孟德斯鸠总结和讽刺了对待黑人的传统态度，见 *Spirit of Laws*, pp. 178 - 179。

③ 引文源自 Leo Francis Stock, ed., *Proceedings and Debates of the British Parliament Respecting North America* (5 vols., Washington, 1924 - 1941), 15 Nov., 4 Dec. 1753, Ⅴ: 572, 576。对待殖民地犹太人政治权利的类似态度的另一个例子，参见"A Brother Chip," *Pa. Gazette*, 27 Sept. 1770，重印于 Charles H. Lincoln, *The Revolutionary Movement in Pennsylvania, 1760 - 1776* (Philadelphia, 1901), p. 81。另见 Thomas R. Perry, *Public Opinion, Propaganda, and Politics in Eighteenth - Century England: A Study of the Jewish Naturalization Act of 1753* (Cambridge, Mass., 1962), p. 13。

群体，像小孩子一样，仍处于“未成年阶段”，[①] 或者像犹太人、有色人种、妇女、罪犯和疯子一样，都没有“脱离恶习的控制”，“因此成为他们欲望的奴隶，无法获得自由”。正如古奇在1736年所言，自由黑人和混血人种，与其他群体一样听命于旁人，显然需要“被排除在优良合法的人之外，就像过去的英国法律对待农民一样”。[②]

六

50年前，富兰克林·詹姆森曾说，美国革命“极大地改变了旧殖民地的选举权法”，从狭义上讲，他是对的。但也有些明显的例外，比如马萨诸塞，马萨诸塞在1780年宪法中实际上提高了对选举权的财产要求。再比如弗吉尼亚，弗吉尼亚只是延续了殖民地时期的规定。多数殖民地确实降低了选举资格要求，或者规定得更加灵活。正如詹姆森所言，放宽选举资格实际上意味着1787年宪法中“我们人民”一词包含的民众人数比1776年《独立宣言》中类似短语包含的人数“要多得多”。[③] 这种说法当然也没有错。但是，正如戈登·伍德所言，“扩大选举范围绝对不能与增加代表人数或民选官员人数相提并论”。[④] 更为重要的是，从政治上限制选民资格的传统逻辑依然没有改变。每个州几乎都对选民保留了某种税收或财产资格方面的要求。即便1776年宾夕法尼亚宪法提出了最宽松的选举资格，其仍然将选民限制于“充分关切共同利益并与共同体紧密相连的自由人”。用埃德蒙·彭德尔顿（Edmund Pendleton）的话来说，这样的规定并不要求选民拥有“一定的永久性财产”，但是以从事某种“职业或行业”的形式，将财产作为参

---

① Jonathan Boucher, Discourse XI, “On Civil Liberty, Passive Obedience, and Nonresistance, [1775]，” in *A View of the Causes and Consequences of the American Revolution*, p. 507; Phileleutheros, *An Address to the Freeholders and Inhabitants of the Province of the Massachusetts-Bay, in New-England* (Boston, 1751), p. 8.

② W. MacDonald, ed., *Benjamin Franklin's Autobiography* (London, 1908), p. 85; Harmon Husband, “Sermon, 1770，” in William S. Powell, James K. Huhta, and Thomas J. Farnham, eds., *The Regulators in North Carolina: A Documentary History 1759 – 1776* (Raleigh, 1971), p. 226; “William Gooch to Alured Popple, 18 May 1736，” in Emory G. Evans, ed. “A Question of Complexion: Documents Concerning the Negro and the Franchise in Eighteenth-Century Virginia，” *Virginia Magazine of History and Biography* 71 (1963): 415.

③ J. Franklin Jameson, *The American Revolution Considered as a Social Movement*, pp. 39 – 41.

④ Gordon S. Wood, *The Creation of the American Republic, 1776 – 1787*, pp. 167 – 169.

加选举的必要条件，明显排除了仆人、穷人以及那些需要救济的人。就像宾夕法尼亚宪法规定的那样，隐藏在这种要求背后的逻辑，依然是熟悉的观念，在缺乏英国式自由民的背景下，某些职业、行业或专业，就成为“保障公民独立性”的必要依据。[①]

类似的逻辑随处可见。詹姆斯·威尔逊说：选举权是“自由人最珍视的权利，在扩大这种权利时，当然应该考虑安全与秩序”。但他指出，根据“正确的自由理论和真正的自由原则”，不应该将选举权授予任何“必须依赖他人意志才能过活的人”。[②] 在北美宣布独立前几周，约翰·亚当斯也表示，“没有财产的人，极少能有自己的判决力，这是人心的弱点”。他认为，“一般而言”，天性上“最适合照顾家庭”的妇女，以及缺乏“判断或自我意志”的儿童，也与“那些完全缺乏财产的独立者一样无法拥有良好的判断力”。[③] 亚当斯并不认为仅凭财富便足以保障个人的独立性。托马斯·杰斐逊也相信，唯一值得信赖的选民只能是那些能够“抵制腐化诱惑的人”，他因此提议，给每一位无法达到财产要求的成年男性提供一份不动产，希望他们有能力抵制旁人的腐化。[④] 北卡罗来纳律师詹姆斯·艾尔德尔（James Iredell）回应说，选举权应该仅限于那些“免受他人影响的人”，否则，“在重要问题上，最下层和最无知的人必定会与那些拥有财产、不受外部环境影响的人联合在一起”。[⑤] 1776 年 4 月，宾夕法尼亚的另一位匿名激进派成员也说，“那些无法把握自己意志和情感的人”，不应该获得选举权。[⑥] 马萨诸

① Francis Newton Thorpe, ed., *The Federal and State Constitutions, Colonial Charters, and Other Organic Laws*, V: 3083 - 3092; “Edmund Pendleton to Thomas Jefferson, 10 Aug. 1776,” in David John Mays, ed., *The Letters and Papers of Edmund Pendleton 1734 - 1803* (2 vols., Charlottesville, 1967), Ⅰ: 198. 彭德尔顿将那些“没有固定和永久财产”之人视为“路人”，富兰克林在 Josiah Tucker 书信集的空白处也标记说，这些“临时居民”与“国家福祉之间并无联系，他们可以随时抽身，他们没有资格享有选举权”。见 Leonard W. Labaree, et al., eds., *The Papers of Benjamin Franklin*, XVII: 359.

② James Wilson, “Lectures on Law,” in Robert Green McCloskey, ed., *The Works of James Wilson*, Ⅰ: 406 - 407, 411.

③ “Adams to James Sullivan, 26 May, 1776,” in Charles Francis Adams, ed., *The Works of John Adams*, Ⅸ: 376 - 377.

④ Jefferson, *Notes on the State of Virginia*, edited by William Peden (Chapel Hill, 1955), p. 149. See also Cecelia M. Kenyon, “The Declaration of Independence,” in *Fundamental Testaments of the American Revolution*, p. 39.

⑤ James Iredell, “To the Inhabitants of Great Britain, Sept. 1774,” in Griffith J. McRee, ed., *Life and Correspondence of James Iredell* (2 vols., New York, 1857 - 1858), Ⅰ: 209 - 210.

⑥ An Elector, *Pa. Packet*, 29 April 1776.

塞的萨顿镇（Sutton）同样表示，“穷人、没有生计的人、挥霍浪费之人，以及轻率无财产的年轻人，易于收买，不应该像其他拥有不动产的人一样，获得完整平等的选举权”。[①] 用亚历山大·汉密尔顿的话说，在美国革命时期，与殖民地时期和同时期的英国一样，获得投票权和公民身份都有一个前提条件：“成为政治意义上的自由人。”[②] 在辩论 1778 年马萨诸塞宪法时，西奥菲勒斯·帕森斯（Theophilus Parsons）根据自己对布莱克斯通的解释，支持《埃塞克斯决议》（*Essex Result*）中的主要原则：“州内所有成员都有资格投票，除非他缺乏足够的自我判断能力（也就是德行），或是缺乏自我意志（也就是独立性）。”[③]

其中，帕森斯所用的“足够的自我判断能力”一语，是在重复和延续以往的观念：成为公民不仅需要独立，还需要德行和自我控制。从美国革命后继续将妇女、拥有财产的非白人排除在选民之外可以看出，上述标准一直在被沿用。由于革命时期大量释放奴隶并限制奴隶制度，自由有色人种数量越来越多，但除了北卡罗来纳外的所有蓄奴州都拒绝给予这些自由黑人投票权，其他州也几乎都有排除这些人参与投票的习惯。事实上，正如温斯洛普·乔丹（Winthrop D. Jordan）所言，由于海地革命中黑人“显示出的”荒淫残暴和政治无能，在 1790 年之后，黑人参政的门槛实际上是提升了。对于海地革命，北美和欧洲的反应很相似：这场革命非常清晰地说明了所谓 18 世纪末期“民主革命时代”的局限性。邓肯·麦克劳德（Duncan J. MacLeod）最近也发现，“共和国必须依靠德行和知识存续，如果让腐化堕落和无知之辈充斥其中，无异于草率仓促之举”。[④] 事实上，在美国革命时期，唯二获得公民资格的群体是天主教徒和犹太人，在废除对选民的宗教限制后，他们在绝大多数地方都获得了选举权。[⑤]

---

① “Return of Sutton, 18 May 1778,” in Robert J. Taylor, ed., *Massachusetts, Colony to Commonwealth: Documents on the Formation of Its Constitution* (Chapel Hill, 1961), pp. 64 – 65.

② Alexander Hamilton, “The Farmer Refuted [23 Feb.], 1774,” in Harold C. Syrett and Jacob E. Cooke, eds., *The Papers of Alexander Hamilton*, Ⅰ: 105.

③ “Essex Result, 1778,” in Oscar and Mary Handlin, eds. *The Popular Sources of Political Authority: The Massachusetts Constitution of 1780*, pp. 340 – 341.

④ Winthrop D. Jordan, *White over Black: American Attitudes Towards the Negro, 1550 – 1812*, pp. 412 – 14; Duncan J. MacLeod, *Slavery, Race and the American Revolution* (Cambridge, 1974), p. 79.

⑤ Chilton Williamson, *American Suffrage: From Property to Democracy 1760 – 1860*, p. 115. 关于革命时期犹太人的地位变迁，参见 Samuel Rezneck, *Unrecognized Patriots: The Jews in the American Revolution* (London, 1975), pp. 5 – 11, pp. 156 – 170。

七

革命时期各州的选举资格规定清楚地表明，美国革命一代参加独立战争，既是在争取“小我”（“i”）的独立，也是在争取“大我”（“I”）的独立——从个人的权利，到所有独立者参与政府决策以及脱离英国统治的权利。确实，推动他们脱离英国的最强动力，源自他们怨恨英国一再剥夺他们的这种权利，以及英国政府行为背后隐藏的不信任。1764 年，詹姆斯·奥蒂斯（James Otis）曾义愤填膺地表示：“殖民地井然有序，并非像英国一般民众愚蠢想象的那样，其人民是英国人、印第安人和黑人杂交而成的混合体，是天生自由的英国白人。”[①] 1774 年，亚历山大·汉密尔顿写道，如果让北美人臣服于他们无权挑选代表的“英国议会”，那么“北美的所有人，无论处于何种等级、状况，富有或是贫穷，……都将处于不利境地，比英国人低一等”。汉密尔顿引用布莱克斯通的话表示：“英国人的处境如此恶劣，他们毫无自我意志可言。”[②] 在美国革命的前十年，很多观察者都得出了与汉密尔顿相似的结论。汉密尔顿将英国社会中受到抛弃、拒绝和鄙视的人，等同为“具有奴性的依附者”，这完全触犯了那些自视为独立个体的人。这些人在英国社会发挥着积极作用，认为自己是具有独立行为能力的人，他们认为妇女、儿童、仆人和奴隶才是默从、卑屈、无知与缺乏判断力的人。而他们自己，既不受内在制约，也不受外在控制。[③] 正如 1782 年克雷夫科尔（Crèvecœur）在著名的《一个美国农夫的信》（*Letters from an American Farmer*）中所写的那样，美国最大的希望——也是最深远的意义——在于，即便是欧洲的弃儿，即便是欧洲那些身处悲惨、低贱和依附状态的人，最终也能在美国成为“人”，并“跻身公民的行列”。克雷夫科尔的议论明确地

---

① James Otis, “Rights of the British Colonies Asserted and Proved (Boston, 1764),” in Bernard Bailyn, ed., *Pamphlets of American Revolution 1750 - 1776*, I: 434.

② Alexander Hamilton, “The Farmer Refuted [23 Feb.], 1774,” in Harold C. Syrett and Jacob E. Cooke, eds., *The Papers of Alexander Hamilton*, I: 106 - 107.

③ 关于这一点，参见 Fred Weinstein and Gerald M. Platt, *The Wish to Be Free: Society, Psyche, and Value Change* (Berkeley and Los Angeles, 1969), p. 46. 另见 James Wilson, “Considerations,” in Robert Green McCloskey, ed., *The Works of James Wilson*, II: 725 - 726。引文来自 Michel-Guillaume Jean de Crevecoeur, “Letters from an American Farmer, 1782,” in Jack P. Greene, ed., *Settlements to Society 1607 - 1763: A Documentary History of Colonial America* (New York, 1975), p. 244.

表明，美国财富的扩散，以及随之而来的“不用通过恼人的依附关系”便能轻松生活，带来了“令人惊奇的质变”；传统的烙印只留在那些无法获得“轻松、独立”生活的同代人身上。至于那些实际上已经成功实现独立的人，他们极大地增强了要维持这种生活的心理需求，他们需要的是自主、自治、自控，以及获得独立所需要的男子汉气概。[①] 就像埃德蒙·摩根所指出的那样，美国革命一代已经与当时旧世界的“依附者”截然不同，他们“拥有两种显而易见的能力来源——大多数人拥有自己的土地，很多人还有枪”。“土地让他们掌握了经济和政治权力，枪则让他们拥有火力。”[②] 也许，更为重要的是，这两种形式的能力结合在一起赋予了他们第三种能力：意志力。根据当时令人自豪而广泛流传的独立自我观念，意志力完全是对原来状态的一种不可抵抗的反应，美国革命前数十年里，英国政府一直将殖民地视为被动依附者。

正如摩根所言，美国革命所争取的人的自由，不是“政府给予的礼物”，而是“个人独立（还有德行）带来的自由”。[③] 革命一代像保护私有财产一样，奋力追求自由，同时拒斥各种形式的依附，以及所有依赖他人的人，这就意味着 1776 年革命无法立即激起一场席卷一切的运动，建立一个更具包容性的政治社会。波科克（J. G. A. Pocock）指出，对詹姆斯·哈林顿及其在 18 世纪初的追随者来说，衡量一个人独立性的最重要的标准是看有没有人依赖他过活。[④] 在美国革命一代中，自由白人男性同样如此。根据霍布斯鲍姆（E. J. Hobsbawm）的描述，与 19 世纪的中产阶级一样，美国革命时期的独立一代在定义自身的独立性时，也使用了“有能力影响他人，

---

① Michel-Guillaume Jean de Crevecoeur, "Letters from an American Farmer, 1782," in Jack P. Greene, ed., *Settlements to Society 1607 - 1763: A Documentary History of Colonial America*, p. 243; Thomas Nairne, *A Letter from South Carolina* (London, 1710), p. 56; Samuel Williams, *The Natural and Civil History of Vermont*, p. 328. 斜体为我所加。

② Edmund S. Morgan, "Consensus and Continuity in the American Revolution," in Stephen G. Kurtz and James H. Hutson, eds., *Essays on the American Revolution* (Chapel Hill, 1973), p. 303.

③ Edmund S. Morgan, "Slavery and Freedom: The American Paradox," *Journal of American History* 59 (1972): 7.

④ J. G. A. Pocock, "Machiavelli, Harrington, and English Political Ideologies in the Eighteenth Century," *William and Mary Quarterly* 22 (1965): 556, 566. 关于这一点，也可以参见以下著作的精彩论断，Michael Paul Rogin, *Fathers and Children: Andrew Jackson and the Subjugation of the American Indian* (New York, 1975)。

而不受他人直接控制”这样的语句。[①] 因此，温斯洛普·乔丹提出，“美国人为之战斗的原则是否要求彻底废除奴隶制度，还远非十分清楚”。从我在本文中描述的观念和设想出发，也许会认为革命一代为之战斗的原则是维护一种保护一部分人不自由身份的体制，这些人缺乏自由必需的独立性和德行。[②] 正如一位南卡罗来纳人在 19 世纪早期所指出的那样，“美国革命是家庭内部平等成员之间的争吵”，与黑人这样依附他人、缺乏判断力的人“毫无关系”。[③] 如果革命一代的美国人认为“人”就是指独立且具有自我控制力的人，那么，《独立宣言》中的“人人平等”，就与宣言中的其他表述一样，不是为了促进而是为了“抵制市民社会的平等”。[④] 此后，卡罗来纳的约翰·泰勒（John Taylor）的种族主义观点——“黑人并非人类成员”，就算不上是对人人平等一语的“重大背离”，反倒是一次重要的演绎。[⑤]

革命一代的美国人主要关心的不是平等，而是自由，自由要求独立的人能够自由地处置自己的利益——天生或是“偶然与外在”的利益，在遭遇经济与社会的不平等时，能够根据上面提到的衡量标准，依靠自己的能力养活他人。[⑥] 至少在当时，借用约翰·米尔顿（John Milton）的话来讲，美国依然是这样的一个国度，其中：

> 人人并非平等，但拥有自由，
> 有平等之自由，也有社会差别，

---

① E. J. Hobsbawm, “From Social History to the History of Society,” *Daedalus*, C (1971): 37.

② Winthrop D. Jordan, *White over Black: American Attitudes Towards the Negro, 1550 - 1812*, p. 342.

③ Frederick Dalcho, *Practical Considerations Founded on the Scriptures, Relative to the Slave Population of South-Carolina* (Charleston, S. C., 1823), p. 33n, as quoted by Duncan J. MacLeod, *Slavery, Race and the American Revolution*, p. 28.

④ See Robert Ginsberg. “Equality and Justices in the Declaration of Independence,” *Journal of Social Philosophy* 6 (1975): 8.

⑤ Duncan J. MacLeod, *Slavery, Race and the American Revolution*, p. 88, p. 130. 1765 年，John Camm 牧师曾明确提出过这一点，他问 Richard Bland，在弗吉尼亚，“所有人生而自由”是什么意思，是不是意味着，弗吉尼亚的“黑人生来……就不是奴隶，或者说，所谓的奴隶不是人？”John Camm, *Critical Remarks on a Letter Ascribed to Common Sense* (Williamsburg, 1765), p. 19, as cited by Bernard Bailyn, *The Ideological Origins of the American Revolution*, pp. 235 - 236.

⑥ “Salus Populi, 11 March 1776,” in Peter Force, ed., *American Archives*, 4th ser., V, pp. 182 - 183.

> [米尔顿也说过“秩序与层次”]
> 即使未达自由，也具备其成分。[①]

革命一代的美利坚人坚决反对在美国重建欧洲那套满是“秩序与层次”的特权体制。但是他们看重自由，而独立又是自由的主要特征，这就意味着，他们坚定和广泛支持的政治平等——用他们的话来说——只能是公民“权利的平等”。这也同时意味着，革命时期很多人提出的体现革命话语逻辑的主张——废除奴隶制度、赋予包括非白人和妇女在内的所有成年人完整的公民权利，既无法自动获得广泛的公共认同，也不能成为新兴的“美国信条”的内在组成部分。[②]

很多人指责美国革命一代没能废除奴隶制度，背叛了他们提倡的民权理念；与此相反，美国革命一代采取更加严格的公民身份定义，是履行了他们的民权理念。约翰·洛克在写“人人自然平等”时就仔细解释说，他并不是指“一切形式的平等”，而是指“每个人天性自由，具有平等的权利”，如果没有得到自己明确或者暗含的同意，“不受其他意志或者权威控制”。[③] 很多人进入市民社会后，被迫或者自愿出卖了他们的“自由天性”，或是缺乏充分的判断力来维护自己的“自由天性”，在英国和美国这是常见现象。那些放弃或是失去自由天性的人，也因此失去了他们在市民社会中的平等政治权利。美国革命一代尽可能地扩大他们对独立与有能力的个人的定义。但是，乔尔·巴罗（Joel Barlow）表示，他们没有立即赋予“人民”一词“与欧洲完全不同的含义”。他们也没有重新定义公民身份，以囊括“整个社会”，涵盖“每个人”。[④] 恰恰相反，他们极少显示出强烈与可持续的倾向，来抛弃传统的英国主张——个人独立和德行是所有公民的判断标准。

后来的美国历史也证明，在划定美国革命的边界时，坚持个人的独立性可能比保护私有财产更重要。我冒着被指责为持辉格式史观的危险，还是认

---

① John Milton, *Paradise Lost*, 6.5, line 790.

② Samuel Williams, *The Natural and Civil History of Vermont*, pp. 328 – 330. Duncan J. MacLeod, *Slavery, Race and the American Revolution*, p. 17，其中的“美国信条”一词借用自 Gunnar Myrdal，用来指称“革命的政治哲学”。

③ John Locke, *Two Treatises of Government*, p. 322.

④ Joel Barlow, *Advice to the Privileged Orders in the Several States of Europe* (2nd ed., London, 1792), Part 1, p. 33.

为，过去 200 多年来的历史可以被解释为，在向更具包容性的政治社会迈进。美国人自始至终都十分强调私有财产的神圣性，后来逐渐持续发生改变和得到扩展的是我们的公民身份概念，1776 年，美国的一小部分人为自己赢得了平等的政治权利，他们以此为标准，来衡量哪些人能进入公共领域、在市民社会获得投票权。

（胡晓进译，满运龙校）

寻求共和帝国

——创建新的中心（1783～1788）

1800 年，詹姆斯·麦迪逊论述道，“从革命开始到最终于 1781 年承认《邦联条例》”，联盟（Union）的本质和范围是由危机的具体状况决定的，而不是由任何能够准确描述的一般权威（general authority）决定的。各州保留了对内部事务的完全管辖权，但是在战争早期，权力流向了中心。正如亚历山大·汉密尔顿后来评论的，国会认为自己被授予了完整的保护共和国免受侵害的权力，执行了“许多最高主权行动，并一直得到各州愉快的服从，这些行动包括宣布独立、宣告战争、招募军队、发行货币、与外国列强缔约”。在很大程度上，《邦联条例》代表了对上述情况的法典化，即授予国会广泛的一般性权力，让各州管理全部的地方事务。①

但是，《邦联条例》并没有提供什么机制，从而让国会能够迫使各州服从它的权威。随着战争的拖延，权力趋于从中心流向边缘、从国会流向各州政府。除此之外，战争的平息以及 1781～1782 年联合起来反抗外部强力必要性的相应减弱，也加快了这一过程。在现代早期大英帝国中，边缘发现自己处于反抗中心侵略性权力的防御状态，而按照《邦联条例》，情况则恰恰相反：中心发现自己没有足够的权威（authority）去反抗各州的权力（power），以维系合众国的总体利益。②

① James Madison, "Notes on the Resolutions, 1799 - 1800," in Gaillard Hunt ed., *The Writings of James Madison* (9 vols., New York, 1900 - 1910), 6: 375; Alexander Hamilton "Hamilton to James Duane (Sept. 3, 1780)," in Harold C. Syrett and Jacob E. Cooke, eds., *The Papers of Alexander Hamilton* (26 vols., New York, 1961 - 1979), 2: 401.

② Peter S. Onuf, *The Origins of the Federal Republic: Jurisdictional Controversies in the United States, 1775 - 1787* (Philadelphia, 1983), p. 201.

或许，这种安排就是 1764 ~ 1776 年殖民地宪制论述的逻辑产物。彼得·奥诺夫指出，从 18 世纪 60 年代中期至 1787 年，“政治共同体本身作为权威所在”“成为美洲宪制主义的核心主题”。“伴随独立‘主权’发生了正式的转化（formal inversion）——从在上的‘王在议会’到在下的全体大众，但殖民地议会（或者说 1776 年之后的州立法机关）与大众的关系没有发生改变。”这些立法机关在整个革命前后，“始终维系和保卫本地的权利”，并行使广泛管理所有地方事务的权力。①

1783 年独立，有效地保障了美洲人革命的原初目的——由地方管理地方事务。但这一目标的实现并没有伴随明确面对，更不用说解决怎样把单独各州整合成“一个有效的联盟”这一理论和实践难题。简言之，革命将“合众国的权力结构”置于一个极其含混不清的状态中。努力解决这种含混不清、解决在一个扩展政体内如何在中心和边缘间分配权力的古老问题，是 18 世纪 80 年代美洲宪法首要关注的问题。如何认识并解决该问题，是本文的主题。②

战争结束前，从 1778 年《邦联条例》通过至 1781 年其被各州批准，大陆会议的许多人以及其他在中央政府担任职务的人，都认为《邦联条例》建立的统治结构存在严重缺陷。康涅狄格代表杰西·鲁特（Jesse Root）于 1780 年 12 月简洁地定义了主要问题。他致信执政官乔纳森·特兰伯尔（Jonathan Trumbull）时，所用的措辞和其他国会议员相似，“现在各州实施的政府体制存在极大的缺陷”。鲁特论述道，它没有“宣战与讲和的主权权力”，“没有固定的资金（permanent funds），也没有任何创设资金的渠道”，“它一定能‘感觉到自己的孱弱’。不论在多么必要的情况下，它都无力阻止或废除任何法案。权力的执行是如此无力、缓慢甚至屡屡失败”。他继续说道，“各州的财富构成了庞大的资金库，我们为了海外的信用和国内的资源必须依赖它们”；但是，“当每个州仅通过建议性的请求就能按照自己的意愿使用这些资金时，这就意味着每个州都掌握着废除最重要法案的权力”。③

为了“实现邦联的伟大目标”，《邦联条例》很显然需要重大修改。康

---

① Peter S. Onuf, ed., *Maryland the Empire, 1773: The Antilon—First Citizen Letters* (Baltimore, 1974), pp. 38 - 39.

② Peter S. Onuf, *The Origins of the Federal Republic: Jurisdictional Controversies in the United States, 1775 - 1787*, p. 154, p. 158.

③ "Root to Trumbull, Dec. 27, 1780," in Edmund Cody Burnett, ed., *Letters of Members of the Continental Congress* (8 vols., Washington, 1921 - 1938), 5: 504.

涅狄格国会代表在1781年1月宣布："一种权力（power）（如果能够被称为权力的话）的存在是出于国家的目的，特别是为了指导战争事务。它不拥有任何宪法性的权力以控制最小的财产权，这几乎是无法想象的。"奥利弗·沃尔科特（Oliver Wolcott）补充道："这在人类历史上完全是一件新奇的事。"汉密尔顿赞同道，"在政治社会中，没有财政收入支撑的权力"，不过徒有"虚名"。对这些人来说，唯一的解决办法是赋予国会如下权力，即要么是独立于各州的征税权，要么是强制各州遵守其财政安排的权力。[①]

对中心的人们而言，问题和答案是如此明显，他们实在难以构想出令人满意的办法。在一个"十三个州或十三个政治人格"为了它们"相互的利益和安全"而形成的"大共和国"内，每个州都是"一个成员或臣民。他们任命国会负责这个大共和国"。对这些人来说，这个联盟毫无疑问拥有"为了邦联的整体目的而强制各州的权力"。他们相信，这种强制的权力"永远不会侵犯各州的权利或主权"。各州还没有"为了州的福利而对其臣民"行使的权力，也不会让国会对各州行使这种权力。对国会而言，它所拥有的权力与为了"维系各州而必须"拥有的权力一样多，就像为了维系"联盟自身"而拥有的权力一样。詹姆斯·杜安（James Duane）预测道，不让国会"以某种正当比例获得联盟许多分支的资源"，只会"导致全体的毁灭"，除非州立法机关"放弃国家代表的权力"，或它们不再"作为立法机关"。理查德·皮特斯（Richard Peters）声称，除了"一部强大的联邦宪法"，不存在任何东西能够"防止大州毁灭小州"。[②]

然而，随着越来越多有洞察力的人主张宪法改革，人们意识到，问题不仅仅是结构上的，也不是轻易就能解决的。国会孱弱的根源越来越深，没有人能够比汉密尔顿更敏锐地分析这一问题。汉密尔顿在诸多信件以及1781～1782年出版的《纽约口袋与美洲广告商》（*New-York Pocket, and the American Advertiser*）一书中名为"大陆主义者"（The Continentalist）的一系

---

① "Joseph Jones to George Washington. 27, 1781," "Root to Trumbull, Dec. 27, 1780," "Wolcott to Trumbull, Jan. 9, 1781," "Connecticut Delegates to Trumbull, Jan. 16, 1781," in Edmund Cody Burnett, ed., *Letters of Members of the Continental Congress*, 5: 504, 526, 536, 584; Alexander Hamilton, "The Continentalist, No. IV, Aug. 30, 1781," in Harold C. Syrett and Jacob E. Cooke, eds., *The Papers of Alexander Hamilton*, 2: 670-671.

② "Root to Trumbull, Dec. 27, 1780," "Duane to Washington, Jan. 29, 1781," "Richard Peters to Oliver Wolcott, July 15, 1783," in Edmund Cody Burnett, ed., *Letters of Members of the Continental Congress*, 5: 504, 551; 7: 225.

列文章里分析了该问题。在汉密尔顿看来，美洲人应当学习的关于简短的联邦政府试验的主要课程之一，就是联邦政府的作用和倾向与单一制国家的政府完全不同。在单一制国家中，首要的危险是“主权的权力太大，以至于会压迫构成这个国家的各个部分”。而联邦制国家由不同的州组成，“每个州都有完全由自己组织起来的政府”，它们拥有一切办法让臣民紧紧依赖州。它的危险则恰恰相反，具体来说就是，“共同的主权（common sovereign）没有足够的权力把不同的成员整合在一起，也没有共同的力量谁系整体的利益和幸福”。①

汉密尔顿根据他对合众国在《邦联条例》下的运作的观察，并援引了一些相关的趋势，来解释为什么在联邦政府内各成员州会表现出比中央政府还强的增加权力的冲动。汉密尔顿写道，各州“倾向于在邦联权威的废墟上增强自己的权威，并且它们不会做出任何不适当的让步，每个成员”始终“更致力于依附和服从它们自己的政府，而不是对这个联盟政府”。根据汉密尔顿的观点，在这些一般趋势之外，还有“过度的……自由精神……它让每个州都表现出一种对所有不在自己手中的权力的嫉妒”。对中央政府的猜疑，也长期鼓动着殖民地领导的嫉妒心。1764～1776 年，这种嫉妒变得越来越强烈。除此之外，这种“对权力的极端嫉妒还引起了一种相关欲望，那就是各州自己想要垄断全部的权力”。②

在汉密尔顿以及持类似观点的人们看来，这种趋势的结果是非常麻烦的。它们对这种“附着在州的观点、州的利益和州的偏见”上的“狭隘态度”的鼓励，直接导致“联盟政府”权力的削弱，并在一定程度上导致

① Alexander Hamilton, “Hamilton to James Duane [Sepl. 3, 1780],” in Harold C. Syrett and Jacob E. Cooke, eds., *The Papers of Alexander Hamilton*, 2: 403; Alexander Hamilton, “The Continentalist, No. I [July 19, 1781],” in Harold C. Syrett and Jacob E. Cooke, eds., *The Papers of Alexander Hamilton*, 2: 654.

② Alexander Hamilton, “Hamilton lo James Duane [Sept. 3, 1780],” in Harold C. Syrett and Jacob E. Cooke, eds., *The Papers of Alexander Hamilton*, 2: 401; Alexander Hamilton, “The Continentalist, No. I [July 12, 1781],” in Harold C. Syrett and Jacob E. Cooke, eds., *The Papers of Alexander Hamilton*, 2: 650; Alexander Hamilton, “The Continentalist, No. II [July 19, 1781],” in Harold C. Syrett and Jacob E. Cooke, eds., *The Papers of Alexander Hamilton*, 2: 655; Alexander Hamilton, “The Continentalist, No. III [August 9, 1781],” in Harold C. Syrett and Jacob E. Cooke, eds., *The Papers of Alexander Hamilton*, 2: 663; “Hamilton to John Jay, July 25, 1783,” in Edmund Cody Burnett, ed., *Letters of Members of the Continental Congress*, 7: 233.

“宪法的低能（constitutional imbecility）”。汉密尔顿论述道，这“对每一个可以思考的人来说，都是显而易见的”。同样重要的是，各州带来的“数不清的尴尬”情况屡屡侵犯国会的权威。一方面，它生动地强调了《邦联条例》试图在州权力与国家权力之间划定“恰当界限”的失败；另一方面，它清楚地表明，那些“作为联盟和强力根源的国家原则（national principles）”可能从未被界定，更不用说被“恰当地确立下来”。①

这些基本原则可否被确立？用麦迪逊的话来说，“革命的果实是繁荣与安定还是混乱与分裂”，都是尚未明确的问题。在战争结束时，该问题对那些依附中心并且被美洲民族的伟大而鼓舞的人们来说，是至关重要的。一些人自信地认为，战争中经历的“危险和不幸”，“人们都看在眼里，因此宪法改革势在必行”。另一些人则没这么乐观。麦迪逊在1781年11月担心道，“现有的联盟……不过是从现在这场战争中幸存下来的”。战争结束后随之而来的诸多事件都无法打消这种担心。因为，这个联盟不过是建立在“一种暂时的友谊上，是我们共同不幸的结果。我们之所以必须联合在该联邦下，无非是为了我们共同的防御和裁断（deliverance）”。一位匿名作家在1784年写道，一旦这些条件不在了，联盟“必然解散”。国会常任秘书查尔斯·汤姆森（Charles Thomson）赞同这一预测，他在1783年7月哀叹道，“到目前为止，让这些州联合在一起的共同危险正在渐渐消失”，“我看到地方的偏见、激情和观点已经开始竭尽全力地运转。我承认，我也有自己的担心，那就是我们敌人的预言将得到证实，即当共同的危险消失时，我们的邦联或联盟将是一盘散沙”。②

---

① Alexander Hamilton, “The Continentalist, No. V [April 18, 1782],” in Harold C. Syrett and Jacob E. Cooke, eds., *The Papers of Alexander Hamilton*, 3: 82; Alexander Hamilton, “Defense of Congress, [July 1783],” in Harold C. Syrett and Jacob E. Cooke, eds., *The Papers of Alexander Hamilton*, 3: 427; “Connecticut Delegates to Trumbull, Jan. 16, 1781,” “John Mathews to William Livingston [Mar. 6, 1781],” and “Jacob Read to George Washington, Aug. 13, 1784,” in Edmund Cody Burnett, ed., *Letters of Members of the Continental Congress*, 5: 537, 6: 15, 7: 583.

② “Duane to Washington, Jan. 29, 1781,” “Madison to Jefferson, November 18, 1781,” and “Madison to Edmund Randolph, Feb. 25, 1783,” in Edmund Cody Burnett, ed., *Letters of Members of the Continental Congress*, 5: 551, 6: 265, 7: 58; Arthur Lee, *The Political Establishments of the United States of America* (Philadelphia, 1783), pp. 10 – 11; “Charles to Hannah Thomson, July 25, 1783,” in Eugene R. Sheridan and John M. Murrin, eds., *Congress at Princeton: Being the Letters of Charles Thomson to Hannah Thomson, June – October 1783* (Princeton, 1985), pp. 29 – 30.

和平是拥护宪法改革的一个信号。用乔治·华盛顿的话来说，“用这样的语调谈论我们的联邦政府，就等于在说它能够实现机构的目标（answer the ends of its institution）”。最重要的是，他们提议赋予国会征收适度土地税、人头税或外国进口税的权力。最后一项权力，既能让联邦政府拥有独立的财政收入来源，又能给予它足够的权力去规范贸易、避免贸易战争，以及削弱各州之间其他形式的经济竞争。早在1784年，大陆会议代表就讨论过一个特殊会议的可能性。这场会议考虑设计出一些措施，“让国会能够行使与现在相比，更有能量（energy）、更有效果（effect）、更有活力（vigor）的权力”。①

尽管几乎没有政治人物反对这一提案，正如麦迪逊所指出的，“一个诸州的联盟（a Union of the States）”“对于保卫它们不受外部危险和内部争执的侵害，是至关重要的”，但是在战后的几年中很快就可以看到，没有什么紧急事件可以克服美洲联盟中固有的强大离心趋势，可以推动这个国家走向重大的宪法改革。国会频繁围绕《邦联条例》修正案进行辩论，并两次提出要修改《邦联条例》，赋予国会征收关税的权力。但是，这些法案既无法获得各州的一致同意，也无法被《邦联条例》接纳。戈登·伍德指出，这样的结果就是，那些年并非以增加联邦权力为特征，而是以各州对自己权力的强烈主张为特征。反过来，这种发展加剧了传统的几乎可以说是地方性的（endemic）对遥远中央权力的不信任。这种不信任在18世纪60~70年代早期的英国辩论中，表现得非常明显。同时，它也是1787年宪法辩论的显著特征。②

宪法改革的拥护者们认为，这种对权力的恐惧既难以理解又容易把人引

---

① “Washington's Circular Letter to the States, June 8, 1783,” “John Francis Mercer to Madison, Nov. 26, 1784,” “James Monroe to Thomas Jefferson, June 16, 1785,” in Edmund Cody Burnett, ed., *Letters of Members of the Continental Congress*, 7: 218, 616; 8: 143; Alexander Hamilton, “The Continentalist, No. IV [Aug. 30, 1781],” and “Unsubmitted Resolutions Calling for a Convention, [July 1783],” in Harold C. Syrett and Jacob E. Cooke, eds., *The Papers of Alexander Hamilton*, 2: 669 - 671, 3: 420 - 426; “Richard Henry Lee to James Madison, Nov. 26, 1784,” “Joseph Jones to Madison, June 12, 1785,” “Madison to Jefferson, Oct. 3, 1785,” “Draft of Resolutions on Foreign Trade [Nov. 12, 1785],” in William T. Hutchinson, et al., eds., *The Papers of James Madison* (15 vols., Chicago, 1962 -), 8: 15, 3, 373 - 374, 409.

② “Madison to Richard Henry Lee, Dec. 15, 1784,” in William T. Hutchinson, et al., eds., *The Papers of James Madison*, 8: 201; Jack W. Rakove, *The Beginnings of National Politics: An Interpretive History of the Continental Congress* (New York, 1979), 289 - 296, 313 - 316, 337 - 338, 345 - 349, 365 - 368, 370 - 372, 381 - 382; Gordon S. Wood, *The Creation of the American Republic, 1776 - 1787* (Chapel Hill, 1969), p. 464.

入歧途。华盛顿在1785年10月声称，“对我来说”，“它是政治上的谬误，这种对权力的恐惧确实是本质上最特别的东西之一。在我们认为应当联合成一个国家的同时，我们又害怕把权力交给这个国家的统治者。这些统治者由我们任命，任期有限而短暂。他们是决策的创立者，对每一项法案负责。他们可以在任何时候被召回。他们拥有足以规范和指导事务的权力。与此同时，我们要接受他们带来的所有的恶”。汉密尔顿在14个月之后愤怒地说，“在每一个场合”，“我都能听到关于国会权力有多么危险的大声号哭。无论我们身处何处，都会被告知‘信任权力是多么危险’，‘权力易于被滥用’这类各式各样老套的格言”。当汉密尔顿再次强调对《邦联条例》缺陷的最早洞察之时，他补充道，也许同样真实的是，“权力太少和权力太多一样危险。前者导致无政府状态，后者则从无政府状态走向专制”。①

那些提议加强中央权力的人，倾向于认为自己超越了他们的反对者——那些代表“不自由、嫉妒和地方性政策”的人。他们把自己所卷入的争论描述成一场一群拥有广阔视野的、负有责任感的人与一群有狭隘经验的人之间的争论。后者“不习惯把各州利益与邦联利益交织起来考虑”。他们反对一切强化联盟的法案，要么是因为他们没有理解一个更有力的（energetic）联盟对于保障各州统一性的必要性，要么是因为保护地方权力在政治上于各州太受欢迎。虽然所有拥护一个更强大联盟的人都怀疑“现有体制的永久性和效力”，抗议其反对者“地方性的、利己主义的”行为，但他们在战后几年里能做的很少，即防止中央政府堕落成华盛顿所说的“有名无实”的政府，或者避免让国会变成“游手好闲的、闲庭信步的、令人轻视的一群人”组成的“无效主体”，以至于那些约束各州的法令不再“符合现在的意图”。②

① George Washington, “Washington to James Warren, Oct. 7, 1785,” in J. C. Fitzpatrick, ed., *The Writings of George Washington* (39 vols., Washington, 1931 – 1944), 28: 290; Alexander Hamilton, “Speech to the New York Legislature, [Jan. 19, 1787],” in Harold C. Syrett and Jacob E. Cooke, eds., *The Papers of Alexander Hamilton*, 4: 11; “Thomas Rodney's Report on Speech of Thomas Burke, Mar. 5, 1781,” in Edmund Cody Burnett, ed., *Letters of Members of the Continental Congress*, 6: 5.

② “Madison to Richard Henry Lee, Dec. 25, 1784,” and “Madison to James Monroe, Aug. 7, 1785,” in William T. Hutchinson, et al., eds., *The Papers of James Madison*, 8: 201, 335 – 336; “John Francis Mercer to Jacob Read, Sept. 23, 1784,” in Edmund Cody Burnett, ed., *Letters of Members of the Continental Congress*, 7: 591; George Washington, “Washington to Henry Knox, Dec. 5, 1784,” and “Washington to James Warren, Oct. 7, 1785,” in J. C. Fitzpatrick, ed., *The Writings of George Washington*, 28: 5, 290.

这些观点是“邦联事业进程的重要阻碍”。一些人开始怀疑，“这个机器……如果不做重大和有效的修正……能否维系长久的运转”。尽管一些领袖继续强调“各州之间紧密相连，各州在政府、境遇、习惯和风俗上很相似”，因此维系联盟的永存，但另一些人开始质疑，“我们的联盟是不是自然的，或者说这片大陆各个部分的性情和观点是否如此相似以至于能够乐于生活在相同的政府形式下”。随着人们越来越认识到，“联盟不同部分之间的利益是有差异的”，美国联邦政府试验的拥护者们也开始越来越担心，邦联会很快分裂成 2～3 个小的、相互竞争的，甚至是相互敌对的联盟。①

如果说，战争中的美洲人“回避了关于美洲联邦主义的辩论”，那么，战争的结束则有效地消除了所有对该讨论的抑制。因此，主权定位，这个在 18 世纪 70 年代晚期“还依然是学术性的”问题，到 18 世纪 80 年代很快变成了一个重要的“实践问题”。在这 10 年里，该问题始终处于宪法改革讨论的中心。②

在这场讨论中，提议一个更强大联盟的人们始终坚持主权位于国会。为支持自己的主张，他们指出，《独立宣言》宣称合众国“拥有完整的权力……去做所有……各独立州有权去做的事”。其中，“甚至没有提到”“各州……能够以合众国某一部分的名义行事”。此处的省略，“仿佛意图让美洲记住这条格言——我们的自由和独立源自我们的联盟，没有联盟，我们既不自由，也不独立”。这一省略似乎证明了，如查尔斯·平克尼随后声称的那样，“那些拟定宣言的开明爱国者们，甚至都不曾设想各州的独立和单独的主权”。正如汉密尔顿所论述的，“合众国在其起源之初，就拥有完整的权力做各独立州有权去做的事。或者换句话说，做各独立州拥有完整主权去

---

① “James Francis Mercer to Madison, Nov. 26, 1784,” and “James Monroe to Madison, July 18, 1785,” in William T. Hutchinson, et al., eds., *The Papers of James Madison*, 8: 152, 330; “Samuel Osgood to John Adams [Jan. 14, 1784],” in Edmund Cody Burnett, ed., *Letters of Members of the Continental Congress*, 7: 415; Alexander Hamilton, “The Continentalist, No. V (Apr. 18, 1782),” in Harold C. Syrett and Jacob E. Cooke, eds., *The Papers of Alexander Hamilton*, 3: 81; “Charles Thomson to Hannah Thomson, July 25, 1783,” in Eugene R. Sheridan and John M. Murrin, eds., *Congress at Princeton: Being the Letters of Charles Thomson to Hannah Thomson, June-October 1783*, pp. 29–30.

② Peter S. Onuf, *The Origins of the Federal Republic: Jurisdictional Controversies in the United States, 1775–1787*, p. 150; Willi Paul Adams, *The First American Constitutions: Republican Ideology and the Making of the State Constitutions in the Revolutionary Era* (Chapel Hill, 1980), p. 50.

做的事”。①

不仅仅是《独立宣言》的语言，还有随之而来的政治行为，都支持持上述观点的人们的主张。在战争的早些年中，大陆会议在各州的全数支持下，执行“宣布战争、缔约结盟以及其他主权权力”。正如约翰·威瑟斯彭所说，假如帝国主权位于王室，他们就会主张“革命已经开始，由 13 个州联合起来齐心协力的……战争，即基于各州共同发挥作用而非单独某一州发挥作用的战争”，已经“爆发，因此王室所主张的权利以及王室所行使的权利，包括主权权利，都移交给作为一个整体的合众国”，而不是移交给单独各州。②

他们承认，《邦联条例》的通过造成了“联盟原初主权的减少”。他们甚至坚持，这份文件已经把“合众国专属的战争权与和平权连同与外国缔约的权力，一起交给了国会”。他们指出，这些权力是“首要的主权权力”。通过把它们委托给国会，《邦联条例》必然“剥夺（abridge）每个州的主权”。的确，正如毗拉提·韦伯斯特（Pelatiah Webster）在 1783 年的小册子中宣称的，很显然，“许多主权国家正联合成一个共同体（commonwealth），正任命一个最高的权力机关去管理这个联盟的事务。这些主权国家不可避免地要失去自己的主权，并把它们移交给这个最高权力机关。这是为了使这个联盟有效而必须做的事”。③

与之相反的学说，即支持主权仅在单独各州的说法对主张更强大联盟的

① Alexander Hamilton, “Remarks to the New York Assembly [Feb. 15, 1787],” in Harold C. Syrett and Jacob E. Cooke, eds., *The Papers of Alexander Hamilton*, 4: 77; “Charles Coatesworth Pinckney's Speech, Jan. 18, 1788,” in Jonathan Elliott, ed., *The Debates of the Several Stale Conventions on the Adoption of the Federal Constitution* (5 vols., Philadelphia, 1901), 4: 301 - 302.

② Alexander Hamilton, “Remarks to the New York Assembly [Feb. 15, 1787],” in Harold C. Syrett and Jacob E. Cooke, eds., *The Papers of Alexander Hamilton*, 4: 77; “Charles Thomson's Notes on John Witherspoon's speech, Aug. 27, 1782,” in Edmund Cody Burnett, ed., *Letters of Members of the Continental Congress*, 6: 458 - 459.

③ Alexander Hamilton, “A Letter from Phocion to the Considerate Citizens of New York [Jan. 1 - 27, 1784],” and “Remarks to the New York Assembly [Feb. 15, 1787],” in Harold C. Syrett and Jacob E. Cooke, eds., *The Papers of Alexander Hamilton*, 3: 489, 4: 77; Nathan Dane, “Address to Massachusetts House of Representatives [Nov. 9, 1786],” in Edmund Cody Burnett, ed., *Letters of Members of the Continental Congress*, 8: 502 - 503; Pelatiah Webster, *A Dissertation on the Political Union and Constitution of the Thirteen United States, of North America* (Philadelphia, 1783), pp. 3 - 4.

人们而言，既是错误的，也是危险的。在欧洲，本杰明·拉什于 1786 年 6 月告知《独立公报》（*Independent Gazeteer*）的读者，“主权”这个词，“仅仅适用于那些拥有发动战争与实现和平权力的国家”。拉什论述道，由于这种权力只属于合众国的全国政府，因此主张主权在各州的说法，意味着“美洲人民”严重地“误解了主权这个词的含义”。讽刺地是，他们恰恰采用了与 18 世纪 60～70 年代英国本土相同的政治论述。他们主张，合众国和 13 个州“同时拥有完整的主权和独立”，在逻辑上是绝对不可能的。诺亚·韦伯斯特（Noah Webster）效仿布莱克斯说，“每个州完全地保有它的主权和独立”，是“一种政治上的谬误”。该观念“迟早”“要分裂这个伪装的联盟”。“一种政治上的异端”，只能“削弱这个联盟”。查尔斯·科特沃斯·平克尼声称，认为每个州拥有“分离的（separate）、单个的（individual）独立”，只会“带给我们最惨痛的不幸”。①

然而，哪怕是扩大国家权威最热情的拥护者，都必须承认，在 18 世纪 80 年代早期，国会一直在逐步失去权力。一位匿名的小册子作者在 1783 年评论道：“相对各州政府的活力和完备，国会有效权力的分量和影响都正在减少。”鉴于这一发展，弗吉尼亚人亚瑟·李（Arthur Lee）在 1782 年 8 月国会的辩论中似是而非地论述道：“国会除了源自各州的权力外，没有其他权力。”李解释道，“大不列颠王室的主权”“在这样一个议会存在之前，不可能已经移交给了合众国的国会”。他主张，相反，“在国会存在之前，主权分别移交给了各州……除了它们通过邦联而自感交编国会的权力外，所有的主权权力均保留在自由独立的各州”。②

李的论述并非仅仅基于一个辩论的立场，它还是对当前局势的准确描述。一位匿名作者，在其 1784 年出版的《美利坚合众国的政治建立》（*The*

① Noah Webster, *Sketches of American Policy* (Hartford, 1785), pp. 31 – 33; "Neslor to *Independent Gazeteer* (Philadelphia), June 3, 1786," and "Stephen Higginson to Henry Knox, Feb. 8, 1787," as quoted by Peter S. Onuf, *The Origins of the Federal Republic: Jurisdictional Controversies in the United States, 1775 – 1787*, pp. 7 – 8, p. 150; "Pinckney's speech, Jan. 18, 1788," in Jonathan Elliott, ed., *The Debates of the Several Stale Conventions on the Adoption of the Federal Constitution*, 4: 301 – 302; Alexander Hamilton, "A Letter from Phocion to the Considerate Citizens of New York [Jan. 1 – 27, 1784]," in Harold C. Syrett and Jacob E. Cooke, eds., *The Papers of Alexander Hamilton*, 3: 489.

② Tullius, *Three Letters Addressed to the Public* (Philadelphia, 1783), p. 11; "Charles Thomson's Notes on Lee's Speeches, Aug. 20, 27, 1782," in Edmund Cody Burnett, ed., *Letters of Members of the Continental Congress*, 6: 448, 457.

Political Establishments of the United States of America）一书中充分强调了这一点。这位作者对一个孱弱的中央政府并无好感，他欣然承认，“我们国家存在的首要原则”就是，“各州的主权和独立”“会让我们变成许多分离的、不同的国家”。他解释道，“13份独立的主权权力”，“意味着将有13份单独的、独立的利益要去发展和保障。这一目的将导致许多不同政策体系的建立”。他总结道，“人民是如此分裂，各州的政治利益彼此分离，甚至彼此相反，各州的目标不同、方法多样”，各州完全“拥有主权和独立”，然而各州又不可能被国会“控制”。“鉴于各州权力的本质和范围，这一机构（国会）的设计得不到各州很多建议。”因此，这样的国会即便“拥有一个联盟的所有表象”，也仅仅是“对政府的滑稽模仿，对人民智慧和聪敏的严重讽刺”。①

虽然国会在战争的早些年里行使了巨大的权力，但正如伊斯拉·斯泰尔斯（Ezra Stiles）在1783年评论的，从新的、后来的情况看，国会绝不是“一个拥有权威（authoritative）主权的主体”。斯泰尔认为，邦联显然“不会真正转让领地，不会向全国议会交出或转让主权”。相反，“联盟中的每个州”都保有“独立的主权”。约翰·亚当斯在18世纪80年代阐明了这一论述的含义，国会“既不是一个立法大会（legislative assembly），也不是一个代表大会（representative assembly），而只是一个外交大会（diplomatic assembly）”。另一位作家谈论道，国会没有“足够的权力去有效地执行任何目标，也无力给予（它们做出的）国家决议（national resolutions）足够的分量和尊严”。②

回顾过去，美洲政治联盟之所以通过这种方式发展起来，其原因由《美利坚合众国的政治建立》一书的作者全面而有力地进行了分析。毕竟，殖民地是先建立起来的，然后始终以“分裂的状态（state of division）”存在。在与英国的争夺中，殖民地被卷入了“一种普遍的不幸（general calamity）”，它们“一致同意决定采取防卫”，并且“看到了联盟计划的必

① Arthur Lee, *The Political Establishments of the United States of America*, p. 10, pp. 17 – 18.

② Ezra Stiles, *The United States Elevated to Glory and Honor* (New Haven, 1783), in John Wingate Thornton, ed., *The Pulpit of the American Revolution* (Boston, 1876), p. 419; John Adams, *A Defence of the Constitutions of Government of the United States of America* (Boston, 1787), in Charles F. Adams, ed., *The Works of John Adams* (10 vols., Boston, 1856), 4: 579; Arthur Lee, *The Political Establishments of the United States of America*, pp. 17 – 18.

要性”。通过联盟，“它们的行动可以更有效、更成功”。它们简单地任命了“来自各殖民地的国会代表……这些代表建议和指导所有涉及整个殖民地的事务，迄今为止也就是战争事务。战争可能是任命时的全部原因。他们被赋予的权力……限定在上述目标之内”。这一行动和当时的“每项公共措施，都是基于……如下的推定，即州政府是不可改变的稳定存在，就像米提雅人和波斯人的法律”。这位作者敏锐地评论道，鉴于这些条件和限制，美洲领导者们设法“关注这一问题的本质和重要性”，这本来就是一个奇迹。尽管他们“如此地倾向于这么做，但他们显然没有闲暇为整个殖民地的政府仔细研究和创立一部恰当的宪法”。①

国会接下来既没有通过《邦联条例》从而“修正机构的明显缺陷”，也没有改进多少 1775～1776 年就已经被采纳的安排，《邦联条例》的制定者们全面地认识到，“我们反对英国议会违宪性法案的基础”，在于保卫各州的集体权利和完整性。康涅狄格代表罗杰·谢尔曼尤其谨慎地在第九条写道，为了保留各州的所有权力，必须让它们“保留自己的主权、自由和独立”。正如谢尔曼所强调的，“国会设计各州接受的政府形式”，“只能是基于我们的情况所能够接受的形式”。但是，正如《美利坚合众国的政治建立》的作者所控诉的，在一个政府中，国会的权力“要受到其目标的限制。在某些情况下国会仅仅是建议性的，或者说是极少有决断性的”，所以这“绝不意味着国会要最终为自己的建议负责”。他把一个永久性的联盟定义为，“其有能力完成国家政策的目标”。②

然而，美洲全国联盟的缺陷易于分析但不易于补救。对于应该做些什么去补救联盟的不足，人们给出了非常广泛的意见。一些人和罗杰·谢尔曼一样，认为《邦联条例》应当“严格地……不被违反”直到时间和“实践”让它的缺陷更加明显。美洲人民在早期对此进行过强调，但这绝不意味着他们“剥夺了自己重新审议（《邦联条例》）的特权”；另一方的人们，则主张有利于全国政府的一次权力的彻底重新分配。他们论述道，由于合众国所有“的政治悲剧”都源自“各州的主权”，因此“各州的权力必须削弱到一个狭窄的范围”。国会应当拥有“完整的主权”，“每个州的地方法

① Arthur Lee, *The Political Establishments of the United States of America*, p. 10, p. 16.

② Roger Sherman, *Remarks on a Pamphlet, Entitled A Dissertation on the Political Union and Constitution of the Thirteen United States of North-America* (New Haven, 1784), p. 15, p. 39; Arthur Lee, *The Political Establishments of the United States of America*, p. 10.

律”或者州都应当被废除。“整个国家依据”一部宪法，“联合在一个政府之下”。①

大部分的分析人士，希望能够在这两极之间研究出全国政府和州政府之间更明确的权力分配方案。同18世纪60～70年代早期宪法辩论中的前辈一样，他们很容易陷入一种对政府权限范围老生常谈的区分，即特殊和一般、地方和全国、内部和外部、国内和国外。詹姆斯·威尔逊在1785年写道：“每当有一个目标，没有哪个州有能力完成的时候，对该目标的管理就必须属于合众国国会。”他指出了“许多具有此种性质的目标”，包括“购买（purchase）、出售、防卫不在任何一个州范围内的土地以及对该地区的治理”。威尔逊论述道，合众国作为一个整体，拥有“总体的（general）权利、权力和义务。这些既不源自哪一个单独的州，也不是分别源自各州，而是来自整个联盟”。丹尼尔·卡罗尔（Daniel Carroll）补充道，“邦联的精神”要求“所有一般性的事务都应当置于整个邦联的代表机构中，或是在其权威之下”。②

但是，正如毗拉提·韦伯斯特敏锐地评论道的，“这一重大目标最困难的部分”，就是构建一个全国政府。它既能够“为了合众国的善和幸福”，“充分地行使有效的权力”，“又能在行使这些权力的过程中避免侵犯或破坏各州的权力”。因为，就像汉密尔顿反复指出的，“国会不可能做一个单一的行为（do a single act），而不直接或间接地影响各州的内部治安”。汉密尔顿声称，“真理就是”，“没有哪部联邦宪法可以在权力行使过程中不影响其

① Roger Sherman, *Remarks on a Pamphlet, Entitled A Dissertation on the Political Union and Constitution of the Thirteen United States of North-America*, ix, pp. 12 – 13, p. 39; Noah Webster, *Sketches of American Policy*, p. 35; Arthur Lee, *The Political Establishments of the United States of America*, p. 21; “John Jay to John Adams, May 4, 1786,” in Edmund Cody Burnett, ed., *Letters of Members of the Continental Congress*, 8: 355; “Hamilton to Robert Morris, Apr. 1781,” in Harold C. Syrett and Jacob E. Cooke, eds., *The Papers of Alexander Hamilton*, 2: 630.

② James Wilson, *Considerations on the Bank of North America* (1785) in Robert Green McCloskey, ed., *The Works of James Wilson* (2 vols., Cambridge, Mass., 1967), 2: 829; Pelatiah Webster, *A Dissertation on the Political Union and Constitution of the Thirteen United States, of North America*, p. 37; Noah Webster, *Sketches of American Policy*, p. 35; “Jefferson to Madison, Feb. 8, Dec. 16, 1786,” and “Daniel Carroll to Madison, Mar. 13, 1786,” in William T. Hutchinson, et al., eds., *The Papers of James Madison*, 8: 486, 496, 9: 211; “Charles Pinckney's Speech to the New Jersey Assembly [Mar. 13, 1786],” in Edmund Cody Burnett, ed., *Letters of Members of the Continental Congress*, 8: 322 – 323.

组成成员的内部治安”。[①]

华盛顿评论道，由于这个原因，几乎每一个联邦行为都被各州视作“不合理的嫉妒（unreasonable jealousies）”。正如鲁弗斯·金在1786年控诉的，“每个希望巩固联邦政府或认可联盟的人”，“都表现出对人民自由的敌意”。各州与革命前危机中的殖民地立法机关一样，基于同样的理由，“积极地争夺”它们自己的“独立主权”，它们唯一的依据就是，要保卫自己的权力不受联邦政府权力的侵犯。华盛顿绝望地谈论道，只要“权力的……这种韧性（tenacity）”“和权力的婴孩——我本想说怪兽——也就是主权，普遍被各州牢牢掌握着”，那么各州就不可能加入变革以使合众国解决这个古老的问题，即一个扩展的联邦政体内的权力分配问题。套用麦迪逊对共和政府的著名评论，联邦政府“想要，但还没有找到的东西”，就是可以调解各级政府争议的“不偏私的、不带感情的仲裁人”。[②]

简单的事实是，甚至在讨论的若干年后，也就是18世纪80年代中期，美洲人还是没有探索出任何“公认的原则”，用诺亚·韦伯斯待的话说，“各州在自己的内部治安领域是拥有主权的、独立的，涉及共同事务领域时……则只服从联邦首脑（federal head）”。阻止它们这样做的首要障碍，恰恰就是十年前让大英帝国遭受不幸的问题，即主权权威的最终归属问题。1783年，一位自称图利乌斯（Tullius）的作家，在费城出版的名为《致公众的三封信》（*Three Letters Addressed to the Public*）的小册子中对这一问题给出了大胆一击。图利乌斯主张在政治主权和司法主权之间做一个区分，前者属于国会，后者属于各州。[③]

---

① Pelatiah Webster, *A Dissertation on the Political Union and Constitution of the Thirteen United States, of North America*, pp. 17 – 18; Alexander Hamilton, “Report on a Letter from the Speaker of the Rhode Island Assembly, Dec. 16, 1782,” and “A Letter from Phocion to the Considerate Citizens of New York [Jan. 1 – 27, 1784],” in Harold C. Syrett and Jacob E. Cooke, eds., *The Papers of Alexander Hamilton*, 3: 216, 218 – 219, 490.

② “Washington to James McHenry, Aug. 22, 1785,” “Washington to Henry Knox, Feb. 3, 1787,” “Washington to Secretary for Foreign Affairs, Mar. 10, 1787,” “Washington to David Stuart, July 1, 1787,” in J. C. Fitzpatrick, ed., *The Writings of George Washington*, 28: 228 – 229, 19: 153, 176, 238; “Rufus King to Elbridge Gerry,” in Edmund Cody Burnett, ed., *Letters of Members of the Continental Congress*, 8: 393; “Madison to Washington, Apr. 16, 1787,” in William T. Hutchinson, et al., eds., *The Papers of James Madison*, 9: 384.

③ Arthur Lee, *The Political Establishments of the United States of America*, pp. 17 – 18; Noah Webster, *Sketches of American Policy*, p. 35; Tullius, *Three Letters Addressed to the Public*, p. 12.

图利乌斯引用瓦特尔的定义：主权国家是指“有权利立即出现在由各民族构成的普遍社会（universal society of nations）中的国家”。他主张，合众国是“一个单独的国家，它的道德人格位于国会”。他写道，正如“个人安全是市民社会的基石”一样，“社会安全是政治稳定的基石”。因此，他分析道，“一个像合众国这样的政治联邦，联盟的主要目的”就是保障“组成这个联盟的各州的安全”。他论述道，这样一个联盟，为实现该目的，必须拥有“一个代表机构”，“合众国的主权就位于该代表机构”，“每个州的代表，集体组成了合众国整体的道德代表和主权权力”。但是，“国会独自”拥有“发动战争和实现和平的权力，依靠主权能力（sovereign capacity）与其他国家谈判的权力”。在图利乌斯看来，这并不妨得各州在自己内部政策范围内，对那些不那么显要，但并非不必要的事务保有“单独的、次级的（inferior）、有限的司法主权”。①

虽然图利乌斯“基于支持邦联这一目的”，对政治主权和司法主权的区分看上去“很清楚……很自然”，但是他必须承认，“历史中不存在这样的平行状态，即政治主权和司法主权”处于“彼此分离、彼此独立的状态”。而且，他也并不认为这种新奇的安排是可行的。相反，他暗示这种安排可以尤其保障“公民政府的两个原初目标”，他称之为公共安全和私人幸福。他相信，“美洲政府的框架”通过保留“每个州必要的权力——这些权力位于不同的主体之内，在本质上就是分离的，彼此之间互不影响——”让每个州“获得特有的幸福”。由于“战争、缔约、政治和必要的财政事务”“与国家的安全更息息相关”，因此它们是“国会的正事（proper business）”。“实施法律，维护治安、秩序和正义，促进教化，增进社会美德”以及其他“促进私人幸福”的事务，则是“各州立法机关的适当着力点，为了让通过的法案（以公共安全和私人幸福为目标）生效，就要承认各州立法机关拥有主权权力”。②

图利乌斯构想的优点是，在赋予国会“更广泛权力的”同时保留各州对“有限领土”的管辖权，迎合了州主权这个“受欢迎的、讨人喜欢的理念”。但是，它并没有解决理论和实践的问题，即当两个主权领域（realms）发生权力界限的管辖争议时，应该怎么做。与华盛顿所说的相反，按照图利

① Tullius, *Three Letters Addressed to the Public*, pp. 7 – 10.

② Tullius, *Three Letters Addressed to the Public*, pp. 9 – 10, p. 12.

乌斯的解释，《邦联条例》下的美洲政府体制“相较实践，很明显在理论上更完善”。[①]

同时代的人也明白，这种理论困境是联盟内部结构规则（structural imperatives）的结果，18 世纪 80 年代的美洲领袖们，作为敏锐的政治观察者，都知道利益是“让个人或团体能够联合在一起的唯一不变的纽带”。但是，正如一位作家于 1784 年指出的，在《邦联条例》下，市民的“政治利益和民事利益”“完整地形成并建立在每一个州的基础上”。对这些利益的保障随之被视作“各州首要的、基本的目标”，而“邦联的整体利益和一般事务”往往成为各州“次要考虑的目标”。美洲联盟内部强大的离心倾向，有力地确定了“每个州的最终统治权”，形成了“13 种相互对立的利益”，也让“国会这个机构变得完全次要，甚至完全没用”。[②]

自战争结束以来，各州长期“基于自己的特殊利益进行治理”，宪法改革的拥护者们希望这些利益能够再次被整合在一起，联合成一个更强大的联盟。18 世纪 80 年代，两股趋势都汇向这一目标。第一股趋势，正如彼得·奥诺夫所强调的，是一种不断增强的意识，即为了维系共同的领土完整，各州强烈依赖全国政府。有这种意识的人反对其他州分离主义的主张。在这片区域内，冲突的可能是如此之大，因此很多人都恐惧内战。然而，奥诺夫指出，各州是如此孱弱，以至于相互之间不会发动战争。这种孱弱有效防止了各州“以假想的独立主权国家”来对待彼此。没有一个州拥有足够的强制资源（coercive resources）而独立存在。[③]

一旦各州认识到，它们只能主张“其他州愿意承认”的内容，联盟成员的“共同承认”是各州主张的“最终合法渊源”，它们就渐渐明白，正如威廉·格雷森在 1787 年 7 月指出的，只有一个强大的政治联盟，才能“保证联盟中每个州的界限”，并接受被奥诺夫称作“日益减损的州地位（statehood）”。奥诺夫论述道，这一发展在 18 世纪 80 年代中期已经完结。

---

① Tullius, *Three Letters Addressed to the Public*, pp. 7 – 8; "Washington to Secretary for Foreign Affairs, Mar. 10, 1787," in J. C. Fitzpatrick, ed., *The Writings of George Washington*, 29: 176.

② Arthur Lee, *The Political Establishments of the United States of America*, p. 11.

③ "Thomas Stone to James Monroe, Dec. 15, 1784," and "Rufus King to Jonathan Jackson, Sept. 3, 1786," in Edmund Cody Burnett, ed., *Letters of Members of the Continental Congress*, 7: 629, 8: 459; Peter S. Onuf, *The Origins of the Federal Republic: Jurisdictional Controversies in the United States, 1775 – 1787*, pp. 3 – 5.

它对获得一个令人满意的国家政策，也就是处理1785～1787年西部领土问题的政策，是至关重要的。这一政策是邦联国会在那些年获得的一次明确成功。此外，它对1787年宪法中“国家权力的巨大扩张”也是至关重要的。[①]

第二股趋势有助于改变舆论，赋予各州共同利益感，那就是18世纪80年代在绝大多数美洲政治领导者中突然出现的，广为扩散的、对无政府状态和混乱的恐惧。这种恐惧有两个主要来源。第一个来源，正如一位国会议员指出的，是一种不断明确的认识：各州如果过分地“陶醉于自由”之中，“追求它们自己反复无常的危险试验，不顾联邦体制，将很快毁灭它们自己”。1785～1786年，“公然违背公共信念……屡屡发行纸币”就是臭名昭著的例子。第二个来源是对1786年谢司起义的认识，即各州实际上无力维系各自边界之内的内部秩序，亨利·诺克斯（Henry Knox）在1786年致信华盛顿说，各州几乎完全“没有与政府共存的维护和平的权力”。[②]

“并列（juxtapose）和综合（synthesize）各种之前不同的、不相关的暴力和混乱，把它们视为一个根本宪法问题的症状（symptoms）”，并且该问题只能通过扩大联盟的权力来解决。这种不断增强的对混乱的恐惧，正如奥诺夫所说，“创造了一个新的现实”。用华盛顿的话来说，这一现实最终将说服“联盟中更大部分的成员……必须通过联邦法案”建立一种安全的政治秩序。尽管少数人坚持认为，改变《邦联条例》中被清楚证明是缺陷的部分就足够了，但是大部分人都赞同麦迪逊的观点，即现有的体制，既没有，也不应得到拥护。麦迪逊对现有政治体制的“罪行”做了精彩的分析。《邦联条例》没有给予联邦政府任何凌驾于各州之上的强制权力，且剥夺了联邦政府“极其重要（vital）的政治宪法原则”，以至于各州有可能侵犯联邦权力且免予受罚。不可避免的是，“没有系统性的改变”，《邦联条例》将“深深地打击（strike）旧的邦联，联盟将永远只是一个诸

① Peter S. Onuf, *The Origins of the Federal Republic: Jurisdictional Controversies in the United States, 1775 - 1787*, p. 21, p. 23, p. 33, p. 46; "William Grayson to Edmund Randolph, June 12, 1787," in Edmund Cody Burnett, ed., *Letters of Members of the Continental Congress*, 8: 609.

② "Charles Pettit to Jeremiah Wadsworth, May 27, 1786," and "James Manning to Nathan Miller, June 12, 1786," in Edmund Cody Burnett, ed., *Letters of Members of the Continental Congress*, 8: 369 - 370, 391; "Henry Knox to Washington, Oct. 23, 1786," as cited by Peter S. Onuf, *The Origins of the Federal Republic: Jurisdictional Controversies in the United States, 1775 - 1787*, p. 6.

多主权权力的同盟（a league of sovereign powers）”。越来越多的人渐渐认识到，如果美洲联盟想要获得力量和能量，就必须基于《邦联条例》之外的“其他原则”。①

1787 年的费城制宪会议中，许多美洲领袖们证明了这一结论。麦迪逊后来谈论道，制宪会议的代表们清楚地认识到，“公共意见制约着每一个政府”。公众对各州政府的依赖以及美洲政体的扩展特征，都不可能“使各州合并成一个简单的共和国”。公众要求高度的独立，“各州保留单独的权力”。同样，代表们也认识到，公共意见加强了他们自己的决心，那就是任何改革都必须符合“共和原则”，正如麦迪逊所说，通过从邦联学习到的经验，“各州的单独独立（individual independence）”与“一个集合（aggregate）主权的理念，或者一个有力的（energetic）、有效的中央政府的理念，是完全不相容的”。制宪会议的成员们，发现自己正在研究一种被麦迪逊称为“中间立场”的路径，即“支持一个国家权威至上性的同时，又能有效地让地方权威尽可能附属地发挥作用（subordinately useful）”。②

在很大程度上，这种让各州附属于联邦政府，又不合并成一个单一政府，同时也不剥夺它们管理自己内部事务权力的中间道路，仅仅是一个古老探索的延续。这个古老的探索就是，在殖民地的早期历史进程中，在中心与边缘之间、在全国政府与各州之间，寻找可行的权力分配。的确，代表们几乎找不到可以指导他们的先例。詹姆斯·麦迪逊和詹姆斯·威尔逊指出，当时那些极少数在结构上不是单一制的欧洲国家——波兰、瑞士和荷兰全都是松散的邦联。古代希腊共和国邦联也是如此。

① Peter S. Onuf, *The Origins of the Federal Republic: Jurisdictional Controversies in the United States, 1775 - 1787*, pp. 184 - 85; "Washington to Chevalier de la Luzerne, Aug. 1, 1786," in J. C. Fitzpatrick, ed., *The Writings of George Washington*, 28: 500; "Nathan Dane to John Choate, Jan. 31, 1786," and "Madison to Edmund Pendleton, Feb. 24, 1787," in Edmund Cody Burnett, ed., *Letters of Members of the Continental Congress*, 8: 292 - 293, 547; James Madison, "Vices of the Political System of the United States, Apr. 1787," and "Madison to Edmund Randolph, Apr. 8, 1787," in William T. Hutchinson, et al., eds., *The Papers of James Madison*, 9: 348 - 352, 369; Arthur Lee, *The Political Establishments of the United States of America*, p. 11.

② James Madison, "Madison to Edmund Randolph, Apr. 8, 1787," and "Madison to Washington, Apr. 16, 1787," in William T. Hutchinson, et al., eds., *The Papers of James Madison*, 9: 369 - 371, 383; James Madison, "Consolidation, *National Gazelle*, Dec. 5, 1791," and "CharTerer, *National Gazelle*, Jan. 19, 1792," in William T. Hutchinson, et al., eds., *The Papers of James Madison*, 6: 68 - 70, 82, 85.

另外两个希腊联盟——亚加亚联盟和利西亚联盟似乎赋予了中央政府更大的权力。但是，人们对这些组织的细节了解得太少，以至于无法提供一个明确的模板。在这种情况下，代表们几乎等于要从自己的经验，也就是大英帝国和《邦联条例》权力重叠的经验中寻找方向。①

这些经验告诉他们，将会“很容易探索出一条恰当的、令人满意的基本原则”。在对一般范围和地方范围的常见区分中固定产生了这一原则。奥诺夫写道，这一区分“在美洲人尝试为大英帝国内的殖民地确定一个安全位置（define a safe place）的历史中，拥有古老的血统”，并且已经清楚地包含在《邦联条例》内。然而，尽管各州在制宪会议审议宪法的过程中承认了国会，但“在必须交给全国政府的权力与各州保留的权力之间划定精确的界线”，是不容易的。②

在关于这个问题的讨论中，每个人都赞同，公共意见和有效治理都要求各州作为（联盟的）一部分，对所有“地方事务”负责，“而全国政府不能干预”。威尔逊声称，“所有大政府”“都必须分割成几个较小的权力机构”。但是，关于各州究竟应当保留什么权力没有达成合意。少数人认为，在州权力和联邦权力之间“划清界限是如此困难”，以至于他们对“在国家立法机关和州立法机关之间划定任何界限”都感到绝望。特拉华的冈宁·贝德福德（Gunning Bedford）指出，“在一种完全的合并与一种各州的纯粹邦联之间没有第三条道路”。③

---

① James Madison, “*Federalist* Nos. 18 – 20,” in Benjamin F. Wright, ed., *The Federalist* (Cambridge, 1961), pp. 171 – 86; James Wilson, “Lectures on Law,” in Robert Green McCloskey, ed., *The Works of James Wilson*, 2: 247 – 260; Peter S. Onuf, *The Origins of the Federal Republic: Jurisdictional Controversies in the United States, 1775 – 1787*, p. 158, p. 172, p. 207. 更早对古代或同时代政治组织模式的质疑有“Continentalist, No. IV (July 4, 1782),” in Harold C. Syrett and Jacob E. Cooke, eds., *The Papers of Alexander Hamilton*, 3: 103; and “William Grayson to Madison, Mar 21, 1786,” in William T. Hutchinson, et al., eds., *The Papers of James Madison*, 8: 510.

② James Wilson, *Speech Delivered on 26th November, 1787, in the Convention of Pennsylvania* (Philadelphia, 1787), in Robert Green McCloskey, ed., *The Works of James Wilson*, 2: 764; Peter S. Onuf, *The Origins of the Federal Republic: Jurisdictional Controversies in the United States, 1775 – 1787*, p. 198; “Convention to Congress, Sept. 12, 1787,” in Max Farrand, ed., *Records of the Federal Convention of 1787* (4 vols., Washington, 1911 – 1937), 2: 584; James Madison, “Federalist 37,” in Benjamin F. Wright, ed., *The Federalist*, pp. 361 – 363.

③ “Wilson's Speech, June 19, 1787,” “George Mason's Speech, June 20, 1787,” and “Bedford's and Oliver Ellsworth's Speeches, June 30, 1787,” in Max Farrand, ed., *Records of the Federal Convention of 1787*, 1: 322 – 323, 340, 490, 492; “Hamilton's Speech, June 19, 1787,” in Harold C. Syrett and Jacob E. Cooke, eds., *The Papers of Alexander Hamilton*, 4: 211.

正是因为这个原因，一些小州的代表主张，州政府必须保留对全国政府的优势（superiority）。根据贝德福德的说法，这样做最初不过是为了“万一发生战争，可以保卫整个州免遭外国的侵犯，保卫小州免遭大州的觊觎”。马里兰代表卢瑟·马丁（Luther Martin）主张：“美洲人民从大英帝国脱离，更倾向于建立13个单独的主权，而不是合并成一个主权。”对这些地方政府而言，它们仍然在追求“对生命、自由和财产的保障”。康涅狄格的奥利弗·艾尔斯沃兹（Oliver Ellsworth）说，美洲人仅仅希望获得来自各州的“国内（domestic）幸福”。[①]

在另一个极端，事实上只有汉密尔顿认为，区分州权力和国家权力的困难，要求赋予全国政府“不明确的（indefinite）权力”。正如他后来在《联邦论》第15篇写道的，《邦联条例》完全证实了他的信念，那就是“在每一个由许多较小的主权基于共同利益原则联合成的政治组织中，在其附属的或下一级的范畴内都会发现一种离心倾向，它们每一个都在不断尝试从共同的中心逃脱”。汉密尔顿相信，这种倾向是如此强大，以至于如果联邦政府的权力“完全被限制，那么与其对抗的各州将渐渐破坏它”。[②]

尽管没有其他代表赞同汉密尔顿的看法，即应当给予联邦政府无限的权力，但是大部分人都认为，赋予联邦政府的权力“应当超过各州还是大英帝国一部分时英国议会的权力”。并且，在所有涉及国家整体利益的领域，这种权力“要在州宪法之上”。麦迪逊论述道，除非联邦法律和联邦法院高于州法律和州法院，否则联邦政府永远无法抑制这种所有联盟固有的倾向，也就是“部分权力侵犯整体权力”，或各部分之间彼此侵犯的倾向。麦迪逊借用布莱克斯通的逻辑和语言谈论道，如果“整体对部分”“没有控制的权力”，那么“我们的体制”将包含“主权中的主权（imperia in imperio）之恶”。[③]

---

① “Luther Martin's Speech, June 20, 1787,” “Bedford's and Ellsworth's Speeches, June 30, 1787,” in Max Farrand, ed., *Records of the Federal Convention of 1787*, 1: 340－341, 490, 492.

② “Hamilton's Speech, June 19, 1787,” and “Alexander Hamilton, Federalist 15,” in Harold C. Syrett and Jacob E. Cooke, eds., *The Papers of Alexander Hamilton*, 4: 211, 362.

③ James Madison, “Vices of the Political System, ARP. －June 1787,” “Madison to Randolph, Apr. 8, 1787,” “Reply to the New Jersey Plan, June 19, 1787,” and “Rule of Representation [June 29, 1787],” in William T. Hutchinson, et al., eds., *The Papers of James Madison*, 9: 348－57, 369－70, 10: 55－59, 86; “Edmund Randolph's speech, May 29, 1787,” in Max Farrand, ed., *Records of the Federal Convention of 1787*, 1: 18; “Madison to Jefferson, Oct. 24, 1787,” in Julian P. Boyd, ed., *The Papers of Thomas Jefferson* (19 vols. to date, Princeton, 1950－), 12: 273.

大多数代表持有这种立场的基本前提是，“合众国构成了一个单一的政治共同体（community）”，它“应当是一个国家（nation）”，并且“永远在法律意义上是一个团体的（corporate）政治主体。它被赋予所有与团体相关的，或应当相关的权利、特权和豁免权”。基于这个前提，就会得出各州从未“拥有重要的主权权利”。与卢瑟·马丁的主张——“当殖民地独立于大不列颠，也就意味着它们彼此之间相互独立”相反，威尔逊认为，从《独立宣言》的表述可以有力地断定，各州是“联合在一起（unitedly）”主张独立，而非“分别地（individually）”主张独立。埃尔布里奇·格里（Elbridge Gerry）强调，“即便是基于邦联的原则”，各州“也从来不是独立的州，现在不是，以后也永远不会是”。鲁弗斯·金在辩论中声称，“各州不拥有任何主权的特有特征，不能发动战争、不能实现和平、不能结盟、不能缔约。把它们看作‘政治人’，那也是‘哑巴’，因为它们不能对外国主权者说任何话。它们也是‘聋子’，因为它们无法听到来自任何主权的主张”。①

然而，与从《印花税法案》危机到独立战争期间殖民地的辩护者一样，这些呼吁一个更强大国家联盟的人很快认识到，正如奥诺夫所说，为了支持“全新的联盟概念”，他们“不得不抛弃‘主权’的话语和逻辑”，“这样才能解决主权联盟中主权国家这一明显的悖论”。为了实现该目标，他们研究出四种平行互补的策略。②

第一种策略是，他们试图直接在人民，也就是个人公民的基础上，而不是在各州，或者作为各州公民的集体人民的基础上，找到“联盟的权威”。汉密尔顿在《联邦论》第15篇阐述道，“现有邦联结构重大的、根本的缺陷”就是“各州立法或政府的原则，是基于它们团体或集体的能力……而不是基于组成它们的个人”。制宪会议解决该问题的两个策略，就是让众议院的代表性既建立在全体人民的基础上，又建立在公民直接选举的基础上。并且要求

① Peter S. Onuf, *The Origins of the Federal Republic*: *Jurisdictional Controversies in the United States*, *1775 - 1787*, p. 191; “Edmund Randolph's Speech, May 29, 1787,” “Madison's Speech, June 9, 1787,” “Rufus King's and James Wilson's Speeches, June 19, 1787,” “El - bridge Gerry's and Madison's Speeches, June 29, 1787,” “Convention Proceedings, Aug. 20, 1787,” in Max Farrand, ed., *Records of the Federal Convention of 1787*, 1: 27, 180, 323 - 324, 467, 471, 2: 342; “Madison's Speech, June 21, 1787,” in William T. Hutchinson, et al., eds., *The Papers of James Madison*, pp. 67 - 68.

② Peter S. Onuf, *The Origins of the Federal Republic*: *Jurisdictional Controversies in the United States*, *1775 - 1787*, p. 198.

批准新宪法“要以人民权力的名义，而不仅仅是以立法机关权力的名义”。麦迪逊甚至在制宪会议召开之前就决定，只有改变“这样的代表原则”，才能让联邦政府的权力“明确地高于”州“立法机关的权力”，给予联邦政府权重和能量去保障联盟的作用。就像汉密尔顿在辩论中所说的，要确保公民的个人权利不会“因维系一个人造的东西——州的团体权利而做出牺牲”。①

如果说，这些观点代表了一种对宪法传统的根本背离，那么制宪会议试图通过第二种重要的策略来保障各州的团体权利。此处的传统指的是在革命前的辩论和《邦联条例》构建过程中明确阐述的那种宪法传统，即各州团体权利的完整是各州人民个人权利的最佳保护措施。第二种重要策略是在宪法的基本原则中加入一条——各州在参议院中的代表人数相等。正如麦迪逊向杰斐逊解释的，如果众议院代表了“各州人民的个人能力”，那么由“州立法机关绝对面专属选举的”参议院则代表了“各州的政治能力”。正如“个人的基本权利”“由各州宪法的明文条款保障”，参议院的设计“即邦联国会的另一个版本”则“在国家宪法中保障了州的权利”。②

但是，保障州的权威、完整性和同一性免受全国政府一般性主权和管辖权侵犯的第三种主要策略，是扩展到联邦宪法的原则也是在18世纪60～70年代早期与英国的斗争中，写入所有革命的州宪法之中的原则，即宪法要约束它们建立的政府。詹姆斯·威尔逊在宾夕法尼亚的宪法批准会议上自豪地宣布，“通过一部有统治力的（overruling）宪法约束立法机关的权力和行为”，是“统治科学和实践的一大进步”。“美洲各州政府已经这样做了”，现在将扩展到联邦政府。③

---

① “Madison to Jefferson, Mar. 19, 1787,” “Madison to Randolph, Apr. 8, 1787,” “Reply to the New Jersey Plan, June 19, 1787,” and “*Federalist*, 45, Jan. 16, 1788,” in William T. Hutchinson, et al., eds., *The Papers of James Madison*, 9: 55–56, 318–319, 370, 430; Hamilton, “*Federalist* 15,” in Benjamin F. Wright, ed., *The Federalist*, pp. 158–159; “Hamilton's Speech, June 29, 1787,” in Max Farrand, ed., *Records of the Federal Convention of 1787*, 1: 473.

② “Wilson's Speech, June 21, 1787,” “Wilson's, Madison's, and Rufus King's Speeches, June 30, 1787,” in Max Farrand, ed., *Records of the Federal Convention of 1787*, 1: 355, 490, 493; “Madison to Jefferson, Oct. 24, 1787,” in Julian P. Boyd, ed., *The Papers of Thomas Jefferson*, 12: 275; Benjamin F. Wright, ed., *The Federalist*, 45, in William T. Hutchinson, et al., eds., *The Papers of James Madison*, 10: 430.

③ “William Samuel Johnson's Speech, June 21, 1787,” in Max Farrand, ed., *Records of the Federal Convention of 1787*, 1: 355; James Wilson, “Speech Delivered, on 26th November, 1787,” in Robert Green McCloskey, ed., *The Works of James Wilson*, 2: 770.

麦迪逊在《联邦论》中阐述道，这样的结果就是联邦立法机关将“拥有一部分最高的立法权力，这种权力曾完全被英国议会掌控，在少数例外的情况下，由殖民地议会和爱尔兰立法机关行使”。在新宪法中，“委托给……联邦政府的权力”是“很少的、确定的”，原则上适用于“外部事务，例如涉及战争、和平、谈判和对外贸易的事务”；而“保留在各州政府的权力”是“巨大的、无限的”，它将“扩展到所有领域，包括所有涉及人民生命、自由、财产的一般性事务，以及涉及州的内部秩序、发展和繁荣的事务”。①

第四种，也许是最重要的策略即宪法的提议者们重新定义了主权的概念。跟随1764～1776年的殖民地领导者，新宪法的拥护者和保卫者们在批准宪法的整个辩论过程中，持续使用并存（concurrent）主权或分割主权的措辞。根据这一原则，汉密尔顿和麦迪逊在《联邦论》中一次又一次地反复论述：新宪法中，州政府将保留“所有过去拥有的主权权利，以及没有专门委托给合众国的主权权利”。联邦党人急忙指出，“所有未列举的权利”虽然很少，也将由各州保留。各州将“享有它们的主权以及独立的管辖权”。②

然而，宪法的反对者们拒绝了一论述。和他们的对手一样，他们也从布莱克斯通以及其他人那里学到了，“两个协调的（coordinate）主权将是政治上的谬误”。在理性上，“一个主权在另一个主权之内……是矛盾的”。托马斯·特雷德韦尔（Thomas Treadwell）在纽约批准宪法的会议上声称，“在一个国家内有两个同等的主权，也就意味着以同样的方式，在同一时间，两个机关分别拥有最高的主权权力”，“这简直荒谬。就像说两个不同的、分离的圆拥有一样的圆周一样荒谬”。抛开协调主权的概念，这只不过是一种狡猾的设计。他们主张新宪法应给予“全国政府……所有主权的根本性质”，授予国会权力，因此必须“废除并吸收各州的立法权、行政权和司法权，从而在它们的废墟中产生一个统一的政府”。他们让读者们想起，殖民地为

---

① James Madison, *Federalist* 14, Nov. 30, 1787, *Federalist* 45, Jan. 26, 1788," in William T. Hutchinson, et al., eds., *The Papers of James Madison*, 10: 286, 431; "*Federalist* 52," in Benjamin F. Wright, ed., *The Federalist*, p. 363.

② "George Mason's Speech, Aug. 20, 1787," in Max Farrand, ed., *Records of the Federal Convention of 1787*, 2: 347; Alexander Hamilton, "*Federalist* 32 [Jan. 2, 1788]," in Harold C. Syrett and Jacob E. Cooke, eds., *The Papers of Alexander Hamilton*, 4: 461 - 462; "James Madison, "*Federalist* 40, Jan. 18, 1788," and "*Federalist* 44, Jan. 25, 1788," in William T. Hutchinson, et al., eds., *The Papers of James Madison*, 10: 387, 425.

了保卫团体的权利，抗议英国议会试图把所有主权权力都聚集于自身，那“既是革命的首要原则，也是我们信条（creed）中至关重要的一条”。①

但是，宪法的支持者们已经准备好了关于“主权中的主权”这一问题的答案。在18世纪60～70年代，这一答案对他们来说还是不可用的。但他们现在已经能够通过创立“人民主权”这一概念，来使协调主权学说合法化。人民主权的观点是指，主权不位于政府而在于人民自身。在1787年，这并不是一个新的观点。许多评论者，包括英国激进派的约翰·卡特赖特，在革命前的辩论中论述道，“主权权利在于人民自身”。州宪法既是建立在该原则上，也是该原则的具体表现。到18世纪80年代中期，“最终权威，不论其派生物（derivative）在哪，它都在人民”，已经成为老生常谈的话题。用詹姆斯·威尔逊的话说，通过1787年的探索，“当追溯可怕而令人敬畏的主权的真正最终根源时”，“将会发现……它就在自由而独立的人民中”，“这一点儿也不令人惊讶”，并且它被证明是“很实用的东西”。②

恰恰由于该原则在联邦制宪会议中表现出来了实用性，宪法的起草者们将这一原则作为解决古老问题的基础，即在中心与边缘之间究竟应该如何分配主权权力。正如安德鲁·C. 麦考夫林在半个多世纪前指出的，制宪会议解决这一问题的办法，既是“对现代世界政治生活的标志性贡献”，也是美洲人对政治理论和政治实践最重要的贡献，制宪会议的解决办法非常具有独创性。直到宪法完成后，直到经过了关于解释新政府的基本原则和运行方式

---

① “Dissent of the Minority of the Pennsylvania Convention, Dec. 18, 1787,” in Herbert J. Storing and J. Murray Dry, eds., *The Complete Anti-Federalist* (7 vols., Chicago, 1982), 3: 155, and in Merrill Jensen, ed., *The Documentary History of the Ratification of the Constitution by the States* (2 vols., Madison, Wise., 1976), 2: 626; “The Fallacies of the Freeman, Apr. 1788,” and “Essays by Cato, 1788,” in Herbert J. Storing and J. Murray Dry, eds., *The Complete Anti-Federalist*, 3: 190, 5: 138; “Agrippa's Letter [Dec. 3, 1787],” and “Thomas Tredwell's Speech, July 2, 1788,” in Cecelia M. Kenyon, ed., *The Antifederalists* (Indianapolis, 1966), p. 134, p. 401.

② John Cartwright, “American Independence,” in Paul H. Smith, comp., *English Defenders of American Freedom, 1774 - 1778* (Washington, 1972), p. 139; Peter S. Onuf, *The Origins of the Federal Republic: Jurisdictional Controversies in the United States, 1775 - 1787*, p. 22; N. Websler, *Sketches of American Policy*, p. 4; Alexander Hamillon, “Remarks [Feb. 15, 1787],” in Harold C. Syrett and Jacob E. Cooke, eds., *The Papers of Alexander Hamilton*, 4: 73; James Madison, “*Federalist* 46, Jan. 29, 1788,” in William T. Hutchinson, et al., eds., *The Papers of James Madison*, 10: 439; James Wilson, “Lectures on Law, 1790 - 91,” in Robert Green McCloskey, ed., *The Works of James Wilson*, 1: 81.

的辩论后，它的成员们才完全理解了这一原则的意义。[1]

戈登·伍德最近阐述道，人民主权的观念是让设计出的联邦制度得以实行的重要思维突破。正如新宪法所呈现的，如果主权在民，那么“州政府就永远不会失去它们的主权，因为它们从未拥有过”。除此之外，主权人民（sovereign people）能够授予任何政府或任何他们期待的政府基本的主权权力，他们能够以任何他们认为适合的方式来分割这些权力，赋予一层政府若干权力，赋予另一层政府若干其他权力，让这些权力掌握在他们自己的手中。[2]

詹姆斯·威尔逊在1787年秋的宾夕法尼亚批准宪法会议上，向他的同僚代表们完整阐述了这一新的理论。他解释道，在美洲政治体制中，主权既不在州政府，也不在任何政府。威尔逊说，那些“未准确思考我们政治体制的”政治家们可能会声称，“在我们的体制中，最高权力被授予给宪法”。他承认，“这种观点的确向真理迈进了一步，但是并没有到达真理”。他断言：“真理就是，在我们的体制中，最高的、绝对的、不可控制的权力，属于人民。正如我们的宪法高于我们的立法机关，人民则高于我们的宪法。”威尔逊论述道，主权，“始终在于人民，它没有被分开，而仅仅是分配（dispense）成若干为了公益而需要的权力”。[3]

埃德蒙·彭德尔顿（Edmund Pendleton）在弗吉尼亚批准宪法会议上声称，州政府和全国政府都是人民的创造物，“它们拥有我们同样的信任，选择了同样的方式，同样对我们负责”。麦迪逊在《联邦论》第46篇中写道，“联邦政府和州政府”，“实际上是人民的不同代理人和受托人，由不同的权力组成，有不同的目标”。虽然宪法第六条的主权条款保证当联邦法律和州法律发生冲突时，联邦法律优先于州法律，但全国政府和州政府在其各自领域内都拥有完整的权力，这些权力源自人民——主权之所在的直接授予。[4]

---

① Andrew C. McLaughlin, *A Constitutional History of the United States* (New York, 1935), p. 154; Andrew C. McLaughlin, *The Foundations of American Constitutionalism* (New York, 1932), p. 135.

② Gordon S. Wood, *The Creation of the American Republic, 1776 - 1787*, p. 531.

③ James Wilson, "Speech Delivered, on 26th November, 1787," in Robert Green McCloskey, ed., *The Works of James Wilson*, 2: 770; James Wilson, "Speech, Dec. 1, 1787," in Merrill Jensen, ed., *The Documentary History of the Ratification of the Constitution by the States*, 2: 448.

④ Gordon S. Wood, *The Creation of the American Republic, 1776 - 1787*, pp. 545 - 546; quoting "Edmund Pendleton's speech, June 12, 1788," in Jonathan Elliott, ed., *The Debates of the Several Stale Conventions on the Adoption of the Federal Constitution*, 3: 301; James Madison, "*Federalist* 46," in Benjamin F. Wright, ed., *The Federalist*, p. 330.

因此，宪法的设计者们把政府设计成不是统一政府的样子，也不是州的邦联的样子。用汉密尔顿在《联邦论》中的话来说，前者意味着“把各州全部合并成一个完全的国家主权”，后者则暗示了“把两个或更多的州”组成一个政体，所有的主权依然保留在州。全新的联邦政府则是在二者之间。汉密尔顿在《联邦论》第 32 篇中谈论道，“这只是部分的……合并”。除了人民通过宪法授予联邦政府的主权外，各州明确保留了传统上行使的所有主权权利。①

正如麦考夫林很久之前指出的，1788 年后的合众国组织内部，在许多方面都与现代早期大英帝国非常相似。当然，起草者们在设计宪法的过程中在很多情况下都半自觉地描绘了帝国的经验和先例。美洲联邦制和帝国一样，并不是把权力集中在一个单一政府，而是分布在不同层级的政府之间。因此，“联邦制赋予权力多样化原则以法律现实和制度现实。它使之具体化的制度与殖民者”已经生活于其中达一个半世纪的制度“非常相似”。②

然而，如果说美洲联邦制度在形式上不是那么重要，那么它在原则上则非常重要。通过把主权置于人民，而不是置于政府或政府的什么分支机构，宪法的起草者们发明了一种全新的统治方案。那就是主权的基本权力可以被分割，而主权本身不被分割。这种智识上和政治上的发明，不仅最终在美洲语境下让解决古老的帝国问题——中心和边缘之间、国家权力和地方权力之间的宪法关系变为可能，还让“对主权自身的想象像人口一样变得可扩张”。人民主权学说还可以被当作新的各州以 13 个原始州的形式联合在一起的基本原则。用麦迪逊的话说，这些州联合成了伟大的“扩展合众共和国（extended Republic of the United States）”。③

宪法的创新和重要之处在于，它是全新美洲理论——主权在全体人民的化身。它还将同意的观念包含在了全国政府之内，即通过直接选举组成众议院。这让美洲联邦主义，也就是 1787 年“全新的”联邦主义，变得富有代表性。联邦宪法古老的部分在于，它认可了各州继续作为单独的领土实体、团实体（corporate entites）的地位，而各州的代表在参议院。这些条款保障

① Alexander Hamilton, "*Federalist* 9 and 32," in Benjamin F. Wright, ed., *The Federalist*, p. 148, p. 241.

② Andrew C. McLaughlin, *Foundations of American Constitutionalism*, p. 140.

③ Peter S. Onuf, *The Origins of the Federal Republic*: *Jurisdictional Controversies in the United States*, *1775 – 1787*, p. 207; "Madison to Jefferson, Oct. 24, 1787," and James Madison, "*Federalist*, 14," in William T. Hutchinson, et al., eds., *The Papers of James Madison*, 10: 214, 287.

了美洲联邦主义的代表性。另外，像过去在《邦联条例》中一样，它们还保障了塞缪尔·H. 比尔最近主张的领土性（territorial）。①

在几乎整个18世纪80年代，从独立战争结束的1783年到联邦宪法通过的1788年，全新的美国独立政治共同体面临的问题就是，它们应该如何在政治上、宪法上把自己组织起来。这一问题包含了一系列附属问题：各州之间的关系应当是怎样的；各州是否应当有一个共同的中心；如果有，这个中心应当怎样创立和组织起来。所有这些问题，结合政治局势的难题、紧急状况和可能性，有力地摆在了它们的面前。基于它们与英国的长期关系，尤其是从18世纪60～70年代的事件中重新得出的经验，对上述这些问题的考量不可能抛开它们根深蒂固的、对遥远中央权力的猜疑。或许，仅仅因为它们并不像早期大英帝国那样拥有早已存在的统治领土中心——因为在此意义上，所有的边缘都没有中心，所有的州都享有平等的政治共同体地位——所以他们在考虑这些问题时，甚至能够忽略众所周知的创造一个新政治权力中心带来的危险。

在它们探索的过程中，它们从未希望在没有一个中心的情况下，合理和谐地建构彼此之间的关系，或是保护它们免遭外部威胁的侵犯。只有一个足够有力、足够完整的中心，才能维系它的权威免受联邦政治制度固有的强大离心倾向的危害。起草者们希望，把代表性和领土性合并于中央政府，让合众国拥有一个有活力的（energetic）中心，但不剥夺各州的自治权以及它们古老团体的完整性和地位。在整个殖民时期，它们对中心是如此的猜疑，以至于为了维系自身的自治，它们甚至发动了一场革命。

正如一位评论者所强调的，如果革命“在很大程度上”“抹去了……所有前人的习性”，在全新的合众国内没有“对政治和宪法革新的巨大阻力”，那么它们留下的帝国也是如此。在所有帝国的古老外部地区——爱尔兰、西印度殖民地，甚至包括新斯科舍，美洲殖民地的反叛仅仅增强了对更大程度地方自治的需求，以维系地方的团体利益。阿宾顿爵士在1778年声称，与反叛的殖民地一样，“西印度的每一座岛屿都惧怕”1776年《公告法案》，所有的爱尔兰人都带着猜疑的眼光看待它，他问道：“区分英国议会对美洲征税的权利和英国议会对爱尔兰征税的权利，谁是诡辩者?”然而，仅在爱尔兰，这种对宪法改革的需求迫使英国本土做出了一系列重大让步。不过，

① Samuel H. Beer, “Federalism, Nationalism, and Democracy in America,” *American Political Science Review* 72 (1978): 12, 14–15.

这些让步并没有幸存到世纪末。①

即使《波伊宁斯法》和1720年《爱尔兰公告法案》仍然保留在法典上，但正如前面所指出的，爱尔兰议会在整个18世纪上半叶对国内事务行使了巨大的自治权。从1753年财政法案的争论开始，就出现了关于爱尔兰议会参与处分财政剩余资金权利的争议。尤其是1761年之后，一群由亨利·福赖德领导的反对派政客，也就是众所周知的爱国者，“不断叫嚣关于增加爱尔兰利益的一系列改革，主张爱尔兰是一个完全独立于英国议会的特殊王国”。然而，正如许多学者指出的，美洲的战争及其志愿军，即一支在18世纪70年代晚期组织起来的反叛者公民军队，表面上是为了保卫爱尔兰免遭法国和西班牙的侵犯，实际上使爱国者目标的实现变得可能。②

他们的成功分为两个阶段，且都受到了美洲对英国战争灾难性结果的影响。第一个阶段，爱国者和志愿者与英国的反对派支持者一道，共同形成了爱尔兰新教徒或反叛者的观点，那就是在1779～1780年，说服北方政府“撤销对爱尔兰商业的所有限制”。第二个阶段，即1782年4月，亨利·格拉顿（Henry Grattan）领导的爱国者试图通过爱尔兰议会成员一致同意的议案宣布：“最伟大的国王陛下，爱尔兰的上议院和下议院是有能力颁布约束爱尔兰法律的唯一权力机关。”作为该议案的结果，现在由反对派控制的英国议会很快做出了让步，并通过了撤销《爱尔兰公告法案》的议案。因此，它有效地承认了“爱尔兰议会对爱尔兰立法的权力”。与此同时，爱尔兰议会通过了《耶尔弗顿法》（*Yelverton's Act*），该法对《波伊宁斯法》进行了修改，取消了王室除否决权之外的发起或修改爱尔兰法律的权利。在相关的改

---

① Sentinel I, "*Independent Gazetteer*, Oct. 5, 1787," in Merrill Jensen, ed., *The Documentary History of the Ratification of the Constitution by the States*, 1: 159; Willoughby Bertie, Fourth Earl of Abingdon, *Thoughts on the Letter of Edmund Burke, Esq.*, *To the Sheriffs of Bristol on the Affairs of America* (Oxford, 1778) in Paul H. Smith, comp., *English Defenders of American Freedom*, *1774 – 1778*, pp. 223 – 224.

② J. C. Beckett, "The Irish Parliament in the Eighteenth Century," *Belfast National History and Philosophical Society Proceedings* 4 (1955): 22 – 24; "Anglo – Irish Constitutional Relations in the Later Eighteenth Century," *Irish Historical Studies* 4 (1964 – 1965): 26; J. L. McCracken, *The Irish Parliament in the Eighteenth Century* (Dundalk, 1971), p. 19; David N. Doyle, *Ireland*, *Irishmen and Revolutionary America* (Dublin, 1981), pp. 152 – 155; Declan O'Donovan, "The Money Bill Dispute of 1753," in Thomas Bartlett and D. W. Hayton, eds., *Penal Era and Golden Age*: *Essays in Irish History* (Belfast, 1979), pp. 55 – 87; P. D. H. Smyth, "The Volunteers and Parliament, 1779 – 84," in Thomas Bartlett and D. W. Hayton, eds., *Penal Era and Golden Age*: *Essays in Irish History*, pp. 113 – 136.

革中，“爱尔兰法院的判决将免于向英国上议院最终上诉，爱尔兰法官被赋予终身任期，爱尔兰军队服从每两年通过一次的爱尔兰立法规定的纪律”。①

如果说，1782 年全新的“爱尔兰宪法”有效地终结了“爱尔兰立法机关的附属地位”从而保卫了爱尔兰立法机关的自治，且这仅仅是通过战争和革命达到的，那么这次的宪法改革并不足够深刻从而让宪法得以维系。正如约瑟夫·李（Joseph Lee）指出的，“1782 年仅仅标志着爱尔兰议会和英国议会之间关系的一次改变，并没有改变爱尔兰议会和爱尔兰人民的关系”。爱尔兰议会几乎是少数新教徒当权派的专属代表，它依然是“未改革的、不具代表性的”。随着法国大革命的爆发，爱尔兰的天主教徒开始在 18 世纪 90 年代主张更广泛的政治权利，并且在 1798 年发动叛乱。新教徒当权派不知所措，在 1800 年同意与英国建立正式的立法机关联盟。通过该联盟，爱尔兰议会被废除，爱尔兰将代表派往英国议会。至少在理论上，爱尔兰最终摆脱了边缘的无力，参与到中心里来。这样的安排一直持续到 20 世纪初爱尔兰革命爆发。②

虽然旧帝国边缘的地方立法机关没少尝试，但它们并没有设法实现自治。1782～1800 年，爱尔兰短暂地体会到了自治的滋味。在较新一些的殖民地，像多米尼加、格林纳达、新布伦瑞克、爱德华王子岛、圣文森特岛和维尔京群岛，1791 年宪法法案赋予每块殖民地一个地方议会。上、下加拿大（Upper and Lower Canada）与较老一些的殖民地一样，如巴巴多斯、背风群岛、牙买加和新斯科舍，其中心权威与边缘权利之间的古老张力丝毫没有减弱。1778 年，诺斯内阁（North Ministry）向反叛的殖民地提供和平计划，承诺“北美的所有殖民地、省和种植园以及西印度群岛”都免于英国议会的征税。这清楚地表明了“修改 1776 年《公告法案》的意愿”。事实

---

① J. L. McCracken, *The Irish Parliament in the Eighteenth Century*, pp. 19 – 20; David N. Doyle, *Ireland, Irishmen and Revolutionary America*, pp. 156 – 157; J. G. Simins, *Colonial Nationalism, 1698 – 1776* (Cork, 1976), pp. 76 – 77; Owen Dudley Edwards, "The Impact of the American Revolution in Ireland," in *The Impact of the American Revolution Abroad* (Washington, 1976), pp. 123 – 141; Maurice R. O'Connell, *Irish Politics and Social Conflict in the Age of the American Revolution* (Philadelphia, 1965), pp. 319 – 348.

② J. C. Beckett, "Anglo – Irish Constitutional Relations in the Later Eighteenth Century," *Irish Historical Studies* 4 (1964 – 1965): 28; Joseph Lee, "Grattan's Parliament," in Brian Farrell, ed., *The Irish Parliamentary Tradition* (New York, 1973), p. 150; J. G. Simins, *Colonial Nationalism, 1698 – 1776*, p. 76; J. L. McCracken, *The Irish Parliament in the Eighteenth Century*, pp. 19 – 20; David N. Doyle, *Ireland, Irishmen and Revolutionary America*, pp. 22 – 23; Edith M. Johnston, *Great Britain and Ireland, 1760 – 1800* (London, 1963).

上，英国议会再也没有尝试对拥有独立立法机关的殖民地征税。但是，美洲人对该和平计划的拒绝让整个问题暂时搁置。切斯特·马丁（Chester Martin）评论道，由于所有殖民地继续留在大英帝国，因此美洲革命"仍然没有解决""美洲问题"——边缘怎样合宪地保卫它们的臣民身为英国人的权利，免受英国本土主张的无限权威的侵犯。①

在革命期间及革命后的数十年里，西印度群岛殖民地的人尤其刺耳地主张他们"作为英国臣民的宝贵特权——只有他们自己能够向自己征税，不受任何未经他们的祖先和他们自己同意的法律的约束"，要完全"免于……英国议会对其内部税务的征收和压迫……只有这样，他们才会继续忠诚于他们的国王和宪法"。与反叛的殖民地人民一样，他们主张通过国王与英国本土相关联。虽然他们同意第一届大陆会议中，英国议会可以对所有"殖民地地方管辖能力不能胜任"的一般性事务行使权力，但是他们主张，英国议会"没有能力裁判"殖民地纯粹的内部事务。"在英国议会合宪的、监管的（superintending）、控制性的（controlling）权力与完全无限制的暴政体制，即约束殖民地所有事务的权力之间"，应当划定一条清晰的界限。②

历史学家、牙买加议会成员布莱恩·爱德华兹（Bryan Edwards）于1793年在其《英属西印度殖民地的历史、市民和商业》（*History, Civil, and Commercial, of the British Colonies in the West Indies*）一书中，简洁地表明了殖民地的立场。牙买加议会于1774年致国王的请愿信，与大陆殖民地在18世纪60～70年代使用的指称非常相似。爱德华兹主张，英国政府是"一个有限的政府"。因此，一个有限的政府能拥有无限的权力是非常明显的自相矛盾的说法。爱德华兹论述道，约束英国政府的是"那些古老的、根本的、不成文的法律……也就是人民与生俱来的权利"。他说："当我们谈论英国

---

① Weldon A. Brown, *Empire or Independence: A Study in the Failure of Reconciliation, 1774 - 1783* (Baton Rouge, 1941), pp. 215 - 216, pp. 250 - 251; Bryan Edwards, *The History, Civil and Commercial, of the British Colonies in the West Indies* (2 vols., Dublin, 1793), 2: 339; Chesler Martin, *Empire and Commonwealth: Studies in Governance and Self-Government in Canada* (Oxford, 1929), p. 148; S. H. H. Carrington, "West Indian Opposition to British Policy: Barbadian Politics, 1774 - 1782," *Journal of Caribbean History* 17 (1982): 26 - 49; George Metcalf, *Royal Government and Political Conflict in Jamaica, 1729 - 1783* (London, 1965), pp. 199 - 237.

② Edward Long, "On the Constitution and Government of Jamaica, [1770s - 1780s]," *Long Papers*, Add. Mss. 12, 402, ff. 2, 43; Bryan Edwards, *The History, Civil and Commercial, of the British Colonies in the West Indies*, 2: 339 - 340, 343, 347.

宪制时，我们提到的这些法律与英国议会的法案形成了鲜明的对比。”并且他认为，布莱克斯通主张的所有的社会都必须在某处拥有“一个绝对的、专制的管辖权”着实是错误的。爱德华兹援引之前关于主权本质和主权位置的美洲理论时说道，“真理是”，“这种专制的、不受限制的权力，应当掌握在人民自己的手中”。①

由于西印度群岛和其他英属殖民地仍然留在帝国之内，因此美洲的人民主权概念，就转化为地方立法机关自治的概念。它需要的，正是17世纪早期以来帝国遥远区域的英国殖民者一直缺乏的，用牙买加历史学者爱德华·朗（Edward Long）的话来说，即“建立在自由臣民的爱与感激上，确认他们完整地享有与生俱来权利的一种相互间的信任。而不是基于可怜奴隶的畏怯和恐惧去剥夺他们的权利和特许权，用权力、无限的特权、军事力量或议会的暴政来维系基本的服从”。它们和所有之前的殖民者都相信，没有相互的信任，帝国边缘的居民将永远不会享有如中心居民那样完整的权利、利益和安全。②

我们回顾过去，如果说，这些关于立法机关自治和免于英国议会权威的诉求指出了“附属地区（dependencies）责任政府的一些形式”，以及其中共同体制度的方向——就像北美人民在18世纪60年代晚期和18世纪70年代早期所建议的那样——那么帝国各个单独的政治实体通过共同的英国王室联合在一起的事实，就使这些变化不会来得那么快。美洲独立后，责任政府的发展又用了50年的时间。先是19世纪30~40年代的新斯科舍，再是英属美洲的其他地区。英国政府承认帝国各个部分拥有完整的独立立法权（该权利随后适用于帝国的许多不同地区）又用了30年的时间。只有通过这些发展，大英帝国才最终解决了那个古老的问题，即中心与边缘的宪法关系问题。然而，第二英帝国，也就是美洲革命后的英帝国的宪制史“不仅让人想起第一英帝国，还几乎与第一英帝国无法区分”。③

（刘天骄 译）

---

① Bryan Edwards, *The History, Civil and Commercial, of the British Colonies in the West Indies*, 2: 340 - 341.

② Edward Long, "Constitutional Remarks on the Government of Jamaica, [ca. 1770s - 1780s]," Add. Mss. 12, 402, f. 76.

③ George Metcalf, *Royal Government and Political Conflict in Jamaica, 1729 - 1783*, p. 228; Chesler Martin, *Empire and Commonwealth: Studies in Governance and Self - Government in Canada*, p. 148.

附录一

《美利坚政制之源》序

1776年，亚当·斯密在其名著《国民财富的性质和原因的研究》中如此阐述殖民地新社会迅速发展的原因："除了对外贸易，英国拓殖者享有完全的自由，他们享有与国内同胞别无二致的各种自由，并同样由人民代表议会保障。"他继续写道："英属殖民地政府大概是有史以来给予其边远属地居民最为周全保障的政府。"① 上述文字中，斯密点出了现代早期英国殖民治理最为显著的特点：向爱尔兰和美洲输出议会制度。无论大量的英国拓殖者去往何处，英国的政治和法律制度总是接踵而至。斯密写作之时以及1783年英属北美13个殖民地脱离英国统治之时，这一实践均构成英国海外殖民的一个基本特点。很难想象，包括大量拥有私产的英国拓殖者的任何政治体可以在没有英国式代议制度的情况下运转。综观19世纪，位于加拿大、澳大利亚、新西兰以及南非的拓殖者殖民地，均因循了这些制度。时至20世纪，就连那些由英国政治和军事官吏治理大量原住民的非拓殖者社会，也发展出了英国式代议制度，其构成英属海外殖民的最具生命力的遗产。究竟如何、为何以及何人在英属美洲殖民地奠定了这一遗产的基础，是一个经久不衰的历史课题。然而，举凡该课题的现代作品，均较难匹敌满运龙博士在本书研究中对这一课题做出的富有创见和深度的洞见。

斯密的观察或许会被理解为，向殖民地输出议会制度是殖民前夕的某个整体方案的组成部分，其主旨是效仿英国的政体，以实现上议院和下议院组成的国会与王室权力的分立。但是，这一理解与历史事实大相径庭。如威廉·伯克于1757年在其未引起世人足够重视的对欧洲占领美洲起初两个半

① Adam Smith, "An Inquiry into the Nature and Causes of the Wealth of Nations," in R. H. Campbell and A. S. Skinner, eds., *The Glasgow Edition of the Works and Correspondence of Adam Smith* (6 vols., Oxford: Oxford University Press, 1976 - 1983), 2: 572, 583 - 585.

世纪的两卷本通述中指出的，“我们的殖民地规划中不存在高屋建瓴式的立法精神”。相反，他坦陈：“我们殖民地的拓殖没有遵循任何常规规划；可以说，殖民地之形成、生长与繁荣更似无心插柳，或似天气之自然变化，或似个人性情之变化无端而就。”①

伯克的话准确地勾勒出在17世纪前3/4的时间内英国人在美洲拓殖过程的随机性特点，并且英国的经历也并非异乎寻常。现代早期殖民时代伊始，欧洲新兴民族国家既没有在“新世界”部分区域建立霸权所必需的强制性资源，也没有动员该类资源的财力。因此，在殖民的早期阶段，所有意图海外拓殖的民族国家均将这一任务分包给组成特许贸易公司的私人团体或者影响力巨大的个人。为回报王室授权以及期待实现广泛的经济和社会效益，这些“冒险家们”同意承担创建、防御、补给欧洲人在美洲占领地的桥头堡带来的巨额财政负担。事实上，欧洲统治者们给予这些私人代理在许多领域范围广泛的自主经营许可，在这些领域，国家的权力主张往往极其脆弱，对其原住民缺乏有效控制力，更谈不上有什么权威。如果此间的博弈能够成功，欧洲的统治者们起码可用对王室财政来说最小的成本，获得对美洲领地及其人民的最低限度管辖。

这些早期的欧洲帝国主义的私人代理，尤其是在葡萄牙或荷兰庇护下的贸易公司，相当成功地建立了贸易基地，以开发“新世界”的某些经济潜能。然而，除非他们能碰到富饶的土著帝国、富饶的矿藏或者大量的土著劳力——这些情况仅在墨西哥和秘鲁大规模发生——否则很少有私人冒险家负担得起殖民地长期拓殖、开发和管理所需之巨额费用。他们中的大多数人很快会被迫从拓殖者、贸易商和殖民过程中其他独立参与者处寻求合作和资助。

他们寻求合作的努力印证了一个事实，即在美洲建立有效欧洲权力中心的实际过程，与其说是殖民组织者或被许可人的活动结果，毋宁说是许多团体和个人的成果。他们实际占有土地、建设家园和产业，将原先完全属于土著居民的土地变成了至少部分属于欧洲人的占有物。他们建立和主导了有生产活力的经济组织体系，创造了城镇或其他政治单位，将土著居民或奴役为可榨取利润的劳力，或赶尽杀绝。为弥补匮乏的经济资源，成千上万的欧洲人凭借勤奋和创造性在美洲为自己和家人创造了社会空间，并以此获得地

① William Burke, *An Account of the European Settlement in America*, vol. 2 (London, 1757), p. 288.

位、资本和权力。

在现代早期，整个新建欧属美洲殖民过程中的独立个体参与者，深入而广泛地参与了个人和法人实现自我赋权的过程。现代欧洲只有小部分的男性可以脱离对社会经济的依赖，以追求其市民权能——独立的土地所有者专有的政治决策中的充分话语权。相比之下，由于土地或其他资源很容易获取，大部分的成年男性白人拓殖者都能建设家园和取得个体的独立。

这一发展导致了大量获得赋权的拓殖群体要求享有与母国政体中获得赋权的、身份高崇且独立的土地所有者相同的权利——安全、财产及市民参与的权利。他们认为殖民治理应确保，统治拥有社会地位的男性应在与其协商或在不公然违背其利益的方式下进行。在这一点上，殖民治理与宗主国治理并无二致。与殖民地远离欧洲的现实一起，这些因素强有力地促使通常掌管殖民事务的人们采用建立和容许与当地拓殖者积极协商（即使不是正式同意）的政治架构。协商意味着殖民地居民更愿意承认殖民私人机构权威的合法性，并承担其地方支出。因此，在殖民的最早期阶段，新建殖民地边缘兴起了许多崭新的、相对性的欧式权力中心，这些中心处于地方有效控制之下。

这些中心不约而同地反映了拓殖者所来自的欧洲世界的特点。为了在“新世界”催生“旧世界”的枝芽，移居殖民地的大量移民坚持带去他们过去的法律和制度，并以之作为他们致力于创建的新社会的基础。对这些社会而言，此等法律和制度作为“移民的伴生物”而发挥作用。有如一位学者指出的，这些法律和制度并非“强加于拓殖者，而是拓殖者主张的结果”。①这些制度与法律作为鲜活和具有强大象征意义的徽章，映射出移民最深层次的渴望，他们希冀在新建居住地保持其往昔欧洲社会成员的身份。在他们眼里，这些身份不仅使其优于而且明确有别于那些他们试图驱逐的粗鄙、野蛮的人们。

在北美洲、西印度群岛和大西洋中的百慕大与巴哈马群岛建立的英国殖民地，均是这一过程的案例。在新兴英格兰族群的主要身份构成中，早期现代英格兰新教和18世纪渐进扩张的英国民族国家商业和战略强权

① Jorg Frisch, “Law as a Means and as an End: Remarks on the Function of European and Non-European Law in the Process of European Expansion,” in J. A. De Moor, eds., *European Expansion and Law: The Encounter of European and Indigenous Law in 19th and 20th Century Asia and Africa* (Oxford: Oxford University Press, 1992), p. 21.

都很重要。但是，当代英国和许多外国观察家认为，更为重要的是法律和自由体制使英国人有别于世界上的其他族群。[①] 英国人引以为荣的是，通过一系列的征服和剧变，英国——只有英国——的法律和自由体制仍然能有别于大多数其他欧洲政治社会，有能力保证英格兰人的自由人民身份，并借助对后代分析家称为“法治”的坚忠不渝，保障他们的自由。

一个历史悠久的政治法学传统支持这一主张。这一传统强调法律对王权的制衡作用，其观点可追溯至一些古老的作品，如约翰·福蒂斯丘爵士的《英格兰法律评赞》，该书写就于15世纪，但迟至1616年才出版。这个观点也在17世纪早期数位盛名卓著的法官和法律思想家的一系列重要论述中得到阐释，其中包括爱德华·科克爵士、约翰·戴维斯爵士和纳撒尼尔·培根。这些作品问世的时代，除了荷兰，每个主要的欧陆国家都在坠入专制主义的深渊。英国斯图亚特王朝的两个开朝君主也企图扩大王室特权，甚至废除英国议会。这些17世纪早期的法学论者们急切渴望建立法律和宪法的制约，以确保生命、自由和财产免遭王权扩张的侵染。[②]

这一新兴的法理传统基于福蒂斯丘介绍和阐释的两种截然不同种类君主政体的区别：王政君主制与政治君主制。他认为，在法国式王政君主体制下，“如君所欲”即具“法律效力”；而在英国式政治君主制下，“君权”则“受到政治法统之约束”。英国国王在加冕时须宣誓效忠英国法律，他们不能“因个人喜好随意改变成法”，也不得在“未取得臣民同意之前订立新法”。福蒂斯丘指出，此一制度的良善结果在于，比起邻国，英国人服膺于得到他们同意的法律，并且，如科克和其他论者所言，英国人所服膺的法律，既涵盖人们通过长期使用和习惯表示同意的普通法，也包括他们选举的代表组成的议会通过的成文法。[③]

---

① See Richard Helgerson, *Forms of Nationhood: The Elizabethan Writing of England* (Chicago: Chicago University Press, 1992); Linda Colley, *The Britons: Forgin the Nationa, 1707 – 1787* (New Haven: Yale University Press, 1992); Benedict Anderson, *Imagined Communities: Reflections of the Origin and Spread of Nationalism* (London: Verso, 1983).

② 对这一传统的最好的分析仍然是 J. G. A. Pocock, *The Ancient Constitution and the Feudal Law: A Study of English Historical Thought in the Seventeenth Century* (Cambridge: Cambridge University Press, 1957)。

③ Sir John Fortescue, *De Laudibus Legum Angliae* (Combridge, 1942), p. 25, p. 27, p. 31, p. 33, p. 79, p. 81.

与大量其他不同流派的当代政论作者一起，英国法理传统的拥护者认为，英国人保护自由的良善能力在很大程度上依赖裁定法律和制定法律的两个重要机构：陪审团和国会。辉格派政治宣传家亨利·卡尔写道，为了保证法律案件是“基于一个人自身状况由同等地位的人（或相同身份的人），或者他的邻居做出裁定”，首先，陪审团给予每个人“参与法律执行的机会”，其次，通过给每一独立个人“选择的代表”参与“立法（或制定法律）的权力”，议会确保只有取得这个国家财产所有者的同意，才可通过立法。卡尔（借用科克的话）称，与从近世“先祖”处所得相比，这两个“英格兰自由的柱石”给予了英格兰人“更丰厚的遗产”。因此，对英国人来说，自由不只是由法律强制执行的现状，还是他们形成之中民族身份的精髓。①

对移民海外建立新拓殖地的英国人来说，能继续享受、保有英国法律和自由制度至关重要，这意味着他们保持着英格兰人身份以及继续保持这份自我认同和他人认同。基于这个原因，同时也基于他们认为英国的法律和宪制安排是保障他们在新的家园获取财产的最佳方法，在殖民初期建立地方权力据点的过程中，美洲各地的英国拓殖者竭尽全力将这些据点置于英国法的根基之上。正如历史法学家乔治·达戈观察到的，“建立英国法和‘英国人的权力和自由’的努力从殖民地草创伊始直到（美国）革命”以及革命之后，“绵延不断”。②

然而，满运龙对英国五个最成功的殖民地政治机制在最初半个世纪的发展进行了缜密研究，该研究对认为英国殖民治理的形式是宗主国设计的结果这一传统理解提出挑战，指出英国当局在试图规划殖民地治理形式之时，并没有估计到会有此等要求的发展。满运龙发现，“17 世纪前半叶，即殖民政体的形成阶段”，“英国当局从未设计，或者根本没有设想过一种效法”“英格兰国家政府”体制的殖民治理安排。相反，他们始终致力于使用在殖民早期为弗吉尼亚设计的参事会式殖民治理模式。这种模式依靠一个任命的总督和数名参事执行，不包括任何咨询广大居民的正式机制。英国当局在几十年的时间里坚持认为这种参事会制度是英国殖民治理的正常模式。③

但是，像满运龙的研究所展示的，殖民过程早期几个方面的发展催生了

① Henry Care, *English Liberties* (5^{th}ed., Boston, 1721), pp. 3 - 4, p. 27.

② George Dargo, *Roots of the Republic: A New Perspective on Early America* (New York: Praeger, 1974), p. 58.

③ 满运龙：《美利坚政制之源》，社会科学文献出版社，2014 年，第 17 ~ 61，455 页。

新兴殖民地宪制中代议制成分的“成长”。殖民组织者很早就发现，为了吸引拓殖者，不仅需要向他们提供土地形式的财产，而且需要保证他们拥有传统英格兰人保障其土地和物质占有的以权力为形式的财产。因此，1619 年，伦敦弗吉尼亚公司认为有必要建立一种包括代表会议的政体，拓殖者可以通过这一历史悠久的英国方式制定并正式认可其将遵守的法律。根据公司管理者要求“仿法并遵从英国国内使用的政府形式、法律、习惯和审判方式之政策以及其他司法体制”，首个在仅有弹丸之地的英属美洲召集的新议会立刻宣称其拥有对弗吉尼亚居民所有征税的同意权。①

英国殖民的法律文据——特许证、特许状、公告书从三个方面鼓励了这一尝试。首先，它们经常规定拓殖者及其后裔应被视作“英国自然出生之臣民”，故而强烈地暗示留居英伦各岛的民众与移居殖民地的民众并无法律上的差异。其次，它们要求殖民地运行的法律不应与“英格兰王国法律、成文规章、习惯和权利”相抵牾，故而同样有力地暗示，英国法应是所有殖民地法律之样本和标准。最后，从 1632 年马里兰特许状开始，它们规定殖民地居民“与英格兰王国境内出生或即将出生的臣民一样”，“应使用并享有”“本英格兰王国的所有特权、特许和自由，可自由、平静与安宁地拥有和保持……并不受妨碍、干涉、打扰、质疑或损害”。同时规定，未经殖民地自由民同意，任何法律不得通过。②

在各殖民地建立后不超过 20 载，甚或更短的时间内，这些条件和发展激励了代议机制的滥觞。大约在 1620～1660 年，每个拥有相当数量拓殖者的美洲殖民地，都以某种形式的民选议会，为其正在创造的政体立法，包括 17 世纪 20 年代的弗吉尼亚和百慕大，17 世纪 30 年代的马萨诸塞、马里兰、康涅狄格、普利茅斯、纽黑文和巴巴多斯，17 世纪 40 年代的圣基茨岛、安提瓜岛和罗德岛，以及 17 世纪 50 年代的蒙特塞拉特岛和尼维斯岛。时至 1660 年，13 个美洲殖民地全部设立了议会。从新英格兰到巴巴多斯，现实发展证明英属美洲殖民地绝对是议会治理异常丰沃的土壤。③

---

① “Ordinance, July 24, 1621, Virginia Laws, March 1624,” in Jack P. Greene, ed., *Great Britain and the American Colonies, 1606 – 1783* (New York: Harper and Row, 1970), p. 28, p. 30.

② David S. Lovejoy, *The Glorious Revolution in America* (New York: Harper and Row, 1972), p. 39; Jack P. Greene, ed., *Great Britain and the American Colonies, 1606 – 1783*, p. 24.

③ See Michael Kammen, *Deputies and Liberties: The Origins of Representative Government in Colonial America* (New York, 1969), pp. 11 – 12.

即使在公司管理者或业主主动建立这些早期立法机构的情况下，如弗吉尼亚、百慕大和马里兰，代议机构也从未像中世纪的下议院一样，仅充当“被动的公仆和王室特权的请愿者”。相反，现代历史学家对它们“高效和果敢的精神”叹为观止。迈克尔·坎曼注意到，“通常从第一次会议开始”，议会即充当起殖民地与日俱增的拓殖点的积极主动的代言人。它们主张其选民享有适用传统英国协商治理原则的权利，很早即坚持没有议会同意，法律或征税不得生效。它们要求立法动议权，将自己视为高等上诉法院，拥有英国中世纪下议院辖的初审管辖权，并在与“地方行政官、业主或王室”的争议中鲜有退避之举。①

诚然，殖民地议会用了大约 20 年时间生成、稳定并最终确立。但在殖民早期，代表议会并不是一个独立机构，而是与总督的参事会或总督本人一起开会审理案件和通过法律。② 但是，它们很早便朝着独立于行政部门的方向发展。时至 17 世纪 40 年代，较大的殖民地分别以各自的方式全部转向了两院制立法体系，下议院与总督和参事会在不同场所分别开会。弗吉尼亚开始于 1643 年，马萨诸塞肇端于 1644 年，马里兰和巴巴多斯则分别始于 1650 年和 1652 年。地方情势需要，而不是模仿，造就了这一发展。根据本书研究最重要的发现，每个成案里，地方政体的特定形式都是满运龙称为“本土发展”的结果。一些声望卓著的地方总督，比如弗吉尼亚总督威廉·伯克利、巴巴多斯总督菲利普·贝尔，促进了它们的成长，但这种促进不过是不约而同地整合了由各殖民地新兴土生领袖在此之前业已搭建的政治架构，并承认其管理的权能。如满运龙所言，“迫使［王室、公司或业主］承认在殖民地当地条件下破土而出的殖民政府之土生结构”。就英国王室来说，它始终对代议制政府持疑惧态度，直到 1639 年，才正式承认弗吉尼亚议会制的永久性，此时代议制政府在弗吉尼亚业已履行政府责任达 15 年之久。③

截至 17 世纪中叶，协商治理的传统“牢固扎根于”英属美洲殖民地。④

---

① Michael Kammen, *Deputies and Liberties*: *The Origins of Representative Government in Colonial America*, p. 7, p. 9, p. 62, p. 67.

② Michael Kammen, *Deputies and Liberties*: *The Origins of Representative Government in Colonial America*, p. 11.

③ 满运龙的《美利坚政制之源》详尽追述了这些发展。引文见第 416、455 页。

④ Michael Kammen, *Deputies and Liberties*: *The Origins of Representative Government in Colonial America*, p. 61.

此外，正如满运龙丰富细致的分析所呈现的，一旦它们的政府采纳了两院制体制，土生权贵们会毫不费力地看到殖民地政体和宗主国传统政体之间的“显著类似”，并开始如1651年巴巴多斯政府所做的那样用下述理由为他们创设的政体辩护，即，这一政体代表了“最接近我们英格兰人祖祖辈辈生活其下并业已盛行千年之制度”。英国官员也对殖民地政体与宗主国政府在结构上的相似叹为观止。与此同时，在英国内战期间和之后，混合政体古典理论得到阐释并广为传播，很快成为英国宪制的官方解释，并进而为该理论适用于“由总督、参事会和议会组成的三支式土生殖民政府”提供了根据。①

当斯图亚特王朝1661年将“这种形式的政府引入牙买加”之时，它不但承认了这一“观念转换”的殖民地根源，而且为此提供了“官方批准”。牙买加刚刚从西班牙人手中夺取出来，是英国王室直辖的第二个殖民地。王室指示其新任总督“继续‘遵循在吾国殖民地和种植园内业已行使和确立的优良、公正与合理之习惯和制度’”。②

本书以三支式政府治理模式在牙买加的设立收尾。如同对此后时代进行研究的学者所揭示的，牙买加的发展并没有一劳永逸地固化英属殖民地政府结构问题。在王政复辟时代建立的大多数业主殖民地（南卡罗来纳、北卡罗来纳、新泽西和宾夕法尼亚）以及1679年从马萨诸塞分离而新设的王室殖民地新罕布什尔，很快便建立了业已在殖民地发展前期成型的三支式政体。但17世纪60年代中期从荷兰手中征夺而来的纽约殖民地的业主约克公爵（不久即位为詹姆斯二世），直到1683年才同意成立议会，并在即位国王之后又立即推翻了这一让步。而且，詹姆斯二世企图合并新英格兰各殖民地为“新英格兰领地”，建立无代议机制的单一政体，严重威胁殖民地代议政体的长期传统。

上述行为是复辟时代英国官吏向萌生于美洲土地的多个地方权力中心施加宗主国权威的组成部分。在1660~1690年的几十年间，宗主国政府采取了一系列措施，旨在将殖民地置于所谓对“国王权威的绝对服从”之下。这些措施包括利用1651~1696年颁行的《航海条例》使殖民地经

① 满运龙：《美利坚政制之源》，第15~16、391~92页。

② “Report of the Commissioners Sent to New England, [April 30,] 1661,” in W. Noel Sainsbury et al., eds., *Calendar of State Papers, Colonial* (44 vols., London, 1860 -), p. 25.

济从属于母国，尽量将仍大多数为私营的殖民地转归王室直接控制，限制殖民地政治机构的权力。作为对这些努力的理论支持，宗主国官吏在17世纪70年代后期阐述了一个新理论，声称向殖民地扩展代议政府是王室恩赐之举。

宗主国对殖民地事务的诸多侵犯，在各地均遭遇强烈抵制。作为回应，殖民地议会表述了它们所代表的财产所有者阶层保障财产和英国人身份双重权利诉求的决心，要求宗主国承认，其作为英国人后裔，有权享有居留在母国的英国人拥有的所有权利和法律保护。这一决心驱使其展开了一场广泛的宪法讨论，出发点是探索能够将殖民地对英国人权利和法律保护的诉求置于坚实基础之上的明确法律辩护，从而保护殖民地不受宗主国权力的全面侵蚀。[①]

殖民地议会的法律地位虽然直到美国革命前后一直争论不休，但光荣革命实际上终结了取消殖民地议会的所有努力。至18世纪最初的十年，代议议会已成为英属殖民地体制的固有特征。一些老殖民地在17世纪丧失了独立地位：普利茅斯并入马萨诸塞，纽黑文并入康涅狄格，东泽西与西泽西合并组成一个殖民地新泽西。1700年时仍存的18个定居殖民地均有各自的民选议会。此后，每个新设的英属殖民地一旦拥有足够人数的居民支持，即创设议会，包括1729年的巴哈马、1755年的佐治亚和1758年的新斯科舍。1749年，波士顿作家、历史学家威廉·道格拉斯医生断言，那几个“仅由总督辖治”的英属“拓殖地，如纽芬兰、新斯科舍、哈德逊湾和佐治亚”为“殖民尚未［彻底］完成”之地。道格拉斯认为，这些殖民地因为没有议会而缺少“不列颠宪法的精髓”。[②]

因七年战争掠获而建的殖民地（东佛罗里达、西佛罗里达、圣文森特、多巴哥及多米尼加）均在18世纪60～70年代二十年间设立了议会，唯一显著例外的是魁北克，那里以法国裔为主的居民从一开始便对采用英国政治体制毫无兴趣。1773年新殖民地圣约翰设立后不久即开设议会。到美国革命之时，除爱尔兰议会之外，英属海外领地上有25个地方议会行使权能。

---

① 本论题在 Jack P. Greene, *Peripheries and Center: Constitutional Development in Extended Polities of the British Empire and the United States, 1607 - 1788*, pp. 12 - 18 中有详尽论述。

② William Douglass, *A Summary, Historical and Political, of the First Planting, Progressive Improvement, and Present State of the British Settlements in North America* (2 vols., London, 1749 - 1751), 1: 207.

本书对理解英属殖民地政府体制有基础性意义。通过展示帝国模式在创始时期在海外实践中运行的维度，揭示私人冒险家尤其是拓殖者们在此进程中的关键作用，作者促使我们重新认识英帝国形成过程。如满运龙明确指出的，殖民冒险家和拓殖者主动而为，是为英国议会体制在其后300年间全球扩展奠立初始基础的历史群体。这些群体在设定萌生于美洲的权威版块之特征及维度中发挥作用，对形成之中的早期现代帝国的理解做出了核心贡献。这一理解认为早期现代帝国是比前辈学者所认定的更灵活且没有那么强大的实体，在其机制内，各层级权威以及帝国性质本身均由边缘和中心之间一系列不断进行的协商设定，在此过程中，边缘发挥了积极且经常是决定性的作用，在边缘拥有主导地位的拓殖者群体留下了印记深刻的遗产。本书应当成为有志了解早期现代欧洲扩张全方位维度的必读专著。

（历　咏 译）

《边缘与中心》中文版序

中国政法大学出版社即将出版的这套“帝国与国际法译丛”，是令人兴奋的学术进展。至少从公元前3世纪的秦朝开始，中国就以帝国的形式（尽管有诸多伪装）统治着它广袤的领地和附属的领土。稍晚的罗马、阿拉伯、波斯、拜占庭等国的统治者也是如此。土耳其人于11世纪末在地中海附近创建了帝国，南美的印加人在13世纪早期创建了帝国。欧洲人在15世纪与美洲、非洲和亚洲的互动中，产生了由欧洲支配的扩伸政体。这些政体穿越海洋和大陆，有各种各样的形式，并维系了近六个世纪。[①] 无论在中国、俄罗斯、中东或地中海的毗连领土，还是在欧洲遥远的海外领地，帝国治理都意味着国家要将其管辖权扩展到广阔的大陆或海洋。同时，帝国治理也带来了一个扩伸政体的权威如何分配以及这种分配又是如何演变的问题，这无疑是理解人们政治地（politically）组织自己的方式所需探究的关键领域。这套全新的丛书将为中国学者研究相关问题提供一个比较的框架。

我非常感谢北京大学法学院的强世功教授、易平副教授，以及其他编委老师组织了这套译丛，并选择了我这本书。我还要特别感谢刘天骄博士完成了本书的翻译。希望这本书能够成为向中国学生介绍17世纪、18世纪英美宪制发展和1787~1788年美利坚合众国宪法殖民起源的权威著作。

本书第一次出版是在1986年。它是我用了近30年的时间，试图彻底思考清楚英国权威在海外扩张中产生的宪法问题的产物。正如标题所示，在本书中，我将“中心—边缘理论”作为分析从17世纪初建立第一块英属美洲殖民地到北美革命期间大英帝国宪制结构的工具。通过探究英国的合意治理（consensual governance）和法治传统在不同地理、空间和社会经济条件下的

---

① Peter Crooks and Timothy H. Parsons, eds., *Empires and Bureaucracy in World History*: *From Late Antiquity to the Twentieth Century* (Cambridge: Cambridge University Press, 2016).

转移和适应，本书主要关注英格兰或1707年后的大不列颠与其爱尔兰、北美和西印度殖民地之间宪法关系的联邦性质（federal nature）。与之前帝国学者强调（帝国）权威从中心向边缘流动不同，我认为大英帝国在爱尔兰和美洲的边缘政体，在很大程度上塑造了它们自身的内部宪制和新兴的大英帝国宪制。这些宪制意味着，中心给予了边缘政体管理其内部事务的重要权威和巨大自治权。

事实上，把“边缘”一词置于标题的前面，是我有意推翻“中心一边缘理论”的惯常顺序，以引起人们对早期现代大英帝国的权威从边缘向中心流动这一事实的特别关注。与此同时，我详细叙述了这种流动，并提出边缘享有巨大的自治权主要源自四个方面。其一，它们与中心的距离。相较于爱尔兰来说，美洲政体更适用于这点。其二，母国有限的财政资源和强制资源。其三，殖民进程的参与者深切地希望保留母国的传统。其四，殖民地地方权力机关的结构，非但没有受到来自中心的外部侵入，反而于内部通过殖民者的努力在新世界构建了欧洲式的政体。正如满运龙的著作《美利坚政制之源》（北京：社会科学文献出版社，2015）有力展示的那样，在每一块殖民地的历史中，地方权力机关的结构都经过一个反复试错的过程而得以建立。就像我在书中所强调的，尽管母国屡屡尝试将殖民地纳入中心权威的附属之下，或者在有些时候试图改变它们的形式，但殖民地地方权力机关的结构被证明是极具弹性的、富有生命力的。事实上，在此期间的宪制结构实践，恰恰是美洲的边缘政体实际上对地方治理拥有广泛的权威。统辖这些政体的殖民者们，维系着实质上的代理机构。新兴的帝国宪制是联邦式的宪制。它不是中心强迫弱小边缘的产物，而是中心与诸多附属边缘政体之间不断协商（negotiation）的产物。它赋予全国政府管理诸成员共同事务的有限权力，而将各成员内部事务的管辖权留在地方。我认为，1787~1788年的美利坚合众国宪法有效地复制了这一帝国宪制的联邦结构。

这本书出版至今的30年里，我没有改变其中的任何观点。不过，在后来的书籍和论文中，我扩大和提炼了一些看法，并分析了它们的社会、法律以及智识维度，包括《追求幸福：早期现代英属殖民地的社会发展和美国文化的形成》（教堂山：北卡罗来纳大学出版社，1988）、《美国的智识构成：例外论和身份认同（1492~1800）》（教堂山：北卡罗来纳大学出版社，1993）和《创建不列颠大西洋：关于移植、适应与连续的论文集》（夏洛茨维尔：弗吉尼亚大学出版社，2013）。

在一篇早期的文章中，我雄心勃勃地提出这些发现能够扩展到在美洲的所有欧洲帝国。这些帝国和大英帝国一样，其所有政体的形成都是由母国中心与殖民边缘之间的协商过程决定的。参见《协商的诸权力机关：早期现代大西洋世界扩伸政体的治理问题》，载《协商的诸权力机关：殖民政治史与宪制史论文集》（夏洛茨维尔：弗吉尼亚大学出版社，1994，第 1 ~ 24 页）。

1997 年，我和艾米·特纳·布什内尔（Amy Turner Bushnell）组织了一次专家会议，以期更为细致地探究这一主题。会议的诸多论文由克里斯蒂·丹尼尔斯（Christine Daniels）和麦克·肯尼迪（Michael Kennedy）在 2002 年结集出版，见《协商的诸帝国：美洲中心与边缘，1500 ~ 1820》（纽约，伦敦：劳特里奇出版社，2002）。

这些著作与本书一起，帮助改变了学者们对 1450 ~ 1815 年早期现代海外帝国宪制的思考方式。所有参与美洲殖民的国家，由于其资源有限，都在帝国扩张的早期阶段，将殖民的任务移交给了私人群体组成的特许贸易公司，或者一些有影响力的个人，比如西班牙的阿德兰塔多家族、葡萄牙的领主（donatarios）、英国的业主（proprietors）、荷兰的庄园主（patroons）和法国的诸侯（seigneurs）。作为对统治者授权的回报，以及对获得巨大经济和社会利益的期待，这些人同意承担建立、保卫和救助美洲（殖民地）的沉重财政负担。事实上，欧洲统治者给予了这些私人代理在地方从事（殖民）活动的特许状，这些特许状包含广泛的裁量权（discretion）。而欧洲统治者在殖民地仅仅拥有极其微弱的权力和较少的权威，并且实际上无法有效地控制（殖民地）。欧洲统治者试图通过这种方式，以最低的成本维系对美洲领土和人民（至少是）名义上的管辖。

部分欧洲帝国主义的早期私人代理们，特别是得到葡萄牙和荷兰庇护的贸易公司，不仅在美洲，还在非洲和亚洲的新世界建起了贸易的集散地，获得了巨大的成功。然而，除非他们所到的地方拥有可供其掠夺的财富、可开采的矿产或丰富的当地劳动力，以使他们迅速获益——在早期现代美洲，这种情况只发生在墨西哥和秘鲁——否则，几乎没有私人冒险者能够拥有足够的资源去承担长期殖民、治理和发展的成本。在殖民的进程中，财政资源的匮乏迫使这些占领并建立殖民地的殖民者、商人及其他个体参与者开始寻求彼此之间的合作。

这些合作意味着欧洲列强在美洲建立殖民地的过程，与其说是殖民组织者或特许状颁布者行动的结果，不如说是大量实际占有土地、建设庄园、开创事业的群体和个人行动的结果。他们在一定程度上把原始的殖民地改造成了欧洲。他们构建可行的经济制度，建立城镇或其他政治单位，也征服、迫害、杀戮或者放逐土著居民。成千上万的欧洲人，包括西班牙人、英国人、葡萄牙人、法国人、荷兰人等，运用他们的首创精神、专业知识以及所有能用的劳动力，弥补了经济资源的匮乏，在美洲建造社会空间、成立家庭。也许有人会说，这更是为他们自己创造地位、资本和权力。

早期现代的欧裔美洲人，也就是殖民的个体参与者，实际上处于一场深刻而广泛的个体自我授权的进程之中。当时的欧洲，仅仅是男性人口中的一小部分——独立的财产持有人，拥有公民能力（civic competence），能够在政治决策中发声，能够参与到国家社会经济的管理之中。相比之下，北美绝大部分的成年白人男性殖民者非常容易取得土地和其他资源，凭借自身劳动力也能够获得高薪，因此他们也就获得了个体独立和公民能力。

这些得到授权的大批殖民者，在殖民进程中发挥代理的作用。他们在美洲建立有效的欧洲权力中心，在殖民地诉求财产保护的权利和公民参与权。这些权利，与在母国政治体中得到授权的、地位很高的独立财产持有人所拥有的权利相同。他们认为这些权利既是作为西班牙人或英国人的重要标志，也是对其与欧洲传统继续保持相关性的认可，毕竟他们宣称自己是欧洲的代理人。在这些人看来，殖民政府和母国政府一样，都应当保障人民免于明显侵犯他们利益的统治方式。而有限的财政资源和殖民地与欧洲间巨大的距离，也共同推动那种名义上控制殖民地的人（英国本土当局者）直面并容忍殖民地的政治、法律和宪制架构。在此架构中，当局者即便没有获得地方殖民者的正式同意，也要与他们积极地协商。

欧洲殖民者与其遍地的克里奥尔后裔基于统治的影响支配全新的文化中心。他们将欧洲的法律体系，土地占有模式以及社会、经济、政治和文化的机构、实践和形式，带到所占领的地区，并将这些原有的机制改造成与本地环境相适应的样子。在此大规模的经济社会适应过程中，自由的殖民者们利用母国的遗产，制定并规范地方的经济秩序和社会秩序。他们创造全新的政治体，也在此进程中改动或补充那些遗产。这些建立起来的地区成为克里奥尔文化的发源地。殖民者们迫切地寻求反映其所属的欧洲文化，然而他们也竭力地背离欧洲文化，扮演成温顺的美洲人。殖民地社会的差异非常之大。

它们不仅与所属的母国社会文化有别，不同殖民地之间也是千差万别。本书探索的，正是这些英属美洲殖民地历史演变的宪制维度，以及美利坚合众国治理模式的构建。合众国作为全新的民族国家，产生于殖民地的联合——联合反抗大不列颠试图改变它们长久以来已经享有的宪制。

2016 年 10 月 15 日

（刘天骄 译）

附录二

从制度主义路径探索美国革命的起源

——复旦美国史读书会关于《美国革命的宪政起源》的讨论

林 斌　李剑鸣 等

书名：《美国革命的宪政起源》（*The Constitutional Origins of the American Revolution*）

作者：Jack P. Greene

出版社：Cambridge University Press

出版时间：2011 年

本书作者：杰克·格林（Jack P. Greene），美国著名历史学家，约翰斯·霍普金斯大学历史系教授，长期从事北美殖民地史、美国革命史和大西洋史的研究。

本书简介：《美国革命的宪政起源》是格林教授 50 余年美国革命史研究的集大成之作，系统地阐述了他对美国革命的理解。本书主要以英帝国与北美殖民地的法律关系为线索，在大西洋视野下探索美国革命最终爆发的制度起源。在序言中，格林表达了对当前美国革命史研究的不满，认为学者们对法律、制度问题没有足够的重视，过于强调意识形态。《美国革命的宪政起源》也是他早先著作《边缘与中心》的延续，重新讲述帝国联邦主义的宪制冲突，描绘了革命爆发前殖民地人的法律观念世界。

时间：2018 年 4 月 25 日

地点：复旦大学光华楼西主楼 1907 室

主持人：林 斌

各抒己见

林斌　复旦大学博士生

我认为这本书是杰克·格林个人对美国革命史的综合评价。格林从他20世纪50年代的博士论文开始，到60年代发表《追逐权力》（*The Quest for Power*），再到80年代，终于出版了他的经典著作《边缘与中心》。这本书其实就是30年之后，格林对美国革命的起源进行的再阐释。他在探寻究竟什么是革命，什么导致了美国革命。格林不满贝林、伍德等学者用意识形态范式来解释美国革命的起源。他认为在制度以及在政治体系上，辉格派的意识形态不能构成美国革命爆发的充足理由。格林将美国革命置于帝国体系中，梳理了英国和北美殖民地的法律关系。在这样的认识框架下，格林展开了新的叙事。

《美国革命的宪政起源》的价值在于提出了一个非常重要的观念。它告诉我们，在革命爆发时期，法律并不只是主权者的意志。在英国人看来，英国议会是至上的、最高的，能够为殖民地立法。但是殖民地一方不认可这样的法律观念。在长期的宪政实践中，英国人并没有为殖民地的内部事务立法。这样的政治实践就确立了重要的传统：伦敦政府需要非常审慎地对待殖民地，不能干涉殖民地的内部事务。他们的立法权只能局限在外部事务，如贸易和经济往来、战争与和平。殖民地的内部事务，英国人并没有去触碰。这里就涉及核心的法律观念，格林充分消化吸收了约翰·菲利普·里德（John Philip Reid）等诸多法律学者的研究。他在其他的相关论文专著中也一直强调法律的权威是在英国人和殖民地的交往、协商过程确立的。只有在人们实际承认法律权威的条件下，政治权力才是合法的。就是说法律的合法性、正当性并不是建立在英国议会或国王的自我宣称上。

假设一种情况，英国政府颁布一项法令，但是如果殖民地居民没有在长期的宪政实践中同意这项法令，没有认可英国政府在这一领域的权威，那么英国议会单方面的立法就是非法的，仅仅是命令和专断意志，在殖民地居民那里没有实际的效用。关键在于早期英国政府没有足够的资源远距离控制殖民地，中心的权威相当有限。北美殖民地主要依靠各自的立法机构，进行社会管理。

这样就存在两种宪法。第一种宪法即英国统治集团的宪法，他们认为自己建立了议会主权。光荣革命之后，议会至上逐渐成为政治信条，英帝国范围内都需要服从议会法令。但是这种绝对的议会至上在殖民地并没有获得完全的承认，仅仅是英国统治集团的认知。18 世纪开始，英国政府想要加强对殖民地的控制，但遭到不断的抵抗和反对。从《印花税法》危机开始，英国统治者认为的议会至上更多只是他们自己的幻想。英国议会的最高、至上仅是纸面上和名义上的，没有在殖民地居民的日常生活中得到体现。而且在英国人和殖民地的交往过程中，他们也有意拒绝激进地改变帝国宪政关系，不愿直接干涉殖民地内部事务。他们知道这样的行动会遭到激烈的反对。英国人的实际行动也验证了殖民地人士对帝国法律关系的理解，即使用和习俗是宪法的基础。

第二种宪法即各个殖民地自己的议会对内部事务的立法。他们承认英国议会在某些领域拥有立法权，殖民地居民必须服从。但立法权仅在一定的范围内有效，是有限的，不是绝对的、无条件的。英国人立法权的扩大需要获得殖民地居民的同意，不能单方面行动。这样 1765 年之后英国加强对殖民地的控制，向殖民地征税等一系列措施，就迫使殖民地居民彻底思考英国与殖民地的法律关系。在殖民地居民看来，是英国人破坏了联邦制的帝国体系。格林认为殖民地的法律论辩是合理的。英国议会宣称的征税权仅仅是权力的意见，是专断的。而英国宪制建立在人民同意的基础上，英国人的自由一向为殖民地居民所称赞，引以为豪。这样，两种宪法就构成了认知上的矛盾，革命也因此爆发。

格林还认为日常实践中英帝国与各殖民地的法律关系是第三种宪法，即帝国宪法。总体而言，格林要求我们关注英国和殖民地关系的演变过程。主权者的意志就是法律，这样的观念放在 18 世纪的北美是一种时代错乱。当中心的英国议会与边缘的北美殖民地发生宪政冲突时，中心的观点未必就是正确的，边缘也有其反对理由。格林的著作强调得比较多的是“协商”，即协商性的权威，帝国和殖民地之间不是单方面的命令式交往，强制性的或压迫性的，而是在双方妥协和退让中确定权威的合法性。

蔡梦竹　复旦大学博士生

这本书最明晰的特征之一就是它挑战了之前意识形态学派的解释路径。格林认为前辈学者们过分放大了国家主义、共和主义、自由主义这些后出的概念对解释美国革命的缘起的意义，进而遮蔽了在当时的语境中真正值得探究的因素。基于类似的立场，英国历史学家 J. C. D. Clark 曾在《自由的话语

1660~1832》（*The Language of Liberty 1660 - 1832*）中把宗教视为看待美国革命的核心棱镜之一，引起了学界广泛的争论。回到这本书中，格林向我们呈现了宪法在当时的语境下存在的三个向度：殖民地法（colonial law）、中心法（metropolitan law）和帝国法（imperial law）。彼时，"王在议会"是主权的载体及象征，拥有可以介入殖民地事务的合法权威。然而，殖民地认为地方事务必须交由殖民地议会自己处理。这两种观点的冲突其实也就是殖民地法和中心法的冲突。在这两种观念的分庭抗礼中，殖民地和母国争夺关于帝国法的解释权，从而点燃了革命的火把。

林斌　复旦大学博士生

我觉得格林不是否定这些意识形态对革命的影响，而是要追本溯源，找到哪些因素是最根本的，占的权重最大。格林梳理的是骨架类的东西，格林不满的是大家都在谈论意识形态和辉格派的反抗理论，但是实际发生了什么，大家都忘了。从殖民地的建立到美国革命爆发，英国人的宪政观念和殖民地的法律传统、英国人与殖民地的实际交往，这些在人们热衷于意识形态讨论的过程中丢失了。他抗议的就是这个，我们需要回到一些最根本的问题。什么是最根本的问题？权力分配、殖民地的地位，这些是比较实在的制度、机构性的问题。

夏刘锋　复旦大学博士生

格林不是要完全否定贝林的意识形态范式，这一用来阐释美国革命起因的经典理论。格林是从法律史，从整个英帝国的框架，来解释美国革命的起因。这个角度应该是比意识形态更为重要的解释方法，这是他一个比较核心的问题。格林提到的帝国宪法的多元性，就是刚才说的三种宪法。大西洋两岸对法律的理解存在分歧和冲突，产生了争论。在格林看来，这是美国革命产生的根本原因。革命为什么会发生？就是因为中心与边缘，也就是殖民地与伦敦，对权威在整个英帝国范围内如何分配存在很大的分歧。双方持续争论了几十年，有不同的看法，又产生了一系列的事件。这些事件导致了美国革命的爆发。格林这本书的一个主题是美国革命的起因，但他在结语的部分提出了具有延展性的问题：革命的遗产问题。权威在帝国范围内如何分配，并没有随着革命战争的胜利而结束，美国革命并没有提供一种有效的应对办法。这个问题一直处于非常模糊的状态。格林把随后联邦政府和州政府之间的纷争与殖民地同英国的冲突做了类比，也是一个权力和权威如何在不同的政治实体之间进行分配的问题。在美利坚共和国成立后，这样的争论持续不断。

而且，英国的立法权至上也不是一开始就有的，它有一个时间节点。书里面一直提到光荣革命，光荣革命之后立法权产生了很多变化。一个就是权力的地方化，再一个就是议会机制的发展。不仅仅在伦敦，其在殖民地也迎来了快速的发展，比如代表制和议会下院的兴起。

李剑鸣　复旦大学教授

格林针对的是意识形态的解释路径。他认为，不是因为当时人怎么想、觉得如何，就有了革命。制度是关键。由于制度的不同，形成了两套体系，这两套体系发生了碰撞，到最后不可调和，就分道扬镳了。格林讲的是这个事，而不是意识形态话语。并不是说，殖民地人来北美追求自由，争取繁荣，不想让伦敦来压迫自己，于是就造反了。他讲的不是这个，重点不在这里。

王仲达　复旦大学博士生

格林论述的美国革命到1776年就戛然而止，后面的事就不写了，也不写制宪这些东西，这些是美国革命中很重要的一部分。在他的革命史叙事中，似乎从英国独立出来，革命就成功了。

李剑鸣　复旦大学教授

这是因为格林这本书只讲起源，讲起源就不会往下说，再讲就越界了。贝林的书也是这样，也没往下写。1992年他加了一个增订版，讲了制宪的事。这是由于他编了一个制宪的辩论文集，觉得制宪时期讨论的话题和1776年以前的话语有连续性，于是就在增订版中补充这些内容。讲起源的书大体都是这样。

林煜堃　复旦大学硕士生

就我个人而言，本书在制度和事件层面上的论证是十分有说服力的，例如有关权威的分配、法律上的认知以及英国殖民扩张中所遭遇的难题等方面的讨论。但是，有关双方如何理解宪法内涵的问题上，还有一些地方令我感到迷惑。作者认为，殖民地之所以最终会从母国独立，是因为双方对同一套宪法有不同的认知。但其实在更多情况下，主要是殖民地居民一方不断增加、补充对宪法内涵的理解，而不是宗主国一方。那么这是由于宪法本身是不成文的宪法，还是这种做法是一个举世皆然的普遍现象？母国通过不断地加强政治管理和政策转变，在殖民地取得了一定的政治经验，然后将之运用到法律条文和政治实践中。那么，这些单方面的经验总结是否具有真正意义上的合法性？这是否造成了所谓的双方的分歧？

林斌　复旦大学博士生

有一篇论文《不成文法的起源》（“Origins of the Unwritten Law”），讲的就是这个。英国的宪法、根本法不像美国后来那样，是成文的、条条框框列举出来。它更多是一种习俗、习惯、人们的认知、对权威的认可。这就获得了一种法律权威性的意义。格林在全书和其他一系列论文中所强调的就是，这是一个未知的世界。各种权力关系、权威之间的分配，没有统一的标准，充满张力和冲突，具有模糊性。并没有一条清晰的线索摆在那里，大家都认可。英国议会也好，国王也好，都不能以单方面的意见来决定所有事务。你说议会至上，然后大家就认可和同意，这违背了当时通常的宪政实践。人们在日常交往中承认、接受你的权威，你的权威才有正当性。这是格林所强调的两种宪政观念的冲突。

李剑鸣　复旦大学教授

我想问大家一个问题，格林在这本书里用了这四个词，一个是constitution，一个是 law，一个是 polity，一个是 government，这四个概念在格林的论述系统中具体的含义是什么？指的是什么？相互的关系又是什么？他还用了 extended polity 这样的提法。这四个词是关键词，不理解这些概念，就不知道他在讲什么。

林斌　复旦大学博士生

他用得最多的就是 extended republic，讲述了英国的法律、宪政体系怎样向外延伸。殖民地人士援引英国人的权利、法律观念，以争得英国人的身份和权利。但英国议会、伦敦政府仍把他们视为下属，他们需要服从英国权威，是低一等级的人或野蛮人。这构成了一种认知上的冲突。

李剑鸣　复旦大学教授

这四个概念有联系，有重叠的部分，但也有区别。格林用的constitution，侧重的是权力结构以及政治运作的惯例和方式。权力结构就是权力在政府内部怎么分配，哪一个分支行使什么样的权力，不同的分支及其权力之间是什么关系。比如说，最高权力掌握在谁手里，最高权力又用什么方式来行使，用什么方式行使才是合乎常规的，才是合乎正义的，才是可以接受的。这一套东西就是 constitution。可见，格林讲的 constitution，不是我们后来理解的成文宪法，也不是当时人讲的政府的构成，而是把当时人对constitution 的理解和后人对成文宪法至高性的理解糅合在一起。那么 law 是什么？law 就是权力行使的方式，就是通过制定法的形式来体现主权者的意志。所以说 law 是主权意志的体现，是 constitution 在实践层面上的标志。polity 强调的是宪政层面的权力结构，所以我们一般把 polity 理解为政体，即政府的构成。其涉及各个分支如何组成、掌握什么样的权力，不同分支之间是什么关系。它也是 constitution 的一部分，对应的是其中的权力结构。再就是 government。它是具体运作的 polity，就是 polity in practice。什么人掌握什么权力，在实际中怎样运用权力，以达到保护居民和维护秩序的目的。这就是 government。格林在用这一组概念时，相互之间是有交叉的。有时他从 law 的角度讲，实际上也是在谈 constitution；有时讨论的是 government，实际上指的也是 constitution。

小　结

李剑鸣　复旦大学教授

大家不妨想一想美国早期史的几大学派，想一想关于革命的起源有哪几种解释路径。帝国学派倾向于认为，殖民地的独立是英帝国管理体制上的失败，是帝国官员不能理解北美的变化、伦敦的举措失当最终导致殖民地与母国分离。这是从帝国的角度来看美国革命的起源。政治经济学派则强调，英帝国对殖民地实行了严厉的控制和压迫，在政治上把殖民地人视作二等臣民，在经济上实行各种管束，推行《海上贸易条例》《炼铁条例》之类，限制殖民地的发展，这样就引起了殖民地人的不满，于是走上了造反的道路。意识形态的解释路径有很多分支。贝林等人的共和主义解释是一个分支，另外还有洛克式的解释、对天主教的恐惧和对伟大帝国的向往等，它们都是从意识形态的角度解释革命的起源。另外还有民众主义的解释。这一派学者关注殖民地的普通民众。对普通民众来说，受到的压迫不仅来自帝国权威，而且更直接地来自本地的权威和上层阶级。因此，是殖民地内部的冲突导致他们起来造反；帝国危机只是契机，加速了内部矛盾的爆发。

那么，格林的研究可以归到哪个路径上？他关注的是中心和边缘的互动，是帝国和殖民地之间的权力关系，从宪政理念、宪政实践或宪政理想的分歧来看革命的起源。看来大致可以把他放到帝国学派里面，只不过是新帝国学派。贝林他们强调的是革命者内心的想法，是期待、恐惧、焦虑促使他们起来造反。格林则从制度方面来挖掘革命的起源，也可以说是制度主义路径。通过这种学术史的分析，我们可以看到格林的研究处在什么样的脉络里。格林最大的抱怨是什么？就是大家都不讲制度，不说宪政，都在讲意识形态。他认为这是不对的。这也是他为什么要为约翰·菲利普·里德打抱不平。他甚至觉得史学界的整个研究路子都走偏了，历史学家应该向法学家学习。

可是，为什么制度主义路径会被人忽视呢？这是因为社会史、文化史兴起后，大家对制度史不感兴趣了。这样我们就要把这本书放到更大的学术语境中看待。格林显然是个老派学者，他要对抗时流。他想要强调，自己做这个研究并不是心血来潮，而是几十年学术生涯心血的结晶。他为什么那么抬高里德，是因为里德支持了他的论点。按照他自己的说法，思路最早是他提出来的，里德则做了发挥和阐释。通过这样一番梳理，我们就知道这本书在美国革命的学术史中处在什么位置。从某种意义上说，这也是读书之法。功夫在诗外，要读好一本书，视野要尽可能开阔一点。

究竟如何看待格林的研究路径呢？格林强调帝国从建立开始就埋下了不稳定的因素，后来征税作为导火索，引发了关于立法权的激烈争论。帝国体制中的权力运作方式出现了问题，最终导致帝国解体。显然，从宪政的角度来考察革命的起源，是一个有启发性的思路。殖民地脱离母国独立，这在当时是一件非常大的事，在当时的大西洋世界，可以说是惊天动地的。这件事情发生的根由肯定不是单一的，这就是为什么有这么多的路径来解释它的由来。从宪政的路径来解释，是很有意义的。格林的这本书确实是他多年研究的总结，他把自己多年的研究归拢在一起，用非常清晰的语言讲出来，让人容易看明白。

但是，从任何单一的路径来解释美国革命的起源，总难免有局限性。比如，在社会政治史家看来，美国革命是两场事变：第一场是帝国解体，殖民地变成了一个新国家；第二场是殖民地内部重新分配权力，建立了一种新的权力结构。这个命题最早是卡尔·贝克尔（Carl Becker）提出来的。后来民众主义史家发展了这种二元革命论，而且更加强调内部的革命。于是，革命的起源主要在于殖民地社会内部的强烈分化，是不同利益之间的冲突借帝国危机这个契机全面爆发了。从民众主义的视角来看，制度主义路径也好，宪政解释也好，都带有强烈的精英主义色彩，牵涉的是高层政治方面的问题。constitution、polity、government 都是和统治者相关的，都是那些掌握权力的人的事情。他们或是掌握帝国的权力，或是掌握地方的权力，总之都是政治精英，都属于权势集团。只有这些人才会考虑宪政体制的运行问题，才会关心谁有权力立法。普通民众关心的是职业问题，是平等问题，是经济收入和生活安全的问题。从他们的视角来看，所谓的宪政争端就没有太大的相关性。

从这个意义上说，格林的路径不仅带有老派学者的色彩，而且还有精英主义的内涵。他忽略了民众。民众为什么会加入革命运动？有的学者讲，对美国革命来说，最重要的日子不是 1776 年 7 月 4 日，而是 1775 年 4 月 19 日。殖民地的独立是民众用实际行动来宣布的，而不是杰斐逊用鹅毛笔来宣布的。那么，这些人为什么会起来行动？是谁号召的？对普通民众来说，意识形态话语还是有作用的。殖民地人的有效宣传不是讲宪政冲突，而是说自由受到了威胁，这就是“权利话语”（rights discourse）。这种话语有动员力，普通民众容易听进去。可见，制度主义路径可以说明一些问题，但有很大的局限性。

格林很推崇里德的研究。里德的书我也看过不少，感觉他那种使用材料的方法是很幼稚的。他为了显示自己的史学功力，就大量罗列材料，似乎引得多，每一句话都有来历，就有了学问。做学问关键不是罗列材料，而是对材料的解读。里德最大的问题就是技术主义路径，有机械论的味道。在里德的书里基本上没有人，无论制度也好，观念也好，都像是机器，上了发条，自己在那儿转。这不是历史。不过，看里德的书，能够从中获得很多资料的线索，也能引出不少想法。因此，里德的书尽管无趣，还是值得一读的。

我们读书的时候，不能简单地采信某一本书的说法，而是要博采众长。但是，博采众长，又不能面面俱到，还是要突出特色。我多年来专注于美国早期的政治文化和精神状态，但我并不否认制度主义和宪政冲突的意义。可是，如果把所有的东西都堆在一本书里，那就毫无意义了。做研究，要力争在某一方面、在某一点上增加人们理解的维度。面面俱到、没有漏洞、让谁也无法挑剔你，那是想也不要想的。

编后记

杰克·格林教授的美国早期史论集《早期现代的大西洋世界》，经过两年多的筹划、翻译和编校，终于即将面世了。在松了一口气的同时，作为本书的编者之一，有必要在此交代几句。

最早知道格林教授，得追溯到30多年前，即1985～1988年在北大历史学系，从恩师齐文颖教授初学美国早期史的研究生时期。齐教授1979～1981年以访问学者身份在哥伦比亚大学从事研究。回国后，其率先将包括殖民时期、美国革命时期和制宪时期的美国早期史作为美国历史进程的一个专业领域，从事教学、研究和指导研究生。本书第一主编满运龙教授，即是齐老师在北大历史学系指导的第一个以美国早期史为毕业论文选题的硕士学位获得者。从齐老师的言传身教中，我知道了赫伯特·L. 奥斯古德、查尔斯·M. 安德鲁斯等美国第一代美国早期史大师，也了解了埃德蒙·摩根、理查德·莫里斯、伯纳德·贝林等第二代美国早期史前辈，还有机会知道了戈登·伍德、杰克·格林、J. R. 波尔等当时正如日中天的中年一代美国早期史翘楚。

为了更好地研习美国早期史，我利用1998～1999年、2014年两次在美国访学的机会，先后购得赫伯特·L. 奥斯古德的四卷本《美国历史上的殖民时期》、查尔斯·M. 安德鲁斯的《17世纪的美洲殖民地》（三卷本）和《18世纪的美洲殖民地》（四卷本）等经典名著，同时搜求埃德蒙·摩根、理查德·莫里斯、伯纳德·贝林、戈登·伍德、杰克·格林、J. R. 波尔等学者的代表性著作。尤其难得的是，2014年6月，蒙运龙兄引介，有机会拜访杰克·格林教授。格林教授夫妇不仅热情地款待了我和正在哥伦比亚大学作富布莱特学者的胡玉坤博士，而且还特地邀请其好友戈登·伍德教授，与我们一起共进晚餐。次日，当时已八旬有三的格林教授，又亲自驾车专程陪同我们前往布朗大学，参观以收藏珍稀文献和古地图而闻名的卡特图书馆。我们大饱眼福，大开眼界，不虚此行。

回到纽约后，我即与师从格林教授攻读美国早期史博士学位的运龙联系，建议运龙与格林教授洽商，在中国出版其美国早期史论文集，并达成共识。在商定拟选篇目后，我即和友人张聚国博士联系翻译事宜，聚国为人厚道，治学严谨，此前曾翻译过 J. R. 波尔教授的《美国平等的历程》。蒙聚国理解和支持，其承担了本书大多数文章的翻译工作，运龙精心校对。同时，还邀请胡晓进博士、刘天骄博士分别翻译了格林教授的一篇论文，选收了刘天骄博士所译《边缘与中心》中文版序言，还从盛嘉教授主编的《美国革命读本》中选收了一篇格林教授的论文，选收了《社会科学论坛》发表的一篇译文以及满运龙教授著作《美利坚政制之源》“序”。每篇译文的作者、校者，均分别在篇末注明，既志编者谢忱，亦示其翻译之劳。此外，有关已有译文的文档转换工作，均由在读博士生黄鹏航君完成，也在此顺表谢意。

在健在的美国的老一辈美国早期史学者中，论资历，资格最老的当属哈佛大学贝林教授（其培养的博士弟子最多、学术成就也最大）。在 20 世纪 30 年代生人的美国早期史学者中当属戈登·伍德教授、杰克·格林教授学术成就最大，堪称美国早期史领军人物之“双雄”。伍德教授重点研究美国革命史、早期共和国史，格林教授主要研究殖民时期史、美国革命史和大西洋史，各有侧重，各领风骚，而且志同道合，乃莫逆之交。可喜的是，伍德教授的《美国革命的激进主义》《美利坚合众国的创建》等，已译成中文出版；格林教授的《边缘与中心》，也已翻译出版。期望本书的出版能有助于中国读者进一步了解、理解格林教授关于美国早期史研究的重大学术成就及其卓越贡献。

本书出版之际，恰逢杰克·格林教授 89 周岁生日之际。按照中国人的习俗，就虚岁论，即九旬华诞。故此，谨以本书的编纂与出版，遥隔大洋，恭贺格林教授九旬华诞之禧。

最后，感谢中国政法大学县域法治研究中心为本书出版提供资助，感谢该中心主任李树忠教授对包括本书在内的学术共同体文库编纂与出版给予的关心、理解与支持。特别感谢张晓莉博士对“文库丛书”始终如一的支持。

有关本书存在的任何问题，均由本人负责。欢迎学界师友和读者随时指正。

杨玉圣

2019 年 11 月 27 日　凌晨

2020 年 7 月 14 日修订

于京北香堂文化新村

图书在版编目（CIP）数据

早期现代的大西洋世界：杰克·格林教授史学文选/满运龙，杨玉圣主编；张聚国等译．--北京：社会科学文献出版社，2022.3

（学术共同体文库）

ISBN 978-7-5201-8887-6

Ⅰ．①早… Ⅱ．①满… ②杨… ③张… Ⅲ．①美国-历史-文集 Ⅳ．①K712.07-53

中国版本图书馆 CIP 数据核字（2021）第 163568 号

·学术共同体文库·

早期现代的大西洋世界

——杰克·格林教授史学文选

主　　编／满运龙　杨玉圣

出 版 人／王利民

责任编辑／张晓莉

文稿编辑／李　璐

责任印制／王京美

出　　版／社会科学文献出版社·国别区域分社（010）59367078

地址：北京市北三环中路甲 29 号院华龙大厦　邮编：100029

网址：www.ssap.com.cn

发　　行／社会科学文献出版社（010）59367028

印　　装／三河市东方印刷有限公司

规　　格／开　本：787mm × 1092mm　1/16

印　张：30.5　插　页：0.5　字　数：515 千字

版　　次／2022 年 3 月第 1 版　2022 年 3 月第 1 次印刷

书　　号／ISBN 978-7-5201-8887-6

定　　价／189.00 元

读者服务电话：4008918866